KB177674

임동석중국사상100

고문진보
古文眞寶 [前集]

黃堅 撰 / 林東錫 譯註

象犀珠玉怪珍之物有悦於人之耳目而不適於用。金石草木絲麻五穀六材有適於用而用之則弊取之則竭。求其悦於人之耳目而適於用用之而不弊取之而不竭賢不肖之所得各因其才仁智之所見各隨其分而求無不獲者惟書乎。

丁亥菊秋錄 東坡李氏山房藏書記 丘堂 呂元九

"상아, 물소 뿔, 진주, 옥. 이런 진괴한 물건들은 사람의 이목은 즐겁게 하지만 쓰임에는 적절하지 않다. 그런가 하면 금석이나 초목, 실, 삼베, 오곡, 육재는 쓰임에는 적절하나 이를 사용하면 닳아지고 취하면 고갈된다. 그렇다면 사람의 이목을 즐겁게 하면서 이를 사용하기에도 적절하며, 써도 닳지 아니하고 취하여도 고갈되지 않고, 똑똑한 자나 어리석은 자라도 그를 통해 얻는 바가 저마다 그 자신의 재능에 따라주고, 어진 사람이나 지혜로운 사람이나 그를 통해 보는 바가 저마다그 자신의 분수에 따라추되 무엇이든지 구하여 얻지 못할 것이 없는 것은 오직 책뿐이로다!"

《소동파전집》(34) 본 《眞寶》(後集) 099 〈이씨산방장서기〉에서, 구당(丘堂) 여원구(呂元九) 선생의 글씨

책머리에

내가 본격적으로 《고문진보》를 배우게 된 것은 우전雨田 신호열辛鎬烈 (1914–1993) 선생님으로부터 한학을 익히기 시작하면서부터였다. 1972년 초등학교 선생님 발령을 받고 야간대학을 다니면서 다시 그토록 하고 싶던 한문공부를 이어가기 위해, 처음으로 선생님을 따라 장위동, 사간동, 연희동으로 찾아다니며 《논어》, 《맹자》 등 사서四書를 끝내고, 요일별로 《고문진보》, 《사기》, 《두시》 등을 배울 때 참으로 몸은 힘들었지만 마음은 행복했었음이 지금도 어렴풋이 기억난다.

그 때 이 책은 나에게 대단한 힘을 주었다. 문장해독에 약간의 자신감을 주었고, 한문 문장을 겁내지 않고 파고들어보는 방법을 터득하게 해 준 것이었다. 《경전經典》은 빈틈없는 논리와 철학을 주제로 한 것이라면, 사서史書는 인간 활동의 바른 길과 스토리 중심의 연결 고리를 알아야 하는 것이었다. 그런데 고문古文은 이를 합해 다양한 작자의 문장에서 전고와 문법이 명확해야 그 주장을 이해할 수 있는 것들이었기 때문이었다. 선택된 시와 문장, 특히 당송팔대가唐宋八大家 산문들은 권무현하卷霧懸河와 같은 시원함을 주었다.

우리 선조들은 이 《고문진보》를 한문공부의 금과옥조金科玉條로 여겼다. 물론 중국인의 입장에서 보면 '大衆的 通俗 選集 詩文教材'로서 오류도 많아 청대 이후 완전히 잊혀지다시피 한 책이지만 우리 조선시대에는 "아침에는 경서를, 저녁에는 역사를 공부하고, 왼쪽에는 시를 끼고, 오른쪽에는 문장을 들고"(朝經暮史, 左詩右文) 학습하던 당시의 학습풍토에서 초보적인 시문詩文을 공부하는 학습자라면 바로 이 책으로 필수적인 과정課程으로 삼았던 것이다.

조선시대 학자라면 개인 문집에 이 책을 언급하지 않은 이들이 없을 정도였고, 특히 김시습金時習은 '《고문진보》를 구하고 나서'(《득고문진보得古文眞寶》《매월당집梅月堂集》(9))라는 시에서 이렇게 기쁨을 노래하였다.

"세상에서 구슬을 보물인 양 속이며 다투지만,
이는 다 쓰고 나면 남는 것이 없지.
이 《고문진보》를 만약 뱃속에 간직할 수만 있다면,
가슴속에 혼연히 쨍그랑 옥소리 울리리라."
(世間珠璧謾相爭, 用盡終無一个贏.
此寶若能藏空洞, 滿腔渾是玉璁琤.)

그런데 당시 나는 시중에 나와 있던 번역본 《고문진보》를 참고하고자 보다가 "이 좋은 문장들을 왜 일부만 번역했을까?" 하고 불만을 가졌었는데, 나중에 알고 보니 모두가 일본 전래 「괴본계열魁本系列」을 그들 나름대로 완역한 것을 그대로 중역한 것들이었다. 우리나라에 전통적으로 전해오며 한문학습의 절대적 권위를 지녔던 《상설고문진보대전詳說古文眞寶大全》에 비해 〈괴본〉은 후집後集의 경우, 작품수로 보아 절반도 되지 않는다. 그런데 나는 그것이 《고문진보》 원본인 줄 알았던 것이다. 즉 일본에 전해오는 《고문진보》는 우리나라 것과 완전히 다른 것임에도 충분한 해설 없이 그대로 중역해서 시중에 내놓은 것이니, 당시 학술 풍토로는 어쩔 수 없었음을 감안하더라도 안타까운 일이었다. 이에 언젠가는 전체를 번역해보리라 하고, 유학시절 대만에서 자료를 찾아보았지만 우리의 《상설고문진보대전》은 찾을 수도 없었고, 서지학적 자료나 관심도를 확인할 길도 없었다.

그런 채로 수십 년이 흘렀다. 그런데 서당에서 이 책을 강의하면서 아무래도 정리를 해야겠다는 부담이 압박으로 작용하여 결국 작업에 나서서 자료를 모았다. 마침 김학주 교수의 번역본과 성백효 선생의 역주본이 나오면서 많은 도움을 받을 수 있었고, 나아가 희열을 느끼게 되었다. 그리하여 각주脚註를 더욱 세밀히 하고, 음운적音韻的인 면까지 분석하고자 작품의 원原 출처出處를 일일이 찾아 대조하고, 전재轉載된 자료도 가능한 한 모두 섭렵하여 오류를 바로잡으면서 작업을 서둘렀다.

이렇게 해서 이 책을 본인의 「임동석교수의 동양고전 백선」에 함께 넣어 출간함으로써 빛을 보게 되었지만 그래도 워낙 많은 양을 혼자 입력하고 교정을 보고, 분석을 하다 보니 오자, 탈자, 와류訛謬를 면할 길이 없었다. 이 책으로 공부하는 이나 곁에 두고 읽는 분들께서는 전배前輩들의 번역본, 주석본을 참조하여 바로잡아 교정해 줄 것을 기대한다.

2017년 丁酉年 驚蟄 茆浦 林東錫이 負郭齋에서 적음

일러두기

1. 이 책은 朝鮮版本 《詳說古文眞寶大全》(大正 2년. 1913 서울 新舊書林) 前集(12권), 後集(10권) 전체를 역주한 것이다.

2. 이를 景文社에서 영인(1978 서울)된 《詳說古文眞寶大全》과 활자로 출간된 原本備旨 《古文眞寶集》(前後集合部, 世昌書館 1964 서울)과 대조하였으며, 특히 世昌書館 活字本의 誤謬를 일일이 바로잡아 작업하였다.

3. 異體字, 僻字 등은 〈新舊書林〉本 원전의 表記를 기준으로 하였으며, 脚註에서 일일이 밝혀 설명하였다.

4. 매 작품은 각기 原 著者(作者)의 개인 文集은 물론, 기타 중국 典籍에서 引用, 혹은 轉載된 모든 자료, 즉 《文選》, 《唐宋八大家文集》, 《四庫全書》, 《二十五史》, 《古文辭類纂》, 《古文觀止》, 《全唐詩》 등에서 모두 찾아 일일이 對照하여 作者, 題目 등의 相異한 부분이 있는 경우 각주에서 밝혔으며, 특히 誤謬가 있는 것은 상세히 근거를 밝혀 연구에 도움이 되도록 하였다.

5. 日本의 漢籍國字解全書 《古文眞寶》(早稻田大學出版部, 明治 43년, 1910)와 漢文大系 《古文眞寶》(後集. 明治 43년, 1910) 및 新釋漢文大系 《古文眞寶》(星川清孝, 明治書院. 昭和 42년, 1967) 등도 참고하였다. 이들은 《朝鮮版本 詳說古文眞寶》와 작품수와 차례 등에서 매우 차이가 있다.

6. 기존 한국에서 나온 각종 《古文眞寶》 飜譯本(抄譯本 포함)도 가능한 한 모두 구하여 대조, 검토하였으며, 특히 金學主, 成百曉 두 분의 역주본은 큰 도움이 되었다. 아울러 조선시대의 〈諺解本〉도 참고 자료로 활용하였다.

7. 매 편마다 일련번호를 부여하여 前集(237), 後集(127 附〈陋室銘〉 포함)으

로 하여 검색에 편리하도록 하였다.

8. 각 편은 題目, 飜譯, 原文, 註釋의 순서로 하였으며, 夾註 주석도 모두 해당 구절에 실어 연구에 도움이 되도록 하였으며, 특히 題下의 註는 迂齋 (樓昉의 堂號. 宋 紹熙 年間의 학자로 呂祖謙의 제자이며 아우 樓昞과 함께 文名을 떨쳤음)의 《崇古文訣》에서 인용된 것으로 이는 모두 원전을 찾아 일일이 대조하였다.

9. '참고 및 관련자료' 난을 마련하여 작자 略歷과 작품의 原典(혹 出典), 및 轉載된 다른 典籍을 모두 나열하였으며, 기타 필요한 자료를 실어 연구와 학습에 도움이 되도록 하였다.

10. 原文은 현대 중국식 표점을 가하였으며, 懸吐는 생략하고 註釋을 실었다. 註釋은 人名, 地名, 事件名, 用語 등 해석상 필요한 것들을 풀이하였으며, 이미 앞에서 제시된 것이라 할지라도 해당 장의 이해에 필요하다고 여겨지는 것은 반복하여 실은 것도 있다.

11. 아울러 주석에서는 가능한 한 구절 전체를 제시하고, 그 안에서 필요한 어휘나 개념 등을 추출하여 가능한 한 자세히 풀이하였다.

12. 直譯을 위주로 하였으나 문맥을 순통하게 풀이하기 위해 일부 의역을 한 곳도 있다. 아울러 漢文 문장의 미묘한 특징이나 특유의 표현법 등은 모두 주석에서 처리하였다.

13. 《古文眞寶》에 있는 註는 모두 활용하였으며, 제목 다음의 주는 역시 제목 아래 표점을 찍어 제시하였고, 문장 내의 夾註나 間註는 아래 역주의 해당 부분에 일일이 실어 연구와 이해에 도움이 되도록 하였다.

14. 작업상 오자, 탈자, 오류 등 불가피하였던 부분에 대해서는 발견되는 대로 앞으로 계속 수정 보완해 나갈 것이다.

15. 《詳說古文眞寶大全》에는 부록으로 宋 謝枋得(疊山)의 《文章軌範》27 편이 실려 있으나 여기에는 싣지 않았으며, 차후에 별도로 《文章軌範》 전체를 완역할 예정이다.

16. 이 책의 역주 작업에 참고한 문헌은 다음과 같다.

※ 참고문헌

1.《詳說古文眞寶大全》新舊書林. 大正 2년. 1913 서울 筆者所藏

2.《詳說古文眞寶大全》保景文化社 影印本. 1978 서울

3.《古文眞寶》世昌書館 活字本 1964 서울

4.《古文眞寶諺解》朝鮮時代(年度未詳) 鮮文大學校中韓飜譯文獻硏究所 2002 忠南 牙山

5.《古文眞寶》(2책) 金學主 譯註 明文堂 1986, 1989 서울

6.《古文眞寶》(2책) 成百曉 譯註 傳統文化硏究會 2001, 2015 서울

7.《古文眞寶》崔仁旭(譯) 乙西文化社 1982 서울

8.《古文眞寶》韓武熙, 宋貞姬(譯) 明知大學出版部 1982 서울

9.《古文眞寶》(後集) (漢文大系本) 臺灣 新文豊出版社 覆印本

10.《唐文粹》(宋) 姚鉉(編) 四庫全書 商務印書局(印本) 臺灣 臺北

11.《文章軌範》(宋)謝枋得(編) 四庫全書 商務印書局(印本) 臺灣 臺北

12.《崇古文訣》(宋)樓昉(迂齋) (編) 四庫全書 商務印書局(印本) 臺灣 臺北

13.《古文關鍵》(宋)呂祖謙(編) 四庫全書 商務印書局(印本) 臺灣 臺北

14.《文章正宗》(宋)眞德秀(編) 四庫全書 商務印書局(印本) 臺灣 臺北

15.《樂府詩集》(宋)郭茂倩 中華書局(活字本) 1979 北京

16.《古文集成》(南宋)編者未詳 四庫全書 商務印書局(印本) 臺灣 臺北

17.《唐宋八大家文鈔》(明)茅坤(編) 四庫全書 商務印書局(印本) 臺灣 臺北

18.《古文辭類纂》(6책) (淸) 姚鼐 三民書局 2006 臺灣 臺北

19.《唐宋八大家全集》(5책)余冠英, 周振甫, 啓功, 傅璇琮(主編) 國際文化出版公司 1998 北京

20.《唐宋八家文》(漢文大系, 上下)(淸) 沈德潛(著) 明治 43년, 1910. 東京

21.《古文觀止》(淸)吳楚材(編) (革新版) 謝冰瑩(外 譯註) 三民書局 1997 臺灣 臺北

22.《唐宋詩擧要》(淸)高步瀛(選注) 明倫出版社 1971 臺灣 臺北

23.《唐宋文擧要》(上下) (淸) 高步瀛(選注) 宏業書局 1979 臺灣 臺北

24.《古文約選》(淸)方苞(編)臺灣中華書局(印本) 臺灣 臺北

25.《文選》(6책) (梁)蕭統, (唐)李善 上海古籍出版社 1992 上海

26.《全唐詩》(淸)聖祖(御定) 明倫出版社(活字本) 1972 臺灣 臺北

27.《古詩源》(淸)沈德潛 馮保善(譯註) 三民書局 2006 臺灣 臺北

28.《古詩賞析》(淸)張玉穀 漢文大系 復刻本 新文豊出版公司 臺灣 臺北

29.《古文眞寶》(漢籍國字解全書. 2책) 早稻田大學出版部, 明治 43년, 1910. 東京

30.《古文眞寶》(漢文大系. 後集) 明治 43년, 1910. 東京

31.《古文眞寶》(3책) 星川淸孝(著) 新釋漢文大系 9-11 明治書院 1967, 東京

32.《樗隱逸稿》田祿生 박찬수(옮김) 한국고전번역원 2013. 서울

33. 기타 작자 각 개인 文集, 詩集,「二十五史」,「十三經」, 類書類, 選集類, 叢書類 등의 목록은 해당 작품의 참고란에 실었음.

해제

Ⅰ 고문古文

《고문진보》의 '古文'은 唐宋을 이어오면서 크게 제창되었던 古文運動(散文復古運動)에서 대상으로 삼았던, 先秦 및 秦漢시기 散文體의 문장을 뜻한다. 즉 散文爲主였다. 그런데 이 책의 前集은 韻文體로 채워져 있다. 따라서여기서 말하는 '古文'이란 散文은 물론 韻文도 古體로 되어 있는 것을 모았다는 뜻이다. 즉 唐宋 시대 定型化되었던 五言, 七言의 絶句, 律詩, 排律 등이 아닌 古體, 古風이 위주이며, 설령 당송시대 작가의 韻文이라 할지라도古體의 質朴하면서도 형식에 얽매이지 않은 작품으로 한계를 정한 것이다.

위진남북조 시대에는 四六文, 騈儷體 문장이 극성을 이루어, 내용보다는형식을 중시하여 技巧와 彫琢, 排偶, 綺靡, 聲律에 치중하였으며 내용은 눈약(嫩弱)함에 흐르고 말았다. 이에 선진산문이나 兩漢의 질박한 문체는 사라져 텅 빈 내용이 주를 이루었다.

唐이 들어서서도 이러한 풍조가 이어지자 敍事, 說理, 抒情, 寫景의 문장을 표현할 제재에 대해 새로운 변화의 욕구가 생겨나게 되었다. 이에 中唐에 이르러 韓愈를 중심으로 산문복고운동이 일어나 柳宗元이 뒤를 이었고,송대에 이르러서는 구양수歐陽脩, 소순蘇洵, 소식蘇軾, 소철蘇轍, 증공曾鞏,왕안석王安石 등 걸출한 문장가들이 모두 이에 동참함으로써 소위 '당송팔대가'를 낳게 된 것이다. 이들의 문장이 산문의 표준이 되고 문체의 典範이되어 원, 명, 청을 거쳐 백화운동이 일어나기 전까지 불변의 표현방법으로자리를 잡아왔던 것이다.

특히 韓愈는 "文以載道"를, 柳宗元은 "文以明道"를 주장하며, '貴古賤今,

今不如古, 尊經宗聖, 法古創新' 등의 旗幟 아래 '堯舜禹湯文武周公孔子' 등 성현의 도를 밝히고자 하였으니, 결국은 儒家復興을 위한 도구로써의 문장을 가장 높은 작문활동으로 여겼다. 이에 따라 문장을 짓는 기준은 "因文見道, 因道造文"이었으며, 그 텍스트는 "夏殷周 三代 經史"의 문장이 그들이 본받고자 하는 散文의 正宗이었던 것이다.

그리하여 송대부터 이를 구현하기 위한 교재와 학습용 도서에 대한 수요가 급증하게 되었으며, 그에 따라 당연히 유명 학자는 물론 경향 각지의 私塾과 서당, 향촌에서도 나름대로의 교재를 편집하고 좋은 문장을 묶어 책으로 편찬하는 작업이 성행하게 된 것이다. 즉, 《唐文粹》(宋, 姚鉉), 《文章軌範》(宋, 謝枋得), 《崇古文訣》(宋, 樓昉), 《古文關鍵》(宋, 呂祖謙), 《皇朝文鑑》(呂祖謙), 《文章正宗》(宋, 眞德秀), 《文淵榮華》(宋, 李昉), 《古文集成》(南宋, 편자 미상) 등이 그 예이며, 이러한 선편(選編) 작업은 계속 이어져 《唐宋八大家文鈔》(明, 茅坤), 《古文辭類纂》(淸, 姚鼐), 《唐宋八家文》(淸, 沈德潛), 《古文觀止》(淸, 吳楚材), 《唐宋文擧要》(淸, 高步瀛), 《古文約選》(淸, 方苞) 등이 뒤를 잇게 된 것이다. 아울러 古詩에 대해서도 별도로 관심을 기울여 《古詩源》(淸, 沈德潛), 《古詩賞析》(淸, 張玉穀), 《唐宋詩擧要》(淸, 高步瀛) 등이 쏟아졌었고, 古詩와 별도로 唐詩를 익히고자 한다면 《千家詩》(宋, 謝枋得), 《五言唐音》, 《七言唐音》, 《唐詩選》, 《唐人絶句選》(明, 趙宦光 등), 《唐詩品彙》(明, 高棅), 《唐人萬首絶句選》(淸, 洪文敏), 《唐詩三百首》(淸, 孫洙), 《唐詩一千首》(淸, 金聖嘆), 《全唐詩》(淸) 등 다양한 작업들이 이루어진 것이다.

Ⅱ 《古文眞寶》

《고문진보》는 바로 위와 같은 일련의 선편작업選編作業의 하나였다. 그런데 위에 열거한 많은 교재, 혹은 선집 들은 비교적 널리 알려지기도 하였고, 편찬자의 이름도 확실하며 나아가 이름난 학자, 전문성을 가진 이들이 나서서 이룩한 것으로서, 대개 〈사고전서四庫全書〉에도 수록되어 중요한 학술서적으로 인정받고 있다.

그런데 유독 《고문진보》만은 청대 이후 현재 중국학자들에게는 거의 잊힌 상태이며 귀한 대접을 받지도 못하고 있고, 고문연구나 학습의 대상으로 받아들여지지도 않고 있다. 그러면서 도리어 한국과 일본에서는 귀중한 정도가 지나칠 정도였으며, 이에 따라 학습서, 필독서, 필수교재로서, 그 동안 받아온 대접은 위에 든 많은 책이 따라올 수 없을 정도이다. 무슨 이유인가? 답은 이렇게 추정할 수 있다.

첫째, 이 책은 大衆用 通俗的인 詩文選本 교재의 성격으로 편집된 것이다. 편찬자가 유명 인물이나 학술적 성과를 거둔 전문 학자가 아니었기 때문이다. 흔히 이 책을 편찬한 이가 黃堅으로 알려져 있으나 그의 생애는 제대로 알려진 것이 없고, 이 책 외에 다른 성과물을 남겼다는 기록도 없다. 아마 시골 사숙의 훈장이나, 혹 고문을 좋아하여 늘 접하면서 교육용 교재로 사용하기 위해 그 나름대로 의도를 가지고 편집(선집)했을 가능성이 있을 뿐이다.

둘째, 이 책에는 오류가 심하고 편선기준編選基準이 설정되지 않았을 뿐 아니라 폭넓게 수집하여 精選한 것은 아닌 것으로 보인다.

셋째, 게다가 최초 편찬자의 서문이나 자료가 될 만한 기록이 없어 어떤 의도로, 어떤 목적으로, 언제, 어디서, 어떤 상황에서 이러한 작업을 했는지 등을 알 수 있는 초보적인 자료를 남겨놓지 않았다.

넷째, '고문古文'이란 산문을 뜻한다. 그런데 이 책은 전후집으로 나누어 전집에는 韻文을 실어 '古文精神'을 부각시키기 위한 의도를 드러내고 있다. 즉 古文에 상대하여 古詩를 내세웠으며, 이에 '古詩十九首'는 물론 隋唐 이전의 질박한 시와 당송시대 시들 중에 古風으로 된 것들을 위주로 모아, 《고문진보》라는 책 이름에 맞춘 것이다. 따라서 성당시대 일부 시는 물론, 宋代 理學家들의 說理詩, 唐宋八大家들의 시들이 대거 채택되게 된 것이다.

다섯째, 詩文分化의 정확한 기준이 없고, 文體도 임의로 분류하여 학술적 가치를 인정받기 어렵다.

여섯째, 明末淸初에 들어오면서 중국 학술계는 桐城派에 의해 고문연구에 대한 열기가 아주 뜨거워졌다. 이에 의해 정통 학술적인 기준에 의해 고문을 분석하고, 문체를 분류하며 선집을 출간하기 시작하였다. 그 대표적인 것이 姚鼐의 《古文辭類纂》 등이며 산문뿐 아니라 古詩에 대해서도 《古詩源》 등 많은 학술적 연구서들이 쏟아졌다. 이에 통속적이며 대중적인 이 《古文眞寶》는 당연히 폄하되거나 천시되고 말았을 것이다.

이상으로 보아 이 책은 평이한 교재로서는 어느 정도 용도에 맞으나 학술적으로는 그다지 정확성, 적확성, 전문성을 띠지 못하고 있어, 중국에서는 淸代 考證學의 발달과 함께 학자들에게 전혀 인정을 받지 못한 채 묻히고 만 것으로 보인다. 한편 한국이나 일본 등에서는 '운문과 산문'을 함께 학습할 수 있는 좋은 자료이며, 동시에 내용이 평이하고, 유가적 색채가 농후하며, 당송팔대가의 대표적 문장을 쉽게 접할 수 있고, 성리학자들의 說理的 교훈을 얻을 수 있으며, 勸學에 대한 정녕丁寧한 내용이 앞에 있어 한문 공부에는 이만한 자료가 없다고 여길 만하였던 것이다. 즉 방대한 전문서는 내용도 많고 분량이 과다하여 전문학자용이며, 구하기도 쉽지 않아 교재로서는 널리 이용될 수가 없으나, 이처럼 분량도 알맞고 내용도 평이하며, 精華만 모은 것이라면 비록 통속적이라 할지라도 이웃나라에서는 대환영을 받을 수 있는 교재가 되는 것이다. 이러한 예는 《十八史略》(元, 曾先之)이나 《明心寶鑑》(明, 范立本) 등도 똑같은 원리로 중국에서는 전혀 알지 못하는 책이지만 한국과 일본에서는 더없이 귀중한 대접을 받아온 것과 같은 이치이다.

Ⅲ 《古文眞寶》의 변천

이 책은 앞서 말한 대로 大衆的이고 通俗的인 詩文選集이며 학습용 교재로 출발한 것이다. 가능한 한 교훈적인 글, 표준적인 글을 많이 수록하여 고문을 학습하는 자의 수준에 맞도록 꾸민 것이다. 처음 이 작업을 한 사람은 黃堅으로 추측된다. 그러나 〈元刻本〉의 序文에는 전혀 편자의 이름을 밝히고 있지 않아, 과연 초기 편집자가 황견인지는 의심을 자아내기도 한다. 만약 黃堅이라면 그 〈元刻本〉의 경우 謝枋得(1226–1289)의 〈菖蒲歌〉(前集 191)가 실려 있어, 그는 당연히 宋末元初의 인물일 것이다. 이 '黃堅編纂說'은 靑藜齋라는 사람의 〈重刊《古文眞寶》跋〉(明 弘治 15년, 1502)에 "永陽黃堅氏所集《古文眞寶》二十卷"이라 하였고, 그 夾註에 "徐州麟峰人"이라 한 데서 비롯되었는데. 永陽은 지금의 安徽 徐州 永城이며 麟峰은 그곳 마을 이름이다. 한편 20권이라 한 것은 지금의 22권과 차이가 있으며, 이어서 "凡二十有七體, 三百十有二篇"이라 하여 27체, 312편이라 하였는데, 이 역시 지금의 책과는 차이가 있다. 한편 그보다 훨씬 앞선 元 至正 丙午(1366) 鄭士文의 《古文眞寶》敍)에서는 "首有〈勸學〉之作, 終有〈出師〉,〈陳情〉之表"라 하여 첫머리는 〈勸學文〉으로 시작하여 〈出師表〉와 〈陳情表〉로 끝을 맺었던 것으로 되어 있다. 이는 지금 우리나라의 《詳說古文眞寶大全》과는 완전히 다르다.

특히 우리의 《詳說古文眞寶大全》後集(123) 〈太極圖說〉에는 新案 陳櫟의 서문이 注로 삽입되어 있다. 그 내용을 근거해 보면, 그 역시 이 《古文眞寶》의 增補나 修訂에 관여한 인물로 보인다. 이에 대해서는 金侖壽 〈詳說古文眞寶大全과 批點古文〉(中國語文學 15집, 1988)을 참조하기 바란다. 그 외 注釋과 音釋, 點校 등에 관련된 인물들로 〈萬曆戊申本〉의 葉向高, 《評林注釋古文大全》과 淸刊本 《新臺閣校正注釋補遺古文大全》의 張瑞圖, 朝鮮本 《詳說古文大全》의 宋伯貞, 劉剡, 陳櫟 등의 이름도 보여 실제 이 책은 첫 편찬 그대로 이어온 것이 아니었음을 짐작할 수 있다. 그렇다면 이 책은 시간이 흐르면서 改編, 增補, 校正, 註解 등의 작업이 끊임없이 이루어져서 오늘날 여러 판본의 《古文眞寶》로 분화된 것으로 볼 수 있다.

한편 일본은 室町 시대 승려 五山이 일본으로 전수해간 《古文眞寶》(《魁本大字諸儒箋解古文眞寶》계열)가 지금껏 유행하고 있으며, 이는 우리 조선판본과 확연히 다른 것으로, 매우 특이한 현상이라 할 수 있다.

Ⅳ 《古文眞寶》의 판본

《古文眞寶》의 판본은 아주 복잡하다. 이에 대해 간단히 정리하면 다음과 같다.

〈1〉〈元版本〉

이의 원본은 중국 浙江 紹興圖書館에 소장되어 있다. 宋末元初 黃堅(?)이 처음 편찬한 것을 근거로 출간했을 것으로 여겨지며, 三山(지금의 福建 福州) 林以正(林楨)이란 자가 생도들을 가르치던 중 시중에서 選本을 구하여 "좋지 못한 것은 바로잡고, 번다한 것은 잘라버리고, 생략된 것은 상세히 하여"(未善者正之, 繁者芟之, 略者詳之) 다시 잘 다듬은 것이다. 이를 鄭士文(鄭本)이란 자가 林以鄭의 제자 有章 余氏를 알게 되어 그의 권유에 의해 元 至正 26년(丙午, 1366)에 序文을 남겨 그나마 면모를 알 수 있게 된 것이다. 그런데 여기에는 黃堅이 편찬했다는 말이 전혀 없다. 그렇다면 林以正이 사용하였고, 다시 시중에서 구한 坊本은 언제 출간된 것인가? 그 이전 남송 때 누군가에 의해 이미 편집하여 교재용으로 널리 쓰이던 판본이었을 것으로 여겨진다. 이에 대해서 姜贊洙의 〈中國刻本古文眞寶的文獻學硏究〉에서 "紹興圖書館 소장 〈魁本大字諸儒箋解古文眞寶〉에 宋 太祖(趙匡胤), 眞宗(趙恒), 欽宗(趙桓)의 匡, 恒, 桓이 避諱된 것을 근거로 초기간행은 南宋 때 이루어졌다"라고 주장하였다.

이 판본은 일본 室町 시대 승려 五山에 의해 일본으로 건너가 覆刻되었으며, 이것이 흔히 일컫는 일본의 《魁本大字古文眞寶》 계열이 되었다. 이 책은 맨 뒤가 〈出師表〉와 〈陳情表〉로 되어 있으며 모두 217편이 수록되어 있다.

〈2〉〈弘治本〉

이는 明 弘治 15년(1502) 당호만 알려진 靑藜齋란 사람이 跋文을 붙인 것이다. 그 발문에는 편자에 대해 구체적으로 永陽 사람 黃堅이라 밝히고 있으며, 靑藜齋가 雲中(지금의 山西 大同)에서 자신이 시중에 떠돌던 坊本 중에 善本을 구해 點校를 거쳐 중간한 것이라 하였다. 이 판본은 총 20권으로 27체 312편(전집 245편, 후집 67편)이 들어 있으며, 前集은 〈元版本〉 217편보다 훨씬 증가되었다. 이 序文에 근거하여 일반적으로 '黃堅編纂說'이 널리 퍼졌으나, 淸 乾隆 연간 于敏仲의 《天祿琳琅書目》에는 《諸儒箋解古文眞寶》를 수록하면서 "黃堅, 不知爲何時人"이라 하였고, 같은 청대 黃虞稷의 《千頃堂書目》에는 明代 圖書에 이 책을 배열하고 있어 黃堅을 明代 인물로 보았다. 이에 따라 혹 黃堅이란 자는 宋代 인물이 아닐 것이며, 훨씬 후대 사람으로 早期 改編者이거나 修訂 보완에 관련된 자로서 增删이나 加工에 참여한 것으로 추정하기도 한다. 이에 대한 것은 姜贊洙〈古文眞寶의 編纂과 그 流轉 樣相〉(中國文學硏究 33집 2006)을 참고하기 바란다.

〈3〉〈萬曆重刊本〉〈萬曆御製本〉

이는 줄여서 〈萬曆本〉으로도 불리며 上海圖書館 등에 소장되어 있다. 〈弘治本〉을 다시 明 神宗(朱翊鈞, 1573-1620. 연호 萬曆)이 서문을 붙여 간행한 勅撰이다. 여기에는 〈弘治本〉을 근거로 "永陽黃堅編集, 張天啓釋文"이라 하였으며, 아울러 靑藜齋의 〈跋文〉을 그대로 옮겨 싣고, 〈御製重刻古文眞寶前序〉에 "朕觀前代稽古好文之主, 雖雍容燕閑, 不廢簡冊, 非徒博覽洽聞, 蓋亦定心養心之助也. ……朕每退居淸燕, 游意編章, 于古文眞寶一編, 時加披閱. 舊本凡三百十有二篇, 今益三十五篇, 刻久漫漶, 因重授梓, 以便觀覽焉"이라 하였다. 아울러 "萬曆十一年(1583)夏四月吉日司禮監奉旨重刻"으로 되어 있어 연대와 간행 부서를 정확히 알 수 있다.(姜贊洙 2006 참조) 이 판본은 작품의 편차를 다시 조정하여 〈弘治本〉 312에서 35편을 더 실어 347편으로 하였으며, 순서도 달리하고 後集 끝은 역시 〈出師表〉와 〈陳情表〉로 되어 있다.

〈4〉〈萬曆戊申本〉《古文大全》

책명이 《古文大全》으로 바뀌기 시작한 판본으로, 葉同高가 註釋을 달아 萬曆 36년(戊申, 1608)에 간행한 것이다. 吳曙谷의 序文이 있으며, 이는 魁本(元版本)을 근거로 증보한 것이다.

〈5〉〈明版本〉《評林注釋古文大全》

〈戊申本〉을 확대 개편한 것으로, 책이름이 《評林注釋古文大全》으로 되어 있으며, 혹 《新增注釋古文大全》, 《評林注釋要刪古文大全》 등으로도 불린다. 後集에 辭類와 序類를 增補하여 1권이 덜 늘어나 있다.

〈6〉〈和刻本〉《魁本》 계열

일본 室町(1333–1573) 시대 승려 五山이 들여온 〈元版本〉을 日本에서 飜刻하여 지금껏 유행하고 있는 판본이다.(五山은 明初 中國 江蘇에 들어가 《明心寶鑑》 등 많은 서적을 일본으로 전수해간 승려임). 이를 흔히 《魁本大字諸儒

箋解古文眞寶》라 하며, 전후 20권이다. 일본에서는 慶長 14년(1609) 활자본으로 간행되었고, 그 뒤 元和, 寬永 연간에 계속해서 출간되었다. 이 판본은 일본에서 지금까지도 널리 유행하고 있으며 실려 있는 작품 수는 우리나라의 〈조선본〉에 비해 훨씬 적다. 이를 1910년 早稻田大學에서 '漢籍國字解全書《古文眞寶》(前集 上下, 後集 단권 등 총 3책)와 漢文大系(後集만 있음, 1910)에서 역주를 넣거나, 혹 표점을 가하여 출간한 이래, 이를 바탕으로 번역본 新釋漢文大系(星川淸孝)의 《古文眞寶》(明治書院 1967 총 3책) 등은 모두 이를 기본으로 하여 나오게 된 것이다. 이는 〈조선본〉 364편에 비해 前集에서 25편, 後集은 〈秋風辭〉로 시작하며 64편이 적어 모두 274편만 실려 있어 확연히 차이가 난다.

즉 지금까지 일본에서 유행하고 있는 魁本系列의 《箋解古文眞寶》는 前集에서는 작품수가 〈조선본〉에 비해 25편이 적으며, 後集은 「辭類」, 「賦類」(1권), 「說類」, 「解類」(2), 「序類」(3), 「記類」(4), 「箴類」, 「銘類」, 「文類」(5), 「頌類」, 「傳類」(6), 「碑類」, 「辯類」(7), 「表類」(8), 「原類」, 「論類」(9), 「書類」(10) 등으로 나누어 〈秋風辭〉로 시작하여 〈答張籍書〉로 끝을 맺어 총 10권 67편만 들어 있다. 이는 〈조선본〉에 비해 반 정도에 지나지 않는다. 게다가 특이한 점은 〈조선본〉에는 없는 〈陋室銘〉이 銘類에 더 들어 있다는 점이다.

〈7〉 〈朝鮮版本〉《詳說古文眞寶大全》

우리나라에 지금까지 유행하고 있는 《詳說古文眞寶大全》은 중국이나 일본에 전하지 않으며 전집 12권, 후집 10권 등 총 22권으로 되어 있다. 전집 237편, 후집 127편 등 364편이 실려 있어 가장 풍부한 자료를 가지고 있다. 前集의 경우 文體別로 분류하여 〈勸學文〉(8편)을 앞에 싣고 이어서 「五言古風短篇」(1,2권), 「五言古風長篇」(3), 「七言古風短篇」(4,5), 「七言古風長篇」(6), 「長短句」(7), 「歌類」(8,9), 「行類」(10,11), 「音類」, 「引類」, 「曲類」, 「辭」(12)로 총 12권 237편으로 되어 있으나, 後集의 경우 문체에 대한 분류가 없이 대체로 시대순으로 싣고 있으며, 첫 작품 〈離騷經〉으로 시작하여 〈克己銘〉으로 끝을 맺어 총 10권 127편(단 四箴을 각기 나눌 경우 130편)을 싣고 있다.

이 책의 音釋과 校正을 담당한 인물로 "前進仕 宋貞伯音釋, 後學京兆劉剡校正"라 표기되어 있으나 이들에 대해 구체적으로 알 수 없으며, 序文도 실려 있지 않다.

한편 이 책에는 뒤에 부록으로 《文章軌範》의 27편이 실려 있다. 이는 宋末 謝枋得이 《文章軌範》에 68편의 唐宋 散文家들의 문장을 추려 '侯王將相有種乎'(이는 《史記》陳涉世家의 吳廣이 "王侯將相寧有種乎?"라 한 말에서 유래된 것임)로 나누어 7권으로 편집한 것으로, 그 중 41편은 《古文眞寶》와 중복되어 그 나머지만을 실어 놓은 것이다. 이는 古文(散文) 학습에 자료로 활용할 수 있도록 한 것으로, 조선시대 우리나라에서 부록으로 덧붙인 것으로 여겨진다.

제목만 제시하면 다음과 같다.

01〈與于襄陽書〉, 02〈代張籍與李浙東書〉, 03〈與陳給事書〉, 04〈上宰相第二書〉, 05〈應科目時與人書〉, 06〈送高閑上人序〉, 07〈送殷員外使回鶻序〉, 08〈原毀〉(이상 8편 韓愈). 09〈春秋論〉(歐陽脩), 10〈春秋論〉(蘇洵), 11〈晁錯論〉, 12〈留侯論〉, 13〈秦始皇扶蘇論〉, 14〈荀卿論〉(이상 蘇軾), 15〈上高宗封事〉(胡銓), 16〈雜說上〉, 17〈送董邵南序〉, 18〈送王含秀才序〉, 19〈答李秀才書〉, 20〈送許郢州序〉, 21〈贈崔復州序〉(이상 韓愈), 22〈讀李翶文〉(歐陽脩), 23〈柳子厚墓誌〉(韓愈), 24〈書箕子廟碑陰〉(柳宗元), 25〈跋紹興辛巳親征詔草〉(辛棄疾), 26〈祭田橫墓文〉(韓愈), 27〈上梅置講書〉(蘇軾)

V 우리나라에서의 《古文眞寶》

우리나라에서 널리 애용되었고 지금도 활용되고 있는 《詳說古文眞寶大全》은 어떤 계열이며, 언제 들어왔는지에 대해서는 정확히 알 수 없다. 이는 일본에 전하는 魁本 계열과 전혀 다르며, 중국에도 같은 판본이 없기 때문이다. 한때 《古文眞寶》는 高麗 중기 1160년대 발간된 세계 最古의 금속활자로 간행한 것이라는 주장(孫寶基)과 1472년 처음 간행된 것(李謙魯), 田祿生이 合浦에서 간행한 것을 다시 沃川에서 庚子年(世宗 2년, 1420)에 간행한 〈田藝本〉이 최초라는 주장으로 논쟁을 벌인 일이 있었다.(『朝鮮日報』 1973년 11월 6일자 및 1973년 『新東亞』 12월호 〈古文眞寶論爭〉)

그러나 《樊隱逸稿》(4)에 실려 있는 金宗直(1431-1492)의 〈詳說古文眞寶大全跋〉에 "앞뒤로 세 번 사람의 손을 거쳐 우리나라에 들어왔는데 야은(樊隱) 전녹생(田祿生 : 1318-1375)이 처음 合浦(馬山)에서 간행하였고, 그 뒤 管城(沃川)에서 뒤를 이어 간행하였다"라 하여 高麗末 田祿生에 의해 처음 간행되었으나 초기 〈合浦本〉과 뒤의 〈管城本〉이 서로 증감이 있었다고 하였다. 그렇다면 이는 鄭士文이 서문을 쓴 至正 丙午년(1366)의 〈元版本〉의 시기와 거의 같은 것으로 추정되어, 매우 일찍 이미 들어왔음을 알 수 있고, 간행까지 하였다면 이는 지금의 《詳說古文眞寶大全》은 아니었을 것임이 분명하다. 그러다가 景泰(明 代宗의 연호. 145-1456년까지 7년간) 초에 明나라 翰林侍讀 倪謙(1415-1479)이 朝鮮에 사신으로 오면서 가져다 준 것이 舊本에 비해 양이 갑절이나 많아 '大全'이라 불렀다 하였으니, 이것이 《詳說古文眞寶大全》의 원본이 아닌가 한다. 게다가 "濂溪, 關, 洛의 宋代 性理學에 대한 문장도 첨가되었다"(又且參之濂溪關洛性命之說)고 하였으니, 지금의 《詳說古文眞寶大全》과 완전히 일치한다. 특히 後集(10) 〈太極圖說〉(123)에는 新案 陳櫟의 序文이 注로 삽입되어 있는데, 이를 근거로 지금의 《詳說古文眞寶大全》은 宋末 陳櫟에 의해 편찬된 것이라는 주장이 설득력을 얻고 있다.(成百曉 《譯註古文眞寶》(前集) 傳統文化硏究所 2001년에 실린 成百曉의 머리말과 宋載卲의 〈古文眞寶 解題〉를 참조할 것)

陳櫟(1252-1334)은 新安 休寧 사람으로 자는 壽翁이며 號는 定宇, 晩年에 東阜老人으로도 불렸으며, 朱子學을 신봉하였으나 宋이 망하자 後學의 양성과 저술에 힘써 《定宇集》, 《上書集傳纂錄》, 《歷朝通略》 등을 남기기도 하였던 인물이다. 그는 《古文眞寶》에 宋代 理學家들의 글이 반드시 실려야 한다고 여겨, 첫머리에 朱熹의 《楚辭集注》를 근거로 〈離騷經〉과 10권에 周敦頤(濂溪)의 〈太極圖說〉을 더 삽입하여 理學을 신봉하던 자신의 신념을 반영하였을 것이다. 그러나 陳櫟의 생몰연대로 볼 때 〈元版本〉의 鄭土文 序文(1366)보다 앞서 과연 그처럼 이른 시기에 그러한 작업을 하였는지는 역시 의문으로 남는다. 게다가 실제 '古文'은 문학적이거나 논리적, 서사적, 서정적인 문장을 뜻하는 것이어야 함에도 陳櫟이 이학가의 哲學的 문장을 넣은 것은 실제 무리가 아닌가 한다.

좌우간 예겸이 조선에 전해주어 한국에서 유행하게 된 이 판본은 바로 이처럼 陳櫟에 의해 어떤 형태로든 개편, 또는 증보된 판본일 것으로 여겨지며, 이것이 조선에서는 표준본으로 자리를 잡게 되었으나, 중국에서는 무슨 이유에선가 그 뒤로 湮滅되어 전하지 않고 있는 것이 아닌가 여기기도 한다.

한편 우리나라에서의 간행은 기록을 살펴보면 世宗 2년(1420)에 《善本大字諸儒箋解》라는 명칭으로 간행된 일이 있었으나 이 판본은 아직 보이지 않으며, 그 뒤 《端宗實錄》 원년(1453) 8월 戊辰에 "《史略》과 《古文眞寶》를 頒賜하였다"는 기록이 있는데, 이것이 곧 文宗 원년(1451) 銅活字의 庚午字(大字)와 甲寅字(小字)로 간행한 것의 印本으로 알려져 있다.

그 뒤 조선시대에는 여러 차례 복간이 되어 왔으며 근세 1913년 新舊書林에서 출간되기도 하였고, 이를 1978년 保景文化社에서 축약하여 영인본으로 출판하였으며, 아울러 1964년에는 世昌書館에서 活字本으로 내기도 하였으나 일부 오자가 있다.

거기에 더하여 간행 연도나 과정을 알 수 없는 조선시대 《古文眞寶諺解》도 있다. 이 책의 원 제목은 《상설고문진보언해》이며 高麗大學校 六堂文庫本과 藏書閣本을 합하여 20권 14책이다. 전집의 1, 2권은 낙질이며, 일부는 원문만 있는 것도 있다. 18세기 말에서 19세기 초에 이루어진 것으로 보이며, 모두 시 219편과 문 67편이 실려 있다. 藏書閣의 異本(8권 8책)은 역시 낙질본으로 英祖 연간에 필사된 것으로 여기고 있으며, 두 판본 모두 飜譯者나 筆寫者를 알 수가 없다.

VI 결언

우리나라 조선시대 학자들은 四書와 經書를 익힘과 동시에 詩文을 공부하기 위해 반드시 이《古文眞寶》를 필수 교재로 활용하였다. 그리하여 뒤에 자신의 문집이나 별도의 책을 내면서까지 이 책에 대해 언급하고 분석하며 작품에 次韻을 할 정도로 관심을 기울였을 뿐만 아니라 금지옥엽처럼 여겨 애지중지하였다.

즉 梅月堂 金時習은 이《고문진보》를 얻게 되자 시로써 그 기쁨을 남겼고, 李德弘은 〈古文眞寶質疑〉, 〈古文後集質疑〉를 남겼으며, 金隆의《勿巖集》에도 〈古文眞寶前集講錄〉을 남겼다. 그런가 하면《宣祖實錄》에는 임금이 栗谷(李珥)에게 문장의 훌륭함을 칭찬하며 "어릴 때 어떤 공부를 했는가?"라고 묻자 율곡이 "韓文(韓愈의 문장),《고문진보》,《시》,《서》를 읽었을 뿐"이라 한 내용이 실려 있으며, 眉巖 柳希春의《眉巖日記》에도《古文眞寶》작품의 내용과 해석에 대해 金應男, 鄭琢, 趙廷機 등에게 설명해준 자랑이 실려 있다.

한편으로는 이《古文眞寶》와《十八史略》에 대해 부정적인 비판을 가한 경우도 있다. 즉 退溪는 〈眞宗皇帝勸學文〉의 내용이 부귀와 공명으로 학자들을 유혹한다고 여겨 읽지 말도록 하였으며, 柳希春은 白居易의 〈長恨歌〉가 玄宗(明皇)이 며느리(楊貴妃)를 빼앗은 不倫을 미화시켰다고 여겼고, 許筠은 "《고문진보》는 한 사람이 기준도 없이 문장들을 우연히 선집한 것으로 천박하니 읽지 않아도 된다"라고 하였다.(이상 宋載卲의 글에서 정리함)

그럼에도《고문진보》는 조선시대 이후 詩文 공부의 최고 필수 교재였으며 그 뒤 꾸준히 읽혀오고 끊임없이 사랑을 받아온 한문 독본이었음은 부정할 수 없다.

다만 우리나라 한글 해석본(번역본)은 주로 일본의 이《箋解古文眞寶》를 번역한 일본어판을 重譯한 것이 많아, 우리 고유의 〈조선본〉《詳說古文眞寶大全》이 조선시대 교재로 그토록 아끼고 사랑을 받았던 필수 자료이건만 도리어 전체를 손을 대지 않았던 안타까움이 있었다. 그러다가 金學主 교수의 (新完譯)《古文眞寶》(明文堂)와 성백효의 (譯註)《고문진보》(전통문화연구회)가 나옴으로써 제대로 된《상설고문진보대전》전체를 두루 참고할 수 있게 된 것은 다행스러운 일이라 할 것이다.

《古文眞寶》跋 ·························· 鄭士文(〈元版本〉)

육경六經을 강술하지 아니하면서부터, 세상에 어릴 때 학문을 가르치는 자는 반드시 《논어》, 《맹자》를 먼저 가르치고 그 다음 차례로 고문을 다루었으니, 역시 '남는 힘으로 글을 배운다'는 뜻이었다. 《진보》를 편찬함에 〈권학〉을 시작으로 하고, 〈출사표〉와 〈진정표〉로써 끝을 맺고 있으니, 어찌 부지런히 힘써 이들로 충과 효로 유도하고자 함이 아니겠는가? 이것이 이를 편찬한 자의 미의微意이리라.

아깝도다! 옛날 간행된 책은 거의가 깎아내고 줄인 것이 많을뿐더러 주석도 명확하지 못하여 읽는 이들이 아쉽게 여겼다. 그런데 삼산三山의 임이정林以正 선생이란 분이 학생들을 가르치는 여가에 시장을 돌아보며 책을 구하여 좋지 못한 것은 바로잡고, 번다한 것을 잘라버리며, 생략된 것은 상세히 하여, 반드시 지극히 합당함에 귀착되게 한 다음에야 그쳤다.

이 책의 경우 각 편의 제목 아래 대의大意를 묶어서 싣고, 구두句讀의 사이에는 훈해訓解를 정밀하게 밝혔으니 유학幼學의 선비들로 하여금 도움이 되는 바를 얻을 수 있도록 했을 뿐만 아니라, 향상鄕庠과 술서術序에서 토원책兎園冊을 낀 채 입을 다물고 말을 못하는 놀림을 면하도록 해 주고 있다.

내가 서림書林에 우거하기 6년, 훌륭한 선비를 만나 친구로 사귀게 되었는데, 그는 임선생의 고제高弟임이 틀림없었다. 내가 늦게 태어났고 그 임선생은 먼저 세상을 떠나 비록 만날 수는 없었지만 그래도 그 제자를 보면 그 선생을 알 수 있었던 셈이다. 하루는 유장有章 사람 여군余君이 나에게 "《고문진보》는 선사先師께서 온 힘을 기울여 부지런히 교정한 것입니다. 그러나 미처 머리에 제사題辭를 쓰지 못하셨으니 이것이 결점이 아닌가 합니다! 어찌 서문을 청하지 않을 수 있겠습니까?"라고 하였다.

나는 이를 사양할 수 없어 드디어 그 개략을 서술하여 서문으로 삼는다.

지정至正 병오丙午년 맹하孟夏, 우강盱江의 후학 정사문鄭士文 서敍.

自六藝不講, 而世之誨小學者, 必先以《語》,《孟》, 而次以古文, 亦「餘力學文」之意也.《眞寶》之編, 首有〈勸學〉之作, 終有〈出師〉,〈陳情〉之表, 豈不欲勉之以勤, 而誘之以忠孝乎? 此編者之微意也.

惜乎! 舊所栞行, 率多刪略, 注釋不明, 讀者憾焉. 有三山林以正先生者, 授徒之暇, 閱市而求書, 未善者正之; 繁者芟之; 略者詳之, 必歸於至當而後已. 若此書者, 撮大意於篇題之下, 精明訓解於句讀之閒, 非惟使幼學之士, 得有所資, 而挾兔園冊於黨庠術序之閒者, 亦免箝口之譏矣.

予寓書林必年, 得一善士而與之友者, 必先生之高弟也. 來後去先, 雖不及會, 然觀其徒, 則可以知其師矣. 一日有章余君, 語予曰:「《古文眞寶》, 先師用心之勤矣. 猶未有以題其首, 非缺歟! 盍請序之?」予不獲辭, 遂述其槩而爲之序.

至正丙午孟夏, 盱江後學鄭士文敍.

【六藝】《易》,《詩》,《書》,《禮》,《樂》,《春秋》 등 六經을 뜻함. 여기서는 儒家의 經典을 통틀어 한 말.

【語孟】《論語》와 《孟子》.

【餘力學文】《論語》 學而篇에 "子曰:「弟子, 入則孝, 出則弟, 謹而信, 汎愛衆, 而親仁. 行有餘力, 則以學文.」"이라 함.

【出師, 陳情】諸葛亮의 〈出師表〉(後集 009, 010)와 李密의 〈陳情表〉(後集 013). 〈출사표〉는 忠을 〈진정표〉는 孝를 대표하는 글이라 여긴 것이며, 이로써 첫 《古文眞寶》는 이 두 편이 끝으로 되어 있었음을 알 수 있음.

【微意】숨겨진 뜻. 원래의 의도.

【三山】地名. 지금의 福建 福州.

【林以正】林楨. 자는 以正. 당시 그곳 私塾(書堂)의 선생으로 여겨지며 《詩學大成》 30권을 남겼다 함. 于敏仲(淸)의 《天祿琳琅書目》(10)에 "《詩學大成》二函十冊, 元 林楨著, 三十卷, 前有元毛直方序. 林楨爵里不可考, 以作序之毛直方推之, 當亦爲 宋末元初之人"이라 하였음.

【兎園冊】唐五代 때 私塾의 선생이 학생들을 가르치던 질이 낮은 교재를 뜻하는 俗語. 내용이 부실하고 천박하여 뒤에 아동용 漢語詞語를 뜻하는 말로 쓰였으 며 나아가 '淺近한 書籍'의 뜻으로 쓰임. '兎園'은 원래 漢나라 때 梁孝王의 園囿 를 가리킴.

【鄕庠術序】鄕의 학교와 학술을 논하는 학교. 庠과 序는 모두 學校를 뜻함. 《孟 子》滕文公(上)에 "設爲庠序學校以敎之:庠者, 養也;校者, 敎也;序者, 射也. 夏曰 校;殷曰序;周曰庠;學則三代共之, 皆所以明人倫也"라 함.

【箝口之譏】입을 다물고 아무 말을 못한다는 놀림. 무식함을 뜻함.

【書林】서적을 많이 모아 놓은 집.

【必年】6년을 뜻함.

【高弟】수제자. 〈漢文大系〉본에는 '弟'가 '第'로 되어 있으나 이는 오류로 여겨짐.

【來後先去】나는 늦게 태어나고 그는 일찍 세상을 뜸.

【有章】地名, 지금의 江蘇 泰州 興化鎭. 또는 余君이란 자의 字나 號. 원래 《詩》小 雅 "彼都人士, 狐裘黃黃. 其容不改, 出言有章"에서 온 말.

【盍】'何不'의 合音字.

【至正丙午孟夏】'至正'은 元 마지막 황제 順帝의 세 번째 연호. 1341–1368년까지 28년간이었음. '丙午'는 至正 26년(1366). 明 太祖 洪武 2년전임. '孟夏'는 음력 4월.

【旴江】지명. 지금의 江西 廣昌縣 旴江鎭.

【鄭士文】鄭本. 자는 士文.

　　영양永陽 사람 황견黃堅이 편집한 《古文眞寶》20권은 칠국七國 이하 여러 명가名家들의 작품을 실은 것이다. 무릇 27체體, 312편篇으로 대체로 정선精選한 것이다. 간행한 지가 이미 오래되어, 근래 서점에 전하는 것들은 거의가 글자가 인멸되고 벌레가 좀을 슬어 읽는 자가 곤란을 겪고 있다. 내가 우연히 선본善本을 얻어, 무순撫巡하는 틈틈이 대략 점교點校를 가하여, 이로써 공인工人에게 중간重刊하도록 명하여 후학들을 편하도록 하였다.

　　아! 삼대三代 그 위로는 더 이상 숭상할 것이 없을 정도인데 이 책에 실린 것들도 역시 고문古文이라 이르는 것들로서 그 고대古代와 그리 멀지 않은 것이며 고인의 법도가 그대로 남아 있는 것들이다. 무릇 후대로 내려오면서 갈수록 변질로 내달려, 드디어 고인의 상도常道를 천 길 높은 곳에 세워두고는 마치 더 이상 따를 수 없는 것처럼 여기도록 하였으니, 이는 과연 옛날과 지금의 사람이 같지 않다는 것인가? 복고復古에 뜻을 둔 자가 어찌 여기에서 찾을 수 있지 않겠는가? 이에 글을 써서 세월을 알도록 하노라!

　　홍치弘治 15년 맹동孟冬 상한上澣날, 청려재靑藜齋가 운중雲中의 유비당有斐堂에서 씀.

　　永陽黃堅氏所集《古文眞寶》二十卷, 載七國而下諸名家之作. 凡二十有七體, 三百十有二篇, 蓋精選也. 梓行已久, 近日書肆中所傳者, 率多湮蝕, 讀者患之. 予偶得善本, 撫巡之暇, 略加點校, 因命工重刊以便後學.

　　烏虖! 三代而上, 不可尙已, 如此篇所載, 亦得例謂古文者, 以其去古不遠, 而古人之法程猶在也. 自夫趨變愈下, 遂使古人常立乎

千仞之上, 若不可企及者, 是果古今人不可同哉? 有志于復古者,
曷于是而求之? 爰書以識歲月云.

弘治十五年孟冬上澣日, 青藜齋雲中有斐堂書.

【永陽】지명. 지금의 安徽 徐州 永城. 夾註에 "屬徐州府"라 함.

【黃堅】처음《古文眞寶》를 편집한 인물. 夾註에 "徐州麟峰人"이라 하였으나 구체적
인 生存 시기를 알 수 없음.

【二十卷】夾註에 "《眞寶》前後集"이라 하였음. 지금의《古文眞寶》는 前集 12권, 後
集 10권 등 총 22권임.

【七國】戰國시대를 뜻함. 당시 秦, 楚, 燕, 齊, 韓, 魏, 趙 등 七國이었음.

【二十七體】지금의《眞寶》는 前集(韻文)만을 분류하고 後集(散文)은 卷으로만 나
뉘어 있음.

【三百五十有二篇】夾註에 "前集有二百四十五篇, 後集有六十七篇也. 合三百十二篇.
〈弘治本〉前集與〈魁本〉有異, 已有十體, 後集與〈魁本〉全同, 二十七體也"라 함.

【梓行】刊行(栞行)과 같음.

【書肆】서점. 책방.

【湮蝕】글자가 인멸되거나 좀이 슬어 알아볼 수 없음.

【烏庠】감탄사. '嗚呼'와 같음.

【三代】夏, 殷, 周를 가리킴. 三代 開國 君主(禹, 湯, 文武)들의 훌륭함을 뜻함.

【不可尙已】그 이상 崇尙할 것이 없음. 가장 훌륭함.

【法程】법, 훌륭한 기준.

【趨變愈下】變質로 내달려 후대로 올수록 심함.

【企及】미치고자 함. 따르고 같이 되고자 함.

【曷】疑問詞. 이 경우 '않겠는가?'로 풀이함.

【歲月】시간, 여기서는 어느 시대이건 사람의 생각과 인의도덕은 같음을 뜻함.

【弘治十五年】'弘治'는 明 孝宗(朱祐樘)의 연호. 1488–1518년까지 18년간. '十五年'
은 壬戌 1502년임.

【孟冬】음력 10월.

【上澣】10일. 고대 관리들은 매월 세 번 빨래를 하기 위해 휴가를 얻었는데 여기
에서 유래된 날짜임.

【靑藜齋】이 서문을 쓴 자의 堂號. 夾註에 "〈萬曆本〉作寓, 非也"라 함.
【雲中】지명. 지금의 山西 大同.
【有斐堂】靑藜齋의 당호.

천고千古의 도통道統이 요순堯舜으로부터 전해져 공자와 맹자로 이어졌으나 맹자가 죽고 나자 그 전이 드디어 끊어지고 말았다.

한나라 때의 동중서董仲舒와 당나라 때의 한유韓愈는 비록 능히 도를 호위한 공로가 한때에 드러나기는 하였으나 만세를 두고 도를 전수한 책임을 맡지는 못하여, 천재를 두고 끊어진 학문을 이은 자는 주돈이周敦頤이다.

주돈이로부터 이정二程, 장재張載, 이정과 장재로부터 다시 몇 차례 전하여 주희朱熹에 이르러 위로 수사洙泗로 거슬러 올라갔으니 성대하도다!

이 편 〈태극도설太極圖說〉은 주돈이가 스스로 지은 도학에 대한 정수精髓의 표현이다.

단지 도리가 깊고 길뿐만 아니라 문장 역시 간중簡重하면서도 정대正大하여 순수한 성경聖經과 현훈賢訓의 글이다.

지금 고문을 선별하면서 〈태극〉과 〈서명〉 두 편으로 끝을 맺으니 어찌 의도가 없겠는가? 대체로 문장과 도리는 실로 두 가지가 아니니, 배우고자 하는 자는 한유, 유종원柳宗元, 구양수歐陽脩, 삼소三蘇의 사장詞章으로부터 나아가 주돈이, 이정, 장재, 주자의 이학理學의 문장으로써 순수하게 해야 한다.

도리로써 그 연원을 깊게 하고, 사장으로써 그 기골氣骨을 장대하게 하면 글이 이에 폐단이 없게 될 것이니, 이것이 내가 이를 편집하는 깊은 의도이다.

주희는 〈태극도설〉과 〈서명〉에 대해 주석이 정밀하고 상세히 하였으나 지금 모두 다 기록할 겨를이 없으니 배우는 자가 그 상세함을 보고자 한다면 의당 주희의 책에서 이를 찾아보아야 할 것이다.

신안新安 진력陳櫟이 삼가 씀.

千古道統, 自堯舜傳至孔孟, 孟之歿, 其傳遂絶.

漢之董子, 唐之韓子, 雖能著衛道之功於一時, 而無以任傳道之責於萬世, 傳千載之絶學者, 周子也.

由周而程張, 由程張, 又數傳而朱子, 道學淵源, 上泝洙泗, 盛矣哉!

此篇周子所自著道學之精語也.

不特道理淵永, 文亦簡重正大, 粹然聖經賢訓之文焉.

今選古文而終之以<太極>, <西銘>二篇, 豈無意者? 蓋文章道理, 實非二致, 欲學者由韓柳歐蘇詞章之文, 進而粹之, 以周程張朱理學之文也.

以道理, 深其淵源; 以詞章, 壯其氣骨, 文於是乎無弊矣, 此愚詮次之深意也.

朱子於<太極>, <西銘>, 注釋精詳, 今不暇盡錄, 學者欲觀其詳, 宜自於朱子之書求之云.

新安陳櫟謹書

【陳櫟】字는 壽翁, 徽州, 休寧 사람. 宋 理宗 淳祐 12년(1252)에 태어나 元 惠宗 元統 2년(1334)에 83세로 생을 마침. 朱熹를 숭앙하였으나 宋나라가 망하자 은거하며 저술에 힘씀. 延祐 初(1314)에 有司가 과거를 보도록 강요하여 鄕試를 거쳐 禮部教授에 추천되었으나 나가지 않음. 만년에 東阜老人(일부 東皐老人이라 하였으나 이는 오류임)으로 불렸으며 학자들은 그를 定宇先生이라 불렀음. 《上書集傳纂錄》, 《歷朝通略》 등과 《定宇集》(16권)과 《別集》(1권)이 있으며 《四庫總目》에 들어 있음.

【孔孟】孔子(孔丘, 仲尼)와 孟子(孟軻).

【董子】漢武帝 때의 董仲舒(B.C.179–B.C.104) 한나라 때의 思想家, 政治家, 教育家, 今文經學의 대가. 《春秋公羊傳》에 연구가 깊었으며 景帝 때 博士가 되었으며 武

帝 元光 元年〈擧賢良大冊〉을 건의하였고 '天人感應說'을 주장함. 漢代 儒學思想의 대표적인 인물로 陰陽五行說을 중심으로 神權, 君權, 父權, 夫權 등을 주장함. 《春秋繁露》가 전해짐. 《史記》(121)와 《漢書》(56)에 傳이 있음.

【韓子】唐나라 韓愈(786–824). 大文章家이며 古文運動의 領袖. 자는 退之, 호는 昌黎先生. 鄧州 南陽(지금의 河南 孟縣) 사람으로 唐 代宗 大曆 3년에 태어나 穆宗 長慶 4년 향년 57세로 생을 마침. 일찍이 고아가 되어 형수에게서 자랐으며 貞元 8년 진사에 올라 吏部侍郎을 역임하였음. 시호는 文, 선대가 昌黎에 살아 宋 元豊 때 '昌黎伯'으로 봉해졌으며, 그 때문에 창려선생으로 불리며 달리 韓文公이라고도 함. 경사백가에 박통하여 유학을 존숭하며 佛學을 반대하였음. 당대 고문운동을 주도하였으며 柳宗元과 함께 六朝의 화려한 騈儷體를 반대함. 唐宋八大家의 영수이며 고문가의 종주로 받들고 있음. 송대 시에 영향을 주었으며 《昌黎先生集》40권과 《外集》10권, 《遺文》1권이 전함. 《全唐詩》에 시 10권이 수록되어있으며, 《舊唐書》(160)과 《新唐書》(176)에 전이 있음.

【周子】周敦頤(1917–1073). 자는 茂叔. 자신의 고향 道州 營道 앞의 냇물 이름을 따서 濂溪先生이라 불림. 북송 濂溪學派의 대표적 인물로 宋代 理學의 開宗으로 추앙받음. 〈太極圖說〉과 〈通書〉를 남김.

【程張】二程(程顥와 程頤)과 張載. 二程은 북송 洛學派(河南 洛陽에서 활동함)의 대표적인 두 형제. 明道先生(大程子 : 1032–1085)과 伊川先生(小程子 : 1033–1107).

【朱子】朱熹(1120–1200). 자는 元晦, 晦庵, 仲晦이며 徽州 婺源人. 시호는 文公. 南宋 閩學派(福建)의 대표적인 理學者이며 宋代理學을 集大成함.

【洙泗】洙水와 泗水. 山童 曲阜 근처를 흐르는 두 물 이름. 孔子의 學問, 즉 儒家를 대신하는 말로 쓰임.

【太極, 西銘】周敦頤의 〈太極圖說〉과 張載의 〈西銘〉. 본 《고문진보》(後集) 123과 125를 볼 것.

【韓柳歐蘇】韓愈, 柳宗元, 歐陽脩, 三蘇(蘇洵, 蘇軾, 蘇轍)을 가리킴.

【詞章之文】文章家의 文學的인 글. 理學家의 哲學(理學) 文章에 상대하여 쓴 것.

【詮次】깊이 따져 편집함.

【新安】徽州의 지명. 지금의 安徽省 歙州.

이 편《고문진보》에 실린 시문은 선유先儒들이 고아한 것을 정선精選하여 뽑아낸 것으로, 배움을 이어받은 선비들이 의당 모범으로 삼을 것들이다.

전조 고려 때 야은埜隱선생 전록생田祿生이 합포合浦에 나가 진수할 때 국방의 여가를 틈타 공인들을 모집하여 간행한 것이다.

이로써 모두가 이 책은 배우는 자들에게 유익한 것임을 알게 되었으나, 그 판본은 세월이 오래되어 판각이 마모되었고 게다가 주해註解도 없어 보는 이들이 병폐로 여겼다.

기해己亥년에 내가 충청도 관찰사가 되어 그 이듬해 공주교수公州敎授 전예田藝가 이 책을 꺼내어 보여주었는데 보주補註가 명확하여 마음과 눈을 명료하게 하였다.

이로 인해 옥천군수沃川郡守 이호李護에게 부탁하여 중간重刊을 감독토록 하여 몇 달이 되지 않아 완성을 고하게 되었다.

아, 어찌 사문斯文에 하나의 행운이 아니겠는가?

지금 이 두 판본을 교수校讎해보면 구본舊本은 자못 야은선생께서 산삭刪削하거나 증보한 것이 있어, 금본今本과 중간에 약간의 차이가 있을 뿐이다.

내 여기에 이러한 사정을 논하고 변석하며 아울러 후학들에게 알린다.

때는 영락永樂 용집龍集 경자庚子년 10월 하순에 가정대부嘉靖大夫 충청도관찰출척사忠淸道都觀察黜陟使 진양晉陽 강회중姜淮仲이 삼가 기록함.

此編所載詩文, 先儒精選古雅, 表而出之, 承學之士所當矜式也.
前朝時, 埜隱田先生祿生出鎭合浦, 董戎之暇, 募工刊行.

由是皆知是編有益於學者. 然其本歲久板昏, 且無註解, 觀者病焉.

歲在己亥, 予丞(承)乏觀察忠清, 越明年, 公州教授田藝出示此本, 有補註明釋, 瞭然於心目.

因囑沃川守李護, 監督重刊, 未數月而告畢.

於戲, 豈非斯文之一幸哉?

今以二本讎校, 則舊本頗有樊隱先生所刪(所)增, 故與今本中間微有小異耳.

愚於此論辨, 并諗諸後學云.

時永樂龍集庚子孟冬下澣, 嘉靖大夫忠清道都觀察黜陟使晉陽姜淮仲謹誌.

【樊隱】'樊'는 埜, 野의 이체자임. 田祿生(1318–1375)의 호. 고려 恭愍王 때 문신. 자는 孟畊. 시호는 文明. 본관은 潭陽. 忠惠王 때 문과에 급제하여 濟州司錄, 典校, 校勘 등을 역임함. 恭愍王 16년(1367) 慶尙道都巡問使로 合浦에 있을 때 우리나라 최초로《古文眞寶》를 간행하였으며, 아우 貴生(耒隱), 祖生(耕隱)과 함께 麗末 十隱 중 田氏三隱이라 불렸으며,《樊隱集》과《三隱合稿》등이 있음.

【矜式】자랑스럽게 모범으로 삼음.《孟子》公孫丑(下)에 "我欲中國而授孟子室養弟子以萬鍾,使諸大夫國人皆有所矜式"이라 함.

【出鎭】鎭守의 임무를 띠고 감.

【合浦】지금의 慶南 馬山.

【董戎】'董'은 '통솔하다'의 뜻. '戎'은 군사업무.

【己亥】1419년. 世宗 元年에 해당함.

【丞乏】'丞'은《三隱合稿》에는 '承'으로 되어 있음. '乏'은 자신의 出仕를 낮추어 한 말.

【公州敎授田藝】公州 鄕學의 敎授를 맡았던 田藝. 당시 忠淸道 官衙는 公州에 있었음.

【沃川郡守李護】沃川(管城)은 忠淸道 관할이며 그곳의 郡守 이호.

【斯文】儒家의 文物禮樂制度 문장을 뜻함.《論語》子罕篇에 "子畏於匡, 曰:「文王旣沒, 文不在玆乎? 天之將喪斯文也, 後死者不得與於斯文也;天之未喪斯文也, 匡

人其如予何?"이라 함.

【論辨】그간 《고문진보》의 출간 사정을 논하고 변석함.

【諗】'심'으로 읽으며 '고하다, 알려주다'의 뜻.

【永樂】明 成祖(朱棣)의 연호. 1403–1424년까지 22년간임.

【龍集】歲次, 歲在와 같은 뜻임. '龍'은 歲星, '集'은 次于(次於)와 같음. 漢 王莽의 《銅權銘》에 "歲在太梁, 龍集戊申"이라 하였고, 唐 張說의 〈故洛陽尉贈朝散大夫 馬府君碑〉에 "今龍集戊申, 將返葬……"이라 함.

【庚子】1420년. 明 成祖 永樂 18년, 朝鮮 世宗 2년.

【孟冬】음력 10월.

【姜淮仲】(?–1421년)은 조선 초의 문신. 본관은 晉州(晉陽), 자는 仲父, 호는 通溪. 牧隱(李穡)에게 사사하고 尹珍의 문하에서 수학하여 1382년(우왕 8) 진사문과에 합격함. 조선 太宗 15년(1415)에 明나라에 사신으로 다녀오기도 하였음. 뒤에 漢 城府尹 및 工曹參判, 忠淸道觀察使를 역임하였음. 남긴 글로는 이 〈箋解古文眞 寶誌〉가 있음.

'시'는 시경詩經을 조조祖로 삼고, '문'은 양한兩漢 시기를 종宗으로 삼아
왔으나, 위진시대 성률聲律과 우려偶儷의 변려체가 흥기하자 문장은 그
만 병들고 말았다.

양梁나라 소통蕭統의 《문선》이 나온 이래 제가諸家의 작품을 유형별
로 편집한 이들이 많았다.

그러나 대개가 모두 지나치게 많고 넓게 모으기를 다투어, 함지咸池
가 〈격초激楚〉에, 뇌세礧洗가 강호康瓠에, 수주隋珠가 물고기 눈알에 함
께 하듯 모두가 함께 주워모으기만 하면서 번거로움을 싫다 하지 않은
채, 문장의 병폐에 대해서는 논할 겨를조차 갖지 못하였다.

오직 이 한 책《고문진보》만은 그렇지 않아, 그 채집採輯이 자못 진서
산眞西山, 德秀의 《문장정종文章正宗》의 유법遺法을 얻고 있으며, 왕왕 당
唐 근체近體의 문장을 섞어놓기는 하였지만 역시 서너 편에 불과하여,
능히 그 입의立義의 취지를 만에 하나라도 손상시킬 수는 없다.

앞뒤 세 사람의 손을 거쳐 우리 동토로 유전되고부터 야은樊隱 전녹
생田祿生 선생이 처음으로 합포(合浦, 馬山)에서 간행하였으며, 그 뒤로
계속해서 관성管城, 沃川에서 간행되었으나 두 판본은 서로 증감增減이
있다.

그런데 경태景泰 초에 한림시독翰林侍讀 명나라 예겸倪謙 선생이 지금
의 판본을 우리 동방에 가져다주었는데 거기에 실린 시는 문과 같으며
살펴보았더니 지난 판본보다 곱절, 다섯 배나 되어 이를《대전大全》이라
불리게 되었다.

한漢, 진晉, 당唐, 송宋의 기묘하고 한아하며 빼어나고, 뛰어난 작품이
모두 여기에 모여 있으며, 사륙문四六文과 변려체駢儷體와 성률로 배
비排比된 문장들은 비록 조탁하여 아름답게 꾸며지기가 비단과 같고,

호방하고 장대하기가 마치 고취鼓吹와 할지라도 역시 취하지 않은 바가 있었다.

게다가 염계(濂溪, 周敦頤), 관학파(關學派 : 張載), 낙학파(洛學派 : 程顥, 程頤)의 성명性命에 대한 이론도 함께 넣어 뒷날 학자들로서 문장을 배우는 자들로 하여금 근저根柢로 삼을 바를 알 수 있도록 하고 있다.

아, 이것이 그것을 《진보眞寶》로 삼을 수 있는 까닭이리라!

그러나 이 책은 능히 세상에 성행하지 못하였으니, 아마도 글자로 주조하여 인쇄하는 경우 곧 뒤따라 그것을 파쇄해버리는데, 이는 판본목판본으로 만들어 인쇄할 때처럼 한 번만 만들어 놓으면 언제라도 마음대로 또 인쇄할 수 있는 경우와 같지 않았기 때문이리라.

전감사前監司 상공相公 이서장李恕長이 일찍이 이를 개탄하여 집안에 전하던 한 질帙로써 진양晉陽, 晉州에서 출간을 부탁하였다.

지금의 감사 상공 오백창吳伯昌이 이어서 독려하였고, 목사牧使 유공량柳公良, 판관判官 최후영崔侯榮이 공경스럽게 두 상공의 뜻을 이어받아 힘써 출간 비용을 조달하여, 만 1년의 기간이 되기 전에 그 사업을 마쳤다.

장차 이 책이 우리 삼한三韓에 유포되기가 마치 일상생활에 곡식이나 옷감처럼 되어, 집집마다 비치하여 사람마다 외우며 다투어 법칙으로 삼아 우리 성조盛朝에서 문장의 법도가 되어 가히 진, 당, 송을 넘어서며, 주周, 한漢과 아름다움을 짝을 이루게 될 것을 보게 될 것이다.

무릇 이와 같았으니 몇몇 군자들이 계획을 세워 출판 작업에 들인 공이 얼마나 대단한가?

성화成化 8년(1472) 임진壬辰 4월 상한(上澣, 10일), 봉정대부奉正大夫 행함양군수行咸陽郡守, 진주진병마동첨절제사晉州鎭兵馬同僉節制使, 김종직金宗直이 삼가 발문을 씀.

詩以三百篇爲祖, 文以兩漢爲宗, 聲律偶儷興而文章病焉.

梁蕭統以來, 類編諸家者多矣.

率皆誇富鬪博, 咸池之與激楚, 罍洗之與康瓠, 隋珠之與魚目, 俱收竝摭, 不厭其繁, 文章之病, 不暇論也.

惟《眞寶》一書不然, 其採輯頗得眞西山《正宗》之遺法, 往往齒以近體之文, 亦不過三數篇, 不能虧損其立義之萬一.

前後三經人手, 自流入東土, 壄隱田先生首刊于合浦, 厥後繼刊于管城, 二本互有增減.

景泰初, 翰林侍讀倪先生將今本以遺我東方, 其詩若文, 視舊倍蓰, 號爲《大全》.

漢晉唐宋奇閑儁越之作, 會粹于是, 而駢四儷六, 排比聲律者, 雖雕績如錦繡, 豪壯如鼓吹, 亦有所不取.

又且參之以濂溪關洛性命之說, 使後之學爲文章者, 知有所根柢焉.

嗚呼, 此其所以爲《眞寶》也歟!

然而此書不能盛行于世, 蓋鑄字隨印隨壞, 非如板本一完之後, 可恣意以印也.

前監司李相公恕長嘗慨于茲, 以傳家一帙, 囑之晉陽.

今監司吳相公伯昌繼督, 牧使柳公良, 判官崔侯榮, 敬承二相之志, 力調工費, 未暮月而訖功.

將見是書之流布三韓, 如菽粟布帛焉, 家儲而人誦, 競爲之則, 盛朝之文章法度, 可以凌晉唐宋, 而媲美周漢矣.

夫如是則數君子規畫鋟梓之功, 爲如何也?

成化八年壬辰四月上澣, 奉正大夫行咸陽郡守, 晉州鎭兵馬同僉節制使金宗直謹跋.

【三百篇】《詩經》을 가리킴. 《詩》는 311편임.

【兩漢】西漢과 東漢시대를 가리킴. 이 時期 文章은 質朴하여 古文家들이 標準으로 삼았음.

【聲律偶儷】'聲律'은 魏晉南北朝시대 문장이 중시했던 聲調로, 沈約의《四聲譜》에서 시작되어 韻文에 엄격하게 적용하였음. '偶儷'는 騈儷體의 문장으로 반드시 4자, 6자 四六文으로 짝을 이루었음을 뜻함. 이 시기 詩文은 技巧와 綺麗에 흘렀음을 말함.

【蕭統】(501~530). 南朝 梁 武帝(蕭衍)의 태자. 일찍 죽어 왕위에 오르지 못하였으며 諡號는 昭明. 이 때문에 昭明太子로도 불림.《文選》을 찬집하여 中國文學史에 큰 공을 세웠음.

【咸池】黃帝 때의 樂曲으로 堯임금이 增修하여 사용하던 음악.《禮記》樂記 "咸池 備矣" 鄭玄 注에 "黃帝所作樂名也. 堯增修而用之"라 함.

【激楚】歌舞曲의 이름.《漢書》司馬相如傳(上)에 "鄢郢繽紛,〈激楚〉,〈結風〉"의 顔師古 注에 "郭璞曰:〈激楚〉, 歌曲野"라 함. 음조가 아주 높고 悽愴하다 함.

【罍洗】제사나 음식을 올릴 때 손을 씻는 물그릇.《舊唐書》高麗傳에 "俗喜弈, 投壺, 蹴鞠, 食用籩豆, 簠簋, 罍洗, 頗有箕子之遺風"이라 함.

【康瓠】빈 항아리. 깨어진 항아리. 破瓦壺.《爾雅》(釋器) "康瓠謂之甈"라 하였고 郝懿行〈義疏〉에《說問》을 인용하여 "康瓠, 破瓠"라 함.《史記》屈原傳(賈誼〈弔屈原賦〉)에 "斡棄周鼎兮寶康瓠"라 하였고(본《眞寶》後集 006〈弔屈原賦〉를 참조할 것), 宋 辛棄疾의 詞〈水調歌頭〉에 "歌秦缶, 寶康瓠, 世皆然"이라 함. 罍洗에 비해 아주 低劣한 그릇임을 말한 것.

【隋珠】夜光珠를 뜻함.《搜神記》(20)에 "隋縣溠水側, 有「斷蛇丘」. 隋侯出行, 見大蛇, 被傷中斷, 疑其靈異, 使人以藥封之, 蛇乃能走. 因號其處「斷蛇丘」. 歲餘, 蛇銜明珠以報之. 珠盈徑寸, 純白, 而夜有光明, 如月之照, 可以燭室. 故謂之「隋侯珠」, 亦曰「靈蛇珠」, 又曰「明月珠」. 丘南有隋季梁大夫池"라 하였고,《淮南子》(覽冥訓) "順之者利, 逆之者凶, 譬如隋侯之珠, 和氏之璧, 得之者富, 失之者貧"의 注에 "隋侯, 漢東之國, 姬姓, 諸侯也, 隋侯見大蛇傷斷, 以藥傅之, 後蛇於江中, 銜大珠以報之. 因曰隋侯之珠, 蓋明月之珠也"라 함.

【魚目】물고기 눈알. 구슬처럼 동그랗고 모양도 비슷하지만 구슬은 아님.

【眞西山】眞德秀(1178~1235), 자는 實夫, 뒤에 景元, 希元 등으로 바꿈. 호는 西山. 본성은 愼, 孝宗(趙眘, 趙愼)의 이름을 피휘하여 眞으로 바꿈. 福建 浦城사람으로 南宋 후기의 저명한 理學家.《文章正宗》,《大學衍義》 등을 남겼고《眞文忠公集》

이 있음. 《宋史》(437)에 傳이 있음.

【齒以近體】近體詩가 뒤섞여 있음. '近體'는 唐詩를 가리킴.

【東土】우리나라를 가리킴.

【管城】지금의 忠北 沃川. 田祿生이 뒤에 발간한 초간본을 沃川郡守 李護가 沃川에서 重刊토록 부탁함.

【景泰】明 代宗(朱祁鈺)의 연호. 1450–1456년까지 7년간이며 朝鮮의 世宗 32년, 文宗, 端宗 3년, 世祖 元年에 해당함.

【翰林侍讀倪先生】明나라 倪謙(1415–1479)을 가리킴. 자는 克讓, 호는 靜存. 지금이 江蘇 南京 사람으로 翰林侍讀, 編修 등을 역임함. 景泰 초에 朝鮮에 사신으로 오기도 하였으며 諡號는 文僖.《朝鮮紀事》,《遼海編》,《倪文僖公集》 등이 있음.

【倍蓰】'倍'는 두 배, '蓰'(사)는 '徙'와 같음. 다섯 배. 그러나 고대 표현법은 숫자의 겹침은 흔히 곱하기였으므로 이를 2×5의 열 배로 보기도 함. 여기서는 훨씬 많음을 강조한 것.

【奇閑儁越】奇妙하고 閑雅하며 빼어나고 뛰어난 작품.

【會稡】모여 있음. '稡'은 聚의 뜻.

【騈四儷六】騈儷體 四六文을 뜻함. 魏晉南北朝시대의 技巧에만 흐른 문장의 병폐를 가리킴.

【濂溪關洛】北宋 四大理學家들을 말함. 濂溪 周敦頤. '關'은 關學派의 수령 張載(橫渠), '洛'은 洛學派의 두 형제 程顥(明道)와 程頤(伊川).

【隨印隨壞】활자를 주조하여 인쇄할 경우 인쇄가 끝나면 주자한 것을 파쇄해버림.

【監司李相公怨長】李怨長. 監司벼슬을 지냈던 인물.

【監司吳相公伯昌】吳伯昌. 역시 監司벼슬을 지냈던 인물. '伯'은 존칭어로 吳昌이 아닌가 함.

【牧使柳公良】당시 牧使벼슬을 하던 柳公良. '公' 역시 존칭어로 柳良이 아닌가 함.

【判官崔侯榮】당시 判官벼슬을 하던 崔侯榮. '侯' 역시 존칭어로 崔榮이 아닌가 함.

【朞月】'朞'는 滿 1년. '月'은 세월, 시간.

【菽粟布帛】일상생활에 반드시 필요한 양식과 의복이듯이 중요함.

【盛朝】興盛한 王朝. 즉 우리 朝鮮을 가리킴.

【媲美】'媲'는 配, 比와 같은 뜻. 짝을 이루거나 比較됨을 뜻함.《爾雅》에 "妃, 媲也"라 하였고, 注에 "相偶媲也"라 함.

【鋟梓】인쇄에 붙임. 인쇄 출판의 작업을 말함.

【成化】明 憲宗(朱見深)의 연호. 1465–1487년까지 23년간이며 8년은 1472년 壬辰
年으로 朝鮮 成宗 3년임.

【上澣】음력 10일.

【金宗直】(1431–1492) 자는 季溫, 호는 佔畢齋. 본관은 善山. 조선전기의 性理學者.
嶺南學派의 수령이며 金宏弼과 鄭汝昌 등 많은 인재를 길러냄.《佔畢齋集》이 있
음. 한편 이글의 말미에 "出《古文眞寶》. 按:兩公誌跋, 備述《眞寶》始終, 而近世版
本, 多不載是書. 學者不省其所從來, 況姜公旣無其集, 金公本集, 又逸而不收. 故
今特全編錄之, 俾知先生刪增首刊之功, 且以竢重刊《眞寶》者而附載焉"(출처는《고
문진보》. 생각건대 두 분의 지와 발은《진보》의 시종을 갖추어 서술하고 있음에도 근세
판본에는 거의 이 글들을 싣지 않고 있다. 학자들은 그 유래를 살피지 않고 있으니 하
물며 강공의 문집은 이미 없어졌고, 김공의 본집에는 또한 빠뜨린 채 수록하지 않고
있다. 그랫 지금 특별히 전체를 수록하여, 선생이 증감하여 처음으로 책을 출간한 공로
를 알도록 하고《진보》를 중간하는 자가 이를 부록으로 실어주기를 기다린다)이라 하
였음.

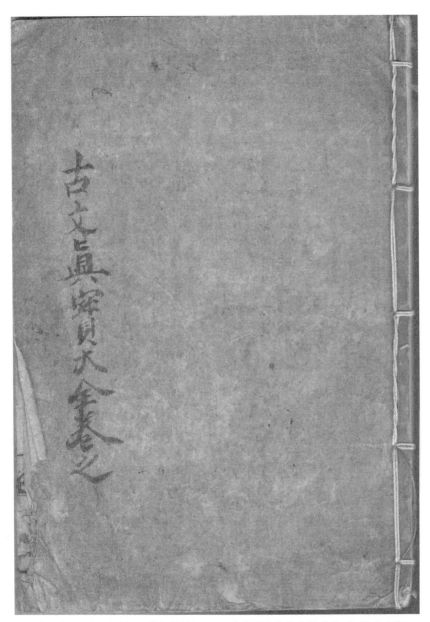

《(詳說)古文眞寶大全》표지 朝鮮版本. 1913년 新舊書林에서 복각한 것. 筆者 所藏

送秦少章序　張文潛

素觀字少章兄觀字少游○迂齋云老於世故之後方有此等議論后學者當知此理

詩不云乎蒹葭蒼蒼白露為霜夫物不受變則材不成人不

涉難則智不明照應在後柱季秋之月天地始肅寒氣欲

至方是時天地之間凡植物出於春夏雨露之餘華澤衣溢

支節美茂及繁霜夜零旦起而視之如戰敗之軍卷旗棄鼓

譬裏瘡而馳吏士無人色豈特如是而已於是天地閉塞而

成冬則摧敗拉毀之者過半其為變亦酷矣然自是弱者堅

虛者實律者燥皆歛其英華於腹心而各效其成深山之木

上撓青雲下庇千人者莫不病焉況所謂蒹葭者乎然匠石

操斧以遊山林一舉而盡之以充棟梁桷栱輪輿輻轂巨細

《(詳說)古文眞寶大全》今지. 筆者 所藏

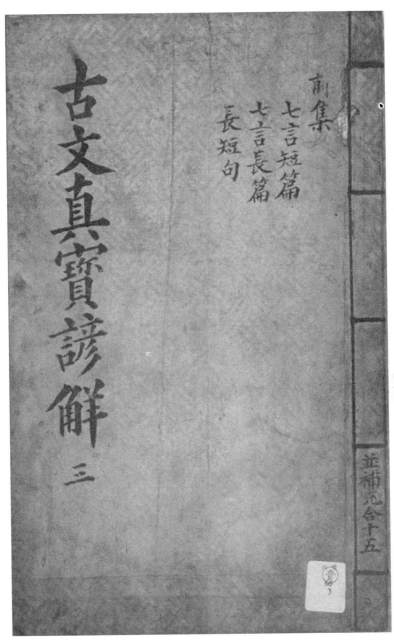

古文眞寶諺解

三

前集

七言短篇
七言長篇
長短句

增補元令十五

《古文眞寶諺解》표지 (조선시대 영조연간?) 諺解者 미상. 출처: 韓國學中央研究院

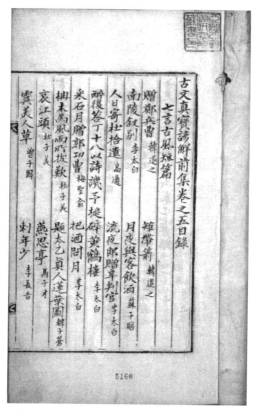

《古文眞寶諺解》(卷五) 目錄. 출처: 韓國學中央研究院

《詳說古文眞寶大全》(朝鮮版本) 保景文化社 1978년 影印

三后 謂 夏殷周 夏殷周曰 / 桀紂也 謂夏桀 殷紂夏 / 羿謂有窮后 后羿浞之 謂寒浞之 子

國風 雅 詩 小 篇名

古文眞寶後集卷之一

要本備旨懸吐註解

屈原

離騷經 [離遭也擾動曰騷 後人象名之爲經]

朱文公이 曰原의 名은 平이니 與楚로 同姓이라 仕於懷王야 爲三
閭大夫니 [掌王族昭 屈景三姓 武王生子瑕受屈爲卿因以爲氏]
上官大夫와 及靳尙이 妬毀之야 王이 疏原니 原이 被讒憂煩야
乃作離騷하야
上述唐虞三后之制고 [下序桀紂羿澆之敗]
冀君覺悟야 反於正道며 諫王勿行대 弗聽而往야
而還已也니라 時에 秦이 使張儀로 詐懷王야 誘與會武關이어늘
冀伸己志야 以悟君心대로 終不見省니 不忍
爲所疎歸야 卒以客死고 襄王이 立에 復用讒야 遷原江南날
原이 復作九歌、
天問、九章、遠游、卜居、漁父等篇라니 [今潭州 寧鄕縣]
見宗國이 將亡야 遂自沈汨羅淵死하니 淮南王安이 曰國風은 好色而不淫고
小雅는 怨誹而不亂니 若離騷者는 可謂兼之矣라 蟬蛻於濁穢之中야 以浮游塵
埃之外하야 推此志也닌 雖與日月爭光도 可也니라 宋景文公이 祁曰離騷는 爲詞賦之
祖니 後人이 爲之대 如方에 不能加矩오 至圓에 不能過規矣라

爲法야 然則皆出於忠君愛國之誠이라 原之爲書에 其辭旨雖或流於跌宕怪神 怨懟激發야 而不可以爲訓이나 然이나 皆生於繾綣惻怛 不能自已之至意라 雖或過於中庸 而不可以

下而所以諷誦其君父 切磋其朋友者는 又未始不在是며 天性民彝之善을 豈不足以交有所發이며 而增夫三綱五常之重야 此子所以每有味焉其言야 至語其放臣棄子怨妻去婦 抆淚謳唫於

人之賦야 然原著此詞야 說者多失其趣니 獨爲之解야 庶幾讀者 得見古人之大軆하야 而死者可作이어든 又足以知千載之下에 有知我者하고 而不恨於爲者之不聞也며 其寓情草木 託意男女야 以極游覽慕悅之適者며 變風之流也오 其叙事陳情 感今懷古야 不忘君臣之義者는 至語讀之自見이라 ○又曰原賦之詞

嗚呼悕矣로다 是豈易與俗人言哉리오 蓋亦曰古人이 其寓情草木

總怨慎而失中하면 則又託風雅之再變矣며 其變又有甚焉者니 其感物興詞야 託意男女야 以感遊閫古야 以與思公子而未敢言之屬也니라 然이나 詩는 與多而比賦少고 必辨此而後 詞

類也니 與思公子而未敢言之屬也니라

《古文眞寶》世昌書館 活字本 1964

魁本大字諸儒箋解古文真寶卷之一 前集

○勸學文

○真宗皇帝勸學 言人能勤學則榮貴後
自有良田好宅僕從妻
妾之奉也

富家不用買良田書中自有千鍾粟安居不
漢武故事 三斗餉必黃
用架高堂書中自有黃金屋
金鑲屋上
○出門莫恨無人隨書中車馬多如簇
娶妻莫恨無良媒
南山娶妻如
何非媒于得
書中有女
顏如玉 其人 王
男兒欲遂平生志六經勤向

《魁本大字古文眞寶》(日) 古活字本 江戶屍臺 元和年間. 天理圖書館(所藏). 출처:
星川淸孝(저) 新釋漢文大系《古文眞寶》(前集 上) 明治書院 1967 東京

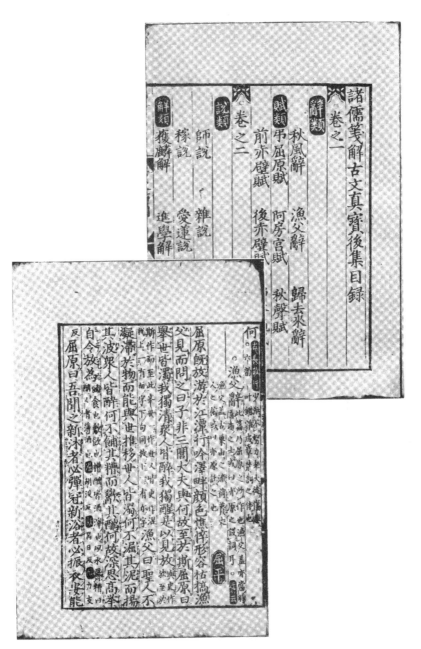

何
　古屈原作
　漁父辭
屈原既放游於江潭行吟澤畔顏色憔悴形容枯槁漁
父見而問之曰子非三閭大夫與何故至於斯屈原曰
舉世皆濁我獨清衆人皆醉我獨醒是以見放漁
父曰聖人不
凝滯於物而能與世推移世人皆濁何不淈其泥而揚
其波衆人皆醉何不餔其糟而歠其醨何故深思高舉
自令放為屈原曰吾聞之新沐者必彈冠新浴者必振衣安能
以身之察察受物之汶汶者乎寧赴湘流葬於江魚之腹中安能
反屈原曰吾聞之新沐者必彈冠新浴者必振衣安能

《諸儒箋解古文眞寶》(日) 室町屍臺 中期 五山版 天理圖書館(所藏) 출처: 星川淸孝(저)
新釋漢文大系《古文眞寶》(後集) 明治書院 1967 東京

箋解古文眞寶後集卷之一

辭類

秋風辭　　　　　　　　　漢武帝

休齋云。詩變而爲騷。騷變而爲辭。皆可歌。辭則兼詩騷之聲而尤箭遠焉者漢武帝因祠后土於汾陰。作秋風辭一章。凡三易韻其節短其聲哀此辭之權輿乎。

上行幸河東。祠后土。顧視帝京欣然。中流與羣臣歓燕。上
歓甚乃自作秋風辭曰。

秋風起兮白雲飛。草木黃落兮鴈南歸。

禮記云。季秋之月。草木黃落。鴻鴈來賓。

蘭有

秀兮菊有芳。懷佳人兮不能忘。○此三韻一叶。

佳人謂羣臣也。

泛樓船兮濟汾河。

橫中流兮揚素波。

水揚波兮杳冥冥。

簫鼓鳴兮

列女傳津吏女歌曰。

發棹歌。

棹歌發
棹歌而歌。

歓樂極兮哀情多。

列女傳陶答子妻曰。樂極必哀生。

小壯幾時兮

應劭漢書注云。作大船。
上施樓故號曰樓船。

左側欄外：

上行幸――漢武帝（上）
黃河ノ東ナル河東ノ郡ノ
汾陰ニ行幸アリテ、地
神（后土）テ祠ヲ祭ル、道
ニ長安ノ都ニ銘見シテ
顔色殊ニ麗ハシク、汾
河ノ中流ニ船ニ泛メテ
羣臣ト酒宴ヲ行ハル、
帝歓甚シ、時ニ元鼎四
年十月（夏ノ八月）乃
チ秋ノ牛際ニ當リ、乃
チ親ラ秋風ノ文章ヲ作
ラル、其辭。

秋風起――秋風吹キ起
ツテ白雲飛ビ、草木ノ
葉ハ黄バミ落チテ鴈南
ニ行ク、闌菊花秀デテ
香氣馥郁タル時、忠臣

《魁本大字諸儒箋解古文眞寶》(日)〈漢籍國字解全書〉2집 早稻田大學出版部, 明治 43
년(1910). 東京

箋解古文眞寶後集卷之一

古文眞寶前集諺解大成

榊原篁洲 著

古文眞寶

此書撰者の姓名分明ならず、當時諸說不同、近年一本を見るに永陽麟峯黃堅編集、張天啓釋文とあり、此本は皇明弘治年中雲中喬蔡齋跋を書し卷首神宗皇帝御製の序を載たり、編次も亦世間に行るゝ本とは少異あり、諸賦は後集の卷首に載せ、出師陳情二表は後集の卷尾に載せたり、註釋も亦往々異同あり、青蔡齋跋曰、永陽黃堅所レ集古文眞寶二十卷、載七國而下諸名家之作凡二十有七體三百十有二篇、蓋精選也云云、蔡齋此書に跋すること如此ときは、撰者の姓名考究據ところ有べし、これを以て觀ればこの書黃堅か編集なることと疑なかるべし、但黃堅何の時何の許の人なることを考不得也、

魁本大字諸儒箋解古文眞寶

前集卷之一

【魁本】は前漢書游俠傳云、閭里俠原渉爲レ魁、師古曰魁者斗之所レ用盛ニ酌之本也、故言根本者皆云、魁、〇禮記檀弓上曰、居ニ從父昆弟之仇、如レ之何曰不レ爲レ魁、註魁猶首也、魁はさきがけと訓す、世間古文眞寶の板本多く出るとも、吾が板本第一なりと云意なり、又一說に學者文章を學んと欲せば此眞寶を第一に先づ讀むべき書なりと云意に置たりと云、前說を可とすべし、【大字】は文字を大字に寫して見やすきやうに板行する也、魁本大字の四字は書肆の人我か板本を炫賣る爲に自譽て置たる字也【諸儒】とは註者を指也、此書の註解一人の手に出るに非す、古詩は文選の註を引用、其外唐宋諸家の詩多本集の註を採來て解釋す、故に泛く諸儒と云也、儒聖人の敎に從て道理を

古文前集

《古文眞寶》(日) 〈漢文大系〉(後集). 明治 43년(1910). 東京

차례

《古文眞寶》[前集] $\frac{1}{2}$

- ❧ 책머리에
- ❧ 일러두기
- ❧ 해제
- ❧ 《古文眞寶》敍…鄭士文(〈元版本〉)
- ❧ 重刊《古文眞寶》跋…靑藜齋(〈弘治本〉)
- ❧ 〈陳櫟書〉(《古文眞寶》後集 卷10) 〈太極圖說〉注…陳櫟
- ❧ 〈善本大字諸儒箋解古文眞寶誌〉(《壄隱逸稿》卷4)…姜淮仲
- ❧ 〈詳說古文眞寶大全跋〉(《壄隱逸稿》卷4)…金宗直

《古文眞寶》[前集] 卷一

권학문勸學文

오언고풍단편五言古風短篇

《古文眞寶》[前集] 卷二

오언고풍단편五言古風短篇

《古文眞寶》[前集] 卷四

칠언고풍단편七言古風短篇

《古文眞寶》[前集] 卷五

칠언고풍단편七言古風短篇

《古文眞寶》[前集] 등, 《古文眞寶》[後集] 등, 《古文眞寶》[後集] 손
차례

《古文眞寶》[前集] 등

《古文眞寶》[前集] 卷六

칠언고풍장편七言古風長篇

《古文眞寶》[前集] 卷七

장단구長短句

《古文眞寶》[前集] 卷八

가류歌類

《古文眞寶》[前集] 卷十二

음류吟類

인류引類

곡류曲類

사류辭類

《古文眞寶》[後集] 총목

《古文眞寶》[後集] 4

《古文眞寶》[後集] 卷五

《古文眞寶》[後集] 卷六

《古文眞寶》[前集] 卷一

권학문勸學文

'勸學文'이란 사람들에게 '배움에 힘쓰도록 권장하는 글'. '勸'은 勉, 勤의 뜻을 함께 가지고 있음. 《尙書》 說命篇에 "學于古訓, 乃有獲"이라 하였고, 《荀子》 勸學篇에는 "君子曰：學不可以已. 靑, 取之於藍, 而靑於藍；冰, 水爲之, 而寒於水. 木直中繩；輮以爲輪, 其曲中規, 雖有槁暴, 不復挺者, 輮使之然也. 故木受繩則直, 金就礪則利, 君子博學而日參省乎己, 則知明而行無過矣. 故不登高山, 不知天之高也；不臨深溪, 不知地之厚也；不聞先王之遺言, 不知學問之大也"라 하였음.

001. <眞宗皇帝勸學文> ·················· 宋 眞宗(趙恒)
진종황제 권학문

*《古文眞寶》(이하《眞寶》)注에 "(眞宗)名恒, 宋太祖之子. 言「人能勤學, 則榮貴後, 自
有良田好宅僕從妻妾之奉也」"라 함.

집을 부유하게 함에 좋은 농토를 살 필요가 없다.
글 속에 저절로 천종千鍾의 곡식 있기 때문.
삶을 편안히 함에 높은 집을 지을 필요가 없다.
글 속에 저절로 황금의 집이 있기 때문.
문을 나서서 따르는 사람 없음을 한스러워하지 말라,
글 속에 수레와 말이 무리지은 듯 많으려니.
아내를 얻음에 좋은 중매가 없다고 한스러워하지 말라,
글 속에 옥과 같이 예쁜 얼굴의 여자가 있나니.
남아가 평소 가졌던 뜻을 이루고자 한다면,
창 앞에 육경六經을 펼쳐 놓고 부지런히 읽을지니라.

富家不用買良田, 書中自有千鍾粟.
安居不用架高堂, 書中自有黃金屋.
出門莫恨無人隨, 書中車馬多如簇.
娶妻莫恨無良媒, 書中有女顔如玉.
男兒欲遂平生志, 六經勤向窓前讀.

【富家不用買良田, 書中自有千鍾粟】'千鍾粟'은 千鍾의 俸祿. '粟'은 '穀'과 같으며
'穀'은 다시 '祿'과 같음. 모두 疊韻으로 互訓할 수 있음. '鍾'은 6石 4斗의 곡식을
되는 들이 단위.《眞寶》注에 "量名, 六斛四斗曰鍾. 千鍾, 計六千四百斛"이라 함.

【安居不用架高堂, 書中自有黄金屋】'高堂'은 높고 큰 집. 부유한 집의 가옥을 가리 킴. 李白의 〈將進酒〉에 "高堂明鏡悲白髮"이라 함. '黃金屋'은 황금으로 장식한 집. 《漢武故事》에 "公主抱置膝上, 問曰:「兒欲得婦否?」長主指左右長御百餘人皆云: 「不用.」指其女阿嬌:「好否?」笑對曰:「好! 若得阿嬌作婦, 當作金屋貯之.」長主大悅" 이라 하여 漢 武帝는 30길의 漸臺를 지어 그 지붕을 황금으로 장식했다 함. 《眞寶》注에도 "《漢武故事》:漸臺, 高三十丈, 飾以黃金鏤屋上"이라 함.

【出門莫恨無人隨, 書中車馬多如簇】'簇'은 떨기. 조릿대가 떨기를 이루어 자라듯 이 叢生을 이루어 매우 많음을 비유함. '簇'은 '촉'으로 읽음. 《眞寶》注에 "簇, 聰 入"이라 함. 이는 簇은 聰의 入聲 '촉'으로 읽으라는 뜻. 이하 《眞寶》에서 이러한 音注는 모두 같음. 즉 /-ng→-k/, /-n→(t)-l/, /-m→-p/의 공식으로 바뀜.

【娶妻莫恨無良媒, 書中有女顏如玉】'媒'는 중매. 《詩經》齊風 〈南山〉에 "取妻如之 何, 匪媒不得. 旣曰得止, 曷又極止"라 하여 고대에는 반드시 중매가 있어야 결혼 을 할 수 있었음. '顏如玉'은 얼굴이 옥 같음. 《詩經》召南 〈野有死麕〉에 "林有朴 樕, 野有死鹿. 白茅純束, 有女如玉"이라 함.

【男兒欲遂平生志, 六經勤向窓前讀】'遂'는 '이루다. 완수하다'의 뜻. '平生志'의 '平 生'은 '平素', '平日'과 같음. 늘 언제나 품고 있던 뜻이나 희망, 소원. 《論語》憲問 篇 "久要不忘平生之言, 亦可以爲成人矣"의 朱熹 注에 "平生, 平日也"라 함. '六經' 은 儒家의 여섯 가지 經典. 《詩》, 《書》, 《禮》, 《樂》, 《易》, 《春秋》. 고대 학습 대상을 통칭하여 일컫는 말. 《群書拾唾》에 "漢儒以詩書禮樂易春秋爲六經, 後世樂書亡, 故止稱五經, 亦有以周禮, 合稱六經者"라 함. 《眞寶》注에 "六經:謂易, 詩, 書, 禮 記, 周禮, 春秋也"라 함.

参고 및 관련 자료

1. 眞宗
北宋 제3대 황제. 趙恒, 원명은 元侃. 太宗 趙光義의 셋째 아들로 처음 梁王에 봉해졌다가 황태자가 되어 태종이 죽자 황위에 오름. 998−1022년까지 재위하고 아들 仁宗(趙禎)에게 이어짐.

2. 이 시는 《說郛》(73 下), 《亦玉堂稿》(6) 등에 실려 있음.

3. 韻脚은 '粟, 屋, 簇, 玉, 讀'.

4. 眞宗皇帝 〈御製〉《明心寶鑑》省心篇)
知危識險, 終無羅網之門. 擧善薦賢, 自有安身之路.

施恩布德, 乃世代之榮昌. 懷妬報寃, 與子孫之爲患.

損人利己, 終無顯達雲仍. 害衆成家, 豈有久長富貴?

改名異體, 皆因巧語而生. 禍起傷身, 盖是不仁之召.」

5.《本語》(6) 明, 高拱(撰)

偶過一學究見其壁上有宋眞宗〈勸學文〉云:「書中自有黃金屋, 書中自有千鍾粟. 書中車馬多如簇, 書中有女顔如玉.」予取筆書其後云:「誠如此訓, 則其所養成者, 固皆淫洗驕侈殘民蠹國之人, 使在位, 皆若人喪無日矣, 而乃以爲帝王之勸學悲夫!」

6.《亦玉堂稿》(6) 明, 沈鯉(撰)

前代〈勸學詩文〉如「富家不用買良田, 書中自有千鍾粟. 安居不用架高堂, 書中自有黃金屋」, 諸語皆出自明主御製, 流傳至久, 比戶吟哦, 信如蓍龜. 凡父兄之教其子弟, 師友之相爲勸勉者, 率不外是以故, 後學小生當其蒙養, 未雕未琢, 已先以富貴利達榮身飽家之計, 薰漬其心胸肺腑由斯以往, 何所不至? 吾固知吾家子弟, 亦必有受其鴆毒者, 已今欲前此痼疾, 亦不必爲一切高論, 惟以士君子立身大閑, 關係緊切者, 反而致之. 各著爲訓語一篇, 以示爲君臣子弟之鵠, 其所稱述亦不必則古昔, 稱先王談耳目所不及聞睹之事, 使後生小子, 無徵不信. 惟舉吾祖父以來, 日用常行可爲家範者, 每篇之中, 各舉數事, 其無者不求備焉. 於乎凡人之情, 語之以他人之善行, 則有聽有不聽語, 吾祖則聽之, 及吾父則傾耳而聽之, 蓋其情愈切, 故其言尤易入也. 況吾之身祖父之身也, 身不修則祖父辱. 自古明王哲后所稱引修身之要, 無不以法祖爲急, 豈士庶之家有異乎! 吾玆庭訓不敢舍祖父而言, 他亦不敢爲飾說以誣, 吾祖父惟求吾子弟之可信而已. 訓語凡七篇: 一曰嚴, 二曰孝, 三曰弟, 四曰睦, 五曰義, 六曰廉, 七曰慈. 其猶有不盡者, 引而伸之觸類而長之可也.

002. 〈仁宗皇帝勸學文〉 ·················· 宋 仁宗(趙禎)
인종황제 권학문

＊《眞寶》注에 "(仁宗)名禎, 宋眞宗之子. 謂「人而不學, 雖草木禽獸糞壤, 不如也」"라 함.

내 보건대 배움이 없는 사람은,
사물에도 그에 비교될 것이 없다.
만약 풀이나 나무에 비교한다 해도,
풀에는 영지靈芝가 있고 나무에는 춘목椿木이 있다.
만약 새나 짐승에 비교한다 해도,
새에는 봉황이 있고 짐승에는 기린이 있다.
만약 똥과 흙에 비교한다 해도,
똥은 오곡을 살찌우고 흙은 만민을 기른다.
세상의 무한한 사물에도,
배움 없는 사람이란 비교될 데 가 없다.

朕觀無學人, 無物堪比倫.
若比於草木, 草有靈芝木有椿.
若比於禽獸, 禽有鸞鳳獸有麟.
若比於糞土, 糞滋五穀土養民.
世間無限物, 無比無學人

【朕觀無學人, 無物堪比倫】'朕'은 황제가 자신을 칭할 때 쓰는 稱號. 寡人, 孤 등과
같음.《眞寶》注에 "朕, 我也. 惟天子得稱"이라 함. '無物堪比倫'의 '堪'은 '견뎌내다,
할 수 있다'의 뜻. '比倫'은 類似한 무리로써 비교하거나 비유함. '倫'은 '輩', '類',
'量', '等'과 같음.《眞寶》注에 "倫, 等也"라 함.《廣韻》에 "等也, 比也, 類也"라 함.

'比'는 《字彙》에 "校也, 量也"라 함. 《寒山詩集》〈山居〉詩에 "吾心似秋月, 碧潭清
皎潔. 無物堪比倫, 教我如何說?"이라 함.

【若比於草木, 草有靈芝木有椿】'靈芝'는 '紫芝'. 瑞草로 알려진 버섯류. 菌類. 《說文
解字》에 "芝, 神艸也"라 하였고 《漢舊儀》에 "芝有九莖, 金色綠葉朱實, 夜有光"이
라 함. 《眞寶》注에 "瑞草, 《瑞命記》曰:「王者慈仁則生.」"이라 함. '椿'은 《莊子》逍
遙遊篇에 "上古有大椿者, 以八千歲爲春, 以八千歲爲秋"라 하여 장수의 상징으로
알려진 神木. 《眞寶》注에 "椿, 木名, 《莊子》: 上古有大椿者, 以八千歲爲春, 八千歲
爲秋. ○草中尙有芝之瑞, 木中尙有椿之耐"라 함.

【若比於禽獸, 禽有鸞鳳獸有麟】'禽獸'는 飛禽走獸. 동물의 총칭. '鸞'은 神鳥로 《山
海經》西山經에 "有鳥焉, 其狀如翟而五采文, 名曰鸞鳥, 見則天下安寧"이라 하였
으며, 《說文》에는 "赤, 神靈之精也, 赤色五采雞形, 鳴中五音"이라 하였고, 《事文
類聚》(後集 42)에는 "鸞者, 乃神靈之精也, 雞形五采, 名曰鸞鳥, 見則天下之安寧也"
라 함. '鳳' 역시 전설적인 새로서 《書經》孔安國 傳에 "수컷은 鳳, 암컷은 凰"이라
함. 《說文解字》에 "鳳, 神鳥也"라 함. 鳳凰(鳳皇)으로 合稱하여 사용함. 《事文類
聚》(後集 42)에는 "羽蟲三百六十而鳳凰爲之長"이라 함. 注에 "鸞鳳: 神鳥, 羽蟲之
長. 鳳, 鷄頷蛇頸燕頷龜背魚尾, 高六尺, 有備五色, 見則天下太平, 飛則群鳥隨之.
鸞, 亦鳳類"라 함. '麟'은 麒麟. 전설적인 瑞獸로 천하가 태평할 때만 나타난다 하
였음. 《左傳》哀公 14년 杜預 注를 참조할 것. 《事文類聚》(後集 35)에는 "毛蟲
三百六十而麟爲之長. 麟麕身馬足, 牛尾黃色, 圓蹄一角, 角上有肉, 音中律呂, 王者
至仁則出"이라 함. 《眞寶》注에 "仁獸, 毛蟲之長, 麕身牛尾馬蹄一角, 角端有肉, 不
踐生物, 不履生草, 王者至仁, 麒麟乃出"이라 함.

【若比於糞土, 糞滋五穀土養民】'糞土'는 분뇨. 옛날 농사에 거름으로 사용하였음.
'五穀'은 벼, 기장, 조, 콩, 보리의 다섯 곡식. 《周禮》에는 "麻, 黍, 稷, 麥, 豆"를 들
고 있으나 그 외 혹 "稻, 黍, 稷, 麥, 菽"을 들기도 하는 등 五穀에 대한 설은 여러
가지가 있음. 여기서는 모든 곡식(곡물)을 가리킴. 《眞寶》注에 "黍, 稻, 稷, 菽, 麥
也"라 함.

참고 및 관련 자료

1. 仁宗

北宋 제4대 황제. 이름은 趙禎. 초명은 受益. 眞宗(趙恒)의 여섯 째 아들. 1022–
1063년까지 41년간 재위함. 시호는 神文聖武仁孝皇帝.

2. 韻脚은 '倫, 椿, 麟, 民, 人'.

3. 仁宗皇帝 〈御製〉(《明心寶鑑》 省心篇)

乾坤宏大, 日月照鑑分明. 宇宙寬洪, 天地不容姦黨.

使心用悻, 果報只在今生. 善布淺求, 獲福休言.

後世千般巧計, 不如本分爲人. 萬種强圖, 爭似隨緣.

卽儉心行慈善何? 須努力. 看經意欲損人, 空讀如來一藏.

4. 宋代 皇帝들은 〈勸學文〉이나 〈御製〉를 많이 남겼으며 이를 참고로 轉載함.

○ 徽宗皇帝 〈勸學文〉(《明心寶鑑》 勤學篇)

學也好? 不學也好? 學者如禾如稻, 不學者如蒿如草. 如禾如稻兮, 國之精糧, 世之大寶. 如蒿如草兮, 耕者憎嫌, 鋤者繁惱. 他日面牆, 悔之已老.」

○ 神宗皇帝 〈御製〉(《明心寶鑑》 省心篇)

遠非道之財, 戒過度之酒. 居必擇隣, 交必擇友. 嫉妬勿起於心, 讒言勿宣於口.

骨肉貧者莫疎, 他人富者莫厚. 克己以勤儉爲先, 愛衆以謙和爲首.

常思已徃之非, 每念未來之咎. 若依朕之斯言, 治家國而可久.

○ 高宗皇帝 〈御製〉(《明心寶鑑》 省心篇)

一星之火, 能燒萬頃之薪. 半句非言, 誤損平生之德.

身披一縷, 常思織女之勞. 日食三湌, 每念農夫之苦.

苟貪妬損, 終無十載安康. 積善存仁, 必有榮華後裔.

福緣善慶, 多因積行而生. 入聖超凡, 盡是眞實而得.

003. <司馬溫公勸學歌> ·················· 司馬光(司馬君實)
사마광 권학가

*《眞寶》注에 "父主擇師, 師主敎導, 二者兼盡, 勉而學之, 子之責也"라 함.

　자식을 기르되 가르치지 않으면 이는 아버지의 허물이요,
　가르치고 인도하되 엄히 하지 않으면 이는 스승의 게으름이다.
　아버지는 가르치시고 스승은 엄하여 모두가 벗어남이 없건만,
　학문에 성취를 이룸이 없다면 이는 자식의 잘못이다.
　그렇게 되면 옷 따뜻이 입고 배불리 먹으면서 사람 무리에 살지만,
　남들은 나를 보고 비웃으며 마치 흙덩어리 같다고 말하리라.
　높이 오르려다 미치지 못하여 낮은 무리들 속에 휩쓸리게 되어,
　조금이라도 자신보다 똑똑한 인재를 만나면 상대를 할 수가 없게 되
나니,
　힘써라 후생들이여, 힘써 가르침을 찾아라.
　훌륭한 스승에게 의지하여, 스스로 몽매한 길로 가지 않도록 하라.
　하루아침 과연 출세 길에 오르기만 하면,
　성명이 그대의 아래인 자들이 그대를 선배라 부르리라.
　혼인을 해야 할 나이에 아직 혼인을 맺지 못했다면,
　저절로 미인을 배필로 구하게 되리라.
　힘써 그대들은 서둘러 배움 닦아,
　늙어서 공연히 스스로 뉘우칠 일을 기다리지 말도록 하라.

　養子不敎父之過, 訓導不嚴師之惰.
　父敎師嚴兩無外, 學問無成子之罪.
　煖衣飽食居人倫, 視我笑談如土塊.

攀高不及下品流, 稍遇賢才無與對.
勉後生力求誨, 投明師莫自昧.
一朝雲路果然登, 姓名亞等呼先輩.
室中若未結親姻, 自有佳人求匹配.
勉旃汝等各早脩, 莫待老來徒自悔.

【養子不敎父之過, 訓導不嚴師之惰】'過'는《眞寶》注에 "失也, 差也"라 함. '導'는
《眞寶》注에 "音道, 引也. 引之於善"이라 함. '嚴'은 스승으로서는 엄격하게 가르
침. '師'는 아버지로서는 학식과 덕행을 갖춘 스승을 택하여 아이를 보내 가르치
도록 부탁함. '惰'는 '懶'와 같음. 게을리 함. 스승으로서 책임을 다하지 않음.

【父敎師嚴兩無外, 學問無成子之罪】'無外'는 그 밖의 것은 없음. 충실히 하여 부족
함이 없음. 각자의 책무를 다함.

【煖衣飽食居人倫, 視我笑談如土塊】'煖衣飽食'은 옷을 따뜻이 입고, 배불리 먹음.
의식의 문제는 어려움 없이 누림.《孟子》滕文公(上)에 "人之有道也, 飽食煖衣, 逸
居而無敎, 則近於禽獸. 聖人有憂之;使契爲司徒, 敎以人倫:父子有親, 君臣有義,
夫婦有別, 長幼有序, 朋友有信"이라 함. '人倫'의 '倫'은 '類'와 같음. 사람으로 태어
나 살아감. 사람의 무리 속에 살고 있음. '視我'는 "나 같은 사람을 보기를"의 뜻.
곧 "작자 자신처럼 나이만 많이 먹은 사람을 보고"의 뜻. 뒤에 "汝等"과 상대하
여 쓴 말. '土塊'는 흙덩어리. 사람 같지 않은 존재. 흙덩어리처럼 하찮게 여김.

【攀高不及下品流, 稍遇賢才無與對】'攀高'는 높은 지위로 오르기 위해 붙들고 부여
잡음. '下品流'는 下品들과 휩쓸림. 그런 부류로 흐름. '稍遇'의 '稍'는 '조금씩'의 뜻.

【勉後生力求誨, 投明師莫自昧】'後生'은 후배들.《論語》子罕篇에 "子曰:「後生可畏,
焉知來者之不如今也? 四十、五十而無聞焉, 斯亦不足畏也已.」"라 함. '投明師'는 "명
철한 스승에게 자신을 던짐". '投'는 '몸을 맡기다. 의탁하다'의 뜻.《字彙》에 "投,
託也"라 함.

【一朝雲路果然登, 姓名亞等呼先輩】'雲路'는 출셋길.《古文正宗》注에 "中甲科曰登
雲"이라 함.《眞寶》注에 "仕宦爲登雲路"라 함. '亞等'은 次等의 뜻. 버금가는 등급.
자신보다 한 등급 낮은 자. '先輩'는 先任官. 혹 과거에 먼저 합격한 사람. 宋 吳枋
의《宜齋野乘》에 "唐世擧人呼已第者爲先輩"라 함.

【室中若未結親姻, 自有佳人求匹配】'室'은 家庭. 결혼하여 가정을 이룸.《眞寶》注

에 "男以女爲室"이라 함. '姻'은 아내를 맞이함. 《禮記》昏義 注에 "婿曰昏, 妻曰姻. 婿以昏時來, 女則因之而去"라 함. '佳人'은 美人. 夫人. 《楚辭》九歌 湘夫人에 "聞 佳人兮召予, 將騰駕兮偕逝"라 하였고, 朱子 注에 "佳人, 謂夫人也"라 함. '匹配'은 配匹과 같음. 짝이 됨. 부부가 됨.

【勉旃汝等各早脩, 莫待老來徒自悔】 '旃'은 '之焉'의 合音字. '汝等'은 '너희들'. '早脩' 는 일찍 서둘러 학문을 닦음. '徒'는 '한갓, 헛되이, 공허히'의 뜻. 《眞寶》注에 "勸 勉汝等, 各宜及早脩學, 毋等老來, 悔之無及"이라 함.

┌─────────────────┐
│ 참고 및 관련 자료 │
└─────────────────┘

1. 사마광(司馬光, 司馬溫公, 1019-1086)

송나라 때 정치가이며 문호. 자는 君實, 작위는 溫國公, 작위를 줄여 溫公으로 부름. 그의 저술 《資治通鑑》은 지금도 매우 중요한 史書로 널리 읽히고 있음. 《宋 史》列傳(95)에 전이 있음. 《東都史略》列傳(70上)에는 "司馬光, 字君實. 陝州夏縣人 也. 父池有傳, 光爲兒童時, 凜然如成人, 七歲聞講《左氏春秋》, 大愛之, 退爲家人講 云云. 詔肩輿至內東門, 子康挾入對小殿, 薨于位, 年六十八, 贈太師溫國公, 諡曰文 正, 御篆其碑曰:「淸心粹德.」"이라 하였고, 《事林廣記》(後集)에는 "程明道嘗曰:「君 實之言, 如人蔘甘草.」"라 함. 《眞寶》諸賢姓氏事略에 "司馬溫公, 名光, 字君實. 涑水 人. 宋元祐賢相, 諡文正"이라 함.

2. 韻脚은 '惰, 罪, 塊, 對, 眛, 輩, 配, 悔'.

004. <柳屯田勸學文> ·················· 柳永(柳屯田)
유둔전 권학문

*《眞寶》注에 "養子必敎, 敎則必勤; 學則庶人爲公卿, 否則冑子爲庶人"이라 함.

부모가 그의 자식을 기르면서 가르치지 않으면,
이는 그 자식을 사랑하지 않는 것이다.
비록 가르치기는 하되 엄하게 하지 않으면,
이 역시 그 자식을 사랑하지 않는 것이다.
부모가 가르치는 데도 배우지 않으면,
이는 자식이 그 자신을 사랑하지 않는 것이다.
비록 배우기는 하되 부지런히 하지 않으면,
이 역시 그 자신을 사랑하지 않는 것이다.
이 까닭으로 자식을 기름에는 반드시 가르쳐야 하고,
가르침에는 반드시 엄히 해야 하며,
엄하게 하면 반드시 부지런해 질 것이요,
부지런히 하면 틀림없이 이루게 될 것이다.
배우면 서민의 자식이라도 공경公卿이 될 수 있고,
배우지 않으면 공경의 자식이라도 서민이 되고 마는 것이다.

父母養其子而不敎, 是不愛其子也.
雖敎而不嚴, 是亦不愛其子也.
父母敎而不學, 是子不愛其身也.
雖學而不勤, 是亦不愛其身也.
是故, 養子必敎, 敎則必嚴;
嚴則必勤, 勤則必成.

學則庶人之子爲公卿, 不學則公卿之子爲庶人

【父母養其子而不教, 是不愛其子也】'教'는 부모로서의 자녀 교육.

【雖教而不嚴, 是亦不愛其子也】'嚴'은 공부에 대한 태도를 엄격히 지키도록 함.

【父母教而不學, 是子不愛其身也】'學'은 자녀가 스스로 배우고자 하는 태도.

【學則庶人之子爲公卿, 不學則公卿之子爲庶人】'庶人'은 고대 公, 卿, 大夫, 士, 庶人의 봉건사회의 신분 계급이 있었으며, 庶人은 가장 낮은 신분의 무리들. '公卿'은 三公九卿. 옛날 각 부서의 우두머리. 周나라 때의 三公은 太師, 太傅, 太保였으며, 九卿은 家宰, 司徒, 宗伯, 司馬, 司寇, 司空, 少師, 少傅, 少保였으나 뒤에 官名은 일정치 않음. 《眞寶》注에 "人知勤學, 則賤者可使之貴. 苟不知學, 則貴者反爲賤矣"라 함.

참고 및 관련 자료

1. 유둔전(柳屯田)

유영(柳永, 990?-1050?). 宋나라 때의 유명한 詞의 작가. 자는 耆卿, 山西 樂安 사람. 仁宗 때 여러 차례 과거에 응시했으나 낙방하기도 하였음. 慢詞와 長短句에 능하였으며 관직이 屯田員外郎에 이르러 그 때문에 柳屯田이라 부름. 《眞寶》諸賢姓氏事略에 "柳屯田, 名永, 字耆卿, 長於詞, 景祐登第爲屯田員外郎"이라 함. 그러나 《淵鑑類函》에는 이 시를 〈林宅田勸學文〉이라 하여 그 작자가 다른 이로 되어 있음.

2. 《淵鑑類函》(201)

林宅田〈勸學文〉曰:「父母養其子而不教, 是不愛其子也. 雖教而不嚴, 是亦不愛其子也. 父母教而不學, 是子不愛其身也. 雖學而不勤, 是亦不愛其身也. 是故養子必教, 教則必嚴, 嚴則必勤, 勤則必成. 學則庶民之子爲公卿, 不學則公卿之子爲庶民.」

005. <王荊公勸學文> ················· 王安石(王荊公)
왕형공 권학문

*《眞實》注에 "名安石, 字介甫, 宋朝人, 好學, 官至丞相"이라 함.

독서란 시간과 돈이 엄청나게 드는 것이 아니고,
독서는 만 배의 이익을 가져다준다.
글은 관직에 나선 자에게는 재능을 드러나게 해주고,
글은 군자에게는 지혜를 더해주도다.
재력이 있으면 책을 소장할 누각을 지으면 되고,
재력이 없으면 곧 책궤를 만들어 보관하면 된다.
창 앞에서 옛글을 보고,
등 밑에서 책 속의 뜻을 찾아라.
가난한 사람은 책으로 인해 부자가 되고,
부유한 사람은 책으로 인해 귀한 신분이 된다.
어리석은 사람은 책으로 인해 현명하게 되고,
현명한 사람은 책으로 인해 이익을 얻는다.
책을 읽어 영달한 경우는 보았으되,
책을 읽어 추락한 사람은 본 적이 없다.
금을 팔아 책을 사서 읽도록 하라,
책을 읽어 영달한 다음 금을 사기는 쉬운 법이다.
좋은 책은 갑자기 만나기 어려운 것이며,
좋은 책은 진정 얻기가 어려운 것이니,
받들어 권하노니 책 읽는 사람들이여,
좋은 책을 만났으면 이를 마음속에 기억해 두도록 하라.

讀書不破費, 讀書萬倍利.
書顯官人才, 書添君子智.
有卽起書樓, 無卽致書櫃.
窓前看古書, 燈下尋書義.
貧者因書富, 富者因書貴.
愚者因書賢, 賢者因書利.
只見讀書榮, 不見讀書墜.
賣金買書讀, 讀書買金易.
好書卒難逢, 好書眞難致.
奉勸讀書人, 好書在心記.

【讀書不破費, 讀書萬倍利】 '破費'는 '많은 비용과 시간이 들다'의 뜻. 《眞寶》 注에 "讀書人不用破所費"라 함. '萬倍利'는 독서는 만 배나 되는 이용 가치를 제공함. 《眞寶》 注에 "自有萬倍無窮利用"이라 함.

【書顯官人才, 書添君子智】 '顯'은 '드러내어 밝히다'의 뜻. 독서를 통해 본래 가지고 있던 재능이 더욱 환히 밝혀짐. '官人'은 관리. 혹은 관직에 나갈 사람. 《眞寶》 注에 "能修讀文, 才愈顯達. 《詩》棫樸: 「文王能官人」也"라 함. '添'은 첨가해줌. 《眞寶》 注에 "能讀書愈增其智慧"라 함.

【有卽起書樓, 無卽致書櫃】 '有'는 재력이 있음을 뜻함. '起書樓'는 책을 소장할 수 있는 큰 누각을 지음. 《眞寶》 注에 "有力卽便架樓藏書. 唐田弘正起樓聚書"라 함. '無卽致書櫃'는 재력이 없으면 책을 궤에 넣어 보관함. 《眞寶》 注에 "無力者, 作書櫃藏之, 勿令蠹毁"라 함.

【窓前看古書, 燈下尋書義】 《眞寶》 注에 "螢窓雪案間, 宜勤看古昔聖賢之書. 當燈火稍可相親之際, 宜搜尋書中意義"라 함.

【貧者因書富, 富者因書貴】 《眞寶》 注에 "貧乏者, 知勤書, 由此可致千金之富. 富足者, 知勤學, 榮貴由此而興"이라 함.

【愚者因書賢, 賢者因書利】 《眞寶》 注에 "本性愚昧, 敎以書, 則自成賢人. 賢人加以勤學, 則因讀書富貴利益"이라 함.

【只見讀書榮, 不見讀書墜】 《眞寶》 注에 "荊公云: 「讀書者, 只見身榮貴.」"라 함.

【賣金買書讀, 讀書買金易】《眞寶》注에 "當貨賣家藏之金, 以收致書籍. 讀書榮達後, 買金又何難?"이라 함.

【好書卒難逢, 好書眞難致】'卒'은 '倉卒間에, 갑자기' 등의 뜻. 좋은 책은 쉽게 만날 수 없음.《眞寶》注에 "天下好書籍, 驟然難遇見"이라 함. '致'는 '가지게 됨. 자신에게 다가옴' 등의 뜻.《眞寶》注에 "應好書籍眞箇未易收致"라 함.

【奉勸讀書人, 好書在心記】《眞寶》注에 "荊公勸勉世人修讀"이라 함. '記'는 '기억하고 암기하여 자신의 것으로 만들다'의 뜻.《眞寶》注에 "若見好書, 當留心記取, 不可忘也"라 함.

참고 및 관련 자료

1. 왕형공(王荊公)

王安石(1021–1086), 자는 介甫. 호는 半山. 北宋 神宗 때의 정치가이며 문인. 撫州 臨川人. 丞相을 역임하였으며 荊國公에 봉해짐. 諡號는 文. 그 때문에 '王荊公'으로도 불림. 古文에 능하였으며 唐宋八大家의 하나. 정치 개혁을 추진하다가 蘇東坡의 舊派와 대립하기도 함.《宋史》(86)에 傳이 있음.《眞寶》諸賢姓氏事略에 "王安石, 字介甫, 臨川人. 熙寧中拜相, 變新法. 號半山, 封荊公"이라 함.

2. 韻脚은 '利, 智, 櫃, 義, 貴, 利, 墜, 易, 致, 記'.

006. <白樂天勸學文> ·················· 白居易(白樂天)
백낙천 권학문

＊《眞寶》注에 "樂, 音洛. 姓白, 名居易, 唐人"이라 함.

농토가 있음에도 농사짓지 않으면 곳간이 비게 되고,
책이 있음에도 가르치지 않으면 자손들이 어리석게 된다.
곳간이 비게 되면, 세월을 넘기기에 궁핍할 것이요,
자손들이 어리석으면, 예와 의에 소략하게 될 것이다.
만약 농사도 짓지 아니하고 가르치지도 않는다면,
이는 곧 부형들의 잘못이니라!

有田不耕倉廩虛, 有書不敎子孫愚.
倉廩虛兮歲月乏, 子孫愚兮禮義疎.
若惟不耕與不敎, 是乃父兄之過歟!

【有田不耕倉廩虛, 有書不敎子孫愚】'倉廩虛'는 곡식 창고가 텅 비게 됨. '倉廩'은
《禮記》月令 疏에 "穀藏曰倉, 米藏曰廩"이라 함.《眞寶》注에 "人有田不耕種, 則無
穀可收, 故倉廩空虛"라 함. '子孫愚'는《眞寶》注에 "人有子孫, 不敎之讀書, 則爲
愚夫"라 함.
【倉廩虛兮歲月乏, 子孫愚兮禮義疎】'歲月乏'은 '세월을 넘기기에 궁핍해지다'의 뜻.
《眞寶》注에 "倉廩空虛無儲蓄, 則度歲月必匱乏"이라 함. '疎'는 '疏, 疎' 등과 같음.
疎略하게 됨. 성글어짐.《眞寶》注에 "子孫不學愚魯, 則於禮義必乖疎"라 함.
【若惟不耕與不敎, 是乃父兄之過歟】'若惟'는《眞寶》注에 "若惟, 是有田不耕與有
子不敎"라 함. '父兄'은 어른. 아버지 된 자와 형이 된 자. 자신보다 어린 사람을
가르쳐주고 깨우쳐주어야 할 임무를 지닌 세대. '歟'는 同意를 구하는 反語文의
終結詞.《眞寶》注에 "乃爲父兄之過"라 함.

1. 백거이(白居易:772-846)

자는 樂天, 만년에는 호를 香山居士라 하였음. 太原(지금의 山西 太原) 사람으로 德宗 貞元 16년(800) 진사에 올라 元和 초에 贊善大夫, 翰林學士, 左拾遺 등을 거침. 그러나 지나친 간언으로 江州司馬(지금의 江西 九江)로 좌천되자 그곳 廬山 香爐峰 아래 초당을 짓고 승려들과 교유하면서 한거하기도 함. 뒤에 忠州刺史를 거쳐 元和 15년(820) 서울로 불려왔으나 李宗閔과 李德裕의 정권 쟁탈을 목격하고 다시 외직을 요청, 杭州太守로 부임함. 杭州에서 水理 사업을 일으켜 지금의 西湖 白堤는 그가 수축한 것이라 함. 그는 다시 蘇州刺史로 옮겨 德政을 베풀기도 함. 뒤에 서울로 돌아와 太子少傅, 河南尹, 刑部尚書 등을 역임함. 그리고 洛陽 履道里에서 〈醉吟先生傳〉을 지어 '醉吟先生'이라 하기도 하며, 香山寺에서 도를 닦기도 하여 '香山居士'라 하기도 함. 이에 따라 그는 '白香山', '白少傅', '白尚書' 등으로 불리며 元稹과 이름을 함께 하여 '元白'이라 불리기도 함. 그는 新樂府運動을 주창하여 그러한 활동을 통해 諷諭로써 민간의 고통을 대변, 그의 문체를 '白體'라 부르기도 함. 한편 劉禹錫과 교유가 깊어 '劉白'이라고도 칭하며, 당시 元稹, 張籍, 劉禹錫과 함께 '元和體'라는 시풍을 일으키기도 함. 당시 일반인들은 모두 백거이의 시를 다투어 외웠으며 특히 鷄林(新羅) 재상이 당나라에서 온 상인에게 황금으로써 백거이의 시를 샀다는 고사도 있음. 그러나 蘇東坡는 원진과 백거이의 시를 '元輕白俗'이라 하여 가볍고 속된 시풍을 드러냈다고 평하였음. 그의 文集은 《新唐書》(藝文志, 4)에 《白氏長慶集》75卷이 著錄되어 있으나 《崇文總目》에는 '白氏文集七十卷'이라 하였고, 《郡齋讀書志》, 《直齋書錄解題》에는 모두 71卷이라 하였음. 한편 《新唐書》(藝文志, 3)에 《白氏經史事類》30卷이 著錄되어 있고, 그 注에 '白居易, 一名《六帖》'이라 함. 이에 대해 淸 周中孚는 《鄭堂讀書記》(卷60)에서 "偶閱 唐制, 其時取士凡六科, 列其所試條件, 每一事名一帖, 其多者明經試至十帖, 而《說文》極於六帖. 白之書爲因科擧設, 則以帖爲名, 其取此矣"라 하였음. 그의 《白氏金針集》은 兩《唐書》의 經籍志, 藝文志 등에 모두 기록이 없고, 《直齋書錄解題》(卷22)에 "《金針詩格》一卷, 白居易撰"이라 하였음. 그의 詩는 《全唐詩》에 모두 39卷 (424-462)이 편집되어 있고. 《全唐詩外編》 및 《全唐詩續拾》에 詩 38首, 斷句 44句가 실려있음. 《舊唐書》(166) 및 《新唐書》(119)에 傳이 실려 있음. 《新唐書》에 "白居易, 字樂天, 其先蓋太原人. 貞元十六年中書舍人高郢下進士. 會昌初致仕, 卒年

七十六, 自號醉吟先生, 爲之傳, 暮節惑淨屠道尤甚, 至經月不食葷, 稱香山居士"라 함. 《眞寶》諸賢姓氏事略에 "白樂天, 名居易, 先太原人, 徙下邽. 元和對策乙等, 遷左拾遺, 貶江州司馬, 久之, 入知制誥, 會昌初, 刑部尙書"라 함.

2. 이 시는 《唐詩紀事》(38)에 《主客圖》, 《序洛詩序》, 元稹 《白氏長慶集序》, 《與元九書》 등에 수록되어 있음.

3. 《全唐詩》(424)

白居易, 字樂天, 下邽人. 貞元中, 擢進士第, 補校書郎. 元和初, 對制策, 入等. 調盩厔尉, 集賢校理. 尋召爲翰林學士, 左拾遺, 拜贊善大夫, 以言事貶江州司馬, 徙忠州刺史. 穆宗初, 徵爲主客郞中, 知制誥. 復乞外, 歷杭, 蘇二州刺史. 文宗立, 以祕書監召, 遷刑部侍郞. 俄移病, 除太子賓客分司東都, 拜河南尹. 開成初, 起爲同州刺史, 不拜, 改太子少傅. 會昌初, 以刑部尙書致仕, 卒贈尙書右僕射, 諡曰文. 自號『醉吟先生』, 亦稱『香山居士』. 與同年元稹酬詠, 號『元白』. 與劉禹錫酬詠, 號『劉白』. 《長慶集》詩二十卷, 《後集》詩十七卷, 《別集補遺》二卷. 今編詩三十九卷.

4. 《唐才子傳》(6) 白居易

居易, 字樂天, 太原下邽人. 弱冠名未振, 觀光上國, 謁顧況. 況, 吳人, 恃才, 少所推可, 因謔之曰:「長安百物皆貴, 居太不易!」 及覽詩卷, 至「離離原上草, 一歲一枯榮. 野火燒不盡, 春風吹又生.」 乃歎曰:「有句如此, 居天下不亦不難. 老夫前言戲之爾.」 貞元十六年, 中書舍人高郢下進士, 拔萃皆中, 補校書郎. 元和元年, 作樂府及詩百餘篇, 規諷時事, 流聞禁中, 上悅之, 召拜翰林學士, 歷左拾遺. 時盜殺宰相, 京師洶洶, 居易首上疏, 請亟捕賊. 權臣有嫌其出位, 怒, 俄有言居易母墮井死而賦〈新井篇〉, 言旣浮華, 行不可用, 貶江州司馬. 初, 以勳庸暴露不宜, 實無他腸, 怫怒姦黨, 遂失志. 亦能順適所遇, 託浮屠死生說, 忘形骸者. 久之, 轉中書舍人, 知制誥. 河朔亂, 兵出無功, 又言事不見聽, 乞外除爲杭州刺史. 文宗立, 召遷刑部侍郞. 會昌初, 致仕. 卒. 居易累以忠鯁遭擯, 乃放縱詩酒. 旣復用, 又皆幼君, 仕情頓爾索寞. 卜居履道里, 與香山僧如滿等結淨社, 疎沼種樹, 構石樓, 鑿八節灘, 爲游賞之樂, 茶鐺酒杓不相離. 嘗科頭箕踞, 談禪詠古, 晏如也. 自號「醉吟先生」, 作傳, 酷好佛, 亦經月不葷, 稱「香山居士」. 與胡杲, 吉旼, 鄭據, 劉眞, 盧貞, 張渾, 如滿, 李文爽燕集, 皆高年不事, 日相招致, 時人慕之, 繪〈九老圖〉. 公詩以六義爲主, 不尙艱難. 每成篇, 必令其家老嫗讀之, 問解則錄. 後人評白詩如「山東父老課農桑, 言言皆實」者也. 鷄林國行賈售於其國相, 率篇一金, 僞者卽能辨之. 與元稹極善膠漆, 音韻亦同, 天下曰「元白」. 元卒, 與劉賓客齊名, 曰「劉白」云. 公好神仙, 自製「飛雲履」, 焚香振足, 如撥煙霧, 冉冉生雲. 初來九江, 居盧阜峰下, 作草堂燒丹, 今尙存. 有《白氏長慶集》七十五卷, 及所撰古今事實爲《六帖》, 及述作詩格法, 欲自除其病, 名《白氏金針集》三卷, 幷行於世.

    5. 韻脚은 '愚, 疏, 歟'.

007. <朱文公勸學文> ·················· 朱熹(朱文公)
주문공 권학문

*《眞寶》注에 "謂「人之爲學, 當勉勵進修, 不可因循苟且」"라 함.

오늘 배우지 않아도 내일이 있다고 말하지 말고,
올해 배우지 않아도 내년이 있다고 말하지 말라.
해와 달은 가고 있으며, 세월은 나에게 시간을 연장해주지 않는다.
아, 늙었도다 할 때, 이것은 누구의 잘못이겠는가?

**勿謂今日不學而有來日, 勿謂今年不學而有來年.
日月逝矣, 歲不我延; 嗚呼老矣, 是誰之愆?**

【勿謂今日不學而有來日, 勿謂今年不學而有來年】'勿'은 禁止詞.《眞寶》注에 "勿,
禁止辭. 不可也"라 함.
【日月逝矣, 歲不我延; 嗚呼老矣, 是誰之愆】'日月'은 세월. 시간. '逝'는 지나감, 흘러
감.《眞寶》注에 "去也, 徃也"라 함.《論語》陽貨篇에 "日月逝矣, 歲不我與"라 하였
고, 子罕篇에는 "子在川上, 曰：「逝者如斯夫! 不舍晝夜.」"라는 표현이 있음. '歲'는
세월, 시간. '延'은 延長함. 延期해 줌. '嗚呼老矣'는 자신의 늙음을 탄식하는 표현.
《論語》微子篇에 "齊景公待孔子曰：「若季氏, 則吾不能; 以季孟之間待之.」曰：「吾老
矣, 不能用也.」孔子行"이라 함. '愆'은 허물. 잘못.《眞寶》注에 "音, 騫. 過也. ○老
而不學, 悔將何及?"이라 함.

> ### 참고 및 관련 자료

1. 주문공(朱文公)
   주희(朱熹：1130–1200), 南宋 때 徽州 婺源 사람으로 建陽의 考亭에 옮겨 살았음.
자는 元晦, 혹은 仲晦이며 호는 晦庵, 晦翁, 遯翁, 滄洲病叟 등이었으나 별칭으로
는 紫陽先生, 考亭先生, 雲谷老人 등으로 불림. 朱松의 아들로 高宗 紹興 18년

(1148)에 진사에 올라 同安主簿라는 벼슬을 시작함. 孝宗 淳熙 연간에 知南康軍이 되었다가 浙東茶鹽公事에 오르기도 하였음. 당시 浙東 지역에 큰 기근이 들자 救荒을 서두르며 정치의 폐단을 주장하기도 하였음. 慶元 2년 귀향하여 경원 6년 (1200)에 생을 마쳤으며 시호는 文公. 그는 李侗에게 수학하여 程顥, 程頤의 학문을 전수하는 것으로서 목표를 삼고 아울러 周敦頤, 張載 등의 학설을 모아 北宋 이래 理學을 집대성하였음. 그리하여 白鹿洞書院, 岳麓書院, 武夷精舍 등에서 50여 년간 講學에 힘써 閩學派, 혹은 考亭學派라는 남송 최대 이학의 한 파를 이루었으며, 二程의 학문을 이어받았다 하여 程朱學이라고도 불림. 그의 학문은 한때 韓侂冑 등으로부터 僞學으로 배척을 받기도 하였으나 역시 漢代이래 최고의 학자로 지금까지 널리 칭송을 받고 있음. 《四書章句集註》, 《名臣言行錄》, 《伊洛淵源錄》, 《資治通鑑綱目》, 《詩集傳》, 《楚辭集註》, 《小學》 등이 있으며 후인이 편집한 〈朱子語類〉, 〈朱文公文集〉 등이 있음. 그의 사적은 《勉齋集》(36) 行狀과 《宋史》(429) 道學傳에 자세히 실려 있음. 참고로 朱熹의 勸學에 대한 詩로는 〈遇成〉과 〈觀書有感〉, 〈泛舟〉 등이 널리 애송되고 있음. 《眞寶》 諸賢姓氏事略에 "朱晦庵, 名熹, 字元晦, 新安人, 徙建安. 宋紹熙中煥章待制, 贈太師, 諡文公"이라 함.

2. 韻脚은 '年, 延, 愆'.

3. 《淵鑑類函》(201)

朱子〈勸學文〉曰:「勿謂今日不學而有來日, 勿謂今年不學而有來年. 日月逝矣, 歲不我延. 嗚呼老矣, 是誰之愆!」

4. 朱熹 〈勸學文〉

朱文公曰:「家若貧, 不可因貧而廢學. 家若富, 不可恃富而怠學. 貧若勤學, 可以立身. 富若勤學, 名乃光榮. 惟見學者顯達, 不見學者無成. 學者乃身之寶, 學者乃世之珍. 是故, 學者乃爲君子, 不學則爲小人. 後之學者, 各宜勉之!」

5. 朱熹 〈偶成〉

少年易老學難成, 一寸光陰不可輕. 未覺池塘春草夢, 階前梧葉已秋聲.

6. 朱熹 〈觀書有感〉

半畝方塘一鑑開, 天光雲影共徘徊. 問渠那得淸如許? 爲有源頭活水來.

7. 朱熹 〈泛舟〉

昨夜江邊春水生, 艨艟巨艦一毛輕. 向來枉費推移力, 此日中流自在行.

008. 〈符讀書城南〉 ················ 韓退之(韓愈)
아들 부符가 성남城南에서 책을 읽는다기에

＊《眞寶》注에 "符, 韓公子, 小字, 後更名, 長慶中及第, 爲集賢校理. ○韓昌黎先生, 有子名符, 讀書於郡城之南, 作此篇勉之. 蓋欲學者, 知學則爲君子, 不學則爲小人耳"라 함.
＊〈符讀書城南〉: '符'는 韓符. 韓愈의 아들 이름. '城南'은 郡城의 남쪽. 韓愈의 別莊이 있던 곳. 元和 11년(816) 가을에 쓴 작품이라 함.

나무가 규구規矩에 의해 물건으로 만들어짐은,
자인梓人, 장인匠人, 윤인輪人, 여인輿人에게 달려 있다.
마찬가지로 사람이 능히 사람이 되는 것은,
뱃속에 시서詩書의 글을 가지고 있는 데에 달려 있다.
시서는 부지런하면 곧 가지게 되는 것이요,
부지런하지 않으면 뱃속이 텅 비게 되는 것이다.
학문이 어떤 힘을 발휘하는지 알도록 하라.
현능한 자와 우매한 자가 처음에는 모두 똑같았으나,
능히 제대로 배우지 못함으로 해서,
그가 들어가는 곳은 마침내 전혀 다른 부류이다.
두 집에서 각기 아들을 낳고 나서,
어린 아이였을 때는 아주 비슷하고,
조금 자라서 모여 놀이를 하며 놀 때에는,
함께 무리지어 움직이는 물고기나 다름이 없다.
그러다가 나이 열두셋쯤 되면,
각기 두각頭角이 조금씩 달라져 서로 차이가 나고,
스무 살이 되면 점차 어그러지고 더욱 벌어져,

맑은 물과 더러운 도랑에 비쳐볼 때처럼 확연히 달라진다.
서른 살에 뼈대가 형성될 때쯤이면,
하나는 용, 하나는 돼지처럼 되고 만다.
비황飛黃의 용마는 뛰고 밟고 내달리면서,
두꺼비 같은 하찮은 것은 돌아볼 겨를도 없게 된다.
하나는 말 앞의 졸개가 되어,
채찍 맞은 등에 구더기가 생겨나고,
하나는 공경이나 재상이 되어,
관부官府에서 심원한 모습으로 살고 있다.
묻건대 무슨 이유로 그렇게 되었는가?
배움과 배우지 않음 때문이로다!
황금과 벽옥이 귀중한 보물이지만,
쓰고 사용하기 위해 간직하기도 어렵다.
그러나 학문은 몸에 간직하기만 하면,
몸이 있는 한 언제나 여유가 있다.
군자와 소인은,
부모에게 관련된 것은 아니다.
보지 못했는가, 삼공과 재상이,
쟁기질, 호미질 하는 집안 출신임을?
보지 못했는가, 삼공의 후손이었건만,
헐벗고 굶주리며 외출할 때 탈 노새도 없는 경우를?
문장이 어찌 귀하지 않으리?
경서經書의 가르침은 곧 전지田地와 같은 것.
갇히고 고인 빗물은 근원이 없으니,
아침엔 찼다가도 저녁이면 사라지고 만다.
사람으로서 고금에 통하지 않으면,
소나 말이면서 옷을 입은 것과 같다.

자신의 행동이 불의에 빠졌는데도,
하물며 많은 명예를 바랄 수 있겠는가?
때는 가을이라 장맛비 개고,
새로운 서늘함이 교외 빈 언덕으로 들어오니,
등불을 조금씩 가까이 하여,
책을 말고 펴고 할 만한 때가 되었도다.
어찌 아침저녁으로 유념하지 않으랴?
너를 위해 세월을 아껴야 하리라.
사랑과 의리는 서로 충돌함이 있는 것이라,
시를 지어 권하기도 주저스럽도다.

木之就規矩, 在梓匠輪輿;
人之能爲人, 由腹有詩書.
詩書勤乃有, 不勤腹空虛.
欲知學之力, 賢愚同一初.
由其不能學, 所入遂異閭.
兩家各生子, 提孩巧相如.
少長聚嬉戲, 不殊同隊魚.
年至十二三, 頭角稍相疎.
二十漸乖張, 清溝映汙渠.
三十骨骼成, 乃一龍一豬.
飛黃騰踏去, 不能顧蟾蜍.
一爲馬前卒, 鞭背生蟲蛆;
一爲公與相, 潭潭府中居.
問之何因爾? 學與不學歟!
金璧雖重寶, 費用難貯儲.
學問藏之身, 身在則有餘.

君子與小人, 不繫父母且.
不見公與相, 起身自犁鋤?
不見三公後, 寒饑出無驢.
文章豈不貴? 經訓乃菑畬.
潢潦無根源, 朝滿夕已除.
人不通古今, 馬牛而襟裾.
行身陷不義, 況望多名譽?
時秋積雨霽, 新涼入郊墟.
燈火稍可親, 簡編可卷舒.
豈不旦夕念? 爲爾惜居諸.
恩義有相奪, 作詩勸躊躇.

【木之就規矩, 在梓匠輪輿】'就'는 '成就되다, 이루어지다, 만들어지다' 등의 뜻. 즉 가구, 수레바퀴, 수레 등 구체적인 물건으로 이루어짐을 뜻함. '規'는 規와 같으며 圓尺. 동그라미를 그리는 기구.《眞寶》注에 "爲圓之器"라 함. '矩'는 方形을 그리는 曲尺.《眞寶》注에 "爲方之器"라 함. '就規矩'는《眞寶》注에 "凡木之成就, 於規圓矩方也"라 하여 "나무가 원하는 물건으로 성취되는 것은 규구에 달려 있다"라 하였음.《孟子》離婁(上)에는 "不以規矩, 不能成方員"이라 하였고 朱熹 注에 "規, 所以爲圓之器也; 矩, 所以爲方之器也"라 함. 한편 '規矩'(規矩)는 뒤에 법도, 법칙, 기준이라는 뜻으로 확대되었음.《孟子》告子(上)에 "大匠誨人, 必以規矩"라 하였고, 注에 "規矩, 匠之法也"라 함. '梓'는 '자'(音紫)로 읽으며 가구 만드는 木手. '匠' 역시 나무를 다루는 목공. '輪'은 수레바퀴를 만드는 장인. '輿'는 수레를 만드는 장인.《眞寶》注에 "梓人, 匠人, 木工也; 輪人, 輿人, 車工也. 俱攻木之工也. 事見《周禮》"라 하였고,《周禮》考工記(6)에 "凡攻木之工七: 輪輿弓廬匠車梓"라 함.
【人之能爲人, 由腹有詩書】'由'는 '이유, 때문임'을 말함.《眞寶》注에 "自其胷次之間, 有詩書充實之美"라 함. '詩書'는 고전을 통틀어 한 말.
【詩書勤乃有, 不勤腹空虛】'勤乃有'는 부지런히 해야 소유하게 됨.《眞寶》注에 "誦詩讀書, 勤乃有得"이라 함. '不勤腹空虛'는《眞寶》注에 "若不專勤, 則心腹空空如也"라 함.

【欲知學之力, 賢愚同一初】'賢愚'는 賢者나 愚昧한 자는 처음 태어날 때는 모두 같았음.《眞寶》注에 "賢智愚昧, 同此有生之初, 初者, 本然之性也"라 함.

【由其不能學, 所入遂異閭】'所入遂異閭'는 들어가는 바의 부류가 드디어 다른 마을이 됨.《眞寶》注에 "所以遂異其門閭"라 함. '閭'는 部類, 身分.《字彙》에 "閭, 居也, 又里門也"라 함.

【兩家各生子, 提孩巧相如】'提孩'는 안고 손을 잡고 다니는 어린아이.《眞寶》注에 "可提抱, 知孩笑"라 함. '相如'는 누구나 똑 같음.

【少長聚嬉戲, 不殊同隊魚】'少'는 '약간, 다소, 조금'의 뜻. '長'은 '자라다'의 뜻. '聚嬉戲'는 모여서 놀이를 함.《眞寶》注에 "稍稍長大, 則相聚嬉遊戲翫"이라 함. '不殊'는 '不異'와 같음. '다를 것이 없음'. '殊'는 '異'와 같음. '同隊魚'은 같은 무리의 고기가 떼를 지어 다니는 모습.《眞寶》注에 "不殊於水中同隊之魚"라 함.

【年至十二三, 頭角稍相疎】'頭角稍相疏'는 머리의 끝을 드러냄이 조금씩 서로 차이가 나서 멀어짐. 각기 特長이 달라짐.《眞寶》注에 "學者嶄然露頭角, 稍稍與不學者, 相疏外矣"라 함.

【二十漸乖張, 淸溝映汙渠】'乖張'은 어그러져 서로 펼쳐 나가는 방향이 달라짐. '淸溝映汙渠'는 맑은 개천에 더러운 도랑물이 비치는 것과 같음.《眞寶》注에 "如淸瑩之溝, 映汙濁之溝"라 함.

【三十骨骼成, 乃一龍一豬】骨骼은 뼈대. '骼'은 금수의 뼈를 일컫는 말로, 여기서는 龍豬를 비유하여 그 때문에 '骼'자를 쓴 것임. '龍'은 영물, 뛰어난 자, 배워서 성취한 자를 비유함.《廣雅》에는 "有鱗曰蛟龍, 有翼曰應龍, 有角曰虬龍, 無角曰螭龍, 未升天曰蟠龍"이라 함. '豬'는 돼지. '猪'로도 표기하며《字彙》에 "猪, 豕也"라 함. 여기서는 배우지 못하여 천하게 된 사람을 비유함.《眞寶》注에 "於是其一學者, 如神龍之有變化; 不學者, 則如猪畜之無變化也"라 함.

【飛黃騰踏去, 不能顧蟾蜍】'飛黃'은 神馬의 이름. 학문을 이룬 사람에 비유함.《淮南子》覽冥訓에 "黃帝治天下, 於是靑龍進駕, 飛黃服卓"이라 하였고, 高誘 注에 "飛黃如狐, 背上有角, 乘之壽三千載"라 함. '騰踏'은 뛰고 내달리며, 딛고 밟아 솟아오름. 신나게 달림을 뜻함. '蟾蜍'는 '섬서'로 읽으며 두꺼비를 뜻하는 雙聲連綿語의 蟲名. 舊注에는 "蟾蜍者, 硯滴也"라 하여 두꺼비 모양으로 만든 연적을 뜻하는 것으로 풀이하였음. 그러나 내용으로 보아 '飛黃'에 상대되는 하찮은 상대, 즉 배우지 못한 우둔한 자를 비유한 것으로 보아야 함.《古文正宗》注에 "學者如千里之驥飛踏而去, 不能顧其駑馬之遲鈍猶蟾蜍也"라 함. 다만 '硯滴'으로 풀이

한 것은 《西京雜記》(6)에 "廣川王去疾, 好聚亡賴少年, 遊獵畢弋無度, 國內冢藏, 一皆發掘. 余所知爰猛, 說其大父爲廣川王中尉, 每諫王不聽, 病免歸家. 說王所發掘冢墓不可勝數, 其奇異者百數焉. 爲余說十許事, 今記之如左. 晉靈公冢, 甚瑰壯, 四角皆以石爲獬犬撟燭, 石人男女四十餘, 皆立侍, 棺器無復形兆, 屍猶不壞, 孔竅中皆有金玉, 其餘器物, 皆朽爛不可別, 唯玉蟾蜍一枚, 大如拳, 腹空, 容五合水, 光潤如新, 王取以盛書滴"이라 하여 옥으로 만든 두꺼비 형상의 연적이 있었음. 이에 《眞寶》注에 "駑馬也. 譬如人學與不學. 學者騰達而去, 不能顧其駑馬也. 舊注以爲水滴者, 誤"라 함.

【一爲馬前卒, 鞭背生蟲蛆】'馬前卒'은 말 앞에서 뛰어가며 시중하는 천한 徒卒 역할이나 하게 됨. 《眞寶》注에 "卒, 遵入. ○其不學者, 爲馬前至賤之徒卒"이라 함. '鞭背生蟲蛆'는 등에 채찍을 맞아 난 상처에 구더기가 생김. 《眞寶》注에 "有過則受鞭背之刑, 肉腐則生蟲蛆之惡"이라 함.

【一爲公與相, 潭潭府中居】'公相'은 三公이나 宰相. 높은 지위를 뜻함. '潭潭'은 深遠한 모습. '府'는 公府. 《古文正宗》注에 "潭潭, 深遠貌, 公相居之府也"라 하였고, 《眞寶》注에는 "潭潭, 大府之中居處"라 함.

【問之何因爾? 學與不學歟】'爾'는 앞의 사항을 가리킴. '歟'는 感歎, 推測, 疑問, 肯定 등의 終結詞.

【金璧雖重寶, 費用難貯儲】'金璧'은 황금과 벽옥. 《眞寶》注에 "黃金璧玉, 雖貴重之寶"라 함. '費用'은 消費하거나 使用함. '貯儲'는 저장하거나 갈무리 함. 《眞寶》注에 "然耗費用度, 難以收貯儲藏"이라 함.

【學問藏之身, 身在則有餘】'有餘'는 남음이 있음. 《眞寶》注에 "此身在, 則學問自有餘用"이라 함.

【君子與小人, 不繫父母且】'且'는 助詞. '저'(子魚反)로 읽음. 《詩》巧言의 "悠悠昊天, 曰父母且"의 注에 "且, 語助也"라 함. 《眞寶》注에 "不關係於父母生我之時, 在人學與不學耳"라 함.

【不見公與相, 起身自犁鋤】'自'는 '由'와 같음. '犁'는 쟁기질. '鋤'는 '鋤'와 같으며 호미질. 즉 가난하고 빈한한 농가 出身임을 뜻함. 《眞寶》注에 "起身自田家"라 함.

【不見三公後, 寒饑出無驢】'三公'은 《眞寶》注에 "大臣也. 周以太師, 太傅, 太保爲三公, 宇文周, 宋, 元因之; 後漢至唐, 以太尉, 司徒, 司空爲三公. 豈不見三公之後子孫?"이라 함. '驢'는 나귀. '出無驢'는 집을 나서도 타고 다닐 나귀조차 없음. 비록 삼공의 후손이지만 배우지 않으면 이처럼 추락하게 됨을 뜻함. 《眞寶》注에 "寒凍饑

餓, 出無驢馬可乘"이라 함.

【文章豈不貴? 經訓乃菑畬】'菑畬'(치여)는 각기 개간한 지 몇 년 째의 농토인가를
구분하는 말. '菑'는 개간한지 1년째의 농토. '畬'는 3년째 된 농토. 《韻會》에 "一歲
曰菑, 始反草也; 二歲曰畬, 漸和柔也; 三歲曰新田, 謂已成田而尚新也"라 함. 여기서
는 田地를 뜻함. 전지에서 곡식을 얻듯이 經訓에서 食祿을 얻어 사람을 잘 먹고
살게 할 수 있음을 말함. 《眞寶》注에 "經學之敎訓, 乃所以敷菑畬田者也"라 함.

【潢潦無根源, 朝滿夕已除】'潢潦'는 일시 고인 물이나 비가 내려 생긴 웅덩이 물.
《眞寶》注에 "潢, 停蓄之水; 潦, 驟至之水"라 함. '朝滿'은 아침엔 가득 차 있는 물.
《眞寶》注에 "早朝滿溢, 夕已除蕩"이라 함.

【人不通古今, 馬牛而襟裾】'襟裾'는 옷깃. 여기서는 사람만은 옷을 입어 牛馬와는
다름을 뜻함. 《眞寶》注에 "如牛馬獸畜之無所知, 而被服世人之襟裾也. ○襟, 袍
之前袂; 衣後曰裾"라 함. 《孟子》에 "飽食暖衣, 逸居而無敎, 則近於禽獸"라 한 말과
같은 뜻임. 朝鮮 鄭澈의 時調에 "무움 사름들하 올흔 일 호자스라. 사름이 되여나
셔 올티 곳 못호면, 무쇼를 갓 곳갈 싀워 밥머기나 다르랴!"라 하였고, 明末 陳繼
儒의 《小窓幽記》에는 "士不識廉恥, 衣冠狗彘"라 對句를 지음.

【行身陷不義, 況望多名譽】《眞寶》注에 "行於身者, 尙且陷失於不合義理. 況可得芳
名美譽者也?"라 함.

【時秋積雨霽, 新凉入郊墟】'積雨'는 계속 내리던 비. '霽'는 비가 갬. 《眞寶》注에
"秋雨初霽"라 함. '郊墟'는 郊外의 빈 터, 언덕. 《眞寶》注에 "墟, 音區. ○新凉入於
郊野丘墟"라 하여 '墟'는 '구'로 읽도록 되어 있으며, 원래는 마을의 단위를 뜻함.

【燈火稍可親, 簡編可卷舒】'燈火稍可親'은 등불을 조금씩 가히 가까이 할 만 한
때가 됨. 독서의 계절이 됨. 《眞寶》注에 "短檠燈火, 稍可親近"이라 함. '稍'는 조
금씩. 점점. 이 구절에서 '燈火可親'의 성어가 생겼음. '簡'과 '編'은 책을 대신하는
말. 《眞寶》注에 "古者無紙, 以竹簡寫而以熟皮編之, 故曰簡編"이라 함. '卷'은 捲과
같음. '舒'는 '펼치다'의 뜻. 여기서는 책을 말았다 펼쳤다 함을 말하며 독서와 연
구 활동을 뜻함. 《眞寶》注에 "簡卷編帙, 可卷可舒"라 함.

【豈不旦夕念? 爲爾惜居諸】'旦夕念'은 아침이나 저녁이나 이를 염두에 둠. 《眞寶》注
에 "平旦日夕, 致其念慮"라 함. '爾'는 인칭대명사 '너'. '你'와 같음. '居諸'(거저)는
《詩》邶風 日月의 "日居月諸"를 줄인 말로 居와 諸(저)를 묶어 疊韻連綿語로 만든
것이며, 이에 따라 '일월', '세월', '시간'을 뜻하는 말이 됨. 《眞寶》注에 "爲爾愛惜日
居月諸, 無廢學問也"라 함.

【恩義有相奪, 作詩勸躊躇】 '恩義有相奪'은 사랑과 의무는 서로 상반되고 충돌함. 부모의 사랑과 자식에게 의무를 요구함은 서로 어려움이 있음. 《眞寶》 注에 "閨門之情, 以恩掩義; 師友之嚴, 以義掩恩. 私恩失義, 無久遠之理, 有相奪之期"라 함. '作詩'는 직접 말로 다그치지 못하고 대신 시를 써서 줌. 《眞寶》 注에 "故作此詩勸之"라 함. '躊躇'는 머뭇거림. 망설이게 됨. 雙聲連綿語.

참고 및 관련 자료

1. 한퇴지(韓退之)

한유(韓愈. 786-824). 唐代 대표적인 古文家이며 문장가. 자는 退之, 호는 昌黎先生. 鄧州 南陽(지금의 河南 孟縣) 사람으로 唐 代宗 大曆 3년에 태어나 穆宗 長慶 4년 향년 57세로 생을 마침. 일찍이 고아가 되어 형수의 손에 자랐으며 貞元 8년 진사에 올라 吏部侍郎을 역임하였음. 시호는 文, 선대가 昌黎에 살아 宋 元豐 때 '昌黎伯'으로 봉해짐. 그 때문에 昌黎先生으로 불리며 달리 韓文公이라고도 함. 經史百家에 박통하여 유학을 존숭하며 불학을 반대하였음. 당대 고문운동을 주도하였으며 柳宗元과 함께 六朝의 화려한 변려체를 반대함. 唐宋八大家의 영수이며 고문가의 종주로 받들고 있음. 송대 시에 영향을 주었으며 《昌黎先生集》 40권과 《外集》 10권, 《遺文》 1권이 전함. 《全唐詩》에 시 10권이 수록되어있으며, 《舊唐書》(160)과 《新唐書》(176)에 傳이 있음. 《眞寶》 諸賢姓氏事略에 "韓退之, 名愈, 昌黎人, 以六經之文爲諸士倡, 仕至吏部侍郎, 諡文公, 封昌黎伯"이라 함.

2. 이 시는 《五百家注昌黎文集》(6), 《別本韓文考異》(6), 《東雅堂昌黎集註》(6), 《全唐詩》(341), 《全唐詩錄》(47) 등에 널리 실려 있으며, 《五百家注》에 "城南, 公別墅. 符, 公之子, 孟東野詩有〈喜符朗詩〉, 有〈遊城南韓氏庄之作〉. 按公〈墓誌〉及〈登科記〉, 公子曰 景, 登進士第在長慶四年, 此云符, 疑爲之小字也"이라 하여 어릴 때 이름이 창(景, 昶)이 아닌가 하였음. 《眞寶》 注에는 "符, 韓公子小字, 後更名. 長慶中及第, 爲集賢敎理. 韓昌黎先生有子, 名符. 讀書於郡城之南, 作此篇勉之. 蓋欲學者, 知學則爲君子, 不學則爲小人耳"라 함.

3. 韻脚은 '輿, 書, 虛, 初, 閭, 如, 魚, 疏, 渠, 豬, 蜍, 蛆, 居, 歟, 儲, 餘, 且, 鋤, 驢, 畬, 除, 裾, 譽, 墟, 舒, 諸, 躇'.

오언고풍단편五言古風短篇

고대 중국의 시는 크게 '고체시(古體詩)'와 '근체시(近體詩)'로 나누며, 고체시는《詩經》을 비롯한 중국의 고대시가를 계승한 것으로, '고시(古詩)' 또는 '고풍(古風)'이라고도 함. 그 중 五言古詩는 漢代에 발생하여 그 뒤로 魏晉南北朝를 통하여 널리 성행하였으며, 七言古詩는 이보다 약간 늦게 발생하여 유행하였음. 한편 明 梁橋의 《氷川詩式》에 "五言始於李陵, 蘇武, 或云枚乘. 五言絶句作自古漢魏樂府. 古辭, 則有〈白頭吟〉, 〈出塞曲〉等篇, 下及六代, 述作漸繁, 唐人以來工之者甚衆"이라 하였고,《唐詩訓解》에는 "李滄溟曰 : 五言詩起於蘇李, 然夏歌楚謠間用五字成句, 雖詩體未全, 實五言之濫觴"이라 함.

009. <淸夜吟> ·················· 邵康節(邵雍)

맑은 밤에 읊음

* 《眞寶》 注에 "言「道之全體, 中和之妙, 用自得之樂, 少有人能知此味也」"라 함.
* 〈淸夜吟〉: 宋代 性理學者들 특유의 詩情을 잘 갖추고 있으며, 이는 抒情詩가 아니라 說理詩임. 《性理大全句解》에 "此篇借物形容聖人本體淸明人欲淨盡"이라 함.

달은 하늘 가운데로 와서 떠 있고,
바람은 수면으로 불어오도다.
이러한 청량한 맛을,
헤아려내어 아는 사람 적으리라.

月到天心處, 風來水面時.
一般淸意味, 料得少人知.

【月到天心處, 風來水面時】 '天心'은 하늘의 중심 한가운데. 하늘의 중앙. 《性理大全句解》에 "月照天之中"이라 함.

【一般淸意味, 料得少人知】 '一般'은 '이러한, 이와 같은'의 뜻. '意味'는 맛, 분위기. 《句解》에 "這般意味極淸"이라 함. '料'는 '헤아리다, 料量하다'의 뜻. '得'은 '해내다, 능히 —하다'의 可能補助語幹. 《句解》에 "竊想少得人知此, 蓋月到天心, 則雲翳盡掃; 風來水面, 則波濤不興. 此正人欲淨盡, 天理流行時也"라 함. '少'는 '적다'의 뜻.

참고 및 관련 자료

1. 소강절(邵康節)

소옹(邵雍, 1011-1077). 자는 堯夫. 시호는 康節. 北宋 理學 百源學派의 대표적 인물이며 지금의 河南 輝縣 蘇門山 百源에 살아 '百源先生'이라 불렸음. 당시 李三才가 鞏城令을 돕고 있다가 穆脩에게 전해 오던 先天象數圖를 소옹에게 주어 이를 통해 체득하였다 하며 저술로는 《先天圖》,《皇極經世》,《觀物篇》등이 있음. 《宋史》(427) 道學傳에 傳이 있음.《眞寶》諸賢姓氏事略에 "邵康節. 名雍, 字堯夫, 洛陽人, 不仕深於易理, 贈秘書省著作郞"이라 함.

2. 이 시는 《擊壤集》(12),《性理大全》(70),《性理羣書句解》(3),《思辨錄輯要》(35),《兩宋名賢小集》(58) 등에 널리 실려 있으며,《性理大全》注에 "熊氏剛大曰: 此篇借物形容聖人本體淸明, 人慾淨盡. 蓋月到天心, 則雲翳盡掃; 風來水綿, 則波濤不興. 此正人欲淨盡, 天理流行時也"라 함.

3. 韻脚은 '時, 味, 知'.

010. 〈四時〉 ················ 陶淵明(陶潛) (顧愷之. 長康)

네 계절

*《眞寶》注에 "春水, 夏雲, 秋月, 冬松, 足以盡四時之奇"라 함.
*〈四時〉: 春夏秋冬 네 글자를 앞에 놓고 각 계절의 특징을 감각적으로 표현한 것.
　다만 이 시의 작자는 陶淵明이 아니며 顧愷之임.

봄물은 사방 못에 가득하고,
여름 구름은 기이한 봉우리 모습도 많도다.
가을 달은 휘영청 밝은 빛을 드날리고,
겨울 고갯마루에 빼어난 외로운 소나무 한 그루.

春水滿四澤, 夏雲多奇峰;
秋月揚明輝, 冬嶺秀孤松.

【春水滿四澤, 夏雲多奇峰】《易經蒙引》(4上)에 "居雨水於立春之後者, 冬至泉動至立
　春後, 則水氣流行矣. 所謂春水滿四澤也"라 함. '奇峰'은 奇異한 봉우리. 여름의 구
　름이 기이한 산봉우리 모습을 형성함을 표현한 것.
【秋月揚明輝, 冬嶺秀孤松】'明輝'를 드날림. 가을 달빛이 다른 계절에 비해 유난히
　밝음을 뜻함. '孤松'은 외롭게 홀로 서 있는 소나무 한 그루. 《藝文類聚》의 顧愷
　之 〈神情詩〉에는 '寒松'으로 되어 있음.

참고 및 관련 자료

1. 도연명(陶淵明), 고개지(顧愷之). 陶淵明(陶潛)은 032를 볼 것.
2. 이 시는 작자가 陶淵明이 아니며 顧愷之(長康)의 〈神情詩〉로서 《陶淵明集》에
잘못 편집된 것임. 顧愷之(대략 346-407)는 자는 長康이며 晉나라 때 최고의 화가.
문장, 해학에도 뛰어났던 인물로 당시 사람들은 그를 才絶, 畫絶, 癡絶의 三絶로

불렀음.《文集》과《啓蒙記》가 있었다 하나 전하지 않음.《晉書》(92)에 傳이 있으며 《世說新語》 등에 그의 많은 일화가 실려 있음.

3. 이 시는《陶淵明集》(3)에 실려 있으며 題注에 "此顧愷之〈神情詩〉.《類文》有全篇, 然顧詩首尾, 不類獨此警絶. 斯立曰:「當是愷之用此足成全篇, 篇中惟此警策, 居然可知. 或雖顧作, 淵明摘出四句, 可謂善擇矣.」許《彥周詩話》曰:「此詩乃顧長康詩, 誤入《彭澤集》"이라 함. 그 밖에《說郛》(82下),《藝文類聚》(3),《淵鑑類函》(12),《升菴集》(57),《古詩紀》(42),《古今詩刪》(7),《漁隱叢話》(後集 3) 등에 널리 거론하고 있음.

4. 韻脚은 '峰, 松'.

5. 宋 許顗《彥周詩話》에 "此顧長康詩, 誤編入陶彭澤集中"이라 하였고, 湯注에 "此顧愷之〈神情詩〉,《類文》有全篇. 然顧詩首尾不類, 獨此警絶"이라 함. 劉斯立도 "當是凱之用此足成全篇, 篇中惟此警策, 居然可知. 或雖顧作, 淵明摘出四句, 可謂善擇"이라 함.

6. 溫汝能은 "酷似陶體, 非靖節無此超警之作. 陳評謂其辭春夏而居秋冬, 當求之比體. 則斷爲陶作, 而非顧作, 似無疑義. 置之靖節集中, 誰曰不宜?"라 하였으나 증거가 없어 이 설은 인정을 받지 못함.

7.《說郛》(82下)

「春水滿四澤, 夏雲多奇峰. 秋月揚明輝, 冬嶺秀孤松.」此顧長康詩, 誤編入陶彭澤集中.

8.《藝文類聚》(3)

晉顧凱之〈神情詩〉曰:「春水滿四澤, 夏雲多奇峰. 秋月揚明輝, 冬嶺秀寒松.」

9.《升菴集》(57)

絶句者一句一絶, 起於四時詠:「春水滿四澤, 夏雲多奇峯. 秋月揚明輝, 冬嶺秀孤松」是也. 或以爲陶淵明詩, 非.

10.《彥周詩話》

「春水滿四澤, 夏雲多奇峰. 秋月揚明輝, 冬嶺秀孤松.」此顧長康詩, 誤編入《陶彭澤集》中.

011. 〈江雪〉 ·················· 柳子厚(柳宗元)

강설

＊《眞寶》注에 "山無飛鳥, 路無行人, 此雪景也; 孤舟獨釣, 見得是江天雪"이라 함.
＊〈江雪〉: 강에 내린 눈. 눈에 덮인 강에서 낚시하는 풍경을 읊은 것.

산이란 산엔 새 날아다니는 것조차 끊어지고,
길이란 길엔 사람 발자취조차 사라졌네.
배 한 척 도롱이에 갓 쓴 늙은이,
차가운 강에 홀로 낚싯대 드리웠네.

千山鳥飛絶, 萬徑人蹤滅.
孤舟蓑笠翁, 獨釣寒江雪.

【千山鳥飛絶, 萬徑人蹤滅】'徑'은 길, '蹤'은 '踪'으로도 표기하며 발자취. 눈이 엄청 내려 천지가 고요함을 그려낸 것.
【孤舟蓑笠翁, 獨釣寒江雪】'孤舟'는 배 한 척. '蓑笠翁'은 도롱이를 입고 갓을 쓴 늙은 낚시꾼 漁翁.

참고 및 관련 자료

1. 유자후(柳子厚)
　유종원(柳宗元: 773-819). 자는 子厚, 河東 解縣(지금의 山西 永濟縣) 사람으로 시인이며 동시에 산문가. 唐宋八大家의 하나로 山水 游記와 寓言 小品 등에 뛰어났으며 景物詩에도 일가를 이룸. 21세에 博學鴻詞科에 등제하여 이름을 날렸으며 30세에 監察御史에 오름. 順宗 원년(805) 王叔文이 정권을 잡고 나서 그를 禮部員外郎에 추천하였으나 순종이 즉시 죽고 憲宗이 즉위하여 정권이 바뀌자 왕숙문이 몰락, 그 역시 元和 원년(806) 9월 멀리 邵州刺史로 좌천되었으나 부임 도중 다시 폄직되어 永州司馬(지금의 湖南 零陵縣)로 쫓겨 감. 그는 벽지 永州에서 34세부터 41세까지 머물면서 많은 작품을 남겼음. 元和 9년(814) 長安으로 귀환되었다가 이듬해 다시 柳州刺史(지금의 廣西)로 내려가 그곳에 5년 공직 생활 끝에 병으로 생을 마쳤음. 이에 그를 '柳子厚', '柳柳州'라 부르며 산문은 韓愈와 병칭되어 '韓柳'라 불리고 시는 韋應物과 병칭되어 '韋柳'라 불림. 뒤에 劉禹錫이 그의 유고를 모아 《柳先生文集》(45권)을 편찬하여 세상에 전하며 《柳河東集》도 전함. 그의 文集은 《新唐書》(藝文志, 4), 《宋史》(藝文志, 7)에 모두 30卷으로 되어 있으나 《直齋書錄解題》(卷16)에는 《柳柳州集》 45卷, 外集 2卷으로 되어 있음. 현재의 《柳宗元集》 역시 45卷으로 되어 있음. 한편 그의 詩는 《全唐詩》에 4卷(350−353)으로 編輯되어 있고, 《全唐詩續拾》에 詩 3首가 補入되어 있음. 《舊唐書》(160)와 《新唐書》(168)에 傳이 있음. 《眞寶》 諸賢姓氏事略에 "柳子厚, 名宗元, 本河東, 徙吳, 元和中爲柳州刺史, 號柳州"라 함.

2. 이 시는 《柳河東集》(43), 《柳河東集注》(43), 《萬首唐人絶句》(2), 《文章正宗》(24), 《唐音》(6), 《唐詩品彙》(43), 《石倉歷代詩選》(57), 《全唐詩》(352), 《御選唐詩》(27), 《唐人萬首絶句選》(2), 《全唐詩錄》(37), 《唐詩紀事》(43), 《漁隱叢話》(前集 19), 《詩人玉屑》(15), 《詩林廣記》(5), 《修辭鑑衡》(1) 등에 널리 실려 있음.

3. 韻脚은 '絶, 滅, 雪'.

4. 이는 柳宗元이 永州司馬로 폄직되어 있을 때 그곳에서 읊은 것으로 한 폭의 그림 같은 시로서 널리 절창되고 있음.

5. 蘇軾은 柳宗元의 시가 韋應物 작품보다 낫다고 여기면서 "外枯而中膏, 似淡而實美"라 평함.

6. 《唐詩紀事》(43)

○子厚〈與楊誨之書〉云: 「吾年十七, 求進士, 四年乃得擧. 二十四, 求博學宏詞科, 二年乃得仕. 及爲藍田尉, 走謁大官堂下, 與卒伍無別. 益學老子和光同塵, 雖自以爲得, 然以得號爲輕薄人矣. 及爲御史郎官, 自以登朝廷, 利害益大, 雖戒礪益切, 然卒不免爲連累廢逐.」 (子厚陷王叔文之黨遷謫, 卒死於柳州, 柳人立廟羅池.)

○〈雪詩〉云: 『千山鳥飛絶, 萬徑人蹤滅. 孤舟簑笠翁, 獨釣寒江雪.』 (視鄭谷亂飄僧舍之句不侔矣, 東坡居士云.)

7. 《全唐詩》(350)

柳宗元, 字子厚, 河東人, 登進士第. 應擧宏辭, 授校書郎, 調藍田尉. 貞元十九年, 爲監察御史裏行, 王叔文, 韋執誼用事, 尤奇待宗元. 擢尙書禮部員外郎, 會叔文敗, 貶永州司馬. 宗元少精警絶倫, 爲文章雄深雅健. 踔厲風發, 爲當時流輩所推仰. 既罹竄逐, 涉履蠻瘴. 居閒益自刻苦, 其堙厄感鬱, 一寓諸文, 讀者爲之悲惻. 元和十年, 移柳州刺史, 江嶺間爲進士者, 走數千里, 從宗元遊. 經指授者, 爲文辭皆有法, 世號柳柳州. 元和十四年卒. 年四十七, 集四十五卷, 內詩二卷, 今編爲四卷.

8.《唐才子傳》(5) 柳宗元

宗元, 字子厚, 河東人. 貞元九年, 苑論榜第進士, 又試博學宏辭, 授校書郎. 調藍田縣尉, 累遷監察御史裏行. 與王叔文, 韋執誼善, 二人引之謀事, 擢禮部員外郎, 欲大用. 値叔文敗, 貶邵州刺史, 半道, 有詔貶永州司馬. 遍貽朝士書言情, 衆忌其才, 無爲用心者. 元和十年, 徙柳州刺史. 時劉禹錫同謫, 得播州. 宗元以播非人所居, 且禹錫母老, 具奏以柳州讓禹錫而自往播; 會大臣亦有爲請者, 遂改連州. 宗元在柳, 多惠政, 及卒, 百姓追慕, 立祠享祠, 血食至今. 公天才絶倫, 文章卓偉, 一時輩行, 咸推仰之. 工詩, 語意深切, 「發纖穠於簡古, 寄至味於淡泊, 非餘子所及也.」 司空圖論之曰:「梅止於酸, 鹽止於鹹, 飮食不可無, 而其美常在酸鹹之外.」可以一唱而三歎也. 子厚詩在陶淵明下, 韋應物上, 退之豪放奇險則過之, 而溫麗靖深不及也. 今詩賦雜文等三十卷, 傳於世.

19.《五百家註柳先生集》附錄(2)

《歸叟詩話》: 鄭谷〈雪詩〉云:「江上晚來堪畫處, 漁人披得一簑歸.」此村學堂中語也. 如柳子厚:「千山鳥飛絶, 萬徑人蹤滅. 孤舟簑笠翁, 獨釣寒江雪.」此信有格也哉! 作詩者當以此爲標準.

012. <訪道者不遇> ·················· 僧 無本(賈島)
도인을 찾아갔다가 만나지 못함

＊《眞寶》注에 "童子言:「師入山採藥, 白雲深處, 無蹤尋覓.」"이라 함.
＊<訪道者不遇>:隱者를 찾아갔다가 만나지 못하고 겪은 일을 그림처럼 아름답게
　표현한 시로 널리 절창되고 있음. 그러나 작자에 대해서는 여러 설이 있음.

소나무 아래에서 동자에게 물었더니,
대답이 "스승님 약 캐러 가셨습니다.
다만 이 산 속에 계실 것이나,
구름이 깊어 그곳을 알 수 없습니다"라 하더라.

松下問童子, 言:「師採藥去.
只在此山中, 雲深不知處.」

【松下問童子, 言:「師採藥去】 '童子'는 隱士를 모시고 시중드는 어린 아이. '言' 이하
　는 모두 동자가 대답한 내용임.
【只在此山中, 雲深不知處】 '只'는 '다만, 틀림없이'의 뜻.

참고 및 관련 자료

1. 승(僧) 무본(無本, 无本)
가도(賈島:779-843) 唐代 시인. 자는 낭선(閬仙), 혹은 浪仙. 한때 出家하여 불교
에 귀의, 法名을 无本(無本)이라 하였음. 范陽(지금의 河北 涿縣) 사람으로 代宗 大
曆 14년에 태어나 武宗 會昌 3년에 생을 마침. 향년 65세. 젊어 여러 번 과거에 실
패하여 빈곤을 겪자 머리를 깎고 승려가 되어 법명을 '無本'(无本)이라 하였음. 뒤
에 韓愈의 권고로 환속하여 시문을 배우게 되었음. 그 때 '推敲'의 고사를 남기기
도 함. 50이 넘어 登第하였으나 비방을 받아 長江主簿를 역임하여 그를 '賈長江'이
라 불렀음. 普州司倉參軍에 제수되었으나 부임하기 전에 생을 마치고 말았음. 그

가 죽은 뒤에 집에는 어떤 재물도 없었으며 병든 노새 한 마리와 부서진 거문고 하나뿐이었다고 함. 그의 시는 적막한 경지를 잘 묘사하였으며 五言律詩에 뛰어났었음. 그와 교유한 孟郊와 함께 中唐 苦吟詩人으로 알려졌으며 한유는 이들을 두고 "孟郊死葬北邙山, 日月風雲頓覺閑. 恐天文章渾斷絶, 再生賈島在人間"이라 읊기도 하였음. 蘇軾은 그 두 사람의 시풍을 "郊寒島瘦"라 평하였음. 《長江集》10권이 있으며 《全唐詩》에 시 4권이 수록되어 있음. 그의 文集은 《新唐書》(藝文志, 4)에 "賈島《長江集》十卷, 又《小集》三卷"이라 하였으며 《崇文總目》에도 같음. 그러나 《郡齋讀書志》(4, 中), 《直齋書錄解題》(19)에는 10卷만 著錄되어 있고, 《小集》에 대한 언급은 없음. 辛文房은 《唐才子傳》에서 《詩格》1卷을 들고 있으나 《宋史》(藝文志)에만 《詩格密旨》1卷이 기록되어 있으며 지금은 전하지 않음. 그의 詩는 《全唐詩》에 4卷(571–574), 총 403首가 실려 있으나 그 중 29首는 확실하지 않은 것이 있음. 《全唐詩外編》 및 《全唐詩續拾》에 詩 2首와 斷句 14句가 補入되어 있음. 《新唐書》(176)에 傳이 있음. 《眞寶》 諸賢姓氏事略에 "僧無本. 名島, 字浪仙, 初爲僧, 居法乾寺, 號無本. 後還俗, 宣宗御札, 除遂州長江簿"라 함.

2. 이 시는 《唐音》(14)에는 孫草 〈訪羊尊師〉로 되어 있고, 注에 "童子言:「師入山採藥, 白雲深處, 無縱尋覓"이라 하였음. 그리고 《唐詩品彙》(43)에도 "〈尋隱者不遇〉, 《唐音》作孫華〈訪羊尊師〉"라 함. 《全唐詩》(473, 574)에는 도리어 孫革으로 되어 있고, 注에 "孫革, 憲宗朝爲監察御史, 詩一首, 〈訪羊尊師〉. 一作賈島詩"라 함.

3. 孫革은 憲宗, 穆宗, 文宗을 섬겨 太子左庶子를 지냈던 인물이며, 시로 널리 알려지지는 않았음. 한편 賈島의 《長江集》에는 이 시가 수록되어 있지 않으며, 宋初 《文苑英華》에 처음으로 실렸고 작자를 '孫革'이라 하였음. 뒤에 南宋 洪邁의 《萬首唐人絶句》에 처음으로 '無本(无本)'이라 하였음. 《唐詩遺香》에도 제목이 〈訪羊尊師〉로 되어 있으며 작자는 孫革으로 되어 있음. 다만 《唐詩訓解》(6)에는 〈訪隱者不遇〉로 되어 있음.

4. 章燮의 注에는 "此詩一問一答, 四句開合變化, 令人莫測"이라 함.

5. 이 시는 《全芳備祖集》(後集 14), 《淵鑑類函》(290), 《唐僧弘秀集》(7), 《唐音》(14), 《唐詩品彙》(43), 《古今詩刪》(20), 《石倉歷代詩選》(109), 《古詩鏡》(48), 《古今禪藻集》(6), 《全唐詩》(473, 574), 《御選唐詩》(27), 《詩林廣記》(後集 9) 등에 널리 실려 있음.

6. 韻脚은 '去, 處'.

7. 明 游潛之의 《夢蕉詩話》에는 "孟郊, 賈島, 皆窮困至死, 或謂詩能窮人, 未信也. 殆詩必窮者而後工耳"라 함.

8. 蘇絳은 "孤絶之句, 記在人口"라 함.

9. 司空圖는 "賈浪仙時有警句, 視其全篇, 意思殊餒"라 함.

10. 《千家詩》原註(王相)

訪友不遇自爲問答之辭也. 言我訪隱者, 値其他出, 因步之松下而問其童子焉. 童子言:「我師出門採藥」問其何處? 言:「只在此山, 白雲深處而不知其所在也」. 則幽人高隱之意, 自在其中矣. ○賈島, 字閬仙, 范陽人, 仕終長江尉, 晩唐.

11. 《唐詩紀事》(40)

賈島, 字浪仙, 范陽人. 初爲浮屠, 名無本. 能詩, 獨變格入僻, 以矯豔於元, 白. 來洛陽, 韓愈敎爲文. 去浮屠, 擧進士, 終普州司戶. 島久不第, 吟〈病蟬〉之句, 以刺公卿. 或奏島與平曾等爲十惡, 逐之. 詩曰:『病蟬飛不得, 向我掌中行. 折翼猶能薄, 酸吟尙極淸. 露華凝在腹, 塵點惧侵睛. 黃雀幷烏鳥, 俱懷害爾情.』

12. 《全唐詩》(571)

賈島, 字浪仙, 范陽人. 初爲浮屠, 名無本. 來東都時, 洛陽令禁僧午後不得出, 島爲詩自傷, 韓愈憐之. 因敎其爲文, 遂去浮屠. 擧進士, 詩思入僻, 當其苦吟, 雖逢公卿貴人, 不之覺也. 累擧不中第, 文宗時, 坐飛謗, 貶長江主簿. 會昌初, 以普州司倉參軍遷司戶, 未受命卒. 有《長江集》十卷, 《小集》三卷, 今編詩四卷.

13. 〈題李凝幽居〉(《唐詩紀事》40. 推敲의 고사)

『閑居少鄰並, 草徑入荒村. 鳥宿池中樹, 僧敲月下門. 過橋分野色, 移石動雲根. 暫去還來此, 幽期不負言.』

14. 《唐摭言》(11)

賈閬仙, 名島. 元和中元, 白尙輕淺, 島獨變格入僻, 以矯浮艶, 雖行坐寢食, 吟咏不輟, 常跨驢張蓋橫截天衢, 時秋風正厲, 黃葉可掃, 島忽吟曰:『落葉滿長安, 志重其衝口』, 直致求之一聯, 杳不可得, 不知身之所從也. 因之, 唐突大京兆. 劉栖楚被繫一夕, 而釋之. 又嘗遇武宗皇帝於定水精舍, 島尤肆侮上, 訝之, 他日, 有中旨, 令與一官謫去, 乃授長江縣尉. 稍遷普州司倉而卒.

15. 《唐才子傳》(5) 賈嶋

嶋, 字閬仙, 范陽人也. 初, 連敗文場, 囊篋空甚, 遂爲浮屠, 名無本. 來東都, 旋往京, 居靑龍寺. 時禁僧午後不得出, 爲詩自傷. 元和中, 元, 白變尙輕淺, 嶋獨接格入僻, 以矯浮豔. 當冥搜之際, 前有王公貴人皆不覺, 游心萬仞, 慮入無窮. 自稱「碣石山人」. 嘗歎曰:「知余素心者, 惟終南紫閣, 白閣諸峰隱者耳.」嵩邱有草廬, 欲歸未得, 逗留長安. 雖行坐寢食, 苦吟不輟. 嘗跨蹇驢張蓋, 橫截天衢. 時秋風正厲, 黃葉可掃, 遂吟曰:「落葉滿長安.」方思屬聯, 杳不可得, 忽以「秋風吹渭水」爲對, 喜不自勝. 因唐突大京兆劉栖楚, 被繫一夕, 且釋之. 後復乘閒策蹇訪李凝幽居, 得句云:「鳥宿池中樹, 僧推月下門.」又欲作「僧敲」, 煉之未定, 吟哦, 引手作推敲之勢, 傍觀亦訝. 時韓退之尹京兆, 車騎方出, 不覺衝至第三節, 左右擁到馬前, 嶋具實對, 未定「推」,「敲」, 神遊象外, 不知廻避. 韓駐久之, 曰:「敲字佳.」遂竝轡歸. 其論詩道, 結爲布衣交, 遂授以文法. 去浮屠, 擧進士. 愈贈詩云:「孟郊死葬北邙山, 日月風雲頓覺閒. 天恐文章渾斷絶, 再生賈嶋在人間.」自此名著. 時新及第, 寓居法乾無可精舍, 姚合, 王建, 張籍, 雍陶, 皆琴樽之好. 一日, 宣宗微行至寺, 聞鐘樓上有吟聲, 遂登, 於嶋案上取卷覽之, 嶋不識, 因作色, 攘臂睨而奪取之曰:「郎君鮮醲自足, 何會此耶?」帝下樓去. 旣而覺之, 大恐, 伏闕待罪, 上訝之. 他日, 有中旨令與一淸官謫去者, 乃授遂州長江主簿, 後稍遷晉州司倉. 臨死之日, 家無一錢, 惟病驢, 古琴而已. 當時誰不愛其才而惜其命薄! 嶋貌淸意雅, 談玄抱佛, 所交悉塵外之人. 況味蕭條, 生計岨峿. 自題曰:「二句三年得, 一吟雙淚流. 知音如不賞, 歸臥故山秋.」每至除夕, 必取一歲所作置几上, 焚香再拜, 酹酒祝曰:「此吾終年苦心也.」痛飮長謠而罷. 今集十卷, 幷《詩格》一卷, 傳於世.

013. 〈蠶婦〉 ·················· 無名氏→張兪(?)

누에치는 아낙

*《眞寶》注에 "出城歸家, 有感下淚, 見不蠶者皆衣羅綺, 不知養蠶之辛苦"라 함.
*〈蠶婦〉: 누에를 쳐서 비단을 만드는 아낙.

어제 시내에 갔다가,
돌아올 땐 수건에 눈물만 흠뻑.
온몸에 비단 두루 휘감은 이들,
누에치는 사람들이 아니었다네.

昨日到城郭, 歸來淚滿巾.
遍身綺羅者, 不是養蠶人.

【昨日到城郭, 歸來淚滿巾】'城郭'은 內城外郭의 줄인 말. 성곽으로 둘러싸인 城市.
도시, 읍내 등의 뜻. 《事物紀源》(8)에 《管子》曰:「內謂之城, 外謂之郭.」이라 함.
'歸來'는 '돌아오면서'의 뜻. '淚滿巾'은 눈물이 수건에 흠뻑 젖음.
【遍身綺羅者, 不是養蠶人】'遍'은 '변'(音變)으로 읽음. 《眞寶》注에 "遍, 音變"이라
함. '두루, 온몸'의 뜻. '綺羅'는 《字彙》에 《說文》:繒也, 師古曰:今細綾. 《韻會》:羅,
帛之美者"라 함. 무늬가 있어 매우 아름다운 비단.

> ### 참고 및 관련 자료

1. 이 시는 《宋文鑑》(26), 《御選宋金元明四朝詩》(御選宋詩, 61), 《宋元詩會》(7)에 실
려 있으며 작자가 張兪로 되어 있음. 한편 《宋元詩會》에는 "張兪, 字少愚, 益州郫
人. 少俊偉有大志, 屢擧不第, 用薦除秘省校書郎, 願以授. 父顯忠而自隱於家. 文彦
博治蜀, 爲築室青城山白雲谿以處之. 母死, 再碁鹽酪未嘗入口, 所持柳杖植墓旁, 忽
生枝葉, 後至合抱. 凡六召不起, 卒. 其妻蒲氏賢而有文爲誄詞, 甚傳於世"라 함.
2. 韻脚은 '巾, 人.'

014. 〈憫農〉 .... 李紳
농부를 불쌍히 여김.

*《眞寶》注에 "農家當暑耘耨, 流汗浹於田泥, 人知食其粟, 遑知耕稼之苦哉! 憫憂念其勞也"라 함.
*〈憫農〉: 농사일에 힘든 농민을 불쌍히 여김.

김매는 데 해는 대낮,
땀방울이 곡물 밑의 흙에 떨어지네.
그릇에 담긴 따뜻한 밥,
알알이 모두가 괴로움임을 뉘 알랴?

鋤禾日當午, 汗滴禾下土.
誰知盤中飱, 粒粒皆辛苦?

【鋤禾日當午, 汗滴禾下土】'鋤'는 '鉏'로도 표기하며 호미. 김을 매는 일. '禾'는 벼. 그러나 작물 중 이삭이 달리는 곡물, 즉 嘉穀을 일컫는 말. '汗滴'은 땀방울. 땀이 방울져 떨어짐.
【誰知盤中飱, 粒粒皆辛苦】'飱'은 '飧'과 같으며 '손'으로 읽음. 《眞寶》注에 "音孫, 熟飯"이라 함. 《字彙》에는 "飱, 音孫, 與飧同. 水澆飯也. 又音燦, 平聲. 熟食也"라 하여 '餐'과 같은 의미로도 봄. '粒粒'은 '밥의 낟알마다'의 뜻. '辛苦'는 맵고 씀. 매우 고생스러움.

참고 및 관련 자료

1. 李紳(772-846)
   字는 公垂. 그의 文集은 《新唐書》(藝文志, 4)에 《追昔游詩》3卷, 《批答》1卷이 著錄되어 있으며, 《郡齋讀書志》, 《直齋書錄解題》에도 같음. 《全唐詩》에 그의 詩가 4卷(480-483)으로 편집되어 있으며 《全唐詩外編》 및 《全唐詩續拾》에 詩 7首와 斷

句 6句가 실려 있음.《唐詩紀事》(卷39)에 관련 기록이 실려 있으며,《舊唐書》(173)과《新唐書》(181)에 "李紳, 字公垂, 中書令敬玄曾孫. 世宦南方, 客潤州. 紳六歲而孤, 母盧躬受之學. 爲人短小, 精悍於詩, 早成名, 時號短李"라 함. 李德裕, 元稹과 함께 이름을 날려 '三俊'이라 불렀음.《眞寶》諸賢姓氏事略에 "李紳, 字公華, 武宗朝相"이라 함.

2. 이는《唐文粹》(16下)에 실려 있는 '古調歌篇'의 李紳〈憫農〉2수 중 제2수임. 제1수는 "春種一粒粟, 秋收萬顆子. 四海無閑田, 農夫猶餓死"로 되어 있음. 그 외《萬首唐人絶句》(14),《全唐詩》(483),《全唐詩錄》(69),《唐詩紀事》(39),《古今事文類聚》(後集 22),《太平廣記》(170),《鑑戒錄》(8)등에 널리 실려 있음.

3. 韻脚은 '午, 土, 苦'.

4.《唐詩紀事》(39)

紳, 字公垂, 中書令敬玄曾孫, 號『短李』, 穆宗召爲翰林學士, 與李德裕, 元稹同時, 號『三俊』. 武宗時爲相, 居位四年, 出鎭淮南, 卒. 紳初以古風求知於呂溫, 溫見齊煦誦其〈憫農〉詩曰:「春種一粒粟, 秋收萬顆子. 四海無閑田, 農夫猶餓死.」「鋤禾日當午, 汗滴禾下土. 誰知盤中飱, 粒粒皆辛苦?」又曰:「此人必爲卿相.」果如其言.

5.《全唐詩》(480)

李紳, 字公垂, 潤州無錫人. 爲人短小精悍, 於詩最有名, 詩號『短李』. 元和初, 擢進士第, 補國子助教. 不樂, 輒去. 李錡辟掌書記, 錡抗命, 不爲草表. 幾見害, 穆宗召爲右拾遺, 翰林學士. 與李德裕, 元稹同時號『三俊』, 歷中書舍人, 御史中丞, 戶部侍郎. 敬宗立, 李逢吉搆之, 貶端州司馬. 徙江州長史. 遷滁, 壽二州刺史, 以太子賓客分司東都. 太和中, 擢浙東觀察使. 開成初, 遷河南尹, 宣武節度使. 武宗卽位, 召拜中書侍郎同平章事, 進尙書右僕射, 封趙郡公. 居位四年, 以檢校右僕射平章事節度淮南. 卒, 贈太尉, 諡文肅.《追昔游詩》三卷,《雜詩》一卷, 今合編爲四卷.

6.《帝鑑圖說》(上)「後苑觀麥」

宋史上記: 仁宗留意農事, 宮中後苑裡有空地, 都使人種麥. 又於其地建一小殿, 名叫寶岐殿, 麥一莖雙穗謂之岐, 此豐年之祥, 最宜寶重, 故以爲殿名. 每年麥熟時, 仁宗親自臨幸後苑, 坐寶岐殿看人割麥, 謚隨駕的輔臣說道:「宮殿前似當栽植花卉, 以供賞翫. 今朕造此殿, 獨不種花卉, 但年年種麥, 此是何故? 蓋以我深居九重, 無由知稼穡之艱難. 所以種麥於此, 要看他耕種耘鋤, 庶幾農家之苦, 時時在吾目中也.」大抵四民中, 惟農爲最苦, 春耕夏耘, 早作暮息, 四體焦枯, 終歲勤動, 還有不得一飽食者. 古人有詩云:『鋤禾日當午, 汗滴禾下土. 誰知盤中飱, 粒粒皆辛苦?』眞可謂格言矣. 古之賢君知此, 所以極其憫念, 力爲賑恤, 而民卒受其福, 後世人主生長富貴, 不知稼穡爲何物, 荒淫佚樂, 惟恐不暇, 而何暇恤農也? 仁宗以天子之尊, 親臨農夫之事, 知惓惓於稼穡如此, 則其恭儉仁恕, 卓越近代, 不亦宜乎!

015. ⟨讀李斯傳⟩ ·················· 李鄴(曹鄴)

⟨이사전⟩을 읽고

*《眞寶》注에 "斯, 楚人, 入秦相始皇, 罷侯置守, 焚詩書, 峻刑法, 天下怨毒. 始皇
死, 不發喪, 矯詔殺太子扶蘇, 立胡亥, 天下大亂, 斯夷三族. ○謂「李斯壅蔽以欺其
君, 自取刑禍, 不能欺天下」"라 함.

*⟨讀李斯傳⟩:李斯는 韓非와 함께 荀子(荀卿)에게 帝王學과 刑名學을 배워, 秦始
皇을 섬겨 客卿이 됨. 李斯는 뒤에 丞相이 되어 郡縣制, 禁書令, 文字改革 등을
실시하였으나, 秦始皇이 죽었을 때 趙高의 횡포에 맞서지 않고 절조를 지켜내
지 못하여 始皇의 發喪도 하지 않은 채 거짓 조서를 내려, 태자 扶蘇를 폐하고
胡亥를 二世로 세우는 일에 동조함으로써 역사적으로 폄훼를 받고 있음. 그 뒤
결국 趙高의 참소를 입고 죽임을 당하고 말았음.《史記》李斯列傳을 참조할 것.

남모르는 것을 속여도 언제나 그렇게 되지 않거늘,
남이 아는 것을 속이면 마땅히 스스로 죽게 되는 것.
한 사람의 손으로는,
천하의 눈을 가리기 어려우니라.

欺暗常不然, 欺明當自戮.
難將一人手, 掩得天下目.

【欺暗常不然, 欺明當自戮】'欺暗'은 남이 모를 것이라 여겨 속임수를 씀.《眞寶》注
에 "謂人所不知而己獨知之者"라 함. 아래의 '欺明'에 상대하여 쓴 말.《眞寶》注
에 "謂人所皆知之者"라 함. '常'은 '언제나'. 그러나 강조하는 의미로 보아 '尙'의
뜻으로도 풀이함.
【難將一人手, 掩得天下目】'將'은 '以'와 같음.

1. 이업(李鄴. 曹鄴)

曹鄴(816~875?)의 오류. 曹鄴은 字는 業之로 太常博士, 祠部郎中, 洋州刺史, 吏部
郎中 등을 지낸 人物. 그의 文集은 《新唐書》(藝文志, 4)에 《曹鄴詩》 3卷이라 하였
으나 《宋史》(藝文志, 7)에 《曹鄴古風詩》 2卷이라 하였음. 《全唐詩》에는 그의 詩가 2
卷(592, 593)으로 편집되어 있고 《全唐詩續拾》에 詩 3首가 補入되어 있음. 《唐詩紀
事》(60) 및 《全唐詩話》(5)에 관련 기록이 실려 있음. 〈四庫全書〉에 《曹祠部集》 2권
이 있음.

2. 이 시는 《曹祠部集》(2), 《唐文粹》(18), 《萬首唐人絶句》(10), 《全唐詩》(593), 《全唐
詩錄》(83), 《唐詩紀事》(60), 《荊溪林下偶談》(1) 등에 실려 있음. 그러나 시의 全文은
"一車致三轂, 本圖行地速. 不知駕取難, 擧足成顚覆. 欺暗尙不然, 欺明當自戮. 難將
一人手, 掩得天下目. 不見三尺墳, 雲陽草空綠?"이나 그 중 4구만을 취한 것임. 이에
《荊溪林下偶談》에는 "曹鄴〈讀李斯傳詩〉云:「一車致三轂, 本圖行地速. 不知駕馭難,
擧足成顚覆. 欺暗尙不然, 欺明當自戮. 難將一人手, 掩得天下目. 不見三尺墳, 雲陽艸
中綠.」 姚鉉《文粹》只摘取四句, 一篇之精英盡矣"라 함.

3. 韻脚은 '戮, 目'.

4. 《唐詩紀事》(60)

○ 鄴, 字業之, 大中進士也. 唐末, 以祠部郎中知洋州 (《全唐詩話》 5도 같음.)

○ 鄴能文, 有特操. 咸通初, 爲太常博士. 白敏中卒, 議謚, 鄴責其病不堅退, 且逐
諫臣, (懿宗立, 敏中病足求避位, 不許. 補闕王譜奏, 願聽其請, 無使有特曠曠責之譏. 帝怒
斥譜.) 擧怙威肆行, 謚曰醜. 高元裕子璩, 懿宗時爲相, 卒. 鄴建言, 璩爲宰相, 交游醜
雜, 進取多蹊徑. 謚法:不思妄愛曰刺, 請謚爲刺.

5. 《全唐詩》(592)

曹鄴, 字業之, 桂州人. 登大中進士第, 由天平幕府遷太常博士, 歷祠部郎中, 洋州
刺史, 詩二卷.

6. 《唐才子傳》(7) 曹鄴

鄴, 字業之, 桂林人. 累擧不第, 爲〈四怨, 三愁, 五情〉詩, 雅道甚古. 特爲舍人韋慤
所知, 力薦於禮部侍郎裴休, 大中四年, 張溫琪榜中第. 看榜日, 上主司詩云:「一辭桂
巖猿, 九泣都門月. 年年孟春至, 看花如看雪.」 〈杏園宴間呈同年〉云:「歧路不在天, 十
年行不至. 一旦公道開, 靑雲在平地.」 又云:「匆匆出九衢, 童僕顔色異. 故衣未及換,

尚有去年淚.」又云:「永特共濟心, 莫起胡越意.」佳句類此甚多. 志特勤苦. 仕至洋州刺史. 有集一卷, 今傳.

7.《史記》李斯列傳

李斯者, 楚上蔡人也. 年少時, 爲郡小吏, 見吏舍厠中鼠食不絜, 近人犬, 數驚恐之. 斯入倉, 觀倉中鼠, 食積粟, 居大廡之下, 不見人犬之憂. 於是李斯乃歎曰:「人之賢不肖譬如鼠矣, 在所自處耳!」乃從荀卿學帝王之術. 學已成, 度楚王不足事, 而六國皆弱, 無可爲建功者, 欲西入秦. 辭於荀卿曰:「斯聞得時無怠, 今萬乘方爭時, 游者主事. 今秦王欲吞天下, 稱帝而治, 此布衣馳騖之時而游說者之秋也. 處卑賤之位而計不爲者, 此禽鹿視肉, 人面而能彊行者耳. 故詬莫大於卑賤, 而悲莫甚於窮困. 久處卑賤之位, 困苦之地, 非世而惡利, 自託於無爲, 此非士之情也. 故斯將西說秦王矣.」至秦, 會莊襄王卒, 李斯乃求爲秦相文信侯呂不韋舍人; 不韋賢之, 任以爲郎.(以下略)

016. <王昭君> ·················· 李太白(李白)

왕소군

*《眞寶》注에 "王嬙, 下嫁單于, 臨行上馬, 淚濕紅粧. 今日漢之妃, 明日胡之妾"이
라 함.

*<王昭君>: 漢 元帝(劉奭:B.C.48−B.C.33년 재위)의 後宮. 이름은 王嬙(혹 王德), 자
는 昭君. 晉나라 때 司馬昭(武帝 司馬炎의 아버지)의 이름을 避諱하여 明君으로
불렀다가 다시 明妃로 높여 불림. 湖北 秭歸 출신으로 元帝 때 후궁에 들어갔
음. 미모가 뛰어났으나 畵工 毛延壽에게 뇌물을 주지 않아 추하게 그려 바침으
로 해서 임금 눈에 띄지 않아, 결국 匈奴와의 협상에 흉노 선우(單于)의 첩으로
가게 됨. 그 뒤 흉노에서 죽어 지금의 내몽고자치구 후허호트(呼和浩特) 남쪽
교외에 그의 무덤이 있으며, '胡地無花草, 春來不似春'의 황량함으로 인해 풀이
나기를 바랐던 왕소군의 염원에 의해 '靑冢'이라 불렸으며, 사철 푸른 풀이 났
다 함. 《李太白集分類補註》에 "(蕭)士贇曰:「此二篇蓋借漢事, 以詠當時公主出嫁
異國者.」"라 하였고, 《李太白集注》에는 "《樂府詩集》:《漢書》曰:〈詔賜中山靖王噲〉,
及〈孺子妾冰〉, 〈未央才人歌〉, 詩四篇. 如淳曰:孺子, 幼少稱孺子;妾, 宮人也. 顔師
古曰:「孺子, 王妾之有品號者;妾, 王之衆妾也, 冰其名. 才人, 天子內官. 按此謂以
歌詩賜中山王及孺子妾未央才人等耳.」署言之故云及也, 而陸厥作歌乃謂之中山孺
子妾, 失之遠矣. 太白是題蓋仿, 陸氏之誤也"라 함. 기타 자세한 사항은 王安石
(介甫) 〈明妃曲〉(232) 등을 참고할 것.

왕소군이 옥 안장 털고,
말 위에 오르며 붉은 볼엔 흐느낌.
오늘은 한漢나라 후궁이건만,
내일 아침엔 흉노匈奴의 첩이라네.

昭君拂玉鞍, 上馬啼紅頰.
今日漢宮人, 明朝胡地妾.

【昭君拂玉鞍, 上馬啼紅頰】'拂'은 먼지 등을 털어냄. '玉鞍'은 구슬로 장식된 말안장. '紅頰'은 붉은 뺨. 미인을 뜻함.《眞寶》注에 "音劫, 頰臉也"라 함.

【今日漢宮人, 明朝胡地妾】'胡地'는 북쪽의 흉노의 땅. 당시 匈奴王은 호한야선우(呼韓邪單于)였음.

참고 및 관련 자료

1. 이태백(李太白)

李白(701–762). 사는 太白, 호는 靑蓮居士. 그의 출신지에 대해서는 이설이 많음. 흔히 錦州 昌明(지금의 四川 曲江) 사람이라 하며, 任俠과 道家的 성격을 띠고 있었음. 어머니의 태몽에 長庚星을 품고 낳았다 함. 西漢 李廣의 후손이라 하며 대대로 隴西 成紀에 살다가 뒤에 四川 廣漢으로 옮겨 살았다 함. 25세에 고향을 떠나 江南을 유람하였으며 재상 許圉의 손녀를 아내로 삼았고 幷州에서 장수 郭子儀를 알게 되어 山東 任城으로 옮긴 다음에는 공소보(孔巢父) 등과 徂徠山 竹溪에 은거하기도 하였음. 天寶 초 다시 浙江 嵊縣으로 옮겨가 吳筠과 알게 되었으며, 얼마 뒤 오균이 長安으로 가자 그를 따라 장안에 이르렀음. 그곳에서 賀知章이 그를 만나보고 처음으로 '謫仙'이라 칭하면서 玄宗에게 추천, 비로소 翰林學士의 직위를 얻게 되었음. 天寶 14년(755) 安祿山의 난이 발발하자 廬山으로 피난하였으며 永王(李璘)이 반란을 일으켰을 때 그에게 불려가 幕府를 도왔다가, 李璘이 李亨(뒤에 肅宗)과의 제위 쟁탈에 실패하자 이백도 그에 연루되어 멀리 夜郎으로 유배를 가게 되었으나 도중에 사면을 받아 풀려나게 되었음. 그는 만년에 當塗에서 李陽冰에게 의지하였으나 代宗 寶應 元年(762) 62세로 病死하였음. 중국 唐代 최고 시인으로 杜甫와 함께 盛唐을 대표하며, 杜甫를 '詩聖', 李白을 '詩仙'이라 불러 '李杜'로 병칭됨. 그의 시집은《新唐書》(藝文志, 4)에《草堂集》20卷이 著錄되어 있으며,《全唐詩》에는 25卷(161–185)이 실려 있고,《全唐詩外編》및《全唐詩續拾》에 시 36首와 斷句 10句가 補入되어 있음.《舊唐書》(190, 下)와《新唐書》(202)에 傳이 실려 있음.《眞寶》諸賢姓氏事略에 "李白, 字太白, 隴西成紀人. 天寶初, 賀知章言於上, 召見金鑾殿, 賜食, 詔供奉翰林. 後坐永王瓚事, 長流夜郎"이라 함.

2. 이 시는 〈王昭君〉의 둘째 수임.《李太白文集》(3) 〈王昭君〉(一作〈明妃怨〉, 昭君怨)에 실려 있는 첫째 수는 "漢家秦地月, 流影照明妃. 一上玉關道, 天涯去不歸. 海月還從東海出, 明妃西嫁無來日. 燕支長寒雪作花, 娥眉憔悴沒胡沙. 生乏黃金枉圖畵, 死留靑塚使人嗟."로 되어 있음. 그 외《李太白集分類補註》(4),《李太白集注》(4),

《文苑英華》(204), 《樂府詩集》(29), 《唐人萬首絶句》(1), 《全唐詩》(19, 163), 《唐宋詩醇》(3), 《全唐詩錄》(23) 등에 널리 실려 있음.

3. 韻脚은 '煩, 妾'.

4. 《西京雜記》(2) 畫工棄市

元帝後宮旣多, 不得常見, 乃使畫工圖形, 案圖召幸之. 諸宮人皆賂畫工, 多者十萬, 少者亦不減五萬, 獨王嬙不肯, 遂不得見. 匈奴入朝求美人爲閼氏, 於是上案圖以昭君行. 及去, 召見, 貌爲後宮第一, 善應對, 舉止閑雅, 帝悔之. 而名籍已定, 帝重信於外國, 故不復更人. 乃窮案其事, 畫工皆棄市, 籍其家, 資皆巨萬. 畫工有杜陵毛延壽, 爲人形, 醜好老少, 必得其眞. 安陵陳敞, 新豐劉白, 龔寬, 並工爲牛馬飛鳥, 亦肖人形, 好醜不逮延壽. 下杜陽望亦善畫, 尤善布色. 樊育亦善布色. 同日棄市. 京師畫工, 於是差稀.

5. 《太平廣記》(210)

前漢元帝, 後宮旣多, 不得常見, 乃令畫工圖其形, 按圖召幸之. 諸宮人皆賂畫工, 多者十萬, 少者不減五萬, 唯王嬙不肯, 遂不得召. 後匈奴求美人爲閼氏, 上按圖召昭君行. 及去, 召見, 貌美壓後宮, 而占對擧止, 各盡閑雅, 帝悔之. 而業已定, 帝重信於外國, 不復更人. 乃窮按其事, 畫工皆棄市, 籍其家, 資皆巨萬. 畫工杜陵毛延壽, 爲人形, 醜好老少, 必得其眞. 安陵陳敞, 新豐劉白, 龔寬, 並工牛馬衆勢, 人形醜好, 不逮延壽. 下杜陽望亦善畫, 尤善布色. 同日棄市. 京師畫工, 於是差希.

6. 《漢書》元帝紀

竟年元年春正月, 匈奴虖韓邪單于來朝. 詔曰:「匈奴郅支單于背叛禮義, 旣伏其辜, 虖韓邪單于不忘恩德, 鄕慕禮義, 復修朝賀之禮, 願保塞傳之無窮, 邊垂長無兵革之事. 其改元爲竟寧, 賜單于待詔掖庭王檣爲閼氏.」

7. 《漢書》匈奴傳(下)

王昭君號寧胡閼氏, 生一男伊屠智牙師, 爲右日逐王. 呼韓邪立二十八年, 始二年死.

8. 본 王昭君 고사는 세상에 널리 퍼졌으나 그 기록은 오히려 이 《西京雜記》가 原典이며, 혹 魏晉시대 이후 傳奇的인 委託故事로 보기도 함.

9. 한편 唐代 東方虯의 〈昭君怨〉으로 되어 있는 시가 《五言唐音》에 5수가 실려 있으며 그 둘째 수는 이태백의 이 시가 들어 있음.

其一「漢道方全盛, 朝廷足武臣. 何須薄命妾, 辛苦事和親.」

其二「昭君拂玉鞍, 上馬啼紅頰. 今日漢宮人, 明朝胡地妾.」

其三「掩淚辭丹鳳, 含悲向白龍. 單于浪驚喜, 無復舊時容.」

其四「萬里邊城遠, 千山行路難. 擧頭惟見日, 何處是長安.」

其五「胡地無花草, 春來不似春. 自然衣帶緩, 非是爲腰身.」

10. 그 밖에 王昭君의 고사는 역대 문인들의 작품에 많은 제재가 되어 宋 郭茂倩의 《樂府詩集》에 29수가 실리는 등 수없이 많은 작품이 있음. 특히 원대 馬致遠의 〈漢宮秋〉는 바로 이 王昭君의 出塞故事를 다룬 것으로 元劇의 최고 작품으로 꼽히고 있음.

11. 《唐詩紀事》(18)

○又《南部新書》云:「李白, 山東人, 父爲任城尉, 因家焉. 少與魯人隱徂徠山, 號竹溪六逸.」天寶初, 遊會稽, 與吳筠隱剡中. 俗稱蜀人, 非也. 今任城令廳有白之詞尙存. 唐范傳正誌其墓曰:「白, 涼武昭王九世孫. 昭王隴西人, 隋末, 子孫以罪徙碎葉. 神龍時, 白父客, 自西城逃居綿之巴西, 而白生焉.」唐魏顥, 李陽冰序其文, 劉全白撰其墓碣, 皆曰廣漢人. 故論白者, 或曰隴西, 或曰山東, 或曰蜀. 陽冰云:「李翰林浪跡縱酒, 以自昏穢, 詠歌之際, 屢稱東山李白. 亦云以張垍讒逐, 遊海岱間, 子美所謂汝與山東李白好, 蓋白自號也.」〈蜀道難〉, 或曰作於天寶初, 或曰作於天寶末, 二說皆出於後世, 以意逆之, 曰此爲房, 杜危之也. 陸暢去白未遠, 作〈蜀道易〉以美韋臯, 傳之當時. 而〈蜀道難〉之詞曰:『錦城雖云樂, 不如早還家』. 其意必有所屬, 房, 杜之說, 蓋近之矣.

○白, 本末, 傳記所載不同. 唐史稱白興聖皇帝九世孫, 隋末以罪徙西域, 神龍初遁還, 客巴西. 旣長, 隱岷山, 蘇頲爲益州長史, 見白異之. 更客任城, 與孔巢父, 韓準, 裴政, 張叔明, 陶沔居徂徠山, 日沉飮, 號竹溪六逸. 天寶初, 南入會稽, 與吳筠善; 筠被召, 故白亦至長安. 往見賀知章, 賀知章見其文, 歎曰:「子, 謫仙人也!」

12. 《全唐詩》(161)

李白, 字太白, 隴西成紀人. 涼武昭王暠九世孫, 或曰山東人. 白少有逸才, 志氣宏放, 飄然有超世之心. 初隱岷山, 益州長史蘇頲見而異之曰:「是子天才英特, 可比相如.」天寶初, 至長安, 往見賀知章. 知章見其文, 歎曰:「子謫仙人也.」言於明皇, 召見金鑾殿, 奏頌一篇. 帝賜食, 親爲調羹. 有詔供奉翰林, 白猶與酒徒飮於市, 帝坐沈香亭子. 意有所感, 欲得白爲樂章. 召入, 而白已醉, 左右以水頮面, 稍解, 援筆成文, 婉麗精切, 帝愛其才, 數宴見. 白常侍帝, 醉, 使高力士脫靴, 力士素貴, 恥之. 摘其詩以激楊貴妃, 帝欲官白, 妃輒沮止. 白自知不爲親近所容, 懇求還山. 帝賜金放還, 乃浪跡江湖, 終日沈飮. 永王璘都督江陵, 辟爲僚佐, 璘謀亂. 兵敗, 白坐長流夜郎, 會赦得還. 族人陽冰爲當塗令, 白往依之. 代宗立, 以左拾遺召, 而白已卒. 文宗時, 詔以白歌詩, 裴旻劍舞, 張旭草書爲三絶云, 集三十卷, 今編詩二十五卷.

13. 《唐才子傳》(2) 李白

白, 字太白, 山東人. 母夢長庚星而誕, 因以命之. 十歲通五經. 自夢筆頭生花, 後天才贍逸. 喜縱橫, 擊劍爲任俠, 輕財好施. 更客任城, 與孔巢父, 韓準, 裴政, 張叔明, 陶沔居徂徠山中, 日沈飮, 號「竹溪六逸」. 天寶初, 自蜀至長安, 道未振, 以所業投賀知章, 讀至〈蜀道難〉, 歎曰:「子, 謫仙人也.」乃解金龜換酒, 終日相樂, 遂薦於玄宗. 召見金鑾殿, 論時事, 因奏頌一篇, 帝喜, 賜食, 親爲調羹, 詔供奉翰林. 嘗大醉上前, 草詔, 使高力士脫靴. 力士恥之, 摘其〈淸平調〉中飛燕事, 以激怒貴妃, 帝每欲與官, 妃輒沮之. 白益傲放, 與賀知章, 李適之, 汝陽王璡, 崔宗之, 蘇晉, 張旭, 焦遂爲「飮酒八仙人」. 懇求還山, 賜黃金, 詔放歸. 白浮遊四方, 欲登華山, 乘醉跨驢經縣治, 宰不知, 怒, 引至庭下曰:「汝何人, 敢無禮!」白供狀不書姓名, 曰:「曾令龍巾拭吐, 御手調羹, 貴妃捧硯, 力士脫靴. 天子門前, 尙容走馬;華陰縣裏, 不得騎驢?」宰驚愧, 拜謝曰:「不知翰林至此.」白長笑而去. 嘗乘舟, 與崔宗之自采石至金陵, 著宮錦袍坐, 傍若無人. 祿山反, 明皇在蜀, 永王璘節度東南, 白時臥廬山, 辟爲僚佐. 璘起兵反, 白逃還彭澤. 璘敗, 累繫潯陽獄. 初, 白遊幷州, 見郭子儀, 奇之, 曾救其死罪. 至是, 郭子儀請官以贖, 詔長流夜郎. 白晚節好黃, 老, 度牛渚磯, 乘酒捉月, 沈水中. 初, 悅謝家靑山, 今墓在焉. 有文集二十卷, 行世. 或云:「白, 涼武昭王暠九世孫也.」

017. <劍客> ·················· 賈島
검객

＊《眞寶》注에 "借物比喩, 幾年問學成材, 一旦得君, 當爲朝廷斥去姦邪"라 함.
＊<劍客>：검술에 능한 사람. 《漢書》李陵傳에 "臣所將屯邊者, 皆荊楚勇士, 奇材劍
　客也"라 함. 《才調集》과 《全唐詩》에는 "或作<述劍>"이라 함.

십 년을 두고 칼 한 자루 갈아,
서릿발 같은 칼날 시험해 보지도 않았네.
오늘 이를 잡아 그대에게 드리노니,
누가 바르지 못한 일을 하겠는가?

十年磨一劍, 霜刃未曾試
今日把贈君, 誰有不平事?

【十年磨一劍, 霜刃未曾試】'霜刃'은 서릿발 같은 칼날. '曾'은 '일찍이'의 뜻. 《眞寶》
注에 "曾, 音層"이라 함.
【今日把贈君, 誰有不平事】'把'는 '그것을 가지고', 혹은 자루가 있는 물건, 즉 칼을
뜻함. '贈君'은 《長江集》과 《唐文粹》(13), 《唐詩品彙》(34) 등에는 모두 '似君'으로
되어 있으며, 《字彙》에 "似, 奉也"라 함. 한편 《萬首唐人絶句》(11)에는 '示君'으로
되어 있음. 그런가 하면 《全唐詩》(571)에는 "劍客(一作述劍)：十年磨一劍, 霜刃未曾
試. 今日把似(一作示一作事)君, 誰爲(一作有)不平事?"로 되어 있음. '不平事'는 公正
하지 못한 일을 함. 不正을 저지름. 《眞寶》注에 "誰敢有不平之事?"라 함. 한편
"誰有不平事"는 《長江集》에는 "誰爲不平事"로 되어 있음.

1. 賈島. 無本, 閬仙(浪仙), 012를 볼 것.

2. 이 시는 《長江集》(1), 《才調集》(1), 《唐文粹》(13), 《萬首唐人絶句》(11), 《唐詩品彙》(42), 《石倉歷代詩選》(72), 《全唐詩》(571), 《唐人萬首絶句選》(2), 《全唐詩錄》(52) 등에 실려 있음.

3. 韻脚은 '試, 事'.

018. 〈七步詩〉 ·················· 曹子建(曹植)
칠보시

*《眞寶》注에 "魏文帝令弟曹植, 七步成詩, 如不成, 行大法"이라 함.

*〈七步詩〉: 三國시대 魏나라 文帝(曹丕)가 아우 曹植(子建)의 文才를 시기하여 七
步를 걷는 짧은 시간에 시를 짓도록 하자, 이 시를 지은 것으로 알려져 있으며,
전하는 기록마다 약간씩 달라 4구, 혹 6구로 되어 있음. 참고란을 볼 것.

콩을 삶으려 콩대를 때니,

콩은 솥 안에서 울고 있네.

본래 한 뿌리에서 생겼건만,

서로 지지기가 어찌 이리 급한고?

煮豆燃豆萁, 豆在釜中泣.

本是同根生, 相煎何太急?

【煮豆燃豆萁, 豆在釜中泣】'煮豆'는 메주를 쑤기 위해 콩을 삶음. '煮'는 煑와 같으
며, '豆'는 '荳'와 같음. '燃豆萁'의 '燃'은 태움. 《眞寶》注에 "音然, 燒也"라 함. '萁'
는 콩대. 《眞寶》注에 "萁, 音基. 豆莖也. 豆者, 子建自喩; 豆萁, 喩文帝也"라 함.
《太平御覽》에는 '箕'로 표기되어 있음. 《眞寶》注에 "豆在釜中, 聲如涕泣之狀"이
라 함.

【本是同根生, 相煎何太急】콩과 콩대는 본래 한 뿌리에서 난 것임. 형 文帝(曹丕)
와 아우인 자신 子建(曹植)은 형제임을 비유한 것. 《眞寶》注에 "文帝與子建同父,
猶萁與豆同根而生也"라 함. '相煎'은 '서로 볶아댐'. 《眞寶》注에 "相煎逼, 何太甚?"
이라 함.

1. 조자건(曹子建)

曹植(192–232). 字는 子建. 曹操의 셋째 아들이며 曹丕의 아우. 문학과 시문에 뛰어났으며 형으로부터 심한 질투와 미움을 받음. 東阿王에 봉해졌었음. 시문 80여 수를 남겼으며 죽은 뒤 陳王에 봉해졌고, 시호를 '思'라 하여 흔히 陳思王으로도 불림. 《曹子建集》 10권이 전하며 《三國志》(19)에 傳이 있음. 《眞寶》諸賢姓氏事略에 "曹子建, 名植, 魏武帝操子, 文帝弟. 封陳王, 諡思"라 함.

2. 이 시는 《曹子建集》(5), 《世說新語》(文學篇), 《三國志補注》(3), 《紺珠集》(3), 《說郛》(12下), 《太平御覽》(600, 841), 《純正蒙求》(上), 《古詩記》(24), 《天中記》(37), 《淵鑑類函》(249, 395), 《泰泉集》(5), 《初學記》(10), 《文選》(60) 등에 널리 실려 있음.

3. 韻脚은 '泣, 急'.

4. 曹植《曹子建集》(5)

煮豆燃豆萁, 豆在釜中泣. 本是同根生, 相煎何太急?

5. 《三國志補注》(3)

文帝常令東阿王七步作詩, 不成者行大法. 應聲便爲詩曰:「煮豆持作羹, 漉菽以爲汁. 其在釜下然, 豆在釜中泣. 本是同根生, 相煎何太急?」帝深有慙色.

6. 《魏志》七步詩

陳思王植, 字子建, 文帝同母弟也. 年十餘歲, 誦詩論及辭賦數萬言. 善屬文, 太祖嘗視其文曰:「汝倩人耶?」植跪曰:「出言爲論, 下筆成章; 顧當面試, 奈何倩人?」時鄴銅雀臺新成, 太祖悉將諸子登之, 使各爲賦. 植援筆立成, 可觀. 性簡易, 不治威儀, 輿馬服飾, 不尙華麗. 每見難問, 應聲而答: 太祖寵愛之, 幾爲太子者數矣. 文帝卽位, 封鄄城侯, 後徙雍丘, 復封爲東阿. 植每求試, 不得, 而國亞遷易, 汲及無懽. 年四十一薨.』

7. 《世說新語》文學篇

文帝嘗令東阿王七步作詩, 不成者行大法. 應聲便爲詩曰:「煮豆持作羹, 漉菽以爲汁; 其在釜下燃, 豆在釜中泣. 本自同根生, 相煎何太急!」帝深有慙色.

8. 《蒙求》「陳思七步」

《世說》曰: 魏文帝嘗令東阿王七步作詩, 不成當行法. 卽應聲爲詩曰:『煮豆持作羹, 漉豉以爲汁. 其在釜底然, 豆在釜中泣. 本是同根生, 相煎何太急?』帝深有慙色. 東阿卽陳思王曹植舊封.

9. 《文選》(60) 〈齊竟陵文宣王行狀〉 注

《世說》曰:魏文帝令陳思王七步成詩, 詩曰:『其在灶下然, 豆在釜中泣. 本是同根生, 相煎何太急!』

10.《太平御覽》(600)

《魏志》曰:陳思王植, 年十餘歲, 讀誦詩書, 論及辭賦, 數萬言, 善屬文. 太祖嘗視其文謂植曰:「汝倩人耳.」植跪曰:「出言爲論, 下筆成章, 願當面試, 奈何倩人?」時銅雀臺新成, 太祖悉將諸子登臺, 使各爲賦, 植援筆立成. 太祖異之. 文帝嘗欲害植, 以其無罪, 令植七步爲詩, 若不成如軍法. 植即應聲曰:「煮豆燃豆箕, 豆在釜中泣. 本是同根生, 相煎何太急?」文帝善之.

11.《初學記》(10)

劉義慶《世說》曰:魏文帝令東阿王七步成詩, 不成將行大法. 遂作詩曰:「煮豆燃豆箕, 豆在釜中泣. 本是同根生, 相煎何太急?」帝大有慚色.

019. 〈競病韻〉 ·················· 曹景宗

'경'자와 '병'자를 운으로 하여

*《眞寶》注에 "魏兵圍會稽, 景宗解圍, 振旅還. 帝於光華殿(華光殿의 誤記)宴, 令沈約賦韻聯句, 時用韻已盡, 惟餘競病二字. 景宗援筆立成, 武帝嗟嘆"이라 함.
*〈競病韻〉:競자와 病자를 韻으로 하여 시를 지음.

날 떠나보낼 때는 아녀자들처럼 슬퍼하더니,
돌아오자 피리와 북소리 다투어 요란하구나.
길가는 사람에게 짐짓 묻건대,
나를 곽거병霍去病과 비교하면 어떠한고?

去時兒女悲, 歸來笳鼓競.
借問行路人, 何如霍去病?

【去時兒女悲, 歸來笳鼓競】'兒女悲'는 내가 출정하러 떠날 때는 조정의 모든 이들이 마치 어린아이나 부녀자처럼 안타깝게 여기며 슬퍼함. '笳'는 피리. 《眞寶》注에 "捲蘆葉吹"라 함. 승리하고 개선하자 피리를 불고 북을 울리는 등 음악을 연주하며 다투어 크게 환영행사를 벌임.
【借問行路人, 何如霍去病】'借問'은 짐짓 빌려 묻건대. 자신의 질문을 빗대어 하는 것. '行路人'은 '길가는 사람'. '누구에게라도'의 뜻. '霍去病'은 漢 武帝 때의 유명한 장군. 衛靑의 외조카. 위청과 함께 匈奴 정벌에 큰 공을 세워 驃騎將軍을 거쳐 大司馬에 올랐으며, 景桓侯에 봉해지는 등 명성을 떨쳤던 인물. 《史記》(111) 및 《漢書》(55)에 傳이 있음. 《眞寶》注에 "漢武帝時大將軍"이라 함.

1. 조경종(曹景宗. 457–508)

南朝 梁나라 때의 장군. 자는 子震. 宋나라 장군 曹欣之의 아들. 鮮卑族 拓跋氏의 北魏가 쳐들어와 會稽를 포위하자 曹景宗이 이를 격퇴하고 北魏의 장수 楊大眼을 淮水에서 대패시키킴. 개선하여 그 공으로 侍中, 令軍將軍에 오름. 죽은 뒤 征北將軍, 雍州刺史, 開府儀同三司에 추증되었으며 시호는 壯. 《梁書》(9)와 《南史》(55)에 傳이 있음. 그가 개선하자 梁 武帝(蕭衍:502–549년 재위)가 華光殿에서 축하연을 열며 沈約으로 하여금 韻을 띄워 祝詩를 짓도록 하였음. 그런데 제시한 韻字가 모두 끝나고 '競', '病' 두 글자만 남아 선뜻 나서는 자가 없게 되었을 때, 曹景宗이 나서서 그 자리에서 이 시를 지어내자 武帝와 대신들이 모두 경탄하며 무제는 그 자리에서 벼슬을 높여주었다 함. 《眞寶》諸賢姓氏事略에 "曹景宗, 字子震, 梁武帝朝爲右衛將軍"이라 함.

2. 이 시와 고사는 《梁書》(9), 《南史》(55), 《通志》(139), 《太平御覽》(277), 《太平廣記》(200), 《冊府元龜》(388, 800), 《容齋水筆》(4筆 9), 《古今事文類聚》(別集 5), 《山堂肆考》(127), 《古詩紀》(99, 149), 《石倉歷代詩選》(9), 《續呂氏家塾讀詩記》(2) 등에 널리 실려 있음.

3. 韻脚은 '競, 病'.

4. 《梁書》(9)

曹景宗, 字子震, 新野人也. 父欣之爲宋將, 位至征虜將軍, 徐州刺史. 景宗幼善騎射, 好畋獵, 常與少年數十人, 澤中逐麞鹿.

5. 《南史》(55) 曹景宗傳

是時, 魏軍攻圍鍾離, 蔣帝神報, 敕:「必許扶助, 旣而無雨水長, 遂挫敵人, 亦神之力焉.」凱旋之後, 廟中人馬脚, 盡有泥濕, 當時竝目覩焉. 景宗振旅凱入, 帝於華光殿宴飮連句, 令左僕射沈約賦韻, 景宗不得韻, 意色不平, 啓求賦詩. 帝曰:「卿伎能甚多, 人才英拔, 何必止在一詩?」景宗已醉, 求作不已. 詔令約賦韻, 時韻已盡, 唯餘競病二字. 景宗便操筆斯須而成, 其辭曰:「去時兒女悲, 歸來笳鼓競. 借問行路人, 何如霍去病?」帝歎不已, 約及朝賢驚嗟竟日. 詔令上左史. 於是進爵爲公, 拜侍中, 領軍將軍.

6. 《太平廣記》(200) 「曹景宗」

梁曹景宗累立軍功, 天監初, 徵爲右衛將軍. 後破魏軍, 振旅. 帝於華光殿宴飮聯句, 左僕射沈約賦韻. 景宗不得韻, 意色不平. 啓求賦詩, 帝曰:「卿伎能甚多, 人才英拔.

何必止在一詩?」景宗已醉, 求作不已, 詔令賦競病兩字. 景宗便操筆而成曰:「去時兒女悲, 歸來笳鼓競. 借問行路人, 何如霍去病?」帝欣賞不已, 於是進爵爲公.

7. 《太平御覽》(277)

《梁書》曰: 曹景宗大破魏軍, 振旅凱入, 帝于華光宴飮. 因令左僕射沈約賦韻, 景宗不得韻, 意色不平, 啓求賦詩. 帝曰:「卿技能甚多, 人才英拔, 何必止在一時?」景宗已醉, 求作不已, 詔令約賦韻已盡, 唯餘競病二字. 景宗便操筆斯須而成, 其辭曰:「去時兒女悲, 歸來笳鼓競. 借問行路人, 何如霍去病?」帝忻然不已, 約及朝賢驚嗟竟日, 令上史.

8. 鄭樵《通志》(139)

景宗振旅凱入, 帝於華光殿宴飮, 連句令左僕射沈約賦韻, 景宗不得韻, 意色不平, 啓求賦詩. 帝曰:「卿伎能甚多, 人才英拔, 何必止在一詩?」景宗已醉, 求作不已, 詔令約賦韻, 時韻已盡, 惟餘競病二字. 景宗便操筆須斯而成曰:「去時兒女悲, 歸來笳鼓競. 借問行路人, 何如霍去病?」帝嘆不已, 約及朝賢驚嗟竟日. 詔令上左史. 於是增封進爵爲公, 拜侍中, 鎮軍將軍.

020. 〈貪泉〉 ·················· 吳隱之(處默)
탐천

*《眞寶》注에 "在廣州, 相傳飮此水者貪. 隱之爲太守, 飮水賦詩, 淸操愈厲, 改名廉
　泉"이라 함.
*〈貪泉〉 廣東의 廣州 시내 밖 10리쯤 石門에 있는 샘. 이를 마시면 貪慾이 생긴
　다는 전설이 있었음. 吳隱之가 廣州刺史가 되어 부임하여 자신의 청렴함을 자
　신하며, 이를 마시고 '廉泉'이라 바꿔 부르도록 하였다 함.

옛사람들이 말하되 "이 물은,
한번 마시면 천금 생각을 품게 된다"라 하네.
시험삼아 백이와 숙제에게 마시게 한다면,
그래도 의당 끝까지 그 마음 바꾸지 않으리라.

古人云:「此水, 一歃懷千金.」
試使夷齊飮, 終當不易心.

【古人云此水, 一歃懷千金】 '歃'은 물 등을 마심. 《眞寶》注에 "飮也"라 함. 한번 마
시기만 하면 '천금을 가졌으면' 하고 욕심을 갖게 됨. '懷'는 그러한 생각을 품게
함. 《眞寶》注에 "思也"라 함.
【試使夷齊飮, 終當不易心】 '夷齊'는 伯夷와 叔齊. 《史記》(伯夷列傳)에 의하면, 이들
은 殷末 孤竹君의 두 아들로 서로 왕위를 양보하다가 周 文王이 노인을 공경한
다는 말을 듣고 서쪽으로 찾아가는 도중 문왕은 죽고 아들 武王이 殷을 치러
나서는 행렬을 만났음. 이에 신하가 임금을 치는 것은 부당하다고 말렸으나 거
부당하자 首陽山으로 들어가 採薇를 하다가 죽었다 함. 청렴과 절조의 표본으
로 늘 거론됨. 《眞寶》注에 "伯夷, 叔齊, 孤竹君二子, 父將死, 遺命立叔齊, 及卒, 叔
齊讓伯夷, 伯夷曰:「父命也.」 遂逃去, 叔齊亦不立而逃之. 武王伐紂, 夷齊, 叩馬而

諫, 武王滅商, 夷齊恥食周粟, 去隱于首陽山, 遂餓而死.《孟子》曰:「伯夷聖之淸者
也.」라 함. '終當不易心'은《眞寶》注에 "易, 音亦. 改變也. 今廉泉上立亭曰不易心,
取隱之詩中語也. 有碑"라 함.

1. 오은지(吳隱之. ?−413)

자는 處黙. 濮陽 鄄城 출신. 晉나라 때 관리로 廣州刺史를 지냄. 節操가 있고 청
렴하여 그곳의 貪泉을 廉泉으로 바꾸었다 함.《晉書》良吏傳 참조.《眞寶》諸賢姓
氏事略에 "吳隱之, 字處黙, 晉義熙中度支尚書"라 함.

2. 이 시와 고사는《晉書》(90),《蒙求》(隱之感隣),《古詩源》,《通志》(170),《廉吏傳》
(上),《冊府元龜》(679),《名賢氏族言行類稿》(7),《天中記》(10),《淵鑑類函》(280),《古詩
紀》(46),《史傳三編》(52),《古今事文類聚》(前集 18),《山堂肆考》(22),《廣東通志》(38) 등
에 널리 실려 있음.

3. 韻脚은 '金, 心'.

4.《晉書》(90) 良吏傳(吳隱之)

吳隱之字處黙, 濮陽鄄城人, 魏侍中質六世孫也. 隱之美姿容, 善談論, 博涉文史,
以儒雅標名. 弱冠而介立, 有淸操, 雖日晏歠菽, 不饗非其粟;儋石無儲, 不取非其道.
年十餘, 丁父憂, 每號泣, 行人爲之流涕. 事母孝謹, 及其執喪, 哀毁過禮. 家貧, 無人
鳴鼓, 每至哭臨之時, 恒有雙鶴警叫, 及祥練之夕, 復有羣雁俱集, 時人咸以爲孝感所
至. 嘗食鹹菹, 以其味旨, 掇而棄之. 與太常韓康伯隣居, 康伯母, 殷浩之姊, 賢明婦人
也, 每聞隱之哭聲, 輟餐投筯, 爲之悲泣. 旣而謂康伯曰:「汝若居銓衡, 當擧如此輩
人.」及康伯爲吏部尙書, 隱之遂階淸級. ……廣州包帶山海, 珍異所出, 一篋之寶, 可
資數世, 然多瘴疫, 人情憚焉. 唯貪竇不能自立者, 求補長史, 故前後刺史皆多黷貨.
朝廷欲革嶺南之弊, 隆安中, 以隱之爲龍驤將軍, 廣州刺史, 假節, 嶺平越中郎將. 未
至州二十里, 知名曰石門, 有水曰『貪泉』, 飮者懷無厭之欲. 隱之旣至, 語其親人曰:
「不見可欲, 使心不亂. 越嶺喪淸, 吾知之矣.」乃至泉所, 酌而飮之, 因賦詩曰:『古人云
此水, 一歃懷千金. 試使夷齊飮, 終當不易心.』及在州, 淸操愈厲, 常食不過菜及乾魚
而已, 帷帳器服皆付外庫, 時人頗謂其矯, 然亦終始不易. 義熙八年, 請老致事, 優詔
許之, 授光祿大夫, 加金章紫綬, 賜錢十萬, 米三百斛. 九年, 卒, 追贈左光祿大夫, 加
散騎常侍.

5.《蒙求》隱之感隣

《晉書》:吳隱之字處黙, 濮陽鄄城人. 博涉文史, 以儒雅標名. 弱冠而介立, 有清操. 年十餘, 丁父憂, 每號泣, 行人爲之流涕. 事母孝謹, 及其執喪, 哀毀過禮. 與太常韓康伯隣居, 康伯母賢明婦人, 每聞其哭, 輟餐投筋, 爲之悲泣. 謂康伯曰:「汝若居銓衡, 當舉如此輩人.」及康伯爲吏部尙書, 隱之遂階淸級. 廣州珍異所出, 前後刺史多黷貨. 朝廷欲革其弊, 以隱之爲刺史. 州有水曰『貪泉』, 飮者懷無厭之欲. 隱之至泉所, 酌而飮之, 因賦詩曰:『古人云此水, 一歃懷千金. 試使夷齊飮, 終當不易心.』及在州, 清操愈厲. 後致仕, 授光祿大夫, 金章紫綬.

6. 《古詩源》「酌貪泉詩」

《晉書》:隱之爲廣州刺史, 未至州十里, 地名石門, 有水曰貪泉, 飮者懷無厭之欲, 隱之酌而飮之, 因賦此詩, 及在州, 清操愈厲.「古人云此水, 一歃懷千金. 試使夷齊飮, 終當不易心.」

021. <商山路有感> ·················· 白居易(白樂天)
상산 길 소감

*<商山路有感>:商山은 陝西省 商縣의 동쪽에 있는 산. 白居易가 6년 만에 집으로 돌아가는 길에 상산 길을 지나며, 旅舍마다 이미 옛 주인이 아닌 곳이 태반임을 보고 무상함을 읊은 것.

만 리나 뻗은 길 언제나 있었겠지만,
6년 만에 지금 비로소 돌아오네.
지나는 곳마다 옛 여관 그대로 많건만,
주인이 태반은 옛 사람이 아닐세.

萬里路長在, 六年今始歸.
所經多舊館, 太半主人非.

【萬里路長在, 六年今始歸】《眞寶》注에 "迢迢萬里路, 長在也"라 함. '長'은 시간적으로 '恒', '常'(疊韻互訓)과 같으며, 공간적으로도 길게 펼쳐져 있음을 함께 重義法으로 표현한 것. '路'는 《全唐詩》에 "一作途"라 함. '六年今始歸'는 《眞寶》注에 "三年一番得歸"라 하여 3년에 한 번 돌아올 수 있다 하였음. 《白氏長慶集》에는 '今'자가 '身'자로 되어 있음.
【所經多舊館, 太半主人非】'所經'은 경유하는 바. '舊館'은 옛날부터 있던 마을의 宿舍. 《眞寶》注에 "向日所經之亭館"이라 함. '館'은 《周禮》(5)에 "十里有市, 市有館, 館有積以待朝聘之客"이라 하였고, 《字彙》에는 "道路所舍, 又云停留也. 行旅宿會之所館也"라 함. '太半主人非'는 거의 반이 옛 주인이 아님. 《眞寶》注에 "太半皆非舊時人矣"라 함.

참고 및 관련 자료

1. 白居易: 白樂天, 白香山, 006 참조.

2. 이 시는 《白氏長慶集》(18), 《白香山詩集》(18), 《全唐詩》(441), 《萬首唐人絶句》(3), 《唐詩紀事》(39) 등에 실려 있음.

3. 韻脚은 '歸, 非'.

4. 商山은 秦나라 때 난세를 피해 그 산으로 숨어들었던 '商山四皓', 東園公, 綺里季, 夏黃公, 甪里先生 등 네 은자가 은거한 곳. 《史記》(留侯列傳), 《漢書》(張良傳), 《新序》(善謀), 《高士傳》(中) 등에 널리 전하는 고사로, 漢 高祖 劉邦이 呂后 소생 태자 劉盈(뒤에 惠帝)을 폐하고 戚姬 소생 如意로 바꾸려 하자 留侯 張良의 건의에 의해 이들을 모셔옴. 그 때 한 번 산에서 내려와 高祖로 하여금 태자 폐출을 포기하도록 한 사건으로 유명함. 자세한 내용은 杜甫 〈寄李白〉(095)의 注를 참조할 것.

5. 《唐詩紀事》(39)

十五年正月, 德宗崩, 穆宗立. 召爲司馬員外郎. ……是歲, 下峽自商山路還朝, 有〈商山路〉詩云:「萬里路長在, 六年身始歸. 所經多舊舘, 大半主人非.」

022. 〈金谷園〉 ·················· 無名氏(曹松?)
금곡원

*〈金谷園〉:晉나라 때 당시 천하의 부호였던 石崇(季倫:249-300)의 정원. 河南省 洛陽 서북쪽 金谷에 있었으며, 석숭은 온갖 화려한 장식과 조형으로 그곳을 꾸며놓고 당대 귀인 명사들을 불러 모아 호탕한 宴遊를 즐겼음. 《世說新語》와 《晉書》 등에 그의 사치에 대한 고사가 다양하게 수록되어 있음.

그 옛날 노래하고 춤추던 곳,
여기에 풀이 무성하게 될 것이라 말한 자 없었으리라.
오늘 이날, 노래와 춤은 다 사라지고,
정원 가득 가을 이슬만 떨어지고 있네.

當時歌舞地, 不說草離離.
今日歌舞盡, 滿園秋露垂.

【當時歌舞地, 不說草離離】'當時歌舞地'는 《眞寶》 注에 "當日, 於此園中歌舞"라 함. '當時'는 다른 기록에는 모두 '當年'으로 되어 있음. '不說草離離'는 "이곳도 장차 풀이 무성할 것"이라고 말한 사람은 없었을 것임. 《眞寶》 注에 "豈知今日離離生草?"라 함. '離離'는 풀 등이 무성한 모습을 표현한 것. 《詩》 王風 黍離에 "彼黍離離"라 함.
【今日歌舞盡, 滿園秋露垂】'今日歌舞盡'은 《眞寶》 注에 "樂極悲生"이라 함. '秋露垂'는 가을 이슬만 떨어지고 있음. 《眞寶》 注에 "秋露垂垂, 爲之涕泣"이라 하여 '가을 이슬이 눈물이 되어 떨어지는 듯함'이라 함.

1. 작자:무명씨. 그러나 《萬首唐人絶句》에는 작자가 '曹松'으로 되어 있음.

2. 이 시는 《全唐詩》(717), 《唐百家詩選》(19), 《萬首唐人絶句》(18), 《石倉歷代詩選》(89) 등에 실려 있음.

3. 韻脚은 '地, 離, 垂'.

4. 石崇 《金谷詩敍》

余以元康六年, 從太僕卿出爲使, 持節監靑, 徐諸軍事, 征虜將軍. 有別廬在河南縣界金谷澗中, 或高或下, 有淸泉茂林, 衆果竹柏, 藥菓之屬, 莫不畢備; 又有水碓, 魚池, 上窟, 其爲娛目歡心之物備矣. 時征西大將軍祭酒王詡當還長安, 余與衆賢共送往澗中, 晝夜遊宴, 屢遷其坐; 或登高臨下, 或列坐水濱; 時琴瑟笙筑, 合載車中, 道路並作. 及住, 令與鼓吹遞奏; 遂各賦詩, 以敍中懷. 或不能者, 罰酒三斗. 感性命之不永, 懼凋落之無期. 故具列時人官號, 姓名, 年紀, 又寫詩箸後. 後之好事者, 其覽之哉! 凡三十人, 吳王師, 議郎, 關中侯, 始平武公蘇紹字世嗣. 年五十; 爲首.

5. 《大明一統志》(29)

河南府金谷園, 在府城西一十三里, 地有金水, 自太白原南流經此谷. 晉石崇因川阜造園館, 自作詩序.

023. <春桂問答(二)> ·················· 王維→(王績)
봄 계수나무와 두 번 묻고 답함

*《眞寶》注에 "王維設爲問答之辭, 問桂曰:「春光明媚, 桃李芳華, 桂何爲而不花?」桂
  答之曰:「桃李雖華妍於春光明媚, 不如桂獨秀於風霜搖落之時.」托物喩人也"라 함.
*<春桂問答>: 봄에 계수나무에게 묻고 답함. '桂'는 桂樹. 丹桂, 菌桂, 牡桂 등 세
  종류가 있다 함. 《南方艸木狀》에 "桂出合浦, 生必以高山之嶺, 冬夏常靑, 其類自
  爲林間無雜樹, 交趾置桂園. 桂有三種: 葉如栢葉, 皮赤者, 爲丹桂; 葉似枇葉者, 爲
  菌桂; 其葉似枇杷葉者, 爲牡桂"라 함.

봄 계수나무에게 묻노라.
"복사꽃 오얏꽃은 막 향기롭고 화려하여,
봄빛이 곳곳마다 가득하거늘,
무슨 일로 홀로 꽃을 피우지 않고 있는가?"
봄 계수나무 대답하는구나.
"봄꽃이 어찌 오래 갈 수 있으리오?
서릿바람에 잎들이 흔들려 떨어질 때가 되면,
나 홀로 빼어남을 그대는 아는가, 모르는가?"

問春桂:「桃李正芳華, 年光隨處滿, 何事獨無花?」
春桂答:「春花詎能久? 風霜搖落時, 獨秀君知不?」

【桃李正芳華, 年光隨處滿, 何事獨無花】'芳華'는 꽃답게 화려하게 피어남. '年光'은
  春光과 같음. '隨處'는 '곳곳마다, 어느 곳이나, 모든 곳'의 뜻.
【春花詎能久? 風霜搖落時, 獨秀君知不】'詎'는 '어찌'. 疑問詞. 豈, 何, 焉, 安, 胡 등
  과 같음. '搖落'은 꽃이나 잎이 흔들려 떨어짐. 《楚辭》九辨에 "悲哉秋之爲氣也,

肅瑟兮岬木搖落而變衰"라 함. '不'는 '否'와 같음.《眞寶》注에 "方九反, 弗也"라
함. '可否', '與否' 등을 동시에 물을 때 쓰는 疑問終結詞. 다른 기록에는 모두가
'否'로 되어 있음.

참고 및 관련 자료

1. 왕유(王維. 699-759)

唐代 시인. 자는 摩詰, 山西 太原 祁縣 사람으로 뒤에 아버지를 따라 蒲州(지금
의 山西 永濟縣)로 이주하여 河東人이라 알려지게 되었음. 唐 武后(則天武后) 聖曆
2년에 태어나 肅宗 建元 2년에 죽었으며 향년 61세. 21세에 進士에 올라 監察御史
를 역임하였으며 安祿山이 長安을 점령하였을 때 그에게 억지로 給事中 벼슬을
주었음. 마침 안녹산이 凝碧池에서 승리의 잔치를 할 때 梨園弟子들이 눈물을
흘리자 당시 菩提寺에 갇혀 있던 王維는 "萬戶傷心生野煙, 百僚何日更朝天? 秋槐
葉落深宮裡, 凝碧池頭奏管絃"이라는 시를 읊었으며, 난이 평정되고 이 시로 인해
죄를 용서받기도 하였음. 三絕(詩, 書, 畵)뿐 아니라 音律에도 뛰어났으며, 이에 蘇
東坡는 "詩中有畵, 畵中有詩"라 칭하였음. 그의 그림은 南宗畵의 비조를 이루었
고, 시는 孟浩然과 이름을 나란히 하여 '王孟'이라 칭하였음. 초기에는 邊塞詩에
뛰어났으나 만년에는 전원과 산수, 은일, 佛學에 심취하였음. 저서에《王右丞集》6
권이 있으며《全唐詩》에 시 4권이 수록되어 있음. 그의 文集은《新唐書》(藝文志)에
〈王維集〉10卷이 著錄되어 있으며《全唐集》에 詩 4卷(125-128)이 실려 있고,《全
唐詩續拾》에 2句가 補入되어 있음. 그 외에 詩集《輞川集》이 있으며《舊唐書》(190,
下) 文苑傳 및《新唐書》(202) 文藝傳(中)에 傳이 있음.《眞寶》諸賢姓氏事略에 "王
維, 字摩詰. 太原人, 開元中爲尙書左丞"이라 함.

2. 이 시의 작자는 王維가 아니며 王績임. 王績은 初唐 詩人으로 자는 無功, 自
號는 東皐子. 文中子 王通의 아우. 王績에 대한 기록은 그의 친구 呂才(《舊唐書》
75,《新唐書》107에 傳이 있음)의《東皐子集序》가 있으며, 그의 文集 및 詩가《新唐
書》藝文志(4)에는 '王勣'으로,《宋史》藝文志(7)에는 '王績'으로 잘못 실려 있으며,
文集 5권이 있었다 함. 宋나라 晁公武의《郡齋讀書志》4에는 王績의《東皐子集》5
권이 실려 있었으며 元代 이후 3권이 늘었고, 淸抄本《王無功文集》5권(北京圖書
館 소장)이 있음.《全唐詩》(37)에 詩 1권이 있으며《全唐詩外篇》,《全唐詩續拾》에
補詩 69首가 있음. 그리고《唐詩紀事》(4)에 그에 관한 기록이 실려 있으며《舊唐
書》(192) 隱逸傳과《新唐書》(196) 隱逸傳에 전이 실려 있음.

3. 이 시는 《古今事文類聚》(後集 28), 《全芳備祖集》(前集 28), 《山堂肆考》(198), 《花木鳥獸集類》(上), 《御定佩文齋詠物詩選》(319) 등에 실려 있음.

4. 형식은 長短句이며 3자, 5자, 혹 6자로 이루어진 詩體로 押韻하지 않음.

5. 唐 玄宗 때 安祿山의 난 등으로 혼란할 때 지조를 지키지 못하던 사대부들을 두고 읊은 것이라 하나, 작자가 王績일 경우 시간상 맞지 않음.

6. 《唐詩紀事》(16) 王維

維, 字摩詰. 爲給事中, 遇祿山反, 賊平, 下遷太子中允, 三遷尙書右丞. 喪妻不娶, 孤居三十年. 母亡, 表輞川第爲寺. 終葬其西. 寶應中, 代宗語王縉曰:「朕嘗於諸王座, 聞維樂章, 今傳幾何?」遣中人往取. 縉裒集數百篇上之, 表曰:「臣兄文辭立身, 行之餘力, 當官堅正, 秉操孤直, 縱居要劇, 不忘淸淨, 實見時輩, 許以高流. 至於晚年, 彌加進道, 端坐虛室, 念玆無生, 乘輿爲文, 未嘗廢業.」詔答云:「卿之伯氏, 天下文宗, 位歷先朝, 名高希代. 抗行周雅, 長揖楚詞. 調六氣於終篇, 正五音於逸韻. 泉飛藻思, 雲散襟情. 詩家者流, 時論歸美. 誦於人口, 久鬱文房; 謳以國風, 宜登樂府. 視朝之後, 乙夜將觀; 石室所藏, 歿而不朽. 柏梁之會, 今也則亡; 乃眷棣華, 克成編錄, 聲猷益茂, 歎息良深.」

7. 《全唐詩》(125) 王維

王維, 字摩詰, 河東人. 工書畫, 與弟縉俱有俊才. 開元九年, 進士擢第. 調太樂丞, 坐累爲濟州司倉參軍. 歷右拾遺, 監察御史, 左補闕, 庫部郎中. 拜吏部郎中. 天寶末, 爲給事中. 安祿山陷兩都, 維爲賊所得. 服藥陽瘖, 拘于菩提寺. 祿山宴凝碧池, 維潛賊詩悲悼. 聞于行在, 賊平. 陷賊官三等定罪, 特原之. 責授太子中允, 遷中庶子, 中書舍人. 復拜給事中, 轉尙書右丞. 維以詩名盛於開元, 天寶間, 寧薛諸王駙馬豪貴之門, 無不拂席迎之. 得宋之問輞川別墅, 山水絶勝. 與道友裴迪, 浮舟往來, 彈琴賦詩, 嘯詠終日. 篤於奉佛, 晚年長齋禪誦. 一日, 忽索筆作書數紙, 別弟縉及平生親故, 舍筆而卒. 贈秘書監. 寶應中, 代宗問縉:「朕常於諸王坐問維樂章, 今存幾何?」縉集詩六卷, 文四卷. 表上之, 勅答云:「卿伯氏位列先朝, 名高希代. 抗行周雅, 長揖楚辭, 詩家者流, 時論歸美. 克成編錄. 歎息良深.」殷璠謂維詩詞秀調雅, 意新理愜. 在泉成珠, 著壁成繪. 蘇軾亦云:「維詩中有畫, 畫中有詩也.」今編詩四卷.

8. 《唐才子傳》(2) 王維

維, 字摩詰, 太原人. 九歲知屬辭, 工草隷, 閑音律, 岐王重之, 維將應擧, 岐王謂曰:「子詩淸越者, 可錄數篇, 琵琶新聲, 能度一曲, 同詣九公主第.」維如其言. 是日, 諸伶擁維獨奏, 主問何名, 曰:「〈鬱輪袍〉」, 因出詩卷. 主曰:「皆我習諷, 謂是古作, 乃子之佳製乎?」延於上座曰:「京兆得此生爲解頭, 榮哉!」力薦之. 開元十九年狀元及第, 擢左拾遺, 遷給事中. 賊陷兩京, 駕出幸, 維扈從不及, 爲賊所擒, 服藥稱瘖病. 祿山愛其才, 逼至洛陽供舊職, 拘於普施寺. 賊宴凝碧池, 悉召梨園諸工合樂, 維痛悼賦詩曰:「萬戶傷心生野烟, 百官何日再朝天? 秋槐花落空宮裏, 凝碧池頭奏管絃.」詩聞行在所, 賊平後, 授僞官者皆定罪, 獨維得免. 仕至尚書右丞. 維詩入妙品上上, 畫思亦然. 至山水平遠, 雲勢石色, 皆天機所到, 非學而能. 自爲詩云:「當代謬詞客, 前身應畫師.」後人評維:「詩中有畫, 畫中有詩」, 信哉! 客有以〈按樂圖〉示維者, 曰:「此〈霓裳〉第三疊最初拍也.」對曲果然. 篤志奉佛, 蔬食素衣, 喪妻不再娶, 孤居三十年. 別墅在藍田縣南輞川, 亭館相望. 嘗自寫其景物奇勝, 日與文士邱爲, 裴迪, 崔興宗遊覽賦詩, 琴樽自樂. 後表宅請以爲寺. 臨終, 作書辭親友, 停筆而化. 代宗訪維文章, 弟縉集賦詩等十卷上之, 今傳於世.

9.《唐才子傳》(1) 王績

王績:字無功, 絳州龍門人, 文中子通之弟也. 年十五遊長安, 謁楊素, 一座服其英敏, 目爲「神仙童子」. 隋大業末, 舉孝廉高第, 除秘書正字. 不樂在朝, 辭疾, 復授揚州六合縣丞. 以嗜酒妨政, 時天下亦亂, 遂託病風, 輕舟夜遁. 歎曰:「網羅在天, 吾將安之?」乃還故鄉. 至唐武德中, 詔徵以前朝官待詔門下省. 績弟靜謂績曰:「待詔可樂否?」曰:「待詔俸薄, 況蕭瑟, 但良醞三升, 差可戀耳.」待詔江國公聞之曰:「三升良醞, 未足以絆王先生.」特日給一斗. 時人呼爲「斗酒學士」. 貞觀初, 以疾罷歸. 河渚間有仲長子光者, 亦隱士也, 無妻子. 績愛其眞, 遂相近結廬, 日與對酌. 君有奴婢數人, 多種黍, 春秋釀酒, 養鳧鴈, 蒔藥草自供. 以《周易》,《莊》,《老》置牀頭, 無他用心也. 自號「東皐子」. 雖刺史謁見, 皆不答. 終於家. 性簡傲, 好飲酒, 能盡五斗, 自著〈五斗先生傳〉. 彈琴, 爲詩, 著文, 高情勝氣, 獨步當時. 撰《酒經》一卷,《酒譜》一卷, 李淳風見之曰:「君酒家南, 董也.」及詩賦等傳世. ◎論曰:唐興迨季葉, 治日少而亂日多, 雖草衣帶索, 罕得安居. 當其時, 遠釣弋者, 不走山而逃海, 斯德而隱者矣. 自王君以下, 幽人間出, 皆遠騰長往之士, 危行言遜, 重撥禍機, 糠覈軒冕, 掛冠引退, 往往見之. 躍身炎冷之途, 標華黃, 綺之列. 雖或累聘邱園, 勉加冠佩, 適足以速深藏於藪澤耳. 然猶有不能逃白刃, 死非命焉. 夫蹟晦名彰, 風高塵絕, 豈不以有翰墨之妙, 騷雅之奇? 美哉! 文章爲不朽之盛事也. 恥不爲堯舜民, 學者之所同志;致君於三五, 懦夫尙知勇爲. 今則捨聲利而向山栖, 鹿冠鳥(烏)几, 便於錦繡之服;柴車茅舍, 安於丹臒之廈;藜羹不糝, 甘於五鼎之味;素琴濁酒, 和於醇飴之奉;樵青山, 漁白水, 足於佩金魚而紆紫綬也. 時有不同也, 事有不侔也. 向子平曰:「吾故知富不如貧, 貴不如賤, 第未知死何如生?」此達人之言也.《易》曰:「遯之時義, 大矣哉!」.

10.《唐詩紀事》⑷ 王績

績, 字無功, 絳州人. 兄通, 大儒也. 績誕縱, 與李播, 呂才善, 大業末, 任爲六合丞,
嗜酒不任事, 因解去. 居河渚間, 與仲長子光友. 以《周易》,《老子》置牀頭, 他書罕讀
也. 著〈五斗先生傳〉,〈醉鄕記〉,〈無心子傳〉. 豫知終日, 自誌其墓. 自號東皐子.

11.《全唐詩》⑶⑺ 王績

王績, 字無功, 絳州龍門人. 文中子之弟, 隋末, 授祕書省正字, 不樂在朝, 求爲六合
丞, 嗜酒不任事. 尋還鄕里. 唐高祖無德初, 以前官待詔門不省, 時太樂署史焦革家善
釀, 績求爲丞, 革死. 棄官歸東皐著書, 號東皐子. 集五卷, 今編詩一卷.

024. <遊子吟> ·················· 孟郊(孟東野)
떠돌이 아들의 노래

*<遊子吟>:'遊子'는 '游子'와 같으며 집을 떠나 游蕩하게 외지를 떠돌아다니는 아들. 그러나 《眞寶》注에 "遊子將有行役, 母爲縫衣"라 하여 行役을 떠나는 아들로 보았음. '吟'은 詩體의 한 장르. 《文體明辨》에 "吁嗟慨歌, 悲憂深思, 以呻其鬱者曰吟"이라 함.

어머님 손에 잡고 있는 실과 바늘,
떠도는 이 아들의 몸에 입힐 옷 짓고 계시네.
떠날 때 촘촘하게 정성들여 꿰매심은,
돌아오기 늦을세라 걱정하기 때문이지.
누가 말할 수 있으리오? 이 조그만 풀 같은 마음으로,
봄 석 달 볕 같은 그 은혜 갚을 수 있다고.

慈母手中線, 遊子身上衣.
臨行密密縫, 意恐遲遲歸.
誰言寸草心, 報得三春暉?

【慈母手中線, 遊子身上衣】'慈母'는 《眞寶》注에 "慈者, 仁愛也. 故謂之慈母"라 함. '線'은 針線. 《唐音》注에 "遊子將有行役, 母爲縫衣. 慈者, 仁愛也. 故謂之慈母"라 함. '遊子'는 《眞寶》注에 "遊子, 將有行役, 母爲縫衣"라 함.
【臨行密密縫, 意恐遲遲歸】'臨行密密縫'은 떠날 때 임해서 세밀하게 꿰매어 실밥이 틀어지지 않도록 함. '意恐遲遲歸'는 외지 생활이 길어 돌아올 시간이 늦을 것임을 걱정하여 그렇게 하는 것임.
【誰言寸草心, 報得三春暉】'寸草'는 봄날 볕을 받아 자라나고 있는 작은 풀. '寸草心'은 자식의 마음을 뜻함. 《眞寶》注에 "遊子自謂難持寸心之上"이라 함. '三春'은

봄 석 달. 孟春, 仲春, 季春. '三春暉'는 봄볕. '暉'는 '輝'와 같음. 어머니의 사랑을 뜻함. 《眞寶》注에 "春暉, 陽春和氣也. 所以發育草木者, 故比慈母"라 함.

참고 및 관련 자료

1. 맹교(孟郊:751-814)

자는 東野. 湖州 武康(지금의 浙江 德淸) 사람으로 젊어 嵩山에 은거하기도 함. 貞元 12년(796) 진사에 올랐으나 그 때 이미 50세였으며, 겨우 溧陽縣尉에 오르고 말아 벼슬길에 제대로 뜻을 펴지 못한 채 병고에 시달렸다 함. 韓愈와 두터운 우정이 있어 '韓孟'이라 불리며 險怪詩派에 속함. 古體詩에 능하였고 寒苦한 분위기를 즐겨 썼음. 《孟東野詩集》이 전함. 그의 文集은 宋 宋敏求의 〈孟東野詩集後序〉에 "蜀人蹇濬用退之贈郊句纂《咸池集》二卷, 百八十篇"이라 하였으며, 《新唐書》(藝文志, 4)에 《孟郊詩集》(10卷)이 저록되어 있음. 《全唐詩》에는 그의 詩가 10卷(372-381)으로 편집되어 있으며, 《全唐詩外編》에 詩 1首가 補入되어 있음. 《舊唐書》(160)과 《新唐書》(176)에 전이 있음. 이 시는 《孟東野詩集》(1)과 《唐詩歸》(31)에 실려있음. 《眞寶》諸賢姓氏事略에 "孟郊, 字東野. 湖州武康人, 貧居苦吟, 五十第進士, 溧陽尉, 興元鄭餘慶辟參謀"라 함.

2. 이 시는 《孟東野詩集》(1), 《唐文粹》(13), 《全唐詩》(25, 372), 《全唐詩錄》(50), 《唐詩紀事》(35), 《文苑英華》(207), 《樂府詩集》(67), 《唐音》(12), 《唐詩品彙》(20), 《石倉歷代詩選》(58), 《唐音癸籤》(1), 《古今事文類聚》(後集 4, 別集 25), 《淵鑑類函》(243) 등에 널리 실려 있음.

3. 彭國棟의 《澹園詩話》에 "東野〈游子吟〉, 余每讀而涕下, 蓋先慈李太夫人之心, 卽游子吟中慈母之心夜, 自來寫母愛之深切, 未有如東野者也"라 함.

4. 韻脚은 '衣, 歸, 暉'.

5. 《唐詩紀事》(35)

○郊, 字東野, 湖州人. 年五十, 擢調溧陽尉. 鄭餘慶爲東都留守, 表爲水陸運判官. 鎭興元, 表爲參謀, 卒.

○韋莊奏請追贈十餘人, 其一孟郊, 字東野, 尙古風詩, 與李觀, 韓退之爲友. 貞元十二年及第, 佐徐州張建封幕. 卒, 私諡曰貞耀先生.

○〈遊子吟〉云:『慈母手中線, 遊子身上衣. 臨行密密縫, 意恐遲遲歸. 誰將寸草心, 報得三春暉.』

6. 《全唐詩》(372)

孟郊, 字東野, 湖州武康人. 少隱嵩山, 性介, 少諧合. 韓愈一見爲忘形交, 年五十, 得進士第, 調溧陽尉. 縣有投金瀨, 平陵城. 林薄蒙翳, 下有積水. 郊間往坐水旁, 裴回賦詩, 曹務多廢. 令白府以假尉代之, 分其半奉, 鄭餘慶爲東都留守. 署水陸轉運判官, 餘慶鎭興元. 奏爲參謀, 卒. 張籍私諡曰貞曜先生, 郊爲詩有理致, 最爲愈所稱, 然思苦奇澁. 李觀亦論其詩曰:「高處在古無上, 平處下顧二謝」云. 集十卷, 今編詩十卷.

7.《唐才子傳》(5) 孟郊

郊, 字東野, 洛陽人. 初, 隱嵩山, 稱處士. 性介少諧合, 韓愈一見爲忘形交, 與唱和於詩酒間. 貞元十二年, 李程榜進士, 時年五十矣. 調溧陽尉, 縣有投金瀨, 平陵城, 林薄翁翳, 下有積水. 郊間往坐水傍, 命酒揮琴, 徘徊賦詩終日, 而曹務多廢. 縣令白府, 以假尉代之, 分其半俸. 辭官家居. 李翶分司洛中, 日與談讌, 薦於興元節度使鄭餘慶, 遂奏爲參謀, 試大理評事, 卒. 餘慶給錢數萬營葬, 仍贍其妻子者累年; 張籍諡爲「貞曜先生」, 門人遠赴心喪. 郊拙於生事, 一貧徹骨, 裘褐懸結. 未嘗俛眉爲可憐之色, 然好義者更遺之. 工詩, 大有理致, 韓吏部極稱之. 多傷不遇, 年邁家空, 思苦奇澁, 讀之每令人不懽, 如:「借車載家具, 家具少於車.」如〈謝炭〉云:「吹霞弄日光不定, 煖得曲身成直身.」如:「愁人獨有夜燭見, 一紙鄉書淚滴穿.」如〈下第〉云:「棄置復棄置, 情如刀劍傷」之類, 皆哀怨清切, 窮入冥搜. 其初登第, 吟曰:「昔日齷齪不足嗟, 今朝曠蕩恩無涯. 春風得意馬蹄疾, 一日看盡長安花.」當時議者亦見其氣度窘促, 卒漂淪薄宦, 詩讖信有之矣.「天實爲之, 謂之何哉!」李觀論其詩曰:「高處在古無上, 平處下顧二謝」云. 時陸長源工詩, 相與來往, 篇什稍多, 亦佳作也. 有《咸池集》十卷, 行於世.

025. 〈子夜吳歌〉 ·················· 李太白(張翰?)
자야의 노래(가을)

*《眞寶》注에 "乃〈樂府〉曲名, 皆言相思之情也. 子夜, 夜中也. 吳, 今豫章以南東至
  浙西, 皆吳地"라 함.
*〈子夜吳歌〉:六朝시대 江南 吳지방의 民歌. 東晉 때 '子夜'라는 여자가 처음 읊
  어 〈子夜曲〉이라는 이름이 지어졌으며, 〈樂府〉의 淸商曲辭에 해당함. 그러나 注
  에는 "子夜, 夜中也"라 하여 한 밤중, 즉 子時의 밤중에 임을 그리워하며 부르는
  노래로 보았음. 이는 李白의 〈子夜四時歌〉 중 '秋歌'에 해당함. '歌'는 詩體의 한
  장르로《文體明辨》에 "其放情長言, 雜而無方者曰歌"라 함.

장안성엔 한 조각 달,
집집마다 보낼 옷 다듬이 소리.
가을바람 불어와 끊이지 않는데,
온통 머릿속엔 옥문관玉門關 그대 생각.
어느 날 호로胡虜를 평정하고,
우리 남편 원정을 끝낼꼬?

長安一片月, 萬戶擣衣聲.
秋風吹不盡, 總是玉關情.
何日平胡虜, 良人罷遠征?

【長安一片月, 萬戶擣衣聲】'長安'은 京兆 서울. 지금의 陝西 西安. 唐나라 때의 수
도. 아들이나 남편을 모두 전쟁터로 보내고 그 뒷바라지를 하는 도시의 분주한
모습을 표현하기 위한 것임.《眞寶》注에 "今京兆, 古雍州, 漢隋唐建都之地"라 함.
'萬戶擣衣聲'은 집집마다 변방 남편의 군복을 짓고 마름질하여 다듬이질을 함.

'擣'는 다듬이질. 《眞寶》注에 "擣, 音禱, 與搗同"이라 함. 고대에는 군역을 나간 가족의 옷을 각기 집에서 부쳐주었음. 《眞寶》注에 "戍婦, 擣衣於月下"라 함.

【秋風吹不盡, 總是玉關情】'玉關'은 지금의 甘肅省에 있는 玉門關. 실제 변방의 전선 여러 關門을 가리킴. 《眞寶》注에 "後漢班超, 西域三十年, 以老思歸, 願生入玉門關, 關在今沙州之西, 蒲昌海之東, 關外皆係西域諸國也"라 함.

【何日平胡虜, 良人罷遠征】'胡虜'는 이민족을 낮추어 부른 말. 《眞寶》注에 "音魯. ○期望胡虜早平"이라 함. '良人'은 남편. 《眞寶》注에 "良人謂夫, 得罷征役也"라 함. 《詩》唐風에 "此夕何夕? 見此良人"이라 함. 《李太白集注》에 《詩》國風:「見此良人.」〈正義〉曰:「妻謂夫曰良人.」"이라 함.

참고 및 관련 자료

1. 이태백(李太白) 李白, 李翰林. 016 참조.

2. 이 시는 《李太白文集》(5), 《李太白集分類補註》(6), 《李太白集注》(6), 《全唐詩》(21, 165), 《樂府詩集》(45), 《唐詩品彙》(4), 《古今詩刪》(10), 《石倉歷代詩選》(44上), 《古詩鏡》(17), 《唐宋詩醇》(4), 《全唐詩錄》(20) 등에 실려 있음.

3. 《唐詩訓解》에는 "《瞿仙詩譜》李太白此篇爲張季鷹作, 不知何據"라 하여 혹 '晉나라 때 張季鷹(張翰)의 작이라 의심하였으나 근거를 알 수 없다'라 하였고, 《唐詩歸》에는 "鍾伯敬曰:「畢竟是唐絶句妙境, 一毫不像晉宋, 然求像則非太白矣.」"라 하여 의심을 나타내기도 하였음.

4. 韻脚은 '聲, 情, 征'.

5. 李白의 〈子夜吳歌〉는 〈子夜四時歌〉라고도 하며 春夏秋冬 모두 4수로 되어 있음. 본시는 〈秋歌〉임. 《樂府詩集》(45) 淸商曲辭에는 〈子夜四時歌〉 4수를 신고 있으며, 《李太白詩集》에는 〈子夜吳歌〉라 하였음. 《唐詩訓解》(1)와 《唐詩歸》(15)에도 실려 있음.

〈春歌〉: 秦地羅敷女, 采桑綠水邊. 素手靑條上, 紅妝白日鮮. 蠶飢妾欲去, 五馬莫留連.

〈夏歌〉: 鏡湖三百里, 菡萏發荷花. 五月西施采, 人看隘若耶. 回舟不待月, 歸去越王家.

〈冬歌〉: 明朝驛使發, 一夜絮征袍. 素手抽針冷, 那堪把剪刀. 裁縫寄遠道, 幾日到臨洮?

6. 《唐詩訓解》

此謂戍婦之詞, 以譏當時戰伐之苦也. 言於月夜擣衣以寄邊塞, 而此風吹不盡者, 皆我思念玉關之情也, 安得平胡而使征夫稍息乎? 不恨朝廷之黷武, 但言胡虜之未平, 深得風人之旨.

7.《唐書》禮樂志

〈子夜吳歌〉, 晉有女子名子夜作. 是歌甚哀, 晉武帝太元中, 琅琊王軻家有鬼歌之, 子夜之音同, 於白紵, 皆清音調也. 故梁武本白紵而爲子夜吳聲四時歌明, 此子夜, 亦有晉聲者, 其實不離清商.

8.《文章正宗》

〈子夜吳歌〉, 乃樂府曲名, 皆言相思之情.

026. <友人會宿> ················· 李太白(李白)
　　벗과 함께 묵으며

*《眞寶》注에 "良朋邂逅, 飮酒消愁, 月下高談, 不能寤寐"라 함.
*〈友人會宿〉: 친구와 만나 함께 자며 묵음.

천고의 시름을 시원히 씻어버리고,
눌러 앉아 백 병의 술이나 마시세.
좋은 밤 의당 이야기꽃을 피울 참이니,
흰 달빛에 능히 잠들지 못하리라.
취기가 올라 빈 산에 누우면,
하늘과 땅이 곧 이불이며 베개가 될 터이니.

滌蕩千古愁, 留連百壺飮.
良宵宜且談, 皓月未能寢.
醉來臥空山, 天地卽衾枕.

【滌蕩千古愁, 留連百壺飮】'滌蕩'(dídàng)은 깨끗이 시원하게 씻어버림을 뜻하는 雙
　聲連綿語. '千古愁'는 예로부터 사람이라면 누구나 품고 있던 시름. '留連'은 미련
　이 있어 자리에서 떠나지 못함을 뜻하는 雙聲連綿語.
【良宵宜且談, 皓月未能寢】'良宵'는 좋은 밤. '皓月'은 《李太白集注》 등에는 "一作皓
　然"이라 함. '未能寢'은 《全唐詩》에는 '未, 一作誰'라 함.
【醉來臥空山, 天地卽衾枕】'醉來'는 '취하게 되면, 취기가 오르면' 등의 뜻. '來'는
　助詞. '天地卽衾枕'의 '衾'은 이불. 《眞寶》注에 "音金, 被也"라 함. 하늘은 이불이
　되고 땅은 베개가 됨. 《眞寶》注에 "卽劉伶幕天席地之意, 非襟懷曠達者, 不能此
　也"라 함. 《李太白集分類補註》에 "(蕭)士贇曰: 此詩太白蓋用劉伶〈酒德頌〉, 幕天席
　地, 縱意所如之意"라 함.

1. 이태백(李太白) 李白, 李翰林. 016 참조.

2. 이 시는 《李太白文集》(20), 《李太白集分類補註》(23), 《李太白集注》(23), 《文苑英華》(217), 《全唐詩》(182), 《唐宋詩醇》(8) 등에 실려 있음.

3. 韻脚은 '飮, 寢, 枕'.

027. <雲谷雜詠> ·················· 朱晦庵(朱熹)
운곡의 노래

*《眞寶》注에 "雲谷, 在考亭之西三十里, 乃朱子讀書之處"라 함.
*<雲谷雜詠>: '雲谷'은 福建 建陽縣 서북쪽 70리 되는 곳의 지명. 崇安縣과 경계
　지역 蘆峯 아래에 있으며 朱熹(晦庵)가 그곳에 초당을 짓고 독서하여 朱熹를
　혹 '雲谷老人'이라고도 불렀음.《大明一統志》(76) 建寧府에 雲谷과 考亭이 기록
　되어 있음. '考亭書院'은 원래 建陽縣 서쪽 三十里에 있으며 唐나라 때 御史 黃
　端이 세운 정자로, 자신의 선조 제사를 지내던 곳이었다 함.

농사꾼이 술을 싣고 와서,
농사 얘기에 해가 서산에 기울었네.
이렇게 찾아준 뜻 이미 각별한 것이니,
감탄스러운 정 어찌하면 다할까?
돌아가거든 자주 오진 마시오,
숲은 깊고 산길은 어두우니.

野人載酒來, 農談日西夕.
此意良已勤, 感歎情何極?
歸去莫頻來, 林深山路黑.

【野人載酒來, 農談日西夕】'野人'은 田野에서 일하며 사는 사람. 농부. 시골 사람.
'載酒來'는 술을 싣고 옴.《眞寶》注에 "載酒來訪, 農家日已向西"라 함.
【此意良已勤, 感歎情何極】'勤'은 '각별함'의 뜻.
【歸去莫頻來, 林深山路黑】'路黑'은 산길이 어두움. 산길의 위험함을 뜻함과 동시
에 朱熹가 客을 사절하는 뜻을 완곡하게 함께 표현한 것.《眞寶》注에 "山深, 恐

人相逼, 以此謝客"이라 함.

1. 朱晦庵. 朱熹. 朱文公. 007 참조.

2. 《朱子大全》(6)에 〈雲谷雜詠〉 12수가 있음. 한편 《晦庵集》(6), 《宋藝圃集》(17), 《宋金元明四朝詩》(20) 등에도 실려 있으며, 모두 제목이 〈謝客〉으로 되어 있음.

3. 韻脚은 '夕, 極, 黑'.

028. <傷田家> ·················· 聶夷中
　　불쌍한 농사꾼

＊《眞寶》注에 "孫光憲謂:「此詩有'三百篇'之旨.」"라 함.
＊〈傷田家〉: 농사짓는 사람을 불쌍히 여김.

　　2월에 새로 자을 고치실을 미리 팔고,
　　5월이면 새로 거둘 곡식을 미리 팔아 돈을 빌리네.
　　눈앞의 부스럼은 고쳐지지만,
　　심장의 살을 도려내는 것.
　　바라노니 임금님의 마음,
　　밝게 비추는 촛불이 되어,
　　비단옷 화려한 잔치 자리 비칠 게 아니라,
　　사방으로 도망 다닐 집들 두루 비춰줬으면!

　　二月賣新絲, 五月糶新穀.
　　醫得眼前瘡, 剜却心頭肉.
　　我願君王心, 化作光明燭.
　　不照綺羅筵, 偏照逃亡屋!

【二月賣新絲, 五月糶新穀】'二月'은 음력 2월, 막 蠶桑을 시작하는 때이건만 먹을
것이 없고 세금 바칠 돈이 없어, 나중에 생산할 실을 미리 팔기로 先約하고 돈
을 빌려 씀.《眞寶》注에 "二月借貸而納官, 而約以絲還償之. 是二月而已賣新絲矣"
라 함. '五月'은 음력 5월로 김매기를 할 때이건만 나중에 거두어들일 곡물을 담
보로 미리 돈을 빌려 씀.《眞寶》注에 "五月借貸而納官, 而約以穀還償之. 是五月
而已糶新穀矣"라 함. '糶'(조)는 '糴'(적)과 상대되는 뜻으로 곡식을 파는 것.
【醫得眼前瘡, 剜却心頭肉】'醫'는 動詞로 쓰였음. 치료함. '眼前瘡'은 눈앞의 고통.

당장의 굶주림을 뜻함. '剜却'은 도려내어 제거함. '心頭肉'은 心臟의 살점. '頭'는 接尾辭. 생명의 가장 중요한 부분임을 비유함.《眞寶》注에 "瘡, 音倉. ○聊以寬目前之急; 剜, 烏丸反. 刻削也. 絲成穀熟之日, 賤價而倍還, 皆爲他人所有, 是剜却心頭肉矣"라 함.

【我願君王心, 化作光明燭】'我願'은 문장의 끝까지 풀이함. '君王心'은 통치자의 마음.《眞寶》注에 "我願, 望君王之仁心"이라 함. '光明燭'은 밝은 빛을 발하는 촛불.《眞寶》注에 "變化作光明之燈燭"이라 함.

【不照綺羅筵, 徧照逃亡屋】'綺羅筵'은 비단으로 장식한 고관대작의 잔치자리를 비유함. '徧'은 遍과 같으며,《眞寶》注에 "音變"이라 함. 그러나《全唐詩》등에는 '只'로 되어 있음. '逃亡屋'은 生活苦로 流浪하는 사람들의 집.《眞寶》注에 "不照於綵綺絲羅之筵席, 要周徧照見逃亡之屋也"라 함.

참고 및 관련 자료

1. 섭이중(聶夷中. 837-?)

字는 坦之. 혹 子之.《新唐書》(藝文志, 4)에《聶夷中詩》(2卷)이 著錄되어 있으며,《宋史》(藝文志, 7)에는 1卷으로 실려 있음.《全唐詩》(636)에 그의 詩 1卷이 편집되어 있으며,《唐詩紀事》(61)와《全唐詩話》(5)에도 관련 기록이 실려 있음. 한편《全唐詩》(636)에는〈田家〉二首라 하여 "(1)「父耕原上田, 子劚山下荒. 六月禾未秀, 官家已修倉.」(2)「鋤田當日午, 汗滴禾下土. 誰念盤中餐, 粒粒皆辛苦?」"라 하고, 夾註에 "此篇一作李紳詩"라 함.《眞寶》諸賢姓氏事略에 "聶夷中, 字子之, 河東人, 唐末進士"라 함.

2. 이 시는《唐詩紀事》(61),《唐文粹》(16下),《全唐詩》(636),《舊五代史》(126),《資治通鑑》(276),《太平廣記》(183),《瑯琊臺醉編》(22),《詩人玉屑》(9),《竹莊詩話》(13),《五代詩話》(2) 등에 널리 실려 있음.

3. 韻脚은 '穀, 肉, 燭, 屋'.

4.《唐才子傳》(9)

聶夷中: 夷中, 字坦之, 河南人也. 咸通十二年, 禮部侍郎高湜下進士. 與許棠, 公乘億同袍. 時兵革多務, 不暇銓注, 夷中滯長安久, 皁裘已敝, 黃糧如珠, 始得調華陰縣尉, 之官, 惟琴書而已. 性儉, 蓋奮身草澤, 備嘗辛楚, 率多傷俗閔時之擧, 哀稼穡之艱難. 適値險阻, 進退惟谷, 才足而命屯, 有志卒爽, 含蓄諷刺, 亦有謂焉. 古樂府無得體, 皆警省之辭, 裨補政治, 「樂而不淫, 哀而不傷」, 正〈國風〉之義也. 有詩一卷, 今傳.

5.《唐詩紀事》(61)

○ 聶耳中. 字坦之. 咸通中爲華陰尉.

○ 耳中有〈公子行〉云：『種花滿西園, 花發青樓道. 花下一禾生, 去之爲惡草.』又〈詠田家〉詩云：『父耕原上田, 子斸山下荒. 六月禾末秀, 官家已修倉.』又云：『二月賣新絲, 五月糶新穀. 醫得眼前瘡, 剜却心頭肉. 我願君王心, 化作光明燭. 不照綺羅筵, 只照逃亡屋.』所謂言近意遠, 合三百篇之旨也. 咸通十二年, 高湜知擧, 牓內孤貧者夷中, 公乘億, 許棠. 夷中尤貧苦, 精古詩.

6.《全唐詩》(636)

聶耳中, 字坦之, 河東人. 咸通十二年登第, 官華陰尉, 詩一卷.

7.《北夢瑣言》(2)

最奇者有聶耳中, 河南中都人. 少賓苦, 精于古體. 有〈公子家〉詩云：『種花於西園, 花發青樓道. 花下一花生, 去之爲惡草.』又〈咏田家〉詩云：『父耕原上田, 子斸山下荒. 六月禾末秀, 官家已修倉.』又云：『鋤禾日當午, 汗滴禾下土. 誰知盤中餐, 粒粒皆辛苦.』又云：『二月賣新絲, 五月糶新穀. 醫得眼前瘡, 剜却心頭肉. 我願君王心, 化爲光明燭. 不照綺羅筵, 只照逃亡屋.』所謂言近意遠, 合三百篇之旨也.

8.《舊五代史》(126) 馬道傳

他日又問道曰：「天下雖熟, 百姓得濟否？」道曰：「穀貴餓農, 穀賤傷農, 此常理也. 臣憶得近代有擧子聶夷中〈傷田家〉詩云：『二月賣新絲, 五月糶秋穀. 醫得眼下瘡, 剜郤心頭肉. 我願君王心, 化作光明燭. 不照綺羅筵, 偏照逃亡屋.』」明宗曰：「此詩甚好.」遽命侍臣錄下, 每自諷之.

9.《資治通鑑》(276)

上又問道曰：「今歲雖豐, 百姓贍足否？」道曰：「農家歲凶, 則死於流殍；歲豐, 則傷於穀賤. 豐凶皆病者, 惟農家爲然. 臣記進士聶夷中詩云：『二月賣新絲, 五月糶新穀. 醫得眼下瘡, 剜却心頭肉.』語雖鄙俚, 曲盡田家之情狀.」

10.《太平廣記》(183)「高湜」

咸通十二年禮部侍郎高湜知擧, 牓內孤平者公乘億, 有賦三百首, 人多書於壁. 許棠有〈洞庭詩〉尤工, 時人謂之許洞庭. 最者有聶夷中, 少貧苦精於古體, 有〈公子家〉詩云：「種花滿西園, 花發青樓道. 花下一禾生, 去之爲惡草.」又〈詠田家〉詩云：「父耕原上田, 子斸山下荒. 六月禾末秀, 官家已修倉」又云：「鉏田當日午, 汗滴禾下土. 誰念盤中餐, 粒粒皆辛苦？」又云：「二月賣新絲, 五月糶新穀. 醫得眼前瘡, 剜却心頭肉. 我願君王心, 化爲光明燭. 不照綺羅筵, 只照逃亡屋.」所謂言近意遠合三百篇之旨也.

11.《唐文粹》(16下) 〈傷田家〉(聶夷中)

二月賣新絲, 五月糶秋穀. 醫得眼前瘡, 剜却心頭肉. 我願君王心, 化作光明燭. 不照綺羅筵, 偏照逃亡屋.

12.《瑯琊臺醉編》(22)

聶夷中詩"二月賣新絲, 五月糶新穀", 或疑二月蠶尙未生, 載勝降桑, 乃三月節也. 〈月令〉蠶事在季春之月, 〈豳風〉條桑亦指三月, 二月安得有新絲? 何燕泉曰: 「蓋謂貧民預指絲穀借債耳. 絲穀出時, 俱是他人之物, 是所爲"醫得眼前瘡, 剜却心頭肉"也.」何先生此言, 深知小民之苦者, 亦深得作詩之意者.

029. 〈時興〉 ················ 楊賁

세상 인정

*《眞寶》注에 "感時寄興, 言貴顯之人, 昔日未貴顯之時"라 함.
*〈時興〉:時流의 병폐를 못 마땅히 여겨 그 감흥을 읊은 것.《唐詩品彙》에는 제목이 〈感興〉으로 되어 있으며, 注에 "一作〈時興〉"이라 함.

귀한 분들이라 해도 옛날 귀해지기 전에는,
모두가 빈한한 이들을 돌보아 주리라 원했으련만.
자신이 높은 지위에 오르고 나서는,
어디 평민들에게 물어본 적이라도 있으리오?
새벽에는 궁전으로 올라갔다가,
해 저물면 붉은 궁문을 나올 뿐일세.
시끌벅적 길거리 사람들이여,
옳으니 그르니 노래하는 수고조차 하지 말게나.

貴人昔未貴, 咸願顧寒微.
及自登樞要, 何曾問布衣?
平明登紫閣, 日晏下彤闈.
擾擾路傍子, 無勞歌是非.

【貴人昔未貴, 咸願顧寒微】'寒微'는 寒貧微賤의 줄인 말.《眞寶》注에 "貧賤. ○莫不願欲恤寒貧微賤之人"이라 함.
【及自登樞要, 何曾問布衣】'自'는 '…로부터'의 뜻. '樞'는 문의 지도리. '要'는 要路. 가장 중요한 자리. 결정권을 쥐고 있는 높은 지위.《眞寶》注에 "樞, 戶樞也, 開閉由戶, 故居當路者, 爲樞要之職"이라 함. '布衣'는 平民. 일반 서민. 貴人에 상대하여 쓴 말.《眞寶》注에 "身貴已登樞要之位, 又豈復問布衣微賤之人? 此言知有己,

不知有人也"라 함.

【平明登紫閣, 日晏下彤闈】'平明'은 날이 밝아오는 새벽. '紫閣'은 조정의 前殿. 천
　자가 朝會를 보는 곳. 하늘의 紫微垣이 天子의 星座라 하여 紫閣, 紫宸, 紫殿, 紫
　闥 등으로 부르며, 천자의 거처를 뜻함.《眞寶》注에 "天子之閣, 言紫闥, 闥紫殿"
　이라 함. '日晏'은 날이 저묾. '晏'은 晩과 같음. '彤闈'의 '彤'(동)은 赤色. '闈'는 宮門.
　붉은 칠을 한 대궐 문.《眞寶》注에 "宮中門. ○早登紫宸殿閣, 晩出彤闈之門, 其
　爲貴也自若"이라 함.

【擾擾路傍子, 無勞歌是非】'擾擾'는 시끄러움. 와자지껄함. 시끌벅적함. 煩亂함.《眞
　寶》注에 "擾, 音杳"라 하여 '묘'로 읽도록 되어 있음. '路傍子'는 길가에서 구경하
　는 사람들. '無勞'는 '수고하지 말라'의 뜻. '無'는 禁止詞로 '勿'과 같음.《眞寶》注
　에 "路傍之遊子, 又何必較論誰是誰非也?"라 함.

참고 및 관련 자료

1. 양분(楊賁)

史書 등에 기록이 없어 구체적으로 알 수 없음.《唐才子傳》에도 실려 있지 않으
며,《文章正宗》注에는 "唐德宗朝人"이라고만 되어 있음.《全唐詩》에는 "楊賁, 天寶
三年登第, 詩一首"라 하였고《唐詩紀事》에도 "賁登天寶三年第"라 함.

　2. 이 시는《唐文粹》(18),《全唐詩》(204),《唐詩品彙》(21),《唐詩紀事》(26) 등에 실
려 있음.

　3. 韻脚은 '貴, 微, 衣, 闈, 非'.

　4. 明, 韓雍《襄毅文集》(12)〈跋顧廷貴手卷〉

余少時嘗誦古人之詩有曰:「貴人昔未貴, 皆願顧寒微. 一自登樞要, 何曾問布衣?」
心竊疑焉. 及登仕途, 觀世之市道交, 誠有如詩之所云者. 方其同硯席歷寒苦, 更相導
勉誓, 他日得志相引援, 眞若可信, 一旦雲泥異途, 多反眼若不相識; 或權位相扼, 則多
方相傾陷. 雖門生故吏, 亦多視勢之炎凉爲重輕. 此皆禽獸四裔之所不爲而忍爲之,
何世道之不古若一至此哉!

030. ⟨離別⟩ ················· 陸魯望(陸龜蒙)
이별

*⟨離別⟩:장부가 공명을 위해 떠날 때라면 눈물이 없어야 함을 강조한 것. 특히 "蝮蛇一螫手, 壯士疾解腕"은 널리 알려진 구절임.《唐文粹》에는 제목이 ⟨別離⟩로 되어 있음.

장부라고 눈물이 없는 것은 아니지만,
이별할 때 흩뿌리지는 않는 법.
칼을 짚고 술 한 동이 마주하여,
떠돌이 녀석의 얼굴빛 짓는 것 부끄럽다.
독사가 손을 한번 물었을 때,
장사라면 서둘러 팔뚝을 잘라야지.
생각하는 바가 공명에 있다면서,
이별 따위가 어찌 족히 탄식거리나 되랴?

丈夫非無淚, 不灑離別間.
仗劍對樽酒, 恥爲游子顔.
蝮蛇一螫手, 壯士疾解腕.
所思在功名, 離別何足歎?

【丈夫非無淚, 不灑離別間】'丈夫'는《孟子》滕文公(下)에 "富貴不能淫, 貧賤不能移, 威武不能屈, 此之謂大丈夫"라 함. '灑'는 물 등을 뿌림. 여기서는 눈물을 뿌림. '洒'로도 표기함.《眞寶》注에 "大丈夫, 豈如兒女離別時態有淚洒其間也?"라 함.
【仗劍對樽酒, 恥爲游子顔】'仗'은 動詞로 쓰였음. '지팡이, 칼 등을 짚다'의 뜻.《眞寶》注에 "仗, 倚也"라 함. '樽酒'는 동이 술.《眞寶》注에 "音尊. 酒器. 仗劍對酒, 精神自奮"이라 함. '恥爲游子顔'은 '떠돌이 사나이, 또는 征役을 떠나는 아들로서

슬픈 기색을 얼굴에 비침을 부끄러워하다'의 뜻.《眞寶》注에 "羞作遠遊之子, 有
戚戚之顏貌"라 함.

【蝮蛇一螫手, 壯士疾解腕】'蝮蛇'는 毒蛇. '螫'(석)은 '물다'의 뜻.《眞寶》注에 "蝮,
音伏, 卽虺也, 螫人多死; 螫, 音釋, 傷也"라 함.《字彙》에는 "蝮虺, 至毒也"라 하였
고,《博物志》에는 "蝮蛇秋月毒盛, 嚙草木以泄氣, 草木卽死"라 함. '疾'은 '급히, 서
둘러, 빠르게' 등의 뜻.《眞寶》注에 "疾, 速也"라 함. '解腕'은 독사의 독이 번지지
않도록 팔뚝을 잘라냄.《眞寶》注에 "腕, 烏貫反. ○人遇毒蛇之螫, 能忍痛割去螫
處, 則不害於身. ○剛毅決裂之性, 如毒蛇傷手, 急須斷其手腕, 恐毒入其身也"라
함.《漢書》田儋傳에 "齊王曰:「蝮蠚手, 則斬手; 蠚足則, 斬足, 何者? 爲害於身也.」"
라 하였고, 應劭 注에 "蝮, 一名虺, 螫人手足則割去其肉, 不然則死"라 함.《通鑑綱
目》晉愍帝 建興 3년 10월에도 "蝮蛇螫手, 壯士斷腕"이라 함.

【所思在功名, 離別何足歎】'功名'은 공적과 명예.《眞寶》注에 "大丈夫之志, 在於功
名, 離別何足歎息?"이라 함.

참고 및 관련 자료

1. 육로망(陸魯望:?~881)

陸龜蒙. 자는 魯望, 陸元方의 7세손. 字는 魯望이며 별호는 隨天子, 甫里先生 등
으로 불림.《新唐書》(藝文志, 4)에《笠澤叢書》(3卷),《詩編》(10卷),《賦》(6卷)가 著錄되
어 있으나 南宋 때에는 이미 이들을 하나로 묶여《甫里先生文集》(20卷)으로 편집
되어 통용되고 있음.《全唐詩》에는 그의 詩가 14卷(617-630)으로 편집되어 실려
있고,《全唐詩外編》및《全唐詩續拾》에 詩 3首, 斷句 10句가 補入되어 있음.《全唐
文》에는 그의 文章 2卷이 실려 있고,《唐詩紀事》(64)에 관련 기록이 실려 있음.
《唐文粹》(15)에는 제목이 〈別離〉로 되어 있으며,《事文類聚》別集(25)에도 실려 있
음.《新唐書》(196) 隱逸傳에 傳이 실려 있음.《眞寶》諸賢姓氏事略에 "陸魯望, 名龜
蒙, 姑蘇人, 擧進士不第, 居松江甫里時謂江湖散人, 號天隨子(隨天子)"라 함.

2. 이 시는《甫里集》(6),《唐文粹》(15 下),《樂府詩集》(72),《唐詩品彙(唐詩拾遺)》(2),
《古今事文類聚》(別集 25),《記纂淵海》(48),《山堂肆考》(137),《笠澤叢書》(5) 등에 실
려 있음.

3. 韻脚은 '間, 顔, 腕, 歎'.

4.《詩林廣記》(9)

大丈夫以功名意氣自許, 大笑出門, 何淚之有? 此詩慷慨激烈有男子心, 回視郵亭,

手執杯酒;陽關哽咽, 淒涼昵昵, 作兒女語者, 良可鄙矣. 因記羅隱〈淚詩〉云:「自從魯國潸然後, 不是姦人卽婦人.」《孔叢子》云:「子高遊趙, 平原君客有鄒文季節者, 子高相友善, 臨別文節流涕交頤, 子高抗手而已. 其徒疑之, 子高曰:「始吾謂二子丈夫, 乃今知其婦人也.」曰:「二子之泣非邪?」曰:「二子良人也, 有不忍之心, 其於敢斷必不足矣.」曰:「凡泣者, 一無取乎?」者高曰:「有二焉, 大姦之人, 以泣自信;婦人懦夫, 以泣著愛.」羅詩蓋本諸此, 因倂及之.

031. 〈古詩〉 ················ 無名氏
고시

* 《眞寶》注에 "以合歡被譬喩故人相與之情, 如以膠投漆之固, 不能釋然也. ○本十句. '一端綺'下有「相去萬餘里, 故人心尙爾」二句"라 하여 두 구절이 누락되었음을 밝히고 있음.

* 〈古詩〉: 《文選》(29)에 〈古詩十九首〉라 하여 漢代 無名 作家의 시 19수를 싣고 있으며, 李善 注에 "古詩, 蓋不知作者, 或云枚乘, 疑不能明"이라 하여, 혹 枚乘의 작품이라 하나 이는 명확하지 않다고 하였고, 呂向은 "不知時代, 又失姓氏, 故但云古詩"라 함. 여기에 실린 시는 그 중 제 18수이며 徐陵의 《玉臺新詠》(1)에도 실려 있음. 〈古詩〉는 원래 五言句의 민간 작품으로, 삶의 애환과 사랑 등을 진솔하게 표현하여 '天衣無縫'이라 일컬어질 정도로 뛰어난 내용을 담고 있어, 劉勰의 《文心雕龍》에는 "五言之冠冕"이라 하였음.

객이 먼 곳으로부터 와서,
나에게 한 자락 비단을 전해주었네.
(서로 만 리 멀리 헤어져 있지만,
옛사람 마음이야 오히려 그대로일세.)
쌍 원앙새의 문채를 넣어,
재단하여 합환피合歡被 이불을 만들었네.
속에는 장상사長相思라는 솜을 넣었고,
둘레는 결불해結不解라는 실로 꿰맸네.
아교를 옻칠 속에 던져 넣은 것과 같아졌으니,
누가 능히 이를 떼어놓을 수 있으리?

客從遠方來, 遺我一端綺.
(相去萬餘里, 故人心尙爾.)

文綵雙鴛鴦, 裁爲合歡被.
著以長相思, 緣以結不解.
以膠投漆中, 誰能別離此?

【客從遠方來, 遺我一端綺】'遺'는 전해줌. 멀리 떠난 낭군이 객을 통해 아내에게 전해주도록 하였음. '一端綺'는 비단 한 자락. '端'은 段과 같음. 혹 옷감의 길이를 나타내는 단위.《小爾雅》에 "五尺謂之墨, 倍墨謂之丈, 倍丈謂之端, 倍端謂之兩, 倍兩謂之疋"이라 함.《眞寶》注에 "綺, 繒綉綵錦; 一端, 一段也"라 함.

【(相去萬餘里, 故人心尙爾.)】《文選》〈古詩十九首〉에는 이 구절이 있으나 여기에서는 누락됨.

【文綵雙鴛鴦, 裁爲合歡被】'文綵'는 文彩, 紋彩와 같음. 아름다운 빛깔의 무늬, 혹은 무늬를 넣은 비단. '雙鴛鴦'은 암수 두 마리의 鴛鴦. '鴛鴦'은 雙聲聯綿語의 物名으로 夫婦의 사랑과 琴瑟을 비유함.《事文類聚》後集(46)에 "鴛鴦水鳥, 鳧類, 雄雌未嘗相離. 人得其一, 則一者相思死, 故謂之匹鳥"라 함. '裁'는 裁斷함. 옷감을 잘라 마름질함. '合歡被'는 부부가 함께 덮는 이불. '合歡'은 '즐거움을 합하다'의 뜻. 延濟 注에 "合歡被, 以取同歡之意"라 함.《眞寶》注에 "卽今之夾被也"라 함.

【著以長相思, 緣以結不解】'著'는《眞寶》注에 "展呂反, 謂充之以絮"라 하여 '저'로 읽으며 솜으로 안을 채워 넣음.《儀禮》鄭玄 注에 "著, 謂充之以絮"라 함. '長相思'는 솜을 대신하여 쓴 말. 길이 그리워함을 뜻함. 솜은 '綿'자로 쓰며 이는 길이 이어짐을 뜻하는 重義語. '緣'은 이불 네 모퉁이 가를 수식하여 마무리함.《眞寶》注에 "去聲, 飾邊也"라 함. '結不解'는 풀리지 않는 매듭. 부부가 영원히 헤어지지 않음을 비유함.

【以膠投漆中, 誰能別離此】'膠'는 阿膠. 물고기 부레로 만들어 강한 접착력을 가진 풀. '漆'은 옻칠. 접착과 防腐, 光澤 등의 기능을 함께 발휘하는 옻나무 즙으로, 이를 도료로 사용하면 견고하며 방부 효과도 있음.《眞寶》注에 "膠漆如雷陳膠漆之義, 取其堅固也"라 함. '雷陳'은 雷義와 陳重 두 사람의 우정이 지극하였던 고사를 빗댄 것.《後漢書》獨行傳에 "陳重字景公, 豫章宜春人也. 少與鄱陽雷義爲友. 俱學《魯詩》,《顔氏春秋》. 太守張雲擧重孝廉, 重以讓義. 前後十餘通記, 雲不聽. 義明年擧孝廉, 俱在郎署. 有同署郎負息錢數十萬, 責主日至, 詭求無已, 重乃密以錢代還. 郎後覺知而厚辭謝之. 重曰:「非我之爲, 將有同姓名者.」終不言惠. 又

同舍郞有告歸寧者, 誤持鄰舍郞綈以去. 主疑重所取, 重不自申說, 而市綈以償之. 後寧喪者歸, 以綈還主, 其事乃顯. 重後俱拜尙書郞. 義代同時人受罪, 以此黜退. 重見義去, 亦以病免. 後擧茂才, 除細陽令. 政有異化, 擧尤異, 當遷爲會稽太守, 遷姊憂去官. 後爲司徒所辟, 拜侍御史, 卒. 雷義字仲公, 豫章鄱陽人也. 初爲郡功曹, 嘗擢擧善人, 不伐其功. 義嘗濟人死罪, 罪者後以金二斤謝之, 義不受. 金主伺義不在, 黙投金於承塵上. 後葺理屋宇, 乃得之. 金主已死, 無所復還. 乃以付縣曹. 後擧孝廉, 拜上書侍郞, 有同時郞坐事當居刑作, 義黙自表取其罪, 以此論司寇. 同臺郞覺之, 委位自上, 乞贖義罪. 順帝詔皆除刑. 義歸, 擧茂才, 讓於陳重, 刺史不聽, 義遂陽狂被髮走, 不應命. 鄕里爲之語曰:「膠漆自謂堅, 不如雷與陳.」三府同時俱辟二人. 義遂爲守灌謁者. 使持節督郡國行風俗, 太守令長坐者凡七十人. 旋拜侍御史, 除南頓令. 卒官. 子授, 官至蒼梧太守"라 하였고, 《蒙求》(053) 「陳雷膠漆」에도 "後漢, 陳重字景公, 豫章宜春人. 少與鄱陽雷義爲友. 義字仲公. 太守擧重孝廉, 重以讓義. 太守不聽. 義明年擧孝廉, 俱在郞署. 後俱拜尙書郞. 義代同時人受罪, 以此黜退. 重見義去亦以病免. 義後擧茂才, 讓於重不應命. 鄕里爲之語曰:「膠漆自謂堅, 不如陳與雷.」三府同時俱辟, 竝至侍御史"라 함.

> ### 참고 및 관련 자료

1. 〈古詩十九首〉: 이 시는 《文選》(29)에 실려 있는 〈古詩十九首〉의 제 18번 째 시이며, 《玉臺新詠》(1)에도 실려 있음. 그밖에 《太平御覽》(707, 925), 《古今事文類聚》(續集 21), 《天中記》(48), 《淵鑑類函》(378), 《山堂肆考》(190), 《樂府詩集》(69), 《風雅翼》(1), 《古詩紀》(20), 《古今詩刪》(6), 《古詩鏡》(42), 《竹莊詩話》(2) 등에 널리 인용되어 있음.

2. 이 시는 3, 4구가 누락되어 있음. 《文選》과 《玉臺新詠》 모두 "相去萬餘里, 故人心尙爾"의 두 구절 10글자가 더 있음.

3. 韻脚은 '綺, 爾, 被, 解, 此'.

032. <歸園田居> ·················· 陶淵明(陶潛)

전원으로 돌아와서

*《眞寶》注에 "言小人多而君子少"라 하였으나, 이는 타당하지 않으며 실제로는 전원생활을 그대로 읊은 것임. 《眞寶》注에 "漢楊惲廢黜作詩曰:「田彼南山, 蕪穢不治. 種一頃豆, 落而爲萁.」 淵明之意, 蓋出於此, 皆托意高遠"이라 하여, 《漢書》 (66) 楊惲傳에 "婦, 趙女也, 雅善鼓瑟. 奴婢歌者數人, 酒後耳熱, 仰天拊缶而呼烏烏. 其詩曰:「田彼南山, 蕪穢不治, 種一頃豆, 落而爲萁. 人生行樂耳, 須富貴何時!」 是日也, 拂衣而喜, 奮袖低卬, 頓足起舞, 誠淫荒無度, 不知其不可也"한 고사를 싣고 있음.

*<歸園田居>: 陶淵明이 田園으로 돌아와 살며 그 정취를 노래한 것으로, 《陶淵明集》에는 모두 5수로 되어 있으며 이 시는 3번째 수임.

저 남산 아래 콩밭을 일궜더니,
풀만 무성하고 콩 싹은 드무네.
새벽에 일어나 거친 잡초 뽑아내고,
호미 메고 오는 길에 달님이 따라오네.
길은 좁고 초목은 쑥쑥 자라,
저녁 이슬이 내 옷을 적시누나.
옷 젖는 것쯤 애석히 여기랴,
그저 농사나 잘 되기를.

種豆南山下, 草盛豆苗稀.
侵晨理荒穢, 帶月荷鋤歸.
道狹草木長, 夕露沾我衣.
衣沾不足惜, 但使願無違.

【種豆南山下, 草盛豆苗稀】'南山'은 앞산. 여기서는 구체적으로 廬山을 가리킴. 廬
山의 명칭은 漢代부터 있었음에도 陶淵明은 廬山 아래인 지금의 江西省 星子縣
에 살았으나, 직접 廬山의 명칭을 사용한 예가 없어 역대로 궁금증을 자아냄.

【侵晨理荒穢, 帶月荷鋤歸】'侵晨'은 '이른 새벽을 무릅쓰고'의 뜻. 그러나 《陶淵明
集》에는 '晨興'으로 되어 있으며, 아침 일찍 일어남을 뜻함. '興'은 起와 같은 뜻.
'理'는 《眞寶》注에 "治也"라 함. '荒穢'는 荒草와 잡풀. 《眞寶》注에 "草也. ○言田
園種豆, 在於去穢草; 如朝廷用賢, 在於去小人"이라 함. '帶月'은 달을 띠고 돌아옴.
저녁 늦게 귀가함. '荷鋤'는 '호미를 어깨에 메다'의 뜻.

【道狹草木長, 夕露沾我衣】'沾'은 '霑'과 같음. 젖음. '長'은 上聲으로 읽음. '자라다'
의 뜻.

【衣沾不足惜, 但使願無違】'但使願無違'는 '다만 원하는 바로 하여금 어긋남이 없
기만을 바라다'의 뜻으로 농사가 잘되기를 표현한 것. 《眞寶》注에 "東坡曰:「以夕
露沾衣之故, 而違其所願者多矣.」"라 함. 한편 《陶淵明集》注에는 "前漢〈楊惲傳〉:
「田彼南山, 蕪穢不治. 種一頃豆, 落而爲箕.」人生行樂耳, 須富貴何時?"라 함.

참고 및 관련 자료

1. 도연명(陶淵明: 365~427)

陶潛. 晉, 宋시기의 詩人으로 이름은 淵明으로 더 널리 알려져 있으며 일명 潛
이라고도 함. 字는 元亮, 私諡는 靖節. 尋陽(潯陽) 柴桑(지금의 江西省 九江市 星子
縣) 출신. 그의 曾祖인 陶侃은 東晉의 開國功臣으로 大司馬 등을 지냈으며 祖父
는 太守를 지내기도 하였음. 아버지는 일찍 죽었으며 어머니는 東晉때 名家인 孟
嘉의 딸이었음. 도연명은 한 때 州의 祭酒, 鎭軍, 建威參軍을 지냈으나 彭澤令이
되자 80여 일만에 「五斗米」 고사를 남긴 채 낙향하여 〈歸去來辭〉를 지은 것으로
알려져 있음. 그 외에 〈田園詩〉와 〈桃花源記〉, 〈五柳先生傳〉 등을 남겨 중국 최고
의 田園詩人으로 추앙받고 있음. 다만 鍾嶸은 《詩品》에서 그의 시를 당시 詩風과
차이에서 질박하다는 이유로 낮게 평가하여 〈中品〉에 넣었음. 韓國文學에도 至大
한 영향을 미쳐 時調, 歌辭, 漢文 文章에 도연명을 누구나 인용하거나 거론하여
은일과 전원의 생활을 표현하는데 원용하였음. 그의 전기는 《晉書》(94), 《宋書》(93),
《南史》(75)에 전하고 있으며, 《陶淵明集》이 여러 판본이 전하고 있음. 특히 남조
梁나라 때 昭明太子 蕭統이 자료를 모아 《陶淵明集》(8권)을 편집하였으나 여기에
는 〈五孝傳〉과 〈四八目〉(聖賢羣輔錄)은 들어있지 않았음. 그 뒤 北齊 때 陽休之가

처음으로 〈蕭統本〉에 없던 각 편의 〈幷序〉, 목록 등을 합하여 10권으로 편찬, 이것이 정본으로 널리 알려지게 되었음. 그 외 근세에 전하는 판본으로는 曾集, 湯漢, 李公煥 세 사람의 판본이 널리 전해져 오고 있음. 그리고 《陶淵明集》에 대한 注釋을 가한 이들로는 湯漢, 李公煥, 何孟春, 吳瞻泰, 邱家穗, 陶澍, 古直, 丁福保 등이 있음. 《眞寶》諸賢姓氏事略에 "陶淵明, 字元亮, 長沙桓公侃之曾孫. 晉末爲彭澤令, 棄官賦歸去來辭. 劉裕簒晉, 遂不仕, 更名潛, 宋元嘉中卒, 謚靖節先生"이라 함.

2. 〈歸園田居〉5수는 가장 널리 알려진 작품 중의 하나이며, 본편은 그 중 3번째 시임. 대체로 晉 安帝 義熙 2년(406), 도연명이 42세 때 쓴 것으로 보고 있음. 한편 李公煥 본의 《陶淵明集》에는 6수가 들어 있으며 그 중 여섯 번째 시 〈種苗在東皐〉(072)는 도연명의 시가 아님. 이는 南朝 梁나라 江淹(444-504, 혹은 505. 자는 文通)의 〈雜體詩三十首〉중 〈陶徵君潛田居〉시이며, 蕭統의 《文選》(31)에도 수록되어 있음.

3. 이 시는 《陶淵明集》(2), 《容齋隨筆》(三筆 3), 《藝文類聚》(65), 《說郛》(74 下), 《淵鑑類函》(355), 《文章正宗》(22 下), 《風雅翼》(5), 《古詩紀》(45, 155), 《古今詩刪》(7), 《石倉歷代詩選》(4), 《古詩鏡》(10), 《文選》(31) 등에 실려 있음.

4. 韻脚은 '稀, 歸, 衣, 違'.

5. 譚元春의 評

高堂深居人, 動欲擬陶, 陶此境此語, 非老於田畝不知.

6. 《容齋隨筆》(三筆 3) 〈東坡和陶詩〉(《說郛》74下도 같음)

《陶淵明集》〈歸田園居〉六詩, 其末「種苗在東皐」一篇, 乃江文通〈雜體〉三十篇之一. 明言斅陶陶徵君田居, 蓋陶之三章云:「種豆南山下, 草盛豆苗稀. 晨興理荒穢, 帶月荷鋤歸.」故文通云「雖有荷鋤倦, 濁酒聊自適」, 正擬其意也. 今陶集誤編入, 東坡据而和之.

7. 鍾嶸(南朝 梁) 《詩品》(中品)「宋徵士陶潛詩」

宋徵士陶潛詩, 其源出於應璩, 又協左思風力. 文體省淨, 殆無長語. 篤意眞古, 辭興婉愜. 每觀其文, 想其人德, 世歎其質直. 至如「歡言酌春酒」, 「日暮天無雲」, 風華淸靡, 豈直爲田家語耶? 古今隱逸詩人之宗也.

033. 〈問來使〉 ·················· 陶淵明→ (江淹, 江文通)
심부름꾼에게 묻노라

*《眞寶》注에 "此非淵明詩"라 하여 陶淵明의 시가 아님을 밝히고 있으며 江淹
(文通)의 작품임. 江淹(444-504, 혹은 505)은 자는 文通, 梁나라 때 文人. 濟陽 考
城(지금의 可南省 考城縣) 출신. 司馬相如를 흠모하였으며 宋에서 齊나라로, 다
시 梁으로 이어지면서 散騎常侍를, 뒤이어 金紫光祿大夫를 역임함. 江淹의 시
는 幽深奇麗하여 宋, 齊시인 鮑照와 비슷함.《梁書》(14) 및《南史》(59)에 傳이 있
으며 明, 張溥가 輯軼한《江醴陵集》이 있음. 그러나 또 다른 주장은 晚唐 때 어
떤 이가 李白의 〈感秋詩〉를 위작하여 지은 것이라고도 함.
*〈問來使〉:고향에서 심부름을 온 자에게 고향의 사정을 물음.《眞寶》注에 "使
去聲, 將命者"라 함.

그대 산중으로부터 왔으니,
막 천목산天目山을 출발했겠지.
우리 집 남쪽 창문 아래에,
지금 국화 몇 떨기나 피었던가?
장미는 잎이 이미 떨어져 나갔을 것이며,
가을 난초는 향기가 응당 한창이리라.
산중으로 돌아가면,
산중에는 술이 응당 잘 익었을 텐데.

爾從山中來, 早晚發天目;
我屋南山下, 今生幾叢菊?
薔薇葉已抽, 秋蘭氣當馥;
歸去來山中, 山中酒應熟.

【爾從山中來, 早晚發天目】'爾'는 '너, 그대'. 人稱代名詞, 你, 而, 汝 등과 같음. '早晚'은 시간적으로 이르기도 하고 늦기도 함. '방금, 막, 곧, 얼마 되지 않은 시간' 등의 뜻.《眞寶》注에 "早耶晚耶, 周賀日詩:「西城早晚來.」"라 함. '天目'은 산 이름. 浙江 杭州 臨安縣 서쪽에 있으며 道敎의 靈山.《眞寶》注에 "天目, 山名, 在今杭州. 淵明未嘗到"라 하였으며,《大明一統志》(38)에 "杭州府, 天目山在臨安縣西五十里, 爲道家第三十四洞天"이라 함. '發'은 출발함.《眞寶》注에 "啓行也"라 함.

【我屋南山下, 今生幾叢菊】'叢菊'은 국화 떨기. 다발을 이룬 국화.

【薔薇葉已抽, 秋蘭氣當馥】'抽'는 잎이나 꽃잎 등이 떨어져 빠짐. '秋蘭'은 가을 蘭草. '馥'은 향기.《字彙》에 "馥, 音福, 香氣也"라 함.

【歸去來山中, 山中酒應熟】'山中酒應熟'은 산 속에는 의당 술이 잘 익었을 것임.《眞寶》注에 "陶淵明, 心在歸隱, 因來使而問南山之菊, 山中之酒"라 함. '應'은 '의당, 마땅히' 등의 뜻.《眞寶》注에 "平聲, 當也"라 함.

참고 및 관련 자료

1. 陶淵明: 작자가 잘못 알려진 것. 江淹의 작품임.

2. 이 시는《陶淵明集》(2),《武林梵志》(6),《容齋隨筆》(五筆 1),《說郛》(74下, 83上),《滄浪詩話》(1),《漁隱叢話》(前集4),《詩人玉屑》(11),《竹莊詩話》(4),《詩林廣記》(1),《古詩紀》(155) 등에 관련 기사와 함께 실려 있음.

3. 현재 전하는《陶淵明集》에는 잘못 편집된 작품이 이 〈問來使〉와 〈四時〉(010), 그리고 〈歸園田居〉의 제 6수 〈種苗在東皐〉(079) 등 3편이 있음. 〈四時〉는 晉나라 때 유명한 화가 顧愷之(346-407. 자는 長康)의 〈神情詩〉이며, 〈問來使〉는 晚唐의 어떤 이가 李太白의 〈感秋詩〉를 위작하여 지은 것으로 여기고 있음. 이에 東磵은 "此蓋晚唐人, 因太白〈感秋詩〉而僞爲之"라 함.

4. 韻脚은 '目, 菊, 馥, 熟'.

5. 이 시는 혹 앞의 1, 2련 4구절은 작자의 질문이며, 뒤의 3, 4련 4구절은 심부름 온 자가 대답한 것으로 풀이하기도 함. 따라서 뒤의 4구절은 "장미는 이미 잎이 사라졌고, 추국은 향기가 한창입니다. 산중으로 돌아가시면 산중에는 응당 술이 익어 있을 것입니다"로 풀이됨.

6. 蔡條《詩話》

《陶集》屢經諸儒手校, 然有〈問來使〉一篇, 使蓋未見, 獨南唐與晁文元家二本有之. 李太白〈潯陽感秋詩〉『陶令歸去來, 田家酒應熟.』其取諸此云.

7. 洪邁《容齋詩話》

陶淵明〈問來使〉詩云:『爾從山中來, 早晚發天目;我屋南窗下, 今生幾叢菊? 薔薇葉已抽, 秋蘭氣當馥;歸去來山中, 山中酒應熟.』詩集中皆不載, 惟晁文元家本有之. 蓋天目疑非陶居處, 與李白云『陶令歸去來, 田家酒應熟.』乃用此爾.

8.《說郛》(74下)

陶淵明〈問來使〉詩云:「爾從山中來, 早晚發天目. 我屋南山下, 今生幾叢菊. 薔薇葉已抽, 秋蘭氣當馥. 歸去來山中, 山中酒應熟.」諸集中皆不載, 惟晁文元家本有之. 蓋天目疑非陶居處, 然李太白云:「陶令歸去來, 田家酒應熟.」乃用此爾. 王摩詰詩曰:「君自故鄉來, 應知故鄉事. 來日綺牕前, 寒梅著花未?」杜公〈送韋郎歸成都〉云:「爲問南溪竹, 抽梢合過牆.」〈憶弟〉云:「故園花自發, 春日鳥還飛.」王介甫云:「道人北山來, 問松我東岡. 舉手指屋脊, 云今如許長?」古今詩人懷想故居形之篇, 詠必以松竹梅菊爲比興, 諸子句皆是也.

9.《滄浪詩話》(《說郛》,《古詩紀》,《詩人玉屑》,《詩林廣記》 등도 같음)

《西清詩話》載:晁文元家所藏陶詩有〈問來使〉一篇云:「爾從山中來, 早晚發天目. 我屋南山下, 今生幾叢菊. 薔薇葉已抽, 秋蘭氣當馥. 歸去來山中, 山中酒應熟.」子謂此篇誠佳然, 其體製氣象與淵明不類, 得非太白逸詩, 後人謾取以入陶集爾.

034. 〈王右軍〉 ·················· 李太白(李白)
왕우군

*〈王右軍〉: 王羲之(303-361, 혹은 309-365, 321-379). 자는 逸少. 어릴 때 이름은
虎犢. 王尊의 조카. 어려서는 訥言하였으나 뒤에 정치와 예술에 큰 업적을 남김.
특히 글씨에 뛰어나 오늘날까지 書聖으로 추앙받고 있음. 右軍將軍, 會稽內史,
臨川太守 등을 지냈으며, 그 때문에 '王右軍'으로도 불림. 山陰道士에게 《道德
經》을 글씨로 써주어 거위와 바꾼 고사로 유명하며, 이 시는 이태백이 그 내용
을 읊은 것임. 그 외에 작품으로 〈樂毅論〉, 〈黃庭經〉, 〈東方朔畫讚〉, 〈姨母〉, 〈初
月〉, 〈憂懸〉, 〈喪亂〉 등을 남겼으며, 특히 〈蘭亭集序〉(後集 012를 볼 것)로 유명
함. 《晉書》(80)에 傳이 있으며, 《世說新語》 등에도 그의 일화가 많이 실려 있음.
王右軍, 王逸少, 王羲之 등으로 불리며, 그 아들 王獻之와 함께 글씨에 뛰어나
'二王'이라 불림.

왕우군은 본래 청정하고 진솔하여,
풍진의 세속에 살면서도 시원하였지.
산음에서 도사를 만났는데,
거위를 좋아하는 이 빈객에게 글씨를 요구하였네.
우군이 흰 비단을 쓸고 《도덕경》을 베껴주니,
필치가 정묘하여 신이 깃든 듯하였네.
글씨 다 쓰고는 거위를 조롱에 넣어 떠나면서,
어찌 주인에게 작별 인사할 겨를이 있었으리오?

右軍本淸眞, 瀟洒在風塵.
山陰遇羽客, 要此好鵝賓.
掃素寫道經, 筆精妙入神.
書罷籠鵝去, 何曾別主人?

【右軍本淸眞, 瀟洒在風塵】'淸眞'은 道家의 용어로 淸淨하고 眞率함을 뜻함. '瀟洒'
는 瀟灑와 같음. 깨끗하여 아무런 거리낌이 없이 시원함을 표현하는 雙聲連綿
語. '風塵'은 바람 많고 먼지 많은 俗世, 塵世.《李太白集》注에 "孔稚圭〈北山移
文〉:「瀟洒出塵之想.」"이라 함.

【山陰遇羽客, 要此好鵝賓】'山陰'은 會稽郡에 있으며 會稽山의 북쪽 縣 이름. 지금
의 浙江 紹興. 王羲之는 그곳 會稽內史를 지냈으며 永和 9년(353) 3월 3일 그곳
蘭亭에서 禊事의 모임을 열고 쓴〈蘭亭集序〉가 유명함.《眞寶》注에 "越州會稽
山北, 山北曰陰. 今紹興府郡名"이라 함. '羽客'은 道士들을 뜻함. 도사들이 깃으
로 만든 羽衣를 입어 그 때문에 도인을 '羽人' 또는 '羽客'이라 불렀음.《眞寶》注
에 "道士"라 함. '要'는 도사가 '글씨를 써주면 거위를 주겠노라' 요구함. '鵝'는 거
위. 王羲之는 거위를 무척 좋아하여 지금의 浙江 紹興 蘭亭에는 큰 '鵝碑'가 세
워져 있음.《眞寶》注에 "山陰有道士, 好養鵝. 羲之往觀, 求而市之. 道士云:「爲我
寫《道經》, 擧羣相贈.」 羲之寫畢, 籠鵝而歸"라 함. '好鵝賓'은 왕희지를 가리킴.

【掃素寫道經, 筆精妙入神】'掃素'는 글씨를 쓰기 전에 글씨 쓸 素(비단)를 손으로
쓸어 잘 펴는 것. 혹은 흰 바탕에 글씨를 써내려 가는 것.《李太白集》注에 "鄭玄
《禮記》註:「素, 生帛也.」"라 하였고,《眞寶》注에는 "古以帛書, 故稱素. 今用紙, 亦
通稱素"라 함. '道經'은 道家의 經典. 老子의《道德經》.《老子》를 道敎에서는 經으
로 승격시켜《道德經》으로 부름. 그러나 여기서의 道經은 혹《黃庭經》일 것이라
고도 함.《歷代詩話》(48) 등에 "不知右軍寫《道德經》換鵝, 又寫《黃庭經》換鵝, 自
是兩番事, 而太白詩亦兩見"이라 함. '妙入神'은 묘하기가 神의 경지에 듦.《李太白
集》注에 "江淹〈別賦〉:「淵雲之墨妙, 嚴樂之筆精.」蔡邕篆書勢體有六篆, 妙巧入神.
〈古詩〉:「新聲妙入神.」"이라 함.

【書罷籠鵝去, 何曾別主人】'書罷籠鵝去'는 글씨를 다 쓴 다음 곧바로 鳥籠에 거위
를 넣고 떠나버림. '何曾別主人'은 '어찌 일찍이 주인(羽客)에게 작별 인사 같은 것
까지 하겠는가?'의 뜻. 작별 인사도 없이 훌쩍 떠나버렸음을 말함.《眞寶》注에
"山陰有道士, 好養鵝, 羲之往觀, 求而市之. 道士云:「爲我寫道經, 擧羣相贈.」 羲之
寫畢, 籠鵝而歸"라 함.

> ### 참고 및 관련 자료

1. 이태백(李太白) 李白, 李翰林. 016 참조.
2. 이 시는《李太白文集》(19),《李太白集分類補註》(22),《李太白集注》(22),《全唐

詩》(181), 《金石文考略》(3), 《書苑菁華》(17), 《珊瑚網》(24下), 《秘殿珠林》(16), 《式古堂書畫彙考》(2), 《六藝之一錄》(161, 166, 294), 《雲谷雜詠》(1), 《會稽掇英總集》(13), 《古詩鏡》(17), 《佩文齋書畫譜》(88), 《佩文齋詠物詩選》(175), 《歷代詩話》(48) 등에 실려 있음.

3. 王羲之가 山陰의 도사에게 갔다가, 그가 기르는 거위를 너무 좋아하여 팔라고 하자, 도사가 '《道德經》'을 써주면 팔겠노라' 하여 벌어진 고사를 읊은 것임.

4. 韻脚은 '眞, 塵, 賓, 神, 人'.

5. 《晉書》(80) 王羲之傳

性愛鵝, 會稽有孤居姥養一鵝, 善鳴, 求市未能得, 遂攜親友命駕就觀. 姥聞羲之將至, 烹以待之, 羲之歎惜彌日. 又山陰有一道士, 養好鵝, 羲之往觀焉, 意甚悅, 固求市之. 道士云:「爲寫《道德經》, 當擧群相贈耳.」羲之欣然寫畢, 籠鵝而歸, 甚以爲樂. 其任率如此.

6. 顏之推《顏氏家訓》(19)

王逸少風流才士, 蕭散名人, 擧世惟知其書, 翻以能自蔽也.

7. 《李太白集注》(22)

《晉書》: 王羲之, 起家秘書郎. 征西將軍庾亮請爲參軍, 累遷長史. 亮臨薨上疏稱:「羲之清眞有鑒, 裁爲右軍將軍, 會稽內史. 性愛鵝, 山陰有一道士養好鵝, 羲之往觀焉. 意甚悅, 因求市之, 道士云:「爲我寫《道德經》, 當擧羣相贈耳.」羲之欣然, 寫畢籠鵝而歸, 甚以爲樂.

035. <對酒憶賀監>(二首) ·················· 李太白(李白)

술을 앞에 놓고 하지장을 생각함(2수)

*《眞寶》注에 "唐賀知章, 字季眞. 開元中遷禮侍兼集賢大學士. 天寶中, 乞爲道士, 以宅爲千秋觀, 與之居"라 함.

*<對酒憶賀監>: '賀監'은 賀知章(659-744). 唐代 시인. 자는 季眞, 호는 '四明狂客'. 越州 永興(지금의 浙江 蕭山縣) 사람. 《舊唐書》에는 會稽 永興人이라 하였음. 唐 高宗 顯慶 4년에 태어나 玄宗 天寶 3년에 죽었으며 향년 86세였음. 證聖 초 進 士에 급제하여 秘書監을 역임하여 그 때문에 '賀監'이라 불림. 술을 좋아하였으 며 文辭와 談論에 뛰어났고 李白과 친하여, 이백을 처음 보았을 때 謫仙이라 부른 일로 유명함. 草書와 隸書에도 뛰어나 張旭의 칭찬을 받기도 하였으며, 그 의 文集은 歷代 書目에는 보이지 않고 《全唐詩》(112)에 詩 1卷과 869에 佚詩가 실려 있음. 그 외에 《全唐詩外篇》 및 《全唐詩續拾》에 詩 2首와 短句 1句가 실려 있음. 《唐詩紀事》(17)에 관련 기록이 실려 있으며, <回鄕偶書>로 유명함. 《舊唐 書》(190 中) 文苑傳과 《新唐書》(196) 隱逸傳에 그의 傳이 실려 있음.

(1)

사명산四明山에 광객이 있으니,
풍류쟁이 하계진일세.
장안에서 처음 만났을 때,
나를 귀양 온 신선이라 불렀지.
옛날에는 술잔깨나 좋아하더니,
지금은 소나무 아래 진토가 되었구려.
금거북을 술로 바꾸어 마시던 그 곳,
추억으로 눈물이 수건을 적시네.

四明有狂客, 風流賀季眞.

長安一相見, 呼我謫仙人
昔好盃中物, 今爲松下塵.
金龜換酒處, 却憶淚沾巾.

【四明有狂客, 風流賀季眞】 '四明'은 산 이름 四明山.《眞寶》注에 "今慶元府"라 함.
浙江에 있으며 道敎의 第九 洞天임. 그 산에 네 개의 굴이 있으며, 日月星辰의 빛
이 통하는 곳이라 하여 四明山이라 함. 賀知章이 만년에 이곳에 살면서 광달한
풍류를 보여 호를 四明狂客이라 하였음. '狂客'은 세속에 거리낌이 없이 자유롭
고 狂達하게 사는 사람. '狂簡'한 사람.《論語》公冶長篇에 "子在陳, 曰:「歸與! 歸
與! 吾黨之小子狂簡, 斐然成章, 不知所以裁之.」"라 하였고, 이에 대해《孟子》盡心
(下)에는 "萬章問曰:「孔子在陳曰:『盍歸乎來! 吾黨之士狂簡, 進取, 不忘其初.』孔
子在陳, 何思魯之狂士?」孟子曰:「孔子『不得中道而與之, 必也狂獧乎! 狂者進取,
獧者有所不爲也』. 孔子豈不欲中道哉? 不可必得, 故思其次也.」「敢問何如, 斯可謂
狂矣?」曰:「如琴張, 曾皙, 牧皮者, 孔子之所謂狂矣.」「何以謂之狂也?」曰:「其志嘐
嘐然, 曰:『古之人, 古之人』. 夷考其行而不掩焉者也. 狂者又不可得, 欲得不屑不潔
之士而與之, 是獧也, 是又其次也"라 함. '風流'는《李太白文集》에는 "一作霞衣"라
함. '季眞'은 賀知章의 字.《李太白集分類補註》에 "齊賢曰:賀知章, 字季眞. 與陸象
先善, 象先曰:「季眞淸談風流, 吾一日不見, 鄙吝生矣.」元宗時爲太子賓客, 授秘書
監. 晚節放誕, 自號四明狂客"이라 함.
【長安一相見, 呼我謫仙人】 '長安'은 唐나라 때 서울. 지금의 陝西 西安.《眞寶》注
에 "長安, 京兆府也"라 함. '謫仙人'은 원래 신선이었으나 속세로 귀양 온 사람. 賀
知章이 李白을 처음 보고 이렇게 칭하였음.《李太白集》(23) 이 시의 序에 "太子賓
客賀公, 於長安紫極宮一見余, 呼余爲謫仙人, 因解金龜換酒爲樂, 悵然有憶而作是
詩"라 함.《眞寶》注에 "知章在紫極宮一見, 呼白爲謫仙. 謫, 降也"라 함.
【昔好盃中物, 今爲松下塵】 '盃中物'은 잔 속의 물체, 즉 술을 뜻함.《眞寶》注에 "酒
也"라 함. '今爲松下塵'은 지금은 소나무 아래 塵土가 됨. 이미 죽고 없음을 말함.
【金龜換酒處, 却憶淚沾巾】 '金龜'는 관리들 禮服의 띠에 매는 주머니. 물고기 모양
으로 金銀의 魚袋가 있었으나 則天武后가 거북으로 바꿨다 함. 金龜는 3품 이상
의 高官, 銀龜는 5품 이상의 관리들이 차고 다녔음.《事物紀原》(3)에 "《實錄》曰:
三代以韋爲之, 謂之算袋, 魏易之爲龜, 唐高祖給隨身魚. 三品以上其飾金, 五品以

上其飾銀, 故名魚袋. 天后改爲龜, 後復曰魚"라 하였고, 《楊升庵集》(60)에는 "佩魚始於唐永徽二年, 以魚爲李也. 武后天授元年改佩龜, 以玄武爲龜也"라 함. 《眞寶》注에는 "知章見李白, 因解金龜換酒, 盡歡而罷"라 함. 〈李白傳〉에 "白天寶初, 自蜀至長安, 道未振, 以所業投賀知章, 讀至〈蜀道難〉, 歎曰:「子謫仙人也.」乃解金龜歡酒相樂, 遂薦於玄宗"이라 함. '却憶'은 추억함. 회상함. 옛일을 떠올림. '淚沾巾'은 눈물이 수건을 적심.

(2)

광객이 사명산으로 돌아오자,
산음山陰의 도사들이 그를 맞아주었네.
칙명으로 경호鏡湖의 물을 하사하시니,
그대를 위해 누대와 연못이 영광스러웠네.
사람은 죽고 옛집만 남겨,
부질없이 연꽃만 피어 있구나.
이를 생각하면 이득하기 꿈만 같아,
처연히 내 마음 슬픔에 젖게 하네.

　狂客歸四明, 山陰道士迎.
　敕賜鏡湖水, 爲君臺沼榮.
　人亡餘故宅, 空有荷花生.
　念此杳如夢, 凄然傷我情.

【狂客歸四明, 山陰道士迎】'山陰道士'는 앞 李白의 〈王右軍〉시에서처럼 會稽의 山陰이나 四明山에는 도사들이 많았었음. 한편 道士에 대해 《事文類聚》前集(34)에는 "人行大道, 號曰道士. 士者, 何? 理也, 事也. 身心順理, 有道是從, 從道爲事, 故稱道士"라 함.
【敕賜鏡湖水, 爲君臺沼榮】'鏡湖'는 浙江省 紹興에 있는 호수. 《大明一統志》(浙江紹興府)에 "鏡湖在府城西南三十里"라 함. 《眞寶》注에 "鏡湖在山陰. ○按賀知章自號四明狂客, 因請爲道士, 還鄕里, 詔賜鏡湖剡川一曲"이라 함. '臺沼'는 賀知章의

樓臺와 沼. 賀知章이 隱居하던 집은 千秋觀이었으며, 玄宗으로부터 그 근처 鏡
湖와 剡川을 하사받았음. '沼'는 《字彙》에 "圓曰池, 曲曰沼"라 함.

【人亡餘故宅, 空有荷花生】'荷花'는 물 위로 꽃대가 솟아올라 피는 연꽃.

【念此杳如夢, 凄然傷我情】'杳'는 '渺'와 같음. 아득하여 멀고 가물가물함. 《眞寶》
注에 "杳, 遠也. 思之杳然如夢"이라 함. 《李太白集分類補註》에 "齊賢曰: 賀知章天
寶初, 病夢遊帝居, 數夕寤. 乃請爲道士, 還鄕里, 詔許之, 以宅爲千秋觀而居. 又求
周官湖數頃爲放生池, 有詔賜鏡湖剡川一曲, 旣行, 帝賜詩皇太子百官餞送, 擢其子
一人爲會稽郡司馬, 賜緋魚使侍養"이라 함.

참고 및 관련 자료

1. 이태백(李太白) 李白, 李翰林. 016 참조.

2. 이 시는 《李太白文集》(20), 《李太白集分類補註》(23), 《李太白集注》(23), 《唐文
粹》(15下), 《全唐詩》(182), 《唐詩紀事》(18), 《淵鑑類函》(308), 《中州集》(中州樂府), 《歷
代詩餘》(58), 《延祐四明志》(20), 《浙江通志》(274), 《會稽掇英總集》(2) 등에 실려 있음.

3. 《李太白集分類補註》에 "太子賓客賀公於長安紫極宮, 一見余, 呼余爲謫仙人.
因解金龜換酒爲樂, 悵然有懷而作是詩"라 함.

4. 韻脚은 첫 수는 '眞, 人, 塵, 巾', 둘째 수는 '迎, 榮, 生, 情'.

036. <送張舍人之江東> ······················ 李太白(李白)
장사인을 강동으로 보내며

*《眞寶》注에 "舍人, 官名:江東, 今建康, 太平, 寧國, 徽池等處"라 함.
*<送張舍人之江東>: '張舍人'은 구체적으로 누구인지 알 수 없음. 張氏 성의 舍人
   벼슬을 지낸 李太白의 知人일 것으로 여겨짐. 혹 장열(張說:667−730)이 아닌가
   하나 확실치 않음. 다만 晉나라 때 張翰(자는 季鷹)이 가을바람이 소슬히 불자
   고향의 순채(蓴菜)와 농어회(鱸魚膾) 생각이 나서 모든 것을 버리고 고향 江東
   으로 돌아간 고사, 즉 '吳江鱸魚'에 빗대어 李太白이 이 시를 지은 것임. '江東'
   은 長江 동부 지금의 江蘇省 南京(고대 建康), 蘇州, 揚州 일대. 옛 吳나라 지역이
   었으며, 東晉 및 南朝(宋, 齊, 梁, 陳)가 번성했던 지역. 혹 '江左', '江南'이라고도
   칭함.

장한張翰이 강동으로 떠나갈 때는,
마침 가을바람이 불어올 때였지.
맑은 날씨에 외기러기 멀리 날고,
넓은 바다에는 외로운 돛배가 느리기만 하네.
밝던 해는 저물어가려 하는데,
푸른 물결 아득하여 기약하기 어렵구려.
물 많은 오吳 땅에서 달을 보거든,
천리 멀리 내 생각도 떠올려 주시기를.

張翰江東去, 正値秋風時.
天淸一雁遠, 海闊孤帆遲.
白日行欲暮, 滄波杳難期.
吳洲如見月, 千里幸相思.

【張翰江東去, 正値秋風時】'張翰'은 晉나라 때 인물로 자는 季鷹, 吳郡人. 재주가 있고 문장에 능하였으며 당시 '江東步兵'이라 불렀음. 齊王(司馬冏)의 大司馬東曹掾을 지내다가 장차 큰 변고가 있을 것을 예견하고 고향으로 돌아가기를 결심하여 '吳江鱸魚'의 고사를 낳은 인물. 뒤에 과연 八王의 亂이 일어나 천하가 혼란에 빠졌음.《晉書》(92)에 傳이 있음.《世說新語》識鑒篇에 "張季鷹辟齊王東曹掾, 在洛, 見秋風起, 因思吳中菰菜, 蓴羹, 鱸魚膾, 曰:「人生貴得適志爾! 何能羈宦數千里以要名爵?」遂命駕便歸. 俄而齊王敗, 時人皆謂爲見機"라 하였고,《晉書》(92) 張翰傳에도 "翰因見秋風起, 乃思吳中菰菜, 蓴羹, 鱸魚膾, 曰:「人生貴得適志, 何能羈宦數千里以要名爵乎!」遂命駕而歸. 著〈首丘賦〉, 文多不載. 俄而冏敗, 人皆謂之見機"라 함.《李太白集注》에는 "《晉書》:張翰爲大司馬東曹掾, 因見秋風起, 乃思吳中菰菜蓴羹鱸魚膾, 曰:「人生貴得適意, 何能羈宦數千里, 以要名爵乎?」遂命駕而歸."라 함.

【天淸一雁遠, 海闊孤帆遲】'天淸'은《李太白文集》에는 "一作天晴"이라 함. '孤帆'은 한 척의 외로운 돛단배. '遲'는 바다가 넓어 배가 매우 느리게 가는 것처럼 보임.

【白日行欲暮, 滄波杳難期】'白日'은 밝은 해. 대낮. 이 구절 "白日行欲暮, 滄波杳難期"는《李太白文集》注에는 "一作:「白日行已晩, 欲暮杳難期.」"라 함.

【吳洲如見月, 千里幸相思】'吳'는 지금의 江蘇 일대를 일컫는 말. 고대 吳나라 근거지였음. '洲'는 물의 고향. 지금의 蘇州 일대는 運河와 湖水, 바다 등 물이 많은 지역임. '千里'는 멀리 떨어져 있는 친구를 뜻함.《世說新語》簡傲篇에 "嵇康與呂安善, 每一相思, 千里命駕. 安後來, 値康不在, 喜出戶延之;不入, 題門上作「鳳」字而去. 喜不覺, 猶以爲欣, 故作「鳳」字, 凡鳥也"라 한 고사가 있음. '幸相思'의 '幸'은 冀望과 같은 뜻임.

참고 및 관련 자료

1. 이태백(李太白) 李白, 李翰林. 016 참조.

2. 이 시는《李太白文集》(13),《李太白集分類補註》(16),《李太白集注》(16),《唐文粹》(15上),《全唐詩》(175),《全唐詩錄》(23),《唐詩品彙》(5),《文苑英華》(269),《古今詩刪》(10),《古詩鏡》(20),《石倉歷代詩選》(44下),《唐宋詩醇》(6),《瀛奎律髓》(24),《吳都文粹續集》(48) 등에 실려 있음.

3. 韻脚은 '時, 遲, 期, 思'.

037. 〈戲贈鄭溧陽〉 ·················· 李太白(李白)
정율양에게 희작하여 드림

*《眞寶》注에 "鄭姓爲溧陽令, 太白高尙其志, 自得酒中之趣, 笑傲流俗, 自以淵明
　比方也"라 함.

*〈戲贈鄭溧陽〉: '戲贈'은 장난삼아 시를 戲作하여 드림. 자신의 시를 낮추어 칭
　하는 의미가 들어 있음. '鄭溧陽'의 溧陽은 江蘇 鎭江의 고을 이름. 《眞寶》注에
　"溧陽, 金陵縣名"이라 함. 唐나라 때는 昇州 江寧郡 溧陽縣이었음. 鄭氏 성의 李
　白 지인이 溧陽令이었음. 李白이 그를 彭澤令이었던 陶淵明에 비겨 지은 것임.

팽택령彭澤令 도연명은 날마다 취하여,
다섯 그루 버드나무에 봄이 온 줄도 몰랐지.
소금素琴엔 본래 줄도 없었고,
술을 거를 때는 갈건葛巾으로 하였지.
맑은 바람 불어오는 북쪽 창 아래에서,
스스로 자신은 희황羲皇 시대 사람이라 하였지.
어느 때에 율리栗里로 가서,
평소 친하던 그를 한 번 만나볼 수 있을까?

陶令日日醉, 不知五柳春.
素琴本無絃, 漉酒用葛巾.
清風北窓下, 自謂羲皇人.
何時到栗里, 一見平生親?

【陶令日日醉, 不知五柳春】'陶令'은 陶淵明. 그가 彭澤令을 역임하였던 적이 있어
　陶令으로 칭한 것임. 《眞寶》注에 "陶淵明爲彭澤令"이라 함. '五柳'는 도연명이 집

둘레에 버드나무 다섯 그루를 심어놓아, 자신을 '五柳先生'이라 하고 自傳〈五柳先生傳〉을 지었음. 後集(015)을 참조할 것.《眞寶》注에 "陶潛門前種柳五株, 自號五柳先生"이라 함.

【素琴本無絃, 漉酒用葛巾】'素'는 아무런 장식이나 장치가 없음을 뜻함. 陶淵明이 無絃琴을 곁에 두고 이를 어루만지며 취흥거리로 삼았다 함.《晉書》陶潛傳에 "性不解音, 而蓄素琴一張, 絃徽不具, 每朋酒之會, 則撫而和之, 曰: 「但識琴中趣, 何勞絃上聲!」"이라 함.《眞寶》注에 "陶淵明蓋素琴一張, 徽絃不具, 每撫而和之曰: 「但得琴中趣, 何勞絃上聲?」"이라 함. '漉酒'는 술을 걸음. 술 찌꺼기를 여과시킴. '술을 거르다'. '술을 짜다' 등의 뜻.《眞寶》注에 "漉, 音祿. 瀝也"라 함. '葛巾'은 葛布(칡베)로 만든 頭巾. 이를 술 거르는 도구로 사용함. 蕭統의〈陶淵明傳〉에 "貴賤造之者, 有酒輒設, 淵明若先醉, 便語客: 「我醉欲眠, 卿可去.」 其眞率如此. 郡將常候之, 値其釀熟, 取頭上葛巾漉酒, 漉畢, 還復著之"라 함.《眞寶》注에는 "王弘, 使郡將候之, 値陶潛, 酒熟乃取頭上葛巾, 漉酒, 還復戴之"라 함.

【淸風北窓下, 自謂羲皇人】'北窓'은 북쪽 창문 아래는 시원한 바람이 있어 陶淵明이 아주 좋아하던 詩語임. '羲皇'은 上古 三皇의 하나인 伏羲氏. '人'은 그 때의 사람. 질박하고 근심 없이 살던 시대 사람을 뜻함.《陶淵明集》〈與子儼等疏〉에 "常言五六月中, 北窗下臥, 遇涼風暫至, 自謂是羲皇上人"이라 함.《眞寶》注에도 "陶潛, 夏月虛閑, 高臥北窓之下, 淸風颯至, 自謂羲皇上人"이라 함.

【何時到栗里, 一見平生親】'栗里'는 지금의 江西 星子縣의 지명. 도연명의 故居가 있던 곳.《眞寶》注에 "在江州, 陶淵明所居之地"라 함. 여기서는 音이 비슷한 鄭氏의 溧陽을 대신하여 쓴 것. '平生'은 "평소, 늘, 언제나, 항상"의 뜻.《眞寶》注에 "太白謂幾時得到鄭公所居之栗里, 一見平生契舊之親"이라 함.

참고 및 관련 자료

1. 이태백(李太白) 李白, 李翰林. 016 참조.

2. 이 시는《李太白文集》(8),《李太白集分類補註》(10),《李太白集注》(10),《全唐詩》(169),《景定建康志》(37) 등에 실려 있음.

3. 韻脚은 '春, 巾, 人, 親'.

038. <嘲王歷陽不肯飲酒> ·················· 李太白(李白)
술을 마다하는 왕역양을 조롱함

＊《眞寶》注에 "嘲, 陟交反. 謔也. 歷陽, 今和州縣"이라 함.
＊<嘲王歷陽不肯飲酒> : '嘲'는 비웃음. 戲謔함. 《眞寶》注에 "謔也"라 함. '歷陽'은
지금의 安徽省 和縣에 있던 지명. 《眞寶》注에 "歷陽, 今和州縣"이라 함. '王歷陽'
은 王氏 성의 歷陽令을 하고 있던 李太白의 知人. 그가 술을 마시기를 肯許하
지 않음에 이를 戲謔하여 지은 것.

눈 내려 땅은 희고 바람은 찬데,
눈송이는 크기가 손바닥만 하구나.
참으로 우습도다, 마치 도연명이,
잔에 따른 술을 마시지 않은 채
쓸데없이 거문고나 어루만지며,
헛되이 다섯 그루 버드나무 심은 셈일세.
공연히 머리 위의 갈건을 저버리고 있으니,
내 그대에게 어찌 할 수 있으랴?

地白風色寒, 雪花大如手.
笑殺陶淵明, 不飲盃中酒.
浪撫一張琴, 虛栽五株柳.
空負頭上巾, 吾於爾何有?

【地白風色寒, 雪花大如手】 '地白'은 눈이 내려 땅이 흰 눈에 덮여 하얗게 됨. '雪花'
는 눈송이. 눈꽃.
【笑殺陶淵明, 不飲盃中酒】 '殺'는 '쇄'로 읽으며 '煞'로도 씀. 강조의 의미를 더하는

助詞. '不飮盃中酒'는 잔에 담긴 술을 마시지 않음. 《眞寶》注에 "以陶淵明比方王
歷陽"이라 함.

【浪撫一張琴, 虛栽五株柳】'浪'은 헛되이. 쓸데없이. 공연히. 허망하게. 《眞寶》注에
"猶謾也, 虛也"라 함. '張'은 量詞. '琴'은 素琴. 앞장의 注를 참조할 것.

【空負頭上巾, 吾於爾何有】'空'은 앞 구절 '浪'과 같음. '負'는 배반함, 배신함. 져버
림. 陶淵明에게 두건은 술을 거르는데 사용하건만 그대의 두건은 그러한 임무를
져버린 채 머리에 얹혀져 있음. 이상 素琴, 五柳, 葛巾은 모두 도연명의 고사를
빗댄 것. 陶淵明 〈飮酒〉시 20제 수에 "若復不快飮, 空負頭上巾. 但恨多謬誤, 君當
恕醉人"이라 함. 《眞寶》注에 "三事並見上註"라 함. '何有'는 '어찌 하랴? 어쩔 도
리가 없구나. 그런다고 나에게 술을 마시지 않을 일이 있을 수 있겠는가?'의 뜻.
《眞寶》注에 "語何有於我哉! 太白謂:「旣不飮酒, 語則虛負張琴, 五柳與葛巾耳.」"라
함. 《論語》子罕篇에 "子曰:「出則事公卿, 入則事父兄, 喪事不敢不勉, 不爲酒困, 何
有於我哉?」"라 함.

참고 및 관련 자료

1. 이태백(李太白) 李白, 李翰林. 016 참조.

2. 이 시는 《李太白文集》(20), 《李太白集分類補註》(23), 《李太白集注》(23), 《全唐
詩》(182), 《全唐詩錄》(21) 등에 실려 있음.

3. 韻脚은 '手, 酒, 柳, 有'.

039. 〈紫騮馬〉 ·················· 李太白(李白)

자류마

＊〈紫騮馬〉: 名馬의 이름.《南史》楊侃傳에 "帝因賜侃河南國紫騮, 令試之. 侃執稍
上馬, 左右擊刺, 特盡其妙"라 함. 그러나 원래는 〈樂府〉의 曲名이며 漢나라 橫吹
曲〈紫騮馬歌〉를 가리킴.《古今樂錄》에 "蓋從軍久戍懷歸而作也"라 함. 王昌齡의
〈塞下曲〉(1)에 "莫學游俠兒, 矜夸紫騮好"라 함.《說文》에는 "騮, 赤馬, 黑毛尾"라
하였고,《眞寶》注에는 "《韓詩》註: 赤馬黑鬣"이라 함.《李太白集注》에 "(蕭)士贇
曰:〈樂府〉鼓角橫吹十五曲, 有〈紫騮馬〉"라 함.

자류마紫騮馬가 떠나면서 울어대자,
벽옥 같은 두 말발굽이 번갈아 뒤집히네.
물가에 이르러 건너려 하지 않는 것이,
마치 비단 장니障泥가 아까워서 그런 것 같네.
흰 눈 덮인 변방 관산關山은 멀고,
누런 구름 뜬 바닷가 수자리는 아득하네.
채찍을 휘둘러 만 리 길을 가면서,
어찌 향내 나는 안방을 그리워하랴?

紫騮行且嘶, 雙翻碧玉蹄.
臨流不肯渡, 似惜錦障泥.
白雪關山遠, 黃雲海戍迷.
揮鞭萬里去, 安得念香閨?

【紫騮行且嘶, 雙翻碧玉蹄】자류는 말 이름.《眞寶》注에 "音留. ○《韓詩》注: 赤馬黑
鬣"이라 함. '行且嘶'는 떠나려 하면서 울음소리를 냄. '雙翻'은 두 발이 쌍쌍이

번갈아가며 굽을 뒤집음. 말이 걷거나 뛰는 모습을 표현한 것. '碧玉蹄'는 푸른 옥처럼 아름다운 말발굽.

【臨流不肯渡, 似惜錦障泥】'惜'은 '아낌. 아깝게 여김'. '障泥'는 '鄣泥'로도 표기하며 馬具의 일종. 진흙이 튀어 말의 몸을 더럽히는 것을 막기 위해 비단으로 만들어 늘어뜨린 가리개. 이는 晉나라 때 王濟(王武子)가 말을 타고 가다가 앞에 물이 나타나자 말이 건너려 하지 않는 것을 보고 "말이 동전으로 장식한 장니를 아까워하여 건너지 않는 것"이라 여겨 이를 풀어주자 말이 건넜다는 고사를 인용한 것임. 참고란을 볼 것.《眞寶》注에는 "障泥, 馬韉也. 晉王濟, 乘馬, 不肯渡水, 曰:「馬必惜連乾錢障泥.」去之, 乃渡. 杜預曰:「濟, 有馬癖.」"이라 함.

【白雪關山遠, 黃雲海戍迷】'關山'은 변방 싸움터를 말함. 국경 關門이 있는 곳. 전선. '戍'는 수자리. '海戍'는 바닷가 수자리. '迷'는 아득함. 멂. 어디인지 분간하기 어려움.《眞寶》注에 "戍, 邊城者,《說文》:「從人負戈.」"라 함.

【揮鞭萬里去, 安得念香閨】'香閨'는 사랑하는 아내가 있는 閨房.《眞寶》注에 "乘戍於關山之遠, 寧惜春閨之人乎?"라 함.《李太白集》등 모든 판본에는 '春閨'로 되어 있음.

참고 및 관련 자료

1. 이태백(李太白) 李白, 李翰林. 016 참조.

2. 이 시는《李太白文集》(4),《李太白集分類補註》(6),《李太白集注》(6),《唐文粹》(13),《全唐詩》(165),《全唐詩錄》(23),《才調集》(6),《樂府詩集》(24),《佩文齋詠物詩選》(405),《淵鑑類函》(434) 등에 실려 있음.

3. 韻脚은 '蹄, 泥, 迷, 閨'.

4.《世說新語》術解篇

王武子善解馬性, 嘗乘一馬, 箸連錢障泥; 前有水, 終不肯渡. 王云:「此必是惜障泥.」使人解去, 便徑渡.

5.《晉書》(42) 王濟傳

濟字武子. 少有逸才, 風姿英爽, 氣蓋一時, 好弓馬, 勇力絶人. ……濟善解馬性, 嘗乘一馬, 著連乾鄣泥, 前有水, 終不肯渡. 濟云:「此必是惜鄣泥.」使人解去, 便渡. 故杜預謂濟有馬癖.

040. 〈待酒不至〉 ·················· 李太白(李白)

기다려도 오지 않는 술

*《眞寶》注에 "太白, 沽酒以待賓, 久而酒不至, 故賦此詩, 以寄興耳"라 함.
*〈待酒不至〉: 술이 오기를 기다리며 다급함을 읊은 것.

옥 술병에 파란 실을 매어,
술을 사러 가서는 어찌 이리 늦나?
산꽃은 나를 향해 웃고 있어,
마침 술잔을 입에 물기 좋은 때건만.
저녁이 되어서야 동산 아래서 술을 따르니,
흐르듯 나는 꾀꼬리 다시 여기에도 있구나.
봄바람과 취한 손님,
오늘이야말로 서로 잘 어울리네.

玉壺繫靑絲, 沽酒來何遲?
山花向我笑, 正好銜盃時.
晚酌東山下, 流鸚復在茲.
春風與醉客, 今日乃相宜.

【玉壺繫靑絲, 沽酒來何遲】'玉壺'는 玉으로 만든 술병. 鮑照의 〈白頭吟〉에 "淸如玉
壺冰"이라 하였고, 王維의 〈淸如玉壺冰〉 詩에는 "玉壺何用好? 偏許素冰居"라 하
였으며, 姚崇의 〈冰壺誡〉에는 "內懷冰淸, 外涵玉潤"이라 하는 등 널리 사용되고
있음. 《李太白集》補註에 "齊賢曰: 秦王曰:「玉壺必求, 其所以盛酒.」"라 함. '繫靑絲'
는 술병의 목에 파란 실을 끈으로 맴. 들기 편하도록 한 것. '沽'는 '酤', '買'와 같
은 뜻.
【山花向我笑, 正好銜盃時】'銜盃'는 술잔을 입에 묾. 술을 마심.《眞寶》注에 "杜:

生前相遇且銜盃"라 하여 杜甫〈醉時歌〉의 구절을 들고 있음.

【晚酌東山下, 流鸎復在玆】'酌'은 술을 따라 마심. '東山'은《李太白詩集》에는 '東牕'으로 되어 있음. '流鸎'은 이리저리 흐르듯 날아다니는 꾀꼬리. '鸎'은 鶯과 같음. 黃鸝. '玆'는 此와 같음.

【春風與醉客, 今日乃相宜】'相宜'는 서로 조화가 잘 이루어짐.《眞寶》注에 "得酒之遲, 晚酌於東山之下, 猶及春風流鶯轉和之時也"라 함.

참고 및 관련 자료

1. 이태백(李太白) 李白, 李翰林. 016 참조.

2. 이 시는《李太白文集》(20),《李太白集分類補註》(23),《李太白集注》(23),《全唐詩》(182),《御選唐詩》(4),《唐詩品彙》(6),《唐宋詩選》(8),《全唐詩錄》(21),《淵鑑類函》(393) 등에 실려 있음.

3. 韻脚은 '遲, 時, 玆, 宜'.

041. <遊龍門奉先寺> ·················· 杜子美(杜甫)
용문 봉선사에서 노닐며

＊《眞寶》注에 "龍門, 在西京河南縣, 名闕塞山, 一名伊闕"이라 함. 西京은 明나라
　때의 洛陽.
＊<遊龍門奉先寺>: '龍門'은 河南 洛陽 남쪽 伊闕縣 북쪽 45리 伊水 가에 있는 산
　이름. 伊闕, 闕口라고도 부르며, 龍門石窟로 유명함. '奉先寺'는 龍門에 있는 절
　이름. 《大明一統志》(29)에 "河南府奉先寺, 在府城南"이라 함.

이미 스님을 따라 초제招提에 놀았고,
다시 초제의 경내에서 묵게 되었네.
산 북녘 어두운 골에서는 영묘한 바람소리 나고,
달빛 젖은 숲에는 맑은 그림자 흩어지네.
하늘 문 같은 용문산龍門山은 곧 별자리까지 닿을 듯,
구름 속에 누우니 옷에 냉기가 도네.
잠에서 깨려는데 새벽 종소리 들려옴에,
사람으로 하여금 깊은 성찰을 발하게 하네.

　　已從招提遊, 更宿招提境
　　陰壑生靈籟, 月林散清影.
　　天闕象緯逼, 雲臥衣裳冷.
　　欲覺聞晨鐘, 令人發深省.

【已從招提遊, 更宿招提境】'招提'는 절, 僧舍, 寺刹, 寺院. 혹은 僧. 梵語로 '拓鬪提
　奢'를 줄인 말. '四方'이라는 뜻.《琅琊臺醉編》(32)에 "招提, 梵語云拓鬪提奢. 唐言
　四方僧物, 訛拓爲招, 去鬪奢留提, 故稱招提, 即今十方住持寺也"라 함.《眞寶》注

에는 "梵語, 寺之有常住也"라 함. '招提境'은 《眞寶》注에 "《僧史》: 後魏始光元年, 創立伽藍, 爲招提之地"라 함. 여기서는 寺域, 절을 뜻함.

【陰壑生靈籟, 月林散淸影】'陰壑'은 그늘진 골짜기. 《眞寶》注에 "杭入, 幽澗也"라 함. 《杜詩集註》에 "山北曰陰, 壑, 山谷也"라 함. '靈籟'는 靈妙한 바람 소리. 《莊子》는 천지자연의 바람에 의한 음향을 天籟, 地籟, 人籟로 구분하였고, 注에 "靈籟, 風也"라 함. 《杜少陵集》에는 '虛籟'로 되어 있음. 《眞寶》注에 "靈, 一作虛; 籟, 音賴, 竽笙之屬. 《莊子》:「汝聞人籟而未聞地籟, 汝聞地籟而未聞天籟.」 蓋謂凡有聲者"라 함. '淸影'은 숲의 맑은 그림자. 《眞寶》注에 "梁昭明太子詩:「月落林餘影.」"이라 함.

【天闕象緯逼, 雲臥衣裳冷】'天闕'은 하늘의 闕門. 龍門山 伊闕. 西峯이 門闕처럼 생겼다 하여 붙여진 이름. 혹 이는 '天閱', '天闌' 등이어야 한다고 주장하기도 함. 宋 蔡寬夫의 《西淸詩話》에 "王荊公云:「天闕當作天閱, 對雲臥爲親切.」 韋述《東部記》:「龍門, 號雙闕, 以與大內對峙, 若天闕焉, 此龍門詩也, 用闕字無疑.」"라 하였고, 宋 西郊野叟의 《庚溪詩話》에는 "杜子美〈遊龍門奉先寺〉詩, 「天闕象緯逼, 雲臥衣裳冷.」 此寺在洛陽之龍門, 按韋述《東部記》:「龍門, 號雙闕, 以與大內對峙, 若天闕焉.」 此詩天闕, 指龍門也. 後人謂:「其屬對不切, 改爲天關. 王介甫介爲天閱. 蔡興宗又謂:「世傳古本, 作天闌.」 引《莊子》用管闌天'爲證. 以余觀之, 皆臆說也. 此'天闕象緯逼, 雲臥衣裳冷', 乃此寺中卽事耳, 以彼天闕之高, 則勢逼象緯, 以我雲臥之遊, 則冷侵衣裳. 語自混成, 何必屑屑較瑣碎失大體哉!"라 함. '象緯'는 日月星辰의 經星과 緯星의 星座. 별들의 배열. 天象. 《眞寶》注에 "象, 星之垂象於天者; 緯, 五星也. 不言經星者, 省之"라 함. '逼'은 가까이 逼進함. 《眞寶》注에 "庾肩吾詩:「侵雲似天闕.」"이라 함. '雲臥'는 구름 속에 누움. 위치가 높은 곳에 있음을 표현한 것. 《眞寶》注에 "孟浩然詩:「雲臥晝不起.」"라 함.

【欲覺聞晨鐘, 令人發深省】'覺'는 《眞寶》注에 "覺, 音敎"라 하여 '교'로 읽도록 하였음. '晨鐘'은 새벽 종소리. 《眞寶》注에 "庾信詩:「山寺響晨鐘.」"이라 함. '發深省'은 깊은 반성을 發하게 함. '省'은 '성'(息井反)으로 읽음. 《眞寶》注에 "令, 音靈. 省, 息井反, 察也, 悟也. ○陶淵明〈聞遠公議論〉: 謂人曰:「令人頗發深省.」"이라 함. 새벽 종소리에 우주만물, 森羅萬象에 대한 省察心이 발동함을 뜻함.

1. 두자미(杜子美)

두보(杜甫:712-770). 唐代 대표적인 시인. 자는 子美, 자칭 '少陵野老', 또는 '杜陵野客'이라 함. 唐代 최고의 시인이며 唐 睿宗 太極 원년에 태어나 代宗 大曆 5년에 향년 59세로 생을 마침. 그의 선대는 京兆 杜陵에 살았으며 뒤에 襄陽으로 이주하였다가 다시 鞏縣으로 옮겨 두보는 그곳에서 태어났음. 杜審言이 바로 그의 祖父이며, 家學을 이어 淵博한 지식을 쌓았음. 원대한 포부를 가지고 있었으나 시대를 제대로 만나지 못하였다고 자탄하기도 함. 당시 李白과 친밀한 관계를 맺었으며 그 시풍에 따라 이백을 詩仙, 두보를 詩聖으로 추앙하였고 '李杜'라 불렸음. 天寶 초에 進士 시험에 낙방하여 여남은 해 동안 長安을 떠돌았음. 安祿山의 난을 만나자 鳳翔으로 피하였다가 그곳에서 肅宗을 뵙고 처음으로 左拾遺의 벼슬을 얻게 되었음. 장안이 수복되자 숙종을 따라 환도하였다가 직언으로 숙종의 미움을 받아 華州司空參軍으로 밀려나기도 함. 얼마 뒤 벼슬을 버리고 蜀으로 들어가 劍南節度使 嚴武에게 몸을 맡겨 成都 浣花溪에 草堂을 짓고 살았으며 嚴武가 그를 儉校工部員外郞이라는 벼슬을 주어 세칭 '杜工部'라 불림. 嚴武가 죽은 뒤 다시 蜀에서 湘으로 들어가다가 장마를 만나 병으로 죽고 말았다 함. 그의 시는 무려 1450수에 이르며 당시 사회상은 물론 백성의 고통을 잘 표현하여 '詩史'라 불리기도 함. 古體와 五律에 뛰어났으며 언어가 정밀하고 풍격이 침울하여 《詩經》의 風과 《楚辭》의 騷를 이어받고, 初唐 沈佺期, 宋之問의 풍모를 뛰어넘게 되었음. 宋明 이래 그의 시는 천하에 존숭을 받아 많은 평이 쏟아졌으며 지금 《杜工部集》20권과 《補遺》1권이 있음. 특히 우리나라에서도 지대한 영향을 미쳐 朝鮮 초에 이를 모두 諺解하여 《杜詩諺解》를 편찬하기도 하였음. 그의 文集은 《新唐書》杜甫傳에 文集 60卷이 전한다고 하였으나 元代에 이미 일부가 散逸되었다 하며, 《全唐詩》에는 그의 詩 19卷(216-234)이 편집되어 있으며, 《全唐詩外編》 및 《全唐詩續拾》에 2首와 斷句 4句가 補入되어 있음. 《舊唐書》(190, 下)와 《新唐書》(201)에 傳이 있음. 《眞寶》 諸賢姓氏事略에 "杜子美, 名甫, 襄州人, 天寶末奏賦, 玄宗奇之, 待制集賢院. 肅宗立, 上特拜右拾遺. 流落劍南, 嚴武表參謀檢校工部員外郞"이라 함.

2. 이 시는 《杜少陵集》(1), 《九家集注杜詩》(1), 《補注杜詩》(1), 《集千家註杜工部詩集》(1), 《杜詩詳註》(1), 《全唐詩》(216), 《御選唐詩》(5), 《全唐詩錄》(24), 《唐詩品彙》(8),

《石倉歷代詩選》(45),《文章正宗》(24) 등에 실려 있음.

3. 韻脚은 '境, 影, 冷, 省'.

4.《唐詩紀事》(18)

睿宗先天元年癸丑, 是歲甫生. 明皇開元三年丙辰, 於鄴城觀公孫大娘舞劍器. (是年才四歲, 必有悟.) 天寶元年癸未, 有〈南曹小司寇爲山〉之作, 時年三十一, 天寶十一年癸巳, 上韋相詩, 有龍飛四十春, 帝卽位四十年. 時有〈兵車行〉,〈麗人行〉. 十三年乙未, 上〈三大禮賦〉, 甫年四十三. (召試文章, 授河西尉, 不行, 改右衛率府冑曹) 十四年丙申, 是年十一月, 初自京赴奉先, 有〈詠懷〉詩. 是月祿山亂. (以家避亂鄜州, 獨陷賊中.) 天寶十五載丁酉六月, 帝西狩, 有〈哀王孫〉詩. 七月, 肅宗卽位, 改元至德. 是年避寇馮翊, 有〈白水高齋三州觀漲〉詩. 至德二年, 自賊中竄歸鳳翔, 拜左拾遺. 八月, 墨制放往鄜州迎家, 有〈北征〉詩. 明年乾元元年, 收京, 扈從還長安. 上疏論救房琯, 帝怒, 黜甫華州司功, 有〈新安吏〉,〈石壕吏〉,〈新婚別〉,〈垂老別〉,〈留花門〉,〈洗兵馬〉詩. 明年, 關輔飢亂, 棄官之秦州, 乃適同谷, 乃入蜀, 有〈遣興〉三首. 上元元年辛丑, 在蜀. 二年, 嚴武鎭蜀, 甫自閬往依焉. 明年寶應元年癸巳, 有元年建巳月詩. 代宗廣德元年甲辰, 有〈祭房相國文〉. 武再鎭蜀, 表甫參謀檢校工部員外, 作〈傷春〉五首. 永泰元年丙午, 武卒, 崔旰殺郭英乂, 楊子琳, 柏正節擧兵攻旰, 蜀亂, 甫遊東川. 除京兆功曹, 不赴. 大曆元年丁未, 移居夔州. 三年, 出峽之荊渚, 至湘潭, 寓居耒陽. 五年辛亥, 有〈追高適人日作〉. 夏, 甫還襄漢. 卒於岳陽.

5.《全唐詩》(216)

杜甫, 字子美. 其先襄陽人, 曾祖依藝爲鞏令, 因居鞏. 前天寶初應進士, 不第, 後獻三大禮賦. 明皇奇之, 召試文章, 授京兆府兵曹參軍. 安祿山陷京師, 肅宗卽位靈武, 甫自賊中遯赴行在, 拜左拾遺, 以論救房琯. 出爲華州司功參軍, 關輔饑亂, 寓居同州同谷縣, 身自負薪采梠, 餔糒不給. 久之, 召補京兆府功曹, 道阻不赴, 嚴武鎭成都, 奏爲參謀, 檢校工部員外郞. 賜緋, 武與甫世舊, 待遇甚厚. 乃於成都浣花里種竹植樹, 枕江結廬, 縱酒嘯歌其中. 武卒, 甫無所依, 乃之東蜀就高適, 旣至而適卒. 是歲, 蜀帥相功殺, 蜀大擾, 甫攜家避亂荊楚, 扁舟下峽. 未維舟而江陵亦亂, 乃泝沿湘流, 遊衡山. 寓居耒陽, 卒年五十九. 元和中, 歸葬偃師首陽山, 元稹志其墓, 天寶間, 甫與李白齊名, 時稱李杜. 然元稹之言曰:「李白壯浪縱恣, 擺去拘束, 誠亦差肩子美矣. 至若鋪陳終始, 排比聲韻. 大或千言, 次猶數百, 詞氣豪邁, 而風調淸深. 屬對律切, 而脫棄凡近, 則李尚不能歷其藩翰, 況堂奧乎!」白居易亦云:「杜詩貫穿古今, 盡工盡善, 殆過於李.」元, 白之論如此, 蓋其出處勞佚, 喜樂悲憤, 好賢惡惡, 一見之於詩, 而又以忠君憂國. 傷時念亂爲本旨, 讀其詩, 可以知其世. 故當時謂之詩史, 舊集詩文共六十卷, 今編詩十九卷.

6.《唐才子傳》(2) 杜甫

甫, 字子美, 京兆人. 審言生閑, 閑生甫. 貧少不自振, 客吳, 越, 齊, 趙間, 李邕奇其材, 先往見之. 擧進士不中第, 困長安. 天寶三載, 玄宗朝獻太淸宮, 饗廟及郊, 甫奏賦三篇. 帝奇之, 使待詔集賢院, 命宰相試文章. 擢河西尉, 不拜, 改右衛率府冑曹參軍. 數上賦頌, 高自稱道, 且言: 「先臣恕, 預以來, 承儒守官十一世, 迨審言, 以文章顯. 臣賴緖業, 自七歲屬辭, 且四十年, 然衣不蓋體, 常寄食於人. 竊恐轉死溝壑, 伏惟天子哀憐之. 若令執先臣故事, 拔泥塗久辱, 則臣之述作, 雖不足鼓吹六經, 先鳴數子, 至沈鬱頓挫, 隨時敏給, 揚雄, 枚皐, 可企及也. 有臣如此, 陛下其忽棄之!」會祿山亂, 天子入蜀, 甫避走三川. 肅宗立, 自鄜州羸服欲奔行在, 爲賊所得. 至德二年, 亡走鳳翔, 上謁, 拜左拾遺. 與房琯爲布衣交, 琯時敗兵, 又以琴客董廷蘭之故罷相, 甫上疏言: 「罪細不宜免大臣.」帝怒, 詔三司雜問. 宰相張鎬曰: 「甫若抵罪, 絶言者路.」帝解, 不復問. 時所在寇奪, 甫家寓鄜, 彌年艱窶, 孺弱至餓死, 因許甫自往省視. 從還京師, 出爲華州司功參軍. 關輔饑, 輒弃官去. 客秦州, 負薪拾橡栗自給. 流落劍南, 營草堂成都西郭浣花溪. 召補京兆功曹參軍, 不至. 會嚴武節度劍南西川, 往依焉. 武再帥劍南, 表爲參謀, 撿校工部員外郎. 武以世舊, 待甫甚善, 親詣其家, 甫見之, 或時不巾. 而性褊躁傲誕, 常醉登武牀, 瞪視曰: 「嚴挺之乃有此兒!」武中銜之. 一日, 欲殺甫, 集吏於門, 武將出, 冠鉤於簾者三, 左右走報其母, 力救得止. 崔旰等亂, 甫往來梓, 夔間. 大曆中, 出瞿塘, 泝沅, 湘以登衡山. 因客耒陽, 遊嶽祠, 大水暴至, 涉旬不得食, 縣令具舟迎之, 乃得還, 爲設牛炙白酒, 大醉, 一昔卒, 年五十九. 甫放曠不自撿, 好論天下大事, 高而不切也. 與李白齊名, 時號「李杜」. 數嘗寇亂, 挺節無所汙. 爲歌詩, 傷時撓弱, 情不忘君, 人皆憐之. 墳在岳陽. 有集六十卷, 及潤州刺史樊晃纂《小集》, 今傳.

◎能言者未必能行, 能行者未必能言. 觀李, 杜二公, 踦嶇板蕩之際, 語語王霸, 褒貶得失, 忠孝之心, 驚動千古, 騷雅之妙, 雙振當時. 兼衆善於無今, 集大成於往作, 歷世之下, 想見風塵. 惜乎! 長轡未騁, 奇才並屈, 竹帛少色, 徒列空言, 嗚呼哀哉! 昔謂杜之典重, 李之飄逸, 神聖之際, 二公造焉. 「觀於海者, 難爲水; 遊李, 杜之門, 者難爲詩.」斯言信哉!

7.《杜詩諺解》重刊本(9)

ᄒᆞ마룰 招提 조차 노라셔

쏘 招提ㅅ 구이 주노라

어드운 묏고린 브롬 소리나고

들 비췬 수프렌 믈ᄀ 그리미 흐랫도다

天闕山은 하늘과 벼레 逼近ᄒ고

구루메 누어슈멘 옷ᄀ외 서늘하도다

씨오져 홀 저긔 새뱃 붑소릴 드ᄅ니

사ᄅ므로 ᄒ여 기픈 슬표믈 배프게 ᄒᄂ다

042.〈戲簡鄭廣文兼呈蘇司業〉·················· 杜子美(杜甫)

장난삼아 정광문에게 편지를 써주며 아울러 소사업에게도 보냄

＊《眞寶》注에 "廣文, 名虔, 玄宗愛其才, 置廣文館以爲博士; 司業, 國子學官, 名源明, 能詩, 肅宗朝知制誥"라 함.

＊〈戲簡鄭廣文兼呈蘇司業〉: '戲簡'은 장난삼아 편지를 보냄. 戲作의 일종. '簡'은 書簡. 간단히 경조나 문안 등을 써서 전하는 편지. 그러나 《杜詩諺解》에는 제목이 〈戲贈鄭廣文兼呈蘇司業〉으로 되어 있음. 《事物紀原》(2)에 "《詩》出車曰:「畏此簡書.」簡書者, 治竹煞靑, 作簡以書爾. 今人直用紙名曰簡, 以通慶吊問候之禮, 取簡書之義, 尺牘類也"라 함. '鄭廣文'은 唐나라 中期의 高士. 그의 傳記는 《歷代名畫記》(9)에도 자세히 실려 있으며, 文集은 唐宋 이래 각종 書目에는 나타나 있지 않으나 다만 《全唐詩》(255)에 詩 1首가 실려 있고, 《全唐詩續拾》에 斷句 1句가 補入되어 있음. 《唐詩紀事》(20)에 그에 관한 기록이 실려 있음. 《新唐書》(202) 文藝傳(中)에 傳이 실려 있음. 그는 鄭州 사람으로 당시 재상 蘇許公(蘇頲, 許國公에 봉해짐)과 친분이 아주 두터웠으며, 그로 인해 著作郞으로 추천됨. 玄宗이 그를 총애하여 곁에 두었다가 開元 25년(737) 廣文館을 열고 그를 廣文館博士에 임명하여 그 때문에 '鄭廣文'이라 부른 것. 《唐才子傳》(2)을 참고할 것. '蘇司業'은 蘇源明, 자는 弱夫. 國子司業이란 벼슬을 지냈음. 그 때문에 '蘇司業'이라 부른 것. 《新唐書》(202) 文藝傳에 "蘇源明, 京兆武功人. 初名預, 字弱夫. 少孤, 寓居徐兗, 工文辭有名. 天寶間及進士第, 爲同子司業"이라 함. '司業'은 벼슬이름으로 《事文類聚》新集(31)에 "隋煬帝大業三年於國子監初置司業一人, 唐置二人, 從四品副貳祭酒, 通判監事. 凡祭酒司業皆儒事之官, 非其人不居, 又云司國子之敎"라 함.

정광문鄭廣文은 관청에 도착하면,

당堂의 섬돌 아래 말을 매어두었다가.

취하면 곧 말을 타고 돌아가버려,

자못 상사들로부터 꽤나 꾸지람을 들었지.
재주와 명성이 30년이나 휘날렸건만,
찾아온 손님 추워도 앉을 털방석도 없었네.
가까이 소사업蘇司業이란 분이 있어,
때때로 그에게 술과 돈을 보내주었지.

廣文到官舍, 繫馬堂階下.
醉卽騎馬歸, 頗遭官長罵.
才名三十年, 坐客寒無氈.
近有蘇司業, 時時與酒錢.

【廣文到官舍, 繫馬堂階下】'鄭廣門'은 鄭虔. '官舍'는 관청. 여기서는 廣文館.
【醉卽騎馬歸, 頗遭官長罵】'騎馬歸'는 말을 마구간에 매어두지 않고 섬돌 아래 매
어둔 것은 낮술로 인해 퇴근할 때 바로 타고 갈 수 있도록 한 것임.《眞寶》注에
"〈山簡傳〉:「日暮倒載歸, 酩酊無所知. 時時能騎馬, 倒著白接䍦.」"라 하여 晉나라 山
簡(季倫)의 시를 싣고 있음. '頗'는 '매우, 자못, 상당히'의 뜻. '遭'는 '만나다, 당하
다'의 뜻. 자못 상관의 꾸짖음을 당함.
【才名三十年, 坐客寒無氈】'氈'은 '氊'과 같음. 털로 짜서 만든 방석. 담요. 양탄자.
《眞寶》注에 "音旃. ○吳隱之爲度支尙書, 以竹篷爲屛風, 坐無氈席三十年, 引此言
虔之貧約"이라 함.
【近有蘇司業, 時時與酒錢】'蘇司業'은 蘇明源. '近有'는《杜詩鏡銓》,《九家集註杜
詩》,《千家集註杜工部詩集》,《杜詩詳註》,《杜詩諺解》등에는 모두 '賴有'로 되어
있음. 다만《補註杜詩》에는 '近有'로 되어 있으며,《全唐詩》등에는 '賴, 一作近'이
라 함. '與酒錢'은 때때로 용돈과 술을 줌. '與'는 給, 餉, 饋 등과 같은 뜻임.《眞
寶》注에 "虔始爲廣文館學士, 性嗜酒, 不治事, 數爲官長所誚. 怡然不以爲意, 至貧
婁, 惟蘇源明重其才, 乃時時給餉之"라 함.

1. 杜子美: 杜甫, 杜少陵, 杜工部. 041 참조.

2. 이 시는 《九家集注杜詩》(2), 《補注杜詩》(2), 《集千家註杜工部詩集》(2), 《杜詩詳註》(3), 《杜詩鏡銓》(2), 《杜少陵集》(3), 《全唐詩》(216), 《全唐詩錄》(24), 《淵鑑類函》(123), 《唐摭言》(4), 《古詩鏡》(21), 《石倉歷代詩選》(45), 《漁隱叢話》(前集 10) 등에 실려 있음.

3. 韻脚은 1, 2聯은 '舍, 下, 罵', 3, 4聯은 '年, 氈, 錢'으로 換韻하였음.

4. 《唐才子傳》(2)

鄭虔: 鄭州人, 高士也. 蘇許公爲宰相, 申以忘年之契, 薦爲著作郎. 嘗以當世事著書八十餘篇, 有告虔私撰國史者, 虔倉惶焚之, 坐謫十年. 玄宗愛其才, 開元二十五年, 爲更置廣文館, 虔爲博士. 廣文博士自虔始. 杜甫爲交, 有贈詩曰:「才名四十年, 坐客寒無氈. 惟有蘇司業, 時時與酒錢.」其窮飢轗軻, 淡如也. 好琴酒篇詠, 善圖山水. 能書, 苦無紙, 於慈恩寺貯柿葉數屋, 逐日就書, 殆遍. 嘗自寫其詩幷畫, 表獻之, 玄宗大署其尾曰:「鄭虔三絶」. 與李, 杜爲密友, 多稱「鄭廣文」. 祿山反, 僞授水部員外郎, 託以疾, 不奪. 賊平, 張通, 王維並囚繫, 三人皆善畫, 崔圓使繪齋壁, 因爲析解, 得貶台州司戶. 卒. 有集行世.

5. 《杜詩諺解》重刊本(19)

廣文이 마ᅀᆞ래 니르러 가

堂ㅅ 버텅아래 ᄆᆞᄅᆞᆯ 미놋다

술 醉커든 곧 ᄆᆞ타 도라와

ᄌᆞ모 官長이 구지라믈 맛나놋다

才名 잇건디 셜혼 ᄒᆡ로ᄃᆡ

안즐 소니 치워도 시옥도 업도다

힝혀 잇ᄂᆞᆫ 蘇司業이

時時예 술 살 돈ᄋᆞᆯ 주놋다

043. 〈寄全椒山中道士〉 ················ 韋應物(韋蘇州)
전초산의 도사에게 부침

* 《眞寶》注에 "全椒, 滁州縣, 韋時爲州刺史"라 함.
* 〈寄全椒山中道士〉: '全椒'는 지명. 저주현(滁州縣)에 속하였으며 지금의 安徽 全椒縣. '山中'은 宋 王象之의 《輿地紀勝》에 의하면 全椒縣 서쪽 30리에 神山이 있으며 깊은 동굴이 많아 도사들이 모여들었다 함.

오늘 아침 군재郡齋가 쌀쌀하여,
갑자기 산중의 도사가 생각나네.
골짜기 바닥에서 땔나무를 주어 묶고는,
돌아와 흰 돌을 굽고 있겠지.
아득히 술 한 잔 들고 가서,
비바람 휘몰아치는 이 저녁을 위로하고 싶지만,
빈 산에 낙엽만 가득하리니,
그 사람 자취를 어디에서 찾을꼬?

今朝郡齋冷, 忽念山中客.
澗底束荊薪, 歸來煑白石.
遙持一瓢酒, 遠慰風雨夕.
落葉滿空山, 何處尋行迹?

【今朝郡齋冷, 忽念山中客】'郡齋'는 郡의 齋室. 여기서는 滁州 郡府(刺史府)가 있는 곳. 韋應物 자신이 근무하는 곳. 《眞寶》注에 "郡守之齋也. 唐人稱郡治爲郡齋也"라 함.
【澗底束荊薪, 歸來煑白石】'澗底'는 골짜기 아래 바닥. '荊薪'은 여러 잡목의 땔감.

'煮白石'의 '煮'는 煮와 같음. '煮白石'은 道家들의 煉丹術을 말함. 흰 石英과 薤白, 검은 참깨, 白蜜, 山泉水 등을 함께 하여 빻고 끓인 약으로 만들어 장기 복용하면 不老長壽한다고 믿었음. 葛洪《神仙傳》에 "白石先生者, 中黃丈人弟子也. 嘗煮白石爲糧, 因就白石山居, 時人故號爲白石先生"이라 하였으며, 明 田藝衡의《煮泉小品》에는 "擇水中潔淨白石帶泉煮之, 尤妙尤妙"라 함.《眞寶》注에는 "陶隱居(宏景)《眞誥》云:「斷穀入山, 當煮白石, 皆白石子以下爲糧.《抱朴子》內篇云引:「石散以方寸七投一斗白石子, 以水合煮之, 立熟如芋, 可食以當穀.」○荊者, 木也; 薪者, 柴也. 白石煮之, 如芋可食也. 思道士束澗薪, 來煮白石之藥"이라 함.

【遙持一瓢酒, 遠慰風雨夕】'遙持一盃酒'는《唐詩三百首》와《唐詩歸》(26) 등에는 "欲持一瓢酒"로 되어 있음. '瓢'는 표주박으로 만든 작은 바가지. 술잔으로 사용함. '遠慰風雨夕'는《眞寶》注에 "韋詩:「何時風雨夜, 復此對床眠?」"이라 함.

【落葉滿空山, 何處尋行迹】'迹'은 跡과 같음.《眞寶》注에 "詩謂:「坐郡齋而思憶道士, 山中之樂, 何時持酒慰此牢落? 但見落葉遍山而道士不見爾.」"라 함.

참고 및 관련 자료

1. 위응물(韋應物. 737?-791?. 736-830?)

京兆 長安(지금의 陝西 西安) 사람으로 어릴 때 三衛郎으로 玄宗을 섬겼으며 安史의 난 뒤에 郎官을 거쳐 滁州, 江州, 蘇州 등의 刺史를 역임하여 흔히 '韋江州', '韋蘇州'로 불림. 아울러 左司郎中을 역임하여 '韋左司'로도 불림. 성격이 호방하였으나 중년 이후에는 담박한 분위기를 좋아하였고 高況, 劉長卿, 丘丹, 皎然 등과 교유하였음. 시는 王維와 孟浩然을 종주로 삼아 일가를 이루었으며, 뒤에 柳宗元과 함께 '韋柳'라 불리기도 함. 90세 넘도록 장수하였다 함. 兩《唐書》에 傳이 실려 있지 않으나《韋蘇州集》이 전함. 그의 시와 문집은《新唐書》(藝文志, 4)에《韋應物詩集》10卷, 그리고《郡齋讀書志》,《直齋書錄解題》등에도 역시 10卷으로 著錄되어 있음.《全唐詩外編》및《全唐詩續拾》에 4首가 補入되어 있음.《眞寶》諸賢姓氏事略에 "周逍遙公夐之後, 代宗時蘇州刺史, 時稱韋蘇州"라 함.

2. 이 시는《韋蘇州集》(3),《唐詩正音》(1),《全唐詩》(188),《唐詩品彙》(14),《全唐詩錄》(36),《唐詩紀事》(26),《竹莊詩話》(20),《詩林廣記》(4),《文章正宗》(23),《唐文粹》(17下),《文苑英華》(228),《容齋隨筆》(14),《冷齋夜話》(3),《石倉歷代詩選》(49) 등에 널리 실려 있음.

3. 韻脚은 '客, 石, 夕, 迹'.

4. 이는 韋應物이 德宗 建中 4년(783) 여름부터 貞元 元年(785) 겨울까지 滁州刺史였을 때 지은 것임.

5. 宋 葛立方의 《韻語陽秋》에 "韋應物詩, 平平處甚多. 至于五字句, 則超然出於畦逕之外. 故白樂天云:「韋蘇州五言詩, 高雅閑淡, 自成一家之體.」東坡亦云:「樂天長短三千首, 却遜韋郎五字詩.」라 함.

6. 《唐詩紀事》(26)

○韋應物, 周逍遙公敻之後, 待價生令儀, 令儀生鑾, 鑾生應物. 其詩言天寶時扈從游幸事, 疑爲三衛. 永泰中, 任洛陽丞, 京兆府功曹. 大曆十四年, 自鄠縣令制除櫟陽令, 以疾辭不就. 建中二年, 由比部員外郎出刺滁州, 改刺江州, 追赴闕, 改左司郎中. 貞元初, 歷蘇州; 罷守, 寓蘇臺臺永定精舍.

○李肇《國史補》云:開元後位卑而著名者, 李北海(邕), 王江寧(昌齡), 李館陶, 鄭廣文(虔), 元魯山(德秀), 蕭功曹(穎士), 張長史(旭), 獨孤常州(及), 崔比部(元翰), 梁補闕(肅), 韋蘇州其一也. 應物仕官本末, 似止於蘇. 案白傳蘇州〈答劉禹錫〉詩云:『敢有文章替左司』, 謂應物也. 官稱亦止此.

7. 《全唐詩》(186)

韋應物, 京兆長安人. 少以三衛郎事明皇, 晚更折節讀書. 永泰中, 授京兆功曹遷洛陽丞. 大曆十四年, 自鄠制除櫟陽令, 以疾辭不就. 建中三年, 拜比部員外郎, 出爲滁州刺史. 久之, 調江州, 追赴闕. 改左司郎中, 復出爲蘇州刺史. 應物性高潔, 所在焚香地而坐, 唯顧況, 劉長卿, 丘丹, 秦系, 皎然之儔. 得厠賓客, 與之酬倡, 其詩閒澹簡遠, 人比之陶潛, 稱陶韋云. 集十卷, 今編詩十卷.

8. 《唐才子傳》(4) 韋應物

應物, 京兆人也. 尙俠, 初以三衛郎事玄宗, 及崩, 始悔, 折節讀書. 爲性高潔, 鮮食寡欲, 所居必焚香掃地而坐, 冥心象外. 天寶時, 扈從遊幸. 永泰中, 任洛陽丞, 遷京兆府功曹. 大曆十四年, 自鄠縣令制除櫟陽, 令以疾辭歸, 寓善福寺精舍. 建中二年, 由前資除比部員外郎, 出爲滁州刺史. 居頃之, 改江州刺史, 追赴闕, 改左司郎中. 或媚其進, 媒蘖之. 貞元初, 又出爲蘇州刺史. 太和中, 以太僕少卿兼御史中丞, 爲諸道鹽鐵轉運江淮留后. 罷居永定, 齋心屛除人事. 初, 公豪縱不羈, 晚歲逢楊開府, 贈詩言事曰:「少事武皇帝, 無賴恃恩私. 身作里中橫, 家藏亡命兒. 朝持樗蒱局, 暮竊東隣姬. 司隸不敢捕, 立在白玉墀. 驪山風雪夜, 長楊羽獵時. 一字都不識, 飲酒肆頑癡. 武皇升仙去, 憔悴被人欺. 讀書事已晚, 把筆學題詩. 兩府始收蹟, 南宮謬見推. 非才果不容, 出守撫惸嫠. 忽逢楊開府, 論舊涕俱垂. 坐客何由識, 唯有故人知.」足見古人眞率之妙也.

◎論曰: 詩律自沈, 宋之下, 日益靡嫚, 鎪章刻句, 揣合浮切: 音韻婉諧, 屬對藻密, 而閒雅平淡之氣, 不存矣. 獨應物馳騖建安以還, 各有風韻, 自成一家之體, 清深雅麗, 雖詩人之盛, 亦罕其倫, 甚爲時論所右. 而風情不能自已, 如贈米嘉榮, 杜韋娘等作, 皆杯酒之間, 見少年故態, 無足怪矣. 有集十卷, 今傳於世.

9.《容齋隨筆》(14)「絶唱不可和」

韋應物在滁州, 以酒寄全椒山中道士, 作詩曰:「今朝郡齋冷, 忽念山中客. 澗底束荊薪, 歸來煮白石. 欲持一樽酒, 遠慰風雨夕. 落葉滿空山, 何處尋行迹?」其爲高妙超, 詣固不容夸說, 而結尾兩句, 非復語言思索可到.

044. <和韋蘇州詩寄鄧道士> ·················· 蘇東坡(蘇軾)
위소주의 시운을 따라 지어 등도사에게 부침

*《眞寶》注에 "坡<自序>云:「羅浮山有野人, 相傳葛稚川之隷也. 鄧道士守安, 嘗於
庵前, 見其足跡, 長二尺許, 以酒一壺, 依蘇州韻作寄之.」"라 하였고, 《東坡詩集》
(4)의 序文에는 "羅浮山有野人, 相傳葛稚川(葛洪)之隷也. 鄧道士守安, 山中有道
者也. 嘗於庵前, 見其足跡, 長二尺許, 紹聖二年正月十日, 予偶讀韋蘇州<寄全椒山
中道士>詩云:「今朝郡齋」云云, 乃以酒一壺, 依蘇州韻作詩寄之."로 되어 있음.
*<和韋蘇州詩寄鄧道士>: 이 시는 東坡가 앞장 <寄全椒山中道士>의 韻字 '客, 石,
夕, 跡(迹, 蹟)'을 그대로 和韻하여 지은 것. '和'는 和韻, 次韻. 이미 다른 사람이
지은 시의 韻字를 그대로 사용하여 作詩하는 것. '韋蘇州'는 韋應物. 앞장을 볼
것. 蘇州刺史를 지내어 '韋蘇州'로 부름. '鄧道士'는 蘇軾의 친구 鄧守安. 羅浮山
에 修道하던 道士. 구체적인 사적은 알 수 없음.

한 잔의 좋은 술 나부춘羅浮春을,
멀리 산속의 채미객採薇客에게 보내노라.
아마 그는 홀로 술을 다 마시고는,
취하여 소나무 아래 돌 위에 누워 있으리라.
숨어사는 사람은 볼 수 없지만,
맑은 휘파람 소리가 달밤이면 들려온다.
애오라지 암자에 있는 그대에게 장난삼아 말하노니,
하늘을 날아다니니 본시 흔적도 없을 테지.

一盃羅浮春, 遠餉採薇客.
遙知獨酌罷, 醉臥松下石.
幽人不可見, 清嘯聞月夕.
聊戲庵中人, 空飛本無迹.

【一盃羅浮春, 遠餉採薇客】'羅浮春'은 蘇軾이 만들어 붙인 술 이름. '羅浮'는 山 이름으로 《大明一統志》(80)에 "惠州府羅浮山, 在博羅縣西北三十里, 卽道書十大洞天之一"이라 함. '羅浮春' 술에 대해 《眞寶》注에는 "羅浮春, 先生所造酒名也. 以惠州見羅浮山而得名"이라 함. 惠州는 지금의 廣東에 있는 지명. '採薇客'은 산중에 은거하는 道人을 비유한 것. 殷末 伯夷와 叔齊가 首陽山으로 들어가 採薇한 고사를 원용한 것. 《眞寶》注에 "伯夷叔齊採薇於首陽山"이라 함.

【遙知獨酌罷, 醉臥松下石】'遙知'는 직접 보지 않으나 상상으로 알 수 있음을 말함.

【幽人不可見, 淸嘯聞月夕】'淸嘯'는 맑은 휘파람. '嘯'는 휘파람. 《眞寶》注에 "蹙口出聲"이라 함. 山中 道士들의 長嘯吐納의 養生法의 하나. 《眞寶》注에 "晉劉琨爲胡騎所圍, 乘月登樓淸嘯"라 함. '月夕'은 달 밝은 밤.

【聊戲庵中人, 空飛本無迹】'聊'는 애오라지, 오로지. '空飛本無迹'은 《眞寶》注에 "柳子厚詩: 「飛鳥無遺迹.」"이라 함. '迹'은 跡, 蹟으로 표기된 판본도 많음.

1. 소동파(蘇東坡)

소식(蘇軾. 1037-1101) 宋代 시인이며 문장가. 자는 子瞻, 호는 東坡居士이며 北宋의 大文豪. 眉州 眉山(지금의 四川 眉山縣) 사람으로 아버지 蘇洵, 아우 蘇轍과 함께 '三蘇'로 널리 불리며 모두 唐宋八大家에 속함. 北宋 仁宗 景祐 4년에 태어나 徽宗 建中靖國 元年에 죽었으며 향년 65세. 嘉祐 2년에 서울에 올라와 과거에 응하여 당시 시험관 歐陽修의 탄상을 받았으며 神宗 때 祠部員外郎을 시작으로 密州, 徐州, 湖州 등의 州知府를 역임하면서 많은 업적을 쌓았음. 王安石의 變法에 반대하다가 黃州로 귀양을 감. 그 뒤 哲宗이 즉위하고 太皇太后가 舊黨을 등용하자 소식은 다시 翰林學士를 거쳐 杭州知州로 갔다가 禮部尙書로 올라오게 됨. 얼마 뒤 哲宗이 親政에 나서 다시 新黨이 정권을 잡자 蘇軾은 惠州, 澹州, 潁州로 밀려났다가 다시 돌아오는 길에 常州에서 죽었음. 그는 당시 文壇의 領袖였으며 박학한 지식과 풍부한 감정으로 詩, 詞, 散文 등과 書畫 등 예술분야 전반에 탁월한 경지를 보였음. 특히 書法은 蔡襄, 米芾, 黃庭堅과 합하여 '宋四大家'로 불렸음. 《仇池筆記》,《東坡志林》,《東坡全集》,《東坡詞》 등이 있으며 《宋史》(338)에 傳이 있음. 《眞寶》諸賢姓氏事略에 "蘇子瞻, 名軾, 眉山人. 號東坡, 嘉祐甲科, 元豐二年謫黃州, 元祐初召入翰林, 遷內翰, 紹聖元年南遷"이라 함.

2. 이 시는 《東坡全集》(23), 《東坡詩集註》(19), 《施註蘇詩》(35), 《蘇詩補註》(39), 《容

齋隨筆》(14),《冷齋夜話》(3),《宋詩鈔》(23),《宋元詩會》(20),《詩林廣記》(4),《東坡詩集》(4),《宋藝圃集》(4) 등에 실려 있음.

3. 韻脚은 '客, 石, 夕, 迹(跡, 蹟)'.

4.《容齋隨筆》(14)

在惠州, 依其韻作詩〈寄羅浮鄧道士〉曰:「一杯羅浮春, 遠餉采薇客. 遙知獨酌罷, 醉臥松下石. 幽人不可見, 清嘯聞月夕. 聊戲菴中人, 空飛本無迹.」

5.《冷齋夜話》(3)「韋蘇州寄全椒道人詩」

東坡曰:「羅浮有野人山中隱者, 或見之. 相傳葛稚川之也. 有鄧道士者, 嘗見其足蹟. 予偶讀韋蘇州詩〈寄全椒道士〉云:「今朝郡齋冷, 忽念山中客. 澗底束荊薪, 歸來煮白石. 遙持一樽酒, 遠慰風雨夕. 落葉滿空山, 何處尋行蹟?」味其風度, 則全椒道士亦鄧君之流乎! 因以酒往問, 依蘇州韻作詩寄之曰:「一盃羅浮春, 遠餉採薇客. 遥知獨酌罷, 醉臥松下石. 幽人不可見, 清嘯聞月夕. 聊戲菴中人, 飛空本無蹟.」《墨客揮犀》10도 같음.)

045. <足柳公權聯句> ·················· 蘇東坡(蘇軾)
유공권의 연구聯句를 채움

*《眞寶》注에 "公權, 字誠懸, 唐文宗時翰林書詔學士, 與上聯句, 命題于殿壁, 字徑
 五寸. 上嘆曰:「鍾王無以加也.」東坡以文宗前二句, 公權後二句, 君臣四句之中, 皆
 有美而無箴戒. 故足爲八句, 其忠君愛民之意深矣'라 함.
*<足柳公權聯句>:'足'은 발을 닮. 충족시킴. 덧붙여 완성함. '柳公權'(777–865)은
 華原 사람. 柳公綽의 아우로 元和 초 進士에 급제, 侍學書士를 거쳐 太子太保
 를 지냈음. 글씨로도 유명하여 많은 작품을 남김.《唐詩紀事》에 의하면 唐 14대
 황제 文宗(李涵. 穆宗의 둘째 아들. 뒤에 황제에 올라 827–840년까지 13년간 재위함)
 이 여름날 여러 學士들과 聯句를 지으면서 문종이 먼저 '人皆苦炎熱, 我愛夏日
 長'이라 읊자, 柳公權이 '薰風自南來, 殿閣生微涼'이라 하였음. 그리고 五學士들
 이 이를 이어받았다 함. 文宗은 柳公權의 두 구절을 궁궐 벽에 붙여놓고 그 글
 씨를 鍾繇나 王羲之에 못지않다고 찬탄하였음. 뒤에 蘇東坡는 文宗의 앞 두 구
 절과 柳公權의 두 구절에 자신이 4구절을 더하여 이 시를 완성한 것임. 이는 宋
 代 說理詩의 입장에서 忠君愛民의 情緒가 깃들어야 한다는 생각과 詩敎의 學
 者的 訓戒를 가치로 여겨 덧붙인 것임.

"사람들은 모두 더위를 고통스럽게 여기지만,
 나는 여름의 긴 날을 좋아한다네."(문종)
"훈풍이 남쪽으로부터 불어오니,
 전각에도 약간의 청량한 기운이 생겨납니다."(유공권)
"한번 이런 곳으로 거처를 옮기면,
 백성들의 고락은 영원히 잊고 마는 법.
 원컨대 이러한 베풂을 고르게 하여,
 맑은 그늘을 사방에 나누어 주시기를."(동파)

「人皆苦炎熱, 我愛夏日長.」(文宗)
「薰風自南來, 殿閣生微涼.」(柳公權)
「一爲居所移, 苦樂永相忘.
　願言均此施, 淸陰分四方.」(東坡)

【人皆苦炎熱, 我愛夏日長】文宗이 지은 구절임.

【薰風自南來, 殿閣生微涼】이는 柳公權이 對句로 연결한 구절임.《眞寶》注에 "此四句, 公權與唐文宗聯句, 言日長風凉之盛, 有美無箴"이라 함. '薰風'은 동남쪽에서 불어오는 향기로운 바람.

【一爲居所移, 苦樂永相忘】이하 4구절은 東坡가 붙인 것임. '所居移'는 거처를 옮김.《孟子》盡心(上)에 "孟子自范之齊, 望見齊王之子, 喟然歎曰:「居移氣, 養移體, 大哉, 居乎! 夫非盡人之子與?」"라 함. 거처를 옮겨 화려한 궁전에 살면 서민들이 炎熱을 싫어하는 것을 알 수 없게 됨을 말함.《眞寶》注에 "本《孟子》'居移氣'語, 言居尊位者, 享天下之樂, 而不念民生之苦"라 함. '苦樂'은 백성들의 괴로움과 즐거움.

【願言均此施, 淸陰分四方】'願言'은 끝까지 해석함. '均此施'는 이 殿閣의 시원함을 고루 백성들에게도 베풀어 줌.《眞寶》注에 "施, 去聲, 與也, 惠也"라 함. '淸陰'은 맑고 시원함. '四方'은 사방의 백성. 온 세상의 庶民들.《眞寶》注에 "此四句乃子瞻足成其篇, 獨拳拳然於淸陰分四方之事, 有望於上人之恩施者, 深矣"라 함.

> ### 참고 및 관련 자료

1. 蘇軾. 蘇東坡. 蘇子瞻. 앞장 044 참조.
2. 이 시와 고사는《東坡志林》(8),《東坡全集》(26),《東坡詩集註》(21),《施註蘇詩》(40),《蘇詩補註》(47),《全唐詩》(4),《舊唐書》(165),《新唐書》(163),《唐會要》(35),《太平御覽》(592, 747),《冊府元龜》(40, 551),《古今事文類聚》(前集9, 別集5),《淵鑑類函》(6, 72, 198),《唐詩紀事》(40),《漁隱叢話》(前集38),《歷代詩話》(51) 등 아주 널리 실려 있음.
3. 韻脚은 '長, 凉, 忘, 方'.
4.《舊唐書》(165)
　文宗夏日與學士聯句帝曰:「人皆苦炎熱, 我愛夏日長.」公權續曰:「薰風自南來, 殿閣生微凉.」時丁袁五學士皆屬繼, 帝獨諷公權兩句, 曰:「辭清意足, 不可多得.」乃令公權題於殿壁, 字方圓五寸, 帝視之歎曰:「鍾, 王復生, 無以加焉!」

5.《新唐書》(163)

文宗嘗召與聯句, 帝曰:「人皆苦炎熱, 我愛夏日長.」公權屬曰:「薰風自南來, 殿閣生
微涼.」它學士亦屬繼. 帝獨諷公權者, 以爲詞情皆足. 命題於殿壁, 字率徑五寸. 帝歎
曰:「鍾, 王無以尚也.」

6.《東坡志林》(8)

唐文宗詩曰:「人皆苦炎熱, 我愛夏日長.」柳公權續之曰:「薰風自南來, 殿閣生微
涼.」惜乎! 宋玉不在傍也.

7.《太平御覽》(592)

文宗嘗夏日與學士聯句, 帝曰:「人皆苦炎熱, 我愛夏日長.」柳公權續之曰:「薰風自
南來, 殿閣生微涼.」帝嘉之.

8《太平御覽》(747)

文宗夏日與學士聯句, 帝曰:「人皆苦炎熱, 我愛夏日長.」公權續曰:「薰風自南來, 殿
閣生微涼.」時丁袁五學士皆屬繼, 帝獨諷權兩句曰:「詞清意, 足不可多得.」乃令公權
題於殿壁字方圓五寸, 帝視之歎曰:「鍾, 王復生無以加焉!」

9.《東坡全集》(26)「補唐文宗柳公權聯句」(幷引)

宋玉對楚王, 此獨大王之雄風也. 庶人安得而共之? 譏楚王知已而不知人也. 柳公
權小子! 與文宗聯句有美而無箴, 故爲足成其篇云:「人皆苦炎熱, 我愛夏日長. 薰風自
南來, 殿閣生薇涼.」「一爲居所移, 苦樂永相忘. 願言均此, 施清陰分四方.」

10.《唐詩紀事》(40)

文宗夏日與諸學士聯句曰:「人皆苦炎熱, 我愛夏日長.」公權續曰:「薰風自南來, 殿
閣生微涼.」五學士屬和, 帝獨諷公權兩句:「辭清意足, 不可多得.」乃令公權題於壁上,
字方圓五寸, 帝視之嘆曰:「鍾, 王復生, 無以加矣.」公權字誠懸, 卒於太子太保.

046. <子瞻謫海南> ·················· 黃山谷(黃庭堅)
소자첨의 해남 귀양살이

＊《眞寶》注에 "蘇東坡謫惠州儋州. 謫, 貶官遠居也. 海南, 瓊崖儋萬四州也. 崖, 今
爲吉陽軍; 儋, 今南寧軍; 萬, 今萬安軍. 紹聖甲戌, 東坡謫授寧遠軍節度副使, 惠州
安置, 坡居羅浮, 有詩云:「報道先生春睡美, 道人休打五更鍾.」執政怒之, 再貶儋
州也. 時宰, 章惇子厚也"라 함.

＊〈子瞻謫海南〉: '子瞻'은 蘇軾(東坡)의 字. 아버지 蘇洵(明允)의 〈名二子說〉에 "輪
輻蓋軫, 皆有職乎車, 而軾獨若無所爲者. 雖然去軾則吾未見其爲完車也, 軾乎, 吾
懼汝之不外飾也. 天下之車, 莫不由轍, 而言車之功, 轍不與焉. 雖然車仆馬斃, 而
患不及轍, 是轍者禍福之間, 轍乎, 吾知免矣"라 함. 〈後集〉(090)을 참조할 것. '謫'
은 귀양. 蘇東坡는 紹聖 元年(1094) 廣東의 惠州로 귀양을 갔다가 3년 뒤 다시
海南島로 옮겨졌음. '海南'은 《黃山谷詩集》에는 '嶺南'으로 되어 있음. 東坡는
재상 王珪와 蔡確의 시기를 받아 惠州로 귀양 갔다가 뒤에 謫所가 다시 海南
(당시 瓊州라 불렀음)로 옮겨졌음.

동파(자첨)가 해남海南으로 귀양을 가자,
당시 재상이 그를 죽이려 하였네.
혜주惠州에서 그곳의 음식 배부르게 먹고,
도연명의 시를 세세하게 화운和韻하였네.
도연명이 천 년에 한 번 날 인물이라면,
소동파는 백 세에 한 번 날 선비라네.
출처出處는 비록 같지 않다 해도,
기미氣味는 서로 비슷하였네.

子瞻謫海南, 時宰欲殺之.
飽喫惠州飯, 細和淵明詩.

彭澤千載人, 東坡百世士.
出處雖不同, 氣味乃相似.

【子瞻謫海南, 時宰欲殺之】'時宰'는 당시 재상에 재직하고 있던 자. 王安石의 新派
에 속했던 王珪와 蔡確 등을 가리킴.

【飽喫惠州飯, 細和淵明詩】'飽喫'은 배부르게 실컷 먹음. 海南島 惠州의 지방 특색
이 있는 음식을 실컷 맛봄. '細和'는 세세하게 和韻함. 東坡는 3년간 惠州에 있을
때 陶淵明 시에 和韻한 시 109수를 지음.

【彭澤千載人, 東坡百世士】'彭澤'은 陶淵明을 가리킴. 彭澤令을 역임하여 陶彭澤
으로 부름.《眞寶》注에 "陶潛, 作彭澤令"이라 함. '千載人'은 천 년에 한번 나올
만한 훌륭한 사람. '載'는 年, 歲과 같음.《尙書》孔安國 傳에 "祀, 年也. 夏曰歲, 商
曰祀, 周曰年, 唐虞曰載"라 함. '百世士'는 百世에 한번 나올 만한 뛰어난 인사.
《眞寶》注에 "子瞻可爲百世之士"라 함. '世'는 30년. '士'는 '師'로 된 판본도 있음.

【出處雖不同, 氣味乃相似】'出處'는 出仕와 處隱. 나가서 벼슬하는 것과 벼슬하지
않고 은둔하는 두 가지 경우. '氣味'는 氣風. 風趣. 趣向.《眞寶》注에 "子瞻之氣
味與淵明相似"라 함.

참고 및 관련 자료

1. 黃山谷

황정견(黃庭堅. 1045–1105). 宋代 시인. 자는 魯直, 호는 山谷道人, 洪州 分寧(지금
의 江西 修水縣) 사람. 북송 仁宗 慶曆 5년에 태어나 徽宗 崇寧 4년에 죽었으며 향
년 61세. 英宗 治平 4년에 進士에 올라 여러 관직을 거치면서 그 때마다 폄직을
당하기도 하였음. 처음 杜甫의 시를 배우다가 스스로 환골탈태를 꾀하여 拗體拗
句의 시법을 창안하여 江西詩派의 우두머리가 되었으며, 秦觀, 張耒, 晁補之와 함
께 蘇東坡에게 배워 '蘇門四學士'로 널리 알려졌음. 書藝(書法)에도 능하여 '宋四
大家'의 하나이며 만년에 벼슬에서 물러났으나 그 이름이 더욱 높아져 蘇軾과 병
칭되어 '蘇黃'이라 불리기도 함.《山谷集》이 있으며《宋史》文苑傳(6)에 傳이 있음.
《眞寶》諸賢姓氏事略에 "黃山谷, 名庭堅, 字魯直, 豫章人. 元祐太史呂居人稱爲江
西詩祖, 諡文正"이라 함.

2. 이 시는 江西詩派의 영수 黃庭堅(山谷)이 그의 스승 蘇軾의 귀양살이 모습을

읊은 것이며, 《山谷集》(17)에 실려 있음. 다만 제목은 〈跋子瞻和陶詩〉로 되어 있고, 注에 "東坡和陶淵明詩, 凡一百有九篇, 追和古人, 自東坡始也"라 함. 그 외 《墨客揮犀》(7), 《詩話總龜》(25) 등에도 실려 있음.

3. 韻脚은 '之, 詩, 士, 似'.

4. 《西淸詩話》

山谷詩妙脫蹊徑, 言謀鬼神, 無一點塵俗氣.

5. 李卓吾

古今風流宋有子瞻, 唐有太白, 晉有東山, 本無幾也. 必如三子, 始可稱人龍, 始可稱國士, 始佳稱萬夫之雄. 用之則爲虎措國家於盤石, 不用則爲祥鱗爲威鳳, 天下後世有悲傷感歎悔不與之同時者耳.

6. 《墨客揮犀》(7)

東坡在惠州, 盡和淵明詩. 時魯直在黔南, 聞之作偈云:「子瞻謫海南, 時宰欲殺之. 飽喫惠州飯, 細和淵明詩. 淵明千載人, 子瞻百世士. 出處固不同, 風味亦相似.」尋又遷儋州, 久之, 天下傳聞子瞻已仙去矣. 後七年, 北歸時, 章丞相方貶雷州, 東坡至南昌府, 太守葉公祖, 洽問曰:「世傳端明已歸道山, 今尚爾游戲人間邪?」坡曰途中見章子厚, 乃回反耳.

7. 《詩話總龜》(25)

東坡在黃州, 盡和淵明詩. 魯直在黔南, 思州聞之作偈曰:「子瞻謫海南, 時宰欲殺之. 飽喫惠州飯, 細和淵明詩. 淵明千載人, 子瞻百世士. 出處固不同, 風味亦相似.」

047. 〈少年子〉 ·················· 李太白(李白)

소년들이여

*《眞寶》注에 "譏當時少年豪俠子弟, 挾彈馳馬, 醉臥於瓊樓, 曾有夷齊守節之志否?"
라 함.
*〈少年子〉: 이 제목은 〈樂府〉의 歌曲名.《樂府詩集》(66) 雜曲歌辭에 들어 있음.
《李太白詩集》(6)에 실려 있으며, 그곳 注에 "(蕭)士贇: 「樂府遺聲遊俠二十一曲, 有
〈少年子〉"라 하여 제목은 이미 樂府詩에 있던 것임.

청춘의 한창 젊은 나이에,
총알을 끼고 장화대章華臺 같은 누대 왼쪽에서 놀았고.
말에 안장을 얹고 사방으로 열고 내달리니,
갑작스럽기 마치 유성流星이 지나가듯.
나는 새를 금 탄환으로 쏘아 떨어뜨리고,
밤이면 구슬 누각으로 들어가 잠을 자는구나.
옛날 백이伯夷와 숙제叔齊는 어떤 사람들이었기에,
홀로 서산西山에서 절의를 지키며 굶어죽었나?

青春少年子, 挾彈章臺左.
鞍馬四邊開, 突如流星過.
金丸落飛鳥, 夜入瓊樓臥.
夷齊是何人, 獨守西山餓?

【青春少年子, 挾彈章臺左】'青春'은 '青雲'의 오류로 보임. 다른 모든 원문에 모두
'青雲'으로 되어 있음. 한편《全唐詩》에는 '少年'이 '年少'로 되어 있으며 "一作少
年"이라 함. '挾彈'은 彈丸을 허리에 낌. 탄은 탄알, 새를 잡는 새총의 탄환. '章臺'

는 章華臺. 楚나라 靈王이 지었던 화려한 누대.《史記》楚世家에 "靈王七年, 就章華臺"라 하였고, 杜預 注에 "南近華容縣, 有臺在城內"라 함.

【鞍馬四邊開, 突如流星過】'鞍馬'는 안장을 얹어놓은 말.

【金丸落飛鳥, 夜入瓊樓臥】'金丸'은 금으로 만든 彈丸. 이를 아깝게 여기지 않고 새를 쏘는 탄환으로 사용함. 극심한 사치와 낭비를 뜻함.《西京雜記》(4)에 "韓嫣好彈, 常以金爲丸. 所失者日有十餘. 長安爲之語曰:「苦飢寒, 逐金丸.」京師兒童每聞嫣出彈, 輒隨之, 望丸之所落, 輒拾焉"이라 하여, 漢나라 때 韓嫣(漢 武帝의 男色)은 금으로 탄환을 만들어 쏘아 날려버린 것이 하루 10여 개씩이나 되어 長安에 "헐벗고 굶주리거든 한언의 金丸을 쫓아라"는 말이 생겼다 함. '瓊樓'는 구슬로 장식된 화려한 누각.《拾遺記》에 "翟乾祐與十許人翫月, 或問:「月中竟何所有?」乾祐曰:「隨我手看之, 月規半圓瓊樓玉宇滿焉.」"이라 함.

【夷齊是何人, 獨守西山餓】'夷齊'는 伯夷와 叔齊. 殷末 孤竹國의 두 왕자. 서로 王位를 양보하다 周 文王(姬昌)을 찾아 서쪽으로 갔으나 문왕은 죽고 그 아들 武王(姬發)이 殷나라 紂를 정벌하러 나서는 行列을 만나 반대하다가 거절당하자, 周나라 祿粟을 먹지 않겠다고 首陽山으로 들어가 採薇하며 절조를 지킨 두 사람.《史記》伯夷列傳을 참조할 것. '西山'은 首陽山의 다른 이름.《史記》伯夷列傳에 "及餓且死, 作歌. 其辭曰:「登彼西山兮, 采其薇矣. 以暴易暴兮, 不知其非矣. 神農, 虞, 夏忽焉沒兮, 我安適歸矣? 于嗟徂兮, 命之衰矣!」遂餓死於首陽山"이라 함.

참고 및 관련 자료

1. 이태백(李太白) 李白, 李翰林. 016 참조.

2. 이 시는《李太白文集》(4),《李太白集分類補註》(6),《李太白集注》(6),《全唐詩》(24, 165),《唐文粹》(13),《文苑英華》(194),《石倉歷代詩選》(294),《唐宋詩選》(4) 등에 실려 있음.

3. 韻脚은 '左, 過, 臥, 餓'.

4. 李白의〈少年行〉詩

男兒百年且樂命, 何須狗書受病貧? 男兒百年且榮身, 何須狗節甘風塵? 衣冠半是征戰士, 窮儒浪作林泉民.

048. <金陵新亭> ·················· 李太白(李白)
금릉 신정

*《眞寶》注에 "金陵, 漢改秣陵. 吳改建業, 東晉改建康. 隋改昇州, 宋復改建康, 元
文宗改集慶. 今爲應天府. 吳, 東晉, 宋, 齊, 梁, 陳, 南唐, 建都之地, 元建江南諸道
行, 御史臺於此, 故俗猶稱南臺云"이라 하여 地名이 여러 과정을 거쳐 변함. 한
편 西晉 말 懷帝(司馬熾) 永嘉 때 匈奴 귀족 劉淵이 五胡十六國의 漢나라를 세
운 다음 稱帝하고 그 아들 劉聰이 뒤를 잇자 본격적으로 晉나라를 공격, 洛陽
을 함락시키고 懷帝를 포로로 잡아 3만 여명을 살륙한 사건(永嘉之亂)이 일어났
으며, 뒤에 長安으로 피해 있던 愍帝(司馬鄴)를 포로로 잡아가 洛陽의 西晉
(265-317)이 망하자 황족 司馬睿(東晉 元帝)가 남으로 피난하여 이곳 지금의 南
京을 도읍으로 정하고 建康이라 불렀음. 이를 東晉(317-420)이라 함. 한편 이 때
부터 南京이 남방의 중심지가 되었으며 그 뒤 南朝(宋, 帝, 梁, 陳) 때 계속 도읍
이 되었다가 隋나라 통일로 막을 내리게 됨.

*<金陵新亭>: '金陵'은 南京의 옛 이름. 역대로 秣陵, 建康, 建業, 集慶, 應天府 등
여러 명칭으로 불렸음. '新亭'은 지금의 江蘇省 南京市 남쪽 長江 가의 勞勞山
에 있으며, 勞勞亭 또는 臨滄觀이라 불렀음. 東晉 명사들의 연회 장소로 유명했
던 곳임.《大明一統志》(6)에 "應天府, 新亭, 在府南一十五里, 府近江渚. 東晉初過
江, 僕射周顗與群公遊宴於此"라 함. 한편《世說新語》言語篇에 "過江諸人, 每至
暇日, 輒相要出新亭, 藉卉飮宴. 周侯中坐而歎曰:「風景不殊, 擧目有江河之異!」皆
相視流淚. 唯王丞相愀然變色曰:「當共勠力王室, 克復神州; 何至作楚囚相對泣
邪?」라 함.《李太白集注》에는 "《方輿勝覽》: 新亭, 在建康府城南十五里.《江南通
志》: 新亭, 在江寧府城西南十五里, 俯近江渚, 一名中興亭"이라 함.

금릉金陵 땅은 풍경도 좋을시고,
호걸 명사들이 신정新亭에 모두 모였네.
눈 들어 보니 산하山河는 달라,
주의周顗의 마음을 슬프게만 하네.

사방에 앉은 이들 초수楚囚처럼 슬퍼하면서도,
사직이 망한 것을 걱정하지도 않았네.
왕도王導는 얼마나 강개히 여겼던가?
천년을 두고 그 웅대한 이름 앙모하도다.

金陵風景好, 豪士集新亭.
擧目山河異, 偏傷周顗情.
四坐楚囚悲, 不憂社稷傾.
王公何慷慨? 千載仰雄名.

【金陵風景好, 豪士集新亭】'風景'은 봄 풍경. '豪士'는 東晉 때의 호걸지사들. 이들
이 新亭에 모여듦.

【擧目山河異, 偏傷周顗情】'山河異'는 晉나라가 옛 북쪽 땅 洛陽은 永嘉之亂, 즉
匈奴의 劉聰(漢, 前趙)에게 빼앗기고 남쪽에 와 있음을 말함. 일부 판본에는 '江
河異'로 되어 있으나 이는 오류임. 《眞寶》注에 "或作江河者, 非"라 함. '偏'은 '한
쪽 만, 한 사람만'의 뜻. '周顗'(주의)는 東晉 때의 명사. 安成 사람. 자는 伯仁(269–
322). 周浚의 長子. '三日僕射'와 王敦의 起兵으로 피살될 때 "我雖不殺伯仁, 伯仁
由我而死"의 고사를 남김. 《晉書》(69)에 傳이 있음. 虞預 《晉書》에 "周顗字伯仁,
汝南安城人, 揚州刺史浚長子也"라 하였고, 《晉陽秋》에는 "顗有風流才氣, 少知名,
正體嶷然, 儕輩不敢媟也. 汝南賁泰淵, 淸操之士, 嘗嘆曰:「汝潁固多賢士, 自頃陵
遲, 雅道殆衰, 今復見周伯仁;伯仁將祛舊風, 淸我邦族矣.」擧寒素, 累遷尙書僕射,
爲王敦所害"라 함. 《眞寶》注에는 "周顗, 音蟻. 字伯仁. 山東人. 東晉永昌初僕射"
라 함. 《李太白集注》注에는 《晉書》:過江人士, 每至暇日, 相邀出新亭飮宴. 周顗中
座而歎曰:「風景不殊.」擧目有江山之異, 皆相視流涕, 惟王導愀然變色曰:「當共戮
力王室, 克復神州, 何至作楚囚, 相對泣耶?」衆收淚而謝之"라 함.

【四坐楚囚悲, 不憂社稷傾】'楚囚'는 楚나라에서 잡혀온 포로. 패전하여 패기를 잃
은 자를 뜻함. 《左傳》成公 9년에 "晉侯觀于軍府, 見鍾儀, 問之曰:「南冠而縶者,
誰也?」有司對曰:「鄭人所獻楚囚也.」使稅之, 召而弔之, 再拜稽首. 問其族. 對曰:
「泠人也.」公曰:「能樂乎?」對曰:「先父之職官也, 敢有二事?」使與之琴, 操南音. 公

曰:「君王何如?」對曰:「非小人所得知也.」固問之, 對曰:「其爲大子也, 師, 保奉之, 以朝于嬰齊而夕于側也. 不知其他.」公語范文子. 文子曰:「楚囚, 君子也. 言稱先職, 不背本也;樂操土風, 不忘舊也;稱太子, 抑無私也;名其二卿, 尊君也. 不背本, 仁也;不忘舊, 信也;無私, 忠也;尊君, 敏也. 仁以接事, 信以守之, 忠以成之, 敏以行之, 事雖大, 必濟. 君盍歸之, 使合晉, 楚之成?」公從之, 重爲之禮, 使歸求成"이라 함. 여기서는 자신들이 북쪽 옛땅 洛陽을 버리고 피난하여 역시 패전자가 되었음을 비유한 것. '社稷'의 '社'는 土神, '稷'은 穀神. 국가를 대신하는 말.

【王公何慷慨? 千載仰雄名】'王公'은 王導(276-339). 자는 茂弘. 어릴 때 자는 阿龍. 王敦의 從弟. 西晉이 망하자 王敦과 함께 司馬睿를 皇帝로 추대하여 東晉을 세움. 그 공으로 丞相이 되었으며 號를 '仲父'라 하였음. 천하의 권세를 잡아 당시 "王與馬, 共天下"라 하였음. 元帝와 明帝, 成帝를 차례로 즉위시켰음. 아울러 남방 世族의 도움으로 江南에서의 東晉 정권을 안정시킴. 《晉書》(65)에 傳이 있음. 《眞寶》注에는 "王公, 名導, 字茂弘, 琅邪人. 相元帝中興始興, 諡文獻公"이라 함. '慷慨'는 의기를 품고 분격함. 雙聲連綿語. 《字彙》에 "慷與忼同, 忼慨, 壯士不得志也. 內自高亢憤激也"라 함. 《眞寶》注에 "按〈王導傳〉:過江人士, 每至暇日, 相邀出新亭, 飮宴, 周顗中坐而嘆曰:「風景不殊, 擧目有山河之異!」皆相視流涕, 惟導愀然變色曰:「當共戮力王室, 克復神州, 何至作楚囚相對而泣耶?」衆收淚謝之"라 함. '雄名'은 영웅다운 명성.

> 참고 및 관련 자료

1. 이태백(李太白) 李白, 李翰林. 016 참조.
2. 이 시는 《李太白集注》(30), 《李太白文集》(19), 《全唐詩》(185) 등에 실려 있음.
3. 韻脚은 '亭, 情, 傾, 名'.

《古文眞寶》[前集] 卷二

오언고풍단편五言古風短篇

009의 해제를 볼 것.

049. 〈長歌行〉 ·················· 沈休文(沈約) 無名氏

　　　 장가행

* 《眞寶》注에 "此篇托物比興, 謂籬中之葵, 遇春而發生, 至秋而凋落, 喩人之少壯, 若不勉力功名, 徒傷悲於遲暮之時, 則亦無及矣"라 함.
* 〈長歌行〉: 이는 沈休文(沈約)의 작품이 아님. 《文選》(27) 李善 注에 '不知作者姓 名也'라 하였고, 《樂府詩集》(30)에도 작자가 표기되어 있지 않은 채 '古辭'라고 만 되어 있어, 여기에서 작자를 沈休文(沈約)이라 한 것은 오류임. 한편 그 注에 "崔豹《古今注》曰: 長歌, 言壽命長短定分, 不妄求也. 此上一篇似傷年命, 而下一首 直敘怨情. 〈古詩〉曰: 長歌正激烈. 魏武(文)帝〈燕歌行〉曰: 短歌微吟不能長. 傅玄 〈豓歌行〉曰: 咄來長歌續短歌. 然行聲有長短, 非言壽命也"라 함. 《樂府詩集》(30) 相和歌辭에도 이 〈長歌行〉이 들어있음. 한편 '行'은 歌曲의 한 장르이며 문체의 이름.《文體明辨》에 "步驟馳騁, 疎而不滯者曰行"이라 함.

푸릇푸릇한 채마밭의 아욱잎에는,
아침이슬이 해가 솟아 마르기를 기다리네.
따뜻한 봄볕이 은택을 널리 펴면,
만물은 광택과 빛을 발한다네.
항상 두렵기는 가을철이 다가와서,
누렇게 꽃과 잎이 시드는 것이라네.
모든 냇물 동쪽으로 흘러 바다에 이르고 나면,
어느 때 다시 서쪽으로 돌아오겠는가?
젊고 건장한 시절 힘써 노력하지 않았다간,
늙어서 한갓 안타깝고 슬플 뿐.

青青園中葵, 朝露待日晞.
陽春布德澤, 萬物生光輝.

常恐秋節至, 焜黃華葉衰.
百川東到海, 何時復西歸?
少壯不努力, 老大徒傷悲.

【青青園中葵, 朝露待日晞】'園中葵'는 채마밭(菜園)에서 푸르게 자라고 있는 아욱.
'葵'는 채소의 일종. '朝露'는 아침 이슬. 햇볕이 나면 말라버림. '晞'는 乾과 같음.
《眞寶》注에 "晞, 音希, 乾也"라 함.

【陽春布德澤, 萬物生光輝】'生光輝'는 광택이 남. 생기가 남.《眞寶》注에 "萬類, 得
陽春而發生, 喩人少壯"이라 함.

【常恐秋節至, 焜黃華葉衰】'焜黃'은 초목이 누렇게 시드는 모습을 뜻하는 雙聲連
綿語.《文選》注에 "焜黃, 色衰貌也"라 함. '華'는 花와 같음.《眞寶》注에 "華, 花
同"이라 함. '葉衰'는《眞寶》注에 "至秋而華葉焜黃, 喩人老景也"라 함.

【百川東到海, 何時復西歸】중국 지형은 西高東低로 '모든 물은 동쪽으로 흐르는
것'으로 여겼음.《尙書大傳》에 "百川赴東海"라 함.《眞寶》注에 "百川水, 東流至海,
無復返流. 喩人旣老而不復少壯"이라 함.

【少壯不努力, 老大徒傷悲】'少壯'은 젊고 건장한 나이. 漢 武帝〈秋風辭〉에 "少壯幾
時兮, 奈老何?"라 함. '老大'에 상대하여 쓴 말. '老大'는 '少壯'에 상대하여 쓴 말.
'徒'는 副使로 '한갓'의 뜻. 한갓 안타깝고 슬프게 여길 뿐임.

> 참고 및 관련 자료

1. 심약(沈約: 441–512, 혹 513년)

자는 休文. 吳興 武康(지금의 浙江省 武康縣)사람. 어려서 고아가 되었으며 好學
博通하여 宋, 齊, 梁 三代에 걸쳐 侍中, 丹陽尹, 建昌侯 등을 거쳐 光祿大夫가 됨.
시호는 隱侯.《梁書》(13)와《南史》(57)에 傳이 있음. 유명한《四聲譜》를 지었으며
「四聲八病說」을 제창하기도 함. 그 외에 史書에 밝아《晉書》(110권),《宋書》(100권),
《齊紀》(20권),《高祖紀》(14권),《邇言》(10권),《諡例》(10권),《宋文章志》(30권),《文集》
(100권)을 지었으나,《宋書》외에는 모두 佚失되었음. 嚴可均의《全梁文》에《沈約
文》(8권)이 있음.《梁書》沈約傳에는 "沈約, 字休文, 吳興武康人也. 篤志好學, 能屬
文. 高祖受禪, 爲尙書僕射, 轉光祿大夫. 卒, 諡曰隱. 所著文集一百卷行于世"라 하
였으며,《眞寶》諸賢姓氏事略에는 "沈休文, 名約, 篤志好學, 仕梁武帝受禪, 拜尙書

僕射"라 함.

2. 이 시는 《文選》(27), 《樂府詩集》(30), 《文章正宗》(22上), 《古樂府》(4), 《古詩紀》(16), 《滄浪詩話》, 《詩人玉屑》(11), 《歷代詩話》(24) 등에 실려 있음.

4. 韻脚은 '晞, 輝, 衰, 歸, 悲'.

5. 元, 劉履《選詩補註》

此言人之待時, 猶葵之待日. 當天下有道, 賢者在職, 莫不各遂所志, 而功名顯著. 及世運衰, 朝不信道, 則賢者皆擯棄而銷落.

6.《詩人玉屑》(11)(《歷代詩話》24도 같음)

《文選》〈長歌行〉只有一首〈青青園中葵〉者, 郭茂倩《樂府》有兩首, 次一首乃〈仙人騎白鹿〉者.「仙人騎白鹿」之篇, 予疑此詞「岧岧山下亭」以下, 其義不同, 當又別是一首, 郭茂倩不能辨也.

050. 〈雜詩〉 .... 陶淵明(陶潛)
잡시

*《眞寶》注에 "陶淵明, 作此以詠其幽居之趣, 心遠地偏, 眞樂自得於心, 不待形之
言也"라 함.
*〈雜詩〉:《陶靖節集》(3)에 〈飮酒〉시로 모두 20수가 실려 있으며, 이는 그중 제 5
수임. 한편 이 〈飮酒詩〉는 서문이 있음. 참고란을 볼 것.

사람 사는 곳에 움막을 지었으나,
수레와 말 시끄러움 전혀 없도다.
그대에게 묻노니 어찌 그런가?
마음을 멀리 두니 장소가 저절로 외지기 때문.
동쪽 울 아래에서 국화꽃 따서 들고,
그윽이 남쪽 산을 바라보도다.
산 기운은 해질 무렵 아름다운데,
나는 새는 무리지어 돌아오누나.
이러한 정취 속에 참뜻 있으니,
말로 표현하려 해도 이미 잊고 말았네.

結廬在人境, 而無車馬喧.
問君何能爾, 心遠地自偏.
採菊東籬下, 悠然見南山.
山氣日夕佳, 飛鳥相與還.
此中有眞意, 欲辨已忘言.

【結廬在人境, 而無車馬喧】'結廬'는 움막을 지음. '人境'은 사람들이 살고 있는 곳.

산 속에 외진 곳에 홀로 은거하는 것이 아니며, 사람들이 많이 모여 사는 농촌 마을 한 구석에 함께 집을 지어 살고 있음. '而'는 '그럼에도'의 뜻. 逆接. '車馬'는 귀인들의 수레와 말. 그들의 방문을 뜻함. '喧'은 誼과 같으며 시끄러움. 왁자지껄함.

【問君何能爾, 心遠地自偏】 '何能爾'는 '어찌 그럴 수가 있는가?'의 뜻. '爾'는 然과 같음. '心遠地自偏'은 마음이 멀리 속세로부터 떨어져 있기 때문임. '地自偏'은 땅이 스스로 편벽해짐. 곧 마음만 멀리 있으면 몸은 人境에 있다 하더라도 그곳이 저절로 속세와는 隔絶됨을 뜻함.

【採菊東籬下, 悠然見南山】 陶淵明은 菊花를 가장 좋아하였으며 이로써 菊花酒를 담그기 위해 동쪽 울타리 아래에서 국화꽃을 땀. '悠然'은 마음에 여유가 있는 상태. '南山'은 도연명이 살고 있던 마을의 앞산. 匡廬山. 지금의 廬山. 陶淵明의 고향은 지금의 江西 九江市 부근 星子縣 廬山 밑이었음. 廬山은 당시 障山이라고도 불렸음. '南山'은 남쪽 산이 아님. 앞산을 이르는 말. 《眞寶》注에 "東坡曰: 採菊之次, 偶然見山, 初不用意, 而景與意會"라 함.

【山氣日夕佳, 飛鳥相與還】 '山氣'는 산에 끼어 있는 안개나 노을 등. '日夕'은 해가 저무는 것.

【此中有眞意, 欲辨已忘言】 '眞'은 《莊子》漁父에 "眞者, 所以受於天也, 自然不可易也"라 함. '欲辯已忘言'은 眞意를 이해하고 이를 뚜렷이 하고자 하나 이미 말로 표현할 언어를 잊어버림. '欲辨'은 '변별해 냄. 설명함'. 辨은 '辯'으로 된 판본도 있음. 《莊子》齊物論에 "分也者, 有不分也; 辯也者, 有不辯也"라 하였으며, 〈外物篇〉에는 "言者所以在意, 得意而忘言"이라 함. 《文選》注에는 "翰曰: 日暮山氣蒙翠, 所謂佳也; 飛鳥晝游而夕相與歸于山林, 此得天性自任者也. 而我欲言此眞意, 吾其自入眞意也. 故遺忘其言而無言也"라 함.

참고 및 관련 자료

1. 陶淵明. 陶潛, 陶彭澤令, 元亮, 陶靖節, 陶徵士, 五柳先生. 032 참조.

2. 이 시는 《陶淵明集》(3), 《文選》(30), 《古詩紀》(45), 《漁隱叢話》(前集3), 《詩人玉屑》(13), 《竹莊詩話》(4), 《庚溪詩話》(上), 《詩林廣記》(1) 등 아주 널리 실려 있음.

3. 韻脚은 '喧, 偏, 山, 還, 言'.

4. 〈飮酒〉(二十首, 幷序)

余閑居寡歡, 兼秋夜已長. 偶有名酒, 無夕不飮. 顧影獨盡, 忽焉復醉. 旣醉之後, 輒題數句自娛. 紙墨邃多, 辭無詮次. 聊命故人書之, 以爲歡笑爾.

5. 鍾惺의 評語

飮酒詩如此寄託如此含吐, 酒豈易飮, 飮酒豈易作詩?

6. 《詩人玉屑》(13)

荊公嘗言:其詩有奇絶不可及之語. 如「結廬在人境, 而無車馬喧. 問君何能爾, 心遠地自偏.」有詩人以來無此句也. 然則陶淵明趣向不羣, 詞彩精拔, 晉宋之間, 一人而已.

7. 《復齋漫錄》

東坡以淵明有「採菊東籬下, 悠然見南山.」而無識者以見爲望, 不啻碔砆之與美玉. 予觀樂天效淵明詩有云:「時傾一尊酒, 坐望東南山.」然則流俗之失久矣. 惟韋蘇州〈答長安丞裴稅〉詩云:「採菊露未晞, 擧頭見秋山.」乃知眞得淵明詩意, 而東坡之說爲可信.

051. 〈雜詩〉 ·················· 陶淵明(陶潛)
잡시

*《眞寶》注에 "亦古詩之流也"라 함.
*〈雜詩〉: 역시 〈飮酒〉시 20수 중 제7수임.《文選》(30)에는 앞의 시와 함께 〈雜詩
二首〉로 실려 있음.

가을 국화 그 모습 아름다워,
이슬 젖어 떨어진 꽃잎을 주워들었네.
이를 국화주에 띄워 올리면,
나를 세속 정으로부터 멀리 버릴 수 있겠지.
겨우 한 잔에 비록 홀로이지만,
다 비운 술항아리는 제가 기우뚱.
해지자 만물은 모두 쉬려고,
돌아오는 새들도 숲으로 달려드네.
집 동쪽 처마 아래에서 오만한 휘파람,
애오라지 이 삶을 다시 얻었기에.

秋菊有佳色, 裛露掇其英.
汎此忘憂物, 遠我遺世情.
一觴雖獨進, 盃盡壺自傾.
日入羣動息, 歸鳥趨林鳴.
嘯傲東軒下, 聊復得此生.

【秋菊有佳色, 裛露掇其英】'裛露'는 浥露와 같음. '裛'의 음은 '읍'(於及反). 이슬에
젖음. '掇'은《眞寶》注에 "拾取也"라 함. '英'은《眞寶》注에 "《離騷》: 夕餐秋菊之落

英"이라 하여 떨어진 꽃잎을 가리킴.

【汎此忘憂物, 遠我遺世情】'汎'은 띄움. '忘憂物'은 근심을 잊게 한다는 뜻으로 술을 지칭함. 菊花酒를 가리킴. 《眞寶》注에 "忘憂物, 乃酒也"라 함. '忘憂'는 銷憂와 같음. 《漢書》東方朔傳에 "銷憂者, 莫若酒"라 함. '遠'은 '멀리하다', '遺'는 '버리다'의 뜻. 《眞寶》注에 "〈歸去來辭〉: 請息交而絶游, 世與我而相遺"라 함.

【一觴雖獨進, 盃盡壺自傾】'觴'은 술잔. 《眞寶》注에 "觴, 音祥, 酒器"라 함. '進'은 입으로 들어가게 함. 술을 마심.

【日入羣動息, 歸鳥趨林鳴】'日入羣動息'은 해가 떨어지자 무리지어 움직이던 모든 것들이 휴식에 들어감. 《眞寶》注에 "通曆: 日出而作, 日入而息"이라 함. 《通曆》은 馬聰이 찬한 10권으로 여기에 〈擊壤歌〉를 수록하고 있음. 즉 《事文類聚》(44)에 《通曆》을 인용하여 "帝堯之時, 有老人擊壤於路曰: 「吾日出而作, 日入而息, 鑿井而飮, 耕田而食, 帝何力於我哉!」"라 함. 한편 《文選》注에는 "衆物之羣動者, 日入皆息, 故歸鳥趨飛於林而喧鳴也. 此合其眞理, 故言之"라 함. '趨'는 '趍'와 같음. 달려감.

【嘯傲東軒下, 聊復得此生】'嘯傲'는 '오만하게 휘파람을 불다'의 뜻. 《世說新語》言語篇에 "周僕射雍容好儀形, 詣王公, 初下車, 隱數人. 王公含笑看之. 旣坐, 傲然嘯咏. 王公曰: 「卿欲希稽阮邪?」答曰: 「何敢近捨明公, 遠希稽阮?」"라 함. '東軒下'는 동쪽 처마 아래. 《文選》注에 "嘯傲超逸貌. 軒, 檐也. 言自超逸於東檐之下, 聊復得此達生之樂也"라 함. '聊'는 '잠시, 애오라지'의 뜻. 일상대로 흘러 삶에서 다시 생명을 얻음. 살아 있음의 행복감과 즐거움을 발견함. 《眞寶》注에 "以無事自適, 爲得此生, 則見役於物者, 非失此生耶!"라 함.

참고 및 관련 자료

1. 陶淵明. 陶潛, 陶彭澤令, 元亮, 陶靖節, 陶徵士, 五柳先生. 032 참조.

2. 이 시는 《陶淵明集》(3), 《文選》(30), 《東坡志林》(7), 《文章正宗》(22下), 《古詩紀》(45), 《竹莊詩話》(4) 등에 널리 실려 있음.

3. 韻脚은 '英, 情, 傾, 鳴, 生'.

4. 《東坡志林》(7)

「秋菊有佳色, 裛露掇其英. 泛此忘憂物, 遠我遺世情. 一觴雖獨進, 盃盡壺自傾. 日入羣動息, 歸鳥趨林鳴. 笑傲東軒下, 聊復得此生.」靖節以無事自適爲得此生, 則見役於物者, 非失此生耶!

5. 《詩人玉屑》(13)

東坡云:「秋菊有佳色, 裛露掇其英. 泛此忘憂物, 遠我遺世情. 一觴雖獨進, 杯盡壺自傾. 日入羣動息, 歸鳥趨林鳴. 笑傲東軒下, 聊復得此生.」靖節以無事爲得此生, 則見役於物者, 非失此生耶!

052. 〈擬古〉 ·················· 陶淵明(陶潛)

고시를 본뜸

＊〈擬古〉:漢代의 古詩를 본떠 지은 시. 陶淵明은 田園으로 돌아와 〈擬古詩〉 9수
를 지었으며 이는 그 중 제7수임.《文選》(30)에는 제목이 〈陶淵明擬古詩〉로 되
어 있으며 注에 "此言榮落不常"이라 함.

해 저물자 하늘에 구름 한 점 없고,
봄바람 선들선들 따뜻하구나.
현자賢者는 맑은 밤을 사랑하여,
새벽이 되도록 취하고 노래하네.
노래가 끝나자 길고 큰 탄식소리,
이런 상황은 사람에게 많은 느낌을 주지.
"휘영청 구름 속 밝은 달이여,
아름다운 잎새 속 예쁜 꽃이여.
어찌 한때는 좋지 않으랴만,
오래가지 못하니 어찌 하오리!"

日暮天無雲, 春風扇微和.
佳人美清夜, 達曙酣且歌.
歌竟長歎息, 持此感人多.
「皎皎雲間月, 灼灼葉中華.
豈無一時好, 不久當如何!」

【日暮天無雲, 春風扇微和】'扇'은 동사로 쓰였음. 봄바람이 부채로 불듯 미약하게
온화한 바람을 불어오도록 함.《眞寶》注에 "言一時之景也"라 함

【佳人美清夜, 達曙酣且歌】'酣'은 《眞寶》 注에 "呼甘反, 醉也"라 하여 '함'으로 읽도록 되어 있음. '佳人'은 《文選》 注에 "佳人, 謂賢人也. 美, 猶愛也. 樂酒曰酣, 言天淸風和, 賢人愛此良夜, 至明酣歌也"라 함. '達曙'는 날이 밝아옴. 아침이 됨. 《眞寶》 注에 "佳人, 自夜達旦, 酣歌燕飮"이라 함.

【歌竟長歎息, 持此感人多】'歌竟長歎息'은 노래가 끝나자 길이 탄식함. 《文選》 注에 "樂極悲來, 故歌竟歎息, 言是事多感於人"이라 함. '持此'는 '이것을 잡다.' '이러한 느낌을 가지고'의 뜻. 그리고 그 아래 시를 읊었음을 말함. 《眞寶》 注에 "有感而作是詩"라 함.

【皎皎雲間月, 灼灼葉中華】'皎皎'는 달빛이 희고 결백함을 뜻함. 《詩》 陳風 月出篇 "月出皎皎"의 注에 "皎, 月光也"라 함. '灼灼'은 꽃이 아름답게 핀 모습. 《詩》 周南 桃夭篇 "桃之夭夭, 灼灼其華"의 注에 "灼灼, 華之盛也"라 함. '華'는 '花'와 같음. 《眞寶》 注에 "少年, 如花開月明, 一時之美盛"이라 함.

【豈無一時好, 不久當如何】《眞寶》 注에 "年老, 如花凋月蝕, 則不能久也"라 하였으나, 《文選》 注에는 "言月滿則缺, 花盛則落, 好惡暫時, 此安能久?"라 함.

참고 및 관련 자료

1. 陶淵明. 陶潛, 陶彭澤令, 元亮, 陶靖節, 陶徵士, 五柳先生. 032 참조.

2. 이 시는 《陶淵明集》(4), 《文選》(30), 《玉臺新詠》(3), 《文章正宗》(22下), 《說郛》(79上), 《太平御覽》(586), 《風雅翼》(5) 등에 실려 있음.

3. 注에 "借物比喻, 幾年問學成材, 一旦得君, 當爲朝廷斥去姦邪"라 함.

4. 韻脚은 '和, 歌, 多, 華, 何'.

5. 《詩品》(2) (《類說》 51, 《太平御覽》 586, 《說郛》 79上 등도 같음)

宋徵士陶潛詩, 其源出於應璩. 又協左思風力, 文體省淨, 殆無長語, 篤意眞古, 辭興婉愜. 每觀其文, 想其人德世歎, 其質直至. 如: 「歡言酌春酒」, 「日暮天無雲」, 風華淸靡, 豈直爲田家語耶, 古今隱逸詩人之宗也.

053. <鼓吹曲> ·················· 謝玄暉(謝朓)
고취곡

*《眞寶》注에 "此篇, 形容金陵帝都之盛"이라 함.
*<鼓吹曲>:軍樂의 일종. '愷樂'이라고도 하며 凱旋曲을 뜻함.《眞寶》注에 "吹, 去聲. 鼓吹, 軍中之樂.《爾雅》:徒歌謂之吹"라 함. 한편《周禮》大司樂에 "왕의 군대가 大獻을 할 때 愷樂을 연주하도록 명령한다"(王師大獻, 則令奏愷樂)라 하였음. 제왕의 위엄과 덕을 찬양하고 군사들의 사기를 높이기 위한 음악임.《樂府詩集》(16) 鼓吹曲辭들이 실려 있으며,《文選》(28)에는 謝朓의 이 시가 실려 있음. 그 注에《五言集》云: 奉隋王敎, 作古入朝曲. 蔡邕曰:鼓吹歌, 軍樂也, 謂之短簫鐃, 黃帝, 岐伯所作也"라 하였음. 한편《樂府詩集》鼓吹曲辭에 "鼓吹曲, 一曰短簫鐃歌. 劉瓛定《軍禮》云:「鼓吹, 未知其始也. 漢班壹雄朔野而有之矣. 鳴笳以和簫聲, 非八音也. 騷人曰'鳴篪吹竽'是也.」蔡邕〈禮樂志〉曰:「漢樂四品, 其四曰短簫鐃歌, 軍樂也. 黃帝岐伯所作, 以建威揚德, 風敵勸士也.」《周禮》大司樂曰:「王師大獻, 則令奏愷樂.」大司馬曰:「師有功, 則愷樂獻于社.」鄭康成云:「兵樂曰愷, 獻功之樂也.」"라 함.《樂府詩集》등에는 제목이 〈入朝曲〉으로 되어 있음.

강남江南은 아름답고 화려한 곳,
금릉金陵은 제왕의 도읍터로다.
구불구불 띠처럼 흐르는 녹색의 강물,
아득히 멀리 솟아 있는 붉은 누각들.
나는 듯한 용마루는 큰 길을 끼고 있고,
늘어진 버들은 궁전 도랑에 그늘을 이루었네.
엉기는 피리소리는 높은 수레 덮개를 받쳐주고,
겹치는 북소리는 화려한 수레 채를 보내주네.
운대雲臺에 초상 그릴 공功을 올려 바치니,
그 공명 진실로 거두어 줄 만하네.

江南佳麗地, 金陵帝王州.
逶迤帶綠水, 迢遞起朱樓.
飛甍夾馳道, 垂楊蔭御溝.
凝笳翼高盖, 疊鼓送華輈.
獻納雲臺表, 功名良可收.

【江南佳麗地, 金陵帝王州】'江南'은 長江의 남쪽.《文選》注에《爾雅》를 인용하여 "江南曰揚州"라 함. '佳麗'는 아름답고 장려함. 曹植의 〈贈王粲〉詩에 "壯哉帝王居, 佳麗殊百城"이라 함. '金陵'은 지금의 南京으로 東晉과 南朝(宋, 齊, 梁, 陳) 때 帝王의 도읍이었음.《文選》注에 "《吳錄》曰: 張紘言於孫權曰: 秣陵, 楚武王所置, 名爲金陵. 秦始皇時, 望氣者云: 金陵有王者氣, 故斷連崗, 改名秣陵也"라 함. 注에 "金陵, 建康也.《帝王世紀》: 晉都洛陽, 至永嘉南居建康, 至宋齊梁陳並都金陵.《寰宇記》: 諸葛孔明謂帝曰:「鍾山龍盤, 石城虎踞, 眞帝王居也.」"라 함.

【逶迤帶綠水, 迢遞起朱樓】'逶迤'(위이)는 '逶迱'로도 표기하며 구불구불하고 길게 뻗은 모습을 나타내는 雙聲連綿語. 王逸《楚辭》注에 "逶迤, 長貌也"라 함.《眞寶》注에는 "逶, 於危反;迤, 音移. 逶迤, 斜去貌"라 함. '帶綠水'는 綠色 물을 띠처럼 두르고 있음. 혹 녹색을 띠고 있는 물.《文選》에는 '帶淥水'로 되어 있음. '迢遞'(초체)는 멀고 까마득한 모습을 뜻하는 雙聲連綿語.〈吳都賦〉劉逵 注에 "迢遞, 遠望懸絶也"라 함.《眞寶》注에 "迢遞, 遠貌"라 함. '朱樓'는 붉은 칠을 한 화려한 누각.

【飛甍夾馳道, 垂楊蔭御溝】'飛甍'(비맹)은 날듯이 양편이 위로 뻗친 지붕 용마루의 기와.《眞寶》注에 "甍, 音萌, 屋棟"이라 함. '馳道'는《漢書》應劭 注에 "天子道也"라 함. 궁성 앞의 넓은 대도. 큰 수레가 빨리 달릴 수 있도록 마련된 큰 길. 혹 고속도로와 같은 역할을 하는 간선도로. '馳'는 駎과 같음.《眞寶》注에 "音池, 駎也"라 함. '御溝'는 궁전의 도랑.《文選》注에 "《洛陽記》曰:「天淵南有石溝, 御溝水也.」崔豹《古今注》:「長安御溝謂之楊溝, 植楊其上.」"이라 함.

【凝笳翼高盖, 疊鼓送華輈】'凝'은 合奏를 뜻함. '笳'는 피리. '凝笳'는 많은 피리소리가 엉기듯이 합주됨을 말함.《眞寶》注에 "笳聲多而凝聚"라 함. '翼'은 더욱 조화를 이루도록 날개 역할을 하며 보내옴.《眞寶》注에 "左右夾侍"라 함. '高盖'는 '高蓋'와 같으며 수레의 높은 지붕(뚜껑, 덮개). 고관대작의 수레를 가리킴. '翼高

蓋'는 피리의 연주를 따라 내조하는 제후의 행차를 그 피리소리가 수레의 높은 뚜껑을 양쪽에서 떠받들고 보내오는 것 같음을 표현한 것. '疊鼓'는 여러 개의 북. 《眞寶》注에 "非一鼓也"라 함. 《文選》注에 "《老子》曰: 馳馬高蓋, 小擊鼓謂之疊"이라 함. '華輈'는 화려한 수레의 끌채. '輈'는 수레의 끌채. 《眞寶》注에 "輈, 音舟. 轅也"라 함.

【獻納雲臺表, 功名良可收】'獻納'은 자신이 세운 공을 천자에게 헌납함. 공적이나 업적, 실적 등을 보고함. '雲臺'는 後漢 明帝 永平 3년(60) 鄧禹를 포함한 28명의 將軍 및 功臣의 초상을 南宮의 雲臺에 그려 놓았었음. '雲臺表'는 28명의 장수와 공신처럼 공을 세워 雲臺에 표창됨을 말함. 《眞寶》注에 "後漢明帝永平三年, 圖二十八將於南宮雲臺, 以鄧禹爲首"라 함. '可收'는 功을 거둘 만한 함. 功을 인정하여 받아줄 만함.

참고 및 관련 자료

1. 사조(謝朓: 464-499)

南朝 齊나라 때 시인이며 문인. 字는 玄暉. 陳郡 陽夏 사람. 귀족출신으로 어머니는 宋나라 長城公主. 齊나라 中書吏部郎을 역임했으며 永元(齊, 東昏侯의 연호, 499-501) 元年 江祐(江祏) 등과 始安王 遙光을 옹립하려다가 죄에 걸려 옥사함. 당시 36세. 謝朓는 풍격이 秀逸하여 소위「新變體」를 창시했으며 五言詩의 律詩化에 지대한 영향을 미쳤음. 永明體의 대표적 시인이며 李白이 매우 숭앙했던 인물. 宣城太守를 역임하여 '謝宣城'으로도 불리며 그의 시를 모은 《謝宣城集》이 전함. 《南齊書》(47) 및 《南史》(19)에 傳이 있음. 《南齊書》謝朓傳에 "謝朓, 字玄暉, 陳郡陽夏人也. 少好學, 有美名. 文章淸麗, 長五言詩. 沈約常云:「二百年來, 無此詩」也"라 하였고, 《南史》謝朓傳에 "謝朓爲隨王子隆鎭西功曹, 累遷尙書吏部郎, 爲江祏搆死"라 함.

2. 이 시는 《謝宣城集》(2), 《文選》(22), 《樂府詩集》(20), 《古詩紀》(68), 《古今詩刪》(5), 《古詩鏡》(16), 《古樂苑》(11) 등에 실려 있음.

3. 《南齊書》謝朓傳에 "謝朓, 字玄暉, 陳郡陽夏人也. 少好學, 有美名. 文章淸麗, 長五言詩. 沈約常云:「二百年來, 無此詩」也."라 하였고, 《眞寶》 諸賢姓氏事略에는 "謝玄暉, 名朓, 長於五言, 仕爲尙書郎"이라 함.

4. 韻脚은 '州, 樓, 溝, 輈, 收'.

054. 〈和徐都曹〉 ················· 謝玄暉(謝朓)
서도조의 시에 화운함

*《眞寶》注에 "鋪張(叙)宛洛, 春日遊觀之勝槩. ○和, 去聲, 聲相應也. 作者爲唱, 答者爲和. 魏晉至唐, 和意而已. 至晩唐李翼, 盧綸, 始和韻"이라 함.
*〈和徐都曹〉: '和'는 和答함. '徐都曹'는 徐勉.《文選》注에 "都曹郞, 徐勉也"라 함. 그가 中都曹의 벼슬을 하여 그 때문에 '徐都曹'라 불림. 徐勉의 〈昧旦出新(亭)渚〉라는 시에 謝朓가 和答한 것으로 金陵 교외의 풍광을 읊은 것임.《眞寶》注에 "徐都曹, 中都曹也, 八座之一"이라 함.《萬姓統譜》에 "徐勉, 字修仁, 東海郯人, 幼孤貧, 勵淸節. 徐孝嗣見之曰:「此人中騏驥, 必能致千里.」"라 함. 한편《文選顔鮑謝詩評》(4)에 "虛谷曰:《文選》注〈和徐都曹勉昧旦出新渚〉, 此乃借宛洛以喩建康. 小詩十句而三句膾炙人口"라 함.

완宛 땅과 낙양洛陽은 놀기 좋은 곳,
봄기운이 황제의 고향에 가득하도다.
수레를 몰아 동쪽 교외 길로 나서서,
아득히 멀리 푸르게 흘러가는 장강長江을 보도다.
햇살은 물 위에서 움직이고,
풍광은 풀 밭 사이에 떠 있네.
복사꽃 오얏꽃은 사람 발길 끌어 모으고,
뽕나무 느릅나무는 그늘진 길을 구비 돌게 하네.
동도東都에는 이윽고 농사일이 시작됐으니,
돌아가 푸른 밭을 바라보리라.

宛洛佳遨遊, 春色滿皇州.
結軫靑郊路, 回瞰滄江流.
日華川上動, 風光草際浮.

桃李成蹊徑, 桑楡廕道周.
東都已俶載, 言歸望綠疇.

【宛洛佳遨遊, 春色滿皇州】'宛'은 河南 南陽縣. 東漢 光武帝(劉秀)의 출생지로 中
興 功臣이 그를 따라 많이 배출된 곳임. '洛'은 지금의 河南 洛陽. 역대로 東都였
으며 東漢 및 西晉의 수도였음. 이를 金陵(南京)에 비유하여 표현한 것임.《文選》
注에 "宛, 南陽也; 洛, 洛陽, 皇州, 帝都也. 時都在江東而言, 宛洛者, 擧名都以言之
也"라 함.《眞寶》注에 "宛, 平聲. 南陽縣, 光武生南陽白水鄕, 中興功臣, 多帝鄕親
舊, 故其地繁盛"이라 하였고, 같은《眞寶》注에 "洛, 今河南府, 後漢都焉. 暉以宛
洛, 比金陵"이라 함. '遨遊'(오유)는 '노닐다'의 뜻으로 雙聲連綿語로 표현한 것.
〈古詩十九首〉(3)에 "驅車策駑馬, 游戲宛與洛"이라 함. '皇州'는 皇都. 남조 齊나라
의 都城이었던 金陵. 지금의 南京.《文選》注에 "皇州, 帝都也"라 함.

【結軫靑郊路, 回瞰滄江流】'軫'은 수레의 뒤축 횡목.《眞寶》注에 "軫, 車後木"이라
함. '結軫'은 '돌아다니다'의 뜻.《楚辭》九歎 遠遊篇 "結余軫於西山"의 王逸 注에
"結, 旋也"라 함. '靑郊路'는 푸른 교외의 길. '靑'은 동쪽, 따라서 동쪽 교외의 길.
'回瞰'은 '逈瞰'의 오기.《文選》에 '逈瞰'으로 되어 있으며 '逈'(형)은 '멀리'의 뜻.
'瞰'은 '視'와 같음. '멀리, 아득히 보다'의 뜻.《眞寶》注에 "音闞, 視也"라 함.

【日華川上動, 風光草際浮】'日華'는 태양의 광채, 햇살. '風光'은 光風과 같음. 경치.
《楚辭》"光風轉蕙汎崇蘭"의 王逸 注에 "光風, 謂日出而風, 草木有光色也"라 함.

【桃李成蹊徑, 桑楡廕道周】'徑'은 '逕'으로도 표기하며 오솔길. 桃李는 말이 없어
도 그 꽃을 보기 위해 그 아래 저절로 사람들이 모여들어 길이 생김.《漢書》李
廣傳 贊에 "諺曰:「桃李不言, 下自成蹊.」"라 함. '桑楡'는 뽕나무와 느릅나무. 잎이
크고 무성하여 저절로 그 아래 그늘이 생김.《楚辭》에 "鳴鳩棲於桑楡"라 함. '廕
道周'의 '廕'은 '蔭', '陰'과 같음. 그늘.《文選》에는 '陰'으로 되어 있음. '廕道'는 그
늘을 이룬 길. '周'는 '曲'과 같음.《詩》唐風 "有杕之杜, 生于道周"의 毛萇 箋에
"周, 曲也"라 함.《眞寶》注에 "周, 路曲"이라 함.

【東都已俶載, 言歸望綠疇】'東都'는 洛陽. 여기서는 金陵(建康, 南京)을 洛陽에 비
유한 것. '俶載'는 봄에 농사일을 시작함.《詩》小雅 大田에 "以我覃耜, 俶載南畝"
라 하였고, 毛萇은 "覃, 利也"라 하였으며, 王肅은 "俶, 始也; 載, 事也. 言用我之
利, 始事於南畝也"라 함.《眞寶》注에 "俶, 始也; 載, 去聲, 事也"라 함. '言'은 助詞.

뜻은 없음. 《詩》小雅 黃鳥에 "此邦之人, 不我肯穀. 言旋言歸, 復我邦族"이라 함.
'綠疇'의 '疇'는 밭, 농토. 一井 넓이의 농토. 《國語》賈逵 注에 "一井爲疇"라 함.

참고 및 관련 자료

1. 謝朓, 謝玄暉, 앞장 053 참조.

2. 이 시는 《文選》(30)에 실려 있음. 《謝宣城集》(4) 등에는 모두 제목이 〈和徐都
曹出新亭渚〉로 되어 있음. 그 외 《古詩紀》(70), 《古今詩珊》(8), 《古詩鏡》(16), 《竹莊
詩話》(4), 《藝文類聚》(28), 《淵鑑類函》(307), 《佩文齋詠物詩選》(95), 《漢魏六朝百三
家集》(77) 등에 실려 있음.

3. 韻脚은 '州, 流, 浮, 周, 疇'.

4. 〈昧旦出新亭渚〉(徐勉) 《謝宣城集》(4)

驅車凌早術, 山華映初日. 攬轡且徘徊, 復値清江謐. 杳藹楓樹林, 參差黃鳥匹. 氣
物宛如斯, 重以心期逸. 春堤一遊衍, 終朝意殊悉.

055. <遊東園> ·················· 謝玄暉(謝朓)

동원에서 노닐며

＊《眞寶》注에 "形容東園之佳致"라 함.
＊<遊東園>: 余冠英의《漢魏六朝詩選》注에 "齊나라 惠文太子가 鍾山 아래 樓館을
  짓고 東田이라 하였다"라 하여 東園은 東田이라고도 하며 謝朓의 별장이었음.

슬픈 마음에 괴롭기만 할 뿐 즐거움이 없어,
손잡고 행락길을 함께 나섰네.
구름 찾아 여러 층의 누대에 올라,
산을 따라 아름답게 지은 누각을 조망하네.
멀리 나무들은 가물가물 무성하게 자라 있고,
피어나는 안개는 뒤엉켜 막막하네.
물고기가 노니니 새로 난 연꽃 움직이고,
새가 흩어지니 남은 꽃잎이 떨어지네.
향기로운 봄 술은 마주하지도 않은 채,
도리어 푸른 산 성곽만을 바라보고 있네.

戚戚苦無悰, 携手共行樂.
尋雲陟累榭, 隨山望菌閣.
遠樹曖芊芊, 生烟紛漠漠.
魚戲新荷動, 鳥散餘花落.
不對芳春酒, 還望青山郭.

【戚戚苦無悰, 携手共行樂】'戚戚'은 마음에 슬픔을 느낌, 시름을 지음. '戚'은 慽,
感과 같음.《文選》에는 '感感'으로 표기되어 있음. '悰'은 '즐거움을 느낌'.《眞寶》

注에 "惊, 音叢. 樂也"라 함. '携手'는 '손을 끌고, 손을 잡고'의 뜻.

【尋雲陟累榭, 隨山望菌閣】'尋雲'은 '구름을 찾아'의 뜻으로 높이 올라감을 형용한 것. '陟'은 升과 같음. '累'는 '중첩되다, 여러 층'의 뜻. '榭'는 臺榭, 높이 지은 누대. 《眞寶》注에 "榭, 音謝, 榭上有屋也. 累榭, 重臺也"라 함. 《楚辭》招魂 "層臺累榭臨高山"의 王逸 注에 "層, 累, 皆重也. 臺上有木曰榭"라 함. '隨山'은 산을 따라감. 《尙書》에 "隨山刊木"이라 함. '菌閣'은 버섯 무늬를 넣어 꾸민 누각. 《楚辭》九懷에 "菌閣蕙樓"라 하였고, 《眞寶》注에 "菌, 上芝, 菌也, 《韻書》:地蕈也"라 함.

【遠樹曖芊芊, 生烟紛漠漠】'曖'는 어둠침침하고 가물가물하여 명확히 보이지 않음. '芊芊'은 초목이 무성한 모습. 《眞寶》注에 "曖, 不明;芊, 音遷. 芊芊, 茂美貌"라 함. 《文選》에는 '仟仟'으로 되어 있으며 注에 "《廣雅》:芊芊, 盛也. 仟與芊同"이라 함. '烟'은 '煙'과 같음. '生烟'은 내가 피어오르는 것. 안개나 내가 피어오르는 모습을 말함. '紛'은 뒤얽혀 어지러운 모습.

【魚戲新荷動, 鳥散餘花落】'戲'는 戲와 같음. 물고기가 놀이(헤엄)를 하니, 새로 난 연꽃이 흔들림. 漢 樂府 相和歌 江南篇에 "魚戲蓮葉間"이라 함.

【不對芳春酒, 還望靑山郭】'不對芳春酒'는 아름다운 봄 풍경의 봄 술도 마주하지 않음. '還'은 副詞로 '도리어, 그래도, 오히려, 그럼에도, 아니면' 등의 뜻. 《文選》注에 《文選》注에 "言野外昭曠, 取樂非一, 若不對妓春酒, 還則望彼靑山. 魏武帝〈短歌行〉曰:「對酒當歌.」陸機〈悲行〉曰:「遊客芳春林.」《毛詩》曰:「爲此春酒.」"라 하여, "즐길 일이 한 가지만 아니므로 만약 春酒를 마주하지 않는다면 도리어 靑山을 바라보다"로 풀이하고 있음. '靑山郭'은 靑山 밖의 외곽 모습. 이 구절은 〈采石月贈郭功甫〉(183)와 관련이 있음.

참고 및 관련 자료

1. 謝朓, 謝玄暉, 053 참조.

2. 이 시는 《文選》(22)에 실려 있으며, 제목이 〈遊東田〉으로 되어 있음. 그 注에 "朓有莊在鍾山東, 遊還作"이라 함. 그 외 《謝宣城集》(3), 《文章正宗》(22下), 《古詩紀》(69), 《古詩鏡》(16), 《漢魏六朝百三家集》(77), 《竹莊詩話》(4), 《淵鑑類函》(307), 《景定建康志》(37) 등에 실려 있음.

3. 韻脚은 '樂, 閣, 漠, 落, 郭'.

056. 〈怨歌行〉 ·················· 班婕妤
원망의 노래

*《眞寶》注에 "漢宮班婕妤, 寵眷旣衰, 託興於紈扇, 謂「其得寵之時, 如扇出入於君之懷抱衣袖間; 一旦愛衰, 則如秋至風涼, 廢棄於篋笥中, 恩愛絶矣.」"라 함.

*〈怨歌行〉: '원망의 노래'. 《漢書》에는 〈紈扇詩〉로 되어 있음. '行'은 歌曲의 한 장르이며 문체의 이름. 《文體明辨》에 "步驟馳騁, 疎而不滯者曰行"이라 함. '婕妤'는 '倢伃'로도 표기하며 후궁 여인들의 品階에 따른 官名. 班姬가 漢 成帝의 사랑을 받다가 뒤에 趙飛燕에게 총애를 빼앗기자 그 슬픔을 이 시로 읊은 것임.

새로 제齊 땅에서 나는 흰 비단을 자르니,
희고 깨끗하기 서리나 눈과 같네.
이를 재단하여 합환선合歡扇을 만드니,
둥글기가 마치 밝은 달 같네.
임의 품속을 들락날락거리며,
흔들림에 따라 가는 바람 일으켰지.
항상 두려움이란 "가을이 와서,
서늘한 바람이 더위를 몰아내면,
그 부채 상자 안으로 던져 버리게 되어,
받던 사랑 중간에 끊어지면 어쩌나 하는 것"이었지.

新裂齊紈素, 皎潔如霜雪.
裁爲合歡扇, 團圓似明月.
出入君懷袖, 動搖微風發.
常恐秋節至, 凉飈奪炎熱.
棄捐篋笥中, 恩情中道絶.

【新裂齊紈素, 皎潔如霜雪】'新裂'은 새로 잘라 만듦. 《眞寶》注에 "音列, 擘裂"이라
함. '新製'로 된 판본도 있음. '齊紈素'는 齊 땅에서 나는 희고 고운 비단. 《文選》
注에 《漢書》曰:「罷齊三服官」. 李斐曰:「紈素爲冬服」. 范子曰:「紈素出齊」. 荀悅曰:
「齊國獻紈素絹, 天子爲三服官也.」라 함. '素'는 비단. 《眞寶》注에 "素, 白緻繒也"
라 함. '皎潔'은 희고 깨끗함. 《眞寶》注에 "潔白貌"라 함.

【裁爲合歡扇, 團圓似明月】'合歡扇'의 合歡은 부부나 남녀의 사랑을 비유함. 부채
를 만들 때 양면의 비단이 서로 달라붙어 두 겹이 되어 부부의 밀착을 비유함.
《文選》注에 "古詩曰:文綵雙鴛鴦, 裁爲合歡被"라 함. 《眞寶》注에 "二面相夾, 謂
之合歡扇"이라 함. '團圓'은 둥근 모습을 뜻하는 疊韻連綿語. 둥근 부채를 만든
것임. 《文選》에는 '團團'으로 되어 있음. 사랑의 원만함을 뜻함.

【出入君懷袖, 動搖微風發】'懷'는 《文選》注에 "《蒼頡篇》:「懷, 抱也.」此謂蒙恩幸之
時也"라 함.

【常恐秋節至, 涼飆奪炎熱】《文選》注에 "古長歌行曰:常恐秋節至, 焜黃華葉衰"라
함. '涼飆'(량표)는 서늘한 회오리바람. 돌개바람. 가을바람을 뜻함. 《眞寶》注에
"飆, 音標. 秋風也"라 함. 《文選》에는 '涼風'으로 되어 있음.

【棄捐篋笥中, 恩情中道絶】'棄捐'은 내버림. 필요로 하지 않음. '篋笥'는 대나무로
만들어 옷 따위를 갈무리하는 상자. 《眞寶》注에 "篋, 音医, 箱屬;笥, 音似"라 함.

참고 및 관련 자료

1. 반첩여(班婕妤)

반희(班姬:?)라고도 부름. 西漢 成帝 劉驁(BC.32-BC.7년 재위)의 妃. 成帝가 즉위
하자 後宮에 들어가 처음에는 少使였으나 뒤에 婕妤(倢伃)로 승격됨. 그 뒤 成帝
가 趙飛燕을 총애하여 깊이 빠지자 班姬는 사랑을 잃고 〈紈扇詩〉를 지었다 하나
뒷사람들은 많은 의심을 나타내고 있음. 내용은 부채(자기 자신을 비유함)가 여름
날에는 주인(임금) 곁에 있지만 가을바람이 불어오면 옷장에 넣고 다시 찾지 않
음을 비유하여 노래한 것임. 班姬에 대해서는 《漢書》(97) 外戚傳 참조.

2. 이 시는 《文選》(27)에 실려 있으며, 그 注에 "五言. 《歌錄》曰:怨歌行, 古辭. 然言
古者有此曲, 而班婕妤擬之. 婕妤, 帝初卽位, 選入後宮. 始爲少使, 俄而大幸, 爲婕妤,
居增成舍. 後趙飛燕寵盛, 婕妤失寵, 希復進見. 成帝崩, 婕妤充園陵, 薨"이라 함. 《樂
府詩集》(42) 相和歌辭 楚調曲과 《玉臺新詠》(1)에도 수록되어 있음. 문자는 약간씩
달라 〈怨歌行〉:"新裂齊紈素, 皎潔如霜雪. 裁爲合歡扇, 團團似明月. 出入君懷袖, 動

搖微風發. 常恐秋節至, 涼風奪炎熱. 棄捐篋笥中, 恩情中道絶."로 되어 있음. 그 외 《古樂府》(5), 《風雅翼》(1), 《古今詩刪》(2), 《古樂苑》(22), 《太平御覽》(702, 814), 《藝文類聚》(41), 《山堂肆考》(182) 등에 실려 있음.

3. 韻脚은 '雪, 月, 發, 熱, 絶'.

4. 《玉臺新詠》(1) 班婕妤 〈怨詩〉序(詩는 앞의 《文選》과 같음)

昔漢成帝班婕妤失寵, 供養於長信宮, 乃作賦自傷, 並爲怨詩一首.

5. 《文心雕龍》明詩篇

李陵, 班婕妤, 見疑於後代.

6. 《滄浪詩話》考證(宋, 嚴羽)

班婕妤怨歌行, 文選直作班姬之名. 樂府以爲顏延年作.

7. 《樂府詩集》(42)에도 〈怨歌行〉의 제목으로 실려 있음.

8. 《漢書》(97) 外戚傳

孝成班倢伃, 帝初卽位, 選入後宮, 始爲少使. 俄而大幸, 爲倢伃, 倢伃誦詩, 及窈窕德象女師之篇(顏師古注: 皆古箴戒之書也). 其後, 趙飛然姊弟亦從自微賤興, 踰越禮制, 寢盛於前. 倢伃恐久見危, 求共養太后長信宮, 上許焉. 倢伃退處東宮, 作賦自傷悼. 成帝崩, 倢伃充奉園陵, 薨, 因葬園中. ……漢因秦制, 正嫡曰皇后, 其餘內職有夫人, 美人, 良人, 八子, 七子, 長使, 少使之號; 武帝加婕妤, 娙娥, 容華, 充衣; 元帝加昭儀, 又有五宮, 順常, 無涓, 共和, 娛靈, 寶林, 良使, 夜者之小職.

9. 《隋書》經籍志

漢成帝班婕妤集一卷.

057. 〈擬怨歌行〉 ·················· 江文通(江淹)
'원가행'을 본뜸

＊〈擬怨歌行〉: 앞의 〈怨歌行〉을 본뜬 시. 《文選》(31) 江淹의 〈班婕妤〉(詠扇) 중 제
3수임.

흰 비단으로 만든 부채 둥근 달 같구나,
베틀의 흰 비단으로부터 나온 것이지.
그 부채에 진秦 목공穆公의 딸 농옥弄玉의 고사를 그려,
난새 타고 안개 속으로 향하는 모습이라네.
채색을 넣어 그린 그림을 세상에서는 중히 여기지만,
아무리 새것이라도 옛것을 대신할 수는 없는 법.
생각건대 걱정거리란 "서늘한 바람이 이르러,
나의 섬돌 앞 나무에 불어오면,
임의 사랑 아직 다하지도 않았는데,
쓸쓸히 중도에 버려지고 마는 것."

紈扇如圓月, 出自機中素.
畵作秦王女, 乘鸞向煙霧.
采色世所重, 雖新不代古.
竊愁涼風至, 吹我玉階樹.
君子恩未畢, 零落在中路.

【紈扇如圓月, 出自機中素】'出自機中素'는 베틀에서 막 나온 비단.
【畵作秦王女, 乘鸞向煙霧】'畵作秦王女'는 그 부채에 '秦王女와 蕭史(蕭史)'의 애정
고사를 그려 넣음. '秦王女'는 秦 穆公(繆公)의 딸 弄玉. 簫史가 퉁소를 잘 불어

농옥이 그를 좋아하자 왕이 소사를 사위로 삼고 鳳臺를 지어줌. 이에 둘은 늘
그곳에서 퉁소를 불며 사랑을 나누었는데 어느 날 봉황이 날아와 그들을 태우
고 날아갔다 함.《文選》注에 "《列仙傳》曰: 蕭史者, 秦繆公時人, 善吹簫. 繆公有女,
字弄玉, 好之, 公遂以妻焉. 一旦皆隨鳳皇飛去"라 하였고,《眞寶》注에도 "蕭史善
吹笙, 秦穆公女弄玉好之, 以妻焉. 爲作鳳臺, 夫婦止其上, 一旦乘鸞鳳而去"라 함.
참고란을 볼 것. '鸞'은 鳳凰의 일종.《文選》注에 "《楚辭》曰:「駕鸞鳳而上游.」"라
함. '煙霧'는 내와 안개.

【采色世所重, 雖新不代古】'采色'은 彩色과 같음. 온갖 색깔로 아름답게 그림. 여기
서는 아주 잘 그려진 부채 그림을 뜻함. '雖新不代故'는 비록 새것이긴 하지만 옛
것을 대신할 수는 없음.《眞寶》注에 "代, 替也; 故, 舊也"라 함.

【竊愁凉風至, 吹我玉階樹】'竊愁'는 몰래 근심함.〈怨歌行〉의 '常恐'에 맞추어 표
현한 것. '玉階'는 玉石으로 만든 섬돌.《文選》注에 "《自傷賦》曰:「華殿塵兮玉階
苔.」"라 함.

【君子恩未畢, 零落在中路】'零落'은 쓸쓸함을 뜻하는 雙聲連綿語. '中路'는 中途와
같음.

참고 및 관련 자료

1. 江文通: 江淹. 033을 참조할 것.

2. 이 시는《文選》(31)에는 梁나라 江淹의 雜體詩 30수 중 제 3수〈班婕妤〉이며
注에 제목이 "詠扇"으로 되어 있음. 徐陵의《玉臺新詠》(5)에도 실려 있음. 그 외
《漢魏六朝百三家集》(86),《淵鑑類函》(379) 등에도 실려 있음.

3. 韻脚은 '素, 霧, 古, 樹, 路'.

4.《列仙傳》(上) 蕭史

蕭史者, 秦穆公時人也. 善吹簫, 能致孔雀白鶴於庭. 穆公有女, 字弄玉, 好之. 公遂
以女妻焉. 日敎弄玉作鳳鳴. 居數年, 吹似鳳聲, 鳳凰來止其屋. 公爲作鳳臺, 夫婦止
其上, 不下數年. 一日, 皆隨鳳凰飛去. 故秦人爲作鳳女祠於雍宮中, 時有簫聲而已.『
蕭史妙吹, 鳳雀舞庭. 嬴氏好合, 乃習鳳聲. 遂攀鳳翼, 參翥高冥. 女祠寄想, 遺音載
淸.』

5.《太平廣記》(4) 蕭史

蕭史不知得道年代. 貌如二十許人. 善吹簫, 作鸞鳳之響, 而瓊姿煒爍, 風神超邁,
眞天人也. 混迹於世, 時莫能知之. 秦穆公有女弄玉, 善吹簫, 公以弄玉妻之. 遂敎弄

玉作鳳鳴. 居十數年, 吹簫似鳳聲, 鳳凰來止其屋. 公爲作鳳臺, 夫婦止其上, 不飲不食, 不下數年. 一日, 弄玉乘鳳, 蕭史乘龍, 昇天而去. 秦爲作鳳女祠. 時聞簫聲. 今洪州西山絶頂, 有蕭史石仙壇石室, 及巖屋眞像存焉. 莫知年代.

　6.《蒙求》蕭史鳳臺

　《列仙傳》:蕭史者, 秦穆公時人. 善吹簫, 能致孔雀, 白鶴. 居數年, 吹似鳳聲, 鳳凰來止其屋上, 作鳳臺, 夫婦止其上, 不下數年. 一日, 皆隨鳳凰飛去. 故秦人作鳳女祠雍宮中, 時有簫聲.

　7.《仙佛奇蹤》(2) 蕭史

　蕭史, 得道, 好吹簫. 秦穆公以女弄玉妻之, 遂敎弄玉吹簫, 作鳳鳴. 有鳳來止其屋, 公爲作鳳臺. 後弄玉乘鳳, 蕭史乘龍, 共昇天去.

　8.《三才圖會》(人物 11) 蕭史

　蕭史, 得道, 好吹簫. 秦穆公以女弄玉妻之, 遂敎弄玉吹簫, 作鳳鳴. 有鳳來止其屋, 公爲作鳳臺. 後弄玉乘鳳, 蕭史乘龍, 共昇天去.

　9.《藝文類聚》(44)

　《列仙傳》曰: 蕭史者, 秦穆公時人. 善吹簫, 能致孔雀白鶴, 穆公女弄玉好之, 公妻焉. 一旦隨鳳飛去. 故秦樓作鳳女祠, 雍宮世有簫聲云.

　10.《藝文類聚》(78)

　《列仙傳》曰: 蕭史, 秦繆公時. 善吹簫, 能致白鵠孔雀, 公女字弄玉, 好之, 以妻焉, 遂敎弄玉作鳳鳴. 居數十年, 鳳皇來止其屋, 爲作鳳臺. 夫婦止其上, 不下數年. 一旦皆隨鳳皇飛去. 故秦氏作鳳女祠, 雍宮世有簫聲.

　11.《藝文類聚》(90)

　《列仙傳》曰: 蕭史敎弄玉吹簫, 作鳳聲, 鳳皇來止其屋, 秦穆公爲作鳳臺, 一旦皆隨鳳飛去.

　12.《文選》(28) 〈樂府〉注

　《列仙傳》曰: 蕭史者, 秦繆公時人也, 善吹簫. 繆公有女號弄玉, 好之, 公遂以妻之. 遂敎弄玉作鳳鳴. 居數十年, 吹似鳳聲, 鳳皇來止其屋, 爲作鳳臺, 夫婦止其上, 不下數年, 一旦皆隨鳳皇飛去. 故秦氏作鳳女詞,

　13.《文選》(31) 〈雜體詩〉注

　《列仙傳》曰: 蕭史者, 秦繆公時人, 善吹簫. 繆公有女, 字弄玉, 好之, 公遂以妻焉. 一旦皆隨鳳皇飛去.

　14.《太平御覽》(581)

《列仙傳》曰: 簫史者, 秦繆公時人, 善吹簫. 能致孔雀白鶴, 繆公女弄玉, 好之, 以妻焉. 其後隨鳳去. 故秦人祠於雍宮, 代有簫聲.

15.《太平御覽》(154)

又曰: 簫史善吹簫, 敎穆公女, 作鳳聲. 公爲作鳳臺, 令夫妻止其上. 一旦, 皆隨鳳飛去.

16.《太平御覽》(178)

《列仙傳》曰: 簫史者, 秦穆公時人. 善吹簫, 能致孔雀白鵠. 穆公有女, 字弄玉, 好之. 公以妻焉. 遂敎弄玉作鳳鳴. 居數十年, 吹似鳳聲, 鳳皇來止其屋. 爲作鳳臺, 夫婦止其上. 數年, 一日, 皆隨鳳飛去. 秦爲作鳳女祠於雍宮, 時有簫聲焉.

17.《太平御覽》(178)

又曰: 簫史, 善吹簫, 能致白鶴.

18.《初學記》(16) 簫

劉向《列仙傳》曰: 簫史者, 秦穆公時人. 善吹簫, 能致孔雀, 白鶴. 穆公女弄玉好之, 公妻焉. 其後隨鳳去. 故秦人作鳳女祠雍宮, 代有簫聲云.

19.《初學記》(19) 弄玉

劉向《列仙傳》曰: 簫史者, 秦穆公時人. 善吹簫, 能致孔雀, 白鶴. 穆公女弄玉好之, 公以妻焉. 一朝隨鳳飛去.

058. 〈古詩〉 ·················· 無名氏

고시

* 《眞寶》注에 "古詩:不知作者姓氏, 或曰枚乘. 喩臣之不得事君, 如牛女之不得相
  會"라 함.
* 〈古詩〉:이는 《文選》(29)에 실려 있는 〈古詩十九首〉의 제 10수임. 내용은 牽牛와
  織女의 전설을 가탁하여 이루지 못하는 남녀의 순수한 사랑을 노래한 것임.
  《眞寶》注에 "喩臣之不得事君"이라 하였으나 이는 牽强附會임.

멀리 가물가물 견우성牽牛星이여,

희고 밝은 은하수 옆의 직녀성織女星이여.

가늘고 예쁜 흰 손으로,

찰칵찰칵 베틀의 북을 놀리네.

종일토록 해도 무늬를 이루지 못한 채,

눈물만 방울져서 비 오듯 하네.

은하수는 맑고도 얕기만 한데,

서로 얼마나 떨어져 있다고,

찰랑찰랑 은하수 사이에 두고,

빤히 바라보며 말 전하지 못하는가?

迢迢牽牛星, 皎皎河漢女.

纖纖擢素手, 札札弄機杼.

終日不成章, 涕泣零如雨.

河漢清且淺, 相去復幾許,

盈盈一水間, 脉脉不得語?

【迢迢牽牛星, 皎皎河漢女】'迢迢'(초초)는 멀고 아득함. 가물가물 아주 멀리 있음. 《眞寶》 注에 "迢迢, 遠也"라 함. '牽牛星'은 독수리자리의 首星. 織女星과 銀河를 사이에 두고 마주하고 있음. '河漢'은 銀河水. '河漢女'는 은하수 옆의 織女星을 가리킴. 織女星은 거문고자리의 별로 독수리자리 牽牛星과 매년 칠월칠석 밤 한 차례만 만난다는 전설이 있음. '牛星'은 牽牛星. 《眞寶》 注에 "牛星, 牽牛也"라 함. 《文選》 注에 "《毛詩》:「維天有漢, 監亦有光. 跂彼織女, 終日七襄. 雖則七襄, 不成報章.」 毛萇曰:「河漢, 天河也.」"라 하였으며, 《眞寶》 注도 대략 같음. '漢女'는 織女星, 《眞寶》 注에 "漢女, 織女也"라 함. '皎皎'는 《眞寶》 注에 "潔白"이라 함.

【纖纖擢素手, 札札弄機杼】'纖纖'은 가늘고 고운 모양. 《眞寶》 注에 "秀美"라 함. 아래 구절 '札札'과 對를 이룸. '擢'은 擧의 뜻. 張銑 注에 "擢, 擧也"라 함. '札札'은 베 짜는 베틀 소리를 형용한 疊語. 《眞寶》 注에 "機杼聲"이라 함. '弄'은 代動詞. 베틀에서 북을 넣고 빼고 하며 작업을 함. 베를 짜는 동작. '機杼'는 베틀과 북.

【終日不成章, 涕泣零如雨】'成章'은 《詩經》 小雅 大東 "跂彼織女, 終日七襄. 雖則七襄, 不成報章"의 구절을 원용한 것. 《眞寶》 注에 "章, 文章也"라 함. '涕泣'은 《文選》에는 '泣涕'로 되어 있음. '零'은 가늘게 방울져 흐름.

【河漢淸且淺, 相去復幾許】'幾許'는 '얼마 쯤'의 뜻.

【盈盈一水間, 脉脉不得語】'盈盈'은 '찰랑찰랑'을 표현한 疊語. '一水'는 《眞寶》 注에 "天河之水"라 함. '脉脉'은 《文選》에는 '脈脈'으로 표기되어 있으며, 그 注에 "《爾雅》: 脈, 相視也. 郭璞曰:「脈脈, 謂相視貌也.」"라 함. '不得語'는 《眞寶》 注에 "下情不能上達也"라 함.

참고 및 관련 자료

1. '古詩'는 漢代 민간에 널리 사랑을 받던 '五言詩'로 작자는 알 수 없으며, 주로 사랑, 이별, 삶의 고통 등 순박하고 진솔한 감정을 읊은 시로 '天衣無縫'이라 칭송을 받고 있음. 민간에 떠돌다가 南朝 梁나라 때 昭明太子(蕭統)의 《文選》에 19수가 채록되어 흔히 '古詩十九首'라 함. 《文選》(29) 雜詩(上) 〈古詩十九首〉에 "五言, 並云 古詩, 蓋不知作者, 或云枚乘, 疑不能明也. 詩云:「驅馬上東門.」 又云:「遊戲宛與洛.」 此則辭兼東都, 非盡是乘明矣. 昭明以失其姓氏, 故編在李陵之上"이라 함. 한편 徐陵의 《玉臺新詠》에도 일부 채집되었으며 여기에서는 漢나라 때 枚乘의 作이라 하였으나, 근거가 희박하여 인정받지 못하고 있음.

2. 이 시는 《文選》(29), 《玉臺新詠》(1), 《文章正宗》(22上), 《古詩紀》(20), 《古詩鏡》(2),

《古今詩刪》(6), 《風雅翼》(1), 《歲時雜詠》(25), 《竹莊詩話》(2), 《藝文類聚》(4, 65), 《太平御覽》(31, 826), 《淵鑑類函》(19, 356) 등에 널리 실려 있음.

3. 韻脚은 '女, 杼, 雨, 許, 語'.

059. 〈古詩〉·················· 無名氏

고시

＊《眞寶》注에 "喩人自少至老, 不知休息也"라 함.
＊〈古詩〉：이는 〈古詩十九首〉의 제15수. 인생은 짧으니 때를 놓치지 말고 즐기기를
　역설적으로 권유한 내용임.

사는 나이 백 년도 채우지 못하면서,

항상 천 년의 걱정을 품고 있네.

낮은 짧고 밤은 괴롭도록 길기만 하니,

어찌 촛불을 잡고 놀지 않을 수 있는가?

즐김은 마땅히 때에 미쳐야 하거늘,

어찌 내년을 기다리겠는가?

어리석은 자는 비용을 아까워하지만,

모두가 먼지 세상의 비웃음거리일 뿐.

신선 왕자교王子喬 같은 이가 있지만,

그와 같이 오래 살기를 기대하긴 어려운 일.

生年不滿百, 常懷千歲憂.

晝短苦夜長, 何不秉燭遊?

爲樂當及時, 何能待來茲?

愚者愛惜費, 俱爲塵世嗤.

仙人王子喬, 難可與等期.

【生年不滿百, 常懷千歲憂】'生年'은 살아 있는 햇수. 일생의 수명. '常懷千歲憂'는
　천 년 살면서 겪을 많은 근심. 《文選》注에 "《孫卿子》曰:「人生無百歲之壽, 而有千

歲之信士, 何也? 曰:以夫千歲之法自持者, 是乃千歲之信士矣.」라 함.

【晝短苦夜長, 何不秉燭遊】'秉燭遊'는 '밤 시간도 아까우니 촛불을 들고 밝혀 놀
지 않을 수 있겠는가?'의 뜻. 李白의 〈春夜宴桃李園序〉에 이 구절을 인용하여
"古人秉燭夜遊, 良有以也"라 함.

【爲樂當及時, 何能待來玆】'爲樂當及時'는 즐거운 일은 마땅히 때를 잃지 말고 그
때그때에 즐겨야 함. '來玆'는 앞으로 올 날. 장래(내년)에도 놀 수 있는 날이 있
으리라 기다림.《眞寶》注에 "待, 或作徒者非.《爾雅》:蓐, 謂之玆, 卽今龍鬚草可以
爲席, 一歲一生, 來玆, 猶言來歲也"라 하여 그 다음 해의 뜻으로 보았음.《文選》
注에는 "《呂氏春秋》曰:「今玆美禾, 來玆美麥.」高誘曰:「玆, 年.」"이라 함.

【愚者愛惜費, 俱爲塵世嗤】'愚者愛惜費'는 어리석은 자는 노는데 드는 비용을 아
까워함. '塵世'는 俗世.《文選》에는 이 구절이 "但爲後世嗤"(다만 뒷사람의 비웃음거
리만 될 뿐)라 하여 더욱 표현이 핍진함. '嗤'(치)는 비웃음을 삼.《文選》注에 "《說
文》曰:「嗤, 笑也.」"라 함.

【仙人王子喬, 難可與等期】'王子喬'는 周 靈王의 太子 姬晉. 道士 浮丘公을 따라
嵩山에 들어가 신선이 되어 白鶴을 타고 사라졌다 함.《眞寶》注에는 "王子喬,
後漢人, 爲葉縣令, 後爲神仙"이라 하여 後漢 때 王喬를 들고 있으나,《文選》注에
는 "《列仙傳》曰:王子喬者, 太子晉也, 道人浮丘公接以上嵩高山"이라 하여 姬晉을
들고 있음. 참고란을 볼 것. '難可以等期'는 수명을 그와 같이 하기는 어려움. 그
토록 오래 살 수 없음. '等'은 '같다'의 뜻.

참고 및 관련 자료

1. 이 시는《文選》(29),《樂府詩集》(37),《古樂府》(5),《風雅翼》(1),《古詩紀》(16, 29,
152),《古今詩刪》(6),《古樂苑》(19),《古詩鏡》(1, 2),《詩話總龜》(1),《竹坡詩話》,《竹莊
詩話》(2)《新唐書》(131),《太平御覽》(870) 등에 실려 있음.

2. 韻脚은 '憂, 游, 玆, 嗤, 期'.

3.《列仙傳》(上) 王子喬

王子喬者, 周靈王太子晉也. 好吹笙作鳳凰鳴. 遊伊洛之間. 道士浮丘公, 接以上嵩
高三十餘年. 後求之於山上, 見桓良曰:「告我家, 七月七日, 待我於緱氏山巓.」至時,
果乘白鶴, 駐山頭. 望之不得到, 擧手謝時人, 數日而去. 亦立祠於緱氏山下及嵩高首
焉.『妙哉王子, 神遊氣爽. 笙歌伊洛, 擬音鳳響. 浮丘感應, 接手俱上. 揮策靑崖, 假翰
獨往.』

4.《太平御覽》(39)

《列仙傳》曰：王子喬，周靈王太子晉也. 好吹笙作鳳凰鳴. 遊伊洛之間. 浮丘公, 接以上嵩高山三十餘年. 後於山上見桓良曰：「告我家, 七月七日, 待我緱氏山頭.」果乘白鶴, 駐山巔. 望之不得到, 舉手謝時人, 數日而去.

5.《太平御覽》(146)

《列仙傳》曰：王子喬, 周靈王太子晉也. 好吹笙作鳳凰鳴. 遊伊洛之間. 有道士浮丘伯, 引上嵩山仙去.

6.《太平御覽》(662)

又曰：王子喬, 周靈王太子晉也. 好吹笙, 作鳳鳴, 浮丘公接上嵩山, 三十餘年, 仙去.

7.《太平御覽》(916)

《列仙傳》曰：王子喬, 見桓良曰：「待我緱氏山頭.」至期, 果乘白鶴, 住山巔. 望之不得到.

8.《初學記》(4) 七月七日

《列仙傳》曰：王喬者, 見桓良曰：「告我家, 七月七日, 待我於緱氏山頭.」果乘白鶴山頭, 望之不得到, 舉手謝時人. 數日而去.

9.《列仙全傳》(1) 王子喬

王子喬, 周靈王太子晉也. 好吹笙作鳳凰鳴. 遊伊洛之間. 道士浮丘公, 接晉上嵩高山三十餘年. 後見栢良謂曰：「可告我家, 七月七日, 待我於緱山頭.」至時, 果乘白鶴, 駐山頭. 可望不可到, 俯首謝時人, 數日方去. 後立祠緱氏山下.

10.《太平廣記》(4) 王子喬

王子喬者, 周靈王太子也. 好吹笙作鳳凰鳴. 遊伊洛之間. 道士浮丘公, 接以上嵩山, 三十餘年. 後求之於山, 見桓良曰：「告我家, 七月七日, 待我於緱氏山頭.」果乘白鶴, 駐山巔. 望之不到, 舉手謝時人, 數日而去. 後立祠於緱氏山及嵩山.

11.《三才圖會》(人物 10) 王子喬

王子喬, 周靈王太子晉也. 好吹笙作鳳凰鳴. 遊伊洛之間. 道士浮丘公, 接晉上嵩高山三十餘年. 後見栢良謂曰：「可告我家, 七月七日, 待我於緱山頭.」至期, 果乘白鶴, 駐山頭. 可望不可到, 俯首謝時人, 數日方去. 後立祠緱氏山下.

12.《後漢書》(82上) 方術傳 注

劉向《列仙傳》曰：王子喬, 周靈王太子晉也. 好吹笙, 作鳳鳴, 遊伊洛之間. 道士浮丘公, 接以上嵩山. 三十餘年, 來於山上, 告桓良曰：「告我家, 七月七日, 待我於緱氏山頭.」果乘白鶴, 駐山巔. 望之不得到, 舉手謝時人而去.

13. 《藝文類聚》(5)

《列仙傳》曰: 王子喬見柏長(桓良), 曰:「告我家. 七月七日, 待我於緱氏山頭.」至時, 乘白鶴在山頭, 望之不得到, 舉手謝時人, 數日而去.

14. 《藝文類聚》(7)

《列仙傳》曰: 王子喬, 周靈王太子晉也. 好吹笙作鳳鳴, 遊伊雒閒, 道士浮丘公接上嵩高山.

15. 《藝文類聚》(44)

《列仙傳》曰: 王子喬者, 周靈王太子晉也. 好吹笙作鳳鳴, 遊伊雒閒, 道士浮丘公接以上嵩山.

16. 《藝文類聚》(90)

《列仙傳》曰: 王子喬見桓良曰:「待我緱氏山頭.」至期, 果乘白鶴住山巔, 望之不得到.

17. 《文選》(1) 〈西都賦〉注

《列仙傳》曰: 王子喬者, 周靈王太子晉也. 道人浮丘公, 接以上嵩高山.

18. 《文選》(11) 〈遊天台山賦〉注

《列仙傳》曰: 王子喬者, 周靈王太子晉也. 道人浮丘公接以上嵩高山. 三十餘年後, 人於山上見之. 告我家, 於七月七日, 待我於緱氏山頭. 果乘白鶴駐山頭.

19. 《文選》(16) 〈別賦〉注

《列仙傳》曰: 王子晉, 吹笙作鳳鳴, 遊伊洛之間, 道士浮丘公接上嵩高. 三十餘年後, 上見桓良曰:「告我家, 七月七日, 待我緱氏山頭.」果乘白鶴住山下, 望之, 不能得到, 舉手謝世人. 數日去, 祠於緱山下.

20. 《文選》(18) 〈笙賦〉注

《列仙傳》曰: 王子, 喬好吹笙, 作鳳鳴.

21. 《文選》(21) 〈遊仙詩〉注

《列仙傳》曰: 王喬者, 周靈王太子晉也, 好吹笙作鳳鳴, 遊伊洛之間, 道人浮丘公, 接以上嵩高山, 三十餘年後, 求之於山上, 見桓良曰:「告我家, 七月七日, 待我於緱山頭.」果乘白鶴駐山頭, 望之不得到, 舉手謝時人. 數日而去. 立祠緱氏山下.

22. 《文選》(21) 〈遊仙詩〉注

《列仙傳》曰: 浮丘公, 接王子喬以上嵩高山.

23. 《文選》(22) 〈芙蓉池作〉注

王子喬, 卽周靈王太子晉也, 道人浮丘公, 接以上嵩高山.

24.《文選》(25)〈登臨海嶠初發彊中作與從弟惠連見羊何共和之〉注

《列仙傳》曰: 王子喬, 好吹笙, 道人浮丘公, 接以上嵩山.

25.《文選》(26)〈奉答內兄希叔〉注

《列仙傳》曰: 王子喬, 周靈王太子晉也. 遊伊雒之間.

26.《文選》(35)〈七命〉注

《列仙傳》曰: 王子喬, 周靈王太子晉也. 吹笙則鳳鳴.

27.《文選》(43)〈北山移文〉注

《列仙傳》曰: 王子喬, 周宣王太子晉也. 好吹笙, 作鳳鳴, 遊伊雒之間.

28.《文選》(46)〈三月三日曲水詩序〉注

《列仙傳》曰: 王子喬, 好吹笙, 作鳳鳴.

29.《文選》(47)〈聖主得賢臣頌〉注

《列仙傳》曰: 王子喬, 好吹笙, 道人浮丘公, 接以上嵩山. 又曰: 赤松子者, 神農時雨師也, 至崑崙山上, 常止西王母石室中.

30.《文選》(53)〈養生論〉注

《列仙傳》曰: 王子喬者, 周靈王太子晉也. 道人浮兵公, 接以上嵩高山.

31.《文選》(59)〈齊故安陸昭王碑文〉注

《列仙傳》曰: 王子喬者, 周靈王太子晉也, 好吹笙作鳳鳴, 遊伊洛之間.

32.《後漢書》(82) 方術傳(上) 王喬

王喬者, 河東人也. 顯宗世, 為葉令. 喬有神術, 每月朔望, 常自縣詣臺朝. 帝怪其來數, 而不見車騎, 密令太史伺望之. 言其臨至, 輒有雙鳧從東南飛來. 於是候鳧至, 舉羅張之, 但得一只舄焉. 乃詔上方䚉視, 則四年中所賜尚書官屬履也. 每當朝時, 葉門下鼓不擊自鳴, 聞於京師. 後天下玉棺於堂前, 吏人推排, 終不搖動. 喬曰: 「天帝獨召我邪?」乃沐浴服飾寢其中, 蓋便立覆. 宿昔葬於城東, 土自成墳. 其夕, 縣中牛皆流汗喘乏, 而人無知者. 百姓乃為立廟, 號葉君祠. 牧守每班錄, 皆先謁拜之. 吏人祈禱, 無不如應. 若有違犯, 亦立能為祟. 帝乃迎取其鼓, 置都亭下, 略無復聲焉. 或云此即古仙人王子喬也.

060. <綠筠軒> ·················· 蘇子瞻(蘇東坡)

녹균헌

*《眞寶》注에 "於潛僧有軒, 名綠筠, 坡老爲賦此詩"라 함.

*<綠筠軒>:'綠筠'은 푸른색을 그대로 띠고 있는 대나무 껍질. 이로써 지은 집. 오
잠(於潛, 浙江 杭州府에 있던 縣 이름. '於'는 '오'로 읽음)의 승려 惠覺禪師가 자신의
거처를 '綠筠軒'이라 하자 東坡가 이를 두고 지은 시임. 내용은 風流雅士들이
대나무를 좋아하였으나, 그러한 高趣를 가진 이들은 대체로 고기를 먹는 부유
한 부류가 아니니, 이 두 가지를 병행할 수 없다면 대나무를 즐기는 쪽을 택하
리라는 뜻임.

식사에 고기가 없을 수는 있지만,
거처에 대나무가 없을 수는 없다네.
고기가 없으면 사람을 수척하게 하지만,
대나무가 없으면 사람을 속되게 한다네.
사람이 수척하면 살찌게 할 수 있지만,
선비가 속되면 고칠 수가 없다네.
곁에 있던 사람들은 이 말을 비웃어,
고상한 것 같지만 역시 바보 같은 짓이라 하네.
만약 이 대나무도 대하고 고기도 여전히 실컷 먹을 수 있다면,
세상에 어찌 양주학揚州鶴이 있겠는가?

可使食無肉, 不可居無竹.
無肉令人瘦, 無竹令人俗.
人瘦尙可肥, 士俗不可醫.
傍人笑此言, 似高還似癡.

若對此君仍大嚼, 世間那有揚州鶴?

【可使食無肉, 不可居無竹】'不可居無竹'은 《晉書》王徽之傳과 《世說新語》에 실려
있던 고사를 원용한 것. 《眞寶》注에는 "王子猷, 嘗寄居空宅中, 便令種竹曰:「何可
一日無此君耶?」"라 함. 참고란을 볼 것. 《東坡詩集》에는 "不可使居無竹"으로 되어
있음.

【無肉令人瘦, 無竹令人俗】'瘦'는 제대로 먹지 못해 수척함을 뜻함. '令'은 平聲. 使
役形助動詞. 《眞寶》注에 "平聲, 下同"이라 함.

【人瘦尚可肥, 士俗不可醫】'士俗'은 《眞寶》注에 "或作俗士者, 非"라 함. '醫'는 動
詞로 쓰였음. 치료함. 고침. 《眞寶》注에 "音移"라 함.

【傍人笑此言, 似高還似癡】'似高還似癡'는 "고상한 듯하나 오히려 바보 같다"의 뜻.
즉 대나무 보다는 고기 실컷 먹는 편이 낫다는 뜻. '癡'는 바보. 《眞寶》注에 "音
蚩"라 함.

【若對此君仍大嚼, 世間那有揚州鶴】'此君'은 대나무를 지칭함. '大嚼'은 고기를 실
컷 먹음. '嚼'은 '고기를 씹어 먹다'의 뜻. 음은 '墻入(墻의 入聲, 즉 '작'. 《眞寶》音注
에서 '某入'이라 한 것은 그 글자를 入聲으로 바꾸어 읽도록 한 것임.) 《眞寶》注에
"嚼, 墻入. ○曹子建《與吳季重書》曰:「過屠門而大嚼, 豈不快意!」"라 함. '那'는 어찌와
같으며 疑問詞. '揚州'는 楊州로도 표기하며 지금의 江西, 江蘇, 浙江 일대를 아
우르던 큰 州. 物産이 풍부하고 매우 부유하여 누구나 그곳의 刺史가 되기를 누
구나 원하고 부러워하였음. 옛날 어떤 사람들이 모여 각자 소원을 말하되, 하나
는 揚州刺史, 하나는 재물이 많기를, 하나는 鶴을 타고 승천하는 것을 말하자
그 중 하나가 "허리에 十萬 貫을 차고, 학을 타고 양주에 이르면 세 가지를 다하
는 것"이라 한 고사를 말함. 참고란을 볼 것. 《眞寶》注에 "昔有客相從, 各言所
思: 或願爲揚州刺史, 或願多貨財, 或願騎鶴上昇. 其一人曰:「腰纏十萬貫, 騎鶴上揚
州, 蓋欲兼三人之所欲也.」"라 함.

참고 및 관련 자료

1. 蘇軾. 蘇東坡, 蘇子瞻, 044 참조.
2. 이 시는 《東坡全集》(4, 16), 《東坡詩集注》(27, 29), 《施注蘇詩》(6, 26), 《蘇詩補註》
(9, 29), 《宋文鑑》(13), 《詩林廣記》(10) 등에 실려 있음. 원제목이 〈於潛僧綠筠軒〉으
로 되어 있음. 오잠(於潛)은 浙江 杭州에 있던 縣 이름.

3. 韻脚은 '竹, 俗'. '醫, 癡', '鶴'

4.《晉書》(80) 王羲之傳(王徽之)

時吳中一士大夫家有好竹, 欲觀之, 便出坐輿造竹下, 諷嘯良久. 主人灑掃請坐, 徽之不顧. 將出, 主人乃閉門, 徽之便以此賞之, 盡歡而去. 嘗寄居空宅中, 便令種竹. 或問其故, 徽之但嘯詠, 指竹曰:「何可一日無此君邪!」

5.《世說新語》任誕篇

王子猷嘗暫寄人空宅住, 便令種竹. 或問:「暫住何煩爾?」王嘯詠良久, 直指竹曰:「何可一日無此君?」

6.《古今事文類聚》(後集 42) 鶴條「騎鶴上揚州」에 인용된《小說》

有客相從各言所志, 或願爲揚州刺史;或願多貲財;或願騎鶴上昇. 其一人曰:「腰纏十萬貫, 騎鶴上揚州, 欲兼三者.」

061. <月下獨酌> .... 李太白(李白)

달 아래 홀로 술을 마시며

*《眞寶》注에 "終篇形容獨酌, 曲盡其妙"라 함.

꽃떨기 사이 술 한 병 놓고,
홀로 마시노니 짝할 사람이 없구나.
잔 들고 밝은 달을 마주하니,
그림자 합하여 세 사람이 되었구나.
달이야 이미 술에 대해 알지도 못하지만,
그림자는 한갓 나 하는 대로 따라 하는구나.
잠시나마 달을 짝하고 그림자를 거느리니,
즐거울 때 모름지기 봄답게 놀아야지.
내 노래에 달은 배회하고,
나의 춤에 그림자는 어지럽구나.
깨어 있을 땐 함께 어울려 기뻐하고,
취한 뒤엔 각각 흩어져 제갈 길 가겠지.
영원히 망정忘情의 친구가 되어 놀다가,
저 아득한 은하수에서 서로 만나길!

花下一壺酒, 獨酌無相親.
擧盃邀明月, 對影成三人
月旣不解飮, 影徒隨我身.
暫伴月將影, 行樂須及春.
我歌月徘徊, 我舞影凌亂.

醒時同交歡, 醉後各分散.
永結無情遊, 相期邈雲漢!

【花下一壺酒, 獨酌無相親】'花下'는《李太白詩集》에는 '花間'으로 되어 있음.

【擧盃邀明月, 對影成三人】'三人'은 홀로 술잔을 들어 하늘의 달, 달에 의해 비친 자신의 그림자를 합해 모두 세 사람이 되었음을 말함.

【月旣不解飮, 影徒隨我身】'徒'는 副詞로 '한갓'의 뜻. '解'는 이해하다의 뜻.《眞寶》 注에 "音蟹"라 함.

【暫伴月將影, 行樂須及春】'暫'은 暫과 같음. 잠시 달이 그림자를 함께 하여 나의 반려가 되어줌. '將'은 '함께하다'(與)의 뜻. '行樂'은 즐거움을 행함.《眞寶》注에 "樂, 音洛"이라 함. '及春'은 봄에 맞음. 봄답게 여김.

【我歌月徘徊, 我舞影凌亂】'徘徊'는 머뭇거림. 주위를 얼씬거리며 떠나지 않음을 뜻하는 疊韻連綿語. '凌亂'은 산란히 어지럽게 흔들림. 雙聲連綿語.《李太白詩集》 에는 '零亂'으로 되어 있음. 역시 같은 뜻의 雙聲連綿語임.

【醒時同交歡, 醉後各分散】'醒時'는 술에 아직 깊이 취하지 않아 서로를 알아볼 때. '交歡'은 즐거움을 서로 나눔.《眞寶》注에 "謂我與月, 對影歌舞"라 함. '醉後 各分散'은 취한 다음 잠에 곯아떨어지면 서로 흩어짐.《眞寶》注에 "醉眠則我與 月影, 分散矣"라 함.

【永結無情遊, 相期邈雲漢】'無情'은 '忘情'과 같음. 그리움 따위조차 잊고 胸懷를 豁然히 털어 버림. 정 따위에 연연하지 않음. '相期'는 서로 기약함. '邈'(막)은 '아 득하다, 멀다'의 뜻.《眞寶》注에 "邈, 音莫"이라 함. '雲漢'은 은하수. 銀漢. 天河. 미 리내.《詩經》大雅 雲漢에 "倬彼雲漢, 昭回于天"이라 하였고, 鄭箋에 "雲漢, 謂天 河也"라 함.

참고 및 관련 자료

1. 이태백(李太白) 李白, 李翰林. 016 참조.

2. 이는《李太白集》(23)에 실려 있으며, 李白이 長安에 있을 때 아무런 실권도 없는 翰林供奉이라는 벼슬을 얻자, 이에 만족하지 못하고 "彷徨庭闕下, 嘆息光陰 逝"(《答高山人兼呈權顧二侯》)라 하였음. 이 때 그 고심을 읊은 것이 바로 이 시이며 모두 4수. 이는 그 첫 수임. 그 외《李太白文集》(20),《李太白集分類補註》(23),《全唐

詩》(182), 《唐詩品彙》(6), 《御選唐詩》(4), 《唐宋詩醇》(8), 《事文類聚》(前集 2), 《山堂肆考》(3), 《淵鑑類函》(393), 《石倉歷代詩選》(44上) 등에 실려 있음.

3. 淸 沈德潛의 《唐詩別裁》에 "脫口而出, 純乎天籟, 此種詩, 人不易學"이라 함.

4. 韻脚은 '親, 人, 身, 春'으로 시작하여 '亂, 散, 漢'으로 換韻하였음.

062. 〈春日醉起言志〉 ················· 李太白(李白)
봄 술에 취하였다가 일어나 뜻을 말함

*〈春日醉起言志〉: 봄날에 취했다가 일어나 품은 뜻을 말로 표현함.

세상에 처함은 마치 큰 꿈과 같은 것,
어찌하여 그 삶 때문에 육신을 힘들게 하겠는가?
그러므로 하루해가 마치도록 취하여,
곯아 떨어져 저 대청 앞 기둥 아래 누워버리도다.
그런데 깨어나 뜰 앞을 보았더니,
새 한 마리 꽃 사이에서 지저귄다.
묻노니 어느 때인가?
봄바람 불어오고 흐르는 꾀꼬리가 지저귀네.
이에 느낌이 있어 탄식이 나려 하여,
술을 마주하고 다시 스스로 잔을 기울인다.
큰 소리 노래하며 밝은 달을 기다려,
노래를 실컷 부르니 이미 모든 감정을 다 잊었네.

處世若大夢, 胡爲勞其生?
所以終日醉, 頹然臥前楹.
覺來眄庭前, 一鳥花間鳴.
借問如何時? 春風語流鶯.
感之欲歎息, 對酒還自傾.
浩歌待明月, 曲盡已忘情.

【處世若大夢, 胡爲勞其生】'大夢'은 세상에서의 삶은 마치 큰 꿈 한 번 꾸는 것과 같음. 《眞寶》 注에 "百年在世, 渾如一夢"이라 함. 한편 《莊子》 齊物論에는 "方其夢也, 不知其夢也. 夢之中又占其夢焉, 覺而後知其夢也. 且有大覺而後知此其大夢也"라 함. '胡'는 '何'와 같음. '勞其生'은 《眞寶》 注에 "《莊》: 勞我以生"이라 함. "삶이라는 것 때문에 나를 힘들게 함"을 뜻함. 《莊子》 大宗師에 "夫大塊載我以形, 勞我以生, 佚我以老, 息我以死. 故善吾生者, 乃所以善吾死也"라 함.

【所以終日醉, 頹然臥前楹】'頹然'은 몸을 가누지 못하고 쓰러지는 모양. 술에 곯아 떨어져 나뒹굶. '頹'는 《眞寶》 注에 "徒回反"(퇴)라 함. 《世說新語》 雅量篇에 "庾時頹然已醉, 幘墮几上, 以頭就穿取"라 함. 《宋書》 顔延之傳에도 "得酒必頹然自得"이라 함.

【覺來眄庭前, 一鳥花間鳴】'覺'는 《眞寶》 注에 "音敎"라 하여 '교'로 읽도록 하였음. '眄'은 '보다, 두리번거리다'의 뜻. 《眞寶》 注에 "眄, 音面, 顧也, 視也"라 함.

【借問如何時? 春風語流鸎】'借問'은 흔히 자신에게 물어주기를 바라는 경우 사용하는 어법. '如何時'는 《李太白詩集》에는 '此何時'로 되어 있음. '流鸎'은 '流鶯'과 같음. 꾀꼬리가 나는 모습을 표현한 것. 물이 흐르듯, 미끄러지듯 나는 형상을 말함. 沈約 시에 "流鶯復滿林"이라 함.

【感之欲歎息, 對酒還自傾】'之'는 '그 것'. '봄의 아름다움'. '還'은 '그래도, 또다시' 등의 뜻.

【浩歌待明月, 曲盡已忘情】'忘情'은 모든 감정을 잊음. '物我兩忘'의 경지에 듦. 앞의 〈月下獨酌〉의 '無情'과 같음.

참고 및 관련 자료

1. 이태백(李太白) 李白, 李翰林. 016 참조.

2. 이 시는 《李太白詩集》(23), 《李太白文集》(20), 《李太白集分類補註》(23), 《李太白集注》(34), 《唐文粹》(16上), 《全唐詩》(182), 《唐詩品彙》(6), 《全唐詩錄》(21), 《唐宋詩醇》(8), 《石倉歷代詩選》(44上, 399), 《唐詩鏡》(17) 등에 실려 있음.

3. 韻脚은 '生, 楹, 鳴, 鸎, 傾, 情'.

063. 〈蘇武〉 ·············· 李太白(李白)
소무

*〈蘇武〉: '蘇武'(B.C.140~BC.60)는 漢나라 杜陵人. 자는 子卿. 平陵侯 蘇建의 아들. 武帝 天漢 원년(B.C.100) 中郞將이 되어 匈奴에 사신으로 갔다가 포로가 되어, 선우(單于)의 위협에 굽히지 않고 멀리 北海(바이칼호)까지 옮겨졌으나 19년을 버티었음. 뒤에 昭帝가 화친을 이루어 始元 6년(B.C.81)에 비로소 귀국하여 典屬國에 올랐으며, 宣帝 때 關內侯가 됨. 그 뒤 成帝 때 未央宮의 麒麟閣에 蘇武와 함께 당시의 공신 11명의 초상을 그려 걸기도 하였음. 그의 〈別李陵詩〉에 "雙鳧俱北飛, 一鳧獨南翔"라 함.《漢書》蘇武傳 및《新序》節士篇 등에 그의 傳이 자세히 실려 있음.《眞寶》注에 "武使匈奴, 單于欲降之"라 함.

소무蘇武는 흉노匈奴 땅에 잡혀 있으면서,
십 년이나 한漢나라 부절을 지니고 있었네.
흰 기러기가 상림원上林苑까지 날아와,
공중에서 편지 한 통을 전해 왔다네.
양 치느라 변방 황무지에서 고생하면서,
지는 해에 돌아가고픈 마음 절실했다네.
목마르면 월굴月窟의 물을 마시고,
배고프면 하늘에서 내린 눈을 먹었네.
동쪽으로 돌아가는 사막 길 변방은 멀고도 먼데,
북쪽 하수 다리에서 슬픈 이별.
울며 잡은 이릉李陵의 옷자락,
마주 보며 눈물이 피가 되었네.

蘇武在匈奴, 十年持漢節.

白雁上林飛, 空傳一書札.
牧羊邊地苦, 落日歸心絶.
渴飲月窟水, 飢餐天上雪.
東還沙塞遠, 北愴河梁別.
泣把李陵衣, 相看淚成血.

【蘇武在匈奴, 十年持漢節】'匈奴'는 古代의 獫狁, 獯鬻, 北狄 등으로 불리던 북쪽 이민족. 漢나라 때 가장 강성하여 匈奴라 불렸으며 뒤에 Hun족의 원류가 됨.《大明一統志》에 "夏曰獯鬻, 殷曰鬼方, 周曰獫狁, 秦漢曰匈奴, 唐曰突厥, 宋曰契丹, 今曰韃靼"이라 함.《眞寶》注에 "武使匈奴, 單于欲降之"라 함. '漢節'은 漢나라 사신임을 증명하는 符節.《眞寶》注에 "杖漢節牧羊, 臥起操持而節旄落盡"이라 함. '節'은《後漢書》光武帝紀 "十月持節北度河"의 注에 "節, 所以爲信也, 以竹爲之, 柄長八尺, 以旄牛尾爲其旄三重"이라 함.

【白雁上林飛, 空傳一書札】'白雁'은 흰 기러기. 蘇武가 항복을 하지 않고 눈과 符節의 깃털을 씹으며 견뎌내자 흉노는 다시 그를 北海(지금의 바이칼 호)로 옮겨 양을 치도록 하였으며 "숫양이 새끼를 낳으면 돌려보내주겠다"라 함. 그 뒤 漢昭帝 때 漢과 흉노의 관계가 풀려 한나라 조정에서 소무를 돌려줄 것을 요구하였으나 흉노는 그가 이미 죽었다고 거짓으로 말함. 漢나라가 다시 사신을 보냈을 때 마침 소무의 수행원이었던 常惠로부터 소무가 살아 있음을 알아내고 常惠의 계책에 의해 흉노 單于에게 "황제가 上林苑에서 흰 기러기를 쏘아 잡았는데 그 발에 蘇武의 편지가 매어져 있었다"라 하여, 蘇武의 귀환을 성사시킨 일을 말함. '上林'은 上林苑. 漢나라 長安에 있던 苑名.《三輔黃圖》(4)에 "漢上林苑, 卽秦之舊苑也.《漢書》云: 武帝建元三年開上林苑, 周袤三百里, 離宮七十所, 皆容千乘萬騎, 苑中養百獸, 天子秋冬射獵取之"라 함. '空傳'은 공중에서 전함. 白雁이 전해왔다고 거짓으로 말함. '書札'은 편지. 帛書. 비단에 써서 기러기발에 묶어 보낸 편지. 常惠가 꾸며낸 일임.《眞寶》注에 "匈奴詭言武死, 後漢使復至, 常惠敎使者, 爲單于言:「天子射上林中得雁, 足有繫帛書, 言武在某澤中」使者如惠語以誚單于, 單于驚謝曰:「武等實在.」"라 함. 한편 常惠는《漢書》(70)에 "常惠, 太原人也. 少時家貧, 自奮應募, 隨移中監蘇武使匈奴, 并見拘留十餘年, 昭帝時乃還. 漢嘉其勤勞, 拜爲光祿大夫"라 하였고 뒤에 壯武侯에 봉해짐.

【牧羊邊地苦, 落日歸心絶】'絶'은 '아주 절대적으로 절실함'을 뜻함.

【渴飮月窟水, 飢餐天上雪】'月窟'은 '달이 나오는 굴'. 흉노 땅을 가리킴. 《文選》揚雄〈長楊賦〉"西壓月窟, 東震日域"의 注에 "月窟, 月出穴也, 在西; 日域, 日出處, 在東"이라 하였음. 그러나 楊升庵의 《丹鉛總錄》에는 "楊子雲〈長楊賦〉:「西壓月窟, 東震日域.」服虔注以爲月所生. 恐非, 李太白詩:「天馬來出月氏窟.」月窟卽月氏國; 日域, 指日逐單于也. 蓋借日月字以形容威服四夷之遠耳. 太白妙得其解矣. 月氏一作氏, 又作月支"라 하여 月支(月氏, 月氏) 일대를 가리키는 말이라 보았음. '飢餐天上雪'은 배가 고프면 물이 얼어 내린 눈을 食水 대신 사용함. 《眞寶》注에 "匈奴幽武置大窖中, 絶不飮食, 會天雨雪, 武臥齧雪與旃毛並咽之"라 함.

【東還沙塞遠, 北愴河梁別】'東還'은 동쪽 漢나라로 돌아옴. '沙塞'는 사막으로 펼쳐진 변방. '河梁'은 河水의 다리. 蘇武가 귀환할 때 흉노에 투항해 있던 李陵과 작별하면서 지은 詩가 있음. 《文選》(29)에 3수가 실려 있음. 참고란을 볼 것. 《文選》(29)〈與蘇武詩〉注에 《漢書》曰: 李陵, 字少卿, 少時爲侍中建章監. 善射, 愛人. 降匈奴, 爲右校王, 病死"라 함.

【泣把李陵衣, 相看淚成血】'李陵'은 자가 少卿이며 漢나라 장수로 흉노 토벌에 나섰다가 패하여 투항함. 司馬遷이 이를 변호하다가 武帝의 노여움을 사자 스스로 宮刑을 택한 다음 《史記》를 저술하게 된 동기가 된 일로도 유명한 인물. '淚成血'은 피눈물을 흘림. 눈물이 피로 변함. 《韓非子》和氏篇에 "文王卽位, 和乃抱其璞而哭於楚山之下, 三日三夜, 泣盡而繼之以血"이라 하여 지극히 슬프거나 한을 품었을 때의 눈물을 표현하는 말. 《眞寶》注에 "李陵〈別蘇武〉詩, 有「携手上河梁」及「不覺淚沾裳」之句"라 함.

> **참고 및 관련 자료**

1. 이태백(李太白) 李白, 李翰林. 016 참조.

2. 이 시는 《李太白文集》(19), 《李太白集分類補註》(22), 《李太白集注》(22), 《全唐詩》(181), 《全唐詩錄》(21), 《唐詩品彙》(6), 《古今詩刪》(10), 《石倉歷代詩選》(44上) 등에 실려 있음.

3. 韻脚은 '節, 札, 絶, 雪, 別, 血'.

4. 《新序》(7) 節士篇

蘇武者, 故右將軍平陵侯蘇建子也. 孝武皇帝時, 以武爲栘中監使匈奴. 是時, 匈奴使者數降漢, 故匈奴亦欲降武以取當. 單于使貴人故漢人衛律說武, 武不從, 乃設以貴爵, 重祿尊位, 終不聽. 於是, 律絶不與飲食, 武數日不降. 又當盛暑, 以旃厚衣幷束, 三日暴, 武心意愈堅, 終不屈撓. 稱曰:「臣事君, 由子事父也. 子爲父死, 無所恨, 守節不移, 雖有鐵鉞湯鑊之誅而不懼也. 尊官顯位而不榮也.」匈奴亦由此重之. 武留十餘歲, 竟不降下, 可謂守節臣矣. 詩云:『我心匪石, 不可轉也. 我心匪席, 不可卷也.』蘇武之謂也. 匈奴紿言武死, 其後漢聞武在, 使使者求武, 匈奴欲慕義, 歸武, 漢尊武以爲典屬國, 顯異於他臣也.

5.《漢書》蘇武傳

單于使衛律治其事. 張勝聞之, 恐前語發, 以狀語武. 武曰:「事如此, 此必及我. 見犯乃死, 重負國.」欲自殺, 勝, 惠共止之. 虞常果引張勝. 單于怒, 召諸貴人議, 欲殺漢使者. 左伊秩訾曰:「卽謀單于, 何以復加? 宜皆降之.」單于使衛律召武受辭, 武謂惠等:「屈節辱命, 雖生, 何面目以歸漢!」引佩刀自刺. 衛律驚, 自抱持武, 馳召毉. 鑿地爲坎, 置熅火, 覆武其上, 蹈其背以出血. 武氣絶, 半日復息. 惠等哭, 輿歸營. 單于壯其節, 朝夕遣人候問武, 而收繫張勝. 武益愈, 單于使使曉武. 會論虞常, 欲因此時降武. 劍斬虞常已, 律曰:「漢使張勝謀殺單于近臣, 當死, 單于募降者赦罪.」舉劍欲擊之, 勝請降. 律謂武曰:「副有罪, 當相坐.」武曰:「本無謀, 又非親屬, 何謂相坐?」復舉劍擬之, 武不動. 律曰:「蘇君, 律前負漢歸匈奴, 幸蒙大恩, 賜號稱王, 擁衆數萬, 馬畜彌山, 富貴如此. 蘇君今日降, 明日復然. 空以身膏草野, 誰復知之!」武不應. 律曰:「君因我降, 與君爲兄弟, 今不聽吾計, 後雖欲復見我, 尚可得乎?」武罵律曰:「女爲人臣子, 不顧恩義, 畔主背親, 爲降虜於蠻夷, 何以女爲見, 且單于信女, 使決人死生, 不平心持正, 反欲鬬兩主, 觀禍敗. 南越殺漢使者, 屠爲九郡; 宛王殺漢使者, 頭縣北闕; 朝鮮殺漢使者, 卽時誅滅. 獨匈奴未耳. 若知我不降明, 欲令兩國相攻, 匈奴之禍從我始矣.」律知武終不可脅, 白單于. 單于愈益欲降之, 乃幽武置大窖中, 絶不飲食. 天雨雪, 武臥齧雪與旃毛幷咽之, 數日不死, 匈奴以爲神. 乃徙武北海上無人處, 使牧羝, 羝乳乃得歸. 別其官屬常惠等, 各置他所. 武既至海上, 廩食不至, 掘野鼠去中實而食之. 杖漢節牧羊, 臥起操持, 節旄盡落. 積五六年, 單于弟於靬王弋射海上. 武能網紡交, 檠弓弩, 於靬王愛之, 給其衣食. 三歲餘, 王病, 賜武馬畜服匿穹廬. 王死後, 人衆徙去. 其冬, 丁令盜武牛羊, 武復窮厄. 初, 武與李陵俱爲侍中, 武使匈奴明年, 陵降, 不敢求武. 久之, 單于使陵至海上, 爲武置酒設樂, 因謂武曰:「單于聞陵與子卿素厚, 故使陵來說足下, 虛心欲相待. 終不得歸漢, 空自苦亡人之地, 信義安所見乎? 前將軍爲奉車. 從至雍棫陽宮, 扶輦下除, 觸柱折轅, 劾大不敬, 伏劍自刎, 賜錢二百萬以葬. 孺卿從祠河東后土, 宦騎與黃門駙馬爭船, 推墮駙馬河中溺死, 宦騎亡, 詔使孺卿逐捕不得, 惶恐飲藥而死. 來時, 大夫人已不幸, 陵送葬至陽陵. 子卿婦年少, 聞已更嫁矣. 獨有女弟二人, 兩女一男, 今復十餘年, 存亡不可知. 人生如朝露, 何久自苦如此! 陵始降時, 忽忽如狂, 自痛負漢, 加以老母繫保宮, 子卿不欲降, 何以過陵? 且陛下春秋高, 法令亡常, 大臣亡罪夷滅者數十家, 安危不可知, 子卿尚復誰爲乎? 願聽陵計, 勿復有云.」武曰:「武父子亡功德, 皆爲陛下所成就, 位列將, 爵通侯, 兄弟親近, 常願肝腦塗地. 今得殺身自效, 雖蒙斧鉞湯鑊, 誠甘樂之. 臣事君, 猶子事父也, 子爲父死亡所恨. 願勿復再言.」陵與武飲數日, 復曰:「子卿壹聽陵言.」武曰:「自分已死久矣! 王必欲降武, 請畢今日之驩, 效死於前!」陵見其至誠, 喟然歎曰:「嗟乎, 義士! 陵與衛律之罪上通於天.」因泣下霑衿, 與武決去. 陵惡自賜武, 使其妻賜武牛羊數十頭. 後陵復至北海上, 語武:「區脫捕得雲中生口, 言太守以下吏民皆白服, 曰上崩.」武聞之, 南鄉號哭, 歐血, 旦夕臨. 數月, 昭帝卽位. 數年, 匈奴與漢和親. 漢求武等, 匈奴詭言武死. 後漢使復至匈奴, 常惠請其守者與俱, 得夜見漢使, 具自陳道. 教使者謂單于, 言天子射上林中, 得雁, 足有係帛書, 言武等在某澤中. 使者大喜, 如惠語以讓單于. 單于視左右而驚, 謝漢使曰:「武等實在.」於是李陵置酒賀武曰:「今足下還歸, 揚名於匈奴, 功顯於漢室, 雖古竹帛所載, 丹青所畫, 何以過子卿! 陵雖駑怯, 令漢且貰陵罪, 全其老母, 使得奮大辱之積志, 庶幾乎曹柯之盟, 此陵宿昔之所不忘也. 收族陵家, 爲世大戮, 陵尚復何顧乎? 已矣! 令子卿知吾心耳. 異域之人, 壹別長絕!」陵起舞, 歌曰:「徑萬里兮度沙幕, 爲君將兮奮匈奴. 路窮絕兮矢刃摧, 士衆滅兮名已隤. 老母已死, 雖欲報恩將安歸!」陵泣下數行, 因與武決. 單于召會武官屬, 前以降及物故, 凡隨武還者九人. 武以元始[始元]六年春至京師. 詔武奉一太牢謁武帝園廟, 拜爲典屬國, 秩中二千石, 賜錢二百萬, 公田二頃, 宅一區. 常惠, 徐聖, 趙終根皆拜爲中郎, 賜帛各二百匹. 其餘六人老歸家, 賜錢人十萬, 復終身. 常惠後至右將軍, 封列侯, 自有傳. 武留匈奴凡十九歲, 始以彊壯出, 及還, 須髮盡白. 武來歸明年, 上官桀子安與桑弘羊及燕王, 蓋主謀反. 武子男元與安有謀, 坐死. 初桀, 安與大將軍霍光爭權, 數疏光過失予燕王, 令上書告之. 又言蘇武使匈奴二十年不降, 還乃爲典屬國, 大將軍長史無功勞, 爲搜粟都尉, 光顓權自恣. 及燕王等反誅, 窮治黨與, 武素與桀, 弘羊有舊, 數爲燕王所訟, 子又在謀中, 廷尉奏請逮捕武. 霍光寢其奏, 免武官. 數年, 昭帝崩, 武以故二千石與計謀立宣帝, 賜爵關內侯, 食邑三百戶. 久之, 衛將軍張安世薦武明習故事, 奉使不辱命, 先帝以爲遺言. 宣帝卽時召武待詔宦者署, 數進見, 復爲右曹典屬國. 以武著節老臣, 令朝朔望, 號稱祭酒, 甚優寵之. 武所得賞賜, 盡以施予昆弟故人, 家不餘財. 皇后父平恩侯, 帝舅平昌侯, 樂昌侯, 車騎將軍韓增, 丞相魏相, 御史大夫丙吉皆敬重武. 武年老, 子前坐事死, 上閔之, 問左右:「武在匈奴久, 豈有子乎?」武因平恩侯自白:「前發匈奴時, 胡婦適產一子通國, 有聲問來, 願因使者致金帛贖之.」上許焉. 後通國隨使者至, 上以爲郞. 又以武弟子爲右曹. 武年八十餘, 神爵二年病卒.(下略)

6.《漢書》昭帝紀

栘中監蘇武前使匈奴, 留單于庭十九歲乃還, 奉使全節, 以武爲典屬國, 賜錢百萬.

7.《文選》(29)〈與蘇武詩〉三首

(1) 良時不再至, 離別在須臾. 屛營衢路側, 執手野踟蹰. 仰視浮雲馳, 奄忽互相踰. 風波一失所, 各在天一隅. 長當從此別, 且復立斯須. 欲因晨風發, 送子以賤軀.

(2) 嘉會難再遇, 三載爲千秋. 臨河濯長纓, 念子悵悠悠. 遠望悲風至, 對酒不能酬. 行人懷往路, 何以慰我愁? 獨有盈觴酒, 與子結綢繆. 攜手上河梁, 游子暮何之?

(3) 徘徊蹊路側, 悢悢不能辭. 行人難久留, 各言長相思. 安知非日月, 弦望自有時. 努力崇明德, 皓首以爲期.

064. 〈雜詩〉 ·················· 陶淵明(陶潛)

　　잡시

*〈雜詩〉: 이는 陶淵明 〈雜詩〉 12수 중 제 2수이며, 50세 때 작품임.

사람으로 태어나 뿌리도 꼭지도 없으니,
흩날려 떠돌기가 마치 밭둑 길 먼지 같도다.
흩어져 바람 따라 전전하나니,
이 몸 항상 그대로가 아니리로다.
떠돌다가 만나도 형제 되는 것,
어찌 하필 골육만이 친척이리오?
즐거움을 만나면 의당 즐길 일,
한 말 술로 이웃을 불러 모은다.
한창 나이 거듭 다시 올 리 없고,
하루는 두 번 새벽 있을 수 없다네.
때를 만나면 의당 힘써 노력할 일,
세월은 사람을 기다려주지 아니 하나니.

人生無根蔕, 飄如陌上塵.
分散逐風轉, 此已非常身.
流落成兄弟, 何必骨肉親?
得歡當作樂, 斗酒聚比鄰.
盛年不重來, 一日難再晨.
及時當勉勵, 歲月不待人

【人生無根蔕, 飄如陌上塵】'根蔕'(근체)는《眞寶》注에 "蔕, 音帝, 爪當也. ○根者, 本也; 蔕者, 花之蔕也"라 함. '蔕'는 꽃의 받침, 혹은 과일 등의 꼭지. 〈古詩十九首〉(4)에 "人生寄一世, 奄忽若飇塵"이라 함. '陌'은 밭 사이의 둔덕길.《眞寶》注에 "音默, 田間道, 南北曰阡, 其東西曰陌"이라 함.

【分散逐風轉, 此已非常身】'分散逐風轉'은 흩어져 바람을 따라 빙글빙글 돎.《眞寶》注에 "塵, 隨風而起"라 함. '非常身'은 肉身은 시간이 흐르면서 변함. 늘 똑같은 육신이 아님.《眞寶》注에 "謂人生寄迹於天地間, 如郵亭傳舍, 靡有常也"라 함.

【流落成兄弟, 何必骨肉親】'流落'은 이리저리 흘러 떠돎을 표현하는 雙聲連綿語. '兄弟'는《論語》顔淵篇 "四海之內, 皆兄弟也"의 구절을 원용한 것.《眞寶》注에 《語》云:「四海之內, 皆兄弟也.」大抵交遊, 皆兄弟, 又何必論其至親也?"라 함.

【得歡當作樂, 斗酒聚比鄰】'比鄰'은 이웃하여 사는 사람들. '比'는 '가깝다, 나란히' 등의 뜻.《眞寶》注에 "比, 音皮. 並也, 近也"라 하였고, 같은《眞寶》注에 "鄰, 連居曰鄰"이라 함. 王勃의 〈杜少府任蜀州〉에 "海內存知己, 天涯若比隣"이라 함.

【盛年不重來, 一日難再晨】'盛年'은 한창 나이.《眞寶》注에 "少壯之年"이라 함. '重'은 副詞로 '거듭'의 뜻.《眞寶》注에 "重, 平聲"이라 함. '晨'은 새벽, 아침.

【及時當勉勵, 歲月不待人】'勉勵'는 부지런히 힘씀.《眞寶》注에 "人生行樂, 恐歲月已去, 不長少年也"라 함.

참고 및 관련 자료

1. 陶淵明. 陶潛, 陶彭澤令, 元亮, 陶靖節, 陶徵士, 五柳先生. 032 참조.

2. 이는《陶淵明集》(4),《文章正宗》(22下),《文選補遺》(36),《古詩紀》(45),《古今詩刪》(7),《漢魏六朝百三家集》(62) 등에 실려 있음.

3. 韻脚은 '塵, 身, 親, 鄰, 晨, 人.'

065. <歸田園居> ·················· 陶淵明(陶潛)
전원으로 돌아와 살며

*<歸田園居>: 이 시의 원 제목은 <歸園田居>로 되어 있으며 5수 중 제 2수임.

시골이라 사람 사귈 일도 아주 드물고,
궁벽한 골목길 찾아오는 수레바퀴도 적지.
대낮에도 사립문은 닫혀 있기 일쑤,
빈방에는 티끌세상 그리움도 끊었네.
때때로 다시 마을 안에는,
초의草衣를 걸친 사람 함께 오가다가,
서로 만나도 잡스런 말이란 없고,
그저 뽕나무 삼대 자란 것만 화젯거리.
뽕나무 삼대는 날마다 자라고,
내 농토도 날로 이렇게 넓어지누나.
늘 두려운 것이란 싸락눈이 내리면,
시들고 풀죽어 잡초처럼 되면 어쩌나 하는 것뿐.

野外罕人事, 窮巷寡輪鞅.
白日掩柴扉, 虛室絶塵想.
時復墟曲中, 披草共來徃.
相見無雜言, 但道桑麻長.
桑麻日已長, 我土日已廣.
常恐雪霰至, 零落同草莽.

【野外罕人事, 窮巷寡輪鞅】'罕'은 '드물다'의 뜻.《眞寶》注에 "罕, 寒上聲. 少也"라
함. '人事'는 사람과 사람 사이의 잡다한 일이나 접촉 등. 인간관계와 應酬, 應對,
交遊 등의 일들. '窮巷寡輪鞅'은 궁벽한 마을이라 수레바퀴의 소리가 적음. 고
관 귀인의 찾아옴이 적음. 매우 한적함을 말함.《眞寶》注에 "鞅, 音養, 牛羈也.
又馬在腹曰鞅. ○輪, 車輪; 鞅, 馬索"이라 함. '寡'는 '적다'의 뜻. '輪鞅'은 수레와
수레를 끄는 말의 배에 걸친 가죽 띠.《字彙》에 "鞅, 音鴦, 上聲. 馬駕具在腹曰
鞅"이라 함.

【白日掩柴扉, 虛室絶塵想】'白日'은 대낮. '柴扉'는 사립문.《眞寶》注에 "扉, 音非,
以柴爲門"이라 함.《字彙》에는 "戶扇, 以木曰扉也"라 함. 그러나《陶淵明集》에는
'柴扉'가 '荊扉'로 되어 있으며 가시나무로 얽어 만든 문을 뜻함. '虛室絶塵想'은
빈 방에서 세속적인 욕망이나 생각을 끊어버림.《眞寶》注에 "《莊子》: 虛室生白,
吉祥止止"라 하였으며,《莊子》人間世에 "瞻彼闋者, 虛室生白, 吉祥止止. 夫且不
止, 是之謂坐馳"라 하였고, 林希逸 注에 "此以虛室, 喩心也. 謂視彼密室之中, 纔有
空缺處必有光入來. 是光自空中出也. 以彼之闋, 喩我之虛, 則見虛中自然生明, 生
白卽生明也. 不曰生明而曰生白, 此莊子之奇文也. 卽虛明之地, 便是萬物之所由萃.
吉祥, 福也. 止於其所止, 下止字是虛處也"라 함.

【時復墟曲中, 披草共來往】'墟曲'은 墟里와 같음. 시골 농촌 마을. '墟'는 마을 단위
를 일컫는 말.《眞寶》注에 "墟, 音丘, 丘山. 古者, 九夫爲井, 四井爲邑, 四邑爲丘,
丘謂之墟"라 함. 그러나《風俗通》(10)에는 "傳曰郭氏之墟, 墟者, 虛也. 郭氏吉之諸
侯敗爲丘墟也. 今故廬居處高下者, 亦名爲墟"라 함. '曲'은 마을을 일컫는 말.《字
彙》에 "鄕里曰曲"이라 함. '披草'는 풀을 헤치고 나감. 그러나 草를 '草衣'로 보아
'초의를 걸쳐 입고'의 뜻으로도 봄.《晉書》袁宏傳에 周瑜를 칭찬하여 "公瑾明達,
朗心獨見. 披草求君, 定交一面"이라 함. 여기서는 草衣로 해석하였음.

【相見無雜言, 但道桑麻長】'道'는 言과 같음. '桑麻'는 뽕과 삼. 옷감을 마련하기 위
한 蠶業과 삼을 가꾸는 농사. 오직 뽕과 삼이 얼마나 자랐는지를 화제로 할 뿐
임. '長'은 '자라다'의 뜻.《眞寶》注에 "長, 上聲"이라 함.

【桑麻日已長, 我土日已廣】뽕과 삼은 자라고 밭은 날마다 넓어져 가는 듯이 보임.

【常恐雪霰至, 零落同草莽】'雪霰'은 싸락눈이 내림.《陶淵明集》에는 '霜霰'으로 되
어 있음. '霰'은《眞寶》注에 "先去"라 하여 '선'으로 읽도록 되어 있음. '零落'은 凋
落하여 떨어짐을 표현하는 雙聲連綿語. '莽'은 풀 더미. 빽빽하게 난 풀숲. 일반
莽草. 잡초를 말함.《眞寶》注에 "忙上, 雪霰之摧折, 則桑麻之長, 安保其不零落於

草莽乎?"라 함.

참고 및 관련 자료

1. 陶淵明. 陶潛, 陶彭澤令, 元亮, 陶靖節, 陶徵士, 五柳先生. 032 참조.

2. 이는 《陶淵明集》, 《古今事文類聚》(續集6), 《文章正宗》(22下), 《文選補遺》(36), 《風雅翼》(5), 《古詩紀》(45), 《古今詩刪》(7), 《古詩鏡》(10), 《石倉歷代詩選》(4), 《漢魏六朝百三家集》(62) 등에 실려 있음.

3. 韻脚은 '軼, 想, 往, 長, 廣, 莽'..

066. <鼠鬚筆> ·················· 蘇叔黨(蘇過)

서수필

*<鼠鬚筆>: 쥐의 수염 털로 만든 붓. 역대로 글씨 쓰는 이들이 중히 여겼음. 宋
桑世昌의 《蘭亭考》(3)에 "四十一人修祓禊之禮, 揮毫製序, 興樂而書, 用蠶繭紙,
鼠鬚筆. 遒媚勁健, 絶代所無"라 하여, 王羲之가 <蘭亭序>를 쓸 때 蠶繭紙에
鼠鬚筆로 썼다 하였음. 《書法正傳》에도 같은 고사가 실려 있음. 참고란을 볼
것.

태창太倉의 묵어 붉게 썩은 곡식을 잃게 하고,

교활하게 굴을 뚫어 부패하여 남은 것까지 먹어치우네.

일찍이 승상 이사李斯로 하여금 탄식을 불러일으켰고,

또한 정위 장탕張湯으로 하여금 노기를 발하도록 하였지.

그의 살점 찢어 주린 고양이에게 먹이기도 하지만,

수염을 골라내어 흰 토끼털을 섞어 붓을 만들어,

필가筆架에 꽂아두면 칼이나 창처럼 억세고,

종이에 내리대면 용이나 뱀처럼 내달려 글씨가 생겨나네.

사물의 도리는 쉽게 따져볼 수 없는 것이어서,

때가 오면 그 만나는 바에 따라 달라지는 것.

담이나 뚫을 때는 얼마나 비루하고 미천한가?

그러나 어떤 이는 이에 의탁하여 명성을 얻기도 하는 것.

太倉失陳紅, 狡穴得餘腐.

旣興丞相歎, 又發廷尉怒.

磔肉餧餓猫, 分鬚雜霜兔.

插架刀槊健, 落紙龍蛇騖.

物理未易詰, 時來卽所遇.
穿墉何卑微? 託此得佳譽.

【太倉失陳紅, 狡穴得餘腐】 '太倉'은 창고 이름. 漢나라 때 곡물을 저장하던 가장
큰 창고. 《漢書》高帝紀에 "七年二月, 至長安. 蕭何治未央宮, 立東闕, 北闕, 前殿,
武庫, 大倉"이라 함. '陳紅'의 '陳'은 '묵다, 묵어서 붉은 색이 날 정도로 부패하다'
의 뜻. 《眞寶》注에 "陳, 舊也"라 함. 《漢書》(64)에 "至孝武皇帝元狩六年, 太倉之粟,
紅腐而不可食"이라 하였고, 顔師古 注에 "粟久腐壞, 則色紅赤也"라 함. 역시 《漢
書》(24) 食貨志(上)에도 "至武帝之初七十年間, 國家亡事, 非遇水旱, 則民人給家足,
都鄙廩庾盡滿, 而府庫餘財. 京師之錢累百巨萬, 貫朽而不可校. 太倉之粟陳陳相因,
充溢露積於外, 腐敗不可食"이라 하여 國富民殷의 풍족함을 표현하였음. 한편 '失
陳紅'은 "이렇게 묵어 썩은 곡물을 쥐에게 잃다"의 뜻. '狡穴'은 교활하게 구멍을
파고 침입함을 말함. 쥐를 뜻함. 《眞寶》注에 "狡, 上聲, 狡猾也. 穴, 賢入"(혈)이라
함. '餘腐'는 남아서 썩어가는 곡물. 《眞寶》注에 "腐, 音父. 朽敗也. ○《漢書》: 太
倉之粟, 陳陳相因, 紅腐而不可食"이라 함.
【旣興丞相歎, 又發廷尉怒】 '旣興丞相歎'은 이미 승상이 쥐의 행태를 보고 탄식을
하며 자신을 분발시킨 고사가 있음. '丞相'은 秦末 二世 때의 승상 李斯를 가리
킴. 《史記》李斯列傳에 "李斯者, 楚上蔡人也. 年少時, 爲郡小吏, 見吏舍廁中鼠食不
絜, 近人犬, 數驚恐之. 斯入倉, 觀倉中鼠, 食積粟, 居大廡之下, 不見人犬之憂. 於
是李斯乃歎曰:「人之賢不肖譬如鼠矣, 在所自處耳!」乃從荀卿學帝王之術"이라 하
여 변소의 쥐를 보고 고향을 떠나 荀卿(荀況, 荀子)에게 가서 帝王學을 공부하였
다는 고사를 원용한 것. 《眞寶》注에도 "秦丞相李斯, 少時爲郡史, 見吏舍廁中鼠,
食不潔, 近人犬數驚恐; 觀倉中鼠, 食積粟, 不見人犬之憂, 歎曰:「人之賢不肖, 譬如
鼠矣. 在所自處耳.」"라 함. '廷尉'는 벼슬 이름으로 獄吏의 長이었던 漢나라 때 張
湯을 가리킴. 《文獻通考》(56)에 "廷尉, 大理者. 舜攝帝位, 皐繇作士, 正五刑. 周秋
官之任. 秦爲廷尉, 漢因之, 掌刑辟. 凡獄必質之, 朝廷與衆共之之意也. 兵獄同制,
故曰廷尉. 景帝中元六年更名大理, 建元四年復爲廷尉"라 하였고, 《後漢書》(25) 百
官志에는 "廷尉, 卿一人, 中二千石"이라 하고, 注에 "掌平獄奏當所應. 凡郡國讞疑
皆處當以報"라 함. 지금의 법관, 판관의 우두머리. 《史記》酷吏列傳(張湯)에 "張湯
者, 杜人也. 其父爲長安丞, 出, 湯爲兒守舍. 還而鼠盜肉, 其父怒, 笞湯, 湯掘窟得

盜鼠及餘肉, 劾鼠掠治, 傳爰書, 訊鞫論報, 幷取鼠與肉, 具獄磔堂下. 其父見之, 視其文辭如老獄吏, 大驚, 遂使書獄"이라 하여 어린 시절 집에 보관하던 고기를 쥐가 물어가, 돌아온 아버지가 그 책임을 묻자 쥐구멍을 파고 쥐를 잡고 쥐가 먹다 남은 고기를 다시 찾아와서는 쥐에게 磔刑을 처하며 판결문까지 지어 재판을 흉내내었는데 마치 숙련된 옥리의 문서처럼 대단하여 아버지가 그에게 옥리가 되도록 했다 함. 이에 武帝 때 신임을 얻어 가혹하게 법을 집행하여 이름을 날림. 그러나 장창은 너무 혹독하게 법을 집행하여 뒤에 자신이 죄를 지었을 때는 용서를 받지 못하고 죽임을 당함.《漢書》,《蒙求》 등에도 그가 가혹하게 형법을 집행 고사가 널리 실려 있음.《眞寶》注에 "漢廷尉張湯, 其父爲長安丞. 出外, 湯爲守舍, 而鼠盜肉, 其父還怒, 乃笞湯. 湯掘, 遂得盜鼠及餘肉, 劾鼠掠治, 幷取鼠與肉, 具獄磔堂下. 其父視其文辭, 如老獄吏, 大驚異之"라 함.

【磔肉餧餓猫, 分髯雜霜兎】 '磔肉'(책육)은 몸을 갈기갈기 찢어버림.《眞寶》注에 "磔, 陟格反. 裂也"라 함.《字彙》에 "磔, 裂也, 裂牲謂之磔, 又張也, 剔也"라 함. 張湯의 성격이 가혹하고 엄격하였음을 말함. '餧餓猫'는 굶주린 고양이에게 먹임. '猫'는 '貓'와 같음.《眞寶》注에 "餧, 畏去聲. 飼也"라 함. '分髯'은 다른 기록에는 '紛髯', '奮髯', 혹 '分毫' 등으로 되어 있음. '髯'는 鬚髯.《眞寶》注에 "髯, 煩鬚也"라 함. '分髯'은 쥐의 수염을 따로 가려내어 사용함을 말함. '霜兎'는 '白兎'. 서리처럼 흰색의 토끼털을 가리킴. 쥐 수염과 흰 토끼털을 섞어 붓을 만듦.

【挿架刀槊健, 落紙龍蛇騖】 '挿架'는 붓꽂이대(筆架)에 꽂음. '刀槊'은 칼이나 창. 매우 날카롭고 튼튼하기가 칼이나 창과 같음을 말함.《眞寶》注에 "槊, 音朔, 矛也, 長一丈六尺"이라 함. '健'은 붓이 勁健하고 堅實함을 말함. '落紙'는 종이에 붓으로 글씨를 씀. '龍蛇騖'는 그 글씨의 筆勢가 용이나 뱀이 빠르게 달리는 것과 같음. '騖'(무)는 "달리다, 내닫다, 질주하다"의 뜻.《眞寶》注에 "騖, 音務, 謂字如龍蛇之馳走"라 함.

【物理未易詰, 時來卽所遇】 '物理'는 사물의 이치. '未易詰'은 쉽게 그 의문을 斷定지을 수 없음. '詰'은 의문에 대한 이치를 따져봄. 한 면만 보고 평가절하함.《眞寶》注에 "詰, 竊問也"라 함. '時來卽所遇'는 때가 오면 곧 만나는 바에 따라 그 가치나 用處가 달라짐.

【穿墉何卑微? 託此得佳譽】 '穿墉何卑微'은 '쥐가 담이나 뚫을 때는 얼마나 비루하고 미천한가?'의 뜻. '墉'은 담이나 벽.《眞寶》注에 "《詩》相鼠: 毋穿我墉"이라 하였으나 지금의《詩經》相鼠篇에는 이 구절이 없고, 召南 行露篇에 "誰謂鼠無牙, 何

以穿我墉"이라 함. '託此'는 '이(鼠鬚筆)에 의탁하여, 이의 도움으로' 등의 뜻. '得
佳譽'는 혹 일부 판본에는 '馳佳譽'로도 되어 있음. '譽'는 명성, 명예, 칭찬, 칭송.
《眞寶》注에 "譽, 名也"라 함. 더러운 쥐의 수염으로 만든 붓으로 王義之처럼 엄
청난 명성을 얻기도 함을 말함.

참고 및 관련 자료

1. 蘇叔黨

蘇過(1072–1123). 宋 蘇軾(東坡)의 아들. 자는 叔黨. 詩文에 뛰어났으며 《斜川集》
을 남김. 《眞寶》諸賢姓氏事略에 "蘇叔黨, 名過, 東坡幼子, 善爲文, 士大夫以小坡目
之"라 하였으며, 《萬姓統譜》에는 "蘇過字叔黨, 軾子. 軾謫英廉永州, 獨過隨侍, 凡
生理晝夜寒暑, 所須一身, 百爲不知其難. 嘗爲文曰'志隱', 軾覽之曰:「吾可以安於島
夷矣.」歷官郾城令, 通判, 中山府, 皆有政績"이라 함.

2. 이 시는 《事文類聚》(別集 14), 《錦繡萬花谷》(前集 32), 《蘇詩補註》(48), 《詩話總
龜》(後集 49), 《漁隱叢話》(前集 41), 《詩人玉屑》(17), 《宋詩紀事》(34) 등에 실려 있으
며, 제목은 〈賦鼠鬚筆〉, 〈鼠毛筆〉 등으로 되어 있음.

3. 韻脚은 '腐, 怒, 兎, 鶩, 遇, 譽'.

4. 《詩人玉屑》(17) 蘇過詩

東坡云: 兒子邁嘗作〈林檎詩〉云:「熟顆無風時自落, 半腮迎日鬪鮮紅.」於等輩中, 亦
號有思致者. 今已老無他技, 但亦時出新句也. 嘗作酸棗尉有詩云:「葉隨流水歸何
處? 牛載寒鴉過別村.」此句亦可喜也. 苕溪漁隱曰: 蘇叔黨過賦〈鼠鬚筆〉云:「太倉失
陳紅, 狡穴得餘腐. 既興丞相歎, 又發廷尉怒. 磔肉餒餓猫, 紛髯雜霜兎. 揷架刀槊
健, 落紙龍蛇鶩. 物理未易詰, 時來即所遇. 穿墉何卑微? 託此得佳譽.」其步驟氣格,
殊有父風也.

5. 《苕溪漁隱叢話》(前集 41)

《苕溪漁隱》曰: 蘇叔黨過〈賦鼠鬚筆〉云:「太倉失陳紅, 狡穴得餘腐. 既興丞相歎, 又
發廷尉怒. 磔肉餒餓猫, 紛髯雜霜兎. 揷架刀槊健, 落紙龍蛇鶩. 物理未易詰, 時來即
所遇. 穿墉何卑微? 託此得佳譽.」其步驟氣格, 殊有父風也.

6. 《古今事文類聚》(後集 14) 古詩 〈鼠鬚筆〉 蘇叔黨

「太倉失陳紅, 狡穴得餘腐. 既興丞相歎, 又發廷尉怒. 磔肉餒餓猫, 奮髯雜霜兎. 揷
架刀槊健, 落紙龍蛇鶩. 物理未易語, 時來得所遇. 穿墉何卑微, 託此得佳譽.」

7. 《六藝之一錄》(307) 〈詠筆詩〉

猩猩毛筆, 惟山谷詩絶冠, 名士無不諷詠. 玆不贅錄, 昨見邵道豫賦〈鼠鬚筆〉, 殊有風度, 今載於此云:「太倉失陳紅, 狡穴得餘腐. 既與丞相歡, 又發廷尉怒. 磔肉飼餓貓, 分毫雜霜兔. 挿架刀槊便, 落紙雲烟騖. 穿埤一何微, 托此馳佳譽.」苕溪漁隱作蘇叔黨詩.

8.《書法正傳》(9)〈右軍蘭亭序〉

唐何延之〈蘭亭記〉述之最詳. 晉穆帝永和九年三月三日, 四十一人同遊於山陰蘭亭. 逸少製序, 酒酣興樂, 而書用鼠鬚筆, 蠒繭紙, 遒媚勁健, 絶代更無. 凡二十八行三百二十四字, 字有重者, 皆搆別體. 就中之字, 最多乃有二十許, 箇變轉悉異其時, 似有神助. 醒後他日, 更書數十百本, 皆不如右軍. 亦自惜之留, 付子孫傳至七代孫智永. 永是右軍第五子徽之之後, 故獨傳家法, 爲隋唐間諸家所師, 其書付弟子辨才, 太宗聞之, 令蕭翼計取入大內. 太宗崩, 遺命入昭陵, 眞迹遂亡. 太宗初得眞迹, 命供奉搨, 書人趙模, 韓道政, 馮承素, 諸葛貞等四人. 各搨數本, 以賜太子以下諸王近臣, 人閒稀少. 今趙模等所搨在者一本, 尚直數萬錢也.

9.《漢書》(59) 張湯傳

張湯, 杜陵人也. 父爲長安丞, 出, 湯爲兒守舍. 還, 鼠盜肉, 父怒, 笞湯. 湯掘熏得鼠及餘肉, 劾鼠掠治, 傳爰書, 訊鞫論報, 幷取鼠與肉, 具獄磔堂下. 父見之, 視文辭如老獄吏, 大驚, 遂使書獄.

10.《蒙求》張湯巧詆

前漢, 張湯杜陵人. 爲廷尉, 舞文巧詆, 其造請諸公, 不避寒暑. 是以湯雖文深意忌不專平, 然得此聲譽. 而深刻吏多爲爪牙用者, 依於文學之士. 每朝奏事, 語國家用, 日旰天子忘食, 丞相取充位, 天下事皆決湯. 百姓不安其生, 騷動. 縣官所興, 未獲其利, 姦吏竝侵漁. 於是痛繩以辠. 自公卿以下至庶人, 咸指湯. 後爲御史大夫, 坐事自殺. 初湯父爲長安丞, 出, 湯爲兒守舍. 還鼠盜肉, 父怒笞湯. 湯掘熏得鼠及餘肉, 劾鼠掠治, 傳爰書訊鞫論報, 幷取鼠與肉, 具獄磔堂下. 父見之, 視文辭, 如老獄吏. 大驚, 遂使書獄.

067. <妾薄命>(二首)·················· 陳無己(陳師道)
첩의 기박한 운명(2수)

＊《眞寶》注에 "謝疊山謂有國風法度"라 하였음. 謝疊山은 謝枋得(191 참조)을 가리킴.

＊<妾薄命>: '妾'은 여인이 자기를 낮춰 부르는 말이나 여기서는 曾鞏을 스승으로 모셨던 陳師道가 자신을 첩에 비유한 것. '薄命'은 기박한 운명. '妾薄命'은 《漢書》外戚傳(孝成帝 許皇后傳)에 "奈何妾薄命, 端遇竟寧前?"이라 한 말이 보이며, 뒤에 이 '妾薄命'이라는 말은 詩題로 널리 쓰였음. 《樂府詩集》(62)에 曹植, 簡文帝 등의 여러 <妾薄命>이 실려 있으며 "《樂府解題》曰:「<妾薄命>, 曹植云:『日月旣逝西藏.』 蓋恨燕私之歡不久. 梁簡文帝云:『名都多麗質.』 傷良人不返, 王嬙遠聘, 盧姬嫁遲也.」"라 함. 한편 《事文類聚》(前集 26)에는 "此篇蓋爲曾南豐作, 乃以自表見其不更他師也"라 함. 이는 陳無己가 南豐(曾鞏)을 위해서 쓴 輓詞(挽詞)에 해당함. 이에 《淵鑑類函》(182)에는 "陳後山代南豐作挽詞"라 하였음.

(1)
주인어른 열두 누각의 큰 집에서,
3천 명의 총애를 홀로 한 몸에 받았었지.
예로부터 여자 운명은 기박하다 하더니,
주인 섬김에 목숨 끝까지 가지 못하였네.
일어나 춤추며 주인의 장수를 빌었건만,
이렇게 무덤길로 보내는 일을 당하고 말았네.
내 차마 앞으로 주인께서 주신 치마저고리를 입고,
다른 사람 위해 고운 교태를 부릴 수가 있으리오!
내 울음소리는 마땅히 하늘에 사무치고,
내 눈물은 황천 끝까지 닿으리라.
죽은 자는 아마 아무것도 모르겠지만,

이 한 몸은 길이 불쌍한 처지가 되고 말았네.

主家十二樓, 一身當三千.
古來妾薄命, 事主不盡年.
起舞爲主壽, 相送南陽阡.
忍著主衣裳, 爲人作春姸!
有聲當徹天, 有淚當徹泉.
死者恐無知, 妾身長自憐.

【主家十二樓, 一身當三千】'主家'는 남편의 집. 주인의 집. 여기서는 曾鞏의 집을 가리킴. 陳師道가 曾鞏의 집에서 사랑을 받은 사람임을 뜻함. '十二樓'는 많은 누각들.《史記》武帝紀에 "東巡海上, 考神仙之屬, 未有驗者. 方士有言「黃帝時爲五城十二樓, 以候神人於執期, 命曰迎年」. 上許作之如方, 名曰明年. 上親禮祠上帝, 衣上黃焉"라 하였고,《漢書》郊祀志(下)에도 "明年, 東巡海上, 考神仙之屬, 未有驗者. 方士有言: 黃帝時爲五城十二樓, 以候神人於執期, 名曰迎年. 上許作之如方, 名曰明年. 上親禮祠, 上犢黃焉"라 함. '當'은《眞寶》注에 "去聲, 抵也, 敵也"라 함. '當三千'은《眞寶》注에 "〈長恨歌〉: 後宮佳麗三千人, 三千寵愛在一身"이라 함.《后山詩注》(1)에 "白樂天詩曰:「後宮佳麗三千人, 三千寵愛在一身.」后山以五字道之, 語簡而意盡. 集中如此甚衆"이라 하였고,《事文類聚》(別集 23)에도 "後山〈妾薄命〉云:「主家十二樓, 一身當三千.」白樂天詩云:「漢宮佳麗三千人, 三千寵愛在一身.」後山只五字道之, 語簡而意盡"이라 함.
【古來妾薄命, 事主不盡年】'古來妾薄命'은 예로부터 〈妾薄命〉을 많은 이들이 시로 읊어왔음. 예로부터 여인 중에 박명한 이가 많았음. '事主不盡年'은 남편을 끝까지 모시지 못하고 남편을 잃는 경우가 많음.《眞寶》注에 "傷南豐之早亡也"라 함. 南豐은 唐宋八大家의 하나인 曾鞏을 가리키며《宋史》(319) 曾鞏傳을 볼 것.
【起舞爲主壽, 相送南陽阡】'南陽阡'은 무덤으로 가는 길.《眞寶》注에 "阡, 音遷, 漢原涉塚署曰南陽阡"이라 함.《漢書》(92) 游俠傳(原涉)에 "初, 武帝時, 京兆尹曹氏葬茂陵, 民謂其道爲京兆仟, 涉慕之, 乃買地開道, 立表署曰南陽仟, 人不肯從, 謂之原氏仟"이라 하여 京兆尹의 무덤가는 길을 '京兆阡'이라 한 것을 본떠 原涉이 자신

의 부친상에 장례 길을 南陽阡이라 하였으나 사람들이 '原氏阡'라 불렀다 한 고
사에서 유래됨. 참고란을 볼 것.

【忍著主衣裳, 爲人作春妍】'忍著主衣裳'은 "차마 주인을 위해 의상을 곱게 차려 입
고"의 뜻. '春妍'은 '봄의 아름다운 교태'의 뜻으로 '애교를 부리다'의 의미. "살아
남은 내가 고운 여인이라고 장래 다른 남을 위해 교태를 부릴 수 있겠는가?"의
뜻. '爲'는 '위하다'의 뜻.《眞寶》注에 "爲, 去聲"이라 함.

【有聲當徹天, 有淚當徹泉】'有聲'은 '슬픈 울음소리'. '徹天'은 '하늘을 뚫을 정도'의
뜻. '하늘에까지 사무침'.

【死者恐無知, 妾身長自憐】'死者恐無知'는 죽은 사람은 아마 아무것도 모를 것임.
《后山詩注》에 "《家語》: 子貢問孔子曰:「死者有知乎? 將無知乎?」"라 함. '妾身'은
《眞寶》注에 "或作妾聲者, 非"라 함. '長自憐'은《眞寶》注에 "長字, 是決辭, 疊山
謂: 此詩可與少陵比肩, 其絶妙句法, 在結末, 人多不識此"라 함.

(2)
낙엽은 바람에도 흩날리지 않고,
산은 고요한데 꽃만 제 홀로 붉구나.
늙음을 기다리지도 않고 세상을 버리셨으니,
내 사랑 끝내 다하지 못하였네.
한 번 죽는 일이란 그래도 할 수 있지만,
백년 여생에 이 한을 어찌할꼬?
하늘과 땅이 어찌 넓지 않으리오만,
그럼에도 이 몸 하나 용납될 수 없구나.
죽은 자가 만약 앎이 있다면,
내 몸 죽어서라도 그대를 따르련만.
지난날 춤추고 노래하던 곳,
밤비에 차가운 귀뚜라미 울음소리뿐.

落葉風不起, 山空花自紅.
捐世不待老, 惠妾無其終.

一死尙可忍, 百歲何當窮?
天地豈不寬, 妾身自不容.
死者如有知, 殺身以相從.
向來歌舞地, 夜雨鳴寒蛩.

【落葉風不起, 山空花自紅】'落葉風不起'는 '山空花自紅'과 대구를 이루어 적막함
을 표현한 것. 《文選》潘岳(安仁)의 〈悼亡詩〉에 "落葉委埏側, 枯荄帶墳隅"라 함.
《眞寶》注에 "山中有松栢杞梓楩楠豫章之材, 則可以爲棟梁之用. 山已空矣, 惟有
野花自紅; 朝廷無將相之才, 而國已空虛矣"라 함.

【捐世不待老, 惠妾無其終】'捐'은 '버리다'의 뜻. 《眞寶》注에 "捐, 音緣, 棄也"라 함.
'不待老'는 "늙기를 기다리지 않음". "늙기 전에 죽음". '惠'는 《眞寶》注에 "愛也"라
함. 나를 사랑하면서 끝까지 하지 못하고 중도에 끝이 남.

【一死尙可忍, 百歲何當窮】'一死尙可忍'은 한 번 죽는 일은 그래도 참고 해낼 수
있음. 나도 따라 죽을 수 있음을 뜻함. '百歲'는 평생, 여생을 뜻함. '何當窮'은 "어
떻게 恨을 품고 견뎌내리?"의 뜻. 《眞寶》注에 "忍死尙可, 卽死實難也"라 함.

【天地豈不寬, 妾身自不容】천지가 이토록 넓음에도 나는 수용될 곳이 없음.

【死者如有知, 殺身以相從】《眞寶》注에 "此六句思慕深, 恨不殺身以相從於地下也"
라 함.

【向來歌舞地, 夜雨鳴寒蛩】'向來'는 '전에, 그 전에, 그 옛날에, 지난날에'의 뜻. '寒蛩'
은 귀뚜라미(蟋蟀). 가을 寒氣가 올 때의 귀뚜라미. 《眞寶》注에 "《爾雅》云: 蟋蟀曰
蛩. 詩意謂: 歌舞最爲樂處, 今聞蛩聲, 則慘悽矣. 此人事之變也, 結句有味"라 함.

참고 및 관련 자료

1. 陳無己:

陳師道(1053~1101). 宋나라 때 문인이며 자는 無己, 혹 履常. 호는 後山(后山). 그
때문에 陳無己, 陳後山, 陳后山 등으로 불림. 蘇軾과 결교가 있어 蘇門六學士의
하나이며, 蘇軾은 그를 徐州敎授로 추천하기도 하였음. 예술정신에 투철하여 《却
掃編》에 "陳無己, 一詩成, 揭之壁間, 坐臥吟哦, 有竄易至月十日乃定. 有終不如意
者, 則棄去之. 故平生所爲至多, 而見於集中者, 纔首百篇"이라 하였음. 《眞寶》諸賢
姓氏事略에 "陳後山, 名師道, 字無己, 元祐中以薦授徐州敎授"라 함. 《後山談叢》을

남김.

2. 이는 《後山集(后山集)》(1)에 실려 있으며 自注에 "曾爲南豐作"이라 함. 南豐은 曾鞏을 가리키며 南豐이 元豐 6년(1083)에 죽자 그를 애도하여 자신을 운명이 기박한 첩에 비유하여 이 시를 지은 것이라 함. 《宋史》(319) 曾鞏傳에 "曾鞏, 字子固, 建昌南豐人. 生而警敏, 讀書數百言, 脫口輒誦. 年十二, 試作《六論》, 援筆而成, 辭甚偉. 甫冠, 名聞四方. 歐陽修見其文, 奇之. ……帝以《三朝》,《兩朝國史》各自爲書, 將合而爲一, 加鞏史館修撰, 專典之, 不以大臣監總, 既而不克成. 會官制行, 拜中書舍人. 時自三省百職事, 選授一新, 除書日至十數, 人人擧其職, 於訓辭典約而盡. 尋掌延安郡王牋奏. 故事命翰林學士, 至是特屬之. 甫數月, 丁母艱去. 又數月而卒, 年六十五."라 하였으며, 흔히 '南豐先生'으로 불림. 正宗 注에 "陳后山師於曾南豐, 曾歿, 不忍遂倍之, 故作此詩以見志"라 함. 그 외에 《后山詩注》(1),《宋文鑑》(13),《宋藝圃集》(10),《宋詩鈔》(25),《詩林廣記》(後集 6),《宋詩紀事》(33),《容齋隨筆》(三筆 6),《古今事文類聚》(前集 23, 別集 10),《淵鑑類函》(182),《歷代詩餘》 등에 실려 있음.

3. 韻脚은 (1) '千, 年, 阡, 姸, 泉, 憐'. (2) '紅, 終, 窮, 容, 從, 蛩'.

4. 《純正蒙求》(下)

宋陳无己, 名師道, 號后山先生. 有〈妾薄命〉詩, 蓋爲曾南豐作, 乃以自表見其不更他師也. 詩云:「主家十二樓, 一身當三千. 古來妾薄命, 事主不盡年. 起舞爲主壽, 相送南陽阡. 忍著主衣裳, 爲人作春姸! 有聲當徹天, 有淚當徹泉. 死者恐無知, 妾身長自憐.」

5. 《漢書》(92) 游俠傳(原涉)

原涉字巨先. 祖父武帝時以豪桀自陽翟徙茂陵. 涉父哀帝時爲南陽太守. 天下殷富, 大郡二千石列官, 賦斂送葬皆千萬以上, 妻子通共受之, 以定産業. 時又少行三年喪者. 及涉父死, 讓還南陽賻送, 行喪塚廬三年, 由是顯名京師. 禮畢, 扶風謁請爲議曹, 衣冠慕之輻輳. 爲大司徒史丹擧能治劇, 爲穀口令, 時年二十餘. 穀口聞其名, 不言而治. 先是, 涉季父爲茂陵秦氏所殺, 涉居穀口半歲所, 自劾去官, 欲報仇. 穀口豪桀爲殺秦氏, 亡命歲餘, 逢赦出. 郡國諸豪及長安, 五陵諸爲氣節者皆歸慕之. 涉遂傾身與相待, 人無賢不肖闐門, 在所閭里盡滿客. 或譏涉曰:「子本吏二千石之世, 結發自修, 以行喪推財禮讓爲名, 正復讎取仇, 猶不失仁義, 何故遂自放縱, 爲輕俠之徒乎?」涉應曰:「子獨不見家人寡婦邪? 始自約敕之時, 意乃慕宋伯姬及陳孝婦, 不幸一爲盜賊所汙, 遂行淫失, 知其非禮, 然不能自還. 吾猶此矣!」涉自以爲前讓南陽賻送, 身得其名, 而令先人墳墓儉約, 非孝也. 乃大治起塚舍, 周閣重門. 初, 武帝時, 京兆尹曹氏葬茂陵, 民謂其道爲京兆阡, 涉慕之, 乃買地開道, 立表署曰南陽阡, 人不肯從, 謂之原

氏仟. 費用皆仰富人長者, 然身衣服車馬才具, 妻子內困. 專以振施貧窮赴人之急爲
務. 人嘗置酒請涉, 涉入里門, 客有道涉所知母病避疾在里宅者. 涉即往候, 叩門. 家
哭, 涉因入弔, 問以喪事. 家無所有, 涉曰:「但潔掃除沐浴, 待涉.」還至主人, 對賓客歎
息曰:「人親臥地不收, 涉何心鄉此! 願撤去酒食.」賓客爭問所當得, 涉乃側席而坐,
削牘爲疏, 具記衣被棺木, 下至飯含之物, 分付諸客. 諸客奔走市買, 至日昳皆會. 涉
親閱視已, 謂主人:「願受賜矣.」既共飲食, 涉獨不飽, 乃載棺物, 從賓客往至喪家,
爲棺斂勞俠畢葬. 其周急待人如此. 後人有毀涉者曰「奸人之雄也」, 喪家子即時刺殺
言者.

068. <青青水中蒲> ················· 韓退之(韓愈)
푸르고 푸른 물속의 창포

＊《眞寶》注에 "此詩托物比喩, 謂征夫出戌, 其妻幽宮閨房, 如蒲在水中. 第一章謂
　夫君之出, 第二章謂不得相隨, 末章勉君子以正, 得風人之體"라 함.
＊<青青水中蒲>:《文選》古詩十九首의 제 2수와 《古樂府》飮馬長城窟行 첫 구절
　에 "青青河畔草"라 하여, 여인이 征夫를 그리워하는 정을 노래한 구절이 있음.
　작자 韓愈가 이를 제목으로 삼은 것이며 3장으로 되어 있음. '蒲'는 水草의 일
　종. 菖蒲.

푸르고 푸른 물속의 창포여,
밑에는 한 쌍의 물고기가 놀고 있네.
그대는 이제 농산隴山으로 떠나가니,
나 홀로 누구와 함께 산단 말인가?

푸르고 푸른 물속의 창포여,
언제나 물속에 살고 있구나.
부평초浮萍草에게 말 붙여 보노니,
서로 몰려다니는데 난 그렇게 하지 못하는구나.

푸르고 푸른 물속의 창포여,
잎이 짧아서 물 밖으로 나오지 못하네.
부인은 대청 아래로 내려설 수 없으니,
떠난 그대는 만 리 먼 곳에 계시는구나.

青青水中蒲, 下有一雙魚.

君今上隴去, 我在與誰居?

青青水中蒲, 長在水中居.
寄語浮萍草, 相隨我不如.

青青水中蒲, 葉短不出水.
婦人不下堂, 行子在萬里.

【靑靑水中蒲, 下有一雙魚】'雙魚'는 짝을 이루어 헤엄치고 있는 고기.

【君今上隴去, 我在與誰居】'隴'은 陝西의 지명. 西域으로 戍자리 갈 때에 반드시
　지나는 길목. 《眞寶》注에 "隴, 龍上聲. 今陝西路隴州西寧等處, 有隴山在汧陽縣
　西六十四里, 戍邊者必徑此. 戍者歌曰:「隴連流水, 鳴聲幽咽. 遙望秦川, 肝腸斷
　絶.」"이라 함.

【靑靑水中蒲, 長在水中居】'水中'은 여인 자신이 있는 곳을 떠나지 못함을 말함.
　'長'은 '常', '恒'과 같음. 疊韻互訓.

【寄語浮萍草, 相隨我不如】'浮萍草'는 물 위에 떠다니는 水草. 개구리밥. '不如'는
　그처럼 할 수 없음.

【靑靑水中蒲, 葉短不出水】'葉短'은 잎이 짧아 물 위로 나오지 못함.

【婦人不下堂, 行子在萬里】'婦人不下堂'은 고대 속담이며 풍속. 부인은 대청 아래
　로 나가지 못함. 그 때문에 그대를 따라 나설 수도 없음. '下堂'은 《後漢書》宋弘
　傳에 "謂弘曰:「諺言'貴易交, 富易妻'. 人情乎?」弘曰:「臣聞'貧賤之交不可忘, 糟糠
　之妻不下堂'. 帝顧謂主曰:「事不諧矣.」"라 함. '行子'는 旅路에 있는 그대. 여행 중
　인 그대. 《文選》鮑明遠(鮑照)〈東門行〉에 "居人掩閨臥, 行子夜中飯. 野風吹秋木,
　行子心腸斷"이라 함.

(참고 및 관련 자료)

1. 韓退之: 韓愈, 韓文公, 韓昌黎. 008 참조.

2. 이 시는 《昌黎先生集》(4)에 3章으로 나누어져 있으며, 注에 "或折爲三章, 章
四句, 樊曰:《文選》古樂府〈飮馬長城窟行〉有'靑靑河畔草', 〈長歌行〉有'靑靑園中葵',
其大意與此相類. 孫曰:當是婦人思夫之意"라 하여 4聯씩 3章임. 그 외 《別本韓文

考異》(4), 《東雅堂昌黎集註》(4), 《全唐詩》(339), 《風雅翼》(13), 《唐詩品彙》(43), 《古詩鏡》(39), 《樂府詩集》(91), 《佩文齋詠物詩選》(395) 등에 실려 있음.

  3. 韻脚은 '魚, 居, 居, 如, 水, 里'.

069. <幽懷> ·················· 韓退之(韓愈)
　　　가슴 속 품은 정회

*<幽懷>: 그윽한 情懷나 懷抱.

가슴 속 품은 정회 씻을 길 없어,
이 봄 강가로 걸어 나섰네.
마침 좋은 철 맞은 많은 사람들,
사인士人들과 여인들 시간을 다투고 있네.
짙은 화장 모습 물가에 어른거리고,
요란한 음악소리 사람 마음 들뜨게 하네.
재잘재잘 우짖는 숲속의 새들,
제철임을 알고 화음和音을 만들어내네.
어찌 한 단지 술이 없을 수 있으랴?
스스로 따르며 게다가 홀로 읊조리기까지.
다만 서럽기는 때란 쉽게 흘러서,
네 계절 차례대로 서로를 침범하는 것.
내 노래는 옛날 <군자행>,
옛사람이 보던 것 내가 지금을 보는 것과 같으리니.

　幽懷不可寫, 行此春江潯.
　適與佳節會, 士女競光陰.
　凝妝耀洲渚, 繁吹蕩人心.
　間關林中鳥, 知時爲和音.
　豈無一樽酒? 自酌還自吟.

但悲時易失, 四序迭相侵.
我歌君子行, 視古猶視今.

【幽懷不可寫, 行此春江潯】'幽懷'는 그윽한 情懷. 가슴에 품고 있는 느낌이나 憂
愁. '寫'는 瀉와 같으며, 傾, 除, 盡의 뜻. '기울여 쏟아버림. 없애버림'. '江潯'은 강
가. '潯'은 《眞寶》注에 "音尋"이라 함.

【適與佳節會, 士女競光陰】'適'은 副詞로 '마침'의 뜻. '會'는 모여듦.

【凝妝耀洲渚, 繁吹蕩人心】'凝'은 '짙다'의 뜻. '妝'(音莊)은 粧, 粧과 같음. 화장함. 곱
게 단장함. '洲'는 三角洲. 물가. '渚'는 모래톱. '耀洲渚'는 화장한 모습들이 물가
모래톱에 비치고 반사되어 어른거림. '繁吹蕩人心'은 繁多한 吹笛 소리가 사람 마
음을 들뜨게 함. 《眞寶》注에 "繁, 音煩; 吹, 去聲. ○繁吹, 歌吹之盛也"라 함.

【間關林中鳥, 知時爲和音】'間關'은 원래는 수레바퀴 등이 돌아가는 소리를 형용
한 雙聲連綿語이며 象聲語. 여기서는 새가 우짖는 소리를 표현한 것.《詩經》小
雅 車舝에 "間關車之舝兮"의 注에 "間關, 設舝聲也"라 하였고,《後漢書》荀彧傳
"間關以從曹氏"의 注에 "間關, 猶展轉也"라 함. '知時爲和音'은 '때를 알고 소리로
화답함'.《眞寶》注에 "見音樂之繁, 禽獸之鳴"이라 함.

【豈無一樽酒? 自酌還自吟】'樽'은 술동이, 술 단지, 술통. 罇과 같음. '還'은 副詞로
'또, 다시, 그래도' 등의 뜻.

【但悲時易失, 四序迭相侵】'時易失'은 《五百家注》에 "蔡曰:《前漢》蒯通傳:「夫功者,
難成而易敗; 時者, 難値而易失. 時乎! 時不再來.」"라 함. '四序'는 春夏秋冬 네 계절
의 순서. '迭相侵'은 '번갈아가며 자리를 서로 빼앗음'. '迭'은 《眞寶》注에 "田入"
(田의 入聲, 절)이라 하였음. 이 구절은 《眞寶》注에 "但悲四序迭相更代, 而光陰易
失也"라 함.

【我歌君子行, 視古猶視今】'君子行'은 〈古樂府〉의 이름. 본 《眞寶》(224) 〈君子行〉을
참조할 것. 《眞寶》注에 "古樂府有〈君子行〉"이라 함.《文選》(27)에 〈君子行〉에 "君
子防未然, 不處嫌疑間. 瓜田不納履, 李下不正冠. 嫂叔不親授, 長幼不比肩"이라
함.《五百家注》에 "韓曰: 古樂府有〈君子行〉注謂:「君子之道, 宜守謙撝, 不履猜疑之
地.」"라 함. '視古猶視今'은 王羲之의 〈蘭亭集序〉에 "後之視今, 亦猶今之視昔, 悲
夫"라 함.《五百家注》에 "蔡曰:《列子》楊朱篇: 楊子曰:「五情好惡, 古猶今也; 四體安
危, 古猶今也; 世事苦樂, 古猶今也; 變易治亂, 古猶今也.」"라 함.

참고 및 관련 자료

1. 韓退之:韓愈, 韓文公, 韓昌黎. 008 참조.

2. 이 시는《別本韓文考異》(2),《五百家注昌黎文集》(2),《東雅堂昌黎集註》(2),《全唐詩》(337),《唐詩品彙》(20),《全唐詩錄》(46) 등에 실려 있음.

3. 韻脚은 '潯, 陰, 心, 音, 吟, 侵, 今'.

070. 〈公讌〉 ·················· 曹子建(曹植)

공자의 잔치

*〈公讌〉: '公'은 公子. 曹丕를 가리킴. '讌'은 醮, 燕, 宴과 같은 의미. 잔치. 연회. 公讌은 '公家의 연회, 公子의 연회'를 뜻함. 《曹子建集》(5)에는 〈公宴〉으로 표기되어 있음. 六臣注 《文選》에는 "濟曰: 「公讌者, 臣下在公家侍讌也. 此讌在鄴宮, 與兄丕讌飮.」"이라 하여 曹植이 형 曹丕와 鄴宮에서의 잔치를 읊은 것임.

공자께서는 손님을 아끼고 공경하시어,
잔치 끝나도록 피곤한 줄을 모르시네.
맑은 밤을 서원西園에 노닐게 되자,
펄럭이는 수레지붕 서로 뒤를 따라 몰려왔네.
밝은 달은 맑은 빛으로 비춰주고,
별자리는 마침 하늘에 펼쳐져 있네.
가을 난초는 긴 언덕을 덮고 있고,
붉은 꽃은 푸른 연못을 덮고 있네.
물속의 고기는 맑은 물결을 뛰어오르고,
아름다운 새들은 높은 가지에서 우짖고 있네.
신묘한 회오리바람 붉은 수레바퀴 따라 일어나고,
가벼운 수레는 바람을 따라 자리를 옮겨가네.
바람에 휘날리듯 뜻을 마음껏 풀어놓으니,
천추를 두고 길이 이와 같기를.

公子愛敬客, 終宴不知疲.
淸夜遊西園, 飛盖相追隨.
明月澄淸影, 列宿正參差.

秋蘭被長坂, 朱華冒綠池.
潛魚躍清波, 好鳥鳴高枝.
神飇接丹轂, 輕輦隨風移.
飄飖放志意, 千秋長若斯.

【公子愛敬客, 終宴不知疲】'公子'는 曹丕, 작자 曹植(子建)의 형. 曹操가 실권을 잡기 전 曹操는 五官中郞將이었으며, 뒤에 曹丕가 漢나라를 찬탈한 뒤 아버지 曹操를 文帝로 추존하였으며 자신은 魏武帝가 됨. 《文選》注에 "公子, 謂文帝, 時武帝在, 謂(爲)五官中郞也(將)"라 함. '愛敬'은 《文選》에는 '敬愛'로 되어 있음.

【淸夜遊西園, 飛盖相追隨】'西園'은 鄴의 서쪽에 있는 정원. '飛盖'는 '飛蓋'와 같으며 '盖'는 수레 위를 덮은 지붕. 그 지붕이 날듯이 펄럭이며 몰려듦.

【明月澄淸影, 列宿正參差】'澄淸'은 맑고 깨끗함. '影'은 그림자 또는 빛. 《文選》과 《曹子建集》에는 '景'으로 되어 있음. 《說文》에 "景, 光也"라 함. '宿'는 '수'로 읽으며 星宿, 星座를 뜻함. 《眞寶》注에 "宿, 音秀"라 함. '參差'(참치)는 《眞寶》注에 "參, 初今反; 差, 又宜反"이라 하여 '참치'로 읽으며 雙聲連綿語. 들쭉날쭉함. 많은 별들이 크고 작게 여기저기 널려 있음. 《詩》關雎篇에 "參差荇菜, 左右流之"라 함.

【秋蘭被長坂, 朱華冒綠池】'朱華'는 《文選》注에 "朱華, 芙蓉也"라 하였고 《眞寶》注에는 "朱華, 荷花也"라 함. '冒'는 덮여 있음. 《文選》注에 "毛萇《詩傳》曰: 冒, 猶覆也"라 함.

【潛魚躍淸波, 好鳥鳴高枝】'潛魚'는 물속에 잠겨 있는 물고기. 《文選》李周翰 注에 "潛魚와 好鳥는 자신을 비유한 것이며, 淸波와 高枝는 公子에 비긴 것"이라 하였고 《眞寶》注에는 "已上六句, 鋪叙一時, 星月之輝, 花草之盛, 禽魚之樂, 而有自得之適也"라 함.

【神飇接丹轂, 輕輦隨風移】'神飇'(신표)는 신묘한 회오리바람. '飇'는 《眞寶》注에 "音標"라 함. '丹轂'(단곡)은 붉은 칠한 수레바퀴. 화려한 수레. 신묘한 회오리바람이 화려한 수레를 몰고 다니듯 함. 《眞寶》注에 "轂, 音谷"이라 함. '輕輦'은 가벼운 수레. 사람 둘이 앞에 끄는 수레. 혹 귀인의 수레. "人步挽車也"라 함.

【飄飖放志意, 千秋長若斯】'飄飖'는 疊韻連綿語. 《眞寶》注에 "上漂, 下搖"라 함. '放志意'는 뜻을 마음대로 풀어놓음. 《文選》注에 "〈古詩〉曰: 蕩滌放情志"라 함. '千秋長若斯'는 《文選》注에 "《戰國策》曰: 犀首爲張儀千秋之祝"이라 함. '斯'는 此,

是, 玆와 같음.《眞寶》注에 "斯, 此也"라 함.

참고 및 관련 자료

1. 曹子建:曹植, 陳思王, 東阿王. 018 참조.

2. 이 시는《曹子建集》(5),《文選》(20)에 실려 있으며, 그곳 注에 "濟曰:公讌者, 臣下在公家侍讌也. 此讌在鄴宮與兄丕讌飮"이라 하여, 曹魏의 都邑이었던 鄴(지금의 河南 臨漳)의 西園에서 曹植이 형 曹丕를 모시고 잔치를 한 모습을 읊은 것임.《曹子建集》(5)에는 제목이 〈公宴〉으로 되어 있음. 그 외《藝文類聚》(39),《天中記》(12),《淵鑑類函》(156, 254),《古詩紀》(24),《古今詩刪》(6),《古詩鏡》(5),《漢魏六朝百三家集》(27),《竹莊詩話》(2),《太平御覽》(824),《事文類聚》(續集 13) 등에 실려 있음.

3. 韻脚은 '疲, 隨, 差, 池, 枝, 移, 斯'.

071. <獨酌> ················· 李太白(李白)

홀로 마시는 술

*<獨酌>: 이태백이 홀로 술을 마시면서 감회를 읊은 것.

하늘이 만약 술을 좋아하지 않는다면,
하늘에 주성酒星이라는 별 이름이 있지 않았을 것이요,
땅이 만약 술을 좋아하지 않는다면,
땅에는 응당 주천酒泉이란 지명이 없었을 것이다.
하늘과 땅도 이미 술을 좋아하였거늘,
술 좋아하는 것은 하늘에 부끄러울 게 없도다.
이미 듣건대 맑은 술은 성인에 비겼고,
다시 탁주는 현인처럼 여겼다고 일렀다더라.
현인도, 성인도 이미 술을 마셨거늘,
하필 꼭 신선되기를 바라겠느냐?
석 잔 술에 대도大道와 통하고,
한 말 술에 자연과 합일되네.
다만 술 속의 의취意趣를 얻으면 그만,
깨어 있는 자에겐 전하지도 말라.

天若不愛酒, 酒星不在天.
地若不愛酒, 地應無酒泉.
天地旣愛酒, 愛酒不愧天.
已聞淸比聖, 復道濁如賢.
賢聖旣已飮, 何必求神仙?

三盃通大道, 一斗合自然.
但得醉中趣, 勿爲醒者傳.

【天若不愛酒, 酒星不在天】'酒星'은 술을 상징하는 별자리. 《眞寶》注에 "《晉》天文
志曰:酒星, 柳星傍三星, 曰酒旗星"이라 함. 한편 《晉書》天文志에는 "軒轅右角南
三星曰酒旗, 酒官之旗也. 主享宴飮食"이라 함.

【地若不愛酒, 地應無酒泉】'酒泉'은 우물 이름. 지금의 甘肅 酒泉郡에 있음. 《眞寶》
注에 "河西宿州爲酒泉郡"이라 하였고, 《方輿勝覽》에 "宿州古雍州域, 漢武爲酒泉
郡, 後魏以酒泉爲郡, 後以屬甘州, 隋分甘州福祿縣置宿州"라 하였으며, 그 물맛이
술과 같아 酒泉이라 부르게 되었음.

【天地旣愛酒, 愛酒不愧天】'愛酒不愧天'는 술을 좋아하는 것이 하늘에 부끄러운
것이 아님.

【已聞淸比聖, 復道濁如賢】'淸比聖'은 淸酒를 聖人에 비유함. 《魏志》에 "徐邈字景山,
仕魏爲尙書郎, 時禁酒, 而邈私飮沈醉, 趙達聞以曹事, 邈曰:「中聖人.」達白之, 太祖
怒, 鮮于輔進曰:「醉客謂酒, 淸者爲聖人, 濁者爲賢人, 邈偶醉言耳」라 하여 淸酒는
聖人에, 濁酒는 賢人에 비유함. 《眞寶》注에 "酒之淸爲聖人, 濁爲賢人"이라 함.

【賢聖旣已飮, 何必求神仙】꼭 신선이 되고자 할 필요가 없음.

【三盃通大道, 一斗合自然】술을 통해 大道와 自然에 合一됨.

【但得醉中趣, 勿爲醒者傳】'醉中趣'는 《李白詩集》에는 '酒中趣'로 되어 있음. 《晉
書》(98) 孟嘉傳에 "嘉好酣飮, 愈多不亂. 溫問嘉:「酒有何好而卿嗜之?」嘉曰:「公未
得酒中趣耳.」라 함. '醒者'는 깨어있는 사람. 술에 취해 있지 않은 사람. 술을 마
시지 않는 사람.

참고 및 관련 자료

1. 이태백(李太白) 李白, 李翰林. 016 참조.

2. 이 시는 《李白詩集》(23)에 실려 있으며 〈月下獨酌〉 4수 중 제 2수임. 그 외
《李太白文集》(20), 《李太白集分類補註》(23), 《李太白集注》(23), 《全唐詩》(182), 《全唐
詩錄》(21), 《唐詩品彙》(6), 《錦繡萬花谷》(前集 35), 《石倉歷代詩選》(44上), 《詩話總龜》
(3), 《文苑英華》(195), 《太平廣記》(201), 《古今事文類聚》(續集 15), 《佩文齋詠物詩選》
(243) 등에 실려 있음.

3. 韻脚은 '天, 泉, 天, 賢, 仙, 然, 傳'.

072. 〈歸田園〉 ·················· 陶淵明(陶潛) 江淹(江文通)

전원으로 돌아와서

*《眞寶》注에 "叙東皐之勝槩, 終歸於農桑之務本, 朋友之責善也"라 함.
*〈歸田園〉:《陶靖節集》(4)에 실려 있는 〈歸園田居〉 6수의 마지막 시임. 그러나 도
 연명의 시가 아니라 江淹(文通)의 시가 잘못 편집된 것임. 참고란을 볼 것.

동쪽 언덕에 모종을 심었더니,
온 밭두둑에 싹들이 살아났네.
비록 호미 메고 나서는 일 권태로우나,
애오라지 탁주 한 잔으로 자적自適을 삼네.
날 저물어 땔감 수레를 덮어 묶으니,
길 어두워 빛은 이미 석양이 기울었네.
돌아오는 사람 멀리 저녁연기 바라보고,
어린 아이 처마 틈에서 기다리고 있네.
그대에게 묻노니 어찌 그렇게 사는가?
백년 한 평생을 이렇게 일거리를 만났소.
다만 원하노니 뽕나무 삼대가 잘 자라서,
누에치는 달에 실이나 많이 자을 수 있기를.
원래 마음은 꼭 이와 같았으면 하는 것,
오솔길 열어 세 가지 이로움을 바라고 있다오.

種苗在東皐, 苗生滿阡陌.
雖有荷鋤倦, 濁酒聊自適.
日暮巾柴車, 路暗光已夕.
歸人望煙火, 稚子候簷隙.

問君亦何爲? 百年會有役.
但願桑麻成, 蠶月得紡績.
素心正如此, 開逕望三益.

【種苗在東皐, 苗生滿阡陌】'東皐'는 동쪽 언덕. 동쪽 언덕에 있는 밭.《眞寶》注에 "皐, 音羔"라 함. '阡陌'은 밭 사이의 고랑과 둔덕길.《風俗通》에 '南北曰阡, 東西曰陌'이라 함.《眞寶》注에 "阡, 音遷;陌, 音默"이라 함.

【雖有荷鋤倦, 濁酒聊自適】'荷鋤倦'은 호미를 메고 밭일하러 나서는 것이 권태로움. '荷'는 動詞.《眞寶》注에 "荷, 上聲"이라 함.

【日暮巾柴車, 路暗光已夕】'柴車'는 땔감을 싣는 수레. '鹿車'라고도 함. '巾'은 포장으로 덮어 묶고 쌈.《文選》注에 "巾, 飾也. 柴車, 鹿車也"라 하였고,《周禮》春官에 巾車라는 직책이 있으며 注에 "巾, 猶衣也"라 함.《古文大全》에는 "巾, 結束也"라 함.《眞寶》注에는 "巾, 或曰覆也, 主也. 又曰猶衣也. 舊主:《周禮》有巾車氏, 然非淵明所用意, 當訓結束等字"라 함.

【歸人望煙火, 稚子候簷隙】'稚子候簷隙'은 어린 아이는 처마 틈에서 내가 오기를 기다리고 있음.《眞寶》注에 "音綌, 簷之空隙"이라 함.

【問君亦何爲? 百年會有役】'百年會有役'은 일생을 이러한 일거리를 만남. '役'은 노역, 肉身을 위해 使役을 함.

【但願桑麻成, 蠶月得紡績】'桑麻成'은 뽕과 삼이 잘 성장하는 것. 〈歸園田居〉의 제 2수에서도 "相見無雜言, 但道桑麻長"이라 함. '蠶月'은 누에치는 달.《詩經》豳風 七月에 "蠶月條桑, 取彼斧斨, 以伐遠揚, 猗彼女桑. 七月鳴鵙, 八月載績. 載玄載黃, 我朱孔陽, 爲公子裳"이라 함. '紡績'은 누에고치 실을 빼어 실을 잣고 비단을 짜는 일.《文選》注에 "問君謂自擧以問以答:「何爲辛苦?」答云:「人生百年皆有勞役.」善曰:《毛詩》曰「蠶月條桑.」《家語》曰:「公文伯之母紡績不懈.」紡,《韻會》,《說文》:「網絲也.」《廣韻》:「績, 紡也.」"라 함.

【素心正如此, 開逕望三益】'素心'은 평소의 마음. 본래부터 지니고 있던 初心.《眞寶》注에 "猶言初心"이라 함. '逕'은 三逕. 東漢 趙岐의《三輔決錄》에 의하면 羊仲과 求仲 두 隱士의 고사를 지칭하여 좋은 이웃이 있기를 바란 것. 西漢 말 兗州 刺史 蔣詡는 王莽의 횡포를 보고 벼슬을 버리고 杜陵에 은거하였는데 그는 가시로 자신의 집을 가리고 살았음. 그의 집 곁에는 오직 세 갈래의 오솔길이 있

어 이 길로는 당시 같은 뜻으로 은거하고 있던 羊仲과 求仲만이 왕래할 수 있었다 함. 陶淵明의 〈集聖賢羣輔錄〉(上)에 "求仲, 羊仲: 右二人不知何許人, 皆治車爲業, 挫廉逃名. 蔣元卿之去兗州, 還杜陵, 荊棘塞門. 舍中有三逕, 不出, 惟二人從之遊. 時人謂之「二仲」. 見嵇康《高士傳》"이라 함. '三益'은 《眞寶》 注에 《論語》:「益者三友, 損者三友.」라 하였고 《論語》 季氏篇에 "益者三友, 損者三友: 友直, 友諒, 友多聞, 益矣"라 함. 《蒙求》 「蔣詡三逕」에 "前漢, 蔣詡字元卿, 杜陵人. 爲兗州刺史, 以廉直爲名. 王莽居攝, 以病免歸鄕里. 《三輔決錄》曰:「詡舍中竹下開三逕, 唯故人求仲, 羊仲從之游.」"라 함.

참고 및 관련 자료

1. 작자로 표기된 陶淵明은 李公煥이 편집한 《陶淵明錄》에 잘못 들어간 것이며, 실제 작자는 江淹(文通)임. 《江文通集》에는 제목이 〈陶徵君田居〉로 되어 있음. 江淹은 033을 참조할 것.

2. 이 시는 《陶靖節集》(2), 《文選》(31), 《江文通集》(4), 《類說》(47), 《說郛》(25上), 《山谷集》(別集 11), 《王忠文集》(1), 《古詩紀》(86), 《石倉歷代詩選》(7), 《漁隱叢話》(前集 4), 《竹莊詩話》(3), 《詩林廣記》(1) 등에 실려 있으며 관련 사항을 論析하고 있음.

3. 韻脚은 '陌, 適, 夕, 隙, 役, 績, 益'.

4. 〈歸園田居〉 5수는 가장 널리 알려진 작품 중의 하나로서 대체로 晉 安帝 義熙 2년(406), 도연명 42세 때 쓴 것으로 보고 있음. 그러나 원래 5수이나 李公煥본의 〈歸園田居六首〉에서 여섯 번째 들어 있는 〈種苗在東皐〉는 陶淵明의 시가 아님. 이는 南朝 梁나라 江淹(444–504, 혹은 505. 자는 文通)의 〈雜體詩三十首〉 중 〈陶徵君潛田居〉라는 제목의 시임. 이 시는 蕭統의 《文選》(31)에도 수록되면서 〈種苗在東皐〉(〈歸園田居〉)는 잘못 편집되어 陶淵明의 작품으로 오인되었으며, 蘇東坡도 잘못 알고 和詩를 지을 정도였음. 그 외에 〈問來使〉(曾本과 李本에 〈歸園田居〉 제 6수 뒤에 실었음)와 〈四時〉(010)의 시도 도연명의 작품으로 와전되어 왔음. 그럼에도 이 3편의 시는 宋代에 《眞寶》에 '陶淵明 作'으로 실리면서 한국에서는 더욱 심하게 와전되어 온 지가 오래임. 그러나 〈四時〉는 晉나라 때 유명한 화가 顧愷之(346–407. 자는 長康)의 〈神情詩〉이며, 〈問來使〉(033)는 위탁으로 여기고 있음. 이에 따라 《眞寶》에도 〈問來使〉의 注에 "此非淵明詩". "天目, 山名, 在今杭州, 淵明未嘗到"라 하는 등, 간단히 주를 달고 있음. 그러면서도 도리어 시 말미에는 "陶淵明, 心在歸隱, 因來使而問南山之菊, 山中之酒"라 하였음.

5. 韓子蒼은 "田園六首, 末篇乃序行役, 與前五首不類. 今俗本乃取江淹「種苗在東皐」爲末篇. 東坡亦因其誤和之. 陳述古本止有五首. 予以爲皆非也, 當如張相國本題爲〈雜詠〉六首. 江淹雜擬詩, 亦頗似之, 但『開徑望三益』. 此一句不類"라 함.

6. 陶注에는 "文通(江淹)此詩載在《文選》, 其不當入陶集甚明. 惟子蒼以田園六首, 末篇乃序行役, 不知所指何篇? 張相國本, 今亦未見, 識以俟考"라 함.

7. 鄭文焯은 "此文通擬作, 當據《文選》正是, 不當以此附會子蒼六首之末. 觀文通〈擬上人怨別〉, 今後仿效淵明田園, 昔賢效體之作, 蓋有當時聞其風而慕之者, 況先伏邪! 是篇惟得澹遠之致, 骨氣不高, 志趣使然"이라 함.

8. 《類說》(47)

《文選》有江文通〈擬古〉三十首, 如〈擬休上人閨情〉云:「日暮碧雲合, 佳人殊未來.」 今人遂用爲休上人詩故事. 又擬淵明田園詩云:「種禾在東皐, 苗生滿阡陌.」 今此詩又在《淵明集中》, 皆誤也.(《漁隱叢話》, 《竹莊詩話》, 《說郛》 등도 같음)

073. 〈和陶淵明擬古〉 ·················· 蘇東坡(蘇軾)
　　　도연명의 〈의고〉 시에 화운함

*〈和陶淵明擬古〉:《陶靖節集》(4)에 〈擬古〉시 9수가 있으며, 이는 그 중 제 1수 "榮
榮牕下蘭, 密密堂前柳. 初與君別時, 不謂行當久. 出門萬里客, 中道逢嘉友. 未言
心相醉, 不在接杯酒. 蘭枯柳亦衰, 遂令此言負. 多謝諸少年, 相知不忠厚. 意氣傾
人命, 離隔復何有."의 柳, 久, 友, 酒, 負, 厚, 有의 韻字에 和韻한 것임. 참고란을
볼 것. 蘇東坡의 陶淵明 和韻은 〈子瞻謫海南〉(046)을 볼 것.

어떤 객이 나의 집 문을 두드리며,

문 앞 버드나무에 말을 매었네,

빈 뜰에는 참새들만 지저귀고,

문은 닫혀 있어 객은 한참을 서 있었네.

주인은 책을 베고 누워 잠에 곯아 떨어져,

자신의 평소 벗을 꿈속에 만나고 있었네.

홀연히 톡톡 문 두드리는 소리 듣고,

놀라 한 잔에 취했던 술기운도 흩어져 버렸네.

치마를 거꾸로 입고 일어나 객에게 사과인사 하니,

꿈에서나 깨어서나 두 상황이 모두 부끄럽고 죄스러웠네.

앉아 고금이 뒤섞인 일을 화제로 나누는데,

대답을 못하여 얼굴은 더욱 뜨거워지네.

나에게 어디서 온 것인가 묻기에,

나는 무하유無何有에서 온 것인가 어리둥절?

　有客扣我門, 繫馬門前柳.
　庭空鳥雀噪, 門閉客立久.

主人枕書臥, 夢我平生友.
忽聞剝啄聲, 驚散一盃酒.
倒裳起謝客, 夢覺兩愧負.
坐談雜今古, 不答顏愈厚.
問我何處來? 我來無何有?

【有客扣我門, 繫馬門前柳】'扣'는 '두드리다'의 뜻.《眞寶》注에 "扣, 音寇"라 함. '叩'
와 같음. '繫馬門前柳'은 문 앞 버드나무에 말을 맴.

【庭空鳥雀噪, 門閉客立久】'庭空鳥雀噪'는 뜰은 비어 있고 참새들만이 시끄럽게
재잘댐. '雀'은《眞寶》注에 "音鵲"이라 함. '噪'는 새 우짖는 소리가 시끄러움.《眞
寶》注에 "噪, 操去"라 함.

【主人枕書臥, 夢我平生友】주인은 책을 배개로 하고 잠이 들어 나를 늘 만나던
친구로 꿈속에 만나고 있음. 平生은 平素의 뜻.

【忽聞剝啄聲, 驚散一盃酒】'剝啄'(박탁)은 문을 두드리는 소리를 표현한 疊韻連綿
語의 象聲語.《眞寶》注에 "剝, 邦入; 啄, 卓. 剝啄, 扣門聲"이라 함. '驚散一盃酒'는
한 잔 술의 기운이 놀라서 흩어짐. 술기운이 확 달아남.

【倒裳起謝客, 夢覺兩愧負】'倒裳'은 급해서 치마나 바지를 거꾸로 입는 것. 당황한
모습을 표현한 것.《眞寶》注에 "《詩》:顚之倒之, 顚倒衣裳"이라 함.《詩》齊風 東
方之日에 "東方未明, 顚倒衣裳. 顚之倒之, 自公召之"라 함. '夢覺'은 꿈속과 생시.
'覺'는 '교'로 읽음.《眞寶》注에 "覺, 音敎"라 함. '兩愧負'의 '兩'은 夢과 覺의 두 가
지 상황. "꿈에서나 깨어서나 모두 제대로 우정을 잊고 있었던 것이 부끄럽고 죄
스럽다"의 뜻.

【坐談雜今古, 不答顏愈厚】'顏愈厚'는 얼굴이 더욱 두터워짐. 얼굴에 부끄러운 기
색이 더욱 심함.《尚書》五子之歌 "鬱陶乎予心, 顏厚有忸怩"의 蔡沈 注에 "顏厚,
愧之見於色也"라 함.

【問我何處來? 我來無何有】'無何有'는 아무것도 거리낄 것이 없는 세계.《莊子》逍
遙遊篇과 應帝王篇에 실려 있는 말. 참고란을 볼 것.《眞寶》注에 "《莊子》:無何有
之鄕"이라 함.

1. 蘇軾. 蘇東坡, 蘇子瞻, 044 참조.

2. 이 시는《東坡詩集註》(31),《東坡全集》(32),《施註蘇詩》(42),《蘇詩補註》(42),《坡門酬唱集》(16),《宋詩鈔》(22),《宋元詩會》(20) 등에 실려 있음.

3.《莊子》逍遙遊

惠子謂莊子曰:「吾有大樹, 人謂之樗. 其大本擁腫而不中繩墨, 其小枝卷曲而不中規矩, 立之塗, 匠者不顧. 今子之言, 大而無用, 衆所同去也.」莊子曰:「子獨不見狸狌乎? 卑身而伏, 以候敖者; 東西跳梁, 不辟高下; 中於機辟, 死於罔罟. 今夫斄牛, 其大若垂天之雲. 此能爲大矣, 而不能執鼠. 今子有大樹, 患其无用, 何不樹之於无何有之鄉, 廣莫之野, 彷徨乎无爲其側, 逍遙乎寢臥其下. 不夭斤斧, 物无害者, 无所可用, 安所困苦哉!」

4.《莊子》應帝王篇

天根遊於殷陽, 至蓼水之上, 適遭無名人而問焉, 曰:「請問爲天下.」無名人曰:「去! 汝鄙人也, 何問之不豫也! 予方將與造物者爲人, 厭, 則又乘夫莽眇之鳥, 以出六極之外, 而遊無何有之鄉, 以處壙埌之野. 汝又何帛以治天下感予之心爲?」

074. 〈責子〉 ·················· 陶淵明(陶潛)
아들을 책망함

*〈責子〉:陶淵明의 아들 다섯은 舒(儼), 宣(俟), 雍(份), 端(佚), 通(佟)이었음. 괄호 안의 이름은 정식 이름이며 舒, 宣, 雍, 端, 通은 어릴 때 부르던 이름임.《文選補遺》(36)에 "舒儼, 宣俟, 雍份, 端佚, 通佟, 凡五人. 舒, 宣, 雍, 端, 通, 皆小名也. ○ 黃山谷曰:「觀淵明此詩, 想見其人慈祥戲謔, 可觀也. 俗人便謂淵明諸子, 皆不肖, 而淵明愁歎見於詩耳. 所謂癡人前不得說夢也.」라 함.

흰머리가 양쪽 귀밑을 덮고,
살갗은 다시 더 실해질 수 없는 것.
비록 다섯 녀석 아들이 있지만,
글이라면 모두가 질색을 하는구나.
아서阿舒는 이미 열여섯에 이르렀으나,
나태하기 정말 짝이 없으며,
아선阿宣은 열다섯이 되어가지만,
학문도 기술도 좋아하질 않네.
옹雍과 단端은 나이 열 셋이 되도록,
여섯 일곱 숫자도 식별하지 못하는구나.
통通이란 녀석 나이 아홉이나 되었건만,
배 달라 밤 달라 보챌 뿐이네.
하늘이 내린 내 운이 이와 같으니,
장차 잔에 술이나 부어 들이켜리라.

白髮被兩鬢, 肌膚不復實.
雖有五男兒, 總不好紙筆.

阿舒已二八, 懶惰故無匹.
阿宣行志學, 而不愛文術.
雍端年十三, 不識六與七.
通子垂九齡, 但覓梨與栗.
天運苟如此, 且進盃中物.

【白髮被兩鬢, 肌膚不復實】《眞寶》注에 "淵明自歎"이라 함. '肌膚'는 살갗.《眞寶》
注에 "肌, 音基;膚, 音孚"라 함.

【雖有五男兒, 總不好紙筆】'五男兒'는 도연명의 아들 다섯.《眞寶》注에 "淵明有子
五人:長曰舒, 次曰宣, 三曰雍, 四曰端, 五曰通"이라 함. '總'은 '도대체, 도무지'의
뜻. '紙筆'은 종이와 붓, 학문, 공부하기를 뜻함. '好'는 '좋아하다'의 동사.《眞寶》
注에 "好, 去聲"이라 함.

【阿舒已二八, 懶惰故無匹】'阿'는 이름 앞에 붙여 부르던 接頭語. 첫째 아들 舒(陶
儼). '二八'은 16세를 말함. '懶惰'(라타)는 게으름을 뜻하는 疊韻連綿語.《眞寶》注
에 "惰, 沱去"라 함. '故'는 '固'와 같음. '無匹'은 필적할 대상이 없음. 아주 심함을
뜻함.

【阿宣行志學, 而不愛文術】'志學'은 학문에 뜻을 두는 15세의 나이를 가리킴.《論
語》爲政篇에 "吾十有五而志於學"이라 함.

【雍端年十三, 不識六與七】雍과 端은 숫자도 제대로 헤아리지 못함.

【通子垂九齡, 但覓梨與栗】아홉 살이나 된 通이란 아들은 단지 배와 밤만을 찾음.

【天運苟如此, 且進盃中物】'天運'은 타고난 운명. 하늘이 내린 운명. '苟'은 '아마도'
의 뜻. 허락하는 의미를 담고 있음. '盃中物'은 술을 뜻함.《眞寶》注에 "淵明歸之
天運, 自飮盃中酒, 以釋去憂悶也"라 함.

참고 및 관련 자료

1. 陶淵明. 陶潛, 陶彭澤令, 元亮, 陶靖節, 陶徵士, 五柳先生. 032 참조.

2. 이 시는《陶靖節集》(3),《文選補遺》(36),《古詩紀》(45),《漢魏六朝百三家集》(62),
《詩話總龜》(後集 37),《漁隱叢話》(前集 3),《詩人玉屑》(13),《草堂詩話》(下),《竹莊詩
話》(4),《詩林廣記》(1),《愛日齋叢鈔》(3),《嬾眞子》(3),《小名錄》(下),《說郛》(77上),《事
文類聚》(後集 6),《小字錄》,《山堂肆考》(91),《繼志齋集》(2) 등에 널리 실려 있음.

3. 韻脚은 '實, 筆, 匹, 術, 七, 栗'.

4. 이 시는 대체로 晉 安帝 義熙 4년(408) 도연명 44세 때 쓴 것으로 추정하고 있음.

5. 《詩人玉屑》(13) 責子詩

山谷云:陶淵明〈責子〉詩曰:『白髮被兩鬢, 肌膚不復實. 雖有五男兒, 總不好紙筆. 阿舒已二八, 懶惰故無匹. 阿宣行志學, 而不愛文術. 雍端年十三, 不識六與七. 通子垂九齡, 但覓棃與栗. 天運苟如此, 且進盃中物.』觀淵明此詩, 想見其人慈祥戲謔可觀也. 俗人便謂淵明諸子皆不肖, 而淵明愁歎見於詩耳. 又云:杜子美詩, 陶潛避俗翁, 未必能達道觀. 其著詩篇, 頗亦恨枯槁達士, 豈是足黙識? 蓋不早生子賢與愚, 何其挂懷抱? 子美困頓於三川, 蓋爲不知者, 詁病以爲拙於生事. 又往往譏議宗文宗武失學, 故聊解嘲耳. 其詩名曰遣興, 可解也. 俗人便爲譏病淵明, 所謂癡人前不得說夢也.

075. 〈田家〉 ·················· 柳子厚(柳宗元)

농가

*〈田家〉: 농가. 柳宗元 〈田家詩〉 3수 중 제3수.

오래 된 길이라 찔레덩굴 우거져,
옛 성 모퉁이를 휘감고 있네.
여뀌 꽃은 뚝방 언덕을 덮고 있고,
저수지 물은 차갑고도 푸르네.
지금 이 때는 가을걷이도 끝나고,
지는 해에 나무꾼과 목동도 많네.
바람이 높아 느릅나무 버드나무가 성글어졌고,
서리는 짙어 배와 대추가 익어가네.
길 가는 사람은 갈 길을 잃었는데,
들새들은 깃들어 잠잘 자리를 다투네.
농부는 웃으며 걱정해주면서,
어두운 들길을 조심하라 하는구나.
올해는 다행히 약간의 풍년이 들었으니,
멀건 죽 된 죽이라 해도 싫다 하지 말라 하네.

古道饒蒺藜, 縈廻古城曲.
蓼花被隄岸, 陂水寒更綠.
是時收穫竟, 落日多樵牧.
風高楡柳疎, 霜重梨棗熟.
行人迷去徑, 野鳥競棲宿.
田翁笑相念, 昏黑愼原陸.
今年幸少豐, 無惡饘與粥.

【古道饒蒺藜, 縈廻古城曲】'饒'는 많음, 우거짐.《眞寶》注에 "益也, 多也"라 함. '蒺藜'는 찔레. 連綿語.《眞寶》注에 "蒺藜, 有刺蔓生, 卽《詩》:「墻有茨」之茨"라 함.《本草綱目》(16)에 "陶弘景曰: 蒺藜多生道上及墻上, 葉布地, 子有刺, 狀如菱而小"라 함. '縈廻'는 칭칭 감긴 상태. '縈'은《眞寶》注에 "於營反"이라 함. '古城曲'은 오래된 성곽 굽은 귀퉁이.

【蓼花被隄岸, 陂水寒更綠】'蓼花'는 여뀌 풀의 꽃. '蓼'는《眞寶》注에 "音了, 又音六"이라 하여 두 가지 음이 있음. '被'는 두루 덮고 있음.《眞寶》注에 "音備, 遍也"라 함. '隄'는 堤와 같음. 뚝 방, 제방.《眞寶》注에 "音卑. 澤障也, 蓄水曰陂"라 함. '陂水'는 저수지의 물. '更'은 副詞로 '더욱'. '綠'은 푸른 물을 뜻함. 원본에는 '淥'으로 되어 있음.

【是時收穫竟, 落日多樵牧】'收穫竟'은 추수가 다 끝남. '樵牧'은 樵夫와 牧童. 나무꾼과 목동들.

【風高楡柳疎, 霜重梨棗熟】'風高楡柳疎'는 바람이 높이 불어 느릅나무와 버드나무가 잎을 떨구어 성글어짐. '霜重梨棗熟'는 서리가 짙어지자 배와 대추가 익어 감.《眞寶》注에 "言一時之景"이라 함.

【行人迷去徑, 野鳥競棲宿】'行人'은 작자 자신을 가리킴. '迷去徑'은 날이 어두워 갈 길을 분간하지 못함. '徑'은 逕과 같으며 오솔길.《眞寶》注에 "音敬, 小路"라 함. 원본에는 '迷去住'로 되어 있음.《眞寶》注에 "上二句含下面昏黑意"라 함.

【田翁笑相念, 昏黑愼原陸】'田翁笑相念'은 농부가 웃으며 길을 잃은 나를 염려해 줌. '昏黑'은 저녁이 되어 어두움. '原陸'은 들길.《眞寶》注에 "此二句, 言昏黑之時, 不分明朗, 當自愼也"라 함.

【今年幸少豐, 無惡饘與粥】'無惡'는 싫어하지 않음, 염증을 내지 않음. '惡'는 '오'로 읽음.《眞寶》注에 "烏去"라 함. '饘'은 멀건 죽, '粥'은 된죽.《眞寶》注에 "饘, 音旃; 粥, 音祝. 稀者曰饘, 稠者曰粥"이라 함.《古詩鏡》(37)에 "起語景色絶佳, 寫到至處, 殆無遺歎"이라 함.

참고 및 관련 자료

1. 柳子厚: 柳宗元, 柳河東, 柳柳州. 011 참조.

2. 이 시는《柳河東集》(43)에 실려 있는 〈田家〉시 3수 중 제 3수이며 그 注에 "以詩意觀之, 亦在永州也"라 함. 둘째 수는 083 〈田家〉임. 그 외《全唐詩》(353),《全唐詩錄》(37),《唐詩品彙》(15),《古今詩刪》(11),《唐音》(2),《古詩鏡》(37),《後村詩話》(13)

등에 실려 있음.

3. 韻脚은 '曲, 綠, 牧, 熟, 宿, 陸, 粥'.

4. 《詩人玉屑》(15) 東坡評柳州詩

梅止於酸, 鹽止於鹹. 飲食不可無鹽梅, 而其美常在於酸鹹之外, 可以一唱而三嘆也. 子厚詩在陶淵明下, 韋蘇州上. 退之豪放奇險, 則過之;而溫麗靖深不及也. 所貴於枯淡者, 謂外枯而中膏, 似淡而實美淵明, 子厚之流是也. 若中邊皆枯, 亦何足道? 佛言譬如食蜜中邊皆甜, 人食五味, 知其甘苦者, 皆是能分別其中邊者, 百無一也.

《古文眞寶》[前集] 卷三

오언고풍장편五言古風長篇

'五言詩'는 앞서 앞쪽(009)에 이미 설명하였음. 다만 短篇과 長篇은 句數에 따라 나눈 것으로, 短篇은 14구를 넘지 않으나 長篇은 16구가 넘는 것을 근거로 한 것임. 《唐詩訓解》에 "五言古詩, 凡作一篇, 先分爲幾段, 每節句數多少要略均齊前段是敍了. 敍了通篇之意, 皆含蓄其中, 結段要照前段, 如選詩分段甚均, 並不參差, 杜却不甚如此大拘, 然亦不太長不太短, 次要過句爲血脈引過此段過處用二句一結上, 一生下, 爲最緊非老手未易能之. 回照十步一回首, 要照題目五步一消息. 要閑語撰歎, 方不甚結尷長怕雜氣一意爲一段, 已上四法備見選詩〈北征篇〉亦擧一偶之道也"라 함.

076. <直中書省> ·················· 謝靈運(謝康樂)→謝朓(謝玄暉)
중서성에서 당직을 하며

*《眞寶》注에 "此直宿中書省闈所作也"라 함.
*〈直中書省〉:'直'은 宿直 또는 當直을 뜻함. '中書省'은 천자의 詔敕이나 문서, 기밀 등을 처리하는 관청. 《文獻通考》(51)에 "中書之官舊矣. 謂之中書省, 自魏晉始焉. 梁陳時凡國之政事並由中書省, 省有中書舍人五人, 領主書吏二百人, 分掌二十一局, 事各當尙書, 諸曹並爲上司, 總國內樞要, 而尙書唯聽受而已. 被委此官多擅威勢, 後魏亦謂之西臺, 北齊中書省管司王言"이라 함. 작자는 謝靈運이 아니며 謝朓. 당시 謝朓는 中書郞의 직위에 있었음. 《文選》注에 "蕭子顯《齊書》曰: 朓轉中書郞"이라 함.

자전紫殿은 엄숙하고 침침한데,
동정彤庭은 밝고도 넓게 트였네.
바람은 만년수萬年樹 가지를 흔들고,
햇빛은 선인장仙人掌에 빛나네.
창에는 동전 모양으로 장식한 모습이 영롱하게,
깊고 깊게 붉은 창에 비치고 있네.
붉은 작약 꽃은 계단에 번득이고,
푸른 이끼는 섬돌을 타고 올라오고 있네.
이곳이 바로 봉황지鳳凰池라 부르던 곳,
패옥珮玉이 울리는 맑은 소리 대단했지.
진실로 아름답지만 내 집은 아니기에,
정원에서 편히 구경이나 할 생각.
벗을 생각하니 가슴만 답답한데,
봄날 만물은 바야흐로 신이 났네.
어찌하면 바람을 탈 수 있는 날개를 얻어,

애오라지 산천山泉을 실컷 감상할 수 있을까?

紫殿肅陰陰, 彤庭赫弘敞.
風動萬年枝, 日華承露掌.
玲瓏結綺錢, 深沈映朱網.
紅藥當階翻, 蒼苔依砌上.
茲言翔鳳池, 鳴珮多淸響.
信美非吾室, 中園思偃仰.
朋情以鬱陶, 春物方駘蕩.
安得凌風翰, 聊恣山泉賞?

【紫殿肅陰陰, 彤庭赫弘敞】'紫殿'은 천자의 궁궐. 紫閣, 紫宮이라고도 함. 紫微星
별자리에 비유하여 궁궐을 紫殿이라 부름. 《眞寶》注에 "紫殿, 猶紫閣也"라 함.
《文選》注에 "善曰:紫殿, 紫宮也. 向曰:紫殿天子居也"라 함. '肅陰陰'은 엄숙하고
조용함. 注에 "肅, 嚴也. 陰陰, 沈貌"라 함. 《莊子》에 "至陰肅肅, 至陽赫赫"이라 함.
'彤'은 '동'으로 읽음. '彤庭'은 궁중의 뜰. 붉은 칠을 많이 하여 궁궐 뜰을 彤庭이
라 함. 《文選》注에 "彤庭, 謂禁中多赤色"이라 함. '赫'은 밝고 풍성한 것. 《眞寶》
注에 "赫, 明盛"이라 함. '弘敞'은 注에 "高大貌"라 함. 《眞寶》注에는 "敞, 音昶, 大
闢"이라 하여 시원하게 확 트인 상태를 뜻함.
【風動萬年枝, 日華承露掌】'萬年枝'는 萬年木의 가지. 萬年木은 '櫺'이라고 하며
'감탕나무'. 《文選》注에 《晉宮闕名》曰:華林園有萬年樹十四株"라 함. 《眞寶》注에
"今之多靑樹, 或以羅漢栢者, 非也"라 함. 《升庵集》(79) 萬年枝에 "謝朓詩「風動萬年
枝」, 唐詩「靑松忽似萬年枝」. 《三體詩》注以爲冬靑, 非也. 《草木疏》云:櫺木枝葉可
愛, 二月花白, 子似杏. 今官園種之, 取億萬之義, 改名萬歲樹, 卽此也"라 함. '日華'
는 《眞寶》注에 "猶映也"라 함. 《漢書》에 "日華曜宣明"이라는 표현이 있음. '承露
掌'은 이슬을 받기 위해 큰 손바닥 모습을 만들어 설치한 것. 이를 '仙人掌'이라
함. 漢 武帝가 柏梁臺를 지으면서 구리 기둥을 써서 그 위에 신선의 손 모양 형
상을 하여 이슬을 받도록 하였으며 이를 옥가루에 타서 마셔 장수를 기원하였
다 함. 《眞寶》注에 "漢武帝作承露銅盤, 高三十丈, 大十圍, 上有仙人掌, 擎玉盃,
以承雲表之露, 和玉屑飮之, 云可長生"이라 함. 班固 〈西都賦〉에 "抗仙掌以承露,

擢雙立之金莖"이라 함.《史記》武帝本紀와《漢書》郊祀志(上)에 "作柏梁, 銅柱,
承露仙人掌之屬矣"라 함.《長安記》에는 "仙人掌大七圍, 以銅爲之. 魏文帝徙, 銅
盤折, 聲聞數十里"라 함.

【玲瓏結綺錢, 深沈映朱網】'玲瓏'은 빛이 여러 가지 색깔로 반짝여 아름다운 모
습을 나타냄을 뜻하는 雙聲連綿語.《眞寶》注에 "音靈籠"이라 함. '綺錢'은 창문
에 비단으로 돈 모양을 만들어 붙인 장식. '朱網'은 붉은 색의 망으로 된 창문을
뜻함.《文選》注에 "晉灼〈甘泉賦〉注曰: 玲瓏, 明見貌也.《東宮舊事》曰:「窗有四面,
綾綺連錢.」《楚辭》曰:「網戶朱綴刻方連.」王逸注:「網, 綺文縷也. 綴, 緣也. 網與罔
同而義異也. 濟曰: 綺錢朱網, 並宮殿之飾也, 玲瓏疎貌: 沈, 亦深也"라 함.

【紅藥當階翻, 蒼苔依砌上】'紅藥'은 붉은 색의 화초.《文選》注에 "銑曰: 紅藥, 謂所
植草色紅者"라 함. 혹 붉은 芍藥꽃을 뜻한다고도 함. '當階翻'은 섬돌 앞에서 펄
럭이고 있음. '蒼苔'는 푸른 이끼. '砌'는 섬돌. 돌로 만든 계단.《文選》注에 "《淮南
子》曰: 窮谷之污, 生以蒼苔"라 함.

【玆言翔鳳池, 鳴珮多淸響】'玆言翔鳳池'는 '이것이 바로 鳳凰이 모여들던 못이라
하던 곳'의 뜻. '翔'은 集과 같은 뜻. '鳳池'는 鳳凰池. 中書省의 별칭.《文選》注에
"《晉中興書》曰: 荀勗徙中書監爲尙書令, 人賀之, 乃發恚云:「奪我鳳凰池, 卿諸人何
賀我邪?」"라 하여 晉나라 때 荀勗이 中書監에서 尙書令으로 승진하여 많은 이들
이 축하하자 "나는 봉황지(중서령)를 빼앗긴 것인데 그대들은 어찌 나를 축하한
다는 것인가?"라 하였다 하여 中書省의 별칭이 되었다 함.《眞寶》注에 "中書地
在禁近, 秉均持衡, 多承寵任, 是以人固其位, 謂之鳳凰池"라 함. '珮'는 佩와 같음.
'鳴珮'는 서로 부딪혀 소리가 나도록 허리에 차는 옥. 佩玉.《禮記》에 "君子行則鳴
佩玉"이라 함. 그 소리가 맑게 울림.

【信美非吾室, 中園思偃仰】'信'은 副詞로 '진실로'의 뜻.《文選》王粲의〈登樓賦〉에
"雖信美而非吾土兮, 曾何足以少留?"라 함. '中園'은 園中과 같음. '偃仰'은 '굽히기
도 하고 처다보기도 하다'의 뜻을 함께한 雙聲連綿語. 이것저것 구경이나 하면
서 悠悠自適함을 뜻함.《詩》小雅 北山에 "或不知叫號, 或慘慘劬勞. 或棲遲偃仰,
或王事鞅掌"라 함.

【朋情以鬱陶, 春物方駘蕩】'朋情'은 친구를 그리워하는 마음. '鬱陶'는 가슴이 답
답함. 생각이 깊음.《眞寶》注에 "思深"이라 함. 한편《尙書》五子之歌에 "鬱陶予
心, 顔厚有忸怩"라 하였고,《孟子》萬章(上)의 "象曰:「鬱陶思君爾.」"의 朱熹 注에
"鬱陶, 思之甚, 而氣不得伸也"라 함. '春物'은 봄의 만물들. '方'은 '방금, 한창, 바
야흐로'의 뜻. '駘蕩'은 신나게 자라거나 펼쳐져 있는 모습을 뜻하는 雙聲連綿語.

《眞寶》注에 "駘, 蕩亥反:蕩, 徒黨反. ○廣大之意"이라 함.《莊子》天下篇 "惜乎! 惠施之才, 駘蕩而不得, 逐萬物而不反, 是窮響以聲, 形與影競走也. 悲夫!"라 하였고, 司馬彪는 "駘蕩, 猶施散也"라 함.

【安得凌風翰, 聊恣山泉賞】'安'은 의문사. 惡, 何, 胡, 焉 등과 같음. '凌風翰'은 바람을 타고 신나게 나는 날개.《文選》注에 "《莊子》曰:鵲巢於高楡之顚, 巢折, 凌風而起"라 하였으나 지금의《莊子》에는 이 구절이 없음. '翰'은 原義대로 날개나 깃을 뜻함.《詩》大雅 常武篇 "如飛如翰"의 注에 "鄭玄曰:如鳥之飛翰也"라 함.《眞寶》注에 "翰, 寒, 汗二音, 鳥羽"라 함. '聊'는 애오라지, '恣'는 멋대로 함. 마음대로 山林과 泉石을 觀賞함.《眞寶》注에 "首言中書省之美麗, 終思園林之閑雅, 方春而鬱陶以思我交朋, 安得羽翰, 凌風而歸, 恣賞山林泉石也"라 함.

참고 및 관련 자료

1. 謝靈運(385-433)

중국 최고의 山水詩人. 南朝 劉宋 陽夏(지금의 河南省 太康縣) 출신. 謝玄의 손자이며 집안의 封號인 康樂公을 세습 받아 흔히 '謝康樂'이라 불림. 晉나라 때는 劉毅의 記室參軍을 지냈고, 이어 劉裕(뒤에 宋을 세운 인물)의 參軍이 됨. 劉裕가 북벌할 때 〈撰征賦〉를 지었고, 宋이 들어서자 黃門侍郞, 相國從事中郞 등을 역임함. 다시 宋 少帝 때에는 永嘉太守가 되었으나, 山水에 情을 두고 결국 사직한 후 會稽로 들어가 隱士 王弘之 등과 어울림. 이때에 〈山居賦〉를 지었음. 文帝 때에 다시 벼슬길로 나와 臨川太守를 거쳐 秘書監, 侍中 등을 역임함. 族弟인 謝惠連 및 何長瑜, 荀雍, 羊璿之 등과 산수를 유람하였으며, 뒤에 모반의 죄명으로 廣州에서 棄市됨.《宋書》(67)와《南史》(19)에 傳이 있음. 明나라 사람이 집일한《謝康樂集》이 있음.《眞寶》諸賢姓氏事略에 "謝靈運, 晉康樂公玄之孫, 襲封, 元嘉中爲永嘉守"라 함.《萬姓統譜》에는 "謝靈運, 玄之孫, 家于上虞. 少好學, 博覽羣籍, 文章爲江左第一, 仕宋爲永嘉太守, 襲祖父封爵, 故世稱謝康樂"이라 함.

2. 이 시는 謝玄暉(謝朓)의 작이며《眞寶》에 '謝靈運'이라 한 것은 오류임. 謝朓는 053의 참고란을 볼 것.

3. 이 시는《文選》(30),《謝宣城集》(3),《文選鮑顔謝詩評》(4),《古詩紀》(69),《古今詩刪》(8),《古詩鏡》(16),《漢魏六朝百三家集》(77),《佩文齋詠物詩選》(338),《竹莊詩話》(4),《事文類聚》(5, 7),《淵鑑類函》(83) 등에 실려 있음.

4. 韻脚은 '敞, 掌, 網, 上, 響, 仰, 蕩, 賞'.

077. 〈古詩〉 ·················· 無名氏

가고 또 가고

*〈古詩〉:〈古詩十九首〉:《文選》(29)에 채집된 漢代 민간 五言古詩 19수의 첫째 수임. 〈古詩〉(031, 058, 059)를 참조할 것.

가고 가고 또 가고,
그대와 생이별.
서로 떨어진 거리는 만여 리,
각각 하늘가 이쪽과 저쪽.
길은 험하고도 먼데,
만날 날 어찌 기약할 수 있으리오?
호마胡馬는 제 고향 그리워 북풍에 의지하고,
월越나라 새는 남쪽 가지에 둥지를 튼다는데.
서로 헤어진 날 이미 아득하니,
나의 옷과 허리띠 날로 느슨해지네요.
뜬구름이 밝은 해를 가리니,
떠돌이 그대는 돌아올 생각도 없구려.
그대 그리는 생각 이 사람 늙게 하는데,
세월은 홀연히 이미 늦어가네요.
버림받은 내 신세 더 이상 말도 하지 말자.
힘써 밥 많이 먹고 내 몸이나 보전하리.

行行重行行, 與君生別離.
相去萬餘里, 各在天一涯.
道路阻且長, 會面安可期?

胡馬依北風, 越鳥巢南枝.

相去日已遠, 衣帶日已緩.

浮雲蔽白日, 遊子不顧返.

思君令人老, 歲月忽已晚.

棄捐勿復道, 努力加餐飯.

【行行重行行, 與君生別離】'行行重行行'은 '가고 가고 또 가고 감'. 끝없이 먼 길을 떠난 나그네 신세가 된 남편, 혹은 征夫, 情人, 그대(君), 또는 君主를 가리킴. 《眞寶》注에 "重, 去聲, 復也"라 함. '生別離'는 生離別. 死別의 상대어. 《眞寶》注에 "《楚辭》:「樂莫樂兮新相知, 悲莫悲兮生別離.」"라 함.

【相去萬餘里, 各在天一涯】'天一涯'는 天涯와 같음. 하늘의 한쪽 끝. 아주 멀리 떨어져 있음을 표현한 것. 王勃의 〈杜少府任蜀州〉에 "海內存知己, 天涯若比隣"이라 하였고, 李陵 시에 "各在天一隅"라 하였으며, 蘇武 시에도 "各在天一方"이라 함.

【道路阻且長, 會面安可期】'阻且長'은 막혀 있으면서 게다가 멀기도 함. 《眞寶》注에 "阻, 險也;《詩》:道阻且長"이라 함. 《詩》秦風 蒹葭에 "蒹葭蒼蒼, 白露爲霜. 所謂伊人, 在水一方. 遡洄從之, 道阻且長. 遡遊從之, 宛在水中央"이라 함. '安'은 의문사. 焉, 惡, 胡, 何 등과 같음. 《文選》에는 "會面安可知"로 되어 있음.

【胡馬依北風, 越鳥巢南枝】'胡馬'는 胡地에서 온 말은 북쪽에서 불어오는 바람 쪽을 향해 서 있음. 고향을 그리워함을 뜻함. 《文選》注에 "《韓詩外傳》曰:《詩》曰:代馬依北風, 飛鳥棲故巢. 皆不忘本之謂也"라 함. '越鳥'의 越은 지금의 浙江 紹興(고대 會稽) 일대에 있었던 나라. 따라서 越鳥는 남쪽에서 온 새를 의미함. '巢南枝'는 남쪽으로 벋은 가지에 둥지를 침. 역시 고향을 그리워함을 뜻함. 李周翰은 "胡馬出於北, 越鳥來於南;依望北風, 巢宿南枝, 皆思舊國"이라 하였고, 《吳越春秋》에는 "胡馬依北風而立, 越燕望海日而熙"라 함.

【相去日已遠, 衣帶日已緩】'相去日已遠'은 서로 헤어진 날이 이미 오래되었음. 날이 갈수록 더욱 멀리 떨어지게 됨. 〈古樂府〉에 "離家日趍遠, 衣帶日趍緩"이라 함. '衣帶日已緩'은 옷과 허리띠가 날이 갈수록 느슨해짐. 자신의 몸이 여위어가고 있음을 말함. 《眞寶》注에 "緩, 音患. ○謂別後憔悴而衣帶舒緩"이라 함.

【浮雲蔽白日, 遊子不顧返】'浮雲蔽白日'은 뜬구름이 밝은 해를 가림. 《眞寶》注에 "喩讒人之蔽主也. ○阻隔如雲蔽日"이라 함. 《文選》注에는 "浮雲之蔽白日, 以喩邪佞之毁忠良. 故遊子之行, 不顧反也. 《文子》曰:「日月欲明, 浮雲蓋之.」陸賈《新語》曰:

「邪臣之蔽賢, 猶浮雲之鄣日月.」〈古楊柳行〉曰: 讒邪害公正, 浮雲蔽白日.」義與此同也."라 함. '遊子'는 나로부터 멀어진 그대를 뜻함. '返'은 反과 같음. 되돌아 옴.《文選》에는 "遊子不顧反"으로 되어 있으며, 主에 "鄭玄〈毛詩箋〉曰: 顧, 念也"라 함.

【思君令人老, 歲月忽已晚】李周翰은 "思君, 謂戀主也. 恐歲月已晚, 不得效忠於君"이라 함.

【棄捐勿復道, 努力加餐飯】'棄捐'은 弃捐으로도 표기하며, '버림받다, 잊히다' 등의 뜻. '捐'은《眞寶》注에 "音緣"이라 함. 작자인 여인 자신이 '버림받아 잊히고 있음'으로 해석하는 편이 맞을 듯함. '道'는 '말하다, 거론하다, 하소연하다, 원망하다, 투정하다' 등의 뜻을 내포하고 있음. '努力加餐飯'은 "자신 스스로 식사를 많이 하여 몸이 축나지 않도록 노력하여 뒷날 그대 다시 오기를 기다리겠노라"의 뜻을 담고 있는 것으로 해석함. 위의 구절과 함께 呂延濟는 「勿復道」, 心不敢望返也;「努力加餐飯」, 自逸之辭"라 하였고, 譚元春은 "人皆以此勸人, 此似獨以自勸, 又高一格一想"이라 하였으며, 張琦는 "此逐臣之辭, 讒諂蔽明, 方正不容, 可以不顧返也;然其不忘欲返之心, 拳拳不已, 雖歲月已晚, 猶努力加餐, 冀幸君之悟而返已"라 함. 古樂府〈飮馬長城窟行〉에도 "長跪讀素書, 書上竟何如? 上有加餐食, 下有長相憶"이라 함. '餐'은《眞寶》注에 "七安反"이라 함.

참고 및 관련 자료

1.《文選》(29)를 비롯하여《玉臺新詠》(1),《太平御覽》(489),《詩人玉屑》(2, 11),《古詩紀》(20),《古今詩刪》(6),《文章正宗》(22 上),《古今事文類聚》(別集 25) 등 아주 널리 실려 있음.

2. 徐陵《玉臺新詠》(1)에「枚乘雜詩九首」의 첫 수로 수록하였으나, 이는 매승(枚乘:?-B.C.141)의 작품이 아님.

3. 이 시는 역대로 '讒佞한 자의 농간으로 멀어진 군신 관계를 비유한 것'으로 해석하고 있으나 원의대로 남녀 사이의 애틋한 이별과 그리움을 읊은 것으로 보는 편이 훨씬 타당할 듯함.

4. "棄捐勿復道, 努力加餐飯"을 상대에게 권하는 뜻으로 해석해온 경우도 매우 많음.

5. 韻脚은 '離, 涯, 知, 枝'. 換韻:'緩, 返, 晚, 飯'.

6. 劉勰《文心雕龍》에는 古詩를 "五言之冠冕"이라 함. 후세 문학에 많은 영향을 끼쳤으며 擬作도 매우 많음.

078. <擬古> ·················· 陶淵明(陶潛)

고시를 본떠서

*<擬古>:이 시는 陶淵明 <擬古詩> 9수 중 제 5수임.

동방東方에 선비 하나 있어,
입은 옷도 언제나 온전치 못하네.
한 달에 겨우 아홉 끼 식사,
십 년에 갓 하나 그대로일세.
고생에 힘들기는 비길 데 없어도,
언제나 얼굴은 환한 표정.
내 그 사람 보고자 하여,
새벽에 온갖 곳 지나 찾아갔다오.
길가에는 푸른 솔이 좁게 나 있고,
처마 끝엔 흰 구름이 멈춰 섰는데,
내가 온 뜻 얼른 알아차리고,
거문고 꺼내어 나를 위해 연주하네.
첫 곡은 놀랍게도 <별학조곡別鶴操曲>,
이어서 연주한 건 <쌍봉리란雙鳳離鸞>.
원컨대 그대 곁에 가까이 남아,
지금부터 세밑까지 머물고 싶소.

東方有一士, 被服常不完.
三旬九遇食, 十年著一冠.
辛勤無此比, 常有好容顔.
我欲觀其人, 晨去越河關.

青松夾路生, 白雲宿簷端.
知我故來意, 取琴爲我彈.
上絃驚別鶴, 下絃操孤鸞.
願留就君住, 從今至歲寒.

【東方有一士, 被服常不完】'被服'은 披服과 같음. '옷을 입다'의 뜻.

【三旬九遇食, 十年著一冠】'三旬九遇食'은 '三旬九食'과 같음. 한 달에 9번 밥을 먹을 정도로 가난함.《說苑》立節篇에 "子思居於衛, 縕袍無表, 三旬而九食"이라 함. 陶淵明의〈有會而作〉에 "恝如亞九飯, 當暑厭寒衣"라 함. '十年著一冠'은《眞寶》注에 "言高士之困窮如此"라 함.

【辛勤無此比, 常有好容顏】'常有好容顏'은《眞寶》注에 "德足以潤身, 豈計衣食之豐約哉!"라 함.

【我欲觀其人, 晨去越河關】'河關'은 河水와 關門들.

【青松夾路生, 白雲宿簷端】'夾路'는 좁은 길. '簷端'은 처마 끝.

【知我故來意, 取琴爲我彈】'取琴爲我彈'은 琴을 가져다가 나를 위해 연주해 줌. 陶淵明은 素琴을 좋아하였음.

【上絃驚別鶴, 下絃操孤鸞】'上絃'은 처음 시작하는 곡조. '別鶴'은 고대 琴曲.〈別鶴操曲〉을 말함.《樂府詩集》(58) 琴曲歌辭(2)에〈別鶴操〉가 있으며 崔豹의《古今注》를 인용하여 "別鶴操, 商於牧子所作也. 娶妻五年而無子, 父兄將爲之改娶. 妻聞之, 中夜起, 倚戶而悲嘯. 牧子聞之, 愴然而悲, 乃援琴而歌, 後人因爲樂章焉"이라 하였고, 다시《琴譜》를 인용하여 "琴曲有四大曲, 別鶴操其一也"라 함. '孤鸞' 역시 고대 琴曲〈雙鳳離鸞〉을 가리킴.《西京雜記》(2)에 "慶安世, 年十五, 爲成帝侍郎. 善鼓琴, 能爲雙鳳離鸞之曲"이라 함.《眞寶》注에 "別鶴, 孤鸞, 皆曲名"이라 함.《文章正宗》注에는 "漢侍中善琴, 能爲〈雙鳳離鸞曲〉, 又孤鸞照鏡則悲鳴, 一奮而絶"이라 함.

【願留就君住, 從今至歲寒】'歲寒'은 歲暮. 추운 겨울.《論語》子罕篇에 "子曰: 歲寒然後知松柏之後彫也"라 하였고, 何晏의《集解》에 "大寒之歲, 衆木皆死, 然後知松柏小彫傷, 平歲則衆木亦有不死者, 故須歲寒而後別之"라 함.《眞寶》注에 "淵明之趣與之符合, 願就其居定交友歲寒之盟也"라 하여 '歲寒을 함께 맹세하다'의 뜻으로 보았음.

참고 및 관련 자료

1. 陶淵明. 陶潛, 陶彭澤令, 元亮, 陶靖節, 陶徵士, 五柳先生. 032 참조.

2. 이 시는 《陶靖節公集》(4), 《文選補遺》(36), 《文章正宗》(22下), 《漢魏六朝百三家集》(62), 《古詩紀》(45) 등에 실려 있음.

3. 韻脚은 '完, 冠, 顔, 關, 端, 彈, 鸞, 寒'.

079. <讀山海經> ················· 陶淵明(陶潛)

《산해경》을 읽으며

*《眞寶》注에 "陶淵明, 因讀《山海經》, 胸次悠然有自得之趣, 作此以詠其幽居之適"
이라 함.

*〈讀山海經〉:《山海經》은 고대 신화와 상상의 각 지역에 대한 기괴한 사물과 동
식물, 광물 등에 관한 것을 모은 책으로《史記》大宛列傳에 이미 "《山海經》所有
怪物, 余不敢言之也"라 하여 그 書名이 보이며, 劉歆(劉秀)의 〈上山海經表〉에
"禹別九州, 任土作貢; 而益等類物善惡, 著《山海經》"이라 하여, 夏禹 때 伯益이 지
은 것이라 하였음. 그 외《論衡》과《吳越春秋》,《顔氏家訓》등에도 모두 伯益의
작으로 여겼음. 이 책에는 원래 그림이 있었으며 晉나라 때 郭璞이 그 그림에
대하여 讚을 붙이기도 하였으나, 그림은 전하지 않음. 이는 도연명 〈讀山海經〉
13수 중 첫째 수임.

초여름 풀과 나무 자라 올라서,
우리 집 둘러친 나무들 빈틈없이 메웠네.
새들은 깃들 곳 있다고 즐거워하고,
나 역시 내 오두막 사랑하노라.
이미 밭 갈고 씨까지 뿌렸으니,
때는 바로 내 책 읽을 수 있는 기회.
궁벽한 골목이라 깊은 바퀴 자국과는 격해 있어,
자못 친구 수레조차 되돌아 가버린다.
즐겁도다. 봄 술도 마실 만큼 익었으니,
채마밭 채소 따서 안주를 삼으리라.
마침 가랑비는 동쪽에서 젖어오고,
좋은 바람조차 그와 함께 불어오네.
《주왕전周王傳》을 대강 보고,

《산해도山海圖》도 흘려 보았네.
넓은 우주를 이리저리 다 보았으니,
즐겁지 아니하고 또 어쩌랴!

孟夏草木長, 繞屋樹扶疎.
衆鳥欣有託, 吾亦愛吾廬.
旣耕亦已種, 時還讀我書.
窮巷隔深轍, 頗廻故人車.
歡言酌春酒, 摘我園中蔬.
微雨從東來, 好風與之俱.
汎覽周王傳, 流觀山海圖.
俯仰終宇宙, 不樂復何如!

【孟夏草木長, 繞屋樹扶疎】 '孟夏'는 음력 4월. 여름이 시작되는 첫 달로 농사일을
잠깐 쉴 수 있는 때. '繞屋'은 '遶屋'으로도 표기하며 집을 둘러싼 나무를 말함.
'扶疎'는 잎이 없어 성글었던 나무들을 부축하여 잎이 무성하게 함. 잎이 빽빽하
여 집 둘레를 다 덮음. '疎'는 '疏', '踈', '疎'와 같음. 《文選》 司馬相如 〈上林賦〉 "垂
條扶疏落英蟠纚"의 注에 "善曰: 《說文》扶疏四布. 《呂氏春秋》曰: 樹肥無使扶踈, 良
曰: 扶踈, 分布貌"라 함.
【衆鳥欣有託, 吾亦愛吾廬】 새들이 의탁할 곳이 있어 좋아하고 나 역시 나의 오두
막을 아끼고 좋아함.
【旣耕亦已種, 時還讀我書】 농토를 갈아 이미 씨뿌리기까지 마쳤으니 때는 돌아와
내 책을 읽을 좋은 기회임.
【窮巷隔深轍, 頗回故人車】 《文選》 注에 "《漢書》曰: 「張負隨陳平至其家, 乃負郭窮
巷, 以席爲門, 門外多長者車轍.」《韓詩外傳》: 楚狂接輿妻曰: 「門外車轍何其深?」"이
라 함.
【歡言酌春酒, 摘我園中蔬】 '歡言'은 다른 원본에는 '歡然'으로 되어 있으며 《文選》
에만 '歡言'으로 되어 있음. '言, 焉, 然'은 모두 같은 용법으로 뜻은 없음.
【微雨從東來, 好風與之俱】 '與之俱'는 그것(微雨)과 함께 好風이 불어옴.

【汎覽周王傳, 流觀山海圖】'汎覽'은 대강 훑어봄. 뒤의 '流觀'과 상대하여 표현한 것. '周王傳'은《穆天子傳》을 뜻함. 西周의 천자 穆王이 팔준마를 타고 천하를 여행하던 중에 서쪽의 西王母를 만나는 등 기이한 내용을 기록해 놓은 志怪小說.《晉書》束晳傳에 "太康二年, 汲郡人不準盜發魏襄王墓, 或言安釐王冢, 得竹書數十車. ……其中有穆天子傳五篇, 言周穆王游行四海, 見帝臺, 西王母"라 함.《眞寶》注에 "按《太平廣記》:周穆王好神仙, 乘八駿之馬, 日宴西王母於瑤池之上"이라 함.《綱鑑》에 "穆王名滿, 昭王之子, 崩年一百有四歲. 初王得八駿馬, 有造父者, 以善御得幸, 王欲肆其心, 周行天下, 將必有車轍馬迹焉"이라 하였고, 王嘉《拾遺記》(3)에는 "穆王卽位三十二年, 巡行天下, 馭黃金碧玉之車, 傍氣乘風. 起朝陽之岳, 自明及晦, 窮寓縣之表. 王馭八龍之駿:一名絶地, 足不踐土;二名翻羽, 行越飛禽;三名奔霄, 夜行萬里;四名超影, 逐日而行;五名踰輝, 毛色炳燿;六名超光, 一形十影;七名騰霧, 乘雲而奔;八名挾翼, 身有肉翅"라 함.《陶淵明集》注에 "周《穆天子傳》者, 太康二年, 汲縣民發古塚所獲書也"라 함. '山海圖'는《山海經》의 그림.《眞寶》注에 "神禹治水, 有《山海經》, 傳于世, 張僧繇畫以爲圖焉"이라 함.

【俛仰終宇宙, 不樂復何如】'俛仰'은 '내려다보고 쳐다보다'의 뜻. 일부 다른 판본에는 '俯仰'으로도 되어 있음. '宇宙'는 시간과 공간의 모든 것.《淮南子》原道訓에 "橫四維而含陰陽, 紘宇宙而章三光"이라 하였고, 高誘 注에 "四方上下曰宇, 古往今來曰宙. 以喩天地"라 함.《文選》注에 "《莊子》:老聃曰:其疾也, 俛仰之間, 再撫四海之外. 又善卷曰:余立於宇宙之中"이라 함.

╭──────────────╮
│ 참고 및 관련 자료 │
╰──────────────╯

1. 陶淵明. 陶潛, 陶彭澤令, 元亮, 陶靖節, 陶徵士, 五柳先生. 032 참조.

2. 이 시는《陶靖節公集》(4),《文選》(30),《文章正宗》(22下),《古詩紀》(45),《風雅翼》(5),《古今詩刪》(7),《石倉歷代詩選》(4),《古詩鏡》(10),《漢魏六朝百三家集》(62) 등에 널리 실려 있음.

3. 韻脚은 '疎, 廬, 書, 車, 蔬, 俱, 圖, 如'.

080. 〈夢李白〉(二首) ················· 杜子美(杜甫)

꿈속의 이백(2수)

*〈夢李白〉: 이는 杜甫가 貴州 夜郞으로 귀양 간 李白을 꿈에 보고 그리움을 읊은 것

꿈속의 이백(1)

죽어 이별하면 얼마 뒤엔 울음도 삼켜 잊게 되지만,
살아 이별이라 항상 슬픔에 잠겨 있다오.
강남江南 땅 귀주貴州는 풍토병이 있는 곳,
쫓겨 귀양 간 그대는 소식도 없구려.
내 꿈속에 그대가 나타났음은,
그대를 그리워하는 내 마음이 명확히 밝혀진 것.
그러나 아마 평소의 그대 혼백은 아닐 것이며,
먼 길로 보아도 그대가 이곳까지 올 수는 없는 것.
그대 혼백이 올 때는 풍림이 푸르렀고,
혼백이 돌아갈 때는 관새關塞가 어두웠다오.
그대는 지금 법망에 얽힌 몸,
어찌 훨훨 날개를 펴고 내게 올 수 있었겠소?
떨어지는 달빛이 지붕 위에 가득하여,
그래도 그대 얼굴은 비출 수 있겠지 하고 여겼었다오.
물이 깊고 파도가 널리 퍼지고 있으니,
그대 뱃길 교룡蛟龍에게 시달리지나 않기를.

死別已吞聲, 生別常惻惻.
江南瘴癘地, 逐客無消息.
故人入我夢, 明我長相憶.
恐非平生魂, 路遠不可測.
魂來楓林靑, 魂返關塞黑.
君今在羅網, 何以有羽翼?
落月滿屋梁, 猶疑照顏色.
水深波浪闊, 無使蛟龍得.

【死別已吞聲, 生別常惻惻】'吞聲'은 죽어서 이별하면 마침내는 그 울음소리도 삼키게 마련이며 종당에는 잊고 살아, 다시 만날 수 있으리라는 기대를 갖지 않게됨.《眞寶》注에 "吞, 咽也"라 함. '惻惻'은 비통함. 미련이나 안타까움을 항상 가지고 살아가게 됨.《眞寶》注에 "音測. ○〈馬融傳〉:不忍生別, 我心惻惻"이라 함.

【江南瘴癘地, 逐客無消息】'江南'은 이백이 귀양으로 헤매고 있는 남쪽 지역. '瘴癘'는 풍토병. 남쪽은 습하고 벌레가 많아 흔히 중국인들은 남방으로 귀양을 가면 풍토병을 걱정하였음.《眞寶》注에 "白坐永王璘之累. 事當誅, 郭子儀請解官贖罪, 詔長流夜郎, 會赦, 還潯陽, 坐事下獄. 潯陽, 今江州路, 乃潯陽山南東路"라 함. '逐客'은 李白을 가리킴. 李白이 貴州 夜郎으로 귀양을 갔음. '消息'은 音問, 音信, 安否를 뜻하는 雙聲連綿語.《事言要玄》(2)에 "音問謂之消息, 猶言安否善惡. 消, 消耗也;息, 生息也"라 하였고,《字彙》에는 "消息, 音信也"라 함.

【故人入我夢, 明我長相憶】'明我長相憶'은《眞寶》注에 "〈樂府〉云:「夢見在我傍, 已覺在他鄕. 上有加飧食, 下有長相憶"이라 함.

【恐非平生魂, 路遠不可測】'平生'은 평소. 일상. '路遠不可測'은 길이 멀어 살아 있는 사람이라면 꿈에 보일 수 없음을 말함.《眞寶》注에 "《韓非子》曰:六國時張儀與高惠, 二人爲友. 每相憶不能得見, 敏便於夢中往尋, 但得至半道, 卽迷不知, 遂回"라 함. 그러나 지금의《韓非子》에는 이런 고사가 실려 있지 않고,《事文類聚》前集(23)에 실려 있음.

【魂來楓林靑, 魂返關塞黑】'魂來楓林靑'은《楚辭》招魂에 "湛湛江水兮上有楓. 目極千里兮傷春心. 魂兮歸來哀江南"이라 한 데서 의미를 취한 것. '關塞'는 關門과 邊

塞. 지역과 지역을 구분하는 경계지역. 두보의 꿈에 이백의 혼백이 그곳을 넘어 왔다가 다시 그곳을 통과하여 돌아감.

【君今在羅網, 何以有羽翼】'羅網'은 그물. 法網. 여기서는 李白이 법망에 얽매여 자유롭지 못함을 뜻함.

【落月滿屋梁, 猶疑照顔色】'落月滿屋梁'은 《眞寶》注에 "宋玉〈神女賦〉:「若白月初出照玉梁.」"이라 함. '猶疑'는 '오히려 그 희미한 달빛으로나마 그대의 모습을 비출 수는 있겠지'라고 여겼음. 혹 '그나마 그러한 달빛으로 그대 혼백이 돌아가는 길에 작은 빛이 되어 안전하게 해 주리라 기대함'을 뜻하는 것으로도 볼 수 있음. 《眞寶》注에 "《西淸詩話》(宋 蔡絛 撰): 白歷見司馬子微, 謝自然, 賀知章, 或以爲可與神遊八極之表, 或以爲謫仙人, 俱不若少陵云:「落月滿玉梁, 猶疑見顔色.」百世之下尚想見其風采, 此李太白傳神詩也"라 함.

【水深波浪闊, 無使蛟龍得】'水深波浪闊'은 《眞寶》注에 "宋玉賦:「海水深浩, 波浪廣闊, 非萬斛舟不可泛.」"이라 함. '無使蛟龍得'은 杜甫가 李白을 근심함을 말함. '꿈 속에서 돌아가는 그대 혼백이 뱃길에 蛟龍에게 해코지를 당하는 일이 없도록 하기를 바라다'의 뜻. 그러나 《續齊諧記》에 東漢 초 湖南 長沙에 어떤 사람이 나타나 자칭 屈原이라 하면서 "항상 나를 위해 큰제사를 올려주는 이가 있으나 그래도 나는 지금 교룡에게 고통을 당하고 있다"(吾嘗見祭甚盛, 然爲蛟龍所苦)라 하였으며 杜甫가 이러한 고전을 원용한 것이 아닌가 함. 《眞寶》注에 "按太白溺死於采石. 此詩當是白死後作, 故曰「死別已吞聲」而終云「水深波浪闊, 無使蛟龍得」, 而殆誠有捉月之事故也"라 함.

참고 및 관련 자료

1. 杜子美: 杜甫, 杜少陵, 杜工部. 042 참조.

2. 이 시는 《杜工部詩集》(5)와 《李太白詩集》(32)에 실려 있으며, 注에 "趙曰: 白坐永王璘事當誅, 郭子儀請解官贖罪, 詔長流夜郎, 會赦, 還潯陽, 復坐事下獄. 潯陽郡, 今江州屬江南道"라 하여 李白이 肅宗 乾元 원년(758), 李白이 李璘의 일에 연루되어 夜郎(지금의 貴州省 正安 西北)으로 귀양을 갔으며 당시 李白은 58세였음. 그러나 도중에 이백이 사면을 당하여 풀려났으나 두보는 이를 모른 채 꿈에 이백이 나타나자 이백이 강남 풍토병에 걸려 죽은 것이 아닌가 안타까워한 것임. 그 외 《九家集註杜詩》(5), 《補註杜詩》(5), 《集千家注杜工部詩集》(5), 《杜詩詳註》(7), 《全唐詩》(218), 《唐宋詩醇》(10), 《全唐詩錄》(25), 《詩林廣記》(2), 《文章正宗》(23), 《古今詩

選》(45), 《唐詩品彙》(8), 《石倉歷代詩選》(45), 《古詩鏡》(21) 등에 실려 있음.

3. 韻脚은 '惻, 息, 憶, 測, 黑, 翼, 色, 得'.

4. 明 陸時雍은 "是魂是人, 是夢是眞, 都覺恍惚無定, 親情苦意, 無不備極矣"라 함.

5. 《杜詩諺解》初刊本(11)

주거 여희요믄 호마 소리를 숨끼거니와

사라 여희여실 시 長常 슬허호노라

江南ㅅ 더운 病 잇는 짜해

내조쳣는 나그내 消息이 업도다

故人이 내 꾸메 드니

내 이 기리 서르 스랑호미 번득호도다

平生앳 넉시 아닌가 저칸마른

길히 머러 可히 測量티 몯호리로다

넉시 올 저긘 싣나모 수프리 퍼러흔 듸오

넉시 도라갈 저긘 關塞ㅣ 어드운 듸로다

이제 그듸 그므레 거러 잇거시니

엇뎨 뻐 놀개 잇느니오

디는 둜비치 집 물리 ㄱ독호니

그딋 ᄂᆞᆺ비치 비취엿는가 오히려 疑心호노라

므리 깁고 믌결이 어위니

蛟龍ᄋᆞ로 히여 얻게 호디 말라

꿈속의 이백(2)

뜬구름 하루 종일 떠가고 있는데,

떠나간 그대 오랫동안 돌아오지 않는구려.

사흘 밤 연이어 그대를 꿈에 보다니,

친밀히 그리운 정 그대 뜻이 드러나네.

그대 떠나갈 땐 항상 급히 되돌아가야 한다고 재촉하며,

괴로운 꿈 길 오기가 쉽지 않다 말하면서,

강호江湖엔 풍파가 많으니,

배와 노를 놓칠까 걱정이라 하네.

문을 나서서 흰머리 긁으면서,

평소 가진 그대 의지 어긋난 듯 여겼다네.

화려한 장안長安에는 고관대작 가득한데,

이 사람 홀로 이토록 초췌하니.

누가 말했던가 하늘 그물 넓어도 새지는 않는다고,

그대 늙어감에 도리어 죄에 연루되었으니,

천추만세를 두고 명성을 떨친다 해도,

몸이 죽은 뒤엔 적막하기만 할 뿐인걸!

浮雲終日行, 遊子久不至.
三夜頻夢君, 情親見君意.
告歸常局促, 苦道來不易.
江湖多風波, 舟楫恐失墜.
出門搔白首, 若負平生志.
冠盖滿京華, 斯人獨顦頷.
孰云網恢恢, 將老身反累.
千秋萬歲名, 寂寞身後事!

【浮雲終日行, 遊子久不至】《眞寶》注에 "〈古詩〉:「浮雲蔽白日, 遊子不復返.」此言興
比時君昏暗, 爲輩小所蔽, 而君子在外也"라 함.

【三夜頻夢君, 情親見君意】'頻'은 빈번함. 자주 나타남.

【告歸常局促, 苦道來不易】'局促'은 '局蹙'과 같음. 총총히 재촉함을 뜻함. 疊韻連
綿語.

【江湖多風波, 舟楫恐失墜】뱃길로 다니는 곳이 많아 혹 舟楫을 놓치면 어쩌나 걱
정을 함.

【出門搔白首, 若負平生志】'搔'는 긁음.《眞寶》注에 "音騷, 手爬. 諸葛松詩:「出門無

徃還, 時復搔白首.」라 함. '貞'는 저버림. 어긋남. 기대나 희망을 저버림. '平生'은 평소, 일상, 늘.

【冠盖滿京華, 斯人獨顦領】'冠盖'는 冠冕과 華盖. 冠은 고관대작의 모자. '盖'는 蓋 와 같으며, 고관의 화려한 수레 덮개. 富貴한 사람을 비유함. '京華'는 서울 화려 한 長安을 뜻함. '斯'는 此, 玆, 斯, 是와 같음. '顦領'은 '憔悴'의 다른 표기. 형색이 마르고 곤고함. 雙聲連綿語. 屈原 〈漁父辭〉에 "顔色憔悴, 形容枯槁"라 함. 《韻會》 에 "憔悴. 瘦也, 憂患也"라 함. 《眞寶》 注에 "左太冲詩:「濟濟京城內, 赫赫王侯車. 冠盖蔭四街, 朱輪驅長衢. 寂寂王子宅, 門無卿相輿.」"라 함.

【孰云網恢恢, 將老身反累】'網恢恢'는 하늘의 이치는 광대하여 포용하지 못함이 없음. 《老子》(73)에 "天網恢恢, 疏而不失"라 함. 옳고 그름이나, 선악 등은 하늘이 구분하지 못하는 경우가 절대로 없음을 비유함. '恢'는 《眞寶》 注에는 "音魁. ○ 《老子》云:「天網恢恢, 踈而不漏.」"라 하였고, 林希逸 注에 "天道恢恢, 譬如網然, 雖甚踈闊而無有漏失者, 言善惡吉凶, 無一毫不定也"라 함. '將老身反累'는 《眞寶》 注에 "纍去. ○稀昂曰:吾將老矣, 反爲牛尾累身"이라 함.

【千秋萬歲名, 寂莫身後事】《眞寶》 注에 "阮藉詩:「千秋百歲後, 榮名安所之?」"라 함. '寂寞身後事'는 庾信의 〈擬詠懷〉에 "眼前一杯酒, 誰論身後名"이라 함. "천추만세 에 명성이, 적막하게 죽은 뒤에나 이루어질 사항이다"라는 뜻. 죽은 뒤에는 적막 하기만 할 뿐 아무런 의미가 없음을 뜻함. 《眞寶》 注에는 "張翰曰:「使我有身後 名, 不如卽時一盃酒.」 ○子美蓋傷太白身後, 惟有二孫女, 家聲不振, 徒留千秋萬歲 名也"라 함.

> ### 참고 및 관련 자료

1. 이는 天寶 4년(745) 가을, 李白과 杜甫는 이미 兗州 石門에서 이별한 적이 있 어 14년을 만나지 못한 그리움을 읊은 것임.

2. 이 시는 《李太白集註》(32), 《九家集註杜詩》(5), 《補註杜詩》(5), 《集千家注杜工部 詩集》(5), 《杜詩詳註》(7), 《文信國集杜詩》, 《全唐詩》(218), 《全唐詩錄》(25), 《唐宋詩 醇》(10), 《文章正宗》(23), 《野古集》(上), 《唐詩品彙》(8), 《古今詩刪》(10), 《石倉歷代詩 選》(45), 《古詩鏡》(21) 등에 실려 있음.

3. 仇兆鰲의 《杜詩詳註》에 "此因頻夢而作. 故詩語更進一層, 前云'明我憶'是白知 公;此云'見君意'是公知白. 前云'波浪蛟龍'是公爲白憂;此云'江湖舟楫'是白又自憂. 前 章說夢處, 多涉疑詞;此章說夢處, 宛如目擊"이라 함.

4. 韻脚은 '至, 意, 易, 墜, 志, 悴, 累, 事'임.

5. 《杜詩諺解》初刊本(11)

뜬 구루믄 나리 뭇도록 녀거늘

노니는 子는 오래 오디 몯ᄒᆞᆺ다

사ᄒᆞᆯ 바믈 ᄌᆞ조 그듸를 ᄭᅮ메 보니

ᄠᅳ디 親ᄒᆞ야 그딋 ᄠᅳ들 보노라

가노라 니를 저긔 長常 局促ᄒᆞ야셔

심히 닐오ᄃᆡ 오미 쉽디 아니ᄒᆞ니라

江湖애 ᄇᆞᄅᆞᆷ 믌겨리 하니

ᄇᆡ를 일흘가 전노라 ᄒᆞ고

門의 나 셴 머리를 긁ᄂᆞ니

平生앳 ᄠᅳ들 져ᄇᆞ린 ᄃᆞᆺᄒᆞ도다

冠蓋ᄒᆞᆫ 사ᄅᆞ미 셔울 ᄀᆞᄃᆞ기 잇거늘

이 사ᄅᆞ믄 ᄒᆞ올로 이우럿도다

뉘 닐오ᄃᆡ 그므리 어위다 ᄒᆞᄂᆞ니오

將次ㅅ 늘구메 모미 도ᄅᆞ혀 버므렛도다

千秋萬歲예 갈 일후미

寂寞ᄒᆞᆫ 몸 後엣 이리 ᄃᆞ외리로다

081. 〈贈東坡〉(二首) ·················· 黃山谷(黃庭堅)

동파에게 드림(2수)

＊《眞寶》注에 "前篇, 梅以屬東坡"라 함.
＊〈贈東坡〉:작자 黃庭堅(호는 山谷)이 그의 스승 蘇軾에게 보낸 시.

〈동파에게 드림〉(1)

강매江梅는 좋은 열매를 맺는 나무,
그런데 그 뿌리는 복숭아나무 오얏나무 밭으로 뻗어 있었지.
복숭아 오얏은 끝내 그를 위해 말도 하지 않지만,
오직 아침 이슬은 은총의 빛을 빌려서 비춰주네.
홀로 내는 향기는 그 교결皎潔함 때문에 시기를 당하는데,
얼음과 눈 속에서 공연히 스스로 그래도 향기를 뿜고 있네.
예로부터 솥 안의 음식 맛을 조화시키는 열매로써,
이 물건은 묘당에 올라갔던 귀한 것이었지.
세월은 어느덧 저물어가니,
안개와 빗속에 파랗던 열매 노랗게 변했네.
복숭아와 오얏이 쟁반에 올라올 때,
먼 데서 왔다고 처음으로 매실 맛도 보게 되었으나,
마침내는 입에 맞지 않아 먹을 수가 없다고,
관청 길가에 내던져 버려지고 말았네.
다만 그대는 뿌리만 그대로 있게 해 준다면,
버려진들 결국 무엇이 손상되리오?

江梅有佳實, 託根桃李場.
桃李終不言, 朝露借恩光.
孤芳忌皎潔, 氷雪空自香.
古來和鼎實, 此物升廟廊.
歲月坐成晚, 煙雨青已黃.
得升桃李盤, 以遠初見嘗.
終然不可口, 擲置官道傍.
但使本根在, 棄捐果何傷?

【江梅有佳實, 託根桃李場】'江梅'는 야생 매화. 일명 直脚梅, 혹 野梅로도 불림. 宋
范至能의《梅譜》에 "江梅遺核野生不經裁接者. 又名直脚梅. 或謂之野梅. 凡山間
水濱荒寒淸絶之趣, 皆此本也. 花稍小而疎瘦, 遺韻香最淸, 實小而硬"이라 함. 스
승 東坡를 江梅에 비긴 것임. 原註에《文選》古詩云:「冉冉孤生竹, 結根太山阿.」
此句倣其體"라 함. '桃李場'은 복숭아와 오얏이 심어진 곳. '場'은 場圃. 桃李는 일
반 대신들, 桃李場은 그들이 활약하는 조정을 비유함.

【桃李終不言, 朝露借恩光】'桃李終不言'은 대신[桃李]들이 그를 위해 변호의 언론
을 조성해 주지 않음. '朝露'는 아침 이슬. 임금의 은총을 뜻함. '借恩光'은 은혜의
빛을 빌려줌.《眞寶》注에 "言江梅爲桃李所忌, 意謂東坡見嫉當世, 獨人主見知耳"
라 함.

【孤芳忌皎潔, 氷雪空自香】'孤芳'은 외로이 향기를 내뿜는 매화(東坡)를 가리킴.
'皎潔'은 희고 깨끗함.

【古來和鼎實, 此物升廟廊】'古來和鼎實'은 고래로 鼎(음식 솥)의 맛을 조화시키는
열매임을 말함. 매실의 신맛은 소금과 함께 조미용으로 쓰여 음식 맛을 조화시
킬 뿐만 아니라 이로서 王政을 조화시키는 宰相에 비유되었음.《尙書》說命篇에
"爾惟訓于朕志, 若作酒醴, 爾惟麴糵; 若作和羹, 爾惟鹽梅. 爾交脩予, 罔予棄. 予惟
克邁乃訓"이라 함. '此物升廟廊'의 '廟廊'은 사당의 回廊. 신성하게 제사에 쓰이는
음식에 사용되었음을 뜻함.

【歲月坐成晚, 煙雨青已黃】'坐'는 어느덧. 副詞로 쓰였음.《文選》'澤坐自捨'의 注에
"無故自捨曰坐"라 함.

【得升桃李盤, 以遠初見嘗】'以遠初見嘗'은 멀리서 가져왔다는 이유로 해서 비로소 맛을 보게 되는 상황을 만남. 도리가 바쳐질 때 강매의 매실도 함께 바쳐짐. 그 때 멀리서 왔다는 이유로 맛을 보게됨.

【終然不可口, 擲置官道傍】'不可口'는 입에 맞지 않음. 매실은 먹을 수 없음. '擲置官道傍'은 이를 관가 길 곁에 던져 버림. 《眞寶》注에 "擲, 直隻反. 投也, 抛也"라 함. 《眞寶》注에 "杜〈病橘〉詩: 紛然不可口, 豈只存其皮?"라 함.

【但使本根在, 棄捐果何傷】'何傷'은 '무슨 손상이 있으리오?'의 뜻.

> 참고 및 관련 자료

1. 黃山谷, 黃庭堅, 魯直, 山谷道人. 046 참조.

2. 이 시는 아래 둘째 수와 함께 《山谷集》(2)에 실려 있으며, 제목은 〈古詩二首〉로 되어 있음. 그 외 《山谷內集詩注》(1), 《蘇詩補註》(16), 《坡門酬唱集》(21), 《事文類聚》(後集 5), 《宋藝圃集》(10), 《漁隱叢話》(前集 43), 《竹莊詩話》(10), 《詩林廣記》(後集 5) 등에 실려 있음.

3. 韻脚 '場, 光, 香, 廊, 黃, 嘗, 傍, 傷'.

〈동파에게 드림〉(2)

*《眞寶》注에 "後篇, 松以屬東坡, 茯苓以屬門下士之賢者, 兎絲以自況"이라 함.

푸른 소나무가 산간山澗 골짜기에 솟아나니,
십 리 먼 곳에서도 그 바람소리가 들리네.
위에는 백 자 길이의 새삼이 감겨 있고,
아래에는 천년 묵은 복령茯苓이 자라 있네.
복령은 본성을 오래 견딜 수 있게 해주어,
사람의 늙음을 막아주는 약으로 쓰인다네.
소초小草는 원지遠志라고도 하는 약초로서,
원대한 뜻을 의탁할 것임을 평소에도 품게 해주지.
의화醫和와 동시대에 태어나지 못하였으니,

뿌리를 깊이 박고 꼭지조차 단단히 해야지.
사람들이 상의上醫는 나라의 병을 고친다고 하였거늘,
어찌 급히 서두를 수 있겠소이까?
동파와 나는 재능의 크기야 다르지만,
기질과 풍미는 진실로 서로를 닮았지.

青松出澗壑, 十里聞風聲.
上有百尺絲, 下有千歲苓.
自性得久要, 爲人制頹齡.
小草有遠志, 相依在平生.
醫和不並世, 深根且固蔕.
人言可醫國, 何用大早計?
小大材則殊, 氣味固相似.

【青松出澗壑, 十里聞風聲】'青松'은 東坡에 비긴 것임. '澗壑'은 山澗 골짜기.《眞寶》
注에 "壑, 沈入(沈의 入聲, '학')이라 함. '十里聞風聲'은 십리 안에서도 청송에 나
는 바람소리를 들을 수 있음. 東坡의 명성을 말함.《眞寶》注에 "此意謂東坡以大
才而沈下僚, 其蓋世之名, 則不可掩也"라 함.

【上有百尺絲, 下有千歲苓】'絲'는 兔絲(菟絲). 일명 女蘿. 나무를 감고 자라는 寄生
植物인 '새삼덩굴.' 松蘿를 말함.《山谷集》의 注에《淮南子》說山訓曰:「天年之松,
下有茯苓, 上有兔絲.」注云:茯苓千歲松脂也. 兔絲生其上而無根, 一名女蘿, 又按
〈頍弁〉詩:「蔦與女羅, 施于松柏.」注云:「女蘿, 兔絲松蘿也.」〈正義〉則曰:「陸機〈踈〉
云:今兔絲蔓連草上生, 非松蘿. 松蘿者蔓松上生.」事或當然. 陶隱居注:《本初》:兔
絲條亦云:「舊言下有茯苓, 上有兔絲」, 今未必爾.」讀山谷此句, 當不以辭害意也"라
함.《眞寶》注에도 "《淮南子》曰:「千歲之松, 下有茯苓, 上有兔絲.」"라 함. '苓'은 茯苓.
소나무 뿌리에 생기는 일종의 菌類植物로 藥用과 食用으로 널리 쓰임. 여기서는
'蘇門四學士'인 黃庭堅, 秦觀, 張耒, 晁補之를 두고 한 말.

【自性得久要, 爲人制頹齡】'自性'은 本然之性. 不變不滅의 本性. '久要'는《論語》憲
問篇에 "今之成人者何必然? 見利思義, 見危授命, 久要不忘平生之言, 亦可以爲成

人矣."라 하여, '본성을 변치 않고 오래 지속해 감'을 뜻함. 《眞寶》注에 "《論語》: 久要, 言舊約也. 猶言久交也"라 함. '制'는 《眞寶》注에 "制, 猶延也. 禁制衰頹之年齒. 使不老. ○此句指茯苓"이라 함. 노화방지를 위해 복령이 약으로 쓰임을 뜻함. 陶淵明의 〈九日閑居詩〉에 "菊爲制頹齡"이라 함.

【小草有遠志, 相依在平生】'遠志'는 약초 이름. 遠志科多年生草本植物. Polygala tenuifolia Willd. 뿌리를 말리거나 生用, 혹은 炙用으로 하여 약으로 씀. 땅속에 그대로 있어 캐지 않았을 때는 遠志라 하고, 캐어 약재로 만들었을 때는 小草라 함. 《博物志》(4)에 "遠志, 苗曰小草, 根曰遠志"라 하였고, 《本草經》에는 "主咳逆傷中, 補不足, 除邪氣, 利九竅, 益智慧, 耳目聰明, 不忘, 强志倍力"이라 하였으며, 《本草別錄》에는 "定心氣, 止驚悸, 益精, 去心下膈氣, 皮膚中熱, 面目黃"이라 함. 한편 《世說新語》排調篇에 "太傅始有東山之志, 後嚴命屢臻, 勢不獲已, 始就桓公司馬. 于時人有餉桓公藥草, 中有「遠志」, 公取以問謝:「此藥又名『小草』, 何以一物而有二稱?」謝未卽答. 時郝隆在坐, 應聲答曰:「此甚易解: 處則爲遠志, 出則爲小草.」謝甚有愧色. 桓公目謝而笑曰:「郝參軍此通乃不惡, 亦極有會.」"라 함. 《眞寶》注에 "《世說》: 桓溫問謝安:「遠志又名小草, 何以一物而有二名?」郝隆曰:「處則爲遠志, 出則爲小草.」○此句以下, 並指兎絲, 言其不依附凡木, 所志遠矣"라 함. '相依在平生'은 서로 의지할 것임을 평소에 두고 있었음. 원대한 뜻[遠志]을 품고 兎絲가 소나무에 의지하듯 자신이 동파를 의지하려 했음을 뜻함.

【醫和不並世, 深根且固蔕】'醫和'는 和라는 이름의 名醫. 옛 춘추시대 晉나라 名醫였음. 《國語》晉語(8)에 "文子曰:「醫及國家乎?」對曰:「上醫醫國, 其次疾人, 固醫官也.」"라 함. '不並世'는 세상에 함께 태어나지 않음. 醫和와 동시대에 태어나지 못하여 자기[遠志]를 명약으로 인정받지 못함. '深根且固蔕'는 뿌리를 깊이 박고 또 꼭지나 굳건히 하겠다는 뜻. 곧 덕을 깊이 닦고 수신하여 몸이나 잘 보전하겠다는 뜻. 《眞寶》注에 "蔕, 音帶. ○東坡和云:「嘉穀臥風雨, 稂莠登我場. 陳前謾方丈, 玉食慘無光. 大哉天宇間, 美惡更臭香. 君看五六月, 飛蚊隱回廊. 玆時不少暇, 俛仰霜葉黃. 期君蟠桃枝, 千歲終一嘗. 願我如苦李, 全生依路傍. 紛紛不足慍, 悄悄徒自傷.」○空山學仙子, 忘意笙簫聲. 千金得奇藥, 開視皆豨苓. 不知市人中, 自有安期生. 今君已度世, 坐閱霜中蔕. 挲摩古銅人, 歲月不可計. 醫風安在哉, 要君相指似"라 함.

【人言可醫國, 何用大早計】"上醫醫國, 其次醫人"를 뜻함. 上醫는 나라의 병을 고치고 그 다음 등급의 의사는 사람의 병을 고침. '大早計'는 너무 일찍 서두름을 말

함. 《莊子》齊物論에 "汝亦大早計, 見卵而求時夜, 見彈而求鴞炙"라 함. 《眞寶》注
에 "〈晉語〉: 平公有疾, 使醫和視之, 文子曰: 「醫及國家乎?」 對曰: 「上醫醫國, 其次醫
人. 固醫官也.」 ○謂依附賢者, 足以自樂, 至其不爲當世所知, 則亦自重, 難進而未嘗
汲汲也"라 함.

【小大材則殊, 氣味固相似】 '小大材則殊'는 크기로 보면 재능이 서로 다름. 동파와
자신을 비교한 것. '氣味'는 氣質과 風味. 생각이나 취향. 《眞寶》注에 "山谷, 自謂
己之於東坡, 才之大小固殊, 然其剛介自守之操, 未始有異也"라 함.

참고 및 관련 자료

1. 韻脚은 '聲, 苓, 齡, 生' 換韻: '薺, 計, 似'.

082. <慈烏夜啼> ·················· 白樂天(白居易)

까마귀가 밤에 우네

*《眞寶》注에 "張華注《禽經》云:「慈烏, 孝鳥. 長則反哺其母, 大觜烏脣.」('脣'은 '否'의
  誤字)"이라 함.
*<慈烏夜啼>:'慈烏'는 까마귀. 張華 注의 《禽經》과 《說郛》(107)에 "慈烏曰孝鳥, 長
  則反哺其母, 大觜烏否"(자오는 효조라고 하며 자라서는 어미에게 먹이를 물어다 먹
  인다. 부리가 큰 까마귀는 그렇지 않다)라 하였고, 《孔叢子》小爾雅篇에는 "純黑而
  反哺者謂之烏, 小而腹下白, 不反哺者謂之鴉烏, 白項而羣飛者謂之燕烏. 白脰, 烏
  也;鴉烏, 鸒也"라 함. 한편 《古今事文類聚》後集(44)에 인용한 《東坡志林》에는
  "慈烏曰孝鳥, 長則反哺其母, 大觜烏脣. 陳伯辨云:慈烏比他烏微小, 反哺之聲可聽,
  大啄及白頸者, 皆不能反哺, 然不謂之孝烏"라 함. '夜啼'는 《樂府詩集》(47)에 <烏
  夜啼>라는 시가 있으며 이 제목을 원용한 것으로 여김.

자오慈烏가 그 어미를 잃자,
까악까악 슬픈 울음을 토해내네.
낮에도 밤에도 그곳을 떠나지 않고,
한 해가 다 가도록 옛 숲을 지키네.
밤마다 야밤에 울고 있으니,
듣는 이 옷깃에 눈물 적시네.
우는 소리 속에 호소하는 말,
은혜를 다 갚지 못했노라 하는 듯하네.
온갖 새들에게 어찌 어미가 없으리오만,
너만은 유독 슬픔과 원망이 그토록 깊구나.
틀림없이 어미의 사랑이 자애롭고 두터워,
너로 하여금 슬픔을 이겨내지 못하게 했나 보다.

옛날 오기吳起라는 사람은,

어머니 죽어 장례에도 오지 않았다지.

애통하도다, 이러한 무리들은,

그 마음이 새만도 못하구나.

자오여, 저 자오여!

새 중에 증삼曾參이로구나!

慈烏失其母, 啞啞吐哀音.

晝夜不飛去, 經年守故林.

夜夜夜半啼, 聞者爲沾襟.

聲中如告訴, 未盡反哺心.

百鳥豈無母, 爾獨哀怨深.

應是母慈重, 使爾悲不任.

昔有吳起者, 母歿喪不臨.

哀哉若此輩, 其心不如禽.

慈烏彼慈烏! 烏中之曾參!

【慈烏失其母, 啞啞吐哀音】'慈烏'는 까마귀.《本草綱目》禽部에 "慈烏: 此鳥初生,
母哺六十日, 長則反哺六十日"이라 하였고,《初學記》鳥賦에 "雛旣壯而能飛兮, 乃
銜食而反哺"라 함. '啞'는 '아'(烏下反)으로 읽으며 까마귀 울음소리를 표기한 象
聲語.

【晝夜不飛去, 經年守故林】'經年'은 한 해가 다가도록. '故林'은 어미와 함께 있던
옛 숲.

【夜夜夜半啼, 聞者爲沾襟】'夜夜'는 밤마다. '夜半'은 한 밤중. '沾襟'은 눈물로 옷깃
을 적심. '霑衿'과 같음.

【聲中如告訴, 未盡反哺心】'反哺'는 까마귀의 효성을 표현하는 말. 새끼가 자라서
는 늙은 어미에게 먹이를 구해다 준다고 여긴 것.《眞寶》注에 "烏能反哺其母"라
함.《本草》(49)에 "慈烏: 慈鴉, 孝鳥, 寒鴉. 時珍曰「此鳥初生母哺六十日, 長則反哺

六十日, 可謂慈孝矣. 北人謂之寒鴉, 冬月尤甚也"라 함.

【百鳥豈無母, 爾獨哀怨深】'爾'는 대명사, 너. 你와 같음.

【應是母慈重, 使爾悲不任】'使爾悲不任'은 너로 하여금 슬픔을 감당할 수 없도록 함.

【昔有吳起者, 母歿喪不臨】'吳起'는 전국시대 유명한 兵法家. 사람이 잔인하여 자신의 출세를 위해 아내를 죽이고 어머니와 결별했으며 어머니가 죽었을 때도 가지 않음.《眞寶》注에 "吳起. 學於曾子, 母歿不奔喪, 曾子責之"라 함.《史記》吳起列傳에 "吳起者, 衛人也, 好用兵. 嘗學於曾子, 事魯君. 齊人攻魯, 魯欲將吳起, 吳起取齊女爲妻, 而魯疑之. 吳起於是欲就名, 遂殺其妻, 以明不與齊也. 魯卒以爲將. 將而攻齊, 大破之. 魯人或惡吳起曰:「起之爲人, 猜忍人也. 其少時, 家累千金, 游仕不遂, 遂破其家. 鄕黨笑之, 吳起殺其謗己者三十餘人, 而東出衛郭門. 與其母訣, 齧臂而盟曰:『起不爲卿相, 不復入衛.』遂事曾子. 居頃之, 其母死, 起終不歸. 曾子薄之, 而與起絶. 起乃之魯, 學兵法以事魯君. 魯君疑之, 起殺妻以求將. 夫魯小國, 而有戰勝之名, 則諸侯圖魯矣. 且魯衛兄弟之國也, 而君用起, 則是弃衛.」魯君疑之, 謝吳起"라 함.

【哀哉若此輩, 其心不如禽】'不如禽'은 새만도 못함. 새가 더 나음.

【慈烏彼慈烏! 鳥中之曾參】'曾參'은 字는 子輿. 南武城 사람. 孔子 제자로서 효성으로 널리 알려진 인물.《孝經》을 지은 것으로 알려짐.《眞寶》注에 "曾參, 孝於事母, 禽中亦有此者"라 함.《史記》仲尼諸子列傳에 "曾參, 南武城人, 字子輿. 少孔子四十六歲. 孔子以爲能通孝道, 故授之業. 作《孝經》. 死於魯"라 하였으며,《孔子家語》(9) 弟子解에는 "曾參, 南武城人, 字子輿, 少孔子四十六歲. 志存孝道, 故孔子因之以作《孝經》, 齊嘗聘, 欲與爲卿而不就, 曰:「吾父母老, 食人之祿, 則憂人之事, 故吾不忍遠親而爲人役.」參後母遇之無恩, 而供養不衰, 及其妻以藜烝不熟, 因出之. 人曰:「非七出也.」參曰:「藜烝, 小物耳, 吾欲使熟而不用吾命, 況大事乎?」遂出之, 終身不取妻, 其子元請焉, 告其子曰:「高宗以後妻殺孝己, 尹吉甫以後妻放伯奇, 吾上不及高宗, 中不比吉甫, 庸知其得免於非乎?」라 함. 그 외《二十四孝》「嚙指心痛」에도 "參嘗採薪山中, 家有客至, 母無措, 望參不還. 乃嚙其指, 參忽心痛, 負薪以歸, 跪問其故. 母曰:「有客忽至, 吾嚙指以悟汝耳.」"라 하는 등 曾參의 효도 설화가 널리 실려 있음.

1. 白居易: 白樂天, 白香山, 006 참조.

2. 이 시는 《白氏長慶集》(1), 《白香山詩集》(1), 《事文類聚》(後集 44), 《淵鑑類函》
(423), 《甬上耆舊詩》(7) 등에 실려 있음.

3. 韻脚은 '音, 林, 襟, 心, 深, 任, 臨, 禽, 參'.

083. 〈田家〉 ·················· 柳子厚(柳宗元)

농가

*〈田家〉:農家. 농사를 지어 세금으로 바치면서 納期의 독촉에 시달리는 안타까움을 읊은 것.《柳河東集》(43)에 앞의 〈田家〉(075)와 함께 실려 있는 〈田家三首〉 둘째 수임. 이미 앞에 실린 〈蠶婦〉(013), 〈憫農〉(014), 〈傷田家〉(028) 등과 함께 中唐 이후의 세금과 관리의 횡포로 피폐해가는 농촌의 상황을 읊은 것임.

울타리 둘러싸인 마을이 연기 사이로 격해 있는데,
농사 이야기로 사방 이웃들이 저녁을 맞았구나.
마당 가에는 가을 귀뚜라미 울고,
성긴 삼대만 바야흐로 쓸쓸한 모습일세.
누에 실을 모두 세금으로 보냈고,
베틀과 북은 공허히 벽을 기댄 채 치워져 있네.
이서里胥는 밤에도 마을을 경유해 거쳐가니,
닭 잡고 기장밥 지어 자리를 베풀어 대접해야 하네.
그들마다 관청의 나리가 준엄하다면서,
보여주는 문서에는 독촉과 질책의 말만 많다네.
동쪽 마을에선 세금 기한을 넘긴 것 때문에,
진흙 못에 빠진 수레바퀴 꼴이 되고 말았다네.
관청에선 사정을 보아 용서해 주는 일 적어,
채찍과 매질 마구 휘둘러 낭자狼藉한 상황이 벌어졌다네.
힘써 신중히 잘 경영하여,
살과 살갗은 진실로 아깝게 여기도록 해야겠네.
이 해 새롭게 추수할 시기를 맞았으나,
오직 두렵기는 지난번과 같은 일 또 겪게 될까 하는 것.

籬落隔煙火, 農談四鄰夕.
庭際秋蛩鳴, 踈麻方寂歷.
蠶絲盡輸稅, 機杼空倚壁.
里胥夜經過, 雞黍事筵席.
各言官長峻, 文字多督責.
東鄉後租期, 車轂陷泥澤.
公門少推恕, 鞭朴恣狼藉.
努力愼經營, 肌膚眞可惜.
迎新在此歲, 惟恐蹱前跡.

【籬落隔煙火, 農談四鄰夕】'籬落'은 울타리가 있는 村落. '隔煙火'는 연기가 피어올라 집과 집 사이를 가려서 막고 있음. '煙火'는 烟火와 같음. 《眞寶》注에 "籬落之外見火. 下得一'隔'字妙"라 함.

【庭際秋蛩鳴, 踈麻方寂歷】'蛩'은 귀뚜라미. 蟋蟀을 한 글자로 표현한 것.《柳河東集》에는 '秋蟲鳴'으로 되어 있음. '踈麻'는 밭에 듬성듬성 남아 있는 삼대들. '踈'는 疎와 같음. '寂歷'은 쓸쓸함을 표현하는 疊韻連綿語.

【蠶絲盡輸稅, 機杼空倚壁】'蠶絲'는 누에고치로 자아낸 비단실. '盡輸稅'는 稅로써 모두 실어 보내고 남은 것은 없음. '機'는 베틀. '杼'는 베를 짤 때 사용하던 북. '梭'. 이들은 벽에 기대어 둔 채 쓸 일이 없음.

【里胥夜經過, 雞黍事筵席】'里胥'의 '里'는 鄕里. 고대 행정 단위. '胥'는 백성들과 직접 대면하여 일을 처리하는 낮은 직급의 관리.《周禮》의 閭胥와 같음. 이들이 밤에 마을을 경유해 순시하고 있음. '雞黍'는 농촌에서 里胥를 대접하기 위해 닭을 잡고 기장밥을 하여 모시는 것.《論語》微子篇에 "止子路宿, 殺雞爲黍而食之, 見其二子焉"라 함. '筵席'은 돗자리. 흔히 잔치를 뜻함. '里胥'에게 공출과 징세를 감해달라고 잘 대접하였음을 뜻함.

【各言官長峻, 文字多督責】'各言官長峻'은 서리들은 그들대로 자신이 모시고 있는 官의 長들이 준엄하다고 핑계를 댐. '文字多督責'은 그 다음 온 관리가 가지고 있는 문서를 말함. '文字'는 관의 명령이나 책임량 등을 적은 문서. '督責'은 독촉함.《眞寶》注에 "督, 音篤; 責, 音仄. 催租之人, 又來"라 함. 그 문서에는 독촉하

고 책임을 추궁하는 내용이 주를 이루고 있음.

【東鄕後租期, 車轂陷泥澤】'東鄕後租期'는 동쪽의 마을은 납세 기한이 이미 지났음.《眞寶》注에 "有輸租後期者"라 함. '車轂陷泥澤'은 수레바퀴가 진흙 못에 빠짐.《眞寶》注에 "轂, 音谷. 猶車輪陷落水澤中, 費推挽之勞也"라 함.

【公門少推恕, 鞭朴恣狼藉】'公門'은 관청. '推恕'는 미루어 사정을 보아주고 용서해 주고 하는 것. '鞭朴'은 '鞭扑'의 오기. 글자가 유사하여 오류를 일으킨 것임. '扑' 은 撲과 같음.《眞寶》注에 "鞭, 音邊; 朴(扑), 音璞"이라 함.《柳河東集》에 '鞭扑'으로 되어 있음. 채찍과 회초리로 백성들에게 함부로 매질을 가함. '狼藉'는 자리가 어수선하고 마구 흐트러진 모습을 뜻하는 連綿語.《綱目集覽》에 "蘇鶚《演義》曰: 「狼藉草而臥, 去則滅亂. 故凡物之縱橫敗亂者, 謂之狼藉"라 함. 그러나 '藉'는 '籍' 과 통용하여 押韻을 위해 '적'으로 읽음.

【努力愼經營, 肌膚眞可惜】'努力愼經營'은 힘써 잘 경영함. '經營'은《詩》大雅 靈臺 篇에 "經始靈臺, 經之營之"라 하였으며, 注에 "經, 度也"라 함. 동쪽 마을처럼 매 맞는 일이 없도록 힘써 납세 준비를 할 것을 말함. '肌膚眞可惜'의 '肌膚'는《眞 寶》注에 "肌, 音箕; 膚, 音孚"라 함. 살과 살갗은 진실로 아끼고 보호해 주어야 함. 매질로 마구 상처를 입지 않도록 서둘러 납세를 하도록 해야 함을 말함.《眞 寶》注에 "須早納官, 肌膚可惜, 無取其笞辱也"라 함.

【迎新在此歲, 惟恐踵前跡】'迎新在此歲'은 금년 새롭게 추수를 하는 때를 맞이함. '踵前跡'은 제때에 납세를 못해 지난 번 관원들에게 鞭扑의 고통을 당하는 일이 반복됨. '踵'은 그러한 일이 뒤따름.《眞寶》注에 "踵, 之隴反. 此乃迎新割稻之時, 卽當以東鄕之事爲戒也"라 함.

> ### 참고 및 관련 자료

1. 柳子厚: 柳宗元, 柳河東, 柳柳州. 011 참조.

2. 이는《柳河東集》(43)에 실려 있는 〈田家三首〉의 둘째 수이며 그 셋째 수는 075 〈田家〉임. 그 외《柳河東集注》(43),《全唐詩》(353),《全唐詩錄》(37),《唐詩品彙》 (15),《唐音》(2),《古詩鏡》(37),《後村詩話》(30),《古今詩刪》(11),《石倉歷代詩選》(57), 《竹莊詩話》 등에 실려 있음.

3. 韻脚은 '夕, 歷, 壁, 席, 責, 澤, 藉, 惜, 跡'.

084. 〈樂府上〉 ················ 無名氏
악부상 〈飮馬長城窟行〉

＊《眞寶》注에 "此詩去古未遠, 頗有三百篇之遺風. ○古樂府三篇, 此篇居首, 故曰
上, 本題曰〈飮馬長城窟行〉"이라 함.
＊〈樂府上〉:〈飮馬長城窟行〉의 오류. '上'은 注에 "古樂府三篇, 此篇居首, 故曰'上', 本
題〈飮馬長城窟行〉"이라 하여 3편 중 제일 앞에 있다 하여 '上'이라 하였다 하였
으나, 이는 타당하지 않은 듯함.

푸르고 푸른 물가의 풀은,
먼 길 떠난 임 생각 끝없이 이어지게 하네.
길이 멀어 생각이 따라갈 수도 없더니,
지난 밤 꿈속에 그를 만났네.
꿈속에선 내 곁에 계시더니,
홀연히 깨어보니 타향에 계시네.
타향은 각각 다른 현縣이어서,
잠 못 이뤄 뒤척일 뿐 만날 수 없네.
마른 뽕나무도 하늘의 바람을 느끼고,
바닷물은 얼지는 않지만 추운 날씨를 안다네.
누구나 집안에 들어서면 반갑게 맞아줄 예쁜 모습 있지만,
누가 그대에게 말이나 붙이려 하겠는가?
어떤 객客이 먼 곳으로부터 와서,
나에게 잉어 두 마리를 건네주었네.
아이를 불러 잉어를 삶게 하였더니,
뱃속에 한 자 되는 흰 비단 편지가 있었네.
한참을 무릎 꿇고 흰 비단 편지 읽었더니,

편지에 결국 무어라 쓰였는가?
첫머리에는 밥 '많이 먹으라'는 말,
아래에는 '한없이 그립다'는 말이 적혀 있었네.

青青河畔草, 縣縣思遠道.
遠道不可思, 夙昔夢見之.
夢見在我傍, 忽覺在他鄉.
他鄉各異縣, 輾轉不可見.
枯桑知天風, 海水知天寒.
入門各自媚, 誰肯相爲言?
客從遠方來, 遺我雙鯉魚.
呼童烹鯉魚, 中有尺素書.
長跪讀素書, 書中竟何如?
上有加餐食, 下有長相憶.

【青青河畔草, 縣縣思遠道】 '縣縣'은 綿綿과 같음. 끊임없이 이어짐. 《文選》注에
"言良人行役, 以春爲期, 期至不來, 所以增思. 王逸《楚辭》注曰:「縣縣, 細微之思也.」"
라 함.

【遠道不可思, 夙昔夢見之】 '夙昔'은 '宿昔', '夙夕', '宿夕' 등 여러 표기가 있으며 지
난밤, 혹 하룻밤 사이의 시간을 뜻하는 雙聲連綿語. 《戰國策》楚策(4)에 "擢閔王
之筋, 縣於其廟梁, 宿夕而死"라 함. 《文選》注에는 《廣雅》曰:「昔, 夜也.」라 함.

【夢見在我傍, 忽覺在他鄉】 '覺'은 《眞寶》注에 "音敎, 寤也"라 하여 '교'로 읽도록 되
어 있음. '他鄉'은 《文選》에는 '佗鄉'으로 표기되어 있음.

【他鄉各異縣, 輾轉不可見】 '輾轉'은 잠을 이루지 못하고 뒤척이는 상태를 뜻하는
雙聲連綿語. 《文選》注에 《字書》曰:「輾, 亦展字也.」《說文》曰:「展, 轉也.」鄭玄《毛
詩》箋曰:「轉, 移也.」라 함. 《詩》周南 關雎 "悠哉悠哉, 輾轉反側"의 朱熹《詩集傳》
에 "輾者, 轉之半; 轉者, 輾之周. 半者, 輾之過; 側者, 轉之留. 皆臥不安席之意"라 하
였으나, 낱글자의 풀이는 타당하지 않음. 雙聲連綿語일 뿐임. 《眞寶》注에도 "輾

者, 轉之半;轉者, 輾之周, 皆臥不安席之意"라 하여 그대로 싣고 있음.

【枯桑知天風, 海水知天寒】'枯桑知天風'은 마른 뽕나무도 날씨의 변화를 앎.《文選》注에 "翰曰:知, 謂豈知也. 枯桑無枝葉, 則不知天風;海水不凝冬, 則不知天寒, 喩婦人在家, 不知夫知信息, 雖有親戚之家, 皆入門而自愛, 誰肯相爲訪門而言者乎?"라 함. '海水知天寒'은 바닷물은 얼지는 않지만 추운 날씨를 앎. 멀리 있는 그 사람도 바람과 추위에 관련이 없을 수 없다는 뜻.《眞寶》注에 "此二句言物有自然之感"이라 함.《文選》注에는 "枯桑無枝, 尙知天風;海水廣大, 尙知天寒. 君子行役, 豈不離風寒之患乎?"라 함.

【入門各自媚, 誰肯相爲言】《文選》注에 "但人入門咸各自媚, 誰肯爲言乎? 皆不能爲言也"라 함.

【客從遠方來, 遺我雙鯉魚】'客'은 자신의 남편의 심부름을 해 주는 자.

【呼童烹鯉魚, 中有尺素書】'素書'는 흰 비단에 쓰인 편지. '尺素'는《眞寶》注에 "盈尺之帛也, 古者以帛爲書"라 함.《文選》注에는 "鄭玄《禮記》注曰:「素, 生帛也.」向曰:「尺素, 絹也. 古人爲書多書於絹.」"이라 함. 한편 楊用修의《丹鉛總錄》에는 "古樂府詩「尺素如殘雪, 結成雙鯉魚. 要知心裏事, 看取腹中書.」古人尺素結爲鯉魚形, 卽緘也, 非如今人用蠟.《文選》「客從遠方來, 遺我雙鯉魚.」卽此事也. 下云「烹魚得書」, 亦譬況之言耳, 非眞烹也. 五臣及劉履謂:「古人多於魚腹寄書.」引陳涉罩魚倡禍事證之, 何異癡人說夢耶?"라 함.

【長跪讀素書, 書中竟何如】'長跪'는 '무릎을 꿇고 跪拜를 하면서'의 뜻.《文選》注에《說文》曰:「跪, 拜也.」라 함.

【上有加餐食, 下有長相憶】'餐食'은 일부 판본에는 '餐飯'으로 된 것이 많음. '長相憶'은 '長相思'와 같음. 매우 그리워함. 한편 이 구절은 〈古詩十九首〉 첫 수 〈行行重行行〉의 말미에도 "棄捐勿復道, 努力加餐飯"라 하였으며, 제 17수에는 "客從遠方來, 遺我一書札. 上言長相思, 下言久別離"라 하였고, 18수(031)에도 "客從遠方來, 遺我一端綺. 相去萬餘里, 故人心尙爾"라 하는 등 유사한 표현이 혼재하고 있음.

참고 및 관련 자료

1. '樂府'는 漢 武帝가 李延年을 協律都尉로 삼아 민간과 각 제후국들의 음악을 수집하여 궁중 음악에 활용하기 위하여 세웠던 관청의 이름.《文選》(28) 樂府(上) 첫머리 注에 "《漢書》曰:武帝定郊祀之禮, 而立樂府"라 하였고,《漢書》禮樂志에

"至武帝定郊祀之禮, 祠太一於甘泉, 就乾位也; 祭後土於汾陰, 澤中方丘也. 乃立樂府, 采詩夜誦, 有趙, 代, 秦, 楚之謳. 以李延年爲協律都尉, 多擧司馬相如等數十人造爲 詩賦, 略論律呂, 以合八音之調, 作十九章之歌"라 함. 그러나 이 음악은 가사를 함 께 가지고 있어 그 가사가 뒤에 문학에 많은 영향을 끼친 것임. 이에 南朝 梁나라 昭明太子(蕭統)가 《文選》을 편찬하면서 당시까지의 많은 樂府 가사를 모아 대거 수록하게 되었으며, 이를 文學의 관점에서 '樂府詩'라 부르게 된 것임. 宋代에 이 르러 郭茂倩이 당시까지의 악부시를 12가지 음악 체제에 따라 분류하여 집대성 한 것이 바로 《樂府詩集》(총 100권)임. 이는 文學史에 지극히 중요한 자료로서 많 은 研究題材가 되었음. 그 중 《文選》에는 樂府上(27), 樂府下(28) 등 두 권에 나누 어 싣고 있으며, 樂府(上, 27) 첫 시가 제목이 〈飮馬長城窟行〉으로 바로 이 시임. 따라서 본편의 제목 〈樂府上〉의 '上'자는 잘못된 것이며, 〈飮馬長城窟行〉이어야 함. 한편 《文選》注에는 "酈善《長水經》曰:「余至長城, 其下往往有泉窟, 可飮馬. 古 詩〈飮馬長城窟行,〉信不虛也. 然長城蒙恬所築也, 言征戍之客, 至於長城而飮其馬. 婦思之, 故爲〈長城窟行〉"이라 함. '行'은 樂曲의 한 장르이며 文體의 한 종류. 《文 體明辨》에 "步驟馳騁, 疏而不滯者曰行"이라 함.

2. 徐陵 《玉臺新詠》(1)에 이 작품이 蔡邕으로 되어 있으나 이는 타당하지 않은 것으로 여기고 있음.

3. 韻脚은 '道'. '之'. 換韻 '鄕'. 換韻 '見, 寒, 言'. 換韻 '書, 如'. 換韻 '憶'.

4. 이 〈飮馬長城窟行〉은 뒤에 陳琳, 陸機 등도 같은 제목으로 지은 시들이 있음.

085. <七月夜行江陵途中作> ·················· 陶淵明(陶潛)
7월 밤에 강릉으로 가던 길에 지음

<七月夜行江陵途中作>:원 제목은 <辛丑歲七月赴假還江陵夜行塗口>임. 참고란
을 볼 것.

한가롭게 살아온 지 어언 삼십 년,
드디어 티끌세상과는 아득히 멀어졌네.
시서詩書는 옛날부터 아주 좋아하던 책,
전원에는 더 이상 속된 느낌 없어졌네.
어쩌다가 이런 곳을 내버려 둔 채,
아득히 남쪽 형주荊州까지 가게 되었던가?
초가을 달빛 아래 노를 두드리며,
강가에 이르러 친구를 이별하네.
서늘한 바람 장차 저녁이 올 것을 일러주고,
달밤은 아련히 텅 빈 밝음의 풍경을 자아내네.
밝고 환한 넓은 우주는 한없이 광활한데,
반짝반짝 강물 빛은 잔잔하기 그지없네.
행역行役 일이 마음에 맺혀 잠 잘 틈도 없어,
한밤중에 외롭게 갈 길 나서네.
영척寧戚의 상가商歌는 내가 부를 노래 아니요,
장저長沮, 걸닉桀溺 밭가는 일이 여전히 나의 일.
벼슬 모자 내던지고 선뜻 옛 동네로 돌아가서,
높은 작위 얽히는 일 하지 않으리.
초가집 처마 아래 본성을 길러 살아가면
벼슬보다 좋은 훌륭함이 그 속에 있을 테지.

閑居三十載, 遂與塵事冥.
詩書敦宿好, 林園無俗情.
如何捨此去, 遙遙至南荊?
叩枻新秋月, 臨流別友生.
涼風起將夕, 夜景湛虛明.
昭昭天宇闊, 晶晶川上平.
懷役不遑寐, 中宵尚孤征.
商歌非吾事, 依依在耦耕.
投冠旋舊墟, 不爲好爵縈.
養眞衡茅下, 庶以善自名.

【閑居三十載, 遂與塵事冥】'閑居三十載'는 30년을 한가롭게 살아왔음. '閑'은 원본
에는 閒으로 되어 있음. '載'는 年, 歲과 같음.《尙書》孔安國 傳에 "祀, 年也. 夏曰
歲, 商曰祀, 周曰年, 唐虞曰載"라 함. '塵事'는 塵世의 번거로운 일들. '冥'은 어두
움. 멂. 알지 못한 채 살아왔음.《文選》注에 "《漢書》曰:「司馬相如稱疾閑居. 塵事,
塵俗之事也.」郭象《莊子》注曰:「凡非眞皆塵垢矣.」《說文》曰:「冥, 窈也. 又曰:窈, 深
遠也.」라 함.

【詩書敦宿好, 林園無俗情】'詩書敦宿好'는《眞寶》注에 "敦, 厚也"라 함. '詩書敦'은
'敦詩書'와 같음.《左傳》僖公 27년 郤縠의 말에 "悅禮樂而敦詩書. 詩書, 義之府
也;禮樂, 德之則也"라 함. '宿好'는 옛날부터 아주 좋아함. '林園無俗情'은《文選》
注에 "《纘子》, 董無心曰:「無心, 鄙人也, 不識世情.」"이라 함.

【如何捨此去, 遙遙至南荊】'捨'는《陶靖節集》과《文選》에는 '舍'로 되어 있음. '南荊'
은 江陵을 가리킴. 晉나라 때 江陵을 南荊이라 불렀음. 그러나《文選》에는 '西荊'
이라 하였고, 李善 注에 "西荊州也. 時京師在東, 故謂荊州爲西也"라 함.

【叩枻新秋月, 臨流別友生】'叩枻'은《眞寶》注에 "叩, 音扣;枻, 以至反, 楫也"라 하
여 '枻'은 '이'(예:以至反)으로 읽도록 되어 있음. 그러나《陶靖節集》과《文選》에는
'叩栧'로 되어 있어 '栧'(예)의 글자를 대신 표기한 것임을 알 수 있음.《文選》注
에 "《楚辭》曰:「漁父鼓栧而去.」王逸曰:「叩船舷也.」"라 함. '臨流別友生'은 친구를
뜻함.《文選》注에 "《楚辭》曰:「臨流水而太息.」《毛詩》曰:「雖有兄弟, 不如友生.」"이

라 함.

【涼風起將夕, 夜景湛虛明】곧 저녁을 거쳐 밤이 된 광경을 묘사한 것.

【昭昭天宇闊, 晶晶川上平】'天宇'는 하늘, 宇宙, 大霄.《文選》注에 “《淮南子》曰:「甘瞑于大霄之宅, 覺視于昭昭之宇.」李顒〈離思篇〉曰:烈烈寒氣嚴, 寥寥天宇淸.」”이라 함. '晶'는 '효'로 읽으며 빛나고 깨끗한 모습.《眞寶》注에 “晶, 胡了反. 明也”라 하였고,《文選》注에도 “《說文》曰:「通白爲晶. 晶, 明也.」”라 함.

【懷役不遑寐, 中宵尙孤征】'懷役'은 노역할 일을 생각함. '不遑寐'는 편히 잠을 잘 여가가 없음.《文選》注에 “《毛詩》曰:「不遑假寐.」”라 함. '中宵'는 한밤중. '孤征'은 홀로 먼 길을 나섬.

【商歌非吾事, 依依在耦耕】'商歌'는 商頌의 노래.《眞寶》注에 “曾子居衛, 三日不擧火, 十年不製衣, 捉衿而肘見, 納履而踵決, 曳踵而歌商頌, 聲滿天地, 若出金石. 見《莊子》”라 하여《莊子》讓王篇에 실려 있는 曾子의 故事, 즉 “曾子居衛, 縕袍无表, 顏色腫噲, 手足胼胝. 三日不擧火, 十年不製衣, 正冠而纓絶, 捉衿而肘見, 納履而踵決. 曳縰而歌〈商頌〉, 聲滿天地, 若出金石. 天子不得臣, 諸侯不得友. 故養志者忘形, 養形者忘利, 致道者忘心矣.”를 들고 있으나, 흔히 寧戚이 자신을 추천하여 벼슬 길에 오르고자 했던 노래로 보기도 함.《呂氏春秋》擧難과《淮南子》道應訓,《說苑》등에 실려 있는 고사로 春秋시대 寧戚이 소를 끌며 스스로를 齊 桓公에게 다가가 노래를 한 일을 가리킴. 寧戚은 '甯戚', '甯戚' 등으로도 표기되며 소몰이를 하다가 桓公에게 발탁되어 齊나라를 도운 대부.《淮南子》에 “甯戚商歌車下, 而桓公慨然而悟. 許愼曰:「甯戚, 衛人, 聞齊桓公興霸, 無因自達, 將車自往. 商, 秋聲也.」”라 함. '非吾事' 역시《眞寶》注에 “《莊子》:子夏商歌, 聲若金石”이라 하였으나,《莊子》에 子夏의 이 고사는 없음. 따라서 여기서는 도연명이 벼슬을 구하려 애쓰는 일 따위는 자신과는 먼 것임을 강하게 토로한 것. '耦耕'은 소 대신 사람이 앞에서 쟁기를 끌며 밭을 가는 노동.《論語》微子篇에 “長沮, 桀溺耦而耕, 孔子過之, 使子路問津焉. 長沮曰:「夫執輿者爲誰?」子路曰:「爲孔丘.」曰:「是魯孔丘與?」曰:「是也.」曰:「是知津矣.」問於桀溺. 桀溺曰:「子爲誰?」曰:「爲仲由.」曰:「是魯孔丘之徒與?」對曰:「然.」曰:「滔滔者天下皆是也, 而誰以易之? 且而與其從辟人之士也, 豈若從辟世之士哉?」耰而不輟. 子路行以告. 夫子憮然曰:「鳥獸不可與同群, 吾非斯人之徒與而誰與? 天下有道, 丘不與易也.」”라 함.《眞寶》注에 “《語》:長沮桀溺, 耦而耕”이라 함.

【投冠旋舊墟, 不爲好爵縈】'投冠'은 모자를 벗어 던져버림. 관직을 포기함을 뜻함.

'舊墟'의 '墟'는《眞寶》注에 "音區"라 하여 '구'로 읽도록 되어 있음. 원래 행정 단
위의 마을을 뜻함. '好爵'은 훌륭한 작위.《周易》中孚 九二 爻辭에 "我有好爵, 吾
與爾靡之"라 함. '縶'은 '얽히다(縻), 매이다(羈)'의 뜻.

【養眞衡茅下, 庶以善自名】'養眞'은 자신의 진실한 자연 본성을 수양함.《莊子》漁
父篇에 "眞者, 所以受於天也, 自然不可易也. 故聖人法天貴眞, 不拘於俗. 愚者反
此, 不能法天而恤於人, 不知貴眞, 祿祿而受變於俗"이라 함. '衡茅'는《眞寶》注에
"衡茅, 衡門茅屋, 貧士之居也"라 함. '自名'은 스스로 명예롭게 여기는 일. 자신의
명분에 맞음을 말함. '名'은 令과 같으며 令은 '아름답다'의 뜻.《文選》注에 "趙子
建〈辭問〉曰: 君子隱居以養眞也. 衡門, 茅茨也. 范曄《後漢書》: 馬援曰:「吾從弟少遊
曰: 士生一時, 鄕里稱善人, 斯可矣.」鄭玄《禮記》注: 名, 令聞也"라 함.《眞寶》注에
"亦自述其歸休之趣, 惟不貪營利, 自養天眞, 斯善士也"라 함.

참고 및 관련 자료

1. 陶淵明. 陶潛, 陶彭澤令, 元亮, 陶靖節, 陶徵士, 五柳先生. 032 참조.

2.《陶靖節集》(3)과《文選》(26)에 실려 있으며 두 곳 모두 제목이〈辛丑歲七月赴
假還江陵夜行塗口〉으로 되어 있음. '辛丑'은 晉 安帝 隆安 5년(401)년 도연명 37세
에 해당하며, '赴假'는 휴가를 얻어 집으로 돌아왔다가 다시 직장으로 부임함을
말함. '江陵'은 晉나라 때 荊州의 鎭地. 지금의 湖北省 江陵市. 당시 陶淵明은 江陵
에 근무하다가 휴가를 얻어 고향을 다녀갔음. '途中'은 '塗口'의 오기이며 塗口는
지명으로《輿地紀勝》(66) 鄂州 塗口의 注에 "在江夏南, 水路五十里, 一名金口, 陶
潛有塗口詩"라 함.《文選》注에도 "沈約《宋書》曰:「潛自以曾祖晉世宰輔, 不復屈身
後代, 自高祖王業漸隆, 不復肯仕. 所著文章, 皆題年月. 義熙已前, 則書晉氏年號; 自
永初已來, 唯云甲子而已.」《江圖》曰: 自沙陽縣下流一百一十里, 至赤圻, 赤圻二十里,
至塗口也.」라 함. 따라서 제목의 뜻은 "신축년 7월 휴가를 얻어 강릉으로 돌아오
던 길에 도구를 지나면서"임. 그 외에《文章正宗》(22河),《古詩紀》(44),《古今詩刪》
(7),《古詩鏡》(10),《石倉歷代詩選》(4),《詩林廣記》(1) 등에 실려 있음.

3. 韻脚은 '冥, 情, 荊, 生, 明, 平, 征, 耕, 縶, 名'.

4. 이 시는 辛丑년(401) 도연명이 潯陽에서 江陵으로 부임하면서 쓴 것으로 당시
37세였음.

086. <飮酒> ················· 陶淵明(陶潛)

음주

*《眞寶》注에 "傷風俗澆浮, 吾道晦蝕, 不若痛飮, 自陶其天眞"이라 함.
*<飮酒>:이 시는 <飮酒詩> 20수 중 마지막 수임.

복희씨伏羲氏, 신농씨神農氏는 나와는 먼 옛날,
온 세상 진실을 되찾는 자 적어졌구나.
급급했던 노魯나라 늙은이 공자가,
그나마 임시로 세상을 순박하게 하였어라.
봉황새 비록 찾아오진 않았으나,
예악은 잠시 동안 새롭게 정리됐네.
수수洙水와 사수泗水에 미언微言의 메아리 끊어지고,
표류 끝에 결국 미친 진시황秦始皇에 이르렀네.
《시詩》와 《서書》가 다시 무슨 죄가 있다고,
하루아침 모두가 잿더미가 되었는가?
여러 경로를 거쳐 여러 노인들이 나서서,
경전을 전수하기에 은근히 성심誠心을 다하였네.
어쩌다가 세상이 이렇게 끊어져서,
육경六經을 가까이 하는 자가 또다시 없어진 건가?
하루 종일 수레 몰아 달려가면서,
나루터 묻는 자도 볼 수가 없네.
만약 다시 실컷 마시지 않는다면,
머리 위의 두건은 헛 쓰고 있는 게지.
다만 한스럽긴 그릇된 말 너무 많으니,
그대는 의당 취한 사람 용서하게나.

義農去我久, 擧世少復眞.
汲汲魯中叟, 彌縫使其淳.
鳳鳥雖不至, 禮樂暫得新.
洙泗輟微響, 漂流逮狂秦.
詩書復何罪, 一朝成灰塵?
區區諸老翁, 爲事誠慇懃.
如何絶世下, 六籍無一親?
終日馳車走, 不見所問津.
若復不快飮, 空負頭上巾.
但恨多謬誤, 君當恕醉人.

【義農去我久, 擧世少復眞】'義農'은 고대 太昊 伏羲氏(宓羲, 伏犧, 庖犧)와 炎帝 神
農氏(烈山氏) 시대. 태평시대를 뜻함. 《眞寶》注에 "伏羲, 神農, 古之帝王"이라 함.
《帝王世紀》 및 《三皇紀》 등을 참조할 것. '擧世少復眞'은 《眞寶》注에 "復還本然
眞性, 猶言明善復初也"라 함.

【汲汲魯中叟, 彌縫使其淳】'魯中叟'는 魯나라에 살던 늙은이. 孔子(孔丘, 仲尼)를 가
리킴. 《眞寶》注에 "孔子"라 함. '彌縫'은 임시로 얽어 꿰맴. 《左傳》僖公 26년에 "彌
縫其闕"이라 하였으며, 《史記》孔子世家에 "孔子不仕, 退而修詩書禮樂, 弟子彌衆,
至自遠方, 莫不受業焉"이라 함. 《眞寶》注에 "《左》: 「彌縫其失.」 猶言補合也"라 함.

【鳳鳥雖不至, 禮樂暫得新】'鳳鳥'는 《眞寶》注에 "《語》: 「鳳鳥不至, 吾已矣夫!」"라
함. 《論語》子罕篇에 "子曰: 「鳳鳥不至, 河不出圖, 吾已矣夫!」"라 함. 張南軒(張栻)
은 "鳳至圖出, 蓋治世之徵也. 聖人嘆明王之不興而道之終不行耳"라 함. '暫'은 暫
의 異體字. 《史記》孔子世家에 의하면 원래 詩書禮樂은 殘缺되었으나 공자가
이를 얻어 정리함으로써 "孔子之時, 周室微而禮樂廢, 詩書缺. 追迹三代之禮, 序
書傳, 上紀唐虞之際, 下至秦繆, 編次其事. 樂正, 雅頌各得其所, ……禮樂自此可得
而述"이라 함. 《眞寶》注에 "六句言孔子修六經, 而羲農之道以明"이라 함.

【洙泗輟微響, 漂流逮狂秦】'洙泗'는 지금의 山東 中部(고대 魯나라 曲阜) 지역을 흐
르는 洙水와 泗水. 《禮記》檀弓(上)에 曾子의 말을 기록하여 "吾與女, 事夫子於洙
泗之間"이라 하였으며, 《漢書》藝文志 序에 "昔仲尼沒而微言絶, 七十子喪而大義

乖"라 하였음.《眞寶》注에 "泗, 音四. ○二水名, 孔子居二水間"이라 함. 洙水는 泰
山에서 발원하여 泗水로 흘러드는 물.《史記》注에 "泗水源在兗州泗水縣東陪尾
山, 其源有四, 因以爲名"이라 함. '狂秦'은 秦나라가 六國統一을 한 뒤 포악한 법
치를 써서 천하가 더욱 혼란스러워졌음을 말함.

【詩書亦何罪, 一朝成灰塵】秦始皇의 焚書를 말함.《史記》秦始皇本紀 34년에 "始
皇下其議. 丞相李斯曰:「五帝不相復, 三代不相襲, 各以治, 非其相反, 時變異也. 今
陛下創大業, 建萬世之功, 固非愚儒所知. 且越言乃三代之事, 何足法也? 異時諸侯
並爭, 厚招游學. 今天下已定, 法令出一, 百姓當家則力農工, 士則學習法令辟禁. 今
諸生不師今而學古, 以非當世, 惑亂黔首. 丞相臣斯昧死言:古者天下散亂, 莫之能
一, 是以諸侯並作, 語皆道古以害今, 飾虛言以亂實, 人善其所私學, 以非上之所建立.
今皇帝并有天下, 別黑白而定一尊. 私學而相與非法敎, 人聞令下, 則各以其學議之,
入則心非, 出則巷議, 夸主以爲名, 異取以爲高, 率群下以造謗. 如此弗禁, 則主勢降
乎上, 黨與成乎下. 禁之便. 臣請史官非秦記皆燒之. 非博士官所職, 天下敢有藏詩,
書, 百家語者, 悉詣守, 尉雜燒之. 有敢偶語詩書者棄市. 以古非今者族. 吏見知不擧
者與同罪. 令下三十日不燒, 黥爲城旦. 所不去者, 醫藥卜筮種樹之書. 若欲有學法令,
以吏爲師.」制曰:「可.」라 함.《眞寶》注에 "四句, 言秦皇焚六經, 而孔子之道以晦"
라 함.

【區區諸老翁, 爲事誠慇懃】'區區'는 '여러 과정을 거쳐서'의 뜻. '諸老翁'은《眞寶》
注에 "指漢伏生之徒"라 함. 漢나라가 들어서서 經典 復元과 整理에 힘쓴 학자들.
이를테면《詩》의 申培公, 轅固生, 韓嬰과《書》의 伏生 등.《史記》儒林列傳에 자
세히 나와 있음. '爲事'는 孔子의 儒道를 되살리는 작업. '誠'은 副詞. '慇懃'은 '殷
勤'으로도 표기하며 '은근히 속으로 열심을 다함'을 뜻하는 疊韻連綿語.

【如何絶世下, 六籍無一親】'六籍'은 六經. 魏晉시대 이후로 학자들은 玄學에 빠져
禮敎를 무시하며 儒家의 經典을 친하게 여기지 않았다는 뜻.《晉紀》總論에 "學
者以老莊爲師, 而黜六經"이라 함.

【終日馳車走, 不見所問津】'問津'은 나루를 물음. 여기서는 학문의 길을 묻는 것을
말함.《眞寶》注에 "問津, 言指導也. 出《論語》"라 함.《論語》微子篇에 "長沮, 桀溺
耦而耕, 孔子過之, 使子路問津焉. 長沮曰:「夫執輿者爲誰?」子路曰:「爲孔丘.」曰:
「是魯孔丘與?」曰:「是也.」曰:「是知津矣.」問於桀溺. 桀溺曰:「子爲誰?」曰:「爲仲
由.」曰:「是魯孔丘之徒與?」對曰:「然.」曰:「滔滔者天下皆是也, 而誰以易之? 且而
與其從辟人之士也, 豈若從辟世之士哉?」耰而不輟. 子路行以告. 夫子憮然曰:「鳥

獸不可與同群, 吾非斯人之徒與而誰與? 天下有道, 丘不與易也.」라 함. 《眞寶》注
에는 "六句, 言世儒訓詁之陋, 而嘆聖人之不生也"라 함.

【若復不快飲, 空負頭上巾】 '空負頭上巾'은 한갓 머리에 쓴 葛巾에 위배됨. 陶淵明
은 늘 갈건을 벗어 술을 걸러 마셨음. 《宋書》隱逸傳(陶潛) 등에 "値其釀熟, 取頭
上葛巾漉酒, 畢, 還復著之"라 함.

【但恨多謬誤, 君當恕醉人】 '謬誤'는 《眞寶》注에 "謬, 廉幼反; 誤, 音悟"라 함. 이상
네 구절에 대해 《眞寶》注에는 "四句, 言麴蘖昏迷之託, 而嘆俗人之不知也"라 함.

참고 및 관련 자료

1. 陶淵明. 陶潛, 陶彭澤令, 元亮, 陶靖節, 陶徵士, 五柳先生. 032 참조.

2. 이 시는 《陶靖節集》(3), 《文選補遺》(36), 《古詩紀》(45), 《古詩鏡》(10), 《漢魏六朝
百三家集》(62), 《文獻通考》(230), 《困學紀聞》(18), 《事文類聚》(14), 《風雅翼》(5) 등에
실려 있음.

3. 韻脚은 '眞, 淳, 新, 秦, 塵, 勤, 親, 津, 巾, 人'.

4. 이 〈飲酒〉시 20편은 작품 시기는 대체로 晉 安帝 義熙 12, 13년경으로 보고
있음.

087. 〈歸田園居〉 ·················· 陶淵明(陶潛)

전원으로 돌아와 살며

*〈歸田園居〉:《陶靖節集》에는 〈歸園田居〉로 되어 있으며, 〈歸園田居〉 5수 중 첫째 수임.

젊어서는 세속의 운치에 맞는 것이 없었고,
천성은 본래 자연에 대한 사랑뿐이었네.
어쩌다 그만 세상의 티끌 그물 속으로 떨어져,
이렇게 단번에 30년이 흘렀네.
새장에 묶인 새 옛 숲을 그리워하고,
연못의 물고기 옛 놀던 못 그리워하는 법.
저 남쪽 끝자락 황무지를 개간하여,
졸렬함이나 지키고자 전원으로 돌아왔네.
네모 집 둘러 열 뙈기 남짓한 농지에,
초옥은 그저 여덟 아홉 칸.
느릅나무 버드나무는 뒤 처마에 그늘을 이루고,
복사꽃 오얏꽃은 집 앞에 늘어섰네.
가물가물 멀리 사람 사는 촌락,
모락모락 터 잡은 마을 저녁연기.
개는 깊은 골목에서 컹컹 짖고,
닭은 뽕나무 언덕 위에서 우는구나.
뜰에는 먼지도 잡풀도 없이 했으니,
내 마음엔 여유와 한가로움이 넘쳐나네.
오랫동안 새장에 갇혀 있던 새,
다시 자연으로 돌아옴을 얻은 모습.

少無適俗韻, 性本愛丘山.
誤落塵網中, 一去三十年.
羈鳥戀舊林, 池魚思故淵.
開荒南野際, 守拙歸田園.
方宅十餘畝, 草屋八九間.
楡柳廕後簷, 桃李羅堂前.
曖曖遠人村, 依依墟里煙.
狗吠深巷中, 雞鳴桑樹顚.
戶庭無塵雜, 虛室有餘閑.
久在樊籠裏, 復得反自然.

【少無適俗韻, 性本愛丘山】‘俗韻’은 세속적인 운치. 취향, 관심. 세상 名利에 대한 욕구.

【誤落塵網中, 一去三十年】‘塵網’은 티끌 세계의 그물. 벼슬 세계의 경쟁과 속됨을 말함. ‘三十年’은 吳仁傑의 《靖節先生年譜》에는 “十三年”이어야 한다고 하였음. 도연명은 晉 孝武帝 太元 18년(393)에 江州祭酒라는 벼슬을 시작으로 晉 安帝 義熙 원년(405) 彭澤令을 사직하기까지 12년이었으며, 이 시는 그로부터 2년 뒤에 지어진 것이므로 모두 13년이 된다고 하였음.

【羈鳥戀舊林, 池魚思故淵】‘羈鳥’는 새장 안에 갇힌 새. 《眞寶》注에 “羈, 音基”라 함.

【開荒南野際, 守拙歸田園】《陶靖節集》에는 ‘園田’이 田園으로 되어 있음.

【方宅十餘畝, 草屋八九間】농토와 집이 적고 소박하였음을 말함.

【楡柳廕後簷, 桃李羅堂前】‘廕’은 그늘. 《陶靖節集》에는 蔭으로 되어 있음.

【曖曖遠人村, 依依墟里煙】‘依依’는 가물가물함. ‘墟里’는 터를 잡고 사는 이웃집들. 농촌 동네. 墟曲과 같음. 그러나 ‘墟’는 ‘구’로도 읽으며, 원래는 마을의 단위를 뜻함.

【狗吠深巷中, 雞鳴桑樹顚】‘深巷’은 깊은 골목. ‘顚’은 작은 언덕.

【戶庭無塵雜, 虛室有餘閑】‘室’은 마음을 뜻함. 《莊子》 人間世 “虛室生白”의 司馬彪 注에 “室, 比喩心, 心能空虛, 則純白獨生也”라 함.

【久在樊籠裏, 復得反自然】《陶靖節集》에는 ‘反’이 返으로 되어 있음. 되돌아옴.

1. 陶淵明. 陶潛, 陶彭澤令, 元亮, 陶靖節, 陶徵士, 五柳先生. 032 참조.

2. 이 시는 《陶靖節集》(2), 《文選補遺》(36), 《古詩紀》(45), 《古今詩刪》(7), 《古詩鏡》(10), 《漢魏六朝百三家集》(62), 《風雅翼》(5), 《文章正宗》(22下), 《太平御覽》(181), 《事文類聚》(續集6), 《淵鑑類函》(290) 등에 실려 있음.

3. 韻脚은 '山, 年, 淵, 園, 間, 前, 煙, 顚, 閑, 然'.

4. 〈歸園田居〉 5수는 가장 널리 알려진 작품 중의 하나이며, 晉 安帝 義熙 2년 (406), 도연명 42세 때 쓴 것임.

088. 〈夏日李公見訪〉 ·················· 杜子美(杜甫)
여름날 이공의 방문을 받고

*《眞寶》注에 "李炎爲太子家令, 一本云〈李家令見訪〉"이라 함.
*〈夏日李公見訪〉: '李公'은 李炎. 李炎은 唐나라 宗室 蔡王 李房의 아들로서 肅宗
　이 太子였을 때 그의 太子家令을 지냈었음. 그 때문에 다른 판본에는 제목이
　〈李家令見訪〉으로 되어 있음. '見'은 被動法 문장을 조성함. 《杜工部集》의 自注
　에는 "李時爲太子家令"이라 하였고, 鶴曰:按《宗室世系表》:李公當是李炎"이라 함.
　한편 〈集注〉에는 "李公指李炎, 有作李白者非. 此詩天寶十四年作. 炎, 宗室蔡王
　房之子, 是爲太子家令"이라 함. 여기서 '太子'는 肅宗(李亨)이 즉위하기 전 太子였
　을 때를 말함.

먼 숲에 더운 기운 엷어지자,
공자께서 나를 찾아 놀러 오셨네.
가난한 삶이라 집은 촌마을 흙둔덕과 같고,
외지기는 성 남루南樓에 가까이 있다네.
이웃집들은 자못 순박해서,
원하는 것이라면 역시 얻기가 쉽다네.
담을 사이에 두고 서쪽 집에 묻기를,
"혹시 술 있소?"라고 물었네,
담장 너머로 막걸리를 넘겨주기에,
자리를 펴고 길게 흘러가는 물을 굽어보네.
맑은 바람이 좌우에서 불어오니,
객은 속으로 이미 가을이 되었나 하고 놀라네.
나무 새둥지에는 많은 새들이 다투고,
잎 빽빽한 곳에서는 매미 울음소리가 잦네.

이런 물건들 괴롭도록 시끄러우니,
누가 내 초막이 조용하다 하리오?
연꽃은 저녁이 되어 빛이 조용하니,
머물러 있게 하기에 족하도다.
술통 비면 어쩌나 미리 걱정이 되어,
다시 일어나 모책을 세운다네.

遠林暑氣薄, 公子過我遊.
貧居類村塢, 僻近城南樓.
傍舍頗淳朴, 所願亦易求.
隔屋問西家, 借問有酒不?
牆頭過濁醪, 展席俯長流.
清風左右至, 客意已驚秋.
巢多衆鳥鬪, 葉密鳴蟬稠.
苦遭此物眊, 孰謂吾廬幽?
水花晚色靜, 庶足充淹留.
預恐樽中盡, 更起爲君謀.

【遠林暑氣薄, 公子過我遊】'遠林'은 멀리 떨어진 숲. 市街로부터 떨어져 있는 숲. '公子'는 李炎을 가리킴. 그 역시 蔡王(李瑀)의 아들이어서 이렇게 부른 것. '過'는 '방문하다'의 뜻.

【貧居類村塢, 僻近城南樓】'塢'는 마을에 있는 도둑을 막기 위하여 흙으로 쌓아놓은 언덕. 《眞寶》注에 "塢, 烏去"라 함. '陽'와 같으며, 《字彙》에 "陽, 安古切. 山阿也, 曡壁也"라 함. '僻'은 외짐, 편벽함. 두보 자신의 집 위치는 외진 곳으로, 성의 남쪽 누각에 가까이 있음.

【傍舍頗淳朴, 所願亦易求】'傍舍'는 이웃집들. '頗'는 副詞로 '자못, 매우' 등의 뜻.

【隔屋問西家, 借問有酒不】'隔屋'은 담이나 울타리를 사이에 두고 있는 이웃집. 杜甫의 〈客至〉에 "隔籬呼取盡餘盃"의 '隔籬'와 같음. 서쪽 이웃집에 물어봄. '借問'는

'빌어 묻건대'. 짐짓 물어봄. 대답을 강하게 요구하거나 긍정적인 답변을 강요하지 않으면서 물을 때 쓰는 말. '不'는 '否'와 같음. 앞의 術語에 與否를 함께 묻는 말. 《眞寶》注에 "音否, 未定之辭"라 함.

【牆頭過濁醪, 展席俯長流】'牆'은 墻과 같음. '牆頭'는 담장을 뜻함. '頭'는 接尾辭. '濁醪'는 탁주, 막걸리. '過濁醪'는 막걸리를 넘겨 보내주는 것. '展席俯長流'는 자리를 펴고 앉아 멀리 흘러가는 냇물을 내려다봄. '醪'는 《眞寶》注에 "音勞"라 함.

【淸風左右至, 客意已驚秋】'驚秋'는 벌써 가을이 되었나하고 놀람.

【巢多衆鳥鬪, 葉密鳴蟬稠】'蟬'은 매미. '稠'는 稠密함. 정신없이 쉬지 않고 울어댐.

【苦遭此物聒, 孰謂吾廬幽】'此物'은 다투는 새들과 시끄러운 매미소리. '聒'은 요란하고 귀에 시끄러움.《眞寶》注에 "聒, 音刮"이라 함.

【水花晩色靜, 庶足充淹留】'水花'는 연꽃. 注에 《眞寶》"蓮花, 一名爲水花"라 함. 崔豹《古今注》(6)에 "芙蓉一名荷華, 生池澤中, 實曰蓮, 花之最秀異者. 一名水芝, 一名水花"라 함. '晩色靜'은 저녁이 되어 그 빛깔이 고즈넉함. '庶足充淹留'의 '庶'는 '거의, 바람' 등을 함께 한 표현. '淹留'는 오랫동안 머묾.《楚辭》九辨에 "蹇淹留而無成"이라 함.

【預恐樽中盡, 更起爲君謀】'預'는 미리. '君謀'는 다시 일어나 그대를 위해 술을 구해올 계책을 세움.《眞寶》注에 "荷花淸潔, 猶淸人之神思, 只恐樂有餘而盃不足, 故云云"이라 함.

> **참고 및 관련 자료**

1. 杜子美: 杜甫, 杜少陵, 杜工部. 042 참조.

2. 이 시는 《杜少陵集》(3)에 실려 있으며 天寶 14년(755)의 作임. 그 외에 《九家集註杜詩》(2), 《補註杜詩》(2), 《杜詩詳註》(3), 《集千家注杜工部詩集》(2), 《全唐詩》(216), 《唐詩品彙》(8), 《古詩鏡》(21), 《唐詩》(5), 《全唐詩錄》(24), 《石倉歷代詩選》(45) 등에 실려 있음.

4. 韻脚은 '遊, 樓, 求, 不, 流, 秋, 稠, 幽, 留, 謀'.

5. 《杜詩諺解》初刊本(22)

먼 수프레 더윗 氣運이 열우니

公子ㅣ 내게 디나와 노놋다

가난ᄒᆞ 사논 짜히 村ㅅ 두듥 ᄀᆞᄐᆞ니

幽僻호미 城南樓에 갓갑도다

겨틧 지비 주모 淳朴ᄒ니 ᄒ
고져 ᄒᄂᆫ 바ᄅᆯ ᄯᅩ 수이 求ᄒ리로다
지블 즈음처 西셔녁 지블 블러
술 잇ᄂᆞ녀 업스녀 무ᄅᆞ니
담 우ᄒ로 흐린 수를 남가 놀듯
펴고 긴 흐르ᄂᆞᆫ 므를 구버 안조라
ᄆᆞᆰᄀᆞᆫ ᄇᆞᄅᆞ미 左右로 오니
나그내 ᄠᅳ데 ᄒ마 ᄀ슬힌가 놀라노라
기시 하니 묈 새 사호고
니피 칙칙ᄒ니 우ᄂᆞᆫ 미야미 하도다
심히 이 거싀 수수워료ᄆᆞᆯ 맛나니
뉘 닐오ᄃᆡ 내 지블 幽深타 ᄒ리오
므렛 고지 나죗 비치 寂靜ᄒ니
거싀 ᄆᆞᆺ히 손 머믈우믈 이 거스로 치오리로다
미리 樽ㅅ 가온딧 거시 업슬가 저허
다시 니러 그듸 爲ᄒ야 쇠ᄒ노라

089. <贈衛八處士> ·················· 杜子美(杜甫)

위팔처사에게

*<衛八處士>: ‘衛八’은 衛賓을 가리키며 ‘八’은 그 집안의 排行에 의해 서로 부르던
唐나라 때 호칭 방법. ‘處士’는 재덕을 갖추었으나 벼슬길에 나서지 아니하고 은
거하며 학덕을 쌓은 자를 높여 부르던 칭호.《唐史拾遺》에 의하면 杜甫는 李白,
高適, 衛賓 등과 가까웠으며 그 중 衛賓이 가장 어렸다 함. 이 시는 杜甫가 肅宗
乾元 2년(759) 봄 洛陽으로 돌아와 房琯을 위해 상소를 올렸다가 미움을 사서,
左拾遺에서 華州司功參軍으로 좌천되어 華州로 가는 길에 20여 년 만에 친구
衛賓을 만나 그 감회를 아주 逼切하게 읊은 것임. 혹 天寶 9년(750) 東都 洛陽에
서 長安으로 돌아올 때 지은 것이라고도 함.

사람 살아가면서 서로 만나지 못함이,
헤어지고 나서는 마치 삼성參星과 상성商星 같구려.
오늘 저녁은 다시 어떤 저녁인고?
이렇게 등불을 함께 하고 있다니.
젊고 건장할 때가 그 얼마나 되리오?
빈발鬢髮이 각기 이미 푸른빛이 되었구려!
친구들 찾아보면 반은 이미 죽어 귀신이 되어 있어,
놀라 소리 지르니 애간장이 뜨겁다오.
어찌 알았으리, 20년 세월 흘러,
다시금 이렇게 그대 집에 오를 수 있을 줄을?
옛날 헤어질 때 그대는 장가도 들지 않았었는데.
지금 아들딸이 홀연히 이렇게 줄을 설 정도라니.
즐거운 모습으로 나를 아비 대접하듯 하며,
어디서 오신 분이냐고 나에게 묻는구려.

서로 사정을 묻는 인사 미처 끝나지도 않았는데,

아들딸들이 술상 차려 늘어놓네.

밤비 머금은 봄 부추를 잘라 오고,

좁쌀 섞인 밥을 새롭게 지어 내오셨구려.

주인 된 그대는 만나기 어렵다 말하면서,

연거푸 열 잔을 들어 들이켜네.

열 잔에도 역시 취기가 오르지 않는 것은,

그대가 이토록 옛정을 길이 간직하고 있음이 고맙기 때문.

내일 다시 산악山嶽을 사이에 두고 헤어지고 나면,

세상일로 그대 다시 만날 수 있을지 둘 모두 망망하긴 마찬가지.

人生不相見, 動如參與商.

今夕復何夕? 共此燈燭光.

少壯能幾時? 鬢髮各已蒼!

訪舊半爲鬼, 驚呼熱中腸.

焉知二十載, 重上君子堂?

昔別君未婚, 兒女忽成行.

怡然敬父執, 問我來何方.

問答乃未已, 兒女羅酒漿.

夜雨剪春韭, 新炊間黃粱.

主稱會面難, 一擧累十觴.

十觴亦不醉, 感子故意長.

明日隔山岳, 世事兩茫茫.

【人生不相見, 動如參與商】'人生'은 사람이 태어나서 살아감. 사람으로서의 삶. '動
如參餘商'은 한 번 서로 움직이고 나면 參星과 商星처럼 멀리 있게 됨. '參'과 '商'
은 둘 모두 黃道 28수(宿)의 성수(星宿) 이름. 參星은 西方 白虎 7수(宿)의 하나이

며, 商星은 심수(心宿)에 속하는 東方 蒼龍 7수(宿)의 하나로 서로 180도 차이가 있어, 뜨고 질 때 동시에 나타나 보이는 경우가 없음. 《眞寶》注에 "《左傳》: 子産曰: 「昔高辛氏有二子, 伯曰閼伯, 季曰實沈. 居於曠林, 不相能也. 帝還閼伯于商, 主辰爲商星, 遷實沈於大夏, 主參爲晉星, 二星, 不相得, 各居一方.」 人之離別, 不得聚會者, 似之"라 함. 《左傳》昭公 元年에는 "子産曰: 「昔高辛氏有二子, 伯曰閼伯, 季曰實沈, 居于曠林, 不相能也, 日尋干戈, 以相征討. 后帝不臧, 遷閼伯于商丘, 主辰. 商人是因, 故辰爲商星. 遷實沈于大夏, 主參, 唐人是因, 以服事夏, 商. 其季世曰唐叔虞. 當武王邑姜方震大叔, 夢帝謂己: 『余命而子曰虞, 將與之唐, 屬諸參, 而蕃育其子孫.』 及生, 有文在其手曰虞, 遂以命之. 及成王滅唐, 而封大叔焉, 故參爲晉星. 由是觀之, 則實沈, 參神也.」"라 함.

【今夕復何夕? 共此燈燭光】 '共此燈燭光'은 만나 촛불을 함께 하고 있음.

【少壯能幾時? 鬢髮各已蒼】 '少壯能幾時'는 《眞寶》注에 "武帝〈秋風辭〉: 「少壯幾時兮奈老何?」"라 함. '鬢髮'은 수염과 머리카락. 이미 희푸른 색으로 변하여 늙음이 찾아왔음을 말함.

【訪舊半爲鬼, 驚呼熱中腸】 '舊'는 친구, 연고가 있던 옛 친구들. '中腸'은 속, 창자.

【焉知二十載, 重上君子堂】 《眞寶》注에 "王仲宣詩: 「高會君子堂.」"이라 하여 王粲(仲宣)의 〈公讌〉시 "高會君子堂, 並坐蔭華榱"를 싣고 있음.

【昔別君未婚, 兒女忽成行】 '成行'은 항렬을 이루었음. 줄을 설 정도로 많음. '行'은 '항'으로 읽음. 《眞寶》注에 "行, 音杭"이라 함.

【怡然敬父執, 問我來何方】 '怡然'은 유쾌하고 편안한 모습으로 대함. '父執'은 父親을 대하는 예로써 맞이함을 말함. 《眞寶》注에 "父執, 父友也, 出《禮記》"라 함. 《禮記》曲禮(上)에 "見父之執: 不謂進, 不敢進; 不謂之退, 不敢退"라 함.

【問答乃未已, 兒女羅酒漿】 '問答未及已'는 서로 안부를 묻기가 미처 끝나지 않음. '兒女羅酒漿'은 《唐詩三百首》에는 '驅兒羅酒漿'으로 되어 있음.

【夜雨剪春韭, 新炊間黃粱】 '韭'(구)는 부추. 《眞寶》注에 "韭, 音久"라 함. '新炊間黃粱'은 노란 색의 기장을 섞어 지은 밥을 말함. 가난한 집안이지만 가장 좋은 밥을 지어내었음을 뜻함.

【主稱會面難, 一擧累十觴】 '累十觴'은 연달아 열 잔을 마심. '觴'은 술잔. 《眞寶》注에 "音商"이라 함.

【十觴亦不醉, 感子故意長】 '故意'는 옛정.

【明日隔山岳, 世事兩茫茫】 '山岳'은 西嶽 華山을 가리킴. 두보가 洛陽으로부터 長

安으로 가는 길은 華山을 지나야 함. 華州는 華山의 서쪽에 있었음. '世事兩茫茫'
은 세상 일로 보아 두 사람 서로 망망함. 아득함. 아스라함. 다시 만날 기약을 알
수 없음.

참고 및 관련 자료

1. 杜子美:杜甫, 杜少陵, 杜工部. 042 참조.
2. 이 시는 《杜工部集》(1)에 실려 있음. 그 외에 《九家集註杜詩》(1), 《補註杜詩》(1),
《集千家注杜工部詩集》(1), 《杜詩詳註》(6), 《全唐詩》(216), 《全唐詩錄》(24), 《唐詩品
彙》(8), 《文苑英華》(230), 《文章正宗》(24), 《古詩鏡》(21), 《事文類聚》(別集 25) 등에 널
리 실려 있음.
3. 韻脚은 '商, 光, 蒼, 腸, 堂, 行, 方, 漿, 粱, 觴, 長 茫'.
5. 淸 朱鶴齡의 《杜詩箋注》에 "唐有隱逸衛大經居蒲州. 衛八亦稱處士. 或其族子.
蒲至華, 止一百四十里. 恐是乾元二年春, 在華州時至其家作"이라 함.
6. 《杜詩諺解》初刊本(19)
人生애 서르 보디 몯흔다 마다
參星과 다뭇 商星곧도다
오늜 나조흔 또 엇던 나조코
이 븘비츨 다뭇 호라
져무믄 能히 몃맛 삐니오
구믿터리 제여곰 흐마 희도다
녯 버들 무로니 半만 鬼ㅣ 드외도소니
놀라 블러 애를 데요라
스믈 힛 마내
다시 그듸 지븨 올올 고둘 어느 알리·오
녜 여흴 저긘 그듸 婚姻 아니ᄒ얫더니
오ᄂᆞᆯ 아들 ᄯᆞ리 忽然히 行列이 이럿도다
怡然히 아비 버들 恭敬ᄒ야
날 더브러 무로디 어느 ᄯᅡ호로셔 온다 ᄒᄂᆞ다
무러눌 對答 모초믈 밋디 몯 ᄒ야셔
아들 ᄯᅡ리 술와 漿水를 버리ᄂᆞ다
밠비예 보ᇝ 염규를 뷔오

새밥 지소매 누른 조홀 섯놋다
主人이 느출 相會호미 어려우니라 닐어
호번 드러슈메 열 잔을 굴포 머구라
열 잔애도 쏘 醉티 아니호믄
그듸이 녯 쁘디 기로믈 感動ㅎ얘니라
니싫 나래 山岳을 즈음처 가면
世事애 둘히 다 아슥라ㅎ리라

090. 〈石壕吏〉 .... 杜子美(杜甫)
석호의 관리

*〈石壕吏〉: 杜甫의 소위 '三吏'(〈新安吏〉, 〈石壕吏〉, 〈潼關吏〉), '三別'(〈新婚別〉, 〈垂老別〉, 〈無家別〉)의 대표적인 社會詩 중의 하나임. 《唐詩紀事》(18)에 "至德二年, 自賊中竄歸鳳翔, 拜左拾遺. 八月, 墨制放往鄜州迎家, 有〈北征〉詩. 明年乾元元年, 收京, 扈從還長安. 上疏論救房琯, 帝怒, 黜甫華州司功, 有〈新安吏〉, 〈石壕吏〉, 〈新婚別〉, 〈垂老別〉, 〈留花門〉, 〈洗兵馬〉詩"라 함. 石壕는 지금의 河南省 陝縣에 있던 石壕鎭 동북쪽. 《眞寶》注에 "澠地有二崤: 東土崤, 西石崤. 石崤卽石壕"라 함.

저물어 석호촌石壕村에 투숙했더니,
관리가 밤중에 사람을 잡으러 왔네.
늙은 할아버지는 담을 너머 달아나고,
늙은 그의 부인이 문 밖에 나가 보네.
관리의 호통은 어찌 한결같이 노한 모습이며,
할머니의 울음소리는 어찌 그리 괴로운 대답인가?
할머니가 나서서 말하는 말 이렇게 들려오네.
"세 아들은 업성鄴城 전투에 나갔다오.
맏이가 보낸 편지가 왔는데,
둘째가 새 전투에 죽었다 하더이다.
산 사람은 그래도 억지로라도 살아가기야 하겠지만,
죽은 사람은 영원히 그것으로 끝이라오.
집안에는 그 외 다른 사람은 없고,
있다면 젖 아래 매달려 있는 손자뿐이라오.
손자가 있어 그 어미는 갈 수가 없으며,
나들이할 온전한 치마조차 없다오.

늙은 할미 기력은 비록 쇠하였지만,

청컨대 나으리 따라 밤에라도 가겠소이다.

급한 하양河陽 전투에 나가게 되면,

그래도 아침밥 짓는 일은 해낼 수 있을 거요.”

밤이 깊어지자 말소리는 끊겼으나,

소리 죽여 흐느끼는 울음소리가 들리는 듯하네.

날이 새어 내 갈 길을 떠나려 할 때,

홀로 할아버지만 나와 작별하였네.

暮投石壕村, 有吏夜捉人.
老翁踰墻走, 老婦出門看.
吏呼一何怒, 婦啼一何苦?
聽婦前致詞:「三男鄴城戍.
一男附書至, 二男新戰死.
存者且偸生, 死者長已矣.
室中更無人, 所有乳下孫.
孫有母未去, 出入無完裙.
老嫗力雖衰, 請從吏夜歸,
應急河陽役, 猶得備晨炊.」
夜久語聲絶, 如聞泣幽咽.
天明登前途, 獨與老翁別.

【暮投石壕村, 有吏夜捉人】'投'는 投宿함. 잘 곳을 찾아 들어감.

【老翁踰墻走, 老婦出門看】'老翁踰墻走'는 늙은 노인은 밤을 넘어 달아남. '墻'은 牆과 같음. '出門看'은 일부 판본에는 '出看門'으로 되어 있음. 이는 押韻을 위한 것임. 《杜詩詳注》(7)에 "〈蘇潤公〉本作'出看門', 叶音民, 一作門看"이라 함.

【吏呼一何怒, 婦啼一何苦】'吏呼一何怒'는 "관리가 부르는 태도가 한결같이 어찌 이토록 노한 말씨인가?"의 뜻.

【聽婦前致詞: 三男鄴城戍】'聽'은 杜甫가 들은 것. '前致詞'는 부인이 앞으로 나서서 관리에게 설명하는 말. 그 아래부터 "猶得備晨炊"까지는 모두 부인의 말임. '三男鄴城戍'는 아들 셋 모두가 鄴城의 전투에 나가고 지금은 집에 壯丁이란 없음. '鄴城'은 지금의 河南 臨漳縣 서쪽에 있던 鄴縣. 三國시대 曹魏의 도읍이었음. 安祿山의 아들 安慶緒가 鄴城(相州)에서 官軍과 대치하다가 乾元 원년(758) 10월 內紛이 일어나 史思明에게 포위를 당하여 두 달 만에 풀려났으며, 그 때 官軍과의 전투에 세 아들이 참여한 것.《眞寶》注에 "鄴城, 魏都也, 後改爲相州"라 함.

【一男附書至, 二男新戰死】'一男附書至'는 첫째 아들이 편지를 보내왔음. 그로써 사정을 알 수 있음. '二男新戰死'는 둘째 아들은 새 전투에 전사함.

【存者且偸生, 死者長已矣】'存者且偸生'은 생존해서 살아남은 자는 그나마 삶을 훔친 듯이 구차하게 살아갈 것임.

【室中更無人, 所有乳下孫】'所有乳下孫'는 젖먹이의 어린 손자. 젖 아래를 떠나지 못하는 어린 손자. 다른 판본에는 "惟有乳下孫"으로 되어 있으며,《杜詩詳注》에 "《文粹》作「所」"라 하여《眞寶》는《唐文粹》의 문장을 따른 것임을 알 수 있음.

【孫有母未去, 出入無完裙】'孫有母未去'는 손자가 있어 그의 어미(할머니의 며느리)는 손자를 떼어놓고 軍役에 나갈 수 없음.《杜詩詳注》에는 "有孫母未去"으로 되어 있고, 注에 "陳浩然本作「孫有」"라 함. '出入無完裙'은 출입함에 온전한 치마도 없음. 나선다 해도 입고 나갈 옷도 없음을 말함.

【老嫗力雖衰, 請從吏夜歸】'老嫗'는 '할머니'. 애걸하고 있는 할머니 자신을 가리킴.

【應急河陽役, 猶得備晨炊】'應急河陽役'은 급한 河陽의 戰役(戰鬪)에 응할 수 있음. '河陽'은 지금의 河南 孟縣 남쪽에 있던 縣 이름. '役'은 戰役. 唐나라 관군의 장수 郭子儀의 군대가 史思明에게 相州에서 패하자, 都虞侯 張用濟의 계책으로 근처의 다른 성들은 비우고 河陽을 지켰으며, 이때는 乾元 2년(759)이었음. '猶'는 尙과 같음. '그나마, 그래도'의 뜻. '得'은 可能補助詞. 그나마 새벽밥 짓는 일에 비원(備員)은 될 수 있을 것임.《眞寶》注에 "時二節度, 屯兵於此以禦慶緒, 兵敗, 無丁可抽, 故老嫗請赴河陽之役, 以供炊而已"라 함.

【夜久語聲絶, 如聞泣幽咽】'咽'은 '열'로 읽음.《眞寶》注에 "烟入"(열)이라 함. 흐느껴 목이 메여 낮고 희미하게 욺. 며느리의 울음소리를 들은 것으로 해석함. 집안에는 며느리와 손자만 남아 있었던 것임.

【天明登前途, 獨與老翁別】'獨與老翁別'은 오직 늙은 할아버지와 작별인사를 함.《杜詩詳注》에 "末結老翁潛歸之狀, 婦隨吏訴官, 故其媳泣聲; 吏驅婦夜去, 故其夫

曉回. 前途別乃公與之別, 非婦與翁別夜"라 함.

1. 杜子美: 杜甫, 杜少陵, 杜工部. 042 참조.

2. 이 시는 《杜詩鏡銓》(5), 《杜少陵集》(2), 《九家集註杜詩》(3), 《補註杜詩》(3), 《集千家注杜工部詩集》(5), 《杜詩詳註》(7), 《全唐詩》(217), 《全唐詩錄》(24), 《唐文粹》(16下), 《唐宋詩醇》(10), 《唐詩品彙》(7), 《文章正宗》(22下), 《風雅翼》(12), 《事文類聚》(別集 22), 《詩話總龜》(19), 《竹莊詩話》(11) 등에 널리 실려 있음.

3. 韻脚은 '人, 看; 苦, 戌; 死, 矣; 孫, 裙; 歸, 炊; 咽, 別'.

4. 《杜詩詳注》

○陸時雍曰: "其事何長? 其言何簡? 吏呼二語, 便當數十言, 文章家所云「要會以去形而得情, 去情而得晨」故也."

○王嗣奭曰: "夜捉夜去, 何其急也? 此婦倉卒之際, 旣脫其夫, 仍免其身, 具此智謀膽畧, 眞可謂女中丈夫. 而公詩述之, 已洞知其意中曲折矣."

○按: "古者有兄弟, 始遣一人從軍. 今驅盡壯丁, 及於老弱. 詩云:「三男戌, 二男死, 孫有乳, 媳無裙, 翁踰墻, 婦夜往.」一家之中, 富者兄弟, 祖孫姑媳, 慘酷至此. 民不聊生極矣. 當時唐祚亦岌岌乎哉!"

5. 《杜詩諺解》重刊本(34)

나조히 石壕村애 가니
잇ᄂᆞᆫ 吏ㅣ 바ᄆᆡ 와 사ᄅᆞᄆᆞᆯ 잡더라
늘근 한아비ᄂᆞᆫ 다ᄆᆞᆯ 너머 ᄃᆞᆺ거늘
늘근 겨지비 門의 나 보더라
吏의 블로미 ᄒᆞᆫᄀᆞᆯ오ᄃᆡ ᄌᆞ모 怒ᄒᆞ야커늘
겨지비 우루미 ᄒᆞᆫᄀᆞᆯ오ᄃᆡ 자모 苦ᄅᆞ외도다
겨지의 나아가 말ᄉᆞᆷᄒᆞ몰 드로니
세 아ᄃᆞ리 鄴城에 가 防戌ᄒᆞ더니
ᄒᆞᆫ 아ᄃᆞ리 브촌 글워리 오니
두 아ᄃᆞ리 새려 사호다가 죽도다
사랫ᄂᆞ니도 ᄯᅩ 사ᄅᆞ쇼믈 일버어 잇고
주그 난 기리 말리로다
집안해 ᄯᅩ 사ᄅᆞ미 업고

오직 졋먹는 孫子 옷 잇ᄂ니
져믄 孫子ㅣ 이셔 어미 ᄇ리고 가디 몯ᄒ리오
ᄯᅩ 드나드로매 암믄 ᄀ외도 업스니라
늘근 할미 히미 비록 衰殘ᄒ나
請흔ᄃᆫ 吏ᄅᆯ 조차 바미 가
ᄲᆞᆯ리 河陽役事ᄅᆯ 對答ᄒ면
오히려 시러곰 새뱃밥 지일 ᄀ초ᄒ리라
바미 오라아 말ᄉᆞᆷ 고리 그츠니
우러 그으기셔 슈우워류믈 듯ᄂᆫ ᄃᆺ ᄒ더니
하ᄂ히 ᄇᆰ거늘 앏길ᄒ로 올아올 제
ᄒ오아 늘근 한아비와로 여희요라

091. 〈佳人〉 ················· 杜子美(杜甫)

가인

*〈佳人〉: 이 시는 肅宗 乾元 2년(759) 가을, 秦州에서 蜀으로 가는 길에 지은 것으로, 난리 통에 가족을 잃고 몰락한 어떤 美人의 심정을 대신 읊은 것이며, 한편 자신의 고고한 情緖를 비유하기도 한 것임.

세상에 더 이상 없을 아름다운 여인,
빈 골짜기 벽지에 파묻혀 살고 있네.
스스로 하는 말 : "자신은 양가의 딸이었으나,
이렇게 몰락하여 초목에 의지하여 살고 있다오.
지난날 관중關中이 함락되는 난리 통에,
오빠와 아우들은 모두 죽고 말았다오.
관직이 높은 게 무슨 이야깃거리가 되겠소.
골육도 제대로 거두어주지 못한 것을.
세상 물정이란 몰락한 집안은 싫어하는 법,
인간 만사란 바람 따라 휘둘리는 촛불을 따르듯 하는 것.
남편은 경박한 사내였다오.
새로 맞은 신첩은 옥 같은 미인.
합환초合歡草도 밤이면 함께 할 줄 알고,
원앙鴛鴦새도 밤이면 홀로 자지 못하건만,
다만 신첩의 웃음소리만 들릴 뿐,
어찌 옛 아내의 울음소리 들렸겠소!
물이란 산의 샘에 있을 때는 맑고 깨끗하지만,
산 샘을 벗어나면 탁해지는 것.
데리고 온 몸종이 구슬을 팔아 돌아오고,

나는 풀 넝쿨을 끌어다가 띠 집을 고친다오.
꽃을 꺾어도 머리에 꽂을 생각 없고,
잣을 따다보니 문득 손에 한 움큼.
날씨 찬데 푸른 소매는 얇고,
해지는 저녁이면 긴 대나무에 기대어 서 있기 일쑤라오."

絶代有佳人, 幽居在空谷.
自云良家子, 零落依草木.
關中昔喪敗, 兄弟遭殺戮.
官高何足論, 不得收骨肉.
世情惡衰歇, 萬事隨轉燭.
夫壻輕薄兒, 新人美如玉.
合昏尚知時, 鴛鴦不獨宿.
但見新人笑, 那聞舊人哭!
在山泉水清, 出山泉水濁.
侍婢賣珠廻, 牽蘿補茅屋.
摘花不插髮, 采栢動盈掬.
天寒翠袖薄, 日暮倚脩竹.

【絶代有佳人, 幽居在空谷】 '絶代佳人'은 아주 뛰어난 미인을 가리킴. 《漢書》外戚傳
(上) 李夫人傳에 "孝武李夫人, 本以倡進. 初, 夫人兄延年性知音, 善歌舞, 武帝愛
之. 每爲新聲變曲, 聞者莫不感動. 延年侍上起舞, 歌曰:「北方有佳人, 絶世而獨立,
一顧傾人城, 再顧傾人國. 寧不知傾城與傾國, 佳人難再得!」上歎息曰:「善! 世豈有
此人乎?」"이라 하였고, 注에 "絶世, 擧一世, 無比佳人也"라 함. '空谷'은 빈 골짜기.
사람이 적게 사는 외롭고 편벽하며 가난한 곳. 《詩》小雅 白駒篇에 "皎皎白駒,
在皮空谷"이라 함.
【自云良家子, 零落依草木】 '良家子'는 양가집 자녀. 출신이 좋았음을 말함. 《杜詩詳
註》에 "趙充國傳云:「郡良家子.」"라 함. '零落'은 신분이나 세도가 몰락하여 썰렁

해짐을 뜻하는 雙聲連綿語. '依草木'은 험한 자연 속에 버려져 힘들게 살아가고 있음.

【關中昔喪敗, 兄弟遭殺戮】'關中'은 函谷關으로부터 서쪽. 長安을 중심으로 한 漢 唐시대의 요충지. '喪亂'은 天寶 15年(756) 安祿山의 난으로 長安이 함락된 사건 을 말함. 다른 판본에는 '亂'자가 '敗'자로 되어 있으며 《杜詩詳注》에 "一作亂"이 라 함. '兄弟'는 여인의 오빠와 아우 및 가족들을 가리킴.

【官高何足論, 不得收骨肉】'高官'은 형제 중에 고관이 있을 정도로 세도가였음.

【世情惡衰歇, 萬事隨轉燭】'惡'는 '오'로 읽음. 세속 정서란 쇠퇴하여 별 볼일 없는 상태가 되고 나면 거들떠보지 않음. 여기서는 자신 친정이 망하자 남편과 시댁 가족이 자신을 버렸음을 말함. '歇'은 《字彙》에 "歇, 消散也"라 함. '萬事隨轉燭'은 모든 일이 바람을 따라 그 촛불 불꽃이 이리저리 흔들림을 따르듯 함.《杜詩詳 注》에 "庾肩吾詩:「聊持轉風燭, 暫映廣陵琴.」"이라 함.

【夫壻輕薄兒, 新人美如玉】'夫壻'는 자신의 남편. '壻'는 婿와 같음. 《字彙》에 "婿與 壻同, 思計切. 女之夫曰壻, 妻謂夫亦曰壻"라 함. 《杜詩詳注》에 "言以兄弟旣喪, 遂 爲夫所棄"라 함.

【合昏尙知時, 鴛鴦不獨宿】'合昏'은 꽃 이름. 合歡草라고도 하며, 아침에 피었다가 저녁이 되면 꽃잎이 닫힘. 흔히 남녀의 사랑을 상징하는 꽃으로 거론됨.《眞寶》 注에 《本草》:合歡, 卽夜合也. 一名合昏, 其葉至昏而卽合"이라 함. 《杜詩詳注》에 는 《風土記》:合昏, 槿也. 華晨舒而暮合"이라 하여 無窮花(槿花)라 하였음. '鴛鴦' 은 일명 匹鳥. '鴛鴦'은 조류의 이름을 표기한 雙聲連綿語. 合歡草에 상대하여 조류를 다시 한 번 비유한 것. 《眞寶》注에 "鴛鴦, 雌雄未嘗相離, 人謂之匹鳥. ○ 此佳人自怨之辭. 言物之有合有偶, 而人之不若也"라 함.

【但見新人笑, 那聞舊人哭】'新人'는 남편이 자신을 버리고 새로 맞이한 여인. '舊人' 은 佳人 자신. '那'는 '哪'와 같으며 疑問詞. '어찌 ‒하리오'의 뜻. 절묘한 대를 이루 고 있음.

【在山泉水淸, 出山泉水濁】《詩》小雅 四月에 "相彼泉水, 載淸載濁"이라 함. 《眞寶》 注에 "情因所習而遷移, 猶水因所遇而淸濁. 此亦佳人念夫之辭也"라 하였으나, 《杜 詩詳注》에는 "仇注:謂守正淸而改節濁也. 他說皆未當"이라 함.

【侍婢賣珠廻, 牽蘿補茅屋】'牽'은 '끌다'의 뜻. '蘿'는 새삼넝쿨, 혹은 댕댕이넝쿨 따 위. 이를 새끼줄 삼아 끌고 와서 집을 보수하고 묶음. 《楚辭》湘夫人에 "網薜荔兮 爲帷"라 함. 《眞寶》注에는 "見其自守之操"라 함.

【摘花不挿髮, 采栢動盈掬】'髮'이 다른 판본에는 모두 '鬢'으로 되어 있음. 《眞寶》 注에 "亦《詩》所謂「豈無膏沐, 誰適爲容」之意"라 함. '采栢動盈掬'은 잣을 따면 문 득 손 한 움큼에 가득 차게 됨. 《楚辭》 山鬼에 "山中人兮芳杜若, 飮石泉兮蔭松柏" 이라 함. 한편 邱燮友는 절개를 지키는 뜻(栢有堅貞的秉性, 采柏常滿把, 喩所懷堅貞, 始終不屈)으로 보았으나, 다른 해석본에는 배고픔을 해결(充我饑腹)하는 것으로 보아 견해가 다름. 《杜詩諺解》에는 '잣(나무)을 채취할 때마다 곧 주먹에 가득하 게 하다'로 되어 있음. '栢'은 다른 판본에는 모두 '柏'으로 되어 있음. 《杜詩詳注》 에는 "亦取其貞心不改"라 함.

【天寒翠袖薄, 日暮倚脩竹】'脩竹'은 길게 잘 자란 대나무. '脩'는 修와 같으며 '長'의 뜻. 晉 江逌의 〈竹賦〉에 "有嘉生之美竹, 挺純姿於自然"이라 하여 佳人에 대비시 킴 것임. 《眞寶》 注에 "天色已寒而翠袖尙薄, 喩時之亂離而君子在外也. 栢與竹, 歲 寒不改其操, 采栢倚竹, 則所思遠矣. 猶君子見逐於君, 操守不易, 所以爲忠臣貞婦" 라 함.

참고 및 관련 자료

1. 杜子美: 杜甫, 杜少陵, 杜工部. 042 참조.

2. 이 시는 《杜詩詳注》(7), 《杜少陵集》(7), 《九家集註杜詩》(5), 《補註杜詩》(5), 《集千 家注杜工部詩集》(5), 《全唐詩》(218), 《全唐詩錄》(25), 《古詩鏡》(22), 《唐詩品彙》(8), 《唐宋詩醇》(10) 등에 널리 실려 있음.

3. 韻脚은 '谷, 木, 戮, 肉, 燭, 玉, 宿, 哭, 濁, 屋, 掬, 竹'둘째 구 '自云'이하 끝까지 는 여인이 자신의 신세와 느낌을 말한 것으로 보고 있음.

4. 淸 仇兆鰲의 《杜詩詳註》에 "按天寶亂後, 當是實有其人, 故形容曲盡其情. 舊 謂托棄婦以比逐臣, 傷新進猖狂, 老成凋謝而作. 恐懸空撰意, 不能淋漓懇切如此. 楊億詩:『獨自憑闌干, 衣襟生暮寒.』本杜'天寒翠袖'句, 而低昂自見, 彼何以不服杜 耶?"라 함.

5. 杜詩詳注 沈碻士 評語
結處只用寫景, 不更着議論, 而淸潔貞正意, 自隱然言外, 詩格最超.

6. 《杜詩諺解》初刊本(8)
一代예 그츤 皃흔 사르미 잇느니
幽僻흔 사는 짜히 븬 묏고래 잇도다
제 닐오딕 良家앳 子息이라니

뻐러뎌 草木 서리예 브텃노라

關中이 녜 브스웰 제

오라비 殺戮을 맛나니라

벼슬 노포믄 엇뎨 足히 議論ᄒ리오

아ᄋ믈 收合호믈 得디 몯ᄒ니라

世間앳 ᄠ디 衰歇ᄒ 니를 아쳗고

萬事ㅣ 옴ᄂᆫ 燭ㅅ 브를 좃ᄂ니라

샤옹은 輕薄ᄒᆫ 男兒ㅣ니

새 겨지비 아롬다오미 玉 ᄀᆞᆮ도다

合昏 날 모도 오히려 ᄣᆡ를 알오

鴛鴦새도 ᄒ오ᅀᅡ 자디 아니 ᄒᄂ니라

오직 새 사ᄅᆞ미 우ᅀᅮ믈 보거니

엇뎨 녯 사ᄅᆞ미 우루믈 드르리오

뫼해 이셔ᄂᆞᆫ 싥므리 ᄆᆞᆰ더니

뫼해 나가ᄂᆞᆫ 싥므리 흐러놋다

더브렛ᄂᆞᆫ 겨집죵이 구스를 ᄑᆞ라 도라오나ᄂᆞᆯ

薜蘿를 ᄲᅴᅌᅥ다가 새 집 헌 ᄃᆡ를 깁노라

고ᄌᆞᆯ ᄣᅡ도 머리예 곳디 아니ᄒ고

잣남ᄀᆞᆯ 採取ᄒ다 마다 주메 ᄀᆞᄃᆞ기 ᄒ놋다

하ᄂᆞᆯ히 칩고 프른 ᄉᆞ매 열우니

ᄒᆡ 져믈어ᄂᆞᆯ 긴 대를 지여 셋도다

092. <送諸葛覺往隨州讀書> ················ 韓退之(韓愈)

수주로 공부하러 가는 제갈각을 전송하며

*<送諸葛覺往隨州讀書>:'諸葛覺'은 僧 澹師의 이름. 僧侶가 되었으나 還俗하여 儒家를 신봉함. 韓愈의 逸詩 <澹師鼾睡> 2수는 이 사람을 두고 지은 시라 함. 《昌黎文集》(7) 제목 아래 注에 "韓曰:諸葛覺或云即澹師, 後去僧爲儒. 公逸詩有 <澹師鼾睡>二首, 爲此人作. 孫曰:此詩所謂郾侯則言宰相李泌也. 泌字長源, 貞元中, 爲相封郾縣侯, 泌之子繁, 時刺隨州, 後以亳州刺史, 賜死京兆府"라 함. '隨州' 는 湖北 德安府. 당시 郾縣侯 李泌의 아들 李繁이 隨州刺史였으며, 諸葛覺이 李 繁을 따라 隨州로 공부하러 떠날 때 韓愈가 격려하여 지어준 것임.

업후郾侯의 집에는 책이 많아,

서가에는 3만 축의 두루마리 책이 꽂혀 있지.

하나하나 아첨牙籤이 달려 있으며,

새롭기가 마치 손도 대지 않은 것 같네.

그는 성격이 널리 보고 외워 기억하여,

한 번 눈을 거쳐 간 책은 다시 읽지 않아도 될 정도.

위대하도다, 많은 성인들의 글이,

그의 뱃속에 엄청나게 많이 들어 있다네.

나는 나이 50이 넘도록,

태수太守로 나간 것 세어보면 이미 여섯 번.

서울 장안에도 옛집이 있기는 하나,

오래 머물러 밥 먹고 자도록 허용되지 않은 채,

대각臺閣에는 이미 관원들이 많아,

거기에는 발 하나 붙일 곳도 없었다네.

나는 비록 조정에서 벼슬을 하고 있지만,

기운과 세력이 날로 줄어들어,

여러 번 승상에게 그를 추천하는 말을 했지만,

아무리 간절히 말해도 채택되지 않았네.

그를 산수滻水까지 나와 전송하면서,

동쪽으로 가는 그를 바라보며 눈을 떼지 못하였네.

지금 그대가 업후를 따라 그곳에 가게 되면,

학문은 원하는 대로 이룰 수 있을 걸세.

바다로 들어가 용과 물고기를 구경하듯,

날개 들어 황곡黃鵠을 쫓아가듯 해보게나.

힘써 새로운 시와 문장을 지어,

다달이 서너 폭씩 나에게 부쳐주게나.

鄞侯家多書, 架揷三萬軸.

一一懸牙籤, 新若手未觸.

爲人强記覽, 過眼不再讀.

偉哉羣聖書, 磊落載其腹.

行年逾五十, 出守數已六.

京邑有舊廬, 不容久食宿.

臺閣多官員, 無地寄一足.

我雖官在朝, 氣勢日局縮.

屢爲丞相言, 雖懇不見錄.

送行過滻水, 東望不轉目.

今子從之遊, 學問得所欲.

入海觀龍魚, 矯翮逐黃鵠.

勉爲新詩章, 月寄三四幅.

【鄞侯家多書, 架揷三萬軸】'鄞侯'는 宰相을 지낸 李泌을 가리킴. '鄞'은 地名으로

지금의 河南 臨漳. 李泌은 자는 長源, 貞元(786-804) 중에 宰相을 지냈으며 鄴侯에 봉해졌음. 《舊唐書》(130)와 《新唐書》(139)에 傳이 있음. '架'는 書架. 책을 꽂는 시렁. '軸'은 두루마리 형태의 문서들. 《眞寶》 注에 "軸, 音逐. ○唐宰相李泌, 封鄴侯, 其子繁, 刺隨州"라 함.

【一一懸牙籤, 新若手未觸】'牙籤'은 象牙로 만든 패. 책을 찾기 쉽도록 書名과 著者 이름들을 적은 標幟. 《眞寶》 注에 "籤, 七廉反"이라 함. 《昌黎集》 注에 "韓曰: 《唐經籍志》甲乙丙丁四部書, 各爲一庫. 御書經庫. 紅牙籤; 史書庫, 綠牙籤; 子庫, 碧牙籤; 集庫白牙籤, 以別之"라 하였으며 《新唐書》 藝文志에 "玄宗兩都各聚書, 四部以甲乙丙丁爲次例, 經史子集四庫, 其本有正有副, 軸帶帙籤皆異色以別之"라 함. 한편 《輟耕錄》(23)에는 "唐貞觀開元間, 人主崇尙文雅, 其書畫皆用紫龍鳳綾爲表, 綠文紋綾爲裏. 紫檀雲花杼頭軸, 白檀通身柿心軸, 此外又有靑赤琉璃二等, 軸牙籤錦帶, 南唐標以廻鸞墨錦, 籤以潢紙"라 함. 《眞寶》 注에는 "觸, 充入. ○《西京雜記》: 秘閣圖書, 皆表以牙籤"이라 하였으나, 지금 전하는 《西京雜記》에는 이러한 구절이 없음.

【爲人强記覽, 過眼不再讀】'爲人'은 '사람 됨됨이, 성격'을 말함. '强記覽'은 '博覽强記'를 줄여서 한 말. 《孔叢子》에 "博聞强記"라는 말이 있음. '一覽輒記'와 같음.

【偉哉羣聖書, 磊落載其腹】'羣聖書'는 여러 성인들의 책들. 《昌黎文集》에는 '羣聖文'으로 되어 있음. '磊落'은 아주 많은 상태를 표현하는 雙聲連綿語. '載其腹'은 모두 뱃속에 싣고 있음. 즉 외우고 있음을 뜻함. '磊'는 《眞寶》 注에 "音儡, 衆石"이라 함.

【行年逾五十, 出守數已六】'行年'은 살아온 해. 곧 나이. '逾五十'은 《昌黎文集》에는 '餘五十'으로 되어 있음. '出守'는 지방으로 나가 태수가 됨. '數已六'은 헤아려보면 이미 여섯 번이나 됨. 《昌黎文集》 注에 "洪曰: 公處州孔子廟碑爲繁作也, 而傳不言其爲處州, 所載特隨亳二州, 而亳又在公亡後爲之. 此詩言「出守數已六」, 而白樂天有繁刺吉州及遂州制, 則知史氏所遺畧多矣"라 함.

【京邑有舊廬, 不容久食宿】'京邑'은 수도 長安을 가리킴. 그곳에 韓愈의 옛 오두막이 있음. 鄴侯의 구택을 말함. '不容久食宿'은 '오랫동안 長安에 있는 옛집에서 먹고 자도록 허용을 받지 못함.' 곧바로 지방으로 내 몰려 外任만을 수행하였음을 말함.

【臺閣多官員, 無地寄一足】'臺閣'은 長安의 學士들이 모여 있던 곳. '無地寄一足'은 발 하나 기탁할 곳이 없음. 長安에서는 그를 받아주지 않았음.

【我雖官在朝, 氣勢日局縮】'氣勢日局縮'은 기운과 세력이 날로 축소됨. '局縮'은 줄
어드는 상황을 뜻하는 疊韻連綿語.《眞寶》注에 "縮, 音蹜, 退也"라 함.

【屢爲丞相言, 雖懇不見錄】'屢爲丞相言'은 여러 차례 승상에게 李繁의 재질을 칭
찬하여 말함. '雖懇不見錄'은 비록 간절히 원했으나 채택되지 못함. '見'은 被動法
문장을 구성함.

【送行過滻水, 東望不轉目】'滻水'는 長安의 藍田谷 북쪽으로부터 나와 灞陵에 이
르러 灞水와 합수하는 물 이름.《眞寶》注에 "滻水, 水名. 出京兆藍田谷"이라 하
였고,《昌黎文集》注에도 "韓曰:滻水出京兆藍田谷, 北至灞陵入灞. ○滻, 音産"이
라 함. '東望不轉目'은 동쪽으로 떠나는 모습을 보면서 눈을 떼지 못함.

【今子從之遊, 學問得所欲】'之'는 李繁을 가리킴. '遊'는《昌黎文集》에는 游로 되어
있으며 注에 "孫曰:謂覺從繁徃隨州也. 韓曰:選沈休文詩:「所願從之游, 寸心於此
足.」"이라 함. '從'과 '遊'는 흔히 학문과 연관된 從遊를 뜻함.

【入海觀龍魚, 矯翮逐黃鵠】'入海觀龍魚'은 바다 속으로 들어가 용과 큰 물고기를
구경함. 심오한 학문을 배울 것을 권한 것. '矯'는《眞寶》注에 "音皎, 擧也"라 하
였으며 '翮'(핵)은 조류의 날갯죽지 밑에 있는 힘줄을 뜻하는 말로 굳세고 크게
낢을 말함. '黃鵠'은 하늘 높이 나는 큰 고니.《昌黎文集》注에 "補注:龍魚, 黃鵠,
以喻繁於學問志其大者"라 함.

【勉爲新詩章, 月寄三四幅】'月寄三四幅'은 한 달에 서너 폭의 글을 써서 보내줄
것을 부탁함.

참고 및 관련 자료

1. 韓退之:韓愈, 韓文公, 韓昌黎. 008 참조.

2. 이 시는《五百家注昌黎文集》(7),《別本韓文考異》(7),《東雅堂昌黎集註》(7),《全
唐詩》(342),《全唐詩錄》(47),《事文類聚》(別集 3),《文苑英華》(276),《淵鑑類函》(194),
《山堂肆考》(124),《說郛》(99),《容齋隨筆》(四筆 9) 등에 실려 있음.

3. 韻脚은 '軸, 觸, 讀, 腹, 六, 宿, 足, 縮, 錄, 目, 欲, 鵠, 幅'.

093. 〈司馬溫公獨樂園〉 ·················· 蘇子瞻(蘇東坡)
사마온공의 독락원

＊《眞寶》注에 "公居洛, 於國子監之側得故營地, 創獨樂園"이라 함.

＊〈司馬溫公獨樂園〉:'司馬溫公'은 司馬光(1019-1086). 字는 君實. 北宋 때 정치가
이며 문장가, 역사가. 溫國公에 봉해져 흔히 溫公이라 불림. 시호는 文靖. 《資治
通鑑》,《家集》,《傳家集》 등을 남김. 당시 王安石의 新法을 반대하는 舊黨이었으
며, 이에 정치에 뜻을 접고 당시 수도 汴京(지금의 開封)을 떠나 洛陽에 獨樂園
을 짓고 묻혀 있었음. 이에 東坡가 이를 안타깝게 여겨 조롱투로 이 시를 지은
것임. '獨樂園'은 그가 만년에 洛陽 근처에 마련한 園舍. 宋 李文叔의 《洛陽名園
記》에 "司馬溫恭在洛陽自號迂叟, 謂其園曰獨樂園. 園卑小不可與他園班: 其曰讀
書堂者, 數十椽屋; 澆花亭者, 盆小; 弄水種竹軒者, 尤小; 曰見山臺者, 不過尋丈; 曰
釣魚菴, 曰採藥圃者, 又特結竹杪, 落蕃蔓草爲之爾. 溫恭自爲之序, 諸亭臺, 詩頗
行於世, 所以爲人欣慕者, 不在園耳"라 함. 《眞寶》後集에 〈獨樂園記〉(072)가 있
으며, 시 〈獨樂園七題〉 7수의 시가 있음.

청산靑山은 집 옥상 위에 있고,
유수流水는 집 아래를 흐르네.
그 속에 다섯 무畝 넓이의 정원을 꾸몄는데,
꽃나무 대나무가 빼어나면서도 자연스럽네.
지팡이와 신발에는 꽃향기가 몰려오고,
대나무 푸른색은 술잔을 침입하네.
봄이면 단지의 술로 그 봄을 즐기고,
긴 여름은 바둑으로 더위를 삭여내네.
낙양洛陽엔 예로부터 많은 선비들이 있어,
풍속은 그래도 아름다움을 지니고 있지.
선생은 누운 채 세상에 나서지 않으나,

낙양의 모임에는 고관대작 명사들 몰려드네.

비록 여러 사람들과 함께 즐긴다고는 하나,

그 속에 홀로 즐기는 것이 있을 수야 있지.

재능이 완전한데도 은덕은 나타내지 않으니,

자신을 알아주는 사람 적은 것을 귀하게 여김일세.

선생께선 홀로 무슨 일을 하시는가?

온 세상이 사람들이 모두 천하를 다스려 주기를 바라고 있는데.

아이들도 군실君實이라 이름을 외우고 있고,

하인들도 선생의 사마司馬라는 성씨를 알고 있는데.

이러한 명성을 가지고 어디로 돌아가시려는가?

조물주가 우리를 버리지 않으신다면.

우리를 쫓아다니는 그에 대한 명성,

이 병은 하늘이 그를 죄인으로 삼은 것.

선생께서 한 해 내내,

벙어리 흉내 내고 있음을 손뼉 치며 비웃노라.

靑山在屋上, 流水在屋下.

中有五畝園, 花竹秀而野.

花香襲杖屨, 竹色侵盞斝.

樽酒樂餘春, 暮局消長夏.

洛陽古多士, 風俗猶爾雅.

先生臥不出, 冠盖傾洛社.

雖云與衆樂, 中有獨樂者.

才全德不形, 所貴知我寡.

先生獨何事? 四海望陶冶.

兒童誦君實, 走卒知司馬.

持此欲安歸? 造物不我捨.

名聲逐我輩, 此病天所赭.
撫掌笑先生, 年來效瘖啞.

【靑山在屋上, 流水在屋下】푸른 산이 지붕 위에 솟아 있고, 냇물은 집 아래 흐르
고 있음. 柳宗元의 〈鈷鉧記〉에 "高山在前, 流水在下, 可以俯仰, 可以宴樂"이라 함.

【中有五畝園, 花竹秀而野】'秀而野'는 빼어나면서도 촌스럽고 자연스러움.

【花香襲杖屨, 竹色侵盞斝】'花香襲杖屨'는 향기가 지팡이와 신발에 엄습함. '屨'는
《眞寶》注에 "音句"라 하였으나, 《東坡全集》 등에는 '履'로 되어 있음. '竹色侵盞
斝'는 대나무의 초록색이 잔가(盞斝)를 침입함. '侵'은 위의 '襲'에 상대하여 표현
한 것. '盞'은 술잔, '斝'는 玉爵. 둘 모두 술을 따라 마시거나 술을 붓는 기구.

【樽酒樂餘春, 某局消長夏】'某局消長夏'는 바둑을 두면서 긴 여름을 녹임. '某'는
棋와 같음. 《東坡全集》 등에는 '棋'로 표기되어 있음.

【洛陽古多士, 風俗猶爾雅】'洛陽'은 周나라 이래의 東都로서 지금의 河南 洛陽市.
고대 문화의 중심지. 司馬光의 獨樂園이 있는 곳. 당시 宋나라 수도는 汴京(지금
의 開封)이었음. '爾雅'는 '우아함에 가까움'. '표준적임'. '爾'는 邇와 같음. 아름답
고 단아함을 뜻하는 雙聲連綿語.

【先生臥不出, 冠盖傾洛社】'冠盖'는 冠蓋로도 표기하며, '冠'은 귀인의 모자, '盖'
(蓋)는 귀인의 수레 지붕. 고관대작의 귀인을 뜻하는 말을 대신함. '傾'은 모여들
어 수레를 비스듬히 세워놓음. '洛社'는 洛陽의 문인과 사대부들의 모임. '社'는
結社. 당시 文彦博은 은퇴한 뒤 富弼, 司馬光 등과 70세 이상의 耆老들 12인을
모아 洛陽에 '耆英會'를 만들었음. 당시 司馬光은 50이었으나 司馬光을 흠모하여
그를 찾아 모여들기도 하였다 함.《宋史》 313 참조)

【雖云與衆樂, 中有獨樂者】'與衆樂'은 《孟子》 梁惠王(下)에 "曰:「獨樂樂, 與人樂樂,
孰樂?」曰:「不若與人.」曰:「與少樂樂, 與衆樂樂, 孰樂?」曰:「不若與衆.」"이라 함.
여기서는 '獨樂'과 상대하여 쓴 말.

【才全德不形, 所貴知我寡】'才全德不形'은 재능은 완전하건만 덕은 몸에 드러나지
않음. 《莊子》 德充符에 "仲尼曰:「丘也嘗使於楚矣, 適見独子食於其死母者, 少焉眴
若皆棄之而走. 不見己焉爾, 不得類焉爾. 所愛其母者, 非愛其形也, 愛使其形者也.
戰而死者, 其人之葬也不以翣資; 刖者之屨, 無爲愛之; 皆無其本矣. 爲天子之諸御,
不翦爪, 不穿耳; 取妻者止於外, 不得復使. 形全猶足以爲爾, 而況全德之人乎! 今哀

駘它未言而信, 無功而親, 使人授己國, 唯恐其不受也, 是必才全而德不形者也.」哀公曰:「何謂才全?」仲尼曰:「死生存亡, 窮達貧富, 賢與不肖毀譽, 飢渴寒暑, 是事之變, 命之行也;日夜相代乎前, 而知不能規乎其始者也. 故不足以滑和, 不可入於靈府. 使之和豫通而不失於兌;使日夜無郤而與物爲春, 是接而生時於心者也. 是之謂才全.」「何爲德不形?」曰:「平者, 水停之盛也. 其可以爲法也, 內保之而外不蕩也. 德者, 成和之修也. 德不形者, 物不能離也.」라 함. 온전한 재능을 가졌으면서도 자신에 베푼 은덕은 나타내지 않는 훌륭한 사람. '所貴知我寡'는 나를 알아주는 자가 적음을 귀한 것으로 여김.《老子》(70)에 "夫唯無知, 是以不我知. 知我者希, 則我者貴"라 함.《眞寶》注에도 "《老子》云:知我者希, 則我貴矣"라 함.

【先生獨何事? 四海望陶冶】'陶'는 질그릇을 굽는 일. '冶'는 쇠붙이를 다루는 일. 여기서는 천하를 다스리는 정치를 비유한 것임. 司馬光이 나라를 다스려주기를 바람.

【兒童誦君實, 走卒知司馬】'兒童誦君實'은 아이들은 司馬光의 이름을 암송함. '君實'은 司馬光의 字. '走卒'은 下僕, 何人을 뜻하며 兒童에 상대하여 쓴 말. 그러한 이들도 司馬光의 '司馬'라는 성씨를 모두 알고 있음.《宋史》(336) 司馬光傳에 "凡居洛陽十五年, 天下以爲眞宰相. 田夫野老, 皆號爲司馬相公;婦人孺子亦知其爲君實也. 帝崩, 赴闕臨, 衛士望見, 皆以手加額曰「此司馬相公也.」所至民遮道聚觀, 馬至不得行, 曰:「公無歸洛, 留相天子, 活百姓.」"이라 하여 임금이 죽어 司馬光이 문상을 갔을 때 백성들의 그에 명망과 함께 願望을 자세히 기록하고 있음.

【持此欲安歸? 造物不我捨】'持此'는 '그러한 명성과 명망을 가지고 있으면서도'의 뜻. '安'은 의문사. '歸'는 피해서 다시 洛陽 獨樂園으로 돌아감.《眞寶》注에 "西漢蒯通說韓信曰:「足下歸楚, 楚人不信;歸漢, 漢人震恐, 足下欲持是安歸乎?」"라 함. '造物不我捨'는 '조물주가 우리를 버리지 않는다면'의 뜻. '我捨'는 '捨我'여야 하나 否定文, 疑問文에서는 흔히 術語와 目的語가 도치됨.

【名聲逐我輩, 此病天所赭】'名聲逐我輩'는 사마광의 명성이 우리 누구에게나 따라다님. 누구나 사마광을 좋아함. '此病'은 명성이 우리들에게 붙어 다니는 병. 즉 司馬光에게 있어서의 名聲이라는 업보. '天所赭'는 하늘이 그에게 붉은 옷을 입힘. '赭'는 죄가 있다는 표시를 위해 입히는 붉은 옷.

【撫掌笑先生, 年來效喑啞】선생(사마광)이 한 해가 다되도록 마치 벙어리인 양 입을 다물고 있음에 대해 손뼉을 치면서 비웃음. 여기서는 그가 政界에 복귀하지 않음을 조롱하며 원망한 것. '笑'는 문장 전체 目的節의 術語. '年來'는 '한 해가

다가도록'의 뜻. '效'는 '흉내내다', '喑啞'는 《眞寶》 注에 '喑, 音陰; 啞, 鴉上'이라 하여 '음아'로 읽으며, 벙어리를 뜻하는 雙聲連綿語. 당시 재상 王安石이 新法을 강하게 펴고 呂惠卿 등이 獨斷을 부려 백성들이 고통을 받게 되자, 사마광이 나서서 재상이 되어 천하를 구제해 줄 것을 바라고 있음에 대해 동파가 의견을 넌지시 제시한 것임.

참고 및 관련 자료

1. 蘇軾. 蘇東坡, 蘇子瞻, 044 참조.

2. 이 시는 《東坡全集》(8), 《東坡詩集注》(29), 《施注蘇詩》(12)에 실려 있으며, 제목은 모두 〈司馬君實獨樂園〉으로 되어 있음. 그 외에 《蘇詩補註》(15), 《宋文鑑》(18), 《宋詩紀事》(21), 《漁隱叢話》(前集 44), 《詩林廣記》(後集 4), 《詩話總龜》(9), 《宋元詩會》(29), 《事文類聚》(續集 9), 《石倉歷代詩選》(150, 470), 《淵鑑類函》(350) 등에 널리 실려 있음.

3. 韻脚은 '下, 野, 罜, 夏, 雅, 社, 者, 寡, 冶, 馬, 捨, 赭, 啞'.

4. 司馬光 〈獨樂園記〉 《宋文鑑》(79)와 《眞寶》(後集, 073)을 참조할 것.

迂叟平日讀書, 上師聖人, 下友群賢, 窺仁義之原, 探禮樂之緒, 自未始有形之前, 暨四達無窮之外, 事物之理, 舉集目前, 可者學之, 未至夫可, 何求於人, 何待於外哉! 志倦體疲, 則投竿取魚, 執衽采藥, 決渠灌花, 操斧剖竹, 濯熱盥水, 臨高縱目, 逍遙徜徉, 惟意所適, 明月時至, 淸風自來. 行無所牽, 止無所柅. 耳目肺腸, 卷爲己有, 踽踽焉, 洋洋焉, 不知天壤之間, 復有何樂, 可以代此也! 因合而命之曰獨樂.

5. 《詩林廣記》(4)

司馬光在西京, 葺一園名獨樂園, 作詩寄之. 此詩言四海望光執政陶冶天下, 以譏見任執政不得其人. 又言兒童走卒知其姓字, 終當進用, 緣光曾言新法不便, 某亦曾言新法不便, 既言終當進用, 光意亦譏朝廷新法不便, 終用光改變此法也. 又言光却瘖然不言, 意望光依然上言攻擊新法也.

6. 《東坡詩集註》(29) 注

師按: 公詩案招此詩言「四海蒼生望司馬光執政陶冶天下」, 以譏見任執政, 不得其人. 又譏新法處處不便也. 須溪古刑衣赭衣, 若莊子天刑之耳. 用始皇赭山, 非是.

094. 〈上韋左相二十韻〉 ·················· 杜子美(杜甫)
위좌상에게 올리는 20운

*《眞寶》注에 "左相, 韋見素也"라 함.

*〈上韋左相二十韻〉: "韋左相(韋見素)에게 20개 押韻으로 시를 지어 올리다"의 뜻. '韋左相'은 韋見素. 太原尹을 지냈던 韋湊의 아들. 자는 會微. 《舊唐書》(108) 韋見素傳과 《新唐書》(118 韋湊傳)를 볼 것. 《新唐書》韋湊傳(附 韋見素)에 "遂拜武部尙書, 同中書門下平章事, 集賢院學士, 知門下省事"라 함. 한편 《新唐書》玄宗紀 天寶 13년(754) 가을에 "文部侍郞韋見素爲武部尙書, 同中書門下平章事"라 하였으며, 15년에 "同中書門下平章事韋見素爲左相. 庚辰, 次蜀郡"이라 하여, 楊貴妃로 인해 촉발된 安祿山의 난으로 玄宗을 따라 蜀으로 피난을 갈 때 左相이 됨. 《杜詩鏡銓》(2)에 《舊書》職官志: 開元元年十二月, 改尙書左右僕射爲左右丞相. 〈玄宗紀〉: 天寶十三載秋八月, 文部侍郞韋見素爲武部尙書同中書門下平章事代陳希烈. 鶴注: 見素天寶十五載從玄宗幸蜀, 詔兼左相. 此詩是十三載初入相時投贈, 題或後來追書耳"라 하여, 杜甫는 그가 左相이 되기 전인 天寶 13년에 이 시를 보낸 것으로, 제목에 '左相'이라 한 것은 뒤에 杜詩를 편집할 때 ·고친 것이라 하였음. 《舊唐書》韋見素傳에는 "韋見素, 字會微, 京兆萬年人. 父湊, 開元中太原尹. 見素學科登第. 景龍中, 解褐相王府參軍, 历衛佐, 河南府兵曹. 丁父憂, 服闋, 起爲大理寺丞, 襲爵彭城郡公. 坐事出爲坊州司馬. 入爲庫部員外郞, 加朝散大夫, 历右司兵部二員外, 左司兵部二郞中, 遷諫議大夫. 天寶五年, 充江西, 山南, 黔中, 嶺南等黜陟使, 觀省風俗, 彈糾長吏, 所至肅然. 使還, 拜給事中, 駁正繩違, 頗振台閣舊典. 尋檢校尙書工部侍郞, 改右丞. 九載, 遷吏部侍郞, 加銀靑光祿大夫. 見素仁恕長者, 意不忤物, 及典選累年, 銓敍平允, 人士稱之. 時右相楊國忠用事, 左相陳希烈畏其權寵, 凡事唯諾, 無敢發明, 玄宗頗知之, 聖情不悅. 天寶十三年秋, 霖雨六十餘日, 京師廬舍垣墉頹毀殆盡, 凡一十九坊汙潦. 天子以宰輔或未稱職, 見此咎征, 命楊國忠精求端士, 時兵部侍郞吉溫方承寵遇, 上意用之. 國忠以溫祿山賓佐, 懼其威權, 奏寢其事. 國忠訪於中書舍人竇華, 宋昱等, 華, 昱言見素方雅, 柔而易制. 上亦以經事相王府, 有舊恩, 可之. 其年八月, 拜武部尙書, 同中

書門下平章事, 充集賢院學士, 知門下省事, 代陳希烈. 見素既爲國忠引用, 心德之. 時祿山與國忠爭寵, 兩相猜嫌, 見素亦無所是非, 署字而已, 遂至凶胡犯順, 不措一言"이라 함.

봉조씨鳳鳥氏의 역曆과 헌원씨軒轅氏의 기년紀年에 의하면,
현종玄宗이 재위하신 지 40여 년이 되는 해.
팔황八荒에 장수하는 땅을 열어주시니,
원기가 만물을 홍균洪鈞으로 돌리듯 만들어내도다.
현종은 긴 장마 피해에 어진 신하를 생각하시며,
공신을 그려놓은 옛 고사처럼 그대 선대를 그리워하셨네.
그림에 그려진 대로 그러한 준마를 찾으시다가,
일세에 놀랄 만한 기린麒麟, 騏驎 같은 그대를 얻으셨다네.
그대는 모래를 씻느라 강하江河가 다 흐려질 정도였고,
솥 안의 음식을 조화하듯 정치를 쇄신하셨네.
위현韋賢이 한漢나라 재상이 되었듯이 재상에 오르셔서,
범저范雎가 진秦나라로 돌아갔듯이 나라에 공을 세우셨네.
풍성한 업적이 이미 지금 이와 같은데다가,
경서經書를 전하는 일에도 진실로 절륜하셨네.
그대의 재능은 예장나무가 깊은 땅에서 난 듯하고,
그대의 도량은 창해가 넓어 나루터가 없는 듯하네.
북두성이 하늘의 후설喉舌이듯 천자를 위해 직책을 수행하고,
동방 제후를 통솔한 필공畢公처럼 신하들을 거느렸네.
저울대처럼 공평하게 인물을 품조品藻하고 감별하신 업적을 남기셨고,
발소리만 듣고도 임금이 알았던 정숭鄭崇처럼 신임을 받으며 궁궐로
오르시네.
독보적인 재능은 옛사람을 능가하고,
그대 덕의 여파는 이웃 나라에까지 비추었네.

총명한 예언은 관로管輅보다 더하시고,
편지 글의 문장은 진준陳遵을 압도하네.
그대가 어찌 용이 되지 못한 채 못 속에만 있을 미물이리오?
그렇게 갖춘 이래 좌중의 보배가 될 것을 기다렸더니,
조정에서 지극한 도리를 알고 처리하시니,
풍속은 모두 순박함으로 제자리로 되돌려졌다네.
재능이 뛰어나고 걸출한 이들은 모두 등용시키시니,
어리석고 몽매한 나 같은 이들만 단지 묻혀 있는 것이지.
나는 사마상여司馬相如처럼 많은 병을 오래 앓고 있고,
자하子夏처럼 쓸쓸히 떨어져 자주 홀로 되기도 하였지.
지난날 되돌아보건대 세상 유속流俗에 휘몰리어,
살아온 일생은 일반 백성들과 비슷하다네.
계함季咸 같은 신무神巫에게 물어볼 수도 없고,
몸을 받아 주는 곳이 없었던 공자나 맹자 같은 신세였다네.
이처럼 감격하게 여기는 이때에 늙고 쇠하기는 하였지만,
그래도 넓고 아득하게 큰 감흥에 신묘함이 있다네.
그대를 위하여 이 곡을 지어 노래하노라니,
옷과 수건에 눈물이 떨어져 흐르네.

鳳曆軒轅紀, 龍飛四十春.
八荒開壽域, 一氣轉洪鈞.
霖雨思賢佐, 丹青憶老臣.
應圖求駿馬, 驚代得麒麟.
沙汰江河濁, 調和鼎鼐新.
韋賢初相漢, 范叔已歸秦.
盛業今如此, 傳經固絕倫.
豫樟深出地, 滄海闊無津.

北斗司喉舌, 東方領搢紳.

持衡留藻鑑, 聽履上星辰.

獨步才超古, 餘波德照鄰.

聰明過管輅, 尺牘倒陳遵.

豈是池中物? 由來席上珍.

廟堂知至理, 風俗盡還淳.

才傑俱登用, 愚蒙但隱淪.

長卿多病久, 子夏索居貧.

回首驅流俗, 生涯似衆人.

巫咸不可問, 鄒魯莫容身.

感激時將晚, 蒼茫興有神.

爲公歌此曲, 涕淚在衣巾.

【鳳曆軒轅紀, 龍飛四十春】'鳳曆'은 少皥氏 때의 歷正(曆正)을 지낸 鳳鳥氏가 만든 달력. 《左傳》昭公 17년을 볼 것. 《杜詩鏡銓》注에는 "《左傳》: 郯子曰: 「我高祖少皥 摯之立也, 鳳鳥適至, 故紀於鳥, 爲鳥師而鳥名. 鳳鳥氏, 歷(曆)正也.」注: 「少皥, 黃 帝子, 鳳鳥知天時, 故以名歷(曆)正之官.」"이라 함. '軒轅紀'는 '軒轅'은 黃帝 軒轅氏. 上古시대의 帝王. 五帝의 하나. '軒轅紀'는 黃帝 軒轅氏가 가 만든 紀年, 즉 年曆. 《十八史略》(1)에 "黃帝: 公孫姓, 又曰姬姓, 名軒轅, 有熊國君, 少典子也. 母見大電 繞北斗樞星, 感而生帝. 炎帝世衰, 諸侯相侵伐, 軒轅乃習用干戈以征不享, 諸侯咸 歸之. 與炎帝戰于阪泉之野, 克之. ……師大撓占斗建作甲子, 容成造曆, 隷首作算 數. 伶倫取嶰谷之竹, 制十二律箭, 以聽鳳鳴. 雄鳴六, 雌鳴六. 以黃鐘之宮生六律六 呂, 以候氣應, 鑄十二鐘, 以和五音"이라 하여, 당시 容成이 曆을 만들었다 하였음. '飛龍'은 《周易》乾卦 九五의 爻辭 "飛龍在天"을 말함. 이는 天子를 상징한 것으로 여기서는 杜甫가 이 시를 쓰던 해인 天寶 13년은 玄宗(李隆基)이 즉위한 지 42년 이 되는 해였음을 말한 것. 《眞寶》注에 "《易》乾九五: 「飛龍在天」 此言天子居位也" 라 함. 《杜詩鏡銓》에는 "時玄宗在位四十二年, 此擧成數也"라 함.

【八荒開壽域, 一氣轉洪鈞】'八荒'은 八方의 땅 荒凉한 곳까지. 곧 온 세상. 온 천하. 천자의 통치가 미치는 하늘 아래. 《眞寶》注에 "八荒, 猶言八方也"라 함. '壽域'은

장수를 누리는 지역. 살기 좋은 나라. 唐나라를 높이 여겨 이렇게 칭한 것.《杜詩鏡銓》注에 "《漢書》王吉傳: 「毆一世之民, 登之仁壽之域.」"이라 함. '一氣'는 萬象의 근원이 되는 渾然한 하나의 氣. 陰陽이 분리되기 전의 元氣. '洪鈞'은 大鈞. '鈞'은 陶工이 그릇을 만들 때 흙을 올려놓고 돌리는 물레 틀. 一氣가 大鈞을 돌리듯 천자가 세상을 잘 다스리고 있음.《眞寶》注에 "洪, 大也. 鈞, 音均. 陶家轉者爲鈞. 制器大小由之, 天之於物, 隨類賦形而生成之, 故曰大鈞, 曰洪鈞, 帝者法天, 故頌之以轉洪鈞也"라 함.《杜詩鏡銓》注에는 "仇注: 御世久, 故八荒同壽; 春和至, 故一氣鈞陶. 時必歲初所作"이라 함.

【霖雨思賢佐, 丹靑憶老臣】 '霖雨'는 사흘 이상 내리는 지루한 비를 뜻함. 天寶 13년 가을, 비가 그치지 않아 곡물이 손상을 입자 재상을 잘못 임명하여 일어난 재앙이라 여겼음. 그 때 현종은 賢明한 輔佐가 있기를 생각함.《杜詩鏡銓》에 "朱注:《唐書》: 天寶十三載秋, 大霖雨害稼, 六旬不止. 帝恐宰相非其人, 爲罷陳希烈, 相韋見素"라 함. 그러나 《眞寶》注에는 "雨三日以往爲霖, 商王高宗命傅說爲相曰: 「若歲大旱, 用汝作霖雨.」"라 하여 '혜택을 주는 비'로 해석하고 있음. '丹靑'은 漢宣帝가 麒麟閣에 功臣들의 초상을 그려 걸어놓았던 고사를 말함.《眞寶》注에 "漢宣帝圖功臣於麒麟閣, 明帝圖功臣於南宮雲臺. 唐太宗圖功臣於凌煙閣, 皆所謂丹靑也"라 함. 구체적으로 韋見素의 아버지 韋湊 같은 이를 그리워함.《杜詩鏡銓》注에 "原注: 公之先人. 遺風餘烈, 至今稱之. 按見素父湊, 開元中彭城郡公, 累官太原尹, 卒謚曰文"이라 함. 한편 '老臣'은《杜詩詳注》에는 舊臣으로 되어 있고, 注에 "樊作舊, 一作老, 一作直"이라 하여 혹 '直臣'으로 된 판본도 있음.

【應圖求駿馬, 驚代得麒麟】 '應圖求駿馬'는 그림에 의거하여 駿馬를 찾음.《漢書》梅福傳에 "欲以三代選擧之法取當世之士, 猶察伯樂之圖求騏驥於市, 而不可得亦已明矣"라 함. 불가능함을 뜻함.《杜詩鏡銓》注에는 "曹植〈獻文帝馬表〉: 「形法應圖.」 梅福傳: 「猶以伯樂之圖, 求騏驥於市.」"라 함. '麒麟'은 '騏驥'이어야 함. 훌륭한 말을 뜻함. 상상의 동물인 麒麟을 가리키는 것이 아님. 그 시대에 놀랄 騏驥을 얻음. 여기서는 앞 구절 不可能한 일을 해냈음을 말하며, 麒麟은 바로 韋見素에 해당함을 칭송한 것. 麒麟은《杜詩鏡銓》注에 "麒麟, 一作騏驥. 此與麒麟帶好兒俱兼用徐陵天上石麒麟事. 二句謂韋以世臣登用也"라 함.

【沙汰江河濁, 調和鼎鼐新】 '沙汰'는 모래가 물에 씻겨 나가면 그보다 무거운 기와와 자갈이 남음. '江河濁'은 長江이나 黃河가 흐려짐. 여기서는 모래를 씻으면 강물이 흐려지듯 陳希烈이 李林甫와 作黨하여 조정을 흐리게 하자 이들 모래 같

은 이들을 축출하는 일을 해낸 韋見素의 업적을 말함.《杜詩鏡銓》注에 "晉〈孫
綽傳〉:「沙之汰之, 瓦礫在後.」句指陳希烈也. 希烈柔佞, 乃李林甫之黨"이라 함.
'調和'는 五味를 잘 조화시켜 조리를 함. '鼎鼐'는 조리용 크고 작은 솥들. '新'은
솥 안의 음식 맛을 새롭게 함. 나라의 정치를 새롭게 刷新하여 斬新하게 정리함.
《眞寶》注에 "鼎鼐, 三足, 以比三公. 鼎, 音頂, 三足兩耳, 和五味之寶器;鼐, 音奈,
鼎之大者"라 함.

【韋賢初相漢, 范叔已歸秦】'韋賢'은 漢 宣帝 때의 유명한 재상. 字는 長孺. 魯 땅
鄒人. 蔡義의 뒤를 이어 재상이 되어 훌륭한 업적을 남김.《史記》(96)와 《漢書》
(73)에 傳이 있음. 여기서는 韋見素를 그와 同姓임을 밝혀 칭송한 것.《杜詩鏡銓》
注에 "漢韋賢傳:本始三年, 代蔡義爲丞相"이라 함. '范叔'은 戰國시대 魏나라 사람
范雎. 字는 叔. 혹 '范睢'로 표기하기도 하나 이는 오류임. 고국에서 핍박을 받자
秦나라에서 온 사신 王稽의 수레에 몰래 올라 秦나라로 들어감. 그 뒤 이름을
張祿으로 바꾸고 秦 昭王을 섬겨 당시 秦나라 실권자 穰侯를 물리치고 재상에
올랐으며, 뒤에 자신을 핍박했던 須賈를 만나 용서한 이야기로도 유명함.《史記》
(79)에 傳이 있음.《杜詩鏡銓》注에 "《史記》:范雎(睢)字叔, 王稽載入秦, 昭王逐穰
侯乃拜爲相. 姜宸英爲豕韋與范同出, 故用范叔事對, 終覺擬不於倫. 舊注:謂見素
雖爲國忠引薦, 公深望其秉正以去國忠, 故有范叔之喩. 蓋國忠以外寵擅國, 猶穰
侯之擅秦也. 今范叔已歸秦矣, 穰侯其可少避乎? 蓋詭詞以勸之. 玩詩似果有微意,
不同曲說"이라 함.

【盛業今如此, 傳經固絶倫】'傳經固絶倫'은 韋見素는 학문에도 진실로 대단함. '傳
經'은 經學을 傳授받아 높은 실력을 가지고 있음을 말함. '絶倫'은 아주 뛰어남
을 뜻함. 이 역시 韋見素를 칭송하는 표현이며, 옛 韋賢이 학문에 뛰어났던 것을
비유한 것임.《杜詩鏡銓》注에 "亦用韋賢事"라 함.

【豫樟深出地, 滄海闊無津】'豫樟'은 나무 이름. 아주 훌륭한 목재로 쓰는 巨木 이
름.《杜詩鏡銓》에는 '豫章'으로 되어 있으며, 그 注에 《高士傳》:「豫章之木, 本於
高山.」"이라 함.《眞寶》注에는 "言其材之量"이라 함. '滄海闊無津'은 푸른 바다는
넓어 나루터가 없음. 韋見素는 도량이 넓음을 말함.《眞寶》注에 "言其量之廣"이
라 함.

【北斗司喉舌, 東方領搢紳】'北斗'는 하늘의 機樞에 해당함. '喉舌'은 목구멍과 혀.
곧 발성기관으로 천자의 법과 명령을 발하는 중요한 임무를 수행하고 있음을
말함.《眞寶》注에 "〈李固傳〉:「陛下之有尙書, 猶天之有北斗也. 北斗爲天之喉舌,

尙書亦爲陛下喉舌"이라 하여, 《後漢書》 李固傳의 내용을 싣고 있음. '東方領搢紳'
은 《杜詩鏡銓》 注에 "《書》康王之誥: 「畢公率東方諸侯入應門右.」 按顧命注: 「司馬
第四, 畢公領之.」 時見素以兵部尙書爲相"이라 함. '搢紳'은 《眞寶》 注에 "搢, 音進.
挿也; 紳, 音申, 大帶也. 皆揷笏於大帶"라 하였고, '紳'은 넓은 허리띠를 말함. 《史
記》 封禪書 "搢紳之屬皆望天子封禪改正度也"의 〈索隱〉에 "搢, 挺也. 言挺笏于紳
帶之間"이라 하여, 원의는 대신들이 笏을 허리띠에 꽂고 왕의 명을 기다림을 뜻
하였으나 뒤에 高官大臣을 일컫는 말로 굳어짐. 《杜詩鏡銓》에는 '縉紳'으로 되어
있음. 여기서는 畢公이 동방 제후들을 거느리듯이 韋見素가 여러 賢臣들을 거느
렸음을 말함.

【持衡留藻鑑, 聽履上星辰】 '衡'은 稱(秤)과 같음. 저울대를 뜻하며 人事를 공평하
게 처리함을 비유함. 《眞寶》 注에 "衡, 秤也, 謂在吏部時, 銓量平允也"라 함. 韋見
素가 인사를 담당하는 吏部侍郞이었을 때 人事考課, 任免黜陟, 人才銓衡 등에
아주 공평하였음을 칭송한 것으로, 여기서는 銓衡의 의미로도 쓰였음. 《杜詩鏡
銓》 注에 "《唐書》: 見素天寶五載爲吏部侍郞, 銓敍平允, 人士稱之"라 하였고, 《舊
唐書》 韋見素傳에 "遷吏部侍郞, 加銀靑光祿大夫. 見素仁恕長者, 意不忤物, 及典
選累年, 銓敍平允, 人士稱之"라 함. '留藻鑑'은 品藻 鑑別의 행적을 남김. '藻'는
品藻(재능을 품별함)의 뜻. 《漢書》 揚雄傳 "稱述品藻"의 顔師古 注에 "品藻者, 定
其差品及文質也"라 함. '鑑'은 거울. 감별함. 따라서 '위견소는 이부시랑으로써 品
藻와 鑑別의 훌륭한 업적을 남겼다'의 뜻. 《眞寶》 注에는 "如水之至淸而鑑藻分
明也"라 함. '聽履'는 신발 끄는 소리를 들음. 漢 哀帝 때 尙書僕射 鄭崇은 매번
신발을 끌고 입조하여 임금이 문 밖의 그의 신발 끄는 소리만 듣고도 鄭崇임을
알아차렸다 함. 《眞寶》 注에 "鄭崇, 哀帝時爲尙書僕射, 每曳革履, 上笑曰: 「我識鄭
尙書履聲.」"이라 하였으며, 《漢書》(77) 鄭崇傳에도 "鄭崇字子遊, 本高密大族, 世與
王家相嫁娶. 祖父以訾徙平陵. 父賓明法令, 爲御史, 事貢公, 名公直. 崇少爲郡文學
史, 至丞相大車屬. 弟立與高武侯傅喜同門學, 相友善. 喜爲大司馬, 薦崇, 哀帝擢爲
尙書僕射. 數求見諫爭, 上初納用之. 每見曳革履, 上笑曰: 「我識鄭尙書履聲.」"이라
함. 여기서는 임금에게 신임을 얻어 익숙하게, 그리고 가까이 모시고 있음을 말
함. '星辰'은 천자의 궁궐이 紫微星을 상징하므로 천자가 있는 곳을 뜻함. 《杜詩
鏡銓》 注에 "殿廷象太微帝座, 故曰上星辰"이라 함.

【獨步才超古, 餘波德照鄰】 '餘波德照鄰'은 그의 재능과 학덕의 영향이 이웃 나라
까지 비춰 교화시킴. '餘波'는 《眞寶》 注에 "《左》: 波及晉國, 君之餘也"라 하였고,

이는 《左傳》 僖公 23년에 "重耳對楚子曰:「子女玉帛, 則君有之;羽毛齒革, 則君地生焉. 其波及晉國者, 君之餘也.」"라 것을 말함.

【聰明過管輅, 尺牘倒陳遵】 '聰明'은 원래는 귀로 듣고 잘 알아차리는 똑똑함을 '聰'이라 하고, 눈으로 보아 민첩하게 깨닫는 것을 '明'이라 하였으나 이를 묶어 사리에 밝고 靈敏함을 뜻하는 말로 쓰임. 《尙書》 堯典에 "昔在帝堯, 聰明文思, 光宅天下"라 하였고, 孔穎達 疏에 "言聰明者, 據人近驗, 則聽遠爲聰, 見微爲明. ……以耳目之聞見, 喩聖人之智慧, 兼知天下之事"라 함. '管輅'(208-256)는 字는 公明. 三國時代 魏나라 平原人. 少府丞을 역임하였으며 《易》에 밝고 卜筮와 점술, 예언에 뛰어났었음. 《三國志》 魏志 方技傳(29)에 傳이 있으며, 《杜詩鏡銓》 注에 "《魏志》: 管輅喜仰視星辰, 能明天文地理變化之數"라 함. 한편 이는 韋見素가 安祿山이 틀림없이 패할 것임을 예언한 것을 管輅의 예언보다 뛰어났음을 말한 것임. 《杜詩鏡銓》 注에 "按: 《唐書》: 肅宗至德十月, 有星犯昴. 見素決祿山必敗. 此雖後事, 諒其平日必明於五行"이라 하여 시간적으로는 맞지 않으나 위견소는 평소 五行에 밝았을 것이라 하였고, 《文章正宗》 注에는 "天寶十五載(至德元年)十月丙申有星犯昴, 見素言於肅宗曰:「昴者, 胡也. 祿山將死, 昴金犯火, 行當火位, 昴之昏, 乃其時也.」及祿山死, 日月皆不差. 魏管輅, 善天文地理, 今見素所言如此, 其聰明過於管輅遠矣"라 함. 《眞寶》 注에도 "輅, 音路. ○天寶十五載十月丙申, 有星犯昴, 見素言於肅宗曰:「昴者, 胡也. 祿山將死, 昴金犯火, 行當火位, 昴之昏, 乃其時也.」及祿山死, 日月皆不差. 魏管輅, 善天文地理, 今見素所言如此, 其聰明過於管輅遠矣"라 함. '尺牘'은 편지. 편지글의 문장. 《後漢書》 北海靖王興(劉興)傳에 "敬王睦能屬文, 又善史書, 當世以爲楷則. 及寢病, 帝使驛馬令作草書尺牘"이라 하였고, 注에 "《說文》云:「尺, 書板也. 蓋長一尺, 因取名焉.」"이라 함. 《眞寶》 注에는 "韓信傳:「奉咫尺之書.」師古曰:「言簡牘, 長咫尺也. 牘, 書板也.」"라 함. '倒'는 '壓倒함, 그를 능가함'의 뜻. '陳遵'은 漢나라 때 인물로 字는 孟公. 《漢書》(92) 游俠傳에 傳이 있음. 편지글에 뛰어났으며 그의 편지를 받으면 소중히 간직하는 것을 영광으로 여겼다 함. 《眞寶》 注에 "漢陳遵, 善於文辭, 與人尺牘, 蓋藏弆爲榮"이라 하였고, 《漢書》에 "長八尺餘, 長頭大鼻, 容貌甚偉. 略涉傳記, 贍於文辭. 性善書, 與人尺牘, 主皆藏弆以爲榮. 請求不敢逆, 所到, 衣冠懷之, 唯恐在後. 時列侯有與遵同姓字者, 每至人門, 曰陳孟公, 坐中莫不震動, 既至而非, 因號其人曰陳驚坐云"이라 함.

【豈是池中物? 由來席上珍】 '池中物'은 못 속에 그대로 있어 아직 龍이 되지 못한 상태. 《三國志》 吳志 周瑜傳에 "備詣京見權, 瑜上疏曰:「劉備以梟雄之姿, 而有關

羽, 張飛熊虎之將, 必非久屈爲人用者. 愚謂大計宜徙備置吳, 盛爲築宮室, 多其美女玩好, 以娛其耳目, 分此二人, 各置一方, 使如瑜者得挾與攻戰, 大事可定也. 今猥割土地以資業之, 聚此三人, 俱在疆場, 恐蛟龍得雲雨, 終非池中物也.」權以曹公在北方, 當廣攬英雄, 又恐備難卒制, 故不納"이라 하였고,《晉書》(101) 劉元海傳에도 "後秦涼覆沒, 帝疇咨將帥, 上黨李憙曰:「陛下誠能發匈奴五部之衆, 假元海一將軍之號, 鼓行而西, 可指期而定.」孔恂曰:「李公之言, 未盡殄患之理也.」憙勃然曰:「以匈奴之勁悍, 元海之曉兵, 奉宣聖威, 何不盡之有!」恂曰:「元海若能平涼州, 斬樹機能, 恐涼州方有難耳. 蛟龍得云雨, 非復池中物也.」帝乃止"라 함. 여기서는 韋見素가 그러한 池中物로 남아있지 않을 것이며 끝내 용처럼 飛翔할 것임을 말한 것. '由來'는 '以來'와 같음. '席上珍'은 '좌중의 가장 진귀한 보배'임을 뜻함.《眞寶》注에 "《記》:儒者席上之珍, 以待聘"이라 하였고,《禮記》儒行篇에 "哀公問曰:「敢問儒行.」孔子對曰:「遽數之不能終其物, 悉數之乃留, 更僕未可終也.」哀公命席. 孔子侍曰:「儒有席上之珍以待聘, 夙夜强學以待問, 懷忠信以待擧, 力行以待取, 其自立有如此者.」라 하였으며,《孔子家語》에도 같은 내용이 실려 있음.

【廟堂知至理, 風俗盡還淳】'廟堂'은 중요한 國事를 의논하던 장소로 흔히 국사의 결정, 朝廷 등의 의미로 확장됨. '至理'는 지극히 원리대로 처리함. 위견소는 左相이 되어 조정에서 지극히 원리대로 정치를 폈음을 말함.

【才傑俱登用, 愚蒙但隱淪】'愚蒙'은 어리석고 몽매한 사람. 두보 자신을 말함.《眞寶》注에 "子美自謂也"라 함. '隱淪'은 초야에 묻혀 평민으로 살아감.

【長卿多病久, 子夏索居貧】'長卿'은 司馬相如(B.C.179–B.C.118)의 字. 成都 출신으로 漢代 최고의 賦작가. 漢 武帝에게 賦를 올려 宮中詩人으로 활약함.〈子虛賦〉,〈上林賦〉,〈大人賦〉,〈諭巴蜀檄〉등을 남겼으며《西京雜記》에는 司馬相如에 관한 기록을 비교적 많이 싣고 있음. 卓文君과의 애정 고사로도 유명하며《史記》(117) 및《漢書》(57)에 傳이 있음. 그는 消渴病을 심하게 앓았음.《眞寶》注에 "司馬相如, 字長卿, 常有消渴病"이라 하였고,《西京雜記》(2)에 "司馬相如初與卓文君還成都, 居貧愁懣, 以所著鷫鷞裘就市人陽昌貰酒, 與文君爲歡. 旣而文君抱頸而泣曰:「我平生富足, 今乃以衣裘貰酒.」遂相與謀於成都賣酒. 相如親著犢鼻褌滌器, 以耻王孫. 王孫果以爲病, 乃厚給文君, 文君遂爲富人. 文君姣好, 眉色如望遠山, 臉際常若芙蓉, 肌膚柔滑如脂. 十七而寡, 爲人放誕風流, 故悅長卿之才而越禮焉. 長卿素有消渴疾, 及還成都, 悅文君之色, 遂以發痼疾. 乃作「美人賦」, 欲以自刺, 而終不能改, 卒以此疾至死. 文君爲誄, 傳於世"라 함. '子夏索居貧'의 '貧'은《杜詩鏡銓》

과《杜詩詳注》모두 '頻'으로 되어 있으며《眞寶》는 오류를 일으킨 것임. '子夏'는 孔子 제자 卜商.《眞寶》注에 "索, 音索, 散居也.《家語》離群索居"라 하여, 음의 표기도 오류가 있으며《孔子家語》에는 이 구절이 실려 있지 않음.《禮記》壇弓(上)에 "子夏喪其子而喪其明. 曾子弔之曰「吾聞之也: 朋友喪明則哭之.」曾子哭, 子夏亦哭, 曰:「天乎! 予之無罪也.」曾子怒曰:「商, 女何無罪也? 吾與汝事夫子於洙泗之間, 退而老於西河之上, 使西河之民, 疑女於夫子, 爾罪一也; 喪爾親, 使民未有聞焉, 爾罪二也; 喪爾子, 喪爾明, 爾罪三也. 而且女何無罪與!」子夏投其杖而拜曰:「吾過矣! 吾過矣! 吾離羣而索居, 亦已久矣.」라 하여 '무리를 떠나 索居한 지 이미 오래 되었다'라 함. '索居'는 친구와의 교유도 끊고 홀로 지내는 것을 말함.

【回首驅流俗, 生涯似衆人】'回首'는 두보 자신이 지난 일을 돌아봄. '驅流俗'은 세상 속세의 흐름에 驅動을 당함. 속세에 쫓겨 정신없이 살아옴.《杜詩鏡銓》注에 "謂馳驅流俗中也"라 함.

【巫咸不可問, 鄒魯莫容身】'巫咸不可問'은 巫咸에게 물어볼 것도 없음. '巫咸'은 고대 神靈한 무당으로 이름은 季咸.《杜詩鏡銓》注에 "《列子》: 鄭有神巫, 自齊來, 曰季咸, 知人生死禍福壽夭, 期以歲月"이라 하였고,《列子》黃帝篇에 "有神巫自齊來處於鄭, 命曰季咸, 知人死生, 禍福, 壽夭, 期以歲, 月, 旬, 日, 如神. 鄭人見之, 皆避而走. 列子見之而心醉, 而歸以告壺丘子, 曰:「始吾以夫子之道爲至矣, 則又有至焉者矣.」壺子曰:「吾與汝無其文, 未旣其實, 而固得道與? 衆雌而無雄, 而又奚卵焉? 而以道與世抗, 必信矣. 夫故使人得而相汝. 嘗試與來, 以予示之.」明日, 列子與之見壺子. 出而謂列子曰:「譆! 子之先生死矣, 弗活矣, 不可以旬數矣. 吾見怪焉, 見濕灰焉.」列子入, 涕泣沾衿, 以告壺子. 壺子曰:「向吾示之以地文, 罪乎不誫不止, 是殆見吾杜德幾也. 嘗又與來!」明日, 又與之見壺子. 出而謂列子曰:「幸矣, 子之先生遇我也, 有瘳矣. 灰然有生矣, 吾見杜權矣.」列子入告壺子. 壺子曰:「向吾示之以天壤, 名實不入, 而機發於踵, 此是杜權. 是殆見吾善者幾也. 嘗又與來!」明日, 又與之見壺子. 出而謂列子曰:「子之先生坐不齋, 吾無得而相焉. 試齋, 將且復相之.」列子入告壺子. 壺子曰:「向吾示之以太沖莫眹, 是殆見吾衡氣幾也. 鯢旋之潘爲淵, 止水之潘爲淵, 流水之潘爲淵, 濫水之潘爲淵, 沃水之潘爲淵, 氿水之潘爲淵, 雍水之潘爲淵, 汧水之潘爲淵, 肥水之潘爲淵, 是爲九淵焉. 嘗又與來!」明日, 又與之見壺子. 入未定, 自失而走. 壺子曰:「追之!」列子追之而不及. 反以報壺子, 曰:「已滅矣, 已失矣, 吾不及也.」壺子曰:「向吾示之以未始出吾宗. 吾與之虛而猗移, 不知其誰何, 因以爲茅靡, 因以爲波流, 故逃也.」然後列子自以爲未始學而歸, 三年不出, 爲其妻爨,

食豨如食人, 於事無親, 雕琢復朴, 塊然獨以其形立;份然而封戎, 壹以是終.'라 함.
'鄒魯'의 '鄒'는 孟子의 출생국, '魯'는 孔子의 고향. 따라서 孔孟을 대신하는 말이
며 儒學을 뜻하는 말로도 쓰임.《杜詩詳注》注에《莊子》:「孔子再逐於魯, 削跡於
衛, 窮於齊, 厄於陳蔡, 不」라 하여《莊子》盜跖篇의 "子自謂才士聖人邪? 則再逐
於魯, 削跡於衛, 窮於齊, 圍於陳蔡, 不容身於天下. 子敎子路菹, 此患, 上无以爲身,
下无以爲人. 子之道豈足貴邪?"의 기록을 들고 있으나《眞寶》注에는 "若作鄒客者
非, 蓋指孟子事"라 하여 맹자를 가리켜 빗댄 것으로 보았으며,《文章正宗》에도
"指孟子事, 舊注引《莊子》盜跖篇以爲孔子事者, 誤"라 함. 그러나《杜詩詳注》의 注
를 따라 풀이함.

【感激時將晚, 蒼茫興有神】'感激時將晚'는 注에 "時將晚, 傷衰老也"라 하여 杜甫
자신이 늙어감을 안타깝게 여긴 것. '蒼茫'은 넓고 아득함을 표현하는 疊韻連綿
語.《眞寶》注에 "蒼茫, 曠遠貌, 言興之超遠"이라 하였고,《杜詩詳注》注에는 "蒼
茫, 意興勃之貌"라 함. '興有神'은《杜詩詳注》에는 "蒼茫興有神, 起下歌此曲, 而此
曲卽所上韋相詩"라 함.

【爲公歌此曲, 涕淚在衣巾】《杜詩詳注》注에 "曹植詩:「獻歡涕霑巾.」巾, 以拭淚者"
라 함.

참고 및 관련 자료

1. 杜子美: 杜甫, 杜少陵, 杜工部. 042 참조.

2. 이 시는《杜工部集》(9),《杜詩鏡銓》(2),《杜詩詳注》(3),《九家集註杜詩》(17),《補
註杜詩》(17),《集千家注杜工部詩集》(2),《文苑英華》(251),《全唐詩》(224),《全唐詩錄》
(31),《唐詩品彙》(75),《詩人玉屑》(2),《唐宋詩醇》(13),《事文類聚》(별집 10, 新集 8),
《山堂肆考》(182) 등에 널리 실려 있음.

3. 韻脚은 '春, 均, 臣, 鱗, 新, 秦, 倫, 津, 紳, 辰, 鄰, 遵, 珍, 淳, 淪, 貧, 人, 身, 神,
巾'.

4.《杜詩詳注》評語

李子德云: 上宰相詩, 具體自宜典重, 而有一氣流注之妙.

○浦二田云: 獨步下八句, 全以好賢意作頌. 蓋用人爲相臣第一要事, 故言其以獨步
之才而有照鄰之德, 雖復聰明絶世, 還當尺牘下交. 凡若此者, 正以此日池中之物, 皆
將來席上之珍, 惟宰執知急親賢, 斯士風彌息奔競, 所謂知至理盡還淳者此也. 昌黎
〈上宰相書〉, 誦菁莪, 稱樂育, 以爲舍此宜無大者焉. 與此同意. 轉入自家, 只歷敍寥

落, 不須更作乞憐語, 而聞者之心頭已動, 作者之地步亦高, 用意非餘子所及.

5.《杜工部年譜》

天寶十三載甲午.〈上韋左相〉詩:「鳳曆軒轅紀, 龍飛四十春.」玄宗卽位四十二載, 故云玄宗〈西岳太華碑〉曰:「天寶十二載癸巳, 甫進封嶽表, 杜陵諸生年過四十; 丞相國忠, 今春二月丁丑陟.〈司空賦〉曰:「維岳克生司空, 則賦當在是載.」甫是年四十二, 故曰年過四十.

4.《杜詩諺解》初刊本(19)

鳳曆은 軒轅을 紀錄ᄒ엿ᄂ니

龍이 ᄂ러언 디 마ᄉᆞᆫ 힛 보미니라

八荒애 목숨 긴 ᄀᆞᄉᆡ 여럿고

ᄒᆞᆫ 氣運은 큰 붉긔 올맛도다

霖雨 ᄀᆞ튼 어딘 도오리ᄅᆞᆯ 스랑ᄒᆞ시고

丹靑ᄒᆞᆯ ᄂᆞ근 臣下ᄅᆞᆯ 思憶ᄒᆞ시놋다

그리메 마초와 駿馬ᄅᆞᆯ 求ᄒᆞ더시니

一代예셔 놀랄 騏驎을 어드시도다

江河ㅣ 흐리니ᄅᆞᆯ 시서 ᄇᆞ리고

소텻 새로윈 거슬 調和ᄒᆞ놋다

韋賢이 처엄 漢ᄋᆞᆯ 돕ᄂᆞᆫ 듯ᄒᆞ고

范叔이 ᄒᆞ마 秦의 갓ᄂᆞᆫ 듯ᄒᆞ도다

盛ᄒᆞᆫ 功業이 이제 이 ᄀᆞ트니

經術을 傳ᄒᆞ요ᄆᆞᆫ 여믓 무레 그츠리로다

豫樟남기 기픠 싸혀셔 낏ᄂᆞᆫ 듯고

滄海 어위여 ᄀᆞᄉᆡ 업슨 듯도다

北斗에 喉舌을 ᄀᆞᅀᆞᆷ알오

東方앳 搢紳을 거느롓도다

저울 가져셔 물곤 보ᄆᆞᆯ 머믈우고

신 소리ᄅᆞᆯ 들여 벘서리예 올가 가놋다

ᄒᆞ오사 걷ᄂᆞᆫ 지죄 녯 사ᄅᆞᆷᄀᆡ게 超越ᄒᆞ니

나ᄆᆞᆫ 恩波ㅅ 德이 이우제 비취엣도다

聰明ᄒᆞ요ᄆᆞᆫ 管輅ㅣ게 넘고

尺牘ᄒᆞ요ᄆᆞᆫ 陳遵을 갓고로혀리로다

엇뎨 이 못 가온딧 物이리오
녜□브터 오매 돗 우흿 珍寶ㅣ니라
廟堂애셔 至極히 다ᄉ료믈 아노니
風俗이 다 도로 淳厚ᄒᆞ리로다
才傑ᄒᆞᆫ 사ᄅᆞᆷ 다 올아 쓰이거늘
어린 사ᄅᆞᆷ 오직 수머 뼈뎻노라
長卿의 한 病이 오라고
子夏의 흐려 사로미 즈조라
流俗애 몰여ᄃᆞ뇨믈 머리 도로혀 보니
生涯ㅣ 뭀 사ᄅᆞ미 ᄀᆞ토다
巫咸 더브러 可히 묻디 몯ᄒᆞ리로소니
鄒魯도 모ᄆᆞᆯ 容納디 몯ᄒᆞ니라
感激고져 ᄒᆞ나 時節이 將次ㅅ 느즈니
훤츨ᄒᆞᆫ 興 곳 神奇로외요미 잇도다
그듸를 爲ᄒᆞ야 이 놀애를 블로니
눉므리 옷과 手巾에 잇도다

095. 〈寄李白〉 ·················· 杜子美(杜甫)

이백에게 부침

*《眞寶》注에 "白, 坐繫潯陽獄, 宋若思釋囚, 辟爲參謀. 乾元元年, 長流夜郎, 子美
　寄此詩"라 함.
*〈寄李白〉:李白에게 부침. 원제목은 〈寄李十二白二十韻〉이며, '李十二白'은 李白
　의 排行이 열두 번째였기 때문임.

옛날 어떤 광객狂客이 있어,
그대를 적선인謫仙人이라 불렀다지.
붓을 내려 시를 지으면 풍우도 놀라고,
시를 이루고 나면 귀신도 울었지.
명성이 이로부터 커지기 시작하여,
이름 없이 묻혀 살던 몸이 하루아침에 퍼져나갔지.
아름다운 문채로 인해 천자의 특별한 사랑을 받았고,
유행하는 그대 작품은 반드시 절륜하였다네.
천자의 용주龍舟는 그대를 기다리느라 더디게 노를 저었고,
남에게 주었던 짐승무늬 비단 두루마기를 다시 빼앗아 그대에게 줄
정도.
대낮에도 깊은 궁전을 드나들 수 있었고,
청운靑雲의 고관들은 먼지를 일으키며 가득 그대 뒤를 따랐지.
초야로 돌아가겠다고 하자 천자는 조칙 내려 허락하셨고,
나를 만나 오래도록 품고 있던 마음으로 친히 대해 주었지.
자연 벗 삼아 숨어살려는 뜻을 어기지 아니하였으니,
총애와 치욕을 받았던 몸을 온전히 하였네.
마음대로 떠들어대며 초야의 편안함을 좋아하였고,

술을 즐기면서 천진함을 그대로 보여주었네.
양원梁園의 밤잔치에서 취해서 춤도 추었고,
사수泗水의 봄 경치엔 발길 닿는 대로 다니며 노래도 불렀지.
재주 높으나 뜻은 제대로 펴보지 못하고,
도가 꺾여 착하게 했음에도 따라주는 이웃이 없었네.
처사로 살았던 예형禰衡은 뛰어난 인물이었고,
공자 제자 원헌原憲은 가난을 벗어나지 못하였지.
양식도 바라는 대로 얻지 못하였는데,
율무를 두고 어찌 그리 비방도 잦았던고?
오령五嶺의 남쪽은 뜨겁고 더운 고장,
그대는 삼위三危로 쫓겨나는 몸이 되고 말았네.
몇 년이나 복조鵩鳥를 만날 것인가?
홀로 기린을 향해 눈물을 뿌렸다네.
그나마 한나라 소무蘇武보다는 먼저 풀려 돌아왔으니,
황공黃公 같은 이가 어찌 다시 진秦나라를 섬기려 하리오?
목생穆生은 초나라 잔치에서 단술 없다고 그날 떠나버렸고,
추양鄒陽은 양梁나라 옥에서 상서를 올렸다오.
그럼에도 이미 당시의 법을 적용하고 말았으니,
누가 장차 이를 논의하여 대신 진술해 주리오?
나는 늙어 가을 달 아래 시나 읊으며,
병든 몸을 일으켜 저무는 강 가나 나가보는 신세.
천자의 은혜 물결이 가로막혀 있다고 탓하지 마시오,
뗏목 타고 은하수로 올라가 나루터를 물어보아 드리리다.

昔年有狂客, 號爾謫仙人.
筆落驚風雨, 詩成泣鬼神.
聲名從此大, 汨沒一朝伸.

文彩承殊渥, 流傳必絶倫.
龍舟移棹晚, 獸錦奪袍新.
白日來深殿, 青雲滿後塵.
乞歸優詔許, 遇我宿心親.
未負幽棲志, 兼全寵辱身.
劇談憐野逸, 嗜酒見天眞.
醉舞梁園夜, 行歌泗水春.
才高心不展, 道屈善無鄰.
處士禰衡俊, 諸生原憲貧.
稻梁求未足, 薏苡謗何頻?
五嶺炎蒸地, 三危放逐臣.
幾年遭鵩鳥? 獨泣向麒麟.
蘇武先還漢, 黃公豈事秦?
楚筵辭醴日, 梁獄上書辰.
已用當時法, 誰將此義陳?
老吟秋月下, 病起暮江濱.
莫怪恩波隔, 乘槎與問津.

【昔年有狂客, 號爾謫仙人】'狂客'은 狂簡한 사람. 賀知章을 가리킴. 賀知章은 四明
山에 은거하면서 스스로 自號를 四明狂客이라 하였음. 035를 볼 것. 天寶 3년
(744) 李白이 長安에 이르렀을 때 紫極宮에서 四明狂客 賀知章이 李白을 처음보
고 그의 仙風에 놀라, 이백을 신선 세계에서 인간세상으로 귀양 온 사람이라는
뜻의 '謫仙人'이라 불렀음.《眞寶》注에 "賀知章, 自號四明狂客, 呼白爲謫仙人"이
라 함.《杜詩鏡銓》注에 "〈賀知章傳〉: 知章自號四明狂客. 孟棨《本事詩》: 白自蜀至
京師, 賀監知章聞其名, 首訪之, 請所爲文. 白出〈蜀道難〉示之, 稱歎數四, 號爲謫
仙人. 解金貂換酒, 與傾盡醉. 自是聲譽光赫. 范傳正新墓碑: 賀知章吟公〈烏棲曲〉
云:「此詩可以泣鬼神矣.」"라 함.
【筆落驚風雨, 詩成泣鬼神】'筆落'은 글씨를 씀. 글을 지음.

【聲名從此大, 汨沒一朝伸】'從此'는 '賀知章이 그를 謫仙人이라 부르고 나서면서 부터'의 뜻. '汨沒'은 묻힌 채 세상에 드러나지 않음을 뜻하는 疊韻連綿語. '伸'은 뜻을 폄, 드러남.

【文彩承殊渥, 流傳必絶倫】'文彩'는 詩文의 아름다움. '殊渥'은 아주 특수한 은총을 뜻함. 그의 아름다운 문장은 玄宗으로부터 특수한 은총을 받기에 이름. 唐李陽氷의 《李翰林集序》에 "天寶中, 皇祖下詔, 徵取金馬, 降輦步迎如見綺皓, 以七寶牀賜食, 御手調羹以飯之, 謂曰:「卿是布衣, 名爲朕知, 非素畜道義, 何以及此?」置於金鑾殿, 出入翰林中, 問以國政"이라 하였고, 《杜詩鏡銓》注에는 "《唐書》:知章言白於玄宗, 召見金鑾殿, 奏頌一篇, 賜食, 帝爲調羹, 召供奉翰林. 樂史〈別集序〉:上命李龜年持金花牋宣賜李白, 白宿醒未解, 援筆賦之, 立進〈淸平調〉三章"이라 함. '流傳'은 이백의 시가 세상에 널리 유행되어 전해짐. '絶倫'은 비길 데 없이 뛰어남. 대단함. '倫'은 類의 뜻.

【龍舟移棹晚, 獸錦奪袍新】'龍舟'는 천자(현종)의 배. '移棹晚'은 노를 저어 옮겨감이 늦음. 玄宗이 白蓮池에서 뱃놀이를 할 때 이백을 불렀으나 이백이 술에 취해 늦게 나타나자 高力士로 하여금 이백을 부축하여 배에 태우도록 한 다음 배를 띄울 정도였음. 《眞寶》注에 "玄宗泛舟蓮池, 召太白, 被酒, 命高力士扶登舟"라 함. 范傳正의 〈太白新墓碑〉에 "玄宗泛白蓮池, 召白作序, 時白被酒, 命高力士扶以登舟"라 하였으며 《舊唐書》(190) 文苑傳(下) 李白傳에는 "玄宗度曲欲造樂府新詞, 亟召白, 白已臥於酒肆矣. 召入以水灑面, 即令秉筆. 頃之成十餘章, 帝頗嘉之. 嘗沉醉殿上, 引足令高力士脫靴"라 하였고, 《新唐書》(202)에는 "白嘗侍帝, 醉, 使高力士脫鞾. 力士素貴恥之, 摘其詩以激楊貴妃"라 함. 《杜詩鏡銓》注에는 "用玄宗泛白蓮池事"라 함. '獸錦'은 짐승의 무늬를 넣어 짠 아주 값진 비단. 《杜詩鏡銓》注에는 "獸錦袍, 織錦爲獸文也"라 함. '奪袍新'은 이미 주었던 錦袍를 빼앗아 새로 글을 지은 사람에게 줌. 이는 원래 東方虬와 宋之問의 고사임. 《舊唐書》(190) 文苑傳 (中) 宋之問에 "則天幸洛陽龍門, 令從官賦詩. 左史東方虬詩先成, 則天以錦袍賜之. 及之問詩成, 則天稱其詞愈高, 奪虬錦袍以賞之"라 함. 여기서는 그와 같은 고사를 남길 정도로 이백의 作詩 능력이 대단하여 玄宗으로부터 많은 賞賜를 받았음을 말한 것. 《眞寶》注에는 "白作樂章, 帝賜錦袍"라 함. 《杜詩鏡銓》注에는 "《舊唐書》:武后令從臣賦詩, 東方虬先成, 賜以錦袍. 宋之問繼進, 詩尤工, 於是奪袍賜之. 此借言恩賜也"라 함.

【白日來深殿, 靑雲滿後塵】'白日來深殿'은 한낮에도 마음 놓고 천자의 깊은 궁궐

을 드나들 수 있음. 총애가 지극하였음을 말함. '靑雲'은 靑雲之士. 조정에서 벼슬하는 사람들. 《史記》伯夷傳에 "非附靑雲之士, 惡能施于後世哉?"라 함. '滿後塵'은 이백 뒤에 먼지를 일으키며 따름. 《杜詩鏡銓》注에 "仇注:指文士之追隨者"라 함.

【乞歸優詔許, 遇我宿心親】'乞歸優詔許'는 이백이 高力士의 讒訴를 입자 다시 山野로 돌아갈 것을 청하였음. 그러자 玄宗이 황금을 하사하며 허락함. 《眞寶》注에 "白爲高力士所譖, 懇求還山, 帝賜金放還"이라 함. '優詔許'는 "너그럽게 조칙을 내려 허락하다"의 뜻. '優'는 《字彙》에 "和也, 饒也"라 하여 너그럽게 용서함을 뜻함. 《杜詩鏡銓》注에 "《唐書》:白爲高力士所譖, 自知不爲親近所容, 懇求還山, 帝賜金放還"이라 함. '遇我宿心親'은 '이백이 나를 만나자 깊은 마음으로 오래전부터 친한 사이처럼 여겨줌.' '宿心'은 혹 《杜詩鏡銓》에는 '夙心'으로도 표기되어 있음. 오래 품고 있는 마음.

【未負幽棲志, 兼全寵辱身】'未負幽棲志'는 은퇴하여 살겠다는 뜻을 저버리지 않음. '兼全寵辱身'은 '총애와 모욕을 함께 겪어냄.' 玄宗의 寵愛와 高力士의 讒言을 말함. 《杜詩鏡銓》注에 "言其寵辱不驚, 獨能全身而退"라 함.

【劇談憐野逸, 嗜酒見天眞】'劇談'은 마음대로 말을 함. 하고 싶은 말을 거리낌 없이 함. 《漢書》揚雄傳에 "雄口吃不能劇談, 默而好深湛之思"라 함. '憐野逸'은 자연에 묻혀 편안히 지내는 삶을 그리워함. '逸'은 逸趣, 飄逸의 뜻. 《杜詩鏡銓》注에 "公自謂"라 함. '嗜酒見天眞'의 '見'은 '현'으로 읽으며 '드러나다'의 뜻. 《杜詩鏡銓》注에 "上二乃乞歸之故, 此二見夙心之投"라 함.

【舞醉梁園夜, 行歌泗水春】'梁園'은 일명 兎園이라고도 하며, 지금의 河南 開封(汴州)에 있던 漢나라 때 梁孝王의 園囿. 《眞寶》注에 "在汴, 漢梁孝王所築."이라 하였고, 《杜詩鏡銓》注에도 "在汴, 漢梁孝王所築. 夢弼曰:按〈公傳〉:嘗從白及高適, 過汴州, 酒酣, 登醉臺慷慨懷古. 《太白集》:有梁園醉歌, 汴州卽梁園故地, 又公與太白嘗同遊山東, 故曰「行歌泗水春」"이라 함. 이백의 시에 〈梁園吟〉이 있으며 翰林의 직을 벗어나자 天寶 3년 4년경에 梁, 宋, 齊, 魯 지방을 유람하며 시를 읊었음. 이 때 두보와 여러 차례 만나 어울렸던 것을 봄. '泗水'는 지금의 山東 曲阜 근처를 흐르는 물. 洙水와 함께 칭해지며 흔히 孔子의 학문을 뜻하기도 함. 《眞寶》注에 "泗水, 在魯地, 太白嘗遊梁魯間"이라 함. 두보가 이백과 함께 봄에 그곳에서 노래하며 즐거운 한 때를 보냈음을 회상한 것. 《杜詩鏡銓》注에는 "《一統志》:梁園一名兎園, 在今歸德府城東"이라 함.

【才高心不展, 道屈善無鄰】‘道屈善無鄰’은 펴고자 하는 道가 굴복을 당하여, 善하게 하건만 이웃이 없음. ‘無鄰’은 《論語》里仁篇의 “德不孤必有隣”의 말을 원용한 것.

【處士禰衡俊, 諸生原憲貧】‘處士’는 벼슬자리에 있지 아니한 사람을 뜻함. 《孟子》滕文公(下)에 “聖人不作, 諸侯放恣, 處士橫議, 楊朱墨翟之言盈天下”라 함. ‘禰衡’은 자는 正平(173-198). 孔融이 武帝(曹操)에게 추천하였으나 끝까지 出仕하지 않은 채 狂簡하게 굴다가 武帝의 노여움을 사서 樂官으로 폄훼됨. 《眞寶》注에 “禰衡, 字正平, 爲平原處士”라 함. 《文選》(13)에 〈鸚鵡賦〉가 전하며 《後漢書》(110, 下)에 傳이 있음. 《後漢書》文苑傳(下) 禰衡傳에 “禰衡字正平, 平原般人也. 少有才辯, 而尙氣剛傲, 好矯時慢物. 興平中, 避難荊州. 建安初, 來遊許下. 始達潁川, 乃陰懷一刺, 旣而無所之適, 至於刺字漫滅. 是時, 許都新建, 賢士大夫, 四方來集. 或問衡曰:「盍從陳長文, 司馬伯達乎?」對曰:「吾焉能從屠沽兒耶!」又問:「荀文若, 趙稚長云何?」衡曰:「文若可借面弔喪, 稚長可使監廚請客.」唯善魯國孔融及弘農楊脩. 常稱曰:「大兒孔文擧, 小兒楊德祖. 餘子碌碌, 莫足數也.」融亦深愛其才. 衡始弱冠, 而融年四十, 遂與爲交友”라 하였고, 《蒙求》(278)에는 “後漢, 禰衡字正平, 平原般人. 少有才辯. 尙氣剛傲, 好矯時慢物. 遊潁川乃陰懷一刺. 旣而無所之, 至於刺字漫滅. 時許都新建, 賢士大夫四方來集. 或問衡曰:「盍從陳長文, 司馬伯達乎?」對曰:「吾安能從屠沽兒邪?」又問:「荀文若, 趙稚長云何?」衡曰:「文若可借面弔喪, 稚長可使監廚請客.」唯善孔融, 楊脩. 常稱曰:「大兒孔文擧, 小兒楊德祖. 餘子碌碌莫足數.」融亦深愛其才. 衡始冠, 而融四十, 遂爲交友. 上書薦之, 有云:「鷙鳥累百, 不如一鶚.」融數稱述於曹操. 操以其言悖逆, 送與劉表. 表不能容, 送與江夏太守黃祖. 祖性急, 衡言不遜, 遂殺之, 年二十六”이라 함. 《世說新語》言語篇에도 “禰衡被魏武謫爲鼓吏, 正月半試鼓, 衡揚枹爲漁陽參撾, 淵淵有金石聲, 四座爲之改容. 孔融曰:「禰衡罪同胥靡, 不能發明王之夢!」魏武慙而赦之.”라 함. ‘原憲’은 孔子 제자. 字는 子思. 安貧樂道로 알려진 인물. 《孔子家語》弟子解篇에 “原憲, 宋人, 字子思, 少孔子三十六歲, 淸淨守節, 貧而樂道, 孔子爲魯司寇, 原憲嘗爲孔子宰. 孔子卒後, 原憲退隱, 居于衛”라 하였고, 《莊子》讓王篇에는 “原憲居魯, 環堵之室, 茨以生草, 蓬戶不完, 桑以爲樞; 而甕牖二室, 褐以爲塞; 上漏下溼, 匡坐而弦歌. 子貢乘大馬, 中紺而表素, 軒車不容巷, 往見原憲. 原憲華冠縰履, 杖藜而應門. 子貢曰:「嘻! 先生何病?」原憲應之曰:「憲聞之, 无財謂之貧, 學道而不能行謂之病. 今憲, 貧也, 非病也.」子貢逡巡而有愧色. 原憲笑曰:「夫希世而行, 比周而友, 學以爲人, 敎以

爲己, 仁義之慝, 與馬之飾, 憲不忍爲也.」라 하였으며, 이 고사는《韓詩外傳》(1),
《新序》節士篇,《史記》仲尼弟子列傳,《高士傳》(上)《太平御覽》(485) 등에도 널리
轉載되어 있음.《眞寶》注에는 "原憲, 孔門弟. 原憲至貧, 二事比白之有才而無祿也"
라 함.

【稻粱求未足, 薏苡謗何頻】'稻粱'은 벼와 조. 곡물을 대신하는 말. 이를 넉넉히 구
하지 못함. '薏苡'는 율무. 雙聲連綿語의 物名. 이는 원래 중국 南方이 원산지로
써 後漢 伏波將軍 馬援이 처음 北方으로 옮겨 왔음. 그 당시 이를 眞珠라 여겨
馬援을 헐뜯은 고사가 널리 전함.《眞寶》注에 "馬援, 征交趾, 載薏苡還, 人謗之
以爲明珠. 喩白之遇讒也"라 함. 馬援은 자는 文淵(B.C.14-A.D.49). 新莽 말기에 劉
秀를 옹위하여 光武帝로 세우고 隴西太守가 되어 伏波將軍에 배수함. "才夫爲
志, 窮當益堅, 老當益壯", "男兒要當死於邊野, 以馬革裹尸還"이란 말을 남김.《後
漢書》(54)에 傳이 있음.《後漢書》馬援傳에 "馬援字文淵, 扶風茂陵人也. 其先趙奢
爲趙將, 號曰馬服君, 子孫因爲氏. 武帝時, 以吏二千石自邯鄲徙焉. 曾祖父通, 以功
封重合侯, 坐兄何羅反, 被誅, 故援再世不顯. 援三兄況, 余, 員, 並有才能, 王莽時
皆爲二千石. 援年十二而孤, 少有大志, 諸兄奇之. 嘗受《齊詩》, 意不能守章句, 乃辭
況, 欲就邊郡田牧. 況曰:「汝大才, 當晚成. 良工不示人以朴, 且從所好.」會況卒, 援
行服朞年, 不離墓所; 敬事寡嫂, 不冠不入廬. 後爲郡督郵, 送囚至司命府, 囚有重
罪, 援哀而縱之, 遂亡命北地. 遇赦, 因留牧畜, 賓客多歸附者, 遂役屬數百家. 轉游
隴漢閒, 常謂賓客曰:「丈夫爲志, 窮當益堅, 老當益壯.」因處田牧, 至有牛馬羊數千
頭, 穀數萬斛. 旣而歎曰:「凡殖貨財産, 貴其能施賑也, 否則守錢虜耳.」乃盡散以班
昆弟故舊, 身衣羊裘皮絝. ……初, 援在交趾, 常餌薏苡實, 用能輕身省慾, 以勝瘴氣.
南方薏苡實大, 援欲以爲種, 軍還, 載之一車. 時人以爲南土珍怪, 權貴皆望之. 援時
方有寵, 故莫以聞. 及卒後, 有上書譖之者, 以爲前所載還, 皆明珠文犀. 馬武與於陵
侯侯昱等皆以章言其狀, 帝益怒. 援妻孥惶懼, 不敢以喪還舊塋, 裁買城西數畝地槁
葬而已. 賓客故人莫敢弔會. 嚴與援妻子草索相連, 詣闕請罪. 帝乃出松書以示之,
方知所坐, 上書訴冤, 前後六上, 辭甚哀切, 然後得葬."라 하였고,《蒙求》(269)「馬援
薏苡」에도 "後漢, 馬援在交趾, 常餌薏苡實, 能輕身省慾, 以勝瘴氣. 南方薏苡實大,
援欲以爲種, 軍還載之一車. 時人以爲南土珍怪, 權貴皆望之. 援時方有寵, 故莫以
聞. 卒後有人上書譖之者, 以爲:「前所載還, 皆明珠文犀.」〈吳祐傳〉: 吳恢爲南海太
守. 其子祐年十二, 隨到官. 恢欲殺靑簡以寫經書. 祐諫曰:「大人踰越五嶺, 遠在海
濱. 其俗誠陋. 然舊多珍怪. 上爲國家所疑, 下爲權威所望. 此書若成, 則載之兼兩.

昔馬援以薏苡興謗, 王陽以囊衣徼名. 嫌疑之間, 先賢所愼.」恢乃止, 撫其首曰:「吳
氏世不乏季子矣.」라 함. 《杜詩鏡銓》注에는 "〈馬援傳〉: 援征交趾, 載薏苡種還, 人
謗之以爲明珠大貝. 蔡注: 此以喩永王璘反, 謂白爲參屬與謀也"라 함.

【五嶺炎蒸地, 三危放逐臣】'五嶺'은 중국 남방 廣東, 廣西로 넘어가는 大庾嶺, 始
安嶺, 臨賀嶺, 桂陽嶺, 揭陽嶺의 다섯 고개를 가리킴. 《史記》張耳傳에 "北有長
城之域, 南有五嶺之戍"라 하였고, 注에 《漢書音義》를 인용하여 "嶺有五, 因以爲
名. 在交阯界中也"라 하였으며, 〈索隱〉에는 "裴氏《廣州記》云: 大庾, 始安, 臨賀,
桂陽, 揭陽, 斯五嶺"이라 함. 《杜詩鏡銓》注에는 "鄧德明《南康記》: 始興大庾嶺, 桂
陽騎田嶺, 九眞都龐嶺, 臨賀萌浩嶺, 始安越城嶺, 是爲五嶺"이라 함. '三危'는 三危
山. 《尙書》虞書 舜典에 "流共工于幽洲, 放驩兜于崇山, 竄三苗于三危, 殛鯀于羽山"
이라 하였고, 지금의 甘肅 敦煌 근처라 하였으나, 李白이 남쪽으로 유배된 것을
근거로 하면 지금의 夜郞 근처였을 것으로 추정함. 이에 《杜詩集注》에는 "三危,
山名, 在今陝西行都司瓜州城"이라 하였으나, 《本集》注에는 "希曰:《書》注三危西
裔, 白以永王璘之累, 流夜郞, 五嶺. 三危與夜郞鄰境也"라 함. 《眞寶》注에도 "大
庾, 始安, 臨賀, 桂陽, 揭陽, 是爲五嶺. 白長流夜郞, 五嶺三危, 與夜郞接境"이라 함.
《杜詩鏡銓》注에는 "《山海經》:「三危之山, 廣圓百里, 在鳥鼠山西, 與岷山相接.」
《括地志》:「三危山在沙州燉煌縣東南二十里, 山有三峯, 故曰三危.」朱注: 太白時流
夜郞, 三危去夜郞甚遠, 此特借言其放逐耳. 按: 漢夜郞縣屬牂牁郡, 唐屬珍州. 牂牁
郡在今播州界, 珍州在今施州"라 함.

【幾年遭鵩鳥? 獨泣向麒麟】'幾年遭鵩鳥'는 漢나라 때 '賈誼'(B.C.200-B.C.168년)는
政論家이며 文學家. 文帝 초에 博士가 되어 大中大夫에 올랐으나 죄를 짓고 長
沙로 쫓겨남. 그 때 屈原과 자신을 비교하여 〈吊屈原賦〉를 지었으며 《新書(賈子)》
라는 책을 남김. 《史記》屈原賈生列傳과 《漢書》에 賈誼傳이 있음. 그가 長沙王
太傅로 좌천되어 그곳에 이르렀을 때 집 앞에 鵩鳥가 나타나 이를 불길하게 여
겨, 〈鵩鳥賦〉를 지어 화를 면하고자 하였음. 따라서 '鵩鳥'는 炎蒸熱濕한 곳에서
의 귀양살이를 뜻함. 《眞寶》注에 "賈誼, 爲長沙王傅, 不得志, 有鵩鳥集于舍"라
함. 한편 《蒙求》(020)「賈誼忌鵩」에 "前漢, 賈誼, 雒陽人. 年十八, 能誦詩書屬文, 稱
於郡中, 河南守吳公聞其秀材, 召置門下. 及爲廷尉, 迺言:「誼年少頗通諸家書.」文
帝召爲博士. 每詔令議下, 諸老先生未能言, 誼盡爲之對. 人人各如其意所出, 諸生
以爲能, 帝說之. 超遷歲中至太中大夫. 誼以爲漢興當改正朔, 易服色, 制度, 定官
名, 興禮樂. 迺草具其儀. 帝謙讓未皇也. 然諸法令命所更定, 皆誼發之. 天子以誼

任公卿之位, 絳灌之屬害之. 於是上亦疏之, 不用其議, 以爲長沙王太傅. 三年有鵩飛入舍, 止於坐隅. 鵩似鴞不祥鳥也. 誼旣適居, 長沙卑濕. 自傷悼以爲壽不得長. 迺爲賦以自廣. 歲餘帝思誼徵之. 入見上方受釐坐宣室. 因感鬼神事, 而問鬼神之本. 誼具道所以然之故, 至夜半, 帝前席, 旣罷曰:「吾久不見賈生, 自以爲過之, 今不及也.」迺拜梁王太傅. 死年三十三. 孔臧〈鴞賦〉云:「昔賈生有識之士, 忌玆鵩鳥.」라 하였으며, 《西京雜記》(5) 賈誼〈鵩鳥賦〉에도 "賈誼在長沙, 鵩鳥集其承塵. 長沙俗以鵩鳥至人家, 主人死. 誼作鵩鳥賦, 齊死生, 等榮辱, 以遣憂累焉."라 하였고, 《搜神記》(9)에도 "賈誼爲長沙王太傅, 四月庚子日, 有鵩鳥飛入其舍, 止于坐偶, 良久乃去. 誼發書占之, 曰:「野鳥入室, 主人將去.」誼忌之, 故作〈鵩鳥賦〉, 齊死生而等禍福, 以致命定志焉."라 함. 기타 사항은 《史記》와 《漢書》를 참고할 것. '麒麟'은 상서로운 동물로 이것이 나타나면 王者가 나타난다고 여겼음. 春秋 말 魯 哀公 14년 (B.C.481) 서쪽에서 이 기린을 잡았다 하자 孔子가 가서 울었으며 이로써 《春秋》 기록을 絶筆함. 《眞寶》注에 "孔子見麟而泣曰:「出非其時, 吾道窮矣.」"라 함. 《左傳》哀公 14년 經에 "十有四年春, 西狩獲麟"라 하였고, 傳에는 "十四年春, 西狩於大野, 叔孫氏之車子鉏商獲麟, 以爲不祥, 以賜虞人. 仲尼觀之, 曰:「麟也.」라 하였으며, 《公羊傳》에는 "西狩獲麟, 孔子曰:「吾道窮矣.」"라 하였음. 杜預 注에 "麟者仁獸, 聖王之嘉瑞也. 時無明王, 出而遇獲. 仲尼傷周道之不興, 感嘉瑞之無應, 故因 《魯春秋》而修中興之敎, 絶筆於獲麟之一句, 所感而作, 固所以爲終也"라 함. 《史記》儒林列傳에도 "西狩獲麟, 曰「吾道窮矣」. 故因《史記》作《春秋》, 以當王法, 其辭微而指博, 後世學者多錄焉"이라 함. 그러나 이해에 齊나라 陳恆이 임금을 시해한 사건이 일어나자 孔子가 이를 토벌하도록 청하였으나, 실행되지 않아 실망하여 絶筆한 것이라고도 함. 顧棟高의 《大事表》春秋絶筆獲麟論에 "因是年請討陳恆之不行而絶筆也"라 하였고, 宋 家鉉翁의 《春秋詳說》에도 "陳恆弑君, 孔子沐浴請討, 公不能用, 是歲春秋以獲麟絶筆"이라 하였으나 일부 논란이 있기도 함. 한편 '麟'은 何法盛의 〈徵祥說〉에 "牡曰麒, 牝曰麟"이라 하였고, 《說文》에는 '仁獸'라 하였음. 《爾雅》釋獸에는 '麇'이라 하였고 "人身, 牛尾, 一角"이라 함. 《孔子家語》辨物篇에는 "叔孫氏之車士曰子鉏商, 採薪於大野, 獲麟焉, 折其前左足, 載以歸. 叔孫以爲不祥, 棄之於郭外, 使人告孔子曰:「有麇而角者, 何也?」孔子往觀之, 曰:「麟也, 胡爲來哉? 胡爲來哉?」反袂拭面, 涕泣沾衿. 叔孫聞之, 然後取之. 子貢問曰:「夫子何泣爾?」孔子曰:「麟之至爲明王也, 出非其時而見害, 吾是以傷焉.」"이라 함. 여기서는 李白이 때를 제대로 만나지 못해 그의 도가 행하여지지 않음을 杜甫

가 탄식한 것임. 《杜詩鏡銓》注에는 "用西狩獲麟事, 言將絶筆也"라 함.

【蘇武先還漢, 黃公豈事秦】'蘇武'는 李太白의 시 〈蘇武〉(063)를 참조할 것. 《杜詩鏡銓》과 《杜詩詳注》에는 이 구절이 "蘇武元還漢"으로 되어 있으며, 注에 "朱作元, 舊作先"이라 함. '黃公'은 秦末漢初 商山四皓의 하나인 夏黃公. 《眞寶》注에 "黃公, 四皓之一"이라 함. '四皓'는 '네 사람의 白髮老人'이라는 뜻. 흔히 '商山四皓'로 널리 불림. 秦末 천하 혼란 때 세상을 피해 살며 帝王일지라도 고고히 孤節을 지켰으며 뒤에 漢 高祖 劉邦이 呂后 소생 태자 劉盈(뒤에 惠帝)을 폐하고 戚姬소생 如意로 바꾸려 하자 留侯 張良의 건의에 의해 이들을 모셔옴. 그 때 한 번 산에서 내려와 高祖로 하여금 태자 폐출을 포기하도록 한 사건으로 유명함. 《史記》注에 東園公(姓은 唐, 字는 宣明, 東園에 살았음), 夏黃公(성은 崔, 이름은 黃, 夏里에 살았음), 甪里先生(성은 周, 이름은 術, 甪里에 살았음. 《太平御覽》에는 '角里先生'으로 잘못 표기되어 있음.), 綺里季 등 네 사람이라 하였음. 《杜詩鏡銓》注에는 "夏黃公, 四皓之一, 避秦商山, 以比白之高臥廬山也"라 함. 한편 이 '商山四皓'의 고사는 아주 널리 전하고 있으며, 《漢書》(72) 王貢兩龔鮑傳에 "漢興有園公, 綺里季, 夏黃公, 甪里先生, 此四人者, 當秦之世, 避而入商雒深山, 以待天下之定也. 自高祖聞而召之, 不至. 其後呂后用留侯計, 使皇太子卑辭束帛致禮, 安車迎而致之. 四人旣至, 從太子見, 高祖客而敬焉, 太子得以爲重, 遂用自安. 語在《留侯傳》"라 하였고, 陶淵明 〈贈羊長史〉에는 「左軍羊長史, 銜使秦川, 作此與之.」愚生三季後, 慨然念黃虞. 得知千載外, 正賴古人書. 聖賢留餘迹, 事事在中都. 豈忘游心目, 關河不可踰. 九域甫已一, 逝將理舟輿. 聞君當先邁, 負痾不獲與. 路若經商山, 爲我少躊躇. 多謝綺與甪, 精爽今何如. 紫芝誰復採, 深谷久應蕪. 駟馬無貰患, 貧賤有交娛. 淸謠結心曲, 人乖運見疎. 擁懷累代下, 言盡意不舒"라 하였으며, 《史記》〈索隱〉에는 "四人, 四皓也. 謂東園公, 倚里季, 夏黃公, 甪里先生. 按:《陳留志》云:「園公姓庚, 字宜明, 居園中, 因以爲號. 夏黃公姓崔名廣, 字少通, 齊人, 隱居夏里修道, 故號曰夏黃公. 甪里先生, 河內軹人. 太伯之後, 姓周名術, 字元道. 京師號曰霸上先生, 一曰甪里先生.」孔安國秘記作祿里. 此皆王劭據崔氏, 周氏系譜及陶元亮四人目而如此說."라 함. 한편 《新序》善謀(下)에도 "留侯張子房, 於漢已定, 性多疾, 卽導引不食穀, 杜門不出. 歲餘, 上欲廢太子, 立戚氏夫人子趙王如意, 大臣多爭, 未能得堅決者也. 呂后恐, 不知所爲. 人或謂呂后曰:「留侯善畫計策, 上信用之.」呂后乃使建成侯呂澤劫留侯曰:「君常爲上計, 今日欲易太子, 君安得高枕臥?」留侯曰:「始上數在困急之中, 幸用臣; 今天下安定, 以愛幼欲易太子, 骨肉間, 雖臣等百餘人, 何益?」呂澤强

要曰:「爲我畫計.」留侯曰:「此難以口舌爭也. 顧上有所能致者, 天下有四人, 園公, 綺里季, 夏黃公, 甪里先生. 此四人者, 年老矣, 皆以上慢侮士, 故逃匿山中, 義不爲漢臣. 然上高此四人. 公誠能無愛金玉璧帛, 令太子爲書, 卑辭以安車迎之, 因使辯士固請, 宜來, 來, 以爲客, 時時從入朝, 令上見之. 上見之, 卽必異問之, 問之, 上知此四人, 亦一助也.」於是呂后令澤使人奉太子書, 卑辭厚禮迎四人. 四人至, 舍呂澤所. 至十二年, 上從破黥布軍歸, 疾益甚, 愈欲易太子. 留侯諫, 不聽, 因疾不視事. 太傅叔孫通稱說引古, 以死爭太子, 上佯許之, 猶欲易之. 及燕, 置酒, 太子侍, 四人者從太子, 皆年八十有餘, 鬚眉晧白, 衣冠甚偉, 上怪而問之曰:「何爲者?」四人前對, 各言其姓名, 上乃驚曰:「吾求公數歲, 公避逃我, 今公何自從吾兒游乎?」四人皆對曰:「陛下輕士善罵, 臣等義不辱, 故恐而亡匿. 聞太子爲人子孝仁, 敬愛士, 天下莫不延頸, 願爲太子死者. 故來耳.」上曰:「煩公幸卒調護太子.」四人爲壽已畢, 起去, 上目送之. 召戚夫人指示四人者曰:「我欲易之. 彼四人輔之, 羽翼已成, 難動矣. 呂氏眞而主矣.」戚夫人泣下, 上曰:「爲我楚舞, 吾爲若楚歌.」歌曰:「鴻鵠高蜚, 一擧千里. 羽翮已就, 橫絶四海. 橫絶四海, 當可奈何? 雖有矰繳, 尙安能施?」歌數闋, 戚夫人噓唏流涕, 上起去, 罷酒. 竟不易太子者, 留侯召四人之謀也"라 하였고,《史記》留侯世家에는 "留侯從入關. 留侯性多病, 卽道引不食穀, 杜門不出歲餘. 上欲廢太子, 立戚夫人子趙王如意. 大臣多諫爭, 未能得堅決者也. 呂后恐, 不知所爲. 人或謂呂后曰:「留侯善畫計筴, 上信用之.」呂后乃使建成侯呂澤劫留侯, 曰:「君常爲謀臣, 今上欲易太子, 君安得高枕而臥乎?」留侯曰:「始上數在困急之中, 幸用臣筴. 今天下安定, 以愛欲易太子, 骨肉之間, 雖臣等百餘人何益?」呂澤彊要曰:「爲我畫計.」留侯曰:「此難以口舌爭也. 顧上有不能致者, 天下有四人. 四人者年老矣, 皆以爲上慢侮人, 故逃匿山中, 義不爲漢臣. 然上高此四人. 今公誠能無愛金玉璧帛, 令太子爲書, 卑辭安車, 因使辯士固請, 宜來. 來, 以爲客, 時時從入朝, 令上見之, 則必異而問之. 問之, 上知此四人賢, 則一助也.」於是呂后令呂澤使人奉太子書, 卑辭厚禮, 迎此四人. 四人至, 客建成侯所"라 하였음. 같은《史記》留侯世家에는 "漢十二年, 上從擊破布軍歸, 疾益甚, 愈欲易太子. 留侯諫, 不聽, 因疾不視事. 叔孫太傅稱說引古今, 以死爭太子. 上詳許之, 猶欲易之. 及燕, 置酒, 太子侍. 四人從太子, 年皆八十有餘, 鬚眉晧白, 衣冠甚偉. 上怪之, 問曰:「彼何爲者?」四人前對, 各言名姓, 曰東園公, 甪里先生, 綺里季, 夏黃公. 上乃大驚, 曰:「吾求公數歲, 公辟逃我, 今公何自從吾兒游乎?」四人皆曰:「陛下輕士善罵, 臣等義不受辱, 故恐而亡匿. 竊聞太子爲人仁孝, 恭敬愛士, 天下莫不延頸欲爲太子死者, 故臣等來耳.」上曰:「煩公幸卒調護太子.」四人

爲壽已畢, 趨去. 上目送之, 召戚夫人指示四人者曰:「我欲易之, 彼四人輔之, 羽翼已成, 難動矣. 呂后眞而主矣.」戚夫人泣, 上曰:「爲我楚舞, 吾爲若楚歌.」歌曰:「鴻鵠高飛, 一擧千里. 羽翮已就, 橫絶四海. 橫絶四海, 當可柰何! 雖有矰繳, 尙安所施!」歌數闋, 戚夫人噓唏流涕, 上起去, 罷酒. 竟不易太子者, 留侯本招此四人之力也.」라 하였으며, 《漢書》張良傳에는 "良從入關, 性多疾, 卽道引不食穀, 閉門不出歲餘. 上欲廢太子, 立戚夫人子趙王如意. 大臣多爭, 未能得堅決也. 呂后恐, 不知所爲. 或謂呂后曰:「留侯善畫計, 上信用之.」呂后乃使建成侯呂澤劫良, 曰:「君常爲上謀臣, 今上日欲易太子, 君安得高枕而臥?」良曰:「始上數在急困之中, 幸用臣策; 今天下安定, 以愛欲易太子, 骨肉之間, 雖臣等百人何益?」呂澤彊要曰:「爲我畫計.」良曰:「此難以口舌爭也. 顧上有所不能致者四人. 四人年老矣, 皆以上嫚姆士, 故逃匿山中, 義不爲漢臣. 然上高此四人. 今公誠能毋愛金玉璧帛, 令太子爲書, 卑辭安車, 因使辨士固請, 宜來. 來, 以爲客, 時從入朝, 令上見之, 則一助也.」於是呂后令呂澤使人奉太子書, 卑辭厚禮, 迎此四人. 四人至, 客建成侯所. ……漢十二年, 上從破布歸, 疾益甚, 愈欲易太子. 良諫不聽, 因疾不視事. 叔孫太傅稱說引古, 以死爭太子. 上陽許之, 猶欲易之. 及宴, 置酒, 太子侍. 四人者從太子, 年皆八十有餘, 須眉皓白, 衣冠甚偉. 上怪, 問曰:「何爲者?」四人前對, 各言其姓名. 上乃驚曰:「吾求公, 避逃我, 今公何自從吾兒游乎?」四人曰:「陛下輕士善罵, 臣等義不辱, 故恐而亡匿. 今聞太子仁孝, 恭敬愛士, 天下莫不延頸願爲太子死者, 故臣等來.」上曰:「煩公幸卒調護太子.」四人爲壽已畢, 趨去. 上目送之, 召戚夫人指視:「我欲易之, 彼四人爲之輔, 羽翼已成, 難動矣. 呂氏眞乃主矣.」戚夫人泣涕, 上曰:「爲我楚舞, 吾爲若楚歌.」歌曰:「鴻鵠高飛, 一擧千里. 羽翼以就, 橫絶四海. 橫絶四海, 又可柰何! 雖有矰繳, 尙安所施!」歌數闋, 戚夫人歔欷流涕. 上起去, 罷酒. 竟不易太子者, 良本招此四人之力也.」라 하였음. 《十八史略》(1)에도 "初戚姬有寵, 生趙王如意, 呂后見疏, 太子仁弱, 上以如意類己, 欲廢太子而立之, 群臣爭之, 皆不能得. 呂后使人彊要張良畫計, 良曰:「此難以口舌爭也. 上所不能致者四人, 曰東園公, 綺里季, 夏黃公, 甪里先生, 以上嫚侮士, 故逃匿山中, 意不爲漢臣. 上高此四人, 今令太子, 爲書卑詞, 安車固請, 宜來, 至以爲客, 時從入朝, 令上見之, 則一助也.」呂后使人奉太子書招之, 四人至. 帝擊布還, 愈欲易太子. 後置酒, 太子侍, 良所招四人者從, 年皆八十餘, 鬚眉皓白, 衣冠甚偉. 上怪問之, 四人前對, 各言姓名. 上大驚曰:「吾求公數歲, 公避逃我. 今何自從吾兒游乎?」四人曰:「陛下輕士善罵, 臣等義不辱, 今聞太子仁孝恭敬愛士, 天下莫不延頸願爲太子死者, 故臣等來耳.」上曰:「煩公, 幸卒調護.」四人出, 上召戚夫人,

指示之曰:「我欲易之, 彼四人者輔之, 羽翼已成, 難動矣.」라 하였고,《太平御覽》
(168) 皇甫謐《帝王世紀》에는 "四皓, 始皇時隱於商山, 作歌曰:「莫莫高山, 深谷逶
迤. 曄曄紫芝, 可以療饑. 唐虞世遠, 吾將何歸?」라 하였으며,《太平御覽》(507)에
"四皓者, 皆河內軹人也. 或在汶, 一曰東園公, 二曰角里先生, 三曰綺里季, 四曰夏黃
公. 皆脩道潔己, 非義不動. 秦始皇時, 見秦政虐, 乃退居藍田山, 而作歌曰:「莫莫高
山, 深谷逶迤. 曄曄紫芝, 可以療饑. 唐虞世遠, 吾將何歸? 駟馬高蓋, 其憂甚大. 富
貴之畏人, 不如貧賤之肆志.」乃共隱洛地沛山, 以待天下定. 及秦敗, 漢高聞而徵之,
不至. 自匿終南山, 不屈也."라 하였음. 皇甫謐《高士傳》(中)에도 "四皓者, 皆河內軹
人也. 或在汲, 一曰東園公, 二曰角里先生, 三曰綺里季, 四曰夏黃公, 皆修道潔己,
非義不動. 秦始皇時, 見秦政虐, 乃退入藍田山, 而作歌曰:「莫莫高山, 深谷逶迤. 曄
曄紫芝, 可以療飢. 唐虞世遠, 吾將何歸? 駟馬高蓋, 其憂甚大. 富貴之畏人, 不如
貧賤之肆志.」乃共入商雒, 隱地肺山, 以待天下定. 及秦敗, 漢高聞而徵之, 不至.
深自匿終南山, 不能屈己. 『皇皇四老, 同襟齊志. 遠虞藍田, 芝糧蘿被. 弗鑿天眞,
重歸地肺. 隆準膺圖, 空勞聘幣!」라 함. 여기서는 "商山四皓가 秦나라를 피해 살
았고, 漢나라에서도 벼슬을 하지 않았는데 어찌 다시 秦나라를 섬기겠는가?"의
뜻으로 "이백이 唐나라에게 유배를 당하였지만 그렇다고 다시 永王 璘을 따르
겠는가?"의 의미.

【楚筵辭醴日, 梁獄上書辰】'楚筵辭醴日'은 漢나라 때 楚 元王(劉交)과 穆生과의 고
사를 말함. 楚 元王 劉交는 자가 游이며 漢 高祖(劉邦)의 막냇동생으로 楚나라
에 봉해짐. 그 후손이 劉向과 劉歆이었음.《眞寶》注에 "言白在永王璘, 如申公,
見楚王不設醴則辭去"라 함.《蒙求》(246)「楚元置醴」에 "前漢, 楚 元王交字游, 高祖
少弟. 好書多材藝. 嘗與魯穆生, 白生, 申公, 俱受詩於浮丘伯. 及封楚王, 以穆生等,
爲中大夫, 敬禮申公等. 穆生不嗜酒, 每置酒, 常爲穆生設醴. 及元王薨, 後至孫戊
卽位常設. 後忘設焉. 穆生退曰:「可以逝矣. 醴酒不設, 王之意怠. 不去楚人將鉗我
於市. 先王之所以禮吾三人者, 爲道之存. 今而忽之, 是忘道之人也. 忘道之人, 胡可
與久處?」遂謝病去. 申公, 白公獨留. 王稍淫暴, 二人諫不聽, 胥靡之."라 하여, 魯
나라 穆生, 白生, 申公 등과 함께 浮丘伯으로부터《詩》를 배웠음. 楚王으로 봉을
받자 穆生 등을 中大夫로 삼고, 申公 등은 공경히 예우하였음. 穆生은 술을 좋아
하지 않아, 그 때문에 매번 술자리를 마련하면 항상 穆生을 위해 대신 단술 예
주(醴酒)를 따로 준비할 정도였는데, 元王이 죽고 그 뒤를 이은 손자 劉戊가 즉위
하고도 계속 예주를 준비하였음. 그런데 뒤에 이를 잊고 술을 준비하지 않자 穆

生은 자리에서 물러나며 이렇게 말하였음. "이제 초나라에서 떠날 때가 되었나 보다. 예주를 갖추지 않는 것은 왕의 뜻이 태만해졌다는 것이다. 지금 떠나지 않았다가는 초나라 사람들이 장차 저잣거리에 나를 묶어 끌고 다닐 것이다. 선대 왕들이 나를 포함한 세 사람을 예로써 대우한 것은 도가 살아있었기 때문이다. 그런데 지금 갑자기 사라졌으니 이들은 도를 잊은 사람이다. 도를 잊은 사람과 어찌 오래 함께 처할 수 있겠는가?" 그리하여 드디어 병을 핑계로 사직하고 떠나버렸음. 申公과 白公은 홀로 남아 있었는데 왕이 조금씩 포악함에 빠지자 두 사람이 간언하였지만 결국 듣지 않다가 이들까지 서미(胥靡)로 삼아 옥에 가두어버리고 말았음. 《漢書》楚元王傳에는 "楚元王交字游, 高祖同父少弟也. 好書, 多材藝. 少時嘗與魯穆生, 白生, 申公俱受詩於浮丘伯. 伯者, 孫卿門人也. 及秦焚書, 各別去. 高祖兄弟四人, 長兄伯, 次仲伯蚤卒. 高祖旣爲沛公, 景駒自立爲楚王. 高祖使仲與審食其留侍太上皇, 交與蕭, 曹等俱從高祖見景駒, 遇項梁, 共立楚懷王. 因西攻南陽, 入武關, 與秦戰於藍田. 至霸上, 封交爲文信君, 從入蜀漢, 還定三秦, 誅項籍. 卽帝位, 交與盧綰常侍上, 出入臥內, 傳言語諸內事隱謀. 而上從父兄劉賈數別將. 漢六年, 旣廢楚王信, 分其地爲二國, 立賈爲荊王, 交爲楚王, 王薛郡, 東海, 彭城三十六縣, 先有功也. 後封次兄仲爲代王, 長子肥爲齊王. 初, 高祖微時, 常避事, 時時與賓客過其丘嫂食. 嫂厭叔與客來, 陽爲羹盡, 轑釜, 客以故去. 已而視釜中有羹, 繇是怨嫂. 及立齊, 代王, 而伯子獨不得侯. 太上皇以爲言, 高祖曰:「某非敢忘封之也, 爲其母不長者.」 七年十月, 封其子信爲羹頡侯. 元王旣至楚, 以穆生, 白生, 申公爲中大夫. 高后時, 浮丘伯在長安, 元王遣子郢客與申公俱卒業. 文帝時, 聞申公爲詩最精, 以爲博士. 元王好詩, 諸子皆讀詩, 申公始爲詩傳, 號魯詩. 元王亦次之詩傳, 號曰元王詩, 世或有之. 高后時, 以元王子郢客爲宗正, 封上邳侯. 元王立二十三年薨, 太子辟非先卒, 文帝乃以宗正上邳侯郢客嗣, 是爲夷王. 申公爲博士, 失官, 隨郢客歸, 復以爲中大夫. 立四年薨, 子戊嗣. 文帝尊寵元王, 子生, 爵比皇子. 景帝卽位, 以親親封元王寵子五人:子禮爲平陸侯, 富爲休侯, 歲爲沈猶侯, 執爲宛朐侯, 調爲棘樂侯. 初, 元王敬禮申公等, 穆生不耆酒, 元王每置酒, 常爲穆生設醴. 及王戊卽位, 常設, 後忘設焉. 穆生退曰:「可以逝矣! 醴酒不設, 王之意怠, 不去, 楚人將鉗我於市.」 稱疾臥. 申公, 白生强起之曰:「獨不念先王之德與? 今王一旦失小禮, 何足至此!」 穆生曰:「易稱『知幾其神乎! 幾者動之微, 吉凶之先見者也. 君子見幾而作, 不俟終日.』 先王之所以禮吾三人者, 爲道之存故也;今而忽之, 是忘道也. 忘道之人, 胡可與久處! 豈爲區區之禮哉?」 遂謝病去. 申公, 白生獨留. 王戊稍淫暴,

二十年, 爲薄太后服私姦, 削東海, 薛郡, 乃與吳通謀. 二人諫, 不聽, 胥靡之, 衣之
赭衣, 使杵臼雅春於市. 休侯使人諫王, 王曰:「季父不吾與, 我起, 先取季父矣.」休
侯懼, 乃與母太夫人奔京師. 二十一年春, 景帝之三年也, 削書到, 遂應吳王反. 其相
張尙, 太傅趙夷吾諫, 不聽. 遂殺尙, 夷吾, 起兵會吳西攻梁, 破棘壁, 至昌邑南, 與
漢將周亞夫戰. 漢絶吳楚糧道, 士饑, 吳王走, 戊自殺, 軍遂降漢. 漢已平吳楚, 景帝
乃立宗正平陸侯禮爲楚王, 奉元王後, 是爲文王. 四年薨, 子安王道嗣. 二十二年薨,
子襄王注嗣. 十四年薨, 子節王純嗣. 十六年薨, 子延壽嗣. 宣帝卽位, 延壽以爲廣
陵王胥武帝子, 天下有變必得立, 陰欲附倚輔助之, 故爲其後后母弟趙何齊取廣陵
王女爲妻. 與何齊謀曰:「我與廣陵王相結, 天下不安, 發兵助之. 使廣陵王立, 何齊
尙公主, 列侯可得也.」因使何齊奉書遺廣陵曰:「願長耳目, 毋後人有天下.」何齊父
長年上書告之, 事下有司, 考驗辭服, 延壽自殺. 立三十二年, 國除. 初, 休侯富旣奔
京師, 而王戊反, 富等皆坐免侯, 削屬籍. 後聞其數諫戊, 乃更封爲紅侯. 太夫人與
竇太后有親, 懲山東之寇, 求留京師, 詔許之. 富子辟彊等四人供養, 仕於朝. 太夫人
薨, 賜塋, 葬靈戶. 富傳國至曾孫, 無子, 絶."이라 하였음. '梁獄上書辰'은 漢나라 때
齊나라 사람 鄒陽이 嚴忌, 枚乘 등과 吳나라에 벼슬하면서 吳王(劉濞)의 잘못을
간언하다가 미움을 받아 다시 景帝의 아우 梁나라 孝王(劉武)에게 옮겨가 벼슬
을 하였음. 그러나 羊勝 등의 시기를 받아 옥에 갇히게 되었으며 이 때 유명한
'獄中上書'를 지어 풀려나게 되었음.《眞寶》注에 "白, 坐事下潯陽獄, 如鄒陽於梁
孝王獄中, 上書卽出之"라 하였고,《杜詩鏡銓》注에는 "以比白不與謀. 按: 太白〈書
懷〉詩云:「半夜水軍來, 尋陽滿旌旆. 空名適自誤, 追脅上樓船. 徒賜五百金, 棄之若
浮烟. 辭官不受賞, 翻謫夜郎天.」可與此詩相發明"이라 함. 한편 鄒陽上書 고사는
《史記》鄒陽傳,《漢書》鄒陽傳,《說苑》(8) 尊賢篇,《新序》雜事(3) 등에 널리 실려
있으며, 그의 〈獄中上書〉는《文選》(49)에도 실려 있음.《史記》鄒陽傳에 "鄒陽者,
齊人也. 游於梁, 與故吳人莊忌夫子, 淮陰枚生之徒交. 上書而介於羊勝, 公孫詭之
閒. 勝等嫉鄒陽, 惡之梁孝王. 孝王怒, 下之吏, 將欲殺之. 鄒陽客游, 以讒見禽, 恐
死而負累, 乃從獄中上書曰:「臣聞:忠無不報, 信不見疑, 臣常以爲然, 徒虛語耳. 昔
者, 荊軻慕燕丹之義, 白虹貫日, 太子畏之;衛先生爲秦畫長平之事, 太白蝕昴, 而昭
王疑之. 夫精變天地而信不喩兩主, 豈不哀哉! 今臣盡忠竭誠, 畢議願知, 左右不明,
卒從吏訊, 爲世所疑, 是使荊軻, 衛先生復起, 而燕, 秦不悟也. 願大王孰察之. 昔卞
和獻寶, 楚王刖之;李斯竭忠, 胡亥極刑. 是以箕子詳狂, 接輿辟世, 恐遭此患也. 願
大王孰察卞和, 李斯之意, 而後楚王, 胡亥之聽, 無使臣爲箕子, 接輿所笑. 臣聞比干

剖心, 子胥鴟夷, 臣始不信, 乃今知之. 願大王孰察, 少加憐焉. 諺曰:『有白頭如新, 傾蓋如故.』何則? 知與不知也. 故昔樊於期逃秦之燕, 藉荊軻首以奉丹之事; 王奢去齊之魏, 臨城自剄以卻齊而存魏. 夫王奢, 樊於期非新於齊, 秦而故於燕, 魏也, 所以去二國死兩君者, 行合於志而慕義無窮也. 是以蘇秦不信於天下, 而爲燕尾生; 白圭戰亡六城, 爲魏取中山. 何則? 誠有以相知也. 蘇秦相燕, 燕人惡之於王, 王按劍而怒, 食以駃騠; 白圭顯於中山, 中山人惡之魏文侯, 文侯投之以夜光之璧. 何則? 兩主二臣, 剖心坼肝相信, 豈移於浮辭哉! 故女無美惡, 入宮見妒; 士無賢不肖, 入朝見嫉. 昔者司馬喜臏脚於宋, 卒相中山; 范雎摺脅折齒於魏, 卒爲應侯. 此二人者, 皆信必然之畫, 捐朋黨之私, 挾孤獨之位, 故不能自免於嫉妒之人也. 是以申徒狄自沈於河, 徐衍負石入海. 不容於世, 義不苟取, 比周於朝, 以移主上之心. 故百里奚乞食於路, 繆公委之以政; 甯戚飯牛車下, 而桓公任之以國. 此二人者, 豈借宦於朝, 假譽於左右, 然後二主用之哉? 感於心, 合於行, 親於膠漆, 昆弟不能離, 豈惑於衆口哉? 故偏聽生姦, 獨任成亂. 昔者魯聽季孫之說而逐孔子, 宋信子罕之計而囚墨翟. 夫以孔, 墨之辯, 不能自免於讒諛, 而二國以危. 何則? 衆口鑠金, 積毀銷骨也. 是以秦用戎人由余而霸中國, 齊用越人蒙而彊威, 宣. 此二國, 豈拘於俗, 牽於世, 繫阿偏之辭哉? 公聽並觀, 垂名當世. 故意合則胡越爲昆弟, 由余, 越人蒙是矣; 不合, 則骨肉出逐不收, 朱, 象, 管, 蔡是矣. 今人主誠能用齊, 秦之義, 後宋, 魯之聽, 則五伯不足稱, 三王易爲也. 是以聖王覺寤, 捐子之之心, 而能不說於田常之賢; 封比干之後, 修孕婦之墓, 故功業復就於天下. 何則? 欲善無厭也. 夫晉文公親其讎, 彊霸諸侯; 齊桓公用其仇, 而一匡天下. 何則? 慈仁慇勤, 誠加於心, 不可以虛辭借也. 至夫秦用商鞅之法, 東弱韓, 魏, 兵彊天下, 而卒車裂之; 越用大夫種之謀, 禽勁吳, 霸中國, 而卒誅其身. 是以孫叔敖三去相而不悔, 於陵子仲辭三公爲人灌園. 今人主誠能去驕慠之心, 懷可報之意, 披心腹, 見情素, 墮肝膽, 施德厚, 終與之窮達, 無愛於士, 則桀之狗可使吠堯, 而蹠之客可使刺由; 況因萬乘之權, 假聖王之資乎? 然則荊軻之湛七族, 要離之燒妻子, 豈足道哉! 臣聞: 明月之珠, 夜光之璧, 以闇投人於道路, 人無不按劍相眄者. 何則? 無因而至前也. 蟠伏根柢, 輪囷離詭, 而爲萬乘器者. 何則? 以左右先爲之容也. 故無因至前, 雖出隨侯之珠, 夜光之璧, 猶結怨而不見德. 故有人先談, 則以枯木朽株樹功而不忘. 今夫天下布衣窮居之士, 身在貧賤, 雖蒙堯, 舜之術, 挾伊, 管之辯, 懷龍逢, 比干之意, 欲盡忠當世之君, 而素無根柢之容, 雖竭精思, 欲開忠信, 輔人主之治, 則人主必有按劍相眄之迹, 是使布衣不得爲枯木朽株之資也. 是以聖王制世御俗, 獨化於陶鈞之上, 而不牽於卑亂之語, 不奪於衆多之口.

故秦皇帝任中庶子蒙嘉之言, 以信荊軻之說, 而匕首竊發; 周文王獵涇, 渭, 載呂尙而歸, 以王天下. 故秦信左右而殺, 周用烏集而王. 何則? 以其能越攣拘之語, 馳域外之議, 獨觀於昭曠之道也. 今人主沈於諂諛之辭, 牽於帷裳之制, 使不羈之士與牛驥同皁, 此鮑焦所以忿於世而不留富貴之樂也. 臣聞: 盛飾入朝者不以利汙義, 砥厲名號者不以欲傷行, 故縣名勝母而曾子不入, 邑號朝歌而墨子回車. 今欲使天下寥廓之士, 攝於威重之權, 主於位勢之貴, 故回面汙行以事諂諛之人而求親近於左右, 則士伏死堀穴巖藪之中耳, 安肯有盡忠信而趨闕下者哉!」書奏梁孝王, 孝王使人出之, 卒爲上客."라 하였으며, 《漢書》의 기록도 대체로 같음. 여기서는 이백이 潯陽의 옥에 투옥되었던 것은 鄒陽이 梁나라 옥중에서 갇혔다가 풀려났던 일과 같다고 여긴 것.

【已用當時法, 誰將此義陳】'誰將此義陳'은 《杜詩鏡銓》과 《杜詩詳注》에는 모두 '義'가 '議'로 되어 있으며, 注에 "議, 一作義"라 함.

【老吟秋月下, 病起暮江濱】'老吟秋月下' 구절 이하는 두보 자신을 읊은 것임. '吟'은 《眞寶》注에 "哈也"라 함. '病起暮江濱'은 두보는 병이 많았으나 혹 상태가 약간 좋으면 일어나 강가로 산책을 나가기도 하였음을 말함. 《杜詩鏡銓》注에 "白時以赦後還潯陽"이라 함.

【莫怪恩波隔, 乘槎與問津】'怪'는 '탓하다, 허물하다'의 뜻. '恩波隔'은 임금 은총(이백을 이해하고 사면해줄 은혜)의 물결이 닥쳐오지 않고, 가로막혀 있음. '乘槎'는 뗏목을 타고 하늘로 올라가 은하수를 건너 牽牛織女를 만나고 돌아왔다는 고사를 가리킴. '槎'는 《眞寶》注에 "鋤加切"라 하여 '사'로 읽음. 張華《博物志》(10)에 "舊說云: 天河與海通. 近世有人居海渚者, 年年八月有浮槎, 去來不失期. 人有奇志, 立飛閣於査上, 多齎糧, 乘槎而去. 十餘日中, 猶觀星月日辰, 自後芒芒忽忽, 亦不覺晝夜. 去十餘日, 奄至一處, 有城郭狀, 屋舍甚嚴, 遙望宮中多織婦. 見一丈夫, 牽牛渚次飲之. 牽牛人乃驚問曰:「何由至此?」此人說來意, 并問此是何處. 答曰:「君還至蜀郡, 訪嚴君平則知之.」竟不上岸, 因還如期. 後至蜀, 問君平曰:「某年月日, 有客星犯牽牛宿.」計年月, 正是此人到天河時也."라 하였으며, 《藝文類聚》(8)에도 "《博物志》曰: 舊說: 天河與海通. 近世有人居海渚者, 年年八月, 有浮楂來過, 甚大, 往反不失期. 此人乃多賷粮, 乘楂去, 忽忽不覺晝夜. 奄至一處, 有城郭屋舍, 望室中, 多見織婦, 見一丈夫, 牽牛渚次飲之. 此人問:「此爲何處?」答曰:「問嚴君平.」此人還, 問君平, 君平曰:「某年某月, 有客星犯牛斗.」卽此人乎!"라 하였고, 같은《藝文類聚》(94)에도 "《博物志》曰: 近世有居於海渚, 年年八月, 有浮槎來, 甚大, 往反不失於期.

此人乃賷粮, 乘槎而去. 忽忽不覺晝夜. 奄至一處, 有城郭屋舍宛然, 望室中, 多見織婦, 見一丈夫, 牽牛渚次飮之. 此人還. 以問蜀人嚴君平, 君平曰:「某月, 有客星犯牛斗.」卽此人到天河也'라 하여 널리 인용되어 있음. '問津'은 나루터를 물어봄. 《論語》微子篇에 "長沮․桀溺耦而耕, 孔子過之, 使子路問津焉. 長沮曰:「夫執輿者爲誰?」子路曰:「爲孔丘.」曰:「是魯孔丘與?」曰:「是也.」曰:「是知津矣.」"라 함. 《眞寶》注에 "言白之才器, 當蒙上知, 而恩波頓隔, 子美欲乘槎而問之天也"라 함. 《杜詩鏡銓》注에는 "朱注: 末嘆如白之才而恩波不及, 故欲乘槎以問之天也. 然曰莫怪, 亦有喩以安命意"라 함. 여기서는 두보의 염원을 말한 것. 그대를 위해 뗏목을 타고 은하수로 올라가 그대가 죄가 없음을 하소연이나 해보아 드리겠다는 뜻.

참고 및 관련 자료

1. 杜子美: 杜甫, 杜少陵, 杜工部. 042 참조.

2. 이 시는 《杜少陵集》(8), 《杜詩詳註》(8), 《杜詩鏡銓》(6), 《李太白集註》(32), 《九家集註杜詩》(20), 《集千家注杜工部詩集》(6), 《補註杜詩》(20), 《全唐詩》(225), 《全唐詩錄》(31), 《文苑英華》(251), 《唐詩品彙》(75), 《唐宋詩醇》(14), 《詩話總龜》(後集 31), 《淵鑑類函》(124), 《容齋隨筆》(四筆 3), 《山堂肆考》(127) 등에 널리 실려 있으며, 《杜詩詳註》에 "鶴注: 至德元年, 永王璘軍敗丹陽, 白奔宿松, 坐繫潯陽獄. 二載以宋若思將兵赴河南過潯陽, 驗治罪薄, 遂釋其囚, 辟爲參謀. 時白年五十七矣. 乾元元年終以汙璘事, 長流夜郎. 詩云「五嶺炎蒸地」, 則是. 在長流之後, 從舊編. 在乾元二年秦州作"이라 하여, 至德 元年(756, 天寶 15년과 같은 해) 이백은 永王(李璘)의 군대가 丹陽에서 패하자 宿松이란 곳으로 달려갔으나, 죄에 연루되어 潯陽의 옥에 갇히게 됨. 至德 2년 宋若思가 河南으로 부임하는 길에 심양을 지나다가 이백의 죄를 가볍다고 판단하고 풀어주고 參謀로 삼았으며, 이때 이백의 나이 57세였음. 그러나 이듬해(乾元 2년), 끝내 다시 永王의 사건으로 멀리 夜郎 땅에 유배되었다 함. 그리고 이 시는 두보가 秦州에 있을 때 지은 것이라 하였음.

3. 韻脚은 '人, 神, 伸, 倫, 新, 塵, 親, 身, 眞, 春, 鄰, 貧, 頻, 臣, 麟, 秦, 辰, 陳, 濱, 津'.

4. 《杜詩諺解》初刊本(16)

네 어려운 客이 잇더니

너를 일홈호디 귀향 왯는 仙人이라 ᄒᆞ더니라

부들 디여 글 스니 ᄇᆞ름 비 놀라는 듯고

그를 지스니 鬼神이 우놋다

소리와 일홈괘 일로브터 크니

쎠녯던 모믈 호롯아츤민 펴니라

빗는 지조로 님긊 殊異혼 恩渥을 닙수오니

流傳호야 가믄 반두시 等倫에 그츠리로다

龍舟로 비츨 옮기던 나조히

獸錦 아순 오시 새롭더라

블근 나래 기픈 殿에 오니

프른 구룺 서리예 뒤헤 드트리 フ득호더라

지□ 가믈 비스와늘 어위 큰 詔書로 許호시니

나룰 와 맛나니 녯 무수미 親호더라

幽棲홀 뜨들 져브리디 아니호야

寵辱앳 모믈 兼全호도다

말수믈 フ장 호매 野逸호믈 愛憐호고

술 즐교매 하눌 주산 眞情을 보노라

梁園ㅅ 바미셔 술 醉호야 춤츠고

泗水ㅅ 보미 둔녀셔 놀애 브르놋다

지죄 노포디 무수믈 펴디 몯호니

道 | 구브나 善호믄 이우지 업도다

處士ㅅ 서리엔 禰衡이 俊傑호고

諸生ㅅ 서리엔 原憲이 가난호도다

稻粱 어두믈 足히 몯호야셔

薯苡로 하로미 주모 곳도다

五嶺 더워 쪠는 듯혼 싸해

三危예 내또첫는 臣下 | 로다

몃 히를 鵬鳥를 맛니렛느니오

호오샤 우러 麒麟을 向호놋다

蘇武 | 몬져 漢애 도라오니

黃公은 엇뎨 秦을 셤기리오

楚ㅅ 돗기 醴酒를 말오 나오던 나리여

梁ㅅ 獄애셔 上書호는 저기로다

ᄒᆞ마 當時옛 法을 쓰거니
뉘 이 뜨들 디녀서 베프리오
늘구메 ᄀᆞᆻ 돌 아래셔 그를 입고
病ᄒᆞ얏다가 나죄 ᄀᆞᄅᆞᆷ ᄀᆞᅀᅵ 니렛도다
恩波ㅣ 隔絕ᄒᆞ야쇼믈 怪異히 너기디 말라
들굴 타 다믓 늘을 무러 하ᄂᆞᆯ해 올아 가리라

096. <投贈哥舒開府二十韻> ·················· 杜子美(杜甫)
개부 가서한에게 올리는 20운의 시

* 《眞寶》注에 "哥舒, 虜姓, 名翰, 王忠嗣表爲牙將. 天寶中, 爲河西隴右節度使, 封
  西平郡王. 廢在家, 起爲兵馬副元帥, 明年敗于潼關, 降祿山"이라 함.
* <投贈哥舒開府二十韻> : 원제목은 <投贈哥舒開府翰二十韻>으로 되어 있음. '投贈'
  은 직접 만나지 못하고 던지듯 보내어 자신의 뜻을 밝히는 문장 형식을 뜻함.
  '哥舒'는 성씨로 突厥族의 突騎施 酋長이었던 哥舒部의 後裔로서 그 氏族名을
  성씨로 삼은 것임. 이름은 翰. 따라서 哥舒翰이 정식 이름임. 아버지 道元은 安
  西都護將軍 赤水軍使였으며 그 때문에 대대로 河西에 살았었음. 어려서 재기
  와 任俠으로 이름이 났으며, 뒤에 河西節度使 王倕 麾下에 들어가 활동하다
  가 다시 王忠嗣에게 들어가 衙將(牙將)이 되어 吐藩(吐蕃) 군사를 상대로 싸워,
  그 戰功으로 隴右節度副大使 西平郡王에 봉해졌음. 뒤에 安祿山의 난이 일어나
  자 兵馬元帥가 되어 진압에 나섰으나 潼關 전투에 패하고 말았음. 《舊唐書》
  (104)와 《新唐書》(135)에 傳이 있음. '開府'는 官府를 열어 府官을 두어 행정 권한
  을 받아 이를 설치함을 말함. 漢나라 때는 三公만이 府를 열 수 있었으나 漢末
  부터는 장군도 府를 열 수 있어 그 뒤로 전장의 都督도 開府라 부르게 되었음.
  《新唐書》百官志에 "文散官階二十九從一品曰開府儀同三司"라 하였고, 《事文類
  聚》(新集 3)에는 "漢文帝元年用宋昌爲衞將軍, 位亞三司, 章帝建初三年, 使車騎將
  軍馬防班同三司, 三司之名始此; 殤帝延平元年, 鄧騭爲車騎將軍儀同三司, 儀同之
  名始此; 魏黃權以車騎將軍開府儀同三司, 開府之名始此. 唐以開府儀同三司爲文
  散官, 雖三公三師, 亦冠以此號"라 함.

지금 이 시대의 기린각麒麟閣에 공신을 그린다면,
누가 첫째가는 공을 세웠을까?
임금이란 스스로 신묘하고 위엄이 있으시니,
부리시는 사람들은 틀림없이 모두가 영웅들이리라.
개부開府 가서한哥舒翰은 지금 조정에서 걸출한 인물,

병법을 논함에는 옛사람의 풍모를 압도하지.

선봉으로 나서면 백전백승이 앞에 있고,

땅을 경략함에 두 귀퉁이가 텅 비게 되었네.

청해靑海 지역에는 적의 침범을 알리는 전전傳箭도 사라졌고,

천산天山 일대에서는 일찍이 이미 활을 걸어둔 채 할 일이 없어졌네.

옛날 염파廉頗 장군처럼 적들을 모두 달아나게 하고,

진晉나라 때 위강魏絳처럼 융족과 화평을 이루었네.

매번 황하와 황수湟水 사이 지역이 버려짐을 안타깝게 여기더니,

새로이 그곳 절도사를 겸하여 통하게 되었네.

뛰어난 지모는 천자의 생각도 허락이 떨어지게 하였고,

조정을 출입함에는 여러 고관들 가운데 으뜸의 위치였다네.

해와 달도 장안의 나무보다 낮게 비치는 듯하고,

하늘과 땅도 당나라 궁궐을 감싸고 돌 듯하네.

북쪽 호인들은 그에게 추격을 당하여 패배함을 걱정하고,

대완大宛에서는 동쪽으로 명마를 조공으로 바쳐오네.

천자의 명을 받고 변경 먼 사막 땅으로 가더니,

돌아오자 천자와 자리를 함께하게 되었네.

대부 벼슬에 섬돌에도 올랐던 학처럼 총애를 받았으니,

문왕文王이 점을 쳐서 사냥 나가 강태공姜太公을 얻은 듯하네.

받은 봉지에 관할 지역 호구까지 더욱 늘려주시니,

산하를 두고 처음처럼 끝까지 충성할 것을 맹세하였네.

그대의 모책을 행하니 전쟁과 정벌이 없어도 되어,

천자와 뜻이 맞아 천자의 밝은 마음을 움직였네.

공훈과 업적은 하늘 위로 솟았고,

친분이 있는 이들의 기개 속에 우뚝하네.

구슬 신을 신은 상객이 되어보지도 못한 나는,

이미 벌써 머리 하얀 늙은이가 되고 말았다오.

웅장한 뜻을 이루리라 기둥에 다짐도 써 보았지만,
살아온 일생은 마치 바람에 굴러다니는 쑥대 같았다오.
몇 년이나 봄 풀 시드는 것을 보았을까?
오늘은 해도 저무는데 길도 막혀 있구려.
군영의 사무에 손초孫楚 같은 이를 붙들어두었고,
대열 사이에서 여몽呂蒙 같은 이를 알아보았다 하오.
몸을 막는 긴 자루 칼 하나 들고,
장차 그대의 군영 공동산崆峒山에 의지하고자 하오.

今代麒麟閣, 何人第一功?
君王自神武, 駕馭必英雄.
開府當朝傑, 論兵邁古風
先鋒百勝在, 略地兩隅空.
靑海無傳箭, 天山早掛弓.
廉頗仍走敵, 魏絳已和戎.
每惜河湟棄, 新兼節制通
智謀垂睿想, 出入冠諸公.
日月低秦樹, 乾坤繞漢宮.
胡人愁逐北, 宛馬又從東.
受命邊沙遠, 歸來御席同.
軒墀曾寵鶴, 畋獵舊非熊.
茅土加名數, 山河誓始終.
策行遺戰伐, 契合動昭融
勳業靑冥上, 交親氣槩中.
未爲珠履客, 已見白頭翁.
壯節初題柱, 生涯似轉蓬.
幾年春草歇? 今日暮途窮.

軍事留孫楚, 行間識呂蒙.
防身一長劒, 將欲倚崆峒.

【今代麒麟閣, 何人第一功】'麒麟閣'은 漢 宣帝(劉詢)가 당시 공신들의 공을 현창하기 위해 초상을 그려 걸어두었던 누각 이름. 063, 094의 주를 참고할 것.《眞寶》注에 "見〈上韋左相丹靑〉註下"라 함.《文章正宗》注에 "宣帝甘露三年, 圖功臣於麒麟閣, 唯霍光不名, 其次張安世, 丙吉等凡十六人"이라 함.

【君王自神武, 駕馭必英雄】'君王'은《左傳》成功 9년에 "公曰:「君王何如?」對曰:「非小人之所得知也.」라 하여 지도자, 군주의 권위를 말함. 여기서는 唐 玄宗을 가리킴. 神妙하고도 武威가 있는 것.《本集》注에 "洙曰:漢刑法志:高祖躬神武之才, 摠擥英雄, 以誅秦項"이라 함. '駕馭'는 수레를 몰듯이 조종해 나감. 천자가 몰고 타고 통솔하는 이들은 모두가 영웅들임. '馭'는 '어거하다, 통솔하다, 조종하다, 통치하다' 등의 뜻.

【開府當朝傑, 論兵邁古風】'開府'는《眞寶》注에 "唐制:開府儀同三司者, 三公也. 從一品官"이라 함. '論兵邁古風'은 그의 병법을 논함은 고대 사람의 풍모나 기지를 능가함.

【先鋒百勝在. 略地兩隅空】'略地兩隅空'은 땅을 經略하자 두 귀퉁이가 텅 비게 됨. '兩隅'는 구체적으로 河西와 隴右를 가리킴. 그곳을 공략하자 두 곳이 모두 땅을 비우고 도망함.《眞寶》注에 "翰, 北征突厥, 西伐吐藩, 攻取其地, 故云兩隅空"이라 함. '隅'는 귀퉁이. '吐藩'(吐蕃)은 지금의 티베트.《杜詩鏡銓》注에 "《舊唐書》:翰初事河西節度使王倕, 倕攻新城, 使翰經略. 又事王忠嗣, 遷郞將. 吐藩寇邊, 翰拒之於苦拔海, 其衆三行, 從山差池而下. 翰持半段鎗迎擊, 所向披靡. 尋充隴右節度副使, 設伏殱吐藩於積石軍. '兩隅空', 蓋指河西隴右言之"라 함.

【靑海無傳箭, 天山早掛弓】'靑海'는 원래 지금의 靑海省.《杜詩集注》에 "靑海在今陝西北都司"라 함. '傳箭'은 외적의 침입을 알리는 화살. 외적이 침입하면 봉화를 올리듯이 신호용 화살을 차례로 쏘아 사실을 수도까지 알림.《眞寶》注에 "翰, 築城靑海, 吐蕃不敢近"이라 함.《杜詩鏡銓》注에 "《唐書》:翰代王忠嗣爲隴右節度, 築神威軍於靑海上, 又築城於靑海中龍狗島, 吐藩屛跡. 趙注:寇兵起則傳箭爲號."라 하였고,《杜詩詳註》에는 "胡人每起, 兵則傳箭爲號"라 함. '天山早掛弓'은 天山에서는 일찍이 활을 걸어둔 채 사용하지 않을 정도로 평정해 두었음. '天山'은 祁

連山, 또는 白山이라고도 하며 交河 북쪽 120리 되는 곳에 길게 뻗어 있는 西域에 天山山脈. 지금의 張掖, 酒泉 사이에 있음.《眞寶》注에 "天山, 卽祁連山, 今瓜州西"라 함.《杜詩集注》에 "天山卽祁連山, 在今西夷火州, 匈奴謂天爲祁連; 早掛弓, 卽不復用矣"라 함. '掛'는《杜詩鏡銓》과《杜詩詳注》에는 '挂'로 표기되어 있음.

【廉頗仍走敵, 魏絳已和戎】'廉頗'는 戰國시대 趙나라 將帥. 齊나라를 쳐서 여러 번 큰 공을 세웠음.《史記》廉頗藺相如列傳에 "廉頗者, 趙之良將也. 趙惠文王十六年, 廉頗爲趙將伐齊, 大破之, 取陽晉, 拜爲上卿, 以勇氣聞於諸侯"라 함. 특히 藺相如와의 '完璧歸趙', '刎頸之交', '肉袒負荊' 등의 고사를 남긴 인물이기도 함. '走敵'은 적이 달아나도록 함.《杜詩詳註》에 "廉頗趙將, 出師而敵不敢近"이라 함. '魏絳'은 魏莊子. 魏犨의 아들. 春秋시대 晉나라 大夫로 晉 悼公에게 西戎과 和平을 이루면 다섯 가지 이익이 있다고 설득하였던 인물.《禮記》樂記 疏에 "州生莊子絳"이라 하였으며, 여기서의 '州'는 犨(魏犨)임.《國語》晉語(7)에 "知魏絳之勇而不亂也, 使爲元司馬"라 하였고,《左傳》襄公 4년에 "於是晉侯好田, 故魏絳及之. 公曰: 「然則莫如和戎乎?」對曰: 「和戎有五利焉, 戎狄荐居, 貴貨易土, 土可賈焉, 一也. 邊鄙不聳, 民狎其野, 穡人成功, 二也. 戎狄事晉, 四鄰振動, 諸侯威懷, 三也. 以德綏戎, 師徒不勤, 甲兵不頓, 四也. 鑒于后羿, 而用德度, 遠至, 邇安, 五也. 君其圖之!」公說, 使魏絳盟諸戎; 修民事, 田以時."라 함.《眞寶》注에는 "魏絳, 勸晉侯和戎, 以爲有五利, 公從之"라 함.

【每惜河湟棄, 新兼節制通】'河湟'은 黃河와 湟水가 합수하는 지역. 湟水는 河曲이라고도 하며 靑海의 동쪽에서 발원하여 蘭州에 이르러 黃河와 합수함. 여기서는 그 지역이 그대로 버려두고 있음을 안타깝게 여긴 것. '節制'는 節度使. 그곳을 지키던 王忠嗣가 패하자 哥舒翰이 입조하여 그곳을 버리지 말고 攻守를 함께 해야 한다고 진언하자, 황제가 哥舒翰에게 節度使의 임무를 겸하도록 한 것임.《杜詩詳註》에 "王忠嗣守河湟爲寇所敗, 翰入朝陳攻守計. 帝以翰兼河西節度使"라 함. 그러나《九家集註杜詩》와《杜詩諺解》에는 '河隍'으로, 그 외 杜詩 관련 원문에는 '河湟'으로 되어 있음.

【智謀垂睿想, 出入冠諸公】'智謀垂睿想'은 그의 지모는 천자의 생각이 내려지도록 함. '睿'는 叡와 같으며, 황제의 의견을 높여 칭하는 말.《眞寶》注에 "睿, 兪芮切. 深明通達也"라 함. '睿想'은 '밝은 천자의 생각'을 뜻함. '垂'는 '내려뜨려짐', 즉 황제가 허락함을 말함. '出入冠諸公'은 궁궐을 출입함에 여러 공경들을 제치고 으뜸이 됨. '冠'은 '으뜸, 첫째, 제일'의 뜻.

【日月低秦樹, 乾坤繞漢宮】 '秦'은 長安이 고대 秦나라 땅이었음을 가리켜 한 말. 해와 달이 長安의 나무보다 낮게 비춤. 哥舒翰이 長安을 收復한 공이 지극히 큼을 말한 것. 아래 구절 注를 볼 것. '乾坤繞漢宮'은 漢宮은 唐宮을 말함. 長安은 고대 漢나라 서울이어서 대신 지칭한 것. 하늘과 땅이 당나라 궁전을 감싸고 있음. 이상 두 구절에 대해 《眞寶》注에는 "此言收復之功也, 所謂日月所臨特低秦樹, 乾坤所包獨繞漢宮"이라 함. 《杜詩集注》에는 "言日月至高, 以其功而比之, 則日月反若秦樹之低; 乾坤至大, 以其功而比之, 則乾坤止繞漢宮之小. 此甚言其收復之功大也"라 함.

【胡人愁逐北, 宛馬又從東】 '胡人愁逐北'는 胡人들이 쫓기고 敗北함을 근심함. '北'는 '배'로 읽음. 《後漢書》臧宮傳 "乘勝追北"의 注에 "人好陽而惡陰. 北方幽陰之地, 故軍敗者, 皆謂之北"라 하였고, 《史記》樂書에 "北者, 敗也"라 함. '宛馬又從東'의 '宛'은 大宛. 西域에 있던 나라. 《眞寶》注에 "宛, 平聲, 大宛. 西域國名, 出良馬"라 함. '宛馬'는 汗血馬. 大宛에서 나는 유명한 명마. 《史記》大宛列傳에 "大宛在匈奴西南, 在漢正西, 去漢可萬里. 其俗土著, 耕田, 田稻麥. 有蒲陶酒. 多善馬, 馬汗血, 其先天馬子也. 有城郭屋室. 其屬邑大小七十餘城, 衆可數十萬. 其兵弓矛騎射"라 하였고, 《漢書》武帝紀에는 "四年春, 貳師將軍廣利斬大宛王首, 獲汗血馬來. 作〈西極天馬之歌〉"라 함. '從東'은 大宛에서 名馬를 동쪽 唐나라로 바쳐옴. 《眞寶》注에는 위의 구절과 묶어 "翰之威武, 胡人愁其攻逐, 而敗北; 宛馬復來朝貢也"라 함.

【受命邊沙遠, 歸來御席同】 '受命邊沙遠'은 천자로부터 먼 변경 사막을 공략하도록 명을 받음. '歸來御席同'은 사명을 완수하고 돌아와 임금의 자리에 함께 함.

【軒墀曾寵鶴, 畋獵舊非熊】 '軒'은 수레의 지붕으로 대부를 가리킴. '墀'(지)는 섬돌 위의 붉은 색을 입힌 흙. '軒墀'는 連綿語로 大夫의 지위를 누림을 뜻함. '寵鶴'은 학을 총애했던 春秋시대 衛懿公의 고사를 가리킴. 衛懿公이 학을 좋아하여 학에게 대부의 지위를 주었던 일을 말함. 《左傳》閔公 2년에 "冬十二月, 狄人伐衛. 衛懿公好鶴, 鶴有乘軒者. 將戰, 國人受甲者皆曰: 「使鶴! 鶴實有祿位, 余焉能戰?」"이라 하였으며, 衛懿公의 好鶴 고사는 《韓詩外傳》(7)에 "衛懿公之時, 有臣曰弘演者, 受命而使未反, 而狄人攻衛. 於是懿公欲興師迎之. 其民皆曰: 「君之所貴而有祿位者, 鶴也; 所愛者, 宮人也. 亦使鶴與宮人戰, 余安能戰?」 遂潰而皆去. 狄人至, 攻懿公於熒澤, 殺之, 盡食其肉, 獨舍其肝. 弘演至, 報使於肝, 辭畢, 呼天而號. 哀止, 曰: 「若臣者, 獨死可耳.」 於是, 遂自剄出腹實, 內懿公之肝, 乃死. 桓公聞之, 曰: 「衛之亡也, 以無道也, 今有臣若此, 不可不存.」 於是復立衛於楚丘. 如弘演, 可謂忠士

矣. 殺身以捷其君, 非徒捷其君, 又令衞之宗廟復立, 祭祀不絶, 可謂有大功矣. 詩曰:「四方有羨, 我獨居憂, 民莫不穀, 我獨不敢休.」」라 하였으며,《呂氏春秋》忠廉篇에도「衞懿公有臣曰弘演, 有所於使. 翟人攻衞, 其民曰:「君之所予位祿者, 鶴也; 所貴富者, 宮人也. 君使宮人與鶴戰, 余焉能戰?」遂潰而去. 翟人至, 及懿公於榮澤, 殺之, 盡食其肉, 獨捨其肝. 弘演至, 報使於肝. 畢, 呼天而啼, 盡哀而止, 曰:「臣請爲禣.」因自殺, 先出其腹實, 內懿公之肝. 桓公聞之曰:「衞之亡也, 以爲無道也. 今有臣若此, 不可不存.」於是復立衞於楚丘. 弘演可謂忠矣, 殺身出生以徇其君. 非徒徇其君也, 又令衞之宗廟復立, 祭祀不絶, 可謂有功矣」라 하였고,《新序》義勇篇에도 역시「衞懿公有臣曰弘演, 遠使未還. 狄人攻衞, 其民曰:「君之所與祿位者, 鶴也; 所富者, 宮人也. 君使宮人與鶴戰, 余焉能戰?」遂潰而去. 狄人追及懿公於榮澤, 殺之, 盡食其肉, 獨捨其肝. 弘演至, 報使於肝, 畢, 呼天而號, 盡哀而止. 曰:「臣請爲表.」因自刺其腹, 乃懿公之肝而死. 齊桓公聞之曰:「衞之亡也以無道, 今有臣若此, 不可不存.」於是救衞於楚丘」라 하였으며,《新書》(賈誼) 春秋篇에는「衞懿公喜鶴, 鶴有飾以文繡, 賦斂繁多而不顧其民, 貴優而輕大臣. 群臣或諫則面叱之. 及翟伐衞, 寇挾城堞矣. 衞君垂淚而拜其臣民曰:「寇迫矣. 士民其勉之.」士民曰:「君亦使君之貴優, 將君之愛鶴以爲君戰矣. 我儕棄人也. 安能守戰?」乃潰門而出走, 翟寇遂入, 衞君奔死, 遂喪其國」이라 하는 등 널리 전하고 있음. 注에는《左傳》衞懿公好鶴, 鶴有乘軒者」라 함.《眞寶》注에「《左傳》:衞懿公好鶴, 鶴有乘軒者」라 함. 여기서는 哥舒翰이 그토록 황제로부터 은총을 받았음을 말함. '畋獵'은 西伯(周 文王, 姬昌)이 사냥을 나가면서 점을 쳐 姜太公望(呂尙, 子牙)을 얻게 된 고사를 말함.《史記》齊太公世家에「呂尙蓋嘗窮困, 年老矣, 以漁釣奸周西伯. 西伯將出獵, 卜之, 曰「所獲非龍非彲, 非虎非羆; 所獲霸王之輔.」於是周西伯獵, 果遇太公於渭之陽, 與語大說, 曰:「自吾先君太公曰'當有聖人適周, 周以興'. 子眞是邪? 吾太公望子久矣.」故號之曰「太公望」, 載與俱歸, 立爲師.」라 하였고,《六韜》文師篇에도「文王將田, 史編布卜曰:「田於渭陽, 將大得焉. 非龍非彲, 非虎非羆, 兆得公侯, 天遣汝師, 以之佐昌, 施及三王.」文王曰:「兆致是乎?」史編曰:「編之太祖史疇, 爲禹(舜)占, 得皐陶, 兆比於此.」文王乃齋三日, 乘田車, 駕田馬, 田於渭陽, 卒見太公, 坐茅以漁. 文王勞而問之, 曰:「子樂漁邪?」太公曰:「臣聞君子樂得其志, 小人樂得其事. 今吾漁, 甚有似也. 殆非樂之也.」文王曰:「何謂其有似之?」太公曰:「釣有三權: 祿等以權, 死等以權, 官等以權. 夫釣以求得也, 其情深, 可以觀大矣.」라 함.《杜詩詳註》에「文王將出獵, 卜之, 曰:「所獲非熊非羆非虎非彲, 乃霸王之輔.」及獵, 遇太公釣于渭之陽,

載歸以爲師. ○言翰之貴寵, 已如乘軒之鶴, 明皇得之如文王之得呂望也"라 함. 한편《邵氏聞見錄》에는 "子美「軒墀曾寵鶴」,《左傳》注云:「軒, 大夫車也.」非軒墀之軒, 或以爲惟知詩者能辨之"라 함.《眞寶》注에는 "非熊, 周文王及姜太公事"라 함.

【茅土加名數, 山河誓始終】'茅土'는 제후로 봉을 받는 일을 말함.《眞寶》注에 "茅土, 封侯也"라 함. 천자는 封을 내릴 때 그 방위(東西南北)의 색깔(靑白赤黑)에 해당하는 흙을 白茅(흰띠풀)에 싸서 하사하여 이로써 봉을 받은 제후는 그 색깔의 흙을 가지고 봉지로 돌아가 각기 社를 세우되 그 위에 황토를 덮도록 함. 황토는 중앙(黃, 天子)의 은덕을 상징하며, 백모는 청결을 의미함.《尙書》禹貢(徐州) "厥貢惟土五色, 羽畎夏翟, 嶧陽孤桐"의 注에 "王者封五色土爲社, 建諸侯則各割其方色土與之, 使立社. 燾以黃土, 苴以白茅. 茅取其潔, 黃取王者覆四方"이라 하였고, 〈正義〉에 "王者封五色土以爲社, 若封建諸侯, 則各割其方色土與之, 使歸國立社. 四方各依其方色, 皆以黃土覆之, 其割土與之時, 苴以白茅, 白茅取其潔淸也"라 함. '名數'는 자신이 관할하는 戶籍, 戶口를 뜻함.《漢書》高帝紀(下) "帝乃西都洛陽. 夏五月, 兵皆罷歸家. 詔曰:「諸侯子在關中者, 復之十二歲, 其歸者半之. 民前或相聚保山澤, 不書名數, 今天下已定, 令各歸其縣, 復故爵田宅, 吏以文法敎訓辨告, 勿笞辱.」"의 顔師古 注에 "名數, 謂戶籍也"라 함. 여기서는 哥舒翰이 玄宗으로부터 涼國公의 爵位에 봉해졌으며, 다시 西平郡王에 봉해져 그가 관할하는 戶口도 증가되었음을 말함.《眞寶》注에는 "言翰進封西平郡王也"라 함.《杜詩鏡銓》注에는 "《舊唐書》玄宗紀:十二載九月, 翰進封西平郡王, 食實封五百戶"라 함. '山河'는《杜詩鏡銓》에는 '河山'으로 되어 있음. 여기서는 哥舒翰이 山河를 두고 시종 일관 충성을 다할 것임을 맹세한 것을 말함.《眞寶》注에 "高祖卽位封功臣, 爲之誓曰:「使黃河如帶太山若礪, 國以永存, 爰及苗裔.」於是申以丹書之信, 重以白馬之盟"이라 함.

【策行遺戰伐, 契合動昭融】'策行'은 哥舒翰의 모책이 실행됨. '遺戰伐'의 '遺'는 '없어지다, 사라지다'등의 뜻. 哥舒翰의 계책에 의해 突厥, 吐藩 등과 전쟁과 정벌을 하지 않아도 되는 성과가 이룩되었음을 말함. '契合'은 哥舒翰과 玄宗의 뜻이 일치함. '昭融'은《詩》大雅 旣醉 "昭明有融"을 줄인 말로 注에 "融, 明之盛也"라 함.《杜詩集注》에는 "昭融帝之哲鑒. 言群臣契合, 自然動主睠也"라 함. 서로의 뜻이 맞아 임금이 哥舒翰을 아끼는 마음이 발동하도록 함을 뜻함.

【勳業靑冥上, 交親氣槩中】'勳業'은 哥舒翰의 功勳과 業績. '靑冥'은 하늘을 뜻함. 낮에는 푸르고 밤에는 어두운 하늘을 상징함. '交親'은 玄宗과 哥舒翰의 친밀한

관계. '氣槩'는 氣槩와 같으며 義氣, 氣節. 秬黍翰은 친구를 사귐에 큰 기개를 가지고 있었음. 《杜詩鏡銓》 注에 "《舊唐書》: 翰倜儻任俠, 好然諾, 縱捕酒, 疏財重氣, 士多歸之"라 하였으며, 《杜詩集注》에 "氣槩中: 五侯門戶棨戟森列, 百夫守衛, 出入交舊親契, 皆在豪英氣槩之中, 誰敢反目?"이라 함.

【未爲珠履客, 已見白頭翁】 '未爲珠履客'은 아직 구슬 신을 신은 上客이 되지 못함. '珠履'는 《眞寶》 注에 "春申君之客"이라 함. 《史記》 春申君列傳에 "趙平原君使人於春申君, 春申君舍之於上舍. 趙使欲夸楚, 爲瑇瑁簪, 刀劍室以珠玉飾之, 請命春申君客. 春申君客三千餘人, 其上客皆躡珠履以見趙使, 趙使大慙."라 함.

【壯節初題柱, 生涯似轉蓬】 '壯節初題柱'은 장한 氣節을 처음에는 기둥에 써놓기도 했었음. '初題柱'는 漢나라 司馬相如가 고향을 떠나면서 蜀 成都의 昇僊橋에 있던 送客觀을 지나게 되자 그 문에 "駟馬가 끄는 수레에 타지 않고는 다시 이곳을 지나지 않으리"라고 다짐한 고사를 말함. 《華陽國志》(3)에 "城北十里有昇僊橋, 有送客觀, 司馬相如, 初入長安. 題市門曰:「不乘赤車駟馬, 不過汝下也.」"라 함. 여기서는 杜甫 자신도 일찍이 出世立身하려는 뜻을 지니기도 하였음을 말함. 《眞寶》 注에 "司馬相如初過成都昇仙橋, 題其柱曰:「不乘駟馬車, 不復過此橋.」○ 公自言, 壯節有相如題柱志也"라 함. 《杜詩鏡銓》 注에는 "《成都記》: 司馬相如初西去, 題昇仙橋柱曰:「不乘駟馬車, 不復過此橋.」"라 함. '生涯'는 일생 살아온 과정. '轉蓬'은 바람에 이리 이리저리 굴러다니는 쑥대.

【幾年春草歇? 今日暮途窮】 '春初歇'은 봄풀이 이미 말라 시듦. 이를 보고 심하게 고향생각이 남. 《藝文類聚》(56)에 실려 있는 梁 元帝(蕭繹)의 〈藥名詩〉에 "戍客恒山下, 常思衣錦歸. 況看春草歇, 還見鴈南飛. 蠟燭凝花影, 重臺閉綺扉. 風吹竹葉袖, 網綴流黃機. 詎信金城裡, 繁露曉霑衣"라 함. 여기서는 두보 자신의 유랑생활을 표현한 것.

【軍事留孫楚, 行間識呂蒙】 '軍事'는 軍中의 사무들. 《杜詩鏡銓》 注에 "舊注: 翰奏侍御史裴冕爲河西行軍司馬, 嚴挺之子武爲節度判官, 河東呂諲爲度支判官, 前封邱尉高適爲掌書記, 又蕭昕亦爲翰掌書記, 是皆委之軍事也"라 함. '孫楚'(?-294)는 자는 子荊. 晉初의 인물. 太原 中都 출신으로 40이 지나 벼슬길에 올라 著作郎, 馮翊太守 등을 역임함. 《晉書》(56)에 孫楚傳에 "孫楚, 字子荊, 太原中都人也. 祖資, 魏驃騎將軍. 父宏, 南陽太守. 楚才藻卓絶, 爽邁不群, 多所陵傲, 缺鄉曲之譽. 年四十餘, 始參鎭東軍事. 文帝遣符劭, 孫郁使吳, 將軍石苞令楚作書遺孫皓(下略)"라 하였고, 《晉陽秋》에는 "孫楚, 驃騎將軍資之孫, 南陽太守宏之子. 鄉人王濟, 豪俊公

子, 爲本州大中正訪問, 楚爲鄕里品狀. 濟曰:「此人非鄕評所能名, 吾自狀之曰:『天才英特, 亮拔不羣.』」仕至馮翊太守."라 함. 《眞寶》注에는 "晉孫楚, 字子荊, 才藻卓絶, 年四十餘, 始參鎭東軍事"라 함. 군대를 지휘하는 일. 이 시를 지을 때 杜甫는 43로 자신의 나이와 비교하여 哥舒翰에게 자신을 참여시켜 줄 것을 은근히 바란 것임. '行間識呂蒙'의 '行'은 《眞寶》注에 "音杭"이라 하여 '항'으로 읽음. 군대의 行伍 사이에서 呂蒙을 알아보았다는 고사를 원용한 것. '呂蒙'은 삼국시대 吳나라 인물. 자는 子明. 姉夫 鄭當을 따라 전투에 참여하였을 때 軍吏가 그를 천시하자 呂蒙이 그를 죽여버렸음. 이에 校尉 袁雄이 이를 孫策에게 보고하자 孫策은 隊伍 중의 그를 발탁하여 자신의 좌우에 두게 되었음. 《三國志》(54) 吳志 呂蒙傳에 "呂蒙字子明, 汝南富陂人也. 少南渡, 依姉夫鄧當. 當爲孫策將, 數討山越. 蒙年十五六, 竊隨當擊賊, 當顧見大驚, 呵叱不能禁止. 歸以告蒙母, 母恚欲罰之, 蒙曰:「貧賤難可居, 脫誤有功, 富貴可致. 且不探虎穴, 安得虎子?」母哀而舍之. 時當職吏以蒙年小輕之, 曰:「彼竪子何能爲? 此欲以肉餧虎耳.」他日與蒙會, 又蚩辱之. 蒙大怒, 引刀殺吏, 出走, 逃邑子鄭長家. 出因校尉袁雄自首, 承間爲言, 策召見奇之, 引置左右"라 함. 注에는 〈吳志〉: 呂蒙字子明, 年十六, 拔刀殺吏於行伍中, 見之於孫策, 策用之"라 함. 《杜詩鏡銓》注에 "翰爲其部將論功, 隴右十將皆加封. 若王思禮爲翰押衙, 魯炅爲別將, 郭英乂亦策名河隴間, 又奏安邑曲環爲別將, 是皆拔之行間也"라 함. 《眞寶》注에 《吳志》: 呂蒙, 字子明, 年十六, 拔刀殺吏, 於行伍中, 見知於孫策, 策用之"라 함. 따라서 杜甫도 哥舒翰이 자신을 行間에서 발탁해 줄 것을 청한 것.

【防身一長劍, 將欲倚崆峒】'崆峒'은 산 이름의 疊韻連綿語. 지금의 甘肅省 平涼縣 서쪽에 있으며, 吐蕃이 출입하는 길목이었음. 《杜詩集注》에 "崆峒, 山名, 在陝西平涼, 鞏昌, 臨洮三府之間, 當吐藩所入之道"라 함. 따라서 두보 자신이 "哥舒翰 당신의 幕下에 들어가 吐藩을 막는 일에 참여하고 싶다"는 뜻을 말한 것임. 《眞寶》注에는 "崆峒, 音空同. 崆峒, 在西正, 當吐藩所入之道, 子美謂將欲依劍崆峒, 從翰守節鎭也"라 함. 《杜詩鏡銓》注에는 "蓋言欲入戎幕"이라 함.

참고 및 관련 자료

1. 杜子美: 杜甫, 杜少陵, 杜工部. 042 참조.

2. 이 시는 《集千家注杜工部詩集》(2), 《杜詩鏡銓》(2), 《杜詩詳注》(3)에 실려 있으며 원 제목은 〈投贈哥舒開府翰二十韻〉으로 되어 있음. 天寶 13년(754)에 지은 것

임. 그 외 《九家集註杜詩》(17), 《補註杜詩》(17), 《全唐詩》(224), 《全唐詩錄》(31), 《唐宋詩醇》(13), 《唐詩品彙》(75), 《文苑英華》(300), 《事文類聚》(新集 3), 《淵鑑類函》(119), 《古今詩刪》(19) 등에 널리 실려 있음.

3. 韻脚은 '功, 雄, 風, 空, 弓, 戎, 通, 公, 宮, 東, 同, 熊, 終, 融, 中, 翁, 蓬, 窮, 蒙, 峒'.

4. 《杜詩鏡銓》評語

胡元瑞曰:排律, 沈宋二氏藻贍精工, 太白, 右丞明秀高爽, 然皆不過十韻, 且體才繩墨之中, 調非畦徑之外. 惟少陵大篇鉅什, 雄偉神奇. 如此首與〈謁先主廟〉等作, 闔闢馳驟, 如飛龍行雲, 麟鬣爪甲, 自中矩度; 又如淮陰用兵, 百萬掌握, 變化無方, 盡排律之能事矣.

5. 《杜詩諺解》重刊本(5)

이 代ㅅ 麒麟閣애

어느 사르미 第一功고

니금미 자내 神武ᄒ실이

駕馭ᄒ야 쓰샤믈 반ᄃ시 英雄엣 사름으로 ᄒ시ᄂ니라

開府ᄂ 當朝앳 豪傑이니

兵事議論호ᄆ 古人風에 너므니라

몬져 드러가 사호매 온 번 이기요미 잇ᄂ니

싸홀 아오매 두 모히 뷔니라

靑海엔 사를 傳호이 업고

天山앤 일 화를 거렛도다

廉頗ㅣ 지즈루 彼敵을 뽀ᄎᆫ듯 ᄒ며

魏絳이 ᄒ마 되를 和親ᄒᆫ 듯도다

河隍이 ᄇ리여슈믈 미양 앗겨

새려 節制를 兼ᄒ야 通히 가놋다

智慧와 시니예ᄂ 님금 스치샤미 드렛ᄂ니

나며드로며 諸公의게 셔엿도다

日月이 秦樹에 ᄂ즉ᄒ얫고

乾坤이 漢宮에 횟돌앳도다

되사ᄃ미 뽀튜믈 시름ᄒᄂ니

大宛ㅅ ᄆ리 쏜 東녁그로 조차오놋다

命을 受ᄒ야 ᄀ앳 몰애 먼 ᄃᆡ 가고
도라 와 님금 돗긔 ᄒᆞᆫ ᄃᆡ 앉놋다
軒墀예 일즉 榮寵ᄃᆞ왼 鶴이며
畋獵ᄒ기예 녯 곰 아닌 것 ᄀᆞᆮ도다
ᄠᅦ와 흘ᄀ로 일홈 數를 더으시고
뫼콰 ᄀᆞᄅᆞᄆᆞ로 처엄과 ᄆᆞᆾᄆᆞᆯ 盟誓ᄒ시놋다
謀策이 넓시 사호ᄆᆞᆯ ᄇᆞ리고
ᄆᆞᅀᆞ미 마즐시 昭融을 뮈우놋다
功業은 하ᄂᆞ 우히오
사괴ᄂᆞ 사ᄅᆞᆷ들흔 氣槩ㅅ 가온ᄃᆡ 잇도다
그슬로 믜ᄀᆞ론 신 시ᄂᆞᆫ 客이 ᄃᆞ외디 몯ᄒᆞ야셔
ᄒᆞ마 머리 셴 늘그닐 보과라
져믄 時節에 처어믜 기동애 스다니
生涯ㅣ ᄒᆞ올로 다봇 올마 ᄃᆞ니ᄃᆞ호라
몃 ᄒᆡ를 봆 프리 이울어니오
오ᄂᆞᆰ 나래 나ᄌᆞᆺ 길히 窮迫ᄒ얘라
軍事애 孫楚를 머믈우며
行伍ㅅ ᄉᆞ이예 呂蒙을 아니라
몸 막 ᄌᆞ룰 한 긴 갈 가지고
將次ㅅ 崆峒山을 비밧고져 ᄒ노라

097. 〈贈韋左丞〉 ·················· 杜子美(杜甫)
위좌승에게 드림

*《眞寶》注에 "左丞, 姓韋名濟."라 하였고, 《杜詩鏡銓》에는 "杜詩長篇傷於偶儷,
  惟此詩有典刑(型)布置, 最得正體, 前輩錄之以爲壓卷也"라 함.
*〈贈韋左丞〉: 원제목은 〈奉贈(呈)韋左丞丈二十二韻〉이며, 《杜詩鏡銓》注에 《杜
  臆》:前詩有誦韋丞語, 此詩全屬陳情, '贈'似宜作'呈'爲詩. 按此詩係將歸東都時作"
  이라 함. 《杜詩集注》에는 "天寶六歲詔天下有一藝者赴轂下, 公時應詔, 會李林甫
  爲相. 恐士或斥己, 請委尙書省試問, 遂無一中程式者, 公由是遂退下, 故贈此詩,
  當時天寶七載. 千家洙注曰:「至德二載作也.」"라 함. '韋左丞'은 韋濟. 左丞은 벼슬
  이름. 《事文類聚》新集(8)에 "漢成帝建始四年置尙書員五人, 有四丞. 光武時減其
  二, 唯置左右丞, 掌錄文書期會. 左丞主吏民, 章服及騶伯史. 晉不改. 晉左丞主臺
  內禁令, 宗廟, 祠祀, 朝儀, 禮制, 選用署吏, 給假. 唐龍朔元年改左右丞曰左右肅
  機, 咸亨元年復舊名"이라 함. '韋濟'는 《新唐書》(116) 韋思謙傳에 함께 실려 있으
  며, "濟, 開元初調鄄城令. 或言吏部選縣令非其人, 旣衆謝, 有詔問所以安人者, 對
  凡二百人, 惟濟居第一, 不能對者悉免官. 於是擢濟醴泉令, 侍郎盧從願, 李朝隱幷
  貶爲刺史. 濟四遷戶部侍郎, 爲太原尹. 著〈先德詩〉四章, 世服其典懿. 天寶中, 授
  尙書左丞, 凡三世居之. 濟文雅, 頗能脩飾政事, 所至有治稱. 終馮翊太守"라 함.

귀족 자제들은 굶어 죽는 일 없지만,
선비 관을 쓴 자들은 흔히 몸을 그르치기 일쑤.
그대 좌승左丞께서는 시험삼아 들어 보시오.
천한 제가 갖추어 진술해 드리리다.
저도 옛날 젊었던 시절에는,
일찍이 나라의 과거 시험에 참여도 했다오.
책은 만 권을 넘게 읽었으며,
붓을 대면 마치 신들린 듯 쓰기도 했다오.

부賦는 양웅揚雄에 필적할 만하다 여겼고,

시는 조식曹植과 가깝다고 보았다오.

이옹李邕 같은 이도 나를 사귀기를 원했었고,

왕한王翰은 나와 이웃해서 살기를 바랐다오.

나는 스스로 매우 뛰어났다고 자부하여,

곧바로 벼슬자리 요직에 오르리라 여겼다오.

그렇게 하면 임금을 요순보다 훌륭하게 만들어 드리고,

다시 풍속을 순박하게 되도록 하리라 꿈꿨다오.

이런 뜻은 끝내 쓸쓸히 오므라들었지만,

길 다니며 노래 부르고 있는 것은 은둔하여 묻히려는 것은 아니라오.

나귀 타고 떠돈 지 30년,

장안의 화려한 봄을 헤매며 얻어먹는 신세.

아침이면 부잣집 아들 집 문을 두드리고,

저녁이면 살찐 말 뒤 먼지를 따라다녔소.

남은 술잔과 차갑게 식은 불고기가,

가는 곳마다 설움과 슬픔에 잠기게 하였다오.

임금께서 잠깐 불러 만나주시기에,

홀연히 내 뜻을 펴고자 하였으나,

푸른 하늘을 날던 새 날개가 떨어지고,

힘 잃은 물고기 비늘을 둘 곳이 없는 신세가 되고 말았다오.

그대께서 두텁게 해 주신 것에 심히 부끄럽고,

그대께서 저를 진심으로 대해 주심을 잘 알고 있소이다.

매번 여러 관료들 위에 계시면서,

외람되게 저의 좋은 시 구절 새롭다 외워주셨다지요.

왕길王吉의 벼슬을 축하했던 공공貢公을 흉내내고자 하나,

원헌原憲과 같은 가난은 달게 여기기가 어렵소이다.

어찌 능히 마음속에 서운한 마음을 갖겠소이까?

그래서 다만 이곳저곳 뛰어다니고 있을 뿐이라오.
지금 동쪽 멀리 바다로 들어갈까 하다가,
곧 장차 장안을 떠나 서쪽으로 갈까 하오.
그래도 종남산終南山을 안타까워하면서,
머리 돌려 맑은 위수渭水를 바라보고 있다오.
항상 한 끼 밥으로라도 은혜를 갚으리라 여겼거늘,
하물며 그대를 떠날 생각을 품은 지금 어떻겠소이까?
흰 갈매기 넓고 아득한 저 바다에 잠기는데,
만 리를 떠도는 천성을 누가 길들일 수 있겠소?

紈袴不餓死, 儒冠多誤身.
丈人試靜聽, 賤子請具陳.
甫昔少年日, 早充觀國賓.
讀書破萬卷, 下筆如有神.
賦料揚雄敵, 詩看子建親.
李邕求識面, 王翰願卜隣.
自謂頗挺出, 立登要路津.
致君堯舜上, 再使風俗淳.
此意竟蕭條, 行歌非隱淪.
騎驢三十載, 旅食京華春.
朝扣富兒門, 暮隨肥馬塵.
殘盃與冷炙, 到處潛悲辛.
主上頃見徵, 欻然欲求伸.
靑冥却垂翅, 蹭蹬無縱鱗.
甚愧丈人厚, 甚知丈人眞.
每於百寮上, 猥誦佳句新.
竊效貢公喜, 難甘原憲貧.

焉能心怏怏? 祇是走踆踆.
今欲東入海, 卽將西去秦.
尚憐終南山, 回首淸渭濱.
常擬報一飯, 況懷辭大臣!
白鷗波浩蕩, 萬里誰能馴?

【紈袴不餓死, 儒冠多誤身】'紈袴'는 흰 비단 바지. 귀족을 대신하는 말.《眞寶》注
에 "紈袴, 富貴子弟也"라 함. 한편《漢書》自叙傳(上) "班伯與王許子弟爲群在於綺
襦紈袴之間"의 注에 "晉灼曰:白綺之襦氷紈之袴也. 師古曰:綺, 細綾;紈, 素也. 並
貴戚子弟之服"이라 함. 귀족은 굶어죽는 일이 없음. '儒冠'을 儒者로서 관을 쓴
사람. 선비, 유학자를 가리킴. 이들은 자신의 固執과 志操를 지키며 時流에 적응
하지 못하다가 삶을 그르치는 일이 많았음.

【丈人試靜聽, 賤子請具陳】'丈人'은 자신보다 나이 많은 사람에 대한 존칭. 韋左丞
을 가리킴.《周易》師卦 "丈人吉無咎"의 程傳에 "丈人者, 尊嚴之稱"이라 하였고,
朱熹 注에는 "丈人, 長老之稱"이라 함. '賤子'는 천한 사람. 두보 자신을 낮추어
한 말. '具陳'은 갖추어 진술함.

【甫昔少年日, 早充觀國賓】'早充觀國賓'은 일찍이 國賓으로서 觀光에 충당되기도
함. '觀光'은 손님이 되어 나라의 화려함을 구경하는 것.《周易》觀卦 六四 爻辭에
"觀國之光, 利用賓于王"이라 하였고, 程傳에 "五, 居尊位, 聖賢之君也;四, 切近之.
故云觀國之光. 觀, 見. 國之盛德光輝也. 古者有賢德之人, 則人君賓禮之, 故士之
仕進於王朝, 則謂之賓"이라 함. 여기서는 두보 자신이 나라의 과거시험에 참여하
였었음을 말함.《杜詩鏡銓》注에는 "〈年譜〉:公遊吳越歸, 赴鄕擧, 時方二十三歲"이
라 하여 23세에 과거에 응시한 적이 있음.

【讀書破萬卷, 下筆如有神】'破'는 讀破함.

【賦料揚雄敵, 詩看子建親】'揚雄'(B.C.52-B.C.18)은 楊雄으로도 표기하며 漢나라
때 辭賦作家.《漢書》揚雄傳에 "揚雄字子雲, 蜀郡成都人也. 雄少而好學, 博覽無所
不見. 嘗好詞賦, 先時蜀有司馬相如作賦, 甚弘麗溫雅, 雄心壯之, 每作賦常擬之以
爲式, 天鳳五年卒"이라 하여 자신의 작품을 사마상여에게 비교하곤 하였음.《眞
寶》注에도 "揚雄字子雲, 嘗好詞賦, 每擬相如. ○公於賦, 言可敵揚雄"이라 함. '子
建'은 曹植의 字. 曹植은 三曹의 하나로 魏 武帝 曹操의 아들이며 文帝 曹丕의

아우. 詩文에 뛰어남. 〈七步詩〉(018)를 참조할 것. 《眞寶》注에 "曹植, 字子建. 善屬文, 詩出國風, 卓爾不群. ○公於詩, 言可親近子建"이라 함.

【李邕求識面, 王翰願卜隣】'李邕'(678–747)은 唐나라 名士로 글씨와 문장에 뛰어났으며 문단의 수령 역할을 함. 字는 泰和, 揚州 江都 사람으로 武后 때 左拾遺, 玄宗 때 戶部郎中을 거쳐 括州刺史를 역임하였으며 汲郡太守, 北海太守 등을 거쳐 세칭 李北海라 부름. 天寶 연간에 李林甫의 미움을 받아 杖殺당함. 《舊唐書》(190) 文苑傳(中)과 《新唐書》(202) 文藝傳에 전이 실려 있음. 《新唐書》에 "李邕, 字泰和, 揚州江都人, 邕少知名, 武后用邕拜左拾遺, 玄宗卽位召爲戶部郎中, 開元二十三年起爲括州刺史"라 함. 《眞寶》注에는 "唐李邕, 有才名, 後進想慕, 求識其面"이라 함. 그러나 이는 마치 두보가 나서서 李邕을 사귀고자 한 것처럼 되어 있으나 李邕이 두보를 만나보자고 한 것임. 《新唐書》杜甫傳에 "少, 貧不自振, 客吳越齊趙間, 李邕奇其材, 先往見之"라 함. '王翰'은 자는 子羽. 幷州 晉陽 사람으로 道州司馬를 역임함. 《舊唐書》(190 中)와 《新唐書》(202) 文苑傳(中)에 傳이 실려 있음. 단 《舊唐書》에는 '王瀚'으로 표기되어 있음. 《新唐書》에 "王翰, 字子羽, 幷州晉陽人, 少豪健恃才, 及進士第張說至禮, 方說輔政, 故召爲秘書正字, 擢通事舍人駕部員外郎, 後出爲汝州長史, 日與才士豪俠飮樂"이라 함. '卜隣'은 《杜詩詳注》에는 "王翰願爲隣"이라 하여 '爲隣'으로 되어 있으며, 《杜詩鏡銓》注에 "陳作'爲', 一作'卜'"이라 함. '卜隣'은 卜居와 같음. 이웃이 되기를 원함. 《杜詩鏡銓》注에 "唐王翰有文名, 杜華嘗與遊從, 華母崔氏云:「吾聞孟母三徙, 吾今欲卜居, 使汝與王翰爲隣.」○甫以文章施名當世, 故以李邕王翰自比"라 함.

【自謂頗挺出, 立登要路津】'自謂頗挺出'은 두보 자신이 스스로 자못 뛰어났다고 우쭐대기도 하였음. '立'은 副詞로 '즉시, 곧바로'의 뜻. '要路津'은 아주 중요한 나루. 정책을 결정하는 중요한 지위나 자리를 뜻함. 《文選》(29) 〈古詩十九首〉 제 4수에 "人生寄一世, 奄忽若飇塵. 何不策高足, 先據要路津?"이라 하였고, 注에 "要路津, 則人出入由之"라 함.

【致君堯舜上, 再使風俗淳】'堯舜'은 고대 五帝의 두 임금. 堯는 唐堯, 陶唐氏. 舜은 虞舜, 有虞氏. 모두 태평성대를 상징하는 임금들.

【此意竟蕭條, 行歌非隱淪】'此意竟蕭條'는 이러한 희망이 끝내 쓸쓸히 끝남. '蕭條'는 일의 쓸쓸함을 뜻하는 疊韻連綿語. 《唐撫言》에는 '蕭索'으로 되어 있으며 이역시 쓸쓸함을 뜻하는 雙聲連綿語. '行歌'는 떠돌면서 노래를 부름. 《漢書》朱買臣傳에 "朱買臣字翁子, 吳人也. 家貧, 好讀書, 不治産業, 常艾薪樵, 賣以給食, 擔束

薪, 行且誦書. 其妻亦負戴相隨, 數止買臣毋歌嘔道中. 買臣愈益疾歌, 妻羞之, 求去. 買臣笑曰:「我年五十當富貴, 今已四十餘矣. 女苦日久, 待我富貴報女功.」妻恚怒曰:「如公等, 終餓死溝中耳, 何能富貴!」買臣不能留, 即聽去. 其後, 買臣獨行歌道中, 負薪墓間. 故妻與夫家俱上塚, 見買臣饑寒, 呼飯飮之.」라 함. '隱淪'은 隱逸沈淪의 줄인 말. 속세로부터 숨어사는 仙人. 桓譚《新論》에 "天下神人五, 一曰神仙, 二曰隱淪"이라 함.

【騎驢三十載, 旅食京華春】 '騎驢'는 당나귀를 타고 다님.《後漢書》獨行傳에 "向栩字甫興, 少爲書生, 性卓詭不倫, 騎驢入市乞匄於人"이라 함. '載'는 年, 歲과 같음.《尙書》孔安國 傳에 "祀, 年也. 夏曰歲, 商曰祀, 周曰年, 唐虞曰載"라 함.《杜詩詳注》에는 '十三載'로 되어 있으며, 注에 "諸本作三十載, 盧注作十三載, 載作年"이라 하였고, "公兩至長安:初自開元二十三年赴京兆之貢, 後以應詔到京, 在天寶六載. 爲十三載也. 他本作'三十載', 斷誤"라 함. '旅食'은 '寄食', '乞食'과 같음.《杜詩集注》에 "旅食, 客寓京師而寄食也"라 함. '京華'는 京師, 京兆와 같음. 서울 長安을 가리킴.

【朝扣富兒門, 暮隨肥馬塵】 '扣'는 '두드리다'의 뜻. '肥馬塵'은 살찐 말의 먼지. 곧 '귀인들이 탄 살찐 말이 달리며 뒤로 내는 먼지'를 뜻함.

【殘盃與冷炙, 到處潛悲辛】 '盃'는《杜詩詳注》와《杜詩鏡銓》에 '杯'로 표기되어 있음. '冷炙'는 식어 굳어진 구운 고기. '炙'는《眞寶》注에 "之夜反(주), 燔肉也"라 함. 잔치 끝의 남은 술잔과 음식들을 말함. '到處潛悲辛'은 가는 곳마다 남몰래 비통함과 고통을 당함.《杜詩鏡銓》注에 "《顔氏家訓》:殘杯冷炙之辱, 戴安道猶遭之, 況邇曹乎?"라 함.

【主上頃見徵, 欻然欲求伸】 '主上'은 천자. '見徵'은 부름을 받음. 天寶 6년(747) 玄宗이 천하에 一藝라도 가진 자를 부를 때 한 번 궁궐에 입조했던 일을 말함. 그러나 혹 至德 元年(756) 두보가 敵中을 탈출하여 鳳翔에서 새로 등극한 肅宗을 찾아가자 숙종이 그를 맞아 拾遺 벼슬을 하사한 것을 말한다고도 함. '欻'(홀)은 歘, 忽과 같은 뜻. 갑자기 바라던 바를 펼 수 있으리라 여겼음.

【靑冥却垂翅, 蹭蹬無縱鱗】 '靑冥'은 하늘. 푸르며 검은 하늘. '翅'(시)는 새의 날개. 《眞寶》注에 "光武賜馮異書:始雖垂翅回谿"이라 함. '垂翅'(수시)는 날개를 떨굼. 푸른 하늘을 마음껏 날고자 하던 새가 날개가 꺾여 내려앉음. 天寶 6년 현종의 부름으로 궁궐에 갔으나 李林甫의 간계에 의해 불려갔던 현사들이 모두 퇴출을 당하고 말았음. '蹭蹬'은 '층등'으로 읽으며 힘을 잃고 머뭇거리며, 비틀거리며, 어

정거리는 상황을 표현하는 疊韻連綿語.《文選》海賦 "或乃蹢躅窮波"의 注에 "蹢躅, 失勢貌"라 함. '縱鱗'은 비늘을 마음대로 움직이며 헤엄침. '縱'은 '풀어놓다, 하고 싶은 대로 하다'의 뜻.《杜詩鏡銓》注에 위의 구절과 묶어 "木華〈海賦〉:「蹢躅窮波.」〈年譜〉:天寶六載, 詔天下有一藝詣轂下. 李林甫命尙書省試, 皆下之. 公應詔退下"라 함. 한편《杜詩鏡銓》에는 "范溫曰:自'甫昔少年日'至'再使風俗淳', 皆言儒冠事業. 自'此意竟蕭條'至'蹢躅無縱鱗', 乃言誤身如此"라 함.

【甚愧丈人厚, 甚知丈人眞】《眞寶》注에 "厚者, 相待之厚;眞者, 懷抱之眞"이라 함.

【每於百寮上, 猥誦佳句新】'寮'는 '僚'와 같음.《杜詩鏡銓》과《杜詩詳注》에는 모두 '僚'로 되어 있음. '百寮'는 조정의 많은 관료. '佳句'는 두보의 훌륭한 시 구절.

【竊效貢公喜, 難甘原憲貧】'竊效'는 몰래 흉내 내거나 본뜸. '貢公'은 漢代의 貢禹. 자는 少翁이며 經學과 덕행으로 널리 알려진 인물로 王吉(字 子陽)과 친한 사이였음. 王吉이 벼슬길에 오르자 貢禹가 아주 기뻐해주어 "王陽在位, 貢公彈冠"의 고사를 남긴 두 인물.《漢書》王吉傳에 "吉與貢禹爲友, 世稱「王陽在位, 貢公彈冠」, 言其取舍同也. 元帝初卽位, 遣使者徵貢禹與吉. 吉年老, 道病卒, 上悼之, 復遣使者弔祠云"이라 하였고, 〈貢禹傳〉에는 "貢禹字少翁, 琅邪人也. 以明經潔行著聞, 徵爲博士, 涼州刺史, 病去官. 復擧賢良爲河南令. 歲餘, 以職事爲府官所責, 免冠謝. 禹曰:「冠一免, 安復可冠也!」遂去官"이라 함.《眞寶》注에 "劉孝標(劉峻)〈廣絶交論〉:「王陽登而貢公喜.」"라 함. '難甘原憲貧'은 原憲이 가난하게 살았던 것처럼 나도 그렇게 사는 것은 달게 여기기는 어려움. 原憲의 가난 고사는 095〈寄李白〉의 '諸生原憲貧' 구절 注를 참조할 것.《眞寶》注에 "原憲曰:「吾聞之, 無財者, 謂之貧;學道不能行, 謂之病. 若憲, 貧也, 非病也.」"라 함.

【焉能心怏怏? 祗是走踆踆】'焉'은 의문사. 何, 安, 惡, 胡 등과 같음. '怏怏'은 불평하는 마음을 표현한 疊語. '祗'는 祇, 只와 같으며 '다만, 단지' 등의 뜻.《杜詩鏡銓》에는 '祇'로 되어 있음. '踆踆'은 이리저리 뛰어다니는 모습을 표현한 疊語.《杜詩鏡銓》注에 "踆踆, 走貌. 浦注:二句乃心口問答, 進退徘徊之狀"이라 함.

【今欲東入海, 卽將西去秦】假設해서 한 말. '東入海'는《論語》公冶長篇의 "子曰:「道不行, 乘桴浮于海. 從我者, 其由與?」"의 뜻을 원용한 것. '西去秦'은 秦(長安)을 떠나 서쪽 멀리 사라짐.《杜詩集注》에 "東入海, 假設之辭. 西去秦, 秦卽長安之地, 公故鄕也.《詩眼》云:果不能薦賢則去之可也. 故曰「焉能心怏怏, 祗是走踆踆.」"이라 함.

【尙憐終南山, 回首淸渭濱】'終南山'은 陝西省 西安에 있는 산. 長安 남쪽에 있어 南山이라고도 부름. 淸渭는 맑은 渭水. 흔히 '淸渭濁涇'이라 하였음.《杜詩鏡銓》

에 《元和郡縣志》:終南山在京兆府萬年縣南五十里. 渭水在萬年縣北五十里"라 함.
여기서는 장안 둘레의 산천을 차마 떠날 수 없는 심정을 표현한 것. 《學林玉露》
(8)에 "杜子美儒冠忍餓, 垂翅青冥, 殘盃冷炙, 酸辛萬狀, 不得已而去秦. 然其詩曰
「尙憐終南山, 回首淸渭濱.」 戀君之意, 藹然溢於言外, 其爲千載詩人之冠冕, 良有以
也"라 함. 《眞寶》注에 "果不能薦, 則去之"라 함.

【常擬報一飯, 況懷辭大臣】 '報一飯'은 한 끼의 은혜도 갚음. 《史記》范雎傳에 "一
飯之德必償, 睚眦之怨必報"라 하였고, 《杜詩鏡銓》에는 "朱注:《後漢》李固傳:常懷
古人一飯之報.」 注:渭靈輒也"라 함. '大臣'은 韋左丞(韋濟)을 가리킴. 《眞寶》注에
"況大臣相知, 不獨一飯, 其去別之, 懷抱爲何如?"라 함.

【白鷗波浩蕩, 萬里誰能馴】 '白鷗'는 흰 갈매기. 張華 《禽經》注에 "鷗, 水鳥, 如鶺鴒
而小. 隨潮而翔, 迎浪蔽日, 曰信鷗. 鷗之別類. 羣鳴啙啙優優, 隨大小潮來也"라 함.
'波'는 《杜詩鏡銓》, 《杜詩詳注》 등에 모두 '沒'로 되어 있음. 《詳注》에는 "一作波"
라 하였으며 《集注》에는 "'波'字當作'沒'字, 看《金鏡》:「鳧善浮, 鷗善沒.」 是也. 劉須
溪批云:「沒字本不如波字之趣. 但以上下語勢, 當是沒字相應.」"이라 함. 《東坡志林》
(5)에는 "陶潛詩「採菊東籬下, 悠然見南山」 採菊之次, 偶然見山. 初不用意而境與
意會, 故可喜也, 今皆作望南山. 杜子美云「白鷗沒浩蕩, 萬里誰能馴?」 蓋滅沒於煙
波間耳, 而宋敏求謂余云:「鷗不解沒.」 改作'波'字. 二詩改此兩字, 便覺一篇神氣索
然也"라 함. '萬里誰能馴'은 '萬里 먼 길을 마구 떠도는 갈매기 같은 본성을 누
가 길들일 수 있겠는가?'의 뜻. '馴'은 음이 순(循)이며 '길들이다 馴致하다'의 뜻.
《眞寶》注에 "馴, 音循. ○此二句, 言自此可以相忘於江湖之外, 雖韋濟亦不得而見
也"라 함.

참고 및 관련 자료

1. 杜子美:杜甫, 杜少陵, 杜工部. 042 참조.

2. 이 시는 《杜少陵集》(1), 《杜詩鏡銓》(1), 《杜詩詳注》(1)에 실려 있으며, 원제는
〈奉贈(呈)韋左丞丈二十二韻〉으로 되어 있음. 그 외 《九家集註杜詩》(1), 《補註杜詩》
(1), 《集千家注杜工部詩集》(1), 《事文類聚》(續集 33), 《全唐詩》(216), 《全唐詩錄》(24),
《唐宋詩醇》(9), 《漁隱叢話》(前集 9, 10), 《唐摭言》(12), 《竹莊詩話》(5), 《詩林廣記》(2),
《歷代詩話》(1, 41), 《草堂詩話》(上) 등에 널리 실려 있음.

3. 韻脚은 '身, 陳, 賓, 神, 親, 隣, 津, 淳, 淪, 春, 塵, 辛, 伸, 鱗, 眞, 新, 貧, 踆, 秦,
濱, 臣, 馴'.

4.《歷代詩話》(41) 錄品 范元實《詩眼》

范元實曰: 山谷言文章必謹布置, 每見後學, 多告以原道, 命意, 曲折. 予嘗考古人法度, 如〈贈韋見素(濟의 오류)〉詩:「紈袴不餓死, 儒冠多悞身.」此一篇立意也. 故使人靜聽而具陳之耳. 自「甫昔少年日」至「再使風俗淳」, 皆儒冠事業也. 自「此意竟蕭條」至「蹭蹬無縱鱗」, 言悞身如此也. 則意擧而文備, 故已有是詩矣. 然必言其所以見韋者, 於是「有厚」「愧眞知」之句, 所以眞知者, 謂傳誦其詩也. 然宰相職在薦賢, 不當徒愛人而已, 士固不能無望. 故曰「竊效貢公喜, 難甘原憲貧」, 果不能薦賢, 則去之可也. 故曰:「焉能心怏怏, 祇是走踆踆」, 又「將入海」而「去秦」也. 然其去也, 必有遲遲不忍之意, 故曰「尙憐終南山, 回首清渭濱」, 則所知不可以不別, 故曰「常擬報一飯, 況懷辭大臣?」夫如是可以相忘於江湖之外, 雖見素亦不得而見矣. 故曰「白鷗沒浩蕩, 萬里誰能馴」終焉. 此詩前賢錄爲壓卷, 蓋布置最得正體, 如宮府甲第廳堂房室各有定處, 不可亂也.(詩有一篇命意, 有句中命意. 如上韋見素詩布置如此, 是一篇命意也. 至其道遲遲不忍去之意, 則「尙憐終南山, 回首清渭濱」其道欲與見素別, 則曰「常擬報一飯, 況懷辭大臣」, 此句中命意也. 蓋如此然後, 頓挫高雅.)

5.《杜詩諺解》初刊本(19)

기브로 ᄀ외혼 사ᄅᆞᆫ 주려 죽·디 아·니ᄒᆞ거늘
션비 곳갈 스니ᄂᆞᆫ 모ᄆᆞᆯ 해 그르 밍ᄀᆞᆺ·다
丈人ᄋᆞᆫ 비로소 ᄀᆞᄆᆞ니서 드르라
賤子ㅣ 請호ᄃᆞᆫ 다 베퍼 닐오리라
내 네 져믄 제
일 나랏 비츨 보ᄂᆞᆫ 소ᄂᆡ 거긔 充數ᄒᆞ요라
그를 닐고ᄃᆡ 萬卷을 허루니
부들 ᄂᆞ리와 수메 神助호미 잇ᄂᆞᆫ ᄃᆞᆺ더라
賦ᄂᆞ란 揚雄이ᅀᅡ ᄀᆞᆯ오리로다 혜오
詩란 子建이ᅀᅡ 親近ᄒᆞ리로다 보다라
李邕이 내 ᄂᆞᆾ출 아라지라 求ᄒᆞ고
王翰이 이우제 와 卜居ᄒᆞ야지라 願ᄒᆞ더라
내 너교ᄃᆡ ᄌᆞ모 ᄡᅢ혀나 조ᅀᅳ로왼
路津에 올아셔 님금을 堯舜ㅅ 우·희 닐위이곡
다시 風俗ᄋᆞ로 히어 淳厚케 ᄒᆞ려 타라
이 ᄠᅳ디 ᄆᆞᄎᆞ매 蕭條ᄒᆞ니

녀둔녀셔 놀애 블로미 隱淪도 아니로다

나귀 틱고 셜흐나믄 히롤

셔욿 보미 와셔 나그내로 밥 먹노라

아추미 가으면 짓 門을 가 두드리고

나조히 술진 물 튼 드트를 조차 둔녀셔 먹다가

기튼 수욿잔과 다몟 시근 炙을

간 듸마다 フ모니 슬타라

님그미 뎌주숨쁴 블료물 □□드시

볘퍼 나믈 求ᄒᆞ고져 ᄒᆞ다라

하늘해 가 도로 늘개롤 드리오고

어그르처 放縱ᄒᆞᆫ 비느리 업수라

丈人의 둔거이 ᄒᆞ요믈 甚히 붓그리며

丈人의 眞實로 ᄉᆞ랑호믈 甚히 아노니

每常 百寮이 우·희 안자셔

내 됴흔 긄 句의 새로오믈 외오시놋다

貢公이 깃거호믈 그으기 效則ᄒᆞ고져 컨마른

原憲의 가난호믈 둘히 너규믈 어려웨라

엇뎨 能히 므ᄉᆞ믈 快快ᄒᆞ리오

오직 이 드로믈 踆踆홀디로다

이제 東녀그로 바ᄅᆞ래 드러가

곧 將次ㅅ 西ㅅ녀그로 秦을 벙으리왇고져 컨마른

오히려 終南山을 ᄉᆞ랑ᄒᆞ야

물ᄀᆞᆫ 渭水ㅅ フᅀᅢ셔 머리를 횟돌아 브라노라

長常 ᄒᆞᆫ번 밥 머곤 恩惠도 갑고져 너기가니

ᄒᆞ물며 大臣 브리고 가믈 ᄉᆞ랑ᄒᆞ리아

힌 ᄀᆞᆯ며기 휜ᄒᆞᆫ 므레 긔여 드ᄂᆞ니

萬里예 뉘 能히 질드리리오

098. 〈醉贈張秘書〉 ·················· 韓退之(韓愈)
취하여 장비서에게 드림

＊〈醉贈張秘書〉: ‘張秘書’는 張徹. ‘秘書’는 벼슬 이름으로《事文類聚》新集(29)에
“桓帝始置秘書監一人, 掌典圖書古今文字考合同異, 屬太常, 以其掌圖書秘記, 故
曰秘書”라 함. 張徹은 韓愈와 인척관계인 것으로도 알려져 있음. 그러나 혹 이
시는 張徹을 두고 지은 것이 아니라는 설도 있음.《昌黎集》注에 “此韓昌黎與張
秘書爲文字飮而作此”라 함.

사람들은 모두 나에게 술을 권하지만,
나는 마치 듣지 못한 척 해왔도다.
그런데 오늘은 그대 집에 와서,
술을 가져오라 불러 그대에게 권하네.
이렇게 하는 것은 이 자리에 모인 높은 객들과,
나까지 합해 모두가 글을 지을 줄 알기 때문.
그대의 시는 정태情態와 법도가 많아,
아물아물 봄 하늘의 구름과 같고,
맹교孟郊의 시는 세속을 놀라도록 감동시켜,
하늘의 꽃이 기이한 향기를 토해내는 것 같네.
장적張籍의 시는 고풍스러운 담론을 배워,
훤출한 학이 닭의 무리를 피하는 듯하네.
내 조카 아매阿買는 글자도 모르지만,
자못 글씨 중에 팔분서八分書는 잘 알고 있지.
시를 완성하고 이를 베껴 쓰도록 하면,
역시 족히 우리 군사들을 크게 벌여놓을 수 있지.
술자리를 마련하고자 한 까닭은,

글을 짓기에 얼큰하기를 기다리고자 함이지.

술맛이 이윽고 차고도 시원해지면,

술기운은 다시 향내로 피어오르지.

본성과 감정이 점점 넓고 넓어지면,

얘기하고 웃는 소리 왁자지껄해진다네.

이야말로 진실로 술의 본뜻을 얻은 것이니,

이 밖의 나머지는 한갓 뒤얽힌 것일 뿐이라네.

장안의 많은 부호들의 자제들은,

쟁반에 고기며 나물로 좋은 음식 차려놓기만 했지.

글 지으며 술 마실 줄은 모른 채,

오직 붉은 치마 두른 여자들에게만 취할 뿐이지.

비록 한바탕 즐거움은 누릴 수 있겠지만,

마치 모기떼 모여 있는 것이나 같지.

지금 나와 몇몇 그대들은,

진실로 악취 나는 풀과 향내 나는 풀이 함께 모인 것이 아니라네.

험준한 말솜씨는 귀신의 쓸개를 깨뜨릴 수 있고,

고상한 글귀는 옛 삼분三墳의 글과 짝을 이룰 만하네.

지극한 보배는 쪼고 다듬어 만드는 것이 아니요,

신묘한 공은 호미질하고 풀 뽑는다고 되는 게 아니지.

지금은 바야흐로 태평시대로 향하고 있으며,

옛 팔원八元, 팔개八凱가 요순 같은 어진 임금의 뜻을 받들고 있는 듯.

우리들은 그저 아무 일 없는 것을 행복으로 여기니,

바라건대 아침부터 저녁이 되도록 이렇게 살아보세.

人皆勸我酒, 我若耳不聞.

今日到君家, 呼酒持勸君.

爲此座上客, 及余各能文.

君詩多態度, 藹藹春空雲.
東野動驚俗, 天葩吐奇芬.
張籍學古淡, 軒鶴避雞羣.
阿買不識字, 頗知書八分.
詩成使之寫, 亦足張吾軍.
所以欲得酒, 爲文俟其醺.
酒味旣冷冽, 酒氣又氤氳.
性清漸浩浩, 諧笑方云云.
此誠得酒意, 餘外徒繽紛.
長安衆富兒, 盤饌羅羶葷.
不解文字飮, 惟能醉紅裙.
雖得一餉樂, 有如聚飛蚊.
今我及數子, 故無蕕與薰.
險語破鬼膽, 高詞媲皇墳.
至寶不雕琢, 神功謝鋤耘.
方今向泰平, 元凱承華勛.
吾徒幸無事, 庶以窮朝曛.

【人皆勸我酒, 我若耳不聞】'耳不聞'은 귀로 듣지 않음.

【今日到君家, 呼酒持勤君】'呼酒持勸君'은 불러 술을 마련하도록 하여 그것으로서 그대에게 권함. 한유가 술을 마시지 않으면서 도리어 술을 권함.

【爲此座上客, 及余各能文】'座'는《昌黎集》에는 '坐'로 되어 있음. '上客'은 '上士'로 된 판본도 있음.《昌黎集》注에 "蔡曰客一作士,《後漢》孔融傳: 融字文擧, 性寬容少忌, 好士喜誘益. 後進及退閒職, 賓客日盈其門, 常歎曰「坐上客常滿, 罇中不空, 吾無憂矣.」"라 함.

【君詩多態度, 藹藹春空雲】'態度'는 情態와 法度. 훌륭함을 말함. '藹藹'는 구름이 몰려 아름다운 모습. 그러나 張徹의 시는 전하지 않고 聯句만 전함.《昌黎集》注에 "樊曰: 徹詩不見于世, 唯會合聯句有「愁去劇箭飛, 讙來若泉湧.」「馬辭虎豹怒,

舟出蛟鼉恐.」兩聯亦奇語也"라 함.

【東野動驚俗, 天葩吐奇芬】'東野'는 孟郊의 자. 孟郊는 〈遊子吟〉(024)을 볼 것. 韓愈의 제자로 당시 대표적인 시인의 하나. '天葩'는 天花. 천국에 피는 꽃. '吐奇芬'은 기이한 향기를 토해냄.《昌黎集》注에 "韓曰: 葩, 華也. 班固〈答賓戲〉「馳辯如淸波, 摛藻如春華.」芬, 香氣. ○葩, 普華切(파)"라 함.

【張籍學古淡, 軒鶴避雞羣】'張籍'(766–830)은 자는 文昌, 和州 烏江(지금의 安徽 和縣) 사람. 혹 蘇州 사람이라고도 함. 唐 德宗 貞元 15년(799) 진사에 올라 元和 초에 西明寺大祝이 되어, 10년 동안 승진을 하지 못하였음. 50세에 이르자 안질이 생겨 고통을 겪기도 함. 孟郊의 소개로 韓愈를 알게 되었으며 韓愈의 추천으로 國子博士를 거쳐 水部員外郎에 오름. 唐 文宗 太和 2년(828)에는 國子司業을 역임하여 그를 張水部, 혹 張司業이라 부름. 樂府詩에 뛰어났음. '古淡'은 張籍의 詩風이 古風스러우면서도 담백함. 그의 문집으로는《張司業集》8권이 전함. '軒鶴'은 우뚝하게 드러나는 학의 모습. '群鷄一鶴'의 고사를 말함.《昌黎文集》에는 '軒昻'으로 표기되어 있음.《昌黎集》注에 "孫曰:《晉書》嵇紹始入洛, 或謂王戎曰:「昨於稠人中見嵇紹, 昻昻然如野鶴之在雞羣」"이라 함.

【阿買不識字, 頗知書八分】'阿買'는 韓退之의 조카 이름. '阿'는 어린아이나 친근한 자를 부를 때의 接頭語.《昌黎集》注에 "趙堯夫曰: 或問魯直:「阿買是退之何人?」答云:「退之姪.」必有所據而云. 韓曰:「此必其子姪小字. 如陶淵明家阿舒, 阿宣之類耳.」라 함.《眞寶》注에 "退之姪名"이라 함. '不識字'에 대해 宋 朱翌의《猗覺寮雜記》(上)에는 "退之云:「阿買不識字, 頗知書八分. 詩成使之寫, 亦足張吾軍.」不能文而能書者多矣, 未有不識字而能書者"라 함. '八分'은 書體의 일종. 漢나라 때 蔡邕이 隷書를 근거로 새롭게 고친 書體의 하나.《昌黎集》注에 "樊曰:「秦壞古文有八體: 其一隷書, 今八分也.」孫曰:《書苑》云:「八分者, 秦羽人上谷王次仲飾隷書爲之, 鍾繇爲之章程書.」蔡曰:「按郭氏《佩觿》: 八分之說有二: 或曰八分. 篆法二分隷文. 又云皆似八字勢有偃波. 二說皆非也. 書有八體: 一曰大篆, 二曰小篆, 三曰刻符, 四曰蟲書, 五曰摹印, 六曰署書, 七曰殳書, 八曰隷書. 漢蔡邕以隷作八分體. 蓋八分之後, 又分此法謂之八分. 杜甫〈八分歌〉云:「陳倉石鼓今已訛, 大小二篆生八分.」"이라 함. 唐 張懷瓘의《書斷》에 "八分. 案八分者, 秦羽人上谷王次仲所作也. 王愔云: 次仲始以古書方廣少波勢, 建初中以隷草作楷法, 字方八分言有模楷"라 함.

【詩成使之寫, 亦足張吾軍】'張吾軍'은 '우리의 군사를 크게 펼쳐 사용하다'의 뜻.《眞寶》注에 "張, 去聲,《左》:「張吾二(三)軍.」注:「張, 大也.」"라 함.《左傳》桓公 6

438《고문진보》[전집]

년에 "鬪伯比言于楚子曰:「吾不得志於漢東也, 我則使然. 我張吾三軍, 而被吾甲兵, 以武臨之, 彼則懼而協以謀我, 故難閒也. 漢東之國, 隨爲大. 隨張, 必弃小國. 小國離, 楚之利也. 少師侈, 請嬴師以張之.」라 함. 이 시에서의 '軍'은 筆陣을 비유한 것임. 《昌黎集》注에는 "韓曰:《左傳》:楚鬪伯比曰:「我張吾三軍而被吾甲兵以武臨之.」라 함.

【所以欲得酒, 爲文俟其醺】'俟'는 '기다리다', '醺'은 술에 얼큰히 취함. 《眞寶》注에 "醺, 醉也"라 함.

【酒味旣冷冽, 酒氣又氤氳】'酒味旣冷冽'은 《眞寶》注에 "冷, 或作泠"이라 함. '氤氳'은 술 냄새나 기운이 취해 옴을 뜻하는 雙聲連綿語.

【性淸漸浩浩, 諧笑方云云】점차 넓어지면서 웃고 떠듦. 분위기가 왁자지껄해짐.

【此誠得酒意, 餘外徒繽紛】'繽紛'은 어지럽게 얽힌 상태를 뜻하는 雙聲連綿語. 《昌黎集》注에 "繽紛, 雜亂也"라 함.

【長安衆富兒, 盤饌羅羶葷】'盤饌'은 쟁반에 차린 饌類. '羶'는 원래 누린내를 뜻하나 여기서는 양고기 등의 육류를 말함. '葷'은 葷菜. 마늘, 파, 부추, 생강, 고수(香菜) 등 냄새가 강한 채소류의 요리.

【不解文字飮, 惟能醉紅裙】'文字'(작품)를 술로 여김. 《昌黎集》注에 "補注:東坡詩云:「賢王文字飮, 文字先生飮」皆祖此語"라 함. '紅裙'은 붉은 치마를 두른 여자.

【雖得一餉樂, 有如聚飛蚊】'雖得一餉樂'은 《昌黎集》注에 "補注:東坡詩:「免使退之嘲一餉.」謂此語也"라 함. '聚飛蚊'은 모여서 날아다니는 모기떼. 《昌黎集》注에 "蔡曰:前漢〈中山靖王傳〉:「聚蟁成靁.」顔師古注:「蟁古蚊字, 靁古靁字. 言衆蚊飛聲有如雷也.」"라 함.

【今我及數子, 故無蕕與薰】'故'자는 다른 기록에는 모두 '固'로 되어 있음. '蕕'는 고약한 냄새가 나는 풀이며, '薰'은 향내가 나는 풀. 취향이 각기 판이함을 말함. 《昌黎集》注에 "孫曰:僖公五年《左氏》:「一薰一蕕, 十年尚猶有臭.」薰, 香草;蕕, 臭草."라 함. 《眞寶》注에 "薰, 香草;蕕, 臭草. 不同器也"라 함.

【險語破鬼膽, 高詞媲皇墳】'險語'는 아주 험할 정도로 뛰어난 말솜씨. '破鬼膽'은 귀신의 쓸개를 깨뜨림. 사람들을 매우 놀라게 함. 《昌黎集》注에 "補注:《開元天寶遺事》云:李杲爲洛陽令, 有劉兼者過其境, 宿夜淡聞戶外語聲曰:「古今正人, 李令是也. 見其行事, 令人破膽.」開戶視之, 無物, 乃鬼神也. 蔡曰:《淮南子》:「昔倉頡作書, 而鬼夜哭.」注:「恐爲書文所劾, 故夜哭也.」"라 함. '高詞'는 '險語'에 상대되는 표현. 고상한 글귀. '媲'(비)는 配, 比와 같은 뜻. 짝을 이루거나 比較됨을 뜻함.

《爾雅》에 "妃, 媲也"라 하였고, 注에 "相偶媲也"라 함. '皇墳'은 三皇시대의 책. 《三墳五典》의 하나. 《尙書》序에 "伏羲神農黃帝之書謂之三墳"이라 하여 《三墳》을 가리킴. 《眞寶》注에 "皇墳, 三皇之書, 所謂三墳也"라 함.

【至寶不雕琢, 神功謝鋤耘】'雕琢'은 옥을 쪼고 새기고 하여 다듬음. 인위를 가해 아름답게 꾸밈. '神功'은 하늘의 신기한 공력. 작물이나 식물은 하늘의 신기한 공력으로 자랄 때 호미질이나 김매기를 사양함. '謝'는 '바라지 않음, 사양함, 없어도 됨' 등의 뜻. 위의 구절과 합해 훌륭한 작품은 자연스럽게 이루어짐을 말함. 《眞寶》注에 "耘, 音云. ○以比文章之美者, 貴於自然, 不以雕琢爲功也"라 함.

【方今向泰平, 元凱承華勛】'元凱'는 八元과 八凱를 가리킴. 顓頊 高陽氏의 才子 8인을 八凱라 칭하였으며, 帝嚳 高辛氏의 才子 8인은 八元이라 불렀음. 《左傳》文公 12년에 "昔高陽氏有才子八人:蒼舒, 隤凱, 檮戭, 大臨, 尨降, 庭堅, 仲容, 叔達, 齊, 聖, 廣, 淵, 明, 允, 篤, 誠, 天下之民謂之八愷. 高辛氏有才子八人:伯奮, 仲堪, 叔獻, 季仲, 伯虎, 仲熊, 叔豹, 季狸, 忠, 肅, 共, 懿, 宣, 慈, 惠, 和, 天下之民謂之八元. 此十六族也, 世濟其美, 不隕其名"이라 함. 따라서 元凱는 훌륭한 輔弼들을 가리킴. '華勛'은 重華와 放勛. 즉 堯의 호가 放勛(放勳)이었으며, 舜의 호가 重華였음. 《史記》五帝本紀를 참조할 것. 《尙書》에도 "堯曰放勛, 舜曰重華"라 함. 여기서는 堯舜과 같은 聖君을 가리킴. 한편 《昌黎集》注에는 "韓曰:時憲宗即位, 杜黃裳, 鄭餘慶, 李吉甫, 裴垍, 李藩之徒相繼爲相, 故云"이라 함. 《眞寶》注에 "元凱, 八元八凱, 舜臣也. 重華, 舜也;放勛, 堯也"라 함.

【吾徒幸無事, 庶以窮朝曛】'無事'는 일이 없이 태평한 것. 이를 행복으로 여김. '無事'를 마실 술로 여김. 《昌黎集》注에 "蔡曰:《史記》犀首, 名衍, 姓公孫氏. 楚使陳軫見之曰:「公何好飮也?」犀首曰:「無事也.」"라 함. '庶'는 '바라다'의 뜻. '朝曛'은 아침부터 날이 어두워질 때까지. '曛'은 《眞寶》注에 "音勳. ○日入也"라 함. 따라서 '窮朝曛'은 '아침부터 날이 어둡도록 이러한 文字飮의 즐거움을 다하다'의 뜻.

참고 및 관련 자료

1. 韓退之:韓愈, 韓文公, 韓昌黎. 008 참조.

2. 이 시는 《昌黎文集》(2), 《昌黎集註》(2), 《別本韓文考異》(2), 《御選唐宋詩醇》(28), 《全唐詩》(337), 《御定全唐詩錄》(46), 《竹莊詩話》(11) 등에 널리 실려 있음. 《昌黎文集》題注에 "孫曰:張秘書徹, 元和四年登進士第, 娶韓氏禮部郞中雲卿之孫, 開封尉兪之女. 於公爲叔父孫女"라 하였고, 《昌黎集註》에는 "今本下或注:徹字徹, 元和四

年進士. 此詩元和初作, 徹猶未第, 公五六年間, 皆在東都, 此詩蓋在長安日作, 非徹
也"라 함.

3. 韻脚은 '聞, 君, 文, 雲, 芬, 羣, 分, 軍, 醺, 氳, 云, 紛, 葷, 裙, 蚊, 薰, 墳, 耘, 勛, 曛'.

099. 〈齪齪〉 ················ 韓退之(韓愈)

악착스러움

*《眞寶》注에 "譏一時在朝之士, 皆局促齪齪之徒, 但以飢寒爲憂, 魯不知報國, 憂時爲何事?"라 함.

*〈齪齪〉: '齪齪'(착착)은 齷齪과 같음. 악착스럽게 자신만을 생각하며 나라는 살피지 않는, 소극적이면서 동시에 이기적인 모습.《昌黎集》注에 "貞元十五年, 鄭滑大水, 公十六年自京師歸彭城. 詩云:「去歲東郡水.」 而此詩亦云:「河堤決東郡, 老弱隨驚湍.」詩意皆相似. 大抵言當世士, 齪齪無能爲國慮者"라 하여, 貞元 15년 (799) 鄭縣 東郡 滑州에 홍수가 났는데, 이듬해 彭城으로 돌아오면서 水災를 입은 백성들과 이를 보고만 있는 士類들의 무능함을 한탄하여 지은 것이라 함.

지금 세상 착착齪齪한 선비들,
걱정은 기한飢寒에서 벗어나고자 하는 것에만 있네.
그저 천한 자들의 비통함을 보고만 있을 뿐,
귀한 사람들의 탄식 소리는 들을 수도 없네.
크게 현명한 자는 하는 일이 달라서,
원대한 포부는 속된 견해와 다르네.
나라에 보답함에는 마음이 희고 깨끗하며,
시국을 생각함에는 눈물을 펑펑 쏟는다네.
아름다운 여자들이 좌우에 앉아,
부드러운 손가락으로 애잔한 음악을 연주하며,
술과 안주가 비록 매일 차려진다 해도,
감정이 격해지는 것이지 어찌 즐길 수가 있겠는가?
가을 구름이 환한 햇빛을 속여,
진흙과 빗물이 조금도 마르지 않네.

하수河水의 제방이 동쪽 고을에서 터져,
노인과 아이들은 격한 물결에 휩쓸렸네.
하늘의 뜻은 진실로 그 이유가 있는 것이니,
누가 능히 그런 발단을 나무랄 수 있으랴?
바라건대 태수의 추천을 받아,
간쟁관諫爭官의 숫자에 내가 충당된다면,
구름을 헤치고 궁궐 문 앞에 나가 부르짖으며,
배를 열어 속의 옥돌 같은 계책을 바치리라.
임금 섬김에 어찌 방책이 없겠는가?
스스로 나서는 것이 진실로 어려울 뿐이지.

齪齪當世士, 所憂在飢寒.
但見賤者悲, 不聞貴者歎.
大賢事業異, 遠抱非俗觀.
報國心皎潔, 念時涕汎瀾.
妖姬在左右, 柔指發哀彈.
酒肴雖日陳, 感激寧爲歡?
秋陰欺白日, 泥潦不少乾.
河堤決東郡, 老弱隨驚湍.
天意固有屬, 誰能詰其端?
願辱太守薦, 得充諫諍官.
排雲叫閶闔, 披腹呈琅玕.
致君豈無術? 自進誠獨難.

【齪齪當世士, 所憂在飢寒】'所憂在飢寒'은 오로지 굶주림과 추위를 벗어나려는
단순한 것만을 걱정하고 있음.
【但見賤者悲, 不聞貴者歎】천한 자의 비통함을 보고만 있고, 귀한 자들은 그들을

위해 탄식하는 소리는 들리지 않음.

【大賢事業異, 遠抱非俗觀】'大賢'은 종사하는 일이 보통사람들과는 다름. '遠抱非俗觀'은 원대한 포부를 가지고 있으면서 세속의 생각과는 다름.

【報國心皎潔, 念時涕汍瀾】'汍瀾'은 눈물이 펑펑 쏟아지는 모습을 표현한 疊韻連綿語. 《昌黎集》注에 "《選》歐陽堅石詩:「揮筆涕汍瀾.」"이라 함.

【妖姬在左右, 柔指發哀彈】'妖姬在左右'는 《昌黎集》에는 '妖姬坐左右'로 되어 있음. '妖姬'는 요염한 모습의 여인. '柔指發哀彈'은 부드러운 손가락으로 애잔하게 음악을 연주함. 《昌黎集》注에 "潘安仁〈笙賦〉:「輟張女之哀彈.」"이라 함.

【酒肴雖日陳, 感激寧爲歡】'感激寧爲歡'은 "나라와 시국을 생각하는 격한 감정을 가져야지 어찌 즐거움을 느끼는가?"의 뜻.

【秋陰欺白日, 泥潦不少乾】'欺'는 다른 판본에는 蔽로 되어 있음. 이에 대해 《昌黎集》注에는 "欺方作蔽. 今按:作蔽, 固古語然. 作欺尤有味也"라 함. '泥潦不少乾'은 진흙과 빗물이 조금도 마르지 않음. 《昌黎文集》注에는 "韓曰:宋玉〈九辨〉:「皇天滔溢而秋霖兮, 后土何時而得乾.」"이라 함.

【河堤決東郡, 老弱隨驚湍】'東郡'은 滑州. 《昌黎集》注에 "東郡, 滑州也"라 함. '湍'은 급한 여울. '驚湍'은 놀란 듯이 격한 물결을 말함. 《眞寶》注에 "湍, 音灘. ○陰雨河決, 皆陰盛之象, 陰盛則陽衰, 亦陽明之賢, 擯棄在外也"라 함.

【天意固有屬, 誰能詰其端】《昌黎集》注에 "屬或作'謂', 或作'以'. 詰方作語. 今按謂以, 語不作屬, 詰深切"이라 함.

【願辱太守薦, 得充諫諍官】'得充諫諍官'은 《昌黎集》注에 "諫諍. 方作爭臣. 今按爭臣下更著官字, 語復非是"라 함.

【排雲叫閶闔, 披腹呈琅玕】'閶闔'은 하늘 문, 여기서는 천자가 있는 궁궐을 가리킴. 《昌黎文集》注에 "祝曰:閶闔, 天門.《楚辭》:「排閶闔而望予.」 ○閶音昌, 闔音盍"이라 함. '披腹'은 배를 들추어냄. 배를 열어 뱃속에 든 생각을 보여줌. 매우 분개하거나 격한 감정을 표현하기 위한 행동을 뜻함. '琅玕'은 《昌黎文集》注에 "琅玕, 美玉"이라 함. 여기서는 뱃속에 든 바른 생각이나 하고 싶은 진정한 뜻. 《眞寶》注에는 "君門, 謂之閶闔; 上章, 謂之琅玕"이라 함.

【致君豈無術? 自進誠獨難】임금을 그렇게 하는 방법이 있지만 홀로 나서는 것이 어려움.

1. 韓退之:韓愈, 韓文公, 韓昌黎. 008 참조.

2. 이 시는 《東雅堂昌黎集註》(2), 《別本韓文考異》(2), 《五百家注昌黎文集》(2), 《文章正宗》(24), 《全唐詩》(337), 《全唐詩錄》(47), 《唐詩品彙》(20) 등에 실려 있음.

3. 韻脚은 '寒, 歎, 觀, 瀾, 彈, 歎, 乾, 湍, 端, 官, 玕, 難'.

100. 〈楊康功有石狀如醉道士爲賦此詩〉 ………… 東坡(蘇軾)

양강공이 술 취한 도사 같은 모습의 돌을 가지고 있기에 이를 시로 읊음

*〈楊康功有石狀如醉道士爲賦此詩〉:楊康功이 가지고 있는 돌이 마치 그 모습이 술 취한 道士와 같아 이를 위해 이 시를 지음. '楊康功'은 구체적으로 알 수 없으나 《蘇詩補註》(26)에 "華陰人, 仕龍圖待制. 本集與康功尺牘云:「今日大風孤舟掀, 舞雪浪中楊次公, 惠醖一壺, 醉中與公作〈醉道士石詩〉, 托楚守寄去. 按康功曾使高麗, 故稱爲海中儒"이라 하여 高麗에 사신으로 온 적이 있으며, 그 때문에 '海中仙'이라 칭하기도 하였다 함. 같은 곳에 다시 "愼按:陵陽室中語云:東坡作文如天花變現, 初無根葉, 不可揣測. 如〈醉道士石詩〉, 共二十八句, 却二十六句假說, 惟用二句收拾, 此眞千古絶調也"라 함.

강남 초산楚山에는 진실로 원숭이가 많은데,
푸른 녀석은 꾀도 많고 오래 산다네.
그 녀석은 미친 도사로 변해서,
산골짜기를 제멋대로 뛰고 닫고 하였지.
그러다가 화양동華陽洞으로 잘못 들어가,
신선 모군茅君의 술을 훔쳐 먹었다네.
모군이 그 녀석을 바위틈에 가두자,
암석이 형틀이 되고.
솔뿌리가 그의 발을 감아버렸으며,
등나무 덩굴이 그의 팔을 묶어버렸고.
푸른 이끼는 그의 눈을 가렸으며,
가시덤불 떨기는 그의 입을 막아버렸네.
이리하여 그 원숭이는 3년 만에 돌로 변하여,

단단하고 깡마르기가 옥돌에 필적할 만하였네.

구름까지 들리던 소리도 다시 울부짖지 못하고,

한갓 술잔 들고 춤추는 손 모습만이 남았네.

나무꾼이 이를 보고 웃으면서,

껴안고 와서 곡식 몇 되에 팔아버렸네.

양공은 고려高麗를 다녀온 신선이니,

속된 세상에서 어찌 벗이 있을 수 있으랴?

바닷가에서 이런 신선 같은 돌을 만나자,

빙긋이 한 번 웃으며 고개를 약간 굽혔네.

어찌 그것을 신고 돌아오지 않으련만,

이 완고하고 추악한 놈을 무엇에 쓰려는가?

나에게 시로써 그 기이함을 표현해 달라기에,

어찌 된 일인지 자세히 내력을 파헤쳐 써주었지.

내 말이 어찌 망령된 지껄임이리오?

이 세상에 없는 이런 무시수亡是叟를 만났는데.

楚山固多猿, 靑者黠而壽.

化爲狂道士, 山谷恣騰蹂.

誤入華陽洞, 竊飮茅君酒.

君命囚巖間, 巖石爲械杻.

松根絡其足, 藤蔓縛其肘.

蒼苔眯其目, 叢棘哽其口.

三年化爲石, 堅瘦敵瓊玖.

無復號雲聲, 空餘舞杯手.

樵夫見之笑, 抱賣易升斗.

楊公海中仙, 世俗焉得友?

海邊逢姑射, 一笑微俛首.

胡不載之歸, 用此頑且醜?
求詩紀其異, 本末得細剖.
吾言豈妄云? 得之亡是叟.

【楚山固多猿, 靑者黠而壽】'楚山'은 고대 楚나라가 있던 곳. 지금의 湖南, 湖北, 江
西 일대. 江南을 일컫는 말. 그곳에는 원숭이가 많음. '黠'은 영리하고 교활함. 꾀가
많음, 약음. 원숭이 중에 푸른빛을 가진 것은 약고 똑똑하여 오래 수명을 누림.
【化爲狂道士, 山谷恣騰蹂】'山谷恣騰蹂'는 산과 골짜기를 마구 뛰어 오르고 밟고
다님.
【誤入華陽洞, 竊飮茅君酒】'誤入華陽洞'은 잘못하여 華陽洞으로 들어옴. '華陽洞'
은 道家 三十六洞天의 제 8동으로 茅君이 다스리던 곳이었음. 《東坡詩集註》(26)
에 "績:《仙經》載句曲山, 即三十六洞天之第八洞, 名曰華陽洞, 大茅君之所治也"라
함. '茅君'은 華陽洞을 다스리는 神仙 이름. 《東坡詩集註》(26)에 "師:《神仙傳》:大茅
君, 名盈. 次弟名固, 小弟名衷. 太上老君拜盈爲司命眞君, 固爲定籙君, 衷爲保命君,
故號三茅君. 茅山, 在江寧府句容縣"이라 하여 大茅君 이름은 盈, 그 아우는 固,
막내아우는 衷이며 太上老君이 각기 司命眞君(盈), 定籙君(固), 保命君(衷)으로 임
명하여 '三茅君'이라 하였다 함. 한편 葛洪《神仙傳》(5)에 "茅君者, 名盈字叔申, 咸
陽人也. 高祖父濛, 字初成, 學道於華山, 丹成, 乘赤龍而昇天, 卽秦始皇時也. 有童
謠曰:「神仙得者茅初成, 駕龍上天昇太淸, 時下玄洲戲赤城, 繼世而往在我盈, 帝若
學之臘嘉平.」其事載史紀詳矣. 秦始王方求神仙長生之道, 聞謠言, 以爲己姓符合謠
讖, 當得昇天, 遂詔改臘爲嘉平, 節以應之. 望祀蓬萊, 使徐福將童男童女, 入海求神
仙之藥. 茅君十八歲入恒山學道, 積二十年, 道成而歸. 父母尙存, 見之怒曰:「爲子不
孝, 不親供養而尋逐妖妄, 流走四方.」擧杖欲擊之. 君跪謝曰:「某受天命, 應當得道,
事不兩濟, 違遠供養. 雖無旦夕之益, 而使父母壽老, 家門平安. 某道已成, 不可鞭辱,
恐非小故.」父怒不已, 操杖擊之, 杖卽摧折而成數十段, 皆飛揚如弓激矢, 中壁穿柱,
壁柱俱陷. 父驚, 卽止. 君曰:「向所啓者, 實慮如斯, 邂逅中人, 卽有傷損.」父曰:「汝
言得道, 能起死人否?」君曰:「死人罪重惡積, 不可復生者, 卽不可起也. 若橫受短折
者, 卽可令起也.」父因問鄕里死者若干人, 誰當可起之, 君乃遂召社公問之. 父聞中
庭有人應對, 不之見也. 問社公:「此村中諸已死者, 誰可起之?」衆人皆聞社公對曰:
「某甲可起.」君乃曰:「促約勅所關, 由使發遣之事, 須了可掘.」於是日入之後, 社公來

曰:「事已決了, 便可發出.」於是君語死者家人, 掘之, 發棺, 出死人. 死人開目動搖,
但未能語, 舉而出之, 三日能坐, 言語了了. 如此發數十人, 皆復生, 活十歲方復死爾.
時君之弟名固字季偉, 次弟名衷字思和, 仕漢位至二千石. 將之官, 鄉里親友會送者
數百人. 親屬榮晏時, 茅君亦在座, 乃曰:「吾雖不作二千石, 亦當有神靈之職, 剋三月
十八日之官, 頗能見送乎?」在座中衆賓皆相然曰:「此君得道當出, 衆皆復來送也.」君
曰:「若見顧者, 誠荷君之厚意也. 但空來, 勿有損費, 吾當自有供給.」至期日, 君門前
數傾之地忽自平治, 無復寸草. 忽見有靑縑帳幄, 下數數重白氈, 容數千人. 遠近皆神
異之, 翕然相語, 來者塞道, 數倍於前送弟之時也. 賓客旣集, 君言笑延接, 一如常禮.
不見指使之人, 但見金盤玉盃, 自到人前. 奇殽異菓, 不可名字. 美酒珍饌, 賓客皆不
能識也. 妓樂絲竹, 聲動天地. 隨食隨益, 人人醉飽. 明日迎官來至, 文官則朱衣紫帶,
數百人; 武官則甲兵旌旗, 器仗耀日, 千餘人. 茅君乃與父母宗親辭別, 乃登羽蓋車而
去, 麾幢幡蓋, 旌節旄鉞, 如帝王也. 駢駕龍, 虎, 麒麟, 白鶴, 獅子, 奇獸異禽, 不可
名識. 飛鳥數萬, 翔覆其上. 流雲彩霞, 霏霏繞其左右. 去家十餘里, 忽然不見, 觀者
莫不歎息. 君遂徑之江南, 治於句曲山, 山有洞室, 神仙所居, 君治之焉. 山下之人,
爲立廟而奉事之. 君嘗在帳中與人言語, 其出入或導引人馬, 或化爲白鶴. 人有疾病
祈之者, 煮雞子十枚以內帳中, 須臾一一擲還, 雞子如舊, 歸家剖而視之, 內無黃者,
病人當愈, 中有土者, 不愈, 以此爲候焉, 雞子本無開處也. 廟中常有天樂異香, 奇雲
瑞氣, 君或來時, 音樂導從, 自天而下, 或終日乃去. 遠近居人, 賴君之德, 無水旱疾
癘, 螟蝗之災, 山無刺草毒木, 及虎狼之虞, 時人因呼此山爲茅山焉. 後二弟年衰, 各
七八十歲, 棄官委家, 過江尋兄. 君使服四扇散, 却老還嬰, 於山下洞中修煉四十餘年,
亦得成眞. 太上老君命五帝使者持節, 以白玉版黃金刻書, 加九錫之命, 拜君爲〈太元
眞人東嶽上卿司命眞君〉, 主吳越生死之籍, 方却昇天. 或治下於潛山. 又使使者以紫
素策文, 拜固爲定錄君, 衷爲保命君, 皆例上眞, 故號三茅君焉. 其九錫文紫素策文
多不具載, 自有別傳其後. 後每十二月二日, 三月十八日, 三君各乘一白鶴, 集於峯頂
也.」라 함. 이 고사는 《太平廣記》(13)에도 실려 있음. 《眞寶》注에는 "《仙經》: 載句曲
山, 卽三十六洞天第八洞也. 名曰華陽洞, 茅君之所治也. 《神仙傳》曰:「大茅君, 名盈,
次弟名固, 小弟名衷, 故號爲三茅君.」"이라 함.

【君命囚嚴間, 巖石爲械杻】'巖石爲械杻'는 화양동으로 들어와 茅君의 술을 훔쳐
먹은 원숭이를 암석에 가두고 그 암석이 형틀이 되도록 함. '械杻'(계뉴)는 刑具,
형틀. 桎梏과 차꼬.

【松根絡其足, 藤蔓縛其肘】'藤蔓縛其肘'은 등나무 줄기로 그 팔꿈치를 묶어 꼼짝

하지 못하게 함.

【蒼苔眯其目, 叢棘哽其口】'蒼苔眯其目'은 푸른 이끼로 그 눈을 가려, 희미해 잘 보이지 않도록 함. '叢棘哽其口'는 떨기나무의 가시로 그 목을 막아, 소리도 지르지 못하게 함.

【三年化爲石, 堅瘦敵瓊玖】'三年化爲石'은 3년이 지나자 원숭이가 돌이 되고 말았음. 《東坡詩集註》에 "次公:《國語》:「殺萇弘其血藏之, 三年化爲石.」"이라 함. 《國語》周語(下)를 참조할 것. 《呂氏春秋》必己篇에 "萇弘死, 藏其血三年而爲碧"이라 함. '堅瘦敵瓊玖'는 굳어서 바짝 마르기가 瓊玖에 맞설 정도임. '瓊玖'는 아주 아름다운 빛이 나는 딱딱한 옥돌. '敵'은 필적할 만함. 같음. 《眞寶》注에 "敵, 抵也"라 함.

【無復號雲聲, 空餘舞杯手】'空餘舞杯手'는 《眞寶》注에 "號雲, 言猿; 舞杯, 言道士"라 하여 道士 形象으로 변한 원숭이 모습을 말함.

【樵夫見之笑, 抱賣易升斗】'抱賣易升斗'는 돌로 변한 원숭이 형상을 안고 가서 몇 되, 몇 말 쌀값을 받고 팔아버림.

【楊公海中仙, 世俗焉得友】'楊公'은 楊康功. 그가 일찍이 高麗에 사신으로 다녀와 神仙世界에 관심을 가져 그 때문에 그의 별호가 海中仙(海中僊)이었음. '世俗焉得友'는 楊康公은 신선 세계만을 꿈 꿔 속세에서는 친구를 사귈 수 없음.

【海邊逢姑射, 一笑微俛首】'姑射'(고야)는 고대 신선들이 살던 상상의 산. 《東坡詩集註》에 "縯:《莊子》:「藐姑射之山有神人居焉. 肌膚若氷雪綽約若處子.」"라 함. 《莊子》逍遙遊篇에 "藐姑射之山, 有神人居焉, 肌膚若氷雪, 綽約若處子; 不食五穀, 吸風飲露; 乘雲氣, 御飛龍, 而遊乎四海之外. 其神凝, 使物不疵癘而年穀熟."이라 하였고, 《列子》黃帝篇에도 "列姑射山在海河洲中, 山上有神人焉, 吸風飲露, 不食五穀; 心如淵泉, 形如處女; 不偎不愛, 仙聖爲之臣; 不畏不怒, 愿慤爲之使; 不施不惠, 而物自足; 不聚不斂, 而己無愆. 陰陽常調, 日月常明, 四時常若, 風雨常均, 字育常時, 年穀常豐; 而土無札傷, 人無夭惡, 物無疵厲, 鬼無靈響焉."라 함. 《眞寶》注에는 "《莊子》: 藐姑射之山, 有神人居焉. 肌膚若氷雪, 綽約若處子"라 함. '一笑微俛首'는 한 번 웃으며 지긋이 머리를 숙임. 이에 관심을 가졌음을 표현한 것.

【胡不載之歸, 用此頑且醜】'頑且醜'는 완고하고도 추하게 생긴 돌을 뜻함. '이 완고하고도 추한 것을 어디에 쓰려는가?'의 뜻.

【求詩紀其異, 本末得細剖】'本末'은 일의 내력과 경과, 과정. '細剖'는 자세히 그 과정을 분석함.

【吾言豈妄云? 得之亡是叟】'亡是叟(무시수)'는 '亡是公(무시공)'과 같음. '亡'(무)는 '無'

와 같음. '옳다는 것도 없다는 논리를 주장하는 사람'을 뜻함. 司馬相如의 〈子虛賦〉에 가설로 내세운 子虛, 烏有先生과 〈上林賦〉의 亡是公을 말함.《東坡詩集註》에 "厚：司馬相如作〈子虛賦〉以子虛, 虛言也. 爲楚稱烏有先生者, 烏有, 此事也. 爲齊難. 又繼以〈上林賦〉稱亡是公者, 亡是人也. 欲明天子之義, 故虛設此三人爲辭. 次公先生自言：以其石乃猿化道士, 竊仙酒而又化石. 止設虛辭爲稱耳"라 함.《眞寶》注에 "司馬相如作〈子虛賦〉, 以子虛, 虛言也. 爲楚稱, 烏有先生者, 烏有, 此事也, 爲齊難. 又繼以〈上林賦〉, 稱亡是公者, 亡是人也, 欲明天子之義, 故虛藉此三人爲辭. ○坡公, 言石乃猿化道士, 竊仙酒而又化爲石, 皆設虛辭爲稱, 所以結語'得之亡是叟'也"라 함.

참고 및 관련 자료

1. 蘇軾. 蘇東坡, 蘇子瞻, 044 참조.

2. 이 시는《東坡詩集註》(26),《東坡全集》(15),《蘇詩補註》(26),《唐宋詩醇》(38),《施註蘇詩》(23) 등에 실려 있음.

3. 韻脚은 '壽, 蹂, 酒, 杻, 肘, 口, 玖, 手, 斗, 友, 首, 醜, 剖, 叟'.

4.《漁隱叢話》前集(48)

東坡詩如成都, 畫手開十眉：「楚山固多猿, 靑者黠而壽.」皆窮極思致, 出新意於法度, 表前賢所未到. 然學者專力於此, 則亦失古人作詩之意.

《古文眞寶》[前集] 卷四

칠언고풍단편 七言古風短篇

《氷川詩式》(1)에는 "七言始于漢武栢梁"이라 하여 漢 武帝 때의 〈栢梁臺聯句〉로부터 시작되었다고 하였으며, 《唐詩訓解》에는 李滄溟의 말을 인용하여 "七言沿起咸言始于漢武栢梁, 然歌謠等作出自古也. 聲長字縱易以成文, 故蘊氣調辭與五言略異"라 함. 따라서 七言句는 辭賦로부터 발전했을 것으로 보며, 표현 욕구가 많아짐에 따라 자연스럽게 소리가 길어지고 자수가 많아 생겨난 것임. 六朝에 들어오면서는 七言古詩가 본격적으로 등장하였고, 唐代에서는 일반화되었음. 이에 따라 七言絶句, 七言律詩는 물론 七言排律로 넓어지는 추세를 보이게 된 것임.

101. <峨眉山月歌> ·················· 李太白(李白)
아미산의 달

*《眞寶》注에 "峨眉山, 在西蜀嘉定府峨眉縣南, 兩山相對如峨眉, 周匝千里, 有石龕百一十二, 大洞十二, 小洞二十八, 南北有臺"라 함.
*<峨眉山月歌>:峨眉山(峨嵋山)의 달을 두고 노래함. 峨眉山은 峨嵋山, 또는 '蛾眉山'이라고도 표기함. 여인의 양 눈썹이 나방 같아 '蛾眉'라는 말이 있으며 이곳의 생김이 이와 같다 하여 산 이름이 됨. 지금의 四川省 峨眉縣 서남쪽에 있으며, 佛敎 성지로 光明山이라고도 하며, 道敎에서는 虛靈洞天, 또는 靈陵太少天이라고도 부름.

아미산의 달, 산에 걸려 반만 보이는 가을밤,
그 모습 평강강平羌江에 비쳐 강물 따라 흐르네.
밤에 삼계三溪를 출발하여 삼협三峽으로 향하노니,
그대 그리워하면서도 만나지 못한 채 유주渝州로 내려가오.

峨眉山月半輪秋, 影入平羌江水流.
夜發三溪向三峽, 思君不見下渝州.

【峨眉山月半輪秋, 影入平羌江水流】'半輪'은 수레바퀴 원형의 반. 산에 걸려 반쯤만 보이는 달을 뜻함.《眞寶》注에 "山高而不見全月也. 今三峽之間, 非亭午及子夜, 不見日月"이라 함. '平羌'의 羌은 '羗'으로도 표기함. 원래 민족 이름. 平羌江은 平鄕江이라고도 하며, 지금의 四川 雅安縣 북쪽으로부터 흘러 大渡河와 합수함. 三國시대 蜀의 諸葛亮이 羌族(羗族)을 물리친 곳이어서 이름이 유래됨.
【夜發三溪向三峽, 思君不見下渝州】'三溪'는 다른 판본에는 모두 '淸溪'로 되어 있음.《眞寶》注에는 "或作淸溪"라 함. '淸溪'는 지명으로 四川 成都 資州의 內江縣 동북쪽에 있음. '三峽'은 四川으로부터 湖北에 걸친 長江의 급한 峽谷. 瞿塘峽,

巫峽, 西陵峽. 고대에는 巴峽, 明月峽, 巫峽을 三峽이라 하였음. 그러나 《眞寶》注에는 "三峽: 西陵峽, 巫峽, 歸鄕峽也. 並在夔州"라 함. 〈古歌〉에 "巴東三峽巫峽長, 猿鳴三聲淚沾裳"이라 함. '渝州'는 지금의 重慶府 巴縣. 《眞寶》注에 "渝州: 地名. 今重慶府"라 함. 《李太白集分類補註》(8)에 "(楊)齊賢曰:峨眉山在嘉州峨眉縣羅目鎭, 平羌江在嘉州龍遊縣有平羌山. 資州淸溪縣, 乾德五年省入內江. 內江在州東九十八里, 資州東至昌州二百二十八里. 昌州南至渝州三百里, 渝州治巴縣水自渝上合曰內江. 自渝由戎瀘上蜀曰外江. 自渝州明月峽至夔州西陵峽四千里. 巴峽, 明月峽, 巫峽是謂三峽. 〈蜀都賦〉註:巴東永安縣有高山, 相對相去可二千丈. 左右厓甚高, 謂之峽. (蕭)士贇曰:《圖經》:平羌江在雅州嚴道縣東北城下, 嘉州亦號平羌江. 三峽謂西峽, 巫峽, 歸峽"이라 함.

참고 및 관련 자료

1. 이태백(李太白) 李白, 李翰林. 016 참조.

2. 이 시는 《李太白文集》(6), 《李太白集分類補註》(8), 《李太白集注》(8), 《唐詩品彙》(47), 《全唐詩》(167), 《萬首唐人絶句》(2), 《古今詩刪》(21), 《古詩鏡》(20), 《御選唐詩》(28), 《唐宋詩醇》(5), 《全唐詩錄》(23), 《詩林廣記》(3) 등에 널리 실려 있음.

3. 韻脚은 '秋, 流, 州'.

4. 王元美의 評語

此詩太白佳境, 然二十八字中有峨眉山, 平羌江, 淸溪, 三峽, 渝州, 使後人爲之不勝痕跡矣. 益見此老鑪錘之妙.

5. 蘇東坡의 〈送張嘉州〉詩

少年不願萬戶侯, 亦不願識韓荆州. 頗願身爲漢嘉守, 載酒時作凌雲游. 虛名無用今白首, 夢中却到龍泓口. 浮雲軒晃何足言? 惟有江山難入手. 峨眉山月半輪秋, 影入平羌江水流. 謫仙此語誰解道, 請看見月時登樓. 笑談萬事眞何有. 一時付與東嚴酒. 歸來還受一大錢, 好意莫違黃髮叟.

102. <山中答俗人> ·················· 李太白(李白)
산속에서 속인들에게 답함

*<山中答俗人>: 산 속에서 속인들에게 답함. 《李太白集分類補註》(19) 등에는 제목이 <山中問答>으로 되어 있음. 《李太白文集》(15)에는 <山中答俗人>이라 하고, 注에 "一云答問"으로 되어 있음.

무슨 일로 푸른 산에 사는가고 나에게 묻기에,
웃으면서 대답도 하지 않으니 마음 저절로 한가롭도다.
복사꽃 꽃잎 물에 흘러 가물가물 가는 모습,
이곳은 따로 다른 천지가 있어 인간 세상이 아니로다.

問余何事栖碧山, 笑而不答心自閑.
桃花流水宮然去, 別有天地非人間.

【問余何事栖碧山, 笑而不答心自閑】 앞 구절은 판본마다 약간씩 달라 "問余何意棲碧山"으로 된 것이 많음. '栖'는 '棲'와 같음. '不答'은 '不語'로 된 판본도 있음. '自閒'으로 표기하기도 함. 《李太白集分類補註》에 "(楊)齊賢曰: <蜀志>: 人問諸葛亮之志, 亮抱膝笑而不答"이라 함.

【桃花流水宮然去, 別有天地非人間】 '宮'는 본음은 '요'이나 '묘'로 읽음. 가물가물 아득히 보이는 상태. 다른 판본에는 韻과 뜻이 같은 '杳', '渺' 등의 글자로 바꾸어 표기한 것이 많으며, 《眞寶》 注에 "音杳, 或作宛, 非"라 함. 이는 陶淵明의 <桃花源記>를 원용한 것임. '人間'은 人間世上. 사람이 사는 俗世, 現世를 뜻함. 天界나 仙界와 상대하여 쓰는 말. 朱熹의 <巫夷山九曲歌>에 "九曲將窮眼豁然, 桑麻雨露靄平川. 漁郞更覓桃源路, 除是人間別有天"이라 함.

1. 이태백(李太白) 李白, 李翰林. 016 참조.
2. 이 시는 《李太白文集》(15), 《李太白集分類補註》(19), 《李太白集注》(19), 《全唐詩》(178), 《唐詩品彙》(47)등에 널리 실려 있음.
3. 韻脚은 '山, 閑, 間'.

103. 〈山中對酌〉 ·················· 李太白(李白)
산 속에서의 대작

*〈山中對酌〉: 산 속에서 두 사람의 대작. 원제는 모두 〈山中與幽人對酌〉으로 되어 있음.

두 사람 대작하고 있는데 산꽃 피네,
한 잔 한 잔 또 다시 한 잔.
나는 취해 자고 싶으니 그대는 돌아갔다가,
내일 아침 생각 있거든 거문고나 안고 오게.

兩人對酌山花開, 一盃一盃復一盃.
我醉欲眠君且去, 明朝有意抱琴來.

【兩人對酌山花開, 一盃一盃復一盃】'復'는 '부'로 읽음.
【我醉欲眠君且去, 明朝有意抱琴來】다른 판본에는 '君'이 모두 '卿'으로 되어 있음. 한편《李太白集注》에는 "《宋書》陶潛性嗜酒, 貴賤造之者, 有酒輒設. 潛若先醉, 便語客: 「我醉欲眠, 卿可去.」其眞率如此"라 하였고, 《李太白集分類補註》에도 "(楊)齊賢曰: 「陶潛飲酒, 若先醉便語客: 我醉欲眠, 卿且去.」"라 함. '明朝有意抱琴來'는 白居易〈楊家南亭〉시에도 "小亭門向月斜開, 滿地涼風滿地苔. 此院好彈秋思處, 終須一夜抱琴來."라 하여 和韻한 시가 있음. '琴'은 五絃琴, 七絃琴이 있으며 우리의 거문고와 같은 類의 악기.《事文類聚》續集(22)에《琴操》를 인용하여 "琴: 長三尺六寸六分, 廣六寸. 上曰池, 下曰賓. 前廣後狹, 象尊卑也; 上圓下方, 法天地也. 五絃, 象五行, 大絃爲君, 小絃爲臣. 文王武王加二絃, 以合君臣之恩"이라 함.

1. 이태백(李太白) 李白, 李翰林. 016 참조.

2. 이 시는 《李太白文集》(20), 《李太白集分類補註》(23), 《李太白集注》(23), 《全唐詩》(182), 《萬首唐人絶句》(2) 등에 실려 있으며, 제목은 모두 〈山中與幽人對酌〉으로 되어 있음.

3. 韻脚은 '開, 盃, 來'.

104. ＜春夢＞ ·················· 岑參

봄꿈

＊＜春夢＞:봄 꿈 속에 임을 그리워하는 규방의 심정을 대신 읊은 것.

그윽한 통방洞房, 어젯밤 봄바람이 일었지.
아득히 상강湘江까지 가셨을 그대 생각에.
베갯머리 잠깐 봄꿈 속에서,
강남江南 수천 리를 모두 훑어다녔네.

洞房昨夜春風起, 遙憶美人湘江水.
枕上片時春夢中, 行盡江南數千里.

【洞房昨夜春風起, 遙憶美人湘江水】'洞房'은 '통방'으로 읽으며 그윽하고 깊은 여인의 방.《文選》靈光殿賦의 "洞房叫窱而幽邃"의 注에 "洞, 通也. 通房, 長遠而幽邃也"라 함. 흔히 '花燭洞房'이라 하여 新婦의 방을 뜻하는 말로도 쓰임.《全唐詩》注에 "洞房, 一作洞庭"이라 하였으며,《唐詩紀事》에는 '洞庭'으로 되어 있고, 注에 "一作洞房"이라 함. '遙憶美人湘江水'는《全唐詩》와《唐詩紀事》에는 "故人相隔相江水"로 되어 있으며, 注에 "一作「遙憶美人」"이라 함.《眞寶》注에는 "《詩》:「彼美人兮, 西方之人兮.」"라 함. '故人'과 '美人'은 모두 사랑하는 '임'을 가리킴. '湘江'은 湘水.《大明一統志》에 "衡州府, 湘水在府城東, 源出廣西興安縣, 縣陽海山, 流至分水嶺分流, 北流者謂之湘水"라 함. '湘水'는 瀟水와 합해 흔히 瀟湘八景으로 널리 알려져 있으며, 흔히 堯의 두 딸 娥皇과 女英이 舜에게 시집가서 舜이 죽자 그곳의 水神이 되었다는 전설을 가지고 있음.

【枕上片時春夢中, 行盡江南數千里】'枕上片時春夢中'은 베개를 베고 잠간 꿈을 꾸는 시간. '行盡江南數千里'은 그리운 임을 찾아 꿈속에 강남 수천 리를 모두 다녀봄.《全唐詩》注에 "數千里行於片時間, 非夢而何?"라 함.

1. 잠참(岑參:715-770)

河南 南陽 鄧州 사람으로 岑文本의 후손. 어려서 고아로 자랐으며 30세가 되던 天寶 3년(744)에 進士에 올라 參軍, 評事, 監察御史 등을 역임함. 뒤에 封常淸의 군대를 따라 西域에 이르러 安西節度使判官이 됨. 다시 그곳에서 나와 虢州長史, 侍御史, 關西節度判官 등을 역임함. 이로 인해 그는 西域風의 軍旅 생활과 胡笳, 琵琶 등에 관심을 가져 戰場과 沙漠, 壯士의 豪放한 情緒를 주로 읊어 邊塞詩의 대성을 이룸. 뒤에 그는 關西를 떠나 嘉州刺史를 역임하여 흔히 그를 '岑嘉州'라 부르기도 함. 晩年에는 蜀으로 들어가 杜鴻漸에 의지하였으며 蜀에서 56세로 생을 마침. 그의 문집은 《新唐書》(藝文志)에 10卷이 기재되어 있으며, 杜確이 쓴 《岑嘉州詩集》 序文이 전함. 그 외에 《全唐書》(198-201)에 詩 4卷이 실려 있으며, 《全唐詩續拾》에 2首가 補入되어 있고, 《唐詩紀事》(23)에 관련 기록이 실려 있음. 兩《唐書》에는 전이 없음. 《眞寶》諸賢姓氏事略에 "岑參, 參音驂. ○鄧州人, 時稱岑庫部, 後守嘉州, 號岑嘉州"라 함.

2. 이 시는 《岑嘉州詩》(7) 七言絶句 33수 중의 하나이며, 그 외 《全唐詩》(201), 《唐文粹》(15下), 《唐詩紀事》(23), 《竹莊詩話》(15), 《唐音》(7) 등에 널리 실려 있음. 《竹莊詩話》에는 제목이 《春夢懷人》이라 하였고, 注에 "一首見夢成之思"라 함.

3. 韻脚은 '起, 水, 里'.

4. 《唐詩紀事》(23)

○參, 南陽人, 文本之後. 登天寶進士第, 累爲安西, 關西節度判官. 入爲祠功二外郎, 虞庫二正郎. 出爲嘉州刺史, 副元帥杜鴻漸表公兼侍御史, 列於幕府. 使罷, 寓於蜀, 中原多故, 卒死於蜀.

○參, 至德中任宣議郎, 試大理評事, 攝監察御史, 左拾遺裴薦, 杜甫等, 嘗薦參識度淸遠, 議論雅正, 佳名早立, 時裴所仰, 可備獻替之官云.

○殷璠云:「參詩語奇體峻, 意亦新遠. 至如『長風吹自茅, 野火燒枯桑』, 可謂逸矣. 又『山風吹空林, 颯颯如有人』, 頗稱幽致也.」

5. 《全唐詩》(198)

岑參, 南陽人. 文本之後, 少孤貧, 篤學. 登天寶三載進士第, 由率府參軍累官右補闕, 論斥權佞, 改起居郎. 尋出爲虢州長史, 復入爲太子中允. 代宗總戎陝腹, 委以書奏之任, 由庫部郎出刺嘉州, 杜鴻漸鎭西川, 表爲從事, 以職方郎兼侍御史領幕職. 使罷, 流寓不還, 遂終於蜀. 參詩辭意淸切, 迴拔孤秀, 多出佳境. 每一篇出, 人競傳寫, 比之吳均, 何遜焉. 集八卷, 今編四卷.

　6.《唐才子傳》(3) 岑參

　參, 南陽人. 文本之後. 天寶三年, 趙岳榜第二人及第. 累官左補闕, 起居郎, 出爲嘉州刺史. 杜鴻漸表置安西幕府, 拜職方郞中, 兼侍御史, 辭罷. 別業在杜陵山中. 後終於蜀. 參累佐戎幕, 往來鞍馬烽塵間十餘載, 極征行離別之情, 城障塞堡, 無不經行. 博覽史籍, 尤工綴文, 屬詞淸尙, 用心良苦. 詩調尤高, 唐興罕見此作. 放情山水, 故常懷逸念, 奇造幽致, 所得往往超拔孤秀, 度越常情. 與高適風骨頗同, 讀之令人慷慨懷感. 每篇絶筆, 人輒傳咏. 至德中, 裴休, 杜甫等常薦其識度淸遠, 議論雅正, 佳名早立, 時輩所仰, 可以備獻替之官. 未及大用而謝世, 豈不傷哉! 有集十卷, 行於世, 杜確爲之序云.

105. 〈少年行〉 ·················· 王維(王摩詰)

소년들

*〈少年行〉: '젊은이를 노래하다'의 뜻. 젊은이들의 협기, 의리, 교만, 기개, 패기, 호탕함, 발랄함 등을 읊은 것. '行'은 歌曲의 한 장르이며 문체의 이름.《文體明辨》에 "步驟馳騁, 疎而不滯者曰行"이라 함.

신풍新豊 땅의 좋은 술 한 말에 만 냥,
함양咸陽 유협들은 젊은이들이 많지.
서로 만나면 의기로 상대 위해 술 마시느라,
말은 높은 누각 수양버들 밑에 매어 두었네.

新豊美酒斗十千, 咸陽遊俠多少年.
相逢意氣爲君飮, 繫馬高樓垂柳邊.

【新豊美酒斗十千, 咸陽遊俠多少年】'新豊'은 陝西 臨潼縣 동쪽에 있던 縣名. 漢 高祖(劉邦)가 長安에 도읍하자 그의 아버지 太上皇이 애타게 고향 江蘇 沛縣의 豊邑으로 돌아가고 싶어하여 豊邑과 똑같은 마을을 건설하고 豊邑 사람들을 모두 이주시켜 新豊이라 하였음.《西京雜記》(2)에 "太上皇徙長安, 居深宮, 悽愴不樂. 高祖竊因左右問其故, 以平生所好, 皆屠販少年, 酤酒賣餠, 鬪雞蹴踘, 以此爲歡, 今皆無此, 故以不樂. 高祖乃作新豊, 移諸故人實之, 太上皇乃悅. 故新豊多無賴, 無衣冠子弟故也. 高祖少時, 常祭枌楡之社. 及移新豊, 亦還立焉. 高帝旣作新豊, 並移舊社, 衢巷棟宇, 物色惟舊. 士女老幼, 相攜路首, 各知其室. 放犬羊雞鴨於通塗, 亦競識其家. 其匠人胡寬所營也. 移者皆悅其似而德之, 故競加賞贈, 月餘, 致累百金."이라 함.《漢書》地理志(上) 京兆 新豊縣에 대한 應劭의 注도 같음.《眞寶》注에는 "漢太上皇居長安, 思故鄕, 欲歸豊沛. 高祖乃象豊邑里居, 營市井居室, 徙豊人居之. 故云"이라 함. '斗十千'은 술 한 말에 十千(만)냥의 값이 나감. 그러나 구체적인 값

은 자세히 알 수 없으며, 常套語로 보임. 李白 시에도 '金樽沽酒斗十千'이라 하는 등 매우 널리 쓰이는 표현이었음. '新豐'은 아주 비싼 名酒 생산지였음. '咸陽'은 秦나라 古都의 이름으로 지금의 陝西 西安 咸陽市. 唐나라 長安도 그 근처였음. 《大明一統志》에 "西安府咸陽縣, 在府城西北五十里. 其地在山南水北, 山水皆陽, 故名咸陽"이라 함. '遊俠'은 俠氣를 가지고 노는 사람. 《史記》 索隱에 "遊俠, 謂輕死重起, 如荊軻, 豫讓之輩也. 遊, 從也; 俠, 挾也, 持也. 言能相從遊行挾持之事"라 함. 【相逢意氣爲君飮, 繫馬高樓垂柳邊】 '意氣'는 뜻과 기상. 《楚漢春秋》에 "項羽美人虞氏歌曰:「漢兵已略地, 四方楚歌聲. 大王意氣盡, 賤妾何聊生?」"이라 함. 《王右丞集箋注》에는 "《萬首唐人絶句》本作皆'意氣'作'氣味'"라 함. '爲君飮'의 '君'은 만난 상대를 가리킴. 소년의 유협들이 신풍에서 만나면 서로 인사를 나누고 술을 호탕하게 마심. '繫馬高樓垂柳邊'은 타고 온 말은 높은 누각 아래 수양버들에 매어둠.

참고 및 관련 자료

1. 王維, 王摩詰. 023 참조.

2. 이 시는 《王右丞集》(1), 《王右丞集箋注》(14)에 실려 있는 〈少年行〉 4수 중의 제1수. 그 외 《文苑英華》(294), 《唐文粹》(13), 《萬首唐人絶句》(4), 《唐詩品彙》(48), 《全唐詩》(24), 《歷代詩話》(36) 등에 널리 실려 있음. 〈少年行〉은 《樂府詩集》(66) 雜曲歌辭 속에 들어 있으며 〈結客少年場行〉, 〈少年子〉, 〈少年樂〉등과 함께 젊은이들의 氣槪와 俠氣 등을 노래한 것임.

3. 韻脚은 '千, 年, 邊'.

106. <尋隱者不遇> ·················· 魏野
은자를 찾아갔다가 만나지 못함

＊<尋隱者不遇>: '隱者를 찾아갔다 만나지 못함.' 앞의 賈島의 <訪道者不遇>(012)
와 같은 詩情을 읊은 것.《宋元詩會》(1)에는 제목이 <尋逸者不遇>로 되어 있음.

은자 찾으러 갔다가 잘못하여 봉래도蓬萊島로 들어갔네.
향기는 바람에도 쓸려가지 않은 채 송화 꽃 철지났네.
지초芝草 캐러 어느 곳으로 갔기에 아직 돌아오지 않는고?
흰 구름 땅에 가득한데 아무도 쓰는 사람 없구나.

尋眞悞入蓬萊島, 香風不動松花老.
探芝何處未歸來? 白雲滿地無人掃.

【尋眞悞入蓬萊島, 香風不動松花老】'眞'은 眞人. 仙人. 道人. 제목의 隱者. '悞'는
'誤'와 같음. '蓬萊島'는 三神山의 하나. 三神山은 고대 동쪽 바다 가운데 있다고
믿었던 仙界의 섬. 方丈山, 瀛洲山과 蓬萊山을 가리킴. 흔히 한국의 金剛山을 蓬
萊山이라 믿기도 하였음. '香風不動'은 향내가 바람에 쓸려가지 않음. 바람이 불
어도 향내가 남. '松花老'는 소나무 꽃이 한창 때를 넘겨 가루가 떨어지고 있음.
철이 지나고 있음.

【探芝何處未歸來? 白雲滿地無人掃】'芝'는 芝草. 瑞草의 하나로 靈芝라고도 함.
道家에서는 不老長生의 靈草로 여겼음.《宋元詩會》에는 '探芝'가 '採芝'로 되어
있음.

참고 및 관련 자료

1. 魏野(960-1019)
宋初 시인. 자는 仲先.《眞寶》諸賢姓氏事略에 "魏野, 字仲先, 居洛東郊, 寇萊公
鎭洛, 三邀不至, 遂寫刺訪之"라 함.《宋史》(457) 隱逸傳(上)에 "魏野, 字仲先, 陝州陝

人也. 世爲農. 母嘗夢引袂於月中承兔得之, 因有娠, 遂生野. 及長, 嗜吟詠, 不求聞達. 居州之東郊, 手植竹樹, 淸泉環繞, 旁對云山, 景趣幽絶. 鑿土袤丈, 曰樂天洞, 前爲草堂, 彈琴其中, 好事者多載酒從之遊, 嘯詠終日. 前后郡守, 雖武臣舊相, 皆所禮遇, 或親造謁. 趙昌言性尤倨傲, 特署賓次, 戒閽吏野至卽報. 野不喜巾幘, 無貴賤, 皆紗帽白衣以見, 出則跨白驢. 過客居士往來留題命話, 累宿而去. 野爲詩精苦, 有唐人風格, 多警策句. 所有《草堂集》十卷, 大中祥符初契丹使至, 嘗言本國得其上帙, 願求全部, 詔與之. 祀汾陰歲, 與李瀆幷被薦, 遣陝令王希招之, 野上言曰: 「陛下告成天地, 延聘岩藪, 臣實愚戇, 資性慵拙, 幸逢聖世, 獲安故里, 早樂吟詠, 實匪風騷, 豈意天慈, 曲垂搜引. 但以嘗嬰心疾, 尤疏禮節, 麋鹿之性, 頓纓則狂, 豈可瞻對殿墀, 仰奉淸燕. 望回過聽, 許令愚守, 則畎畝之間, 永荷帝力.」詔州縣長吏常加存撫, 又遣使圖其所居觀之. 五年四月, 復遣內侍存問. 天禧三年十二月, 無疾而卒, 年六十. 州上其狀"이라 함.

2. 이 시는 《宋藝圃集》(1), 《石倉歷代詩選》(137), 《御選宋詩》(64), 《宋元詩會》(2), 《宋百家詩存》(2), 《詩林廣記》(後集9) 등에 실려 있음.

3. 韻脚은 '島, 老, 掃'.

107. 〈步虛詞〉 ·················· 高騈(高千里)

보허사

*〈步虛詞〉:《嚴陵集》에는 제목이 〈題淸溪方仙翁廟〉로 되어 있으며,《山堂肆考》
(148)에는 제목이 〈法喜點易〉으로 되어 있고 "葉法喜, 處州人. 唐明皇贈詩:「靑溪
道士人不識, 上天下天鶴一隻. 洞門深鎖碧牕寒, 滴露研硃點周易.」"이라 함. '步虛'
는 '공중을 걷다'의 뜻으로 道人이나 神仙의 모습을 뜻함.《三體唐詩》(2)에는
《吳苑》을 인용하여 "陳思王(曹植)遊魚山, 忽聞岩裏有誦經寥亮, 便解音者寫之,
爲神仙之聲, 道士效之作步虛. 此步虛之始也"라 하였고,《唐詩遺響》(1)의 吳貞節
〈步虛詞〉注에는 "《異苑》錄神仙聲淸遠寥亮, 道士效作步虛聲, 備言衆仙縹渺輕
擧之事"라 함. 한편 이 시는 高騈의 작으로 되어 있으나《氏族大全》(21) '點易亭'
에는 "葉法喜處州人, 唐明皇贈詩云:「靑溪道士人不識, 上天下天鶴一隻. 洞門深
鎖碧窓寒, 滴露研朱點周易.」今處州有點易亭"이라 하여 唐 明皇(玄宗)이 葉法喜
에게 하사한 시로 지금 處州에 點易亭이 있다 하였음. 그런가 하면《山堂肆考》
(12) '投錢'에는 "《集異記》:玄宗八月望夜, 與葉法喜同遊月宮, 還過潞州城, 上俯視
城郭, 悄然而月色如晝. 法喜因請上以玉笛奏曲, 時玉笛在寢殿中, 法喜命人取之,
旋頃而至. 曲奏, 旣竟復以金錢投城中而還. 旬餘, 潞州奏是夜有天樂, 臨城兼獲
金錢以進. 按:佛經:法喜謂見法生, 歡喜也. 葉名法喜, 盖取於此. 或作法善恐非喜.
處州人明皇嘗贈以詩:「淸溪道士人不識, 上天下天鶴一隻. 洞門深鎖碧窓寒, 滴露
研朱點周易.」今處州有點易亭.《三體唐詩》作高騈詩"라 하여,《集異記》를 인용한
葉法喜의 幻想的인 投錢 고사가 실려 있음.

청계淸溪 도사를 사람들은 알지 못하네,
하늘을 오르내릴 때 학 한 마리.
동굴의 문 깊이 잠기어 푸른 창은 차가운데,
이슬방울로 붉은 먹 갈아 《주역》에 점을 찍고 있네.

青溪道士人不識, 上天下天鶴一隻.
洞門深鎖碧窓寒, 滴露硏朱點周易.

【靑溪道士人不識, 上天下天鶴一隻】'靑溪'(淸溪)는 지금의 浙江 處州 靑田縣에 있
는 三十六洞天의 하나.《三體唐詩》注에 "庾仲雍〈荊州記〉曰: 臨治縣有淸溪山, 山
東有泉, 泉側有道士舍. 郭景純有〈遊仙詩〉曰:「淸溪千仞餘, 中有一道士.」"라 함. 그
러나 각 기록마다 '靑溪'와 '淸溪'의 표기가 혼재함. 같은 《山堂肆考》에도 '淸溪'
(20)와 '靑溪'(21, 148)로 다르며, 《才調集》(13)에는 淸溪, 《唐文粹》(13)에는 '靑溪',
《嚴陵集》(2)에는 '淸溪', 《萬首唐人絶句》(47)에는 '靑溪', 《三體唐詩》(2)에는 '淸溪',
《全唐詩》(598)에는 '靑溪', 《御定佩文齋詠物詩選》(240)과 《全唐詩錄》(90)에는 '淸
溪', 《唐詩紀事》(63)에는 '靑溪', 《竹莊詩話》(21)에는 '淸溪' 등 각기 다름. 靑溪道士
는 靑溪洞天에 수도하는 도사로 구체적으로는 알 수 없음. '上天下天鶴一隻'은
《才調集》과 《萬首唐人絶句》에는 '上天下地'로 되어 있으며, 《全唐詩》에는 "一作
地"라 함. '隻'은 새를 세는 量詞. 하늘을 오르내릴 때 학 한 마리만 오르고 내리
는 것이 보일 뿐임.

【洞門深鎖碧窓寒, 滴露硏朱點周易】'洞門'은 洞天의 입구. 《嚴陵集》에는 '洞門'이
洞房으로 되어 있음. '碧窓'은 동굴 창을 통해 보이는 하늘의 碧色을 말함. '滴露'
는 이슬이 방울져 떨어지는 물방울. '硏朱'는 벼루에 붉은 朱墨을 갊. 《山堂肆考》
(148)과 《才調集》 등에는 '朱'가 '硃'로 되어 있음. '硃'는 硃砂의 광물. '點周易'은
《周易》을 읽으며 붉은 색 傍點이나 圈點을 찍어 표시함을 말함.

참고 및 관련 자료

1. 고변(고병, 高騈, 821~884)

字는 千里이며 唐나라의 叛臣. 《新唐書》(藝文志, 4)에 《高騈詩》 1卷, 《宋史》(藝文
志, 7)에 역시 그의 詩 1卷이 著錄되어 있으며 《全唐詩》(卷598)에 詩 1卷, 그리고
《全唐詩外篇》과 《全唐詩續拾》에 斷句가 실려 있음. 《唐詩紀事》(卷63)와 《全唐詩
話》(卷5)에 관련 기록이 실려 있으며, 《舊唐書》(182)와 《新唐書》(224) 叛臣傳(下)에
전이 있음. 《眞寶》 諸賢姓氏事略에 "高騈, 字千里, 幽州人"이라 함. 《新唐書》에 "高
騈, 字千里, 南平郡王崇文孫也. 家世禁衛, 幼頗修飭, 折節爲文學, 與諸儒交, 硜硜譚
治道, 兩軍中人更稱譽之. 事朱叔明爲司馬, 有二雕幷飛, 騈曰:「我且貴, 當中之.」一

發貫二雕焉, 衆大驚, 號「落雕侍御」라 하였고,《唐才子傳》(9)에는 "高駢:字千里, 幽
州人也. 崇文之孫. 少閑鞍馬弓刀, 善射, 有膂力. 更剚銳爲文學, 與諸儒交, 磑磑談治
道. 初, 事朱叔明, 爲府司馬, 遷侍御史. 一日校獵圍合, 有雙鵰並飛, 駢曰:「我後大富
貴, 當貫之.」遂一發聯翩而墜, 衆大驚, 號「落鵰御史」. 駢爲西川節度, 築成都城四十
里, 朝廷疑之. 以宴間〈詠風箏〉云:「依稀似曲纔堪聽, 又被風吹別調中.」明日詔下, 移
鎭渚宮, 亦讖之類也. 仕至平章事, 封渤海郡王. 初, 駢以戰討之勳, 累拜節度, 手握
王爵, 口含天憲, 國家倚之. 時巢賊日益甚, 兩京亦陷, 大駕蒙塵, 遂無勤王之意, 包
藏禍心, 欲便徼幸. 帝知之, 以王鐸代爲都統, 加侍中. 駢失兵柄, 攘袂大詬. 一旦失
勢, 威望頓盡. 方且弃人間事, 絶女色, 屬意神仙. 鄱陽商僧呂用之會妖術, 役鬼神, 及
狂人諸葛殷, 張守一等相引而進, 多爲謬悠長年飛化之說, 羽衣鶴氅, 詭辯風生, 駢
事之若神. 造「迎仙樓」, 高八十尺, 日同方士登眺, 計鸞笙在雲表而下, 用之等叱咤風
雷, 或望空揖拜, 言覯仙過, 駢輒隨之. 用之曰:「玉皇欲補公眞官, 吾謫限亦滿, 必當
陪幢節同歸上淸耳.」其造怪不可勝紀. 至以用之, 守一, 殷等爲將, 分掌兵符, 皆稱將
軍, 開府置官屬, 禮與駢均. 卒至叛逆首亂, 磔屍道途, 死且不悟. 裹駢以破氈, 與子
弟七人, 一坎而瘞, 名書於唐史〈叛臣傳〉, 亦何足道哉. 有詩一卷, 今傳. 大順中, 謝蟠
隱爲之序"라 함.

2. 이 시는《唐詩遺響》(7), 및《三體唐詩》(2)《山堂肆考》(12, 148, 172),《才調集》(13),
《唐文粹》(13),《嚴陵集》(2),《萬首唐人絶句》(47),《全唐詩》(598),《御定佩文齋詠物詩
選》(240),《全唐詩錄》(90),《唐詩紀事》(63),《竹莊詩話》(21) 등에 널리 실려 있음.

3. 韻脚은 '識, 隻, 易'.

4.《對床夜語》(4)

高駢云:「淸溪道士人不識, 上天下天鶴一隻. 洞門深鎖碧窗寒, 滴露研朱點周易.」
駢爲呂用之等所紿, 致于殺身亡家而不悟, 固無足取. 然此等辭語, 決非塵埃人可道.

108. 〈十竹〉 ·················· 僧 淸順
대나무 열 그루

*〈十竹〉: 열 그루 대나무. 땅이 좁아 겨우 열 그루 대나무만 심어 관상함을 읊은
것. 《宋詩紀事》에는 제목이 〈十竹軒〉으로 되어 있음.

성城 안의 한 치 땅은 한 치 금과 같이 비싼 땅,
그윽한 집 마당에 대나무를 열 그루만 심었네.
봄바람아, 삼가 죽순을 자라게 하지 말라.
내 섬돌 앞 푸른 이끼 망가뜨릴까 겁난다.

城中寸土如寸金, 幽軒種竹只十箇.
春風愼勿長兒孫, 穿我階前綠苔破.

【城中寸土如寸金, 幽軒種竹只十箇】 '幽軒'은 그윽한 僧侶의 僧舍. 箇는 株와 같음.
그루.

【春風愼勿長兒孫, 穿我階前綠苔破】 '兒孫'은 子孫. 여기서는 대나무가 새봄에 竹
箇을 솟구쳐 올림을 뜻함. 《眞寶》注에 "韓〈笋〉詩:「環立比兒孫.」"이라 하여 韓愈
의 〈和侯協律詠笋〉詩 "竹亭人不到, 新笋滿前軒. 乍出眞堪賞, 初多未覺煩. 成行齊
婢僕, 環立比兒孫"을 인용함. '笋'은 筍과 같음. '穿我階前綠苔破'는 땅이 너무 좁
아 죽순이 내 집 섬돌 앞에 있는 이끼를 뚫고 올라와 그 이끼를 다 망가뜨릴까
걱정이 됨. 좁은 마당과 아끼는 이끼, 그리고 좋아하는 대나무를 두고 갈등을
아름답게 표현한 것임. 《眞寶》注에 "謂城市地狹人稠, 軒前只種十竹. 謂春來不須
生, 筍迸破階苔也"라 함.

1. 淸順(?−1090)

宋代 杭州 西湖 北山의 승려. 자는 怡然. 시에 뛰어나 王安石의 사랑을 받았고, 蘇軾도 만년에 그와 交遊하였음. 《冷齋夜話》(6)에 "西湖僧淸順怡然淸苦, 多佳句, 嘗賦〈十竹〉詩云:「城中寸土如寸金, 幽軒種竹只十个. 春風愼勿長兒孫, 穿我階前綠苔破.」又有〈林下〉詩曰:「久從林下遊, 頗識林下趣. 縱渠綠陰繁, 不礙淸風度. 閒來石上眠, 落葉不知數. 一鳥忽飛來, 啼破幽寂處.」荊公遊湖上愛之, 稱揚其名, 坡晚年亦與之遊, 亦多唱酬"이라 하였고, 《宋詩紀事》(91)에는 "淸順, 字怡然. 杭州西湖北山僧. 王荊公愛其詩, 東坡晚年亦與之唱酬. 〈題西湖僧舍壁〉:「竹暗不通日, 泉聲落如雨. 春風自有期, 桃李亂深塢.」《竹坡詩話》:東坡遊西湖于僧舍壁聞見小詩, 問誰所作? 或告以錢塘僧淸順. 卽日求得之, 一見甚喜, 而順之名出矣. 余留錢塘七八年, 有誦順詩者, 往往不逮前篇, 政以所見之未多耳. 然使〈十竹軒〉:「城中寸土如寸金, 幽軒種竹只十箇. 春風愼勿長兒孫, 穿我階前綠苔破.」止于此亦可傳也"라 함.

2. 이 시는 《冷齋夜話》(6), 《古今禪藻集》(12), 《詩人玉屑》(20), 《竹莊詩話》(21), 《宋詩紀事》(91) 《御選宋詩》(74), 《詩話總龜》(30), 《漁隱叢話》(前集 57) 등에 널리 실려 있음.

3. 韻脚은 '箇, 破'.

4. 《詩人玉屑》(20)

西湖僧淸順, 頤然淸苦, 多佳句. 嘗賦〈十竹〉詩曰L [城中寸土如寸金, 幽軒種竹只十箇. 春風愼勿長兒孫, 穿我墻前綠苔破.] 又有「久從林下遊, 頗識林下趣. 從渠綠陰繁, 不礙淸風度. 閒來石上眠, 落葉不知數. 一鳥忽飛來, 啼破幽絕處.」荊公遊湖上愛之, 乃稱揚其名. 坡晚年亦與之遊, 甚多酬唱.

109. <遊三遊洞> ·················· 蘇子瞻(蘇東坡)

삼유동에 노닐며

＊<遊三遊洞>: '三遊洞'은 지금의 湖北 長江 가 宜昌 서북쪽에 있는 鍾乳石 洞窟.
《大明一統志》에 "荊州府三遊洞在夷陵州西北二十五里, 唐白居易與弟行簡及元稹
三人遊此, 作<三遊洞記>, 刻石壁上, 後人因名. 宋蘇軾與弟轍及黃庭堅三人亦曾
遊焉"이라 함.

언 비 펄펄 내려 반은 눈이 되는구나.
놀이 온 사람 신발은 차갑고, 푸른 바위는 미끄럽다.
이불 가지고 바위 아래 자는 것도 마다하진 않노라만,
동굴 입구는 구름이 짙어 밤에 달구경은 못하겠네.

凍雨霏霏半成雪, 遊人屨冷蒼崖滑.
不辭携被巖底眠, 洞口雲深夜無月.

【凍雨霏霏半成雪, 遊人屨冷蒼崖滑】 '凍雨'는 날이 추워 언 비. 진눈깨비. '霏霏'는
비나 눈이 흩뿌리는 모습. 《詩》 小雅 采薇 "今我來思, 雨雪霏霏"의 朱熹 注에 "霏
霏, 雪甚貌"라 함. '遊人'은 탐방객, 자기 자신들을 가리킴. '屨'는 신발. 《湖廣通
志》(9)에는 '屐'(나막신)으로 되어 있음. '蒼崖'는 푸른 바위 벼랑.
【不辭携被巖底眠, 洞口雲深夜無月】 '不辭'는 마다하지 않음. '被'는 이불, 덮을 거
리. 衾被. 길이 미끄러워 돌아갈 수 없어 이불을 가지고 그 동굴 안에 들어가 잠
을 잠.

> **참고 및 관련 자료**

1. 蘇軾. 蘇東坡, 蘇子瞻, 044 참조.
2. 이 시는 《東坡詩集注》(2), 《施注蘇詩》(下), 《蘇詩補註》(1), 《御定佩文齋詠物詩

選》(77) 등에 실려 있음.

3. 韻脚은 ‘雪, 滑, 月’.

4. 《蘇詩補註》(1)

三游: 白居易〈詩序〉云:「予自江州司馬, 授忠州刺史, 之郡與知退, 會于夷陵. 翼日微之返, 棹送子至下牢, 戌聞石間泉聲, 因舍棹步, 入缺岸水石, 相薄跳珠, 濺玉驚動耳目. 各賦古詩二十韻, 書于石壁, 以吾三人始游, 故因名‘三游洞’. 洞在峽州上二十里北峯下, 兩岸相廠間.」

110. 〈襄陽路逢寒食〉 ················· 張說
양양 가는 길에서 한식을 만남

*〈襄陽路逢寒食〉: 襄陽 가는 길에서 寒食을 만남. '襄陽'은 湖北省에 있는 지명. 寒食은 冬至 뒤 105일째 되는 날. 春秋시대 晉文公(重耳)과 介子推의 고사에서 비롯된 세시풍속의 하나로 중국에서는 掃墓節이라 함. 《荊楚歲時記》(1)에 "去冬節一百五日卽有疾風甚雨, 謂之寒食, 禁火三日, ……《琴操》曰: 晉文公與介子綏俱亡, 子綏割股以啖文公, 文公復國, 子綏獨無所得, 子綏作龍蛇之歌而隱, 文公求之, 不肯出, 乃燔左右木, 子綏抱木而死. 文公哀之, 令人五月五日不得擧火. ……云寒食斷火起於子推, 《琴操》所云子綏, 卽推也, 又云五月五日與今有異, 皆因流俗傳, 據《左傳》及《史記》並無介子推被焚之事."라 함.

지난해 한식은 동정호洞庭湖 물결 위에서 보냈는데,
올해 한식은 양양襄陽 가는 길에서 맞았구나.
가는 곳마다 산수山水를 찾아다니는 것을 마다하진 않지만,
다만 봄이 다 간 뒤에나 집으로 돌아가게 될까 안타까울 뿐.

去年寒食洞庭波, 今年寒食襄陽路.
不辭著處尋山水, 秪畏還家落春暮.

【去年寒食洞庭波, 今年寒食襄陽路】'洞庭'은 洞庭湖. 湖南省 경계에 있는 중국 최대의 호수 이름.
【不辭著處尋山水, 秪畏還家落春暮】'不辭'는 마다 않음. '著處'는 '着處'로도 표기하며 '도착할 곳, 갈 곳'을 뜻함. 《歲時雜詠》에는 '看處'로 되어 있으나 '看'은 着의 誤字임. '秪'는 祗, 只와 같음. '落春暮'는 꽃이 다 떨어진 늦봄. 봄이 가기 전에 고향 洛陽에 도착하여 봄을 구경하고 싶은 염원을 표현한 것임.

참고 및 관련 자료

1. 장열(張說. 667–730)

唐代 시인. 자는 道濟, 일설에는 說之라고도 함. '장설'로도 읽음. 河南 洛陽人으로 唐 高宗 乾封 2년에 태어나 玄宗 開元 18년에 생을 마침. 향년 64세. 武則天 때 對策에 응하여 훌륭한 평가를 받았으며 武后, 中宗, 睿宗, 玄宗 4조를 섬겼음. 中書令을 거쳐 燕國公에 봉해졌음. 그의 시는 應製詩가 많음. 開元 초 姚崇의 계략에 빠져 岳陽으로 귀양을 갔으며 그곳에서 지은 시들이 비교적 특색이 있음. 《張燕公集》 25권이 있으며 《全唐詩》에 시 5권이 수록되어 있고, 《舊唐書》(97)와 《新唐書》(125)에 傳이 있음.

2. 이 시는 《張燕公集》(8), 《全唐詩》(89), 《唐文粹》(15下), 《萬首唐人絶句》(7), 《文苑英華》(290), 《歲時雜詠》(11)에 실려 있음.

3. 韻脚은 '路, 暮'.

4. 《唐才子傳》(1) 張說

說, 字道濟, 洛陽人. 垂拱四年, 擧學綜古今科, 中第三等, 考策日封進, 授太子校書. 令曰:「張說文思淸新, 藝能優洽. 金門對策, 已居高科之首; 銀榜膀効官, 宜申一命之秩.」後累遷鳳閣舍人. 睿宗時, 兵部侍郎, 同平章事. 開元十八年, 終左丞相, 燕國公. 說敦氣節, 重然諾. 爲文精壯, 長於碑誌. 朝廷大述作, 多出其手. 詩法特妙, 晩謫岳陽, 詩益棲婉, 人謂得江山之助. 今有集三十卷, 行於世. 子均, 開元四年進士, 亦以詩鳴.

5. 《舊唐書》(97) 張說

張說, 字道濟, 其先范陽人, 代居河東, 近又徙家河南之洛陽. 弱冠應詔擧, 對策乙第, 授太子校書, 累轉右補闕, 預修《三敎珠英》. 久視年, 則天幸三陽宮, 自夏涉秋, 不時還都. ……說嘗自制其父《贈丹州刺史驚碑文》, 玄宗聞之而御書其碑額賜之曰「嗚呼, 積善之墓」. 有文集三十卷. 太常諡議曰「文貞」, 左司郎中陽伯誠駁議, 以爲不稱, 工部侍郎張九齡立議, 請依太常爲定, 紛綸未決. 玄宗爲說自制神道碑文, 御筆賜諡曰「文貞」, 由是方定.

111. 〈漁翁〉 ·················· 柳子厚(柳宗元)

늙은 어부

*〈漁翁〉: 이 시는 특이하게 7언 6구로 絶句도 律詩도 아니어서 논란이 있었음. 《氷川詩式》에는 《氷川詩式》에 "七言六句律作者最少, 惟李太白一首在古詩中, 今錄出以備一體, 〈送羽林陶將軍〉(116)詩是也"라 하였고, 嚴羽의 《滄浪詩話》(1)에는 "柳子厚「漁翁夜傍西巖宿」之詩, 東坡刪去後二句. 使子後復生, 亦必心服."라 하여, 蘇東坡는 이 시의 뒤 2구절을 刪去하기도 하였음. 한편 《李太白集注》送羽林陶將軍의 注에 "今以爲古詩或以爲六句律. 按六句近體, 唐人時有之, 本於六朝人, 或號爲小律"이라 함.

늙은 어부 밤이 되자 상강湘江 서산 바위 곁에서 잠을 자더니

새벽이 되자 상강 맑은 물 길어다 초죽楚竹으로 불을 지피네.

연기 사라지고 해가 떠오르자 사람은 보이지 않고,

영차 하고 노 젓는 한 마디 소리에 산과 물이 푸르러지네.

머리 돌려 아득히 하늘 끝 바라보며 중류로 내려가고 나니,

그가 자고 간 서산 바위 위에는 흰 구름만 무심히 서로를 좇고 있네.

漁翁夜傍西巖宿, 曉汲淸湘燃楚竹.

煙消日出不見人, 欸乃一聲山水綠.

回看天際下中流, 巖上無心雲相逐.

【漁翁夜傍西巖宿, 曉汲淸湘燃楚竹】 '西巖'은 西山. 永州城(지금의 湖南 零陵)의 湘江 서쪽 언덕에 있음. 柳宗元의 〈始得西山宴遊記〉가 있음. '曉汲'은 새벽에 물을 길어감. '淸湘'은 맑은 湘江이라는 뜻. 《湘中記》에 "湘水至淸, 水深五六丈, 見底"라 함. 零陵(永州)은 湘水과 瀟水가 합류하는 곳임. '楚竹'은 永陵은 남방 고대 楚나

라 지역이었으므로 이렇게 표현한 것.

【煙消日出不見人, 欸乃一聲山水綠】 '欸乃'는 원래 노를 저을 때 힘을 내며 내는 소리를 音寫한 것으로 '曖迺', '靄迺', '襖欸' 등으로도 표기함. '오애(襖藹)'로 읽도록 되어 있으며 疊韻連綿語로 우리의 '영차', '으랏차'와 같음. 唐代 湘中의 民歌로 〈欸乃曲〉이 있음. 《全唐詩》와 章燮 注本에는 모두 '款乃'로 잘못 표기되어 있음. 《御製詞譜》에 "欸乃之聲, 或如唐人唱歌和聲, 所謂號頭者, 蓋逆流而上, 棹船勸力之聲也. 今江南棹船有棹歌, 每歌一句, 則群和一聲, 猶見遺意, 欸乃二字, 乃人聲, 或注作船聲者非"라 하였으며, 吳見思의 《歷代詩話》(庚集, 四)에는 "升庵(楊愼)以爲欸音靄, 乃音襖, 是也"라 함. 《柳河東集注》에도 "《苕溪漁隱》曰: 《元次山集》〈欸乃曲〉: 欸音襖, 乃音靄. 棹船歌聲, 洪駒父詩注謂: 欸音靄, 乃音襖. 遂反其音是不曾看《次山集》及〈山谷碑〉耳"라 함. 《眞寶》 注에 "音襖藹, 歌聲也"라 하여 南方 발음으로 읽어야 함. '綠'은 《柳河東集注》에는 渌으로 되어 있으며, "渌, 一作綠"이라 함.

【回看天際下中流, 巖上無心雲相逐】 '回看'은 '廻看'으로도 표기하며 배가 중류에 이르렀을 때 西巖을 돌아보면 마치 하늘 끝 저쪽에 있는 것과 같음. '巖上無心雲相逐'은 陶淵明의 〈歸去來辭〉에 "雲無心而出岫, 鳥倦飛而知還"라 함.

참고 및 관련 자료

1. 柳子厚: 柳宗元, 柳河東, 柳柳州. 011 참조.

2. 이 시는 《柳河東集》(43), 《柳河東集注》(43), 《五百家注柳先生集》(부록2), 《全唐詩》(353), 《唐詩紀事》(43), 《詩人玉屑》(10,11,19), 《竹莊詩話》(8), 《漁隱叢話》(전집 19), 《唐詩品彙》(36) 등 아주 널리 실려 있음.

3. 韻脚은 '宿, 竹, 綠, 逐'.

4. 永貞(順宗 李誦. 805) 개혁이 1년도 되지 않아 실패하고, 憲宗(李純)이 즉위하자 柳宗元은 永州司馬(永州는 지금의 湖南 零陵)로 폄직되고 말았음. 이는 이때에 永州에서 지은 것임.

5. 宋 蘇東坡는 "詩以奇趣爲宗, 反常合道爲趣, 熟味此詩有奇趣"라 함.

6. 明 王文祿은 "氣清而飄逸"이라 함.

7. 《唐詩品彙》注
蘇東坡云: 詩以奇趣爲宗, 反常合道爲趣. 熟味此詩, 有奇趣. 然其尾兩句, 雖不必亦可. 劉云: 或謂蘇評爲當, 非知言者, 此詩氣渾不類. 晚唐正在後兩句, 非蛇安足者.

112. 〈金陵酒肆留別〉 ·················· 李太白(李白)
금릉 술집에서의 이별 풍경

*〈金陵酒肆留別〉: '金陵'은 지금의 南京. 東晉과 南朝(宋, 齊, 梁, 陳)의 수도였으며
당시에는 建業, 建康으로 불렀음. 唐나라 때는 江南의 首府였음. '酒肆'는 술집.
'留別'은 남는 자와 떠나는 자. 남겨놓고 떠나면서 남기는 시.

봄바람 버들 꽃을 날리고 술집마다 향내가 가득한데,
오뭇 땅 여인들 술을 걸러 놓고 손님에게 맛을 보라 부르네.
금릉金陵 자제들 모두 나와 서로 친구 보내느라 시끌벅적,
떠나고자 하다가 가지 못하고 각기 남은 잔들 다 비우네.
그대들이여 묻노니, 동쪽으로 흐르는 저 강물과,
이별의 이 안타까움, 그 어느 것이 더 짧고 길더냐?

　風吹柳花滿店香, 吳姬厭酒喚客嘗.
　金陵子弟來相送, 欲行不行各盡觴.
　請君試問東流水, 別意與之誰短長?

【風吹柳花滿店香, 吳姬厭酒喚客嘗】'風吹'는 혹 '白門'으로 된 기록도 있음. '柳花'
는 柳絮. 버드나무의 솜털이 꽃과 같음을 말하며 좋은 봄날임을 가리킴. '香'은
버드나무 꽃의 향기. 그러나 봄날 꽃향기 등을 합해서 표현한 것. 이에 대해서는
역대 논란이 있어왔음. 《示兒編》(10)에 "至於太白又以柳爲有香, 其曰「風吹柳花滿
店香」是也"라 함. 그러나 《隱居通議》(10)에는 "柳香: 近見臨川葉宋英有〈贈行〉詩
曰: 「柳香何處春風店, 酒醒月明聞杜鵑」 絕愛其興致淸婉. 後見太白詩有云「風吹柳
花滿店香」, 乃知有所自來特未知柳果有香否?"라 하였음. 한편 《古詩鏡》(19) 「唐詩
鏡」 注에는 "余嘗見一人詩云: 「風吹滿店柳花香」, 此直謂柳花乃香耳. 因謂友人陳文
叔云: 「李太白謂『風吹柳花滿店香』, 此弟謂: 春氣襲人, 風來香滿. 此香不必自楊柳

來也.」라 함. '吳姬'는 吳지방의 여자. 술집에 종사하는 여인. 고대 江蘇 일대는
吳나라 땅이었음. '壓酒'의 '壓'은 壓의 약자.《眞寶》注에 "音, 押"이라 함. 남방의
술은 쌀로 빚은 것으로 충분히 숙성한 다음 이를 눌러 짜서 그 자리에서 마심.
'喚'은《全唐詩》注에 '一作勸', '一作使'라 함. '嘗'은 '嚐'과 같음. 술맛을 봄.《李太
白集》注에 "吳姬壓酒喚客嘗, 見新酒初熟, 江南風物之美. 工在'壓'字"라 함.

【金陵子弟來相送, 欲行不行各盡觴】'子弟'는 부잣집 아이들. 이별을 아쉬워하며
머뭇거리는 모습을 표현한 것.

【請君試問東流水, 別意與之誰短長】'東流水'는 동쪽으로 흐르는 물. 중국의 지형
은 西高東低로써 강물은 동쪽으로 흘러 다시 돌아오지 않음. '헤어지는 안타까
움이 영원히 흐르는 물보다 더 길다'의 뜻.

참고 및 관련 자료

1. 이태백(李太白) 李白, 李翰林. 016 참조.

2. 이 시는《李太白集》注(15),《李太白集分類補註》(15),《全唐詩》(174),《唐詩品彙》
(27)《漁隱叢話》(前集 5) 등 아주 널리 실려 있음.

3. 韻脚은 '香, 嘗, 觴, 長'.

4. 開元 14년(726) 봄 이백이 蜀을 나와 江南을 유람하면서 金陵(지금의 南京)을
들렀다가 廣陵(지금의 江蘇 揚州)으로 가기 전에 지은 것임.

5. 宋 魏慶之의《詩人玉屑》(14)에 "山谷言, 學者不見古人用意處, 但得其皮毛, 所
以去之更遠. 如『風吹柳花滿店香』, 若人復能爲此句, 亦未是太白. 至於『吳姬壓酒勸
客嘗』, 壓酒字他人亦難及.『金陵子弟來相送, 欲行不行各盡觴』, 益不同.『請君試問
東流水, 別意與之誰短長?』至此乃眞太白妙處, 當潛心焉. 故學者先以識爲主. 禪家
所謂正法眼, 直須具此眼目, 方可以道"라 함.

6.《李太白集分類補註》(15)

(楊)齊賢曰: 白亭在今建康東門外. (蕭)士贇曰: 學者若不見古人用意處, 但得其皮毛.
所以去之便遠如「風吹柳花滿店香.」若人復能爲此句, 亦未是太白至于「吳姬壓酒勸
客嘗」, '壓酒'字, 他人亦難及「金陵子弟來相送, 欲行不行各盡觴」, 益不同「請君試問
東流水, 別意與之誰短長?」, 至此乃眞太白妙處, 當潛心焉.

113. 〈思邊〉 ·················· 李太白(李白)
변경 생각

*《眞寶》注에 "此卽〈采薇〉:「昔我往矣, 楊柳依依. 今我來思, 雨雪霏霏」之意"라 하여 《詩》小雅 采薇篇의 구절을 들고 있음.
*〈思邊〉:邊塞에 가서 守戍 征役에 임하고 있는 남편을 그리워함.《李太白文集》(23) 등에는 제목이 "一作〈春怨〉"이라 함.

지난 해 어느 때에 그대는 나와 이별했나요?
그 땐 남쪽 동산 푸른 풀 위에 나비가 날고 있었지요.
올해엔 어떤 때이기에 내 그대가 이렇게 그리운가요?
서쪽 산에는 흰 눈 쌓였고 진秦 땅에는 구름이 덮여 있다오.
그대 있는 옥문관玉門關은 여기서 3천 리 머나먼 곳,
편지 전하고자 하나 어찌하면 소식 들려드릴 수 있을까요?

去歲何時君別妾? 南園綠草飛蝴蝶.
今歲何時妾憶君? 西山白雪暗秦雲.
玉關此去三千里, 欲寄音書那得聞?

【去歲何時君別妾? 南園綠草飛蝴蝶】'蝴蝶'은 나비를 뜻하는 連綿語. 혹 '胡蝶'으로도 표기함.
【今歲何時妾憶君? 西山白雪暗秦雲】'秦雲'은 고대 秦나라 땅이었던 지금의 陝西省 일대. 그 방향을 바라보니 구름이 하늘을 덮고 있음을 말함.
【玉關此去三千里, 欲寄音書那得聞】'玉關'은 玉門關. 甘肅省 敦煌縣 서쪽에 있는 關門으로 西域과 통하며 중요한 국방 요새.《眞寶》注에 "班超曰:「不敢望到酒泉, 但願生入玉門關.」"이라 함. '音書'는 안부와 소식. '音'은 사람을 통해 직접 들려주는 소식. '書'는 글로써 보내는 편지. '那'는 哪와 같으며 疑問詞. '得聞'은 《本

集》등 많은 판본에 '可聞'으로 되어 있음.

참고 및 관련 자료

1. 이태백(李太白) 李白, 李翰林. 016 참조.
2. 이 시는 《李太白文集》(23), 《李太白集分類補註》(25), 《李太白集注》(25), 《唐詩品彙》(27) 등에 널리 실려 있음.
3. 韻脚은 '姜, 蝶'. '君, 雲, 聞'.

114. 〈烏夜啼〉 ·················· 李太白(李白)

밤 까마귀 우는 소리

＊《眞寶》注에 "爲戌婦作"이라 함.

＊〈烏夜啼〉: 까마귀가 밤에 욺. 원래 〈樂府〉 淸商曲에 속하는 曲名. 相思曲의 일
종. 李白이 戌婦의 심정을 대신하여 읊은 것.《李太白集分類補註》에 "(蕭)土贇
曰:〈烏夜啼〉者, 淸商曲也. 其辭始於宋臨川王義慶所作. 宋元嘉中, 徙彭城王義康
於豫章郡, 義慶時爲江州相, 見而哭. 文帝聞而怪之, 召還宅. 義慶大懼, 妓妾聞烏
夜啼, 叩齋閣, 云:「明日應有赦.」及旦, 改南兗州刺史, 因此作歌. 太白此詩, 亦祖此
意詞不同耳"라 하였고,《李太白集注》(3)에도 "《樂府古題要解》:〈烏夜啼〉, 宋臨川
王義慶所造也. 宋元嘉中徙彭城王義康于豫章郡. 義慶時爲江州相, 見而哭. 文帝
聞而怪之, 徵還宅. 義慶大懼, 妓妾聞烏夜啼, 叩齋, 閣云:「明日應有赦.」及旦, 改
南兗州刺史, 因作此歌. 故其詞云:「籠窗窗不開, 夜夜望郎來.」亦有〈烏棲曲〉, 不知
與此同否.《樂府詩集》古今樂錄曰: 西曲歌有〈烏夜啼〉"라 함.

노을 짙은 성 변두리에 까마귀들 깃들려고,
날아 돌아와 까악까악 나뭇가지 위에서 우네.
베틀에서 비단 짜는 진천秦川 여인들,
푸른 비단 휘장 어른거리는 창을 사이에 두고 서로 하소연,
짜던 베틀 북을 멈추고 창연히 멀리 있는 사람 그리워하다가,
홀로 자는 방 외로운 잠자리 눈물이 비 오듯.

黃雲城邊烏欲棲, 歸飛啞啞枝上啼.
機中織錦秦川女, 碧紗如煙隔窗語.
停梭悵然憶遠人, 獨宿孤房淚如雨.

【黃雲城邊烏欲棲, 歸飛啞啞枝上啼】'黃雲'은 저녁노을의 구름. 저녁때가 되었음을

말함. '啞啞'는 까마귀 울음소리를 音寫한 것.

【機中織錦秦川女, 碧紗如煙隔窓語】'秦川女'는 秦州의 여인. 晉나라 때 竇滔의 妻
蘇蕙(若蘭)의 고사를 빗댄 것임. 蘇蕙는 남편이 멀리 流沙로 유배를 가서 만날
수 없게 되자 비단에 長篇의 〈回文璇圖詩〉를 지어 보냈음.《晉書》(96) 列女傳 竇
滔妻蘇氏에 "竇滔妻蘇氏, 始平人也, 名蕙, 字若蘭, 善屬文. 滔苻堅時爲秦州刺史,
被徒流沙, 蘇氏思之, 織錦爲回文旋圖詩以贈滔. 宛轉循環以讀之, 詞甚凄惋, 凡
八百四十字, 文多不錄."이라 함.《李太白文集》에는 "一作:閨中織婦秦家女"라 함.
'碧紗'는 푸른 비단으로 휘장을 친 여인의 창문. '如煙'은 반투명의 어른거림. '隔
窓語'는 여인들끼리 서로 창문을 사이에 두고 서로의 하소연을 나눔.

【停梭悵然憶遠人, 獨宿孤房淚如雨】'梭'(사)는 베틀의 북. '悵然'은《李太白集》注에
"一作望"이라 함. '憶'은 그리워함. 이 구절은《李太白集》注에 "一作:亭梭問人憶故
夫"라 함. '獨宿孤房'은 '獨宿空房'으로 된 판본도 있으며,《李太白集》注에 "一作
「獨宿空堂」; 一作「知在流沙」"라 함. 한편 이 두 구절은《太平廣記》(201) 등에는 "停
梭向人問故夫, 欲說遼西淚如雨"로 변형되기도 하였음.《李太白集》注에는 "一作:
「亭梭向人問故夫, 知在關西淚如雨.」"라 함. 한편《李太白集》注에는 "一作:「停梭
向人問故夫, 知在關西淚如雨.」 又「悵然憶遠人」, 一作「悵然望遠人」, 一作「問人憶
故夫」, 又「獨宿孤房」, 一作「獨宿空堂」, 一作「知在流沙」, 一作「欲說遼西」, 吳均詩:
「惟聞啞啞城上烏.」《晉書》竇滔妻蘇氏: 始平人, 名蕙字若蘭, 善屬文, 苻堅時滔爲爲
秦州刺史, 被徒流沙. 蘇氏思之, 織錦爲〈廻文旋圖詩〉以贈, 滔宛轉循環, 以讀之,
詞甚悽惋, 凡八百四十字. 庾信詩:「彈琴蜀郡卓家女, 織錦秦川竇氏妻.」 胡三省《通
鑑》註:關中之地, 沃野千里, 秦之故國, 謂之秦川. 魏武帝詩:「悓嘆淚如雨.」"라 함.

[참고 및 관련 자료]

1. 이태백(李太白) 李白, 李翰林. 016 참조.

2.《李太白集注》(3),《李太白詩集》(2),《李太白集分類補註》(3),《樂府詩集》(47),
《全唐詩》(21, 162),《唐宋詩醇》(2),《唐文粹》(13),《唐詩品彙》(26),《古詩鏡》(18),《詩
話總龜》(4),《竹莊詩話》(5),《詩林廣記》(3),《說郛》(80),《淵鑑類函》(263),《太平廣記》
(201) 등에 널리 실려 있음.

3. 韻脚은 '棲, 啼, 語, 雨'.

115. <戲和答禽語> ·················· 黃山谷(黃庭堅)

장난삼아 새소리에 화답함

*<戲和答禽語>:장난삼아 새 우짖는 소리에 화답함.《詩式》에 "禽言, 鳥語也. 因
其自呼之名而名之. 宋梅聖兪, 蘇東坡諸公, 具有之詩"라 함.

남촌 북촌 비가 오자 모두 나서서 쟁기질,
새색시는 시어머니께 밥을 드리고, 시아버지는 아이에게 밥을 먹이네.
밭 가운데서 우는 새는 사철 따라 각기 다른데,
봄이라 뻐꾹새는 헌 바지 벗고 새 옷 입으라 재촉하네.
새것 입어 낡은 것 바꾸는 것 나쁘지 않지만,
지난해 세금이 너무 무거워 입을 바지가 없다네.

南村北村雨一犁, 新婦餉姑翁哺兒.
田中啼鳥自四時, 催人脫袴著新衣.
著新替舊亦不惡, 去年租重無袴著.

【南村北村雨一犁, 新婦餉姑翁哺兒】'雨一犁'는 비가 오자 모두가 쟁기로 논밭을
갈며 농사에 매달림. '姑翁'은 시어머니와 시아버지. '哺兒'는 아이에게 밥을 먹임.
【田中啼鳥自四時, 催人脫袴著新衣】'田中啼鳥自四時'는 밭에서 우는 새는 계절을
알고 그 때마다 우는 새가 각기 다름. '催人脫袴著新衣'는 사람들에게 낡은 바지
를 벗고 새 옷을 입으라고 재촉함. '脫袴'(탈고)는 뻐꾹새(布穀, 撥穀, 鵠鵴, 脫却布
袴)의 울음을 音寫한 것이면서 동시에 '바지를 벗다'의 뜻이므로 重意法으로 표
현한 것.《眞寶》注에 "脫袴, 鳥名"이라 함. 한편 '布穀', '撥穀' 역시 '뻐꾹'의 울음
소리를 音寫함과 함께 '씨를 뿌려라'라는 뜻이 함께 있어 봄에 이 새가 울면 播
種을 서둘러야 한다고 여겼음.
【著新替舊亦不惡, 去年租重無袴著】'去年租重無袴著'은 지난 해 세금이 너무 무

거위 바지를 마련하지 못했음. 《山谷內集詩注》(1)에 "東坡〈樂府〉曰:「歸去歸去, 江上一犁春雨.」東坡在黃州作〈五禽言〉, 自注曰:「土人謂布穀爲'脫却布袴'.《晉書》列女傳:謝安曰:「王郎, 逸少子, 不惡汝何恨也?」《前漢》食貨志曰:「租挈重.」注曰:「收田租之約令也.」"라 함.

참고 및 관련 자료

1. 黃山谷, 黃庭堅, 魯直, 山谷道人. 046 참조.
2. 이 시는 《黃山谷文集》(4), 《山谷內集詩注》(1), 《古今事文類聚》(47) 등에 실려 있으며 古詩 50수의 하나. 그 외 《事文類聚》(後集 47), 《宋藝圃集》(10), 《石倉歷代詩選》(152) 등에도 실려 있음.
3. 韻脚은 '犁, 兒, 衣, 著'.

卷四 七言古風短篇 485

116. 〈送羽林陶將軍〉 ·················· 李太白(李白)
우림 도장군을 전송하며

＊〈送羽林陶將軍〉: 羽林 陶將軍을 전송함. '羽林'은 官名. 궁궐을 親衛하는 禁軍. 唐代에는 左右羽林軍이 있었으며 이를 통솔하는 大將軍이 있었음. 陶將軍이 누구인지 구체적으로는 알 수 없음. 《補註》에 "齊賢曰: 唐志左右羽林軍, 大將軍 各一人, 正三品; 將軍各三人, 從二品. 掌統出衙禁兵, 督攝左右"라 함. 《李太白集 注》에도 "《唐書》百官志: 左右羽林軍, 大將軍各一人. 正三品; 將軍各三人, 從三品. 掌統出衙禁兵, 督攝左右, 庥飛騎儀仗"이라 함.

장군께서 사신으로 나서서 누선樓船을 거느리니,
강 위의 깃발들이 자줏빛 안개 속에 펄럭인다.
만 리에 창을 비껴들고 호랑이굴을 탐색하며,
세 잔 술에 용천검龍泉劍 빼어 들고 춤을 추시네.
나 같은 문인은 담력이 없다고 말하지 마소,
길 떠나는 그대에게 장차 격려의 채찍을 드리려 하오.

將軍出使擁樓船, 江上旌旗拂紫煙.
萬里橫戈探虎穴, 三盃拔劍舞龍泉.
莫道詞人無膽氣, 臨行將贈繞朝鞭.

【將軍出使擁樓船, 江上旌旗拂紫煙】 '樓船'은 戰船을 말함. 2층 이상으로 된 艦船. 《眞寶》注에 "樓船, 戰船也"라 함. '擁樓船'은 많은 누선들을 거느림. 《李太白集 注》에 "樓船, 水軍所載之船也"라 함. '紫煙'은 자줏빛 안개. 안개 속에 旌旗를 펄 럭임.
【萬里橫戈探虎穴, 三盃拔劍舞龍泉】 '橫戈'는 '창을 빗겨들다'의 뜻. '橫槊'과 같음.

曹操와 曹丕는 文章에도 뛰어나 전투 중에도 시를 지었음.《古詩紀》(152)에 "建安
之後, 天下文士, 遭權兵戰. 曹氏父子, 鞍馬間爲文, 往往橫槊賦詩. 故其遒文壯節,
抑揚怨哀, 悲離之作, 尤極於古"라 함. '虎穴'은 못된 적들. 探은 探索함. '龍泉'은
옛날 楚나라에 있던 名劍의 이름. 龍淵劍이라고도 함.《眞寶》注에 "龍泉, 楚有二
劍, 曰龍泉, 太阿"라 함.《史記》蘇秦傳〈集解〉에 "楚王召風胡子而告之曰:「寡人
聞吳有干將, 越有歐冶. 寡人欲因子請此二人作劍, 可乎?」風胡子曰:「可.」爲往見二
人, 作劍, 一曰龍淵, 二曰太阿"라 함.

【莫道詞人無膽氣, 臨行將贈繞朝鞭】 '莫道'는 '말하지 말라'의 뜻. '詞人'은《補註》에
"(蕭)士贇曰:「詞人, 太白自稱.」"이라 함. '膽氣'는 용기, 담력. 嵇康의〈明膽論〉에
"陳義奮辭, 膽氣凌雲"이라 함. '繞朝鞭'은 전투 전에 격려와 결의를 다지는 채찍.
春秋시대 士會의 고사에서 나온 말.《眞寶》注에 "《左傳》文公十三年:秦伯師于河
西, 魏人在東. 使士會繞朝贈之以策, 曰:「子無謂秦無人.」"이라 함.《左傳》에 "晉人
患秦之用士會也. 夏, 六卿相見於諸浮. 趙宣子曰:「隨會在秦, 賈季在狄, 難日至矣,
若之何?」中行桓子曰:「請復賈季, 能外事, 且由舊勳.」郤成子曰:「賈季亂, 且罪大,
不如隨會. 能賤而有恥, 柔而不犯, 其知足使也. 且無罪.」乃使魏壽餘僞以魏叛者,
以誘士會. 執其帑於晉, 使夜逸, 請自歸于秦. 秦伯許之. 履士會之足於朝. 秦伯師于
河西, 魏人在東, 壽餘曰:「請東人之能與夫二三有司者, 吾與之先.」使士會, 士會
辭, 曰:「晉人, 虎狼也. 若背其言, 臣死, 妻子爲戮, 無益於君, 不可悔也.」秦伯曰:
「若背其言, 所不歸爾帑者, 有如河!」乃行. 繞朝贈之以策, 曰:「子無謂秦無人, 吾謀
適不用也.」旣濟, 魏人譟而還. 秦人歸其帑. 其處者爲劉氏."라 함.

참고 및 관련 자료

1. 이태백(李太白) 李白, 李翰林. 016 참조.

2. 이 시는《李太白文集》(13),《李太白集分類補註》(17),《李太白集注》(17),《全唐
詩》(176),《唐詩品彙》(27) 등에 실려 있음.

3. 韻脚은 '船, 煙, 泉, 鞭'.

117. 〈採蓮曲〉 ·················· 李太白(李白)

연꽃 따는 노래

*〈採蓮曲〉:《樂府詩集》(50) 淸商曲辭(7) 江南弄 7곡의 하나로, 梁 簡文帝의 〈採蓮
曲〉2수 등 27수가 실려 있으며 그 중의 하나. 연꽃이 피었을 때 배를 띄우고
미녀들로 하여금 꽃을 따도록 하며 부르던 노래.《李太白集分類補註》에 "齊賢
曰:「秦州唱採蓮歌, 齊景公造採蓮舟, 令宮人采女撑之.」(蕭)士贇曰:「《樂錄》草木
二十四曲內有〈採蓮曲〉"이라 함.

약야계若耶溪 곁에서 연꽃 따는 아가씨,
웃으며 연꽃을 사이에 두고 함께 이야기를 나누네.
햇빛은 새로 화장한 얼굴을 물 바닥까지 밝게 비춰 주고,
바람은 향기로운 소맷자락을 흩날려 공중으로 들어올리네.
언덕 위엔 놀이 나온 어느 집 멋진 사내들,
삼삼오오 짝을 지어 수양버들 사이로 어른거리네.
자류마紫騮馬 우는 소리와 떨어지는 꽃 속으로 사라지다가,
이를 보고 머뭇머뭇 공연히 애간장을 끊고 있네.

若耶溪傍採蓮女, 笑隔荷花共人語.
日照新粧水底明, 風飄香袖空中擧.
岸上誰家遊冶郞? 三三五五映垂楊.
紫騮嘶入落花去, 見此躊躇空斷腸.

【若耶溪傍採蓮女, 笑隔荷花共人語】'若耶溪'는 지금의 浙江 紹興(會稽) 若耶山 아
래의 시내로서 鏡湖로 흘러들며 '耶溪'로도 부름. 춘추시대 越王 句踐의 미녀 西
施가 꽃을 따던 곳으로 알려짐. 唐나라 때는 隱者들이 많이 은거하기도 하였음.

《太平寰宇記》에 "若耶溪在會稽縣東二十八里"라 하였고,《大明一統志》紹興府에는 "若耶溪, 在府城南二十五里, 與鏡湖合, 西施採蓮, 歐冶鑄劍於此"라 함.

【日照新粧水底明, 風飄香袖空中擧】'粧'은 妝과 같음. 여인의 고운 화장. '水底明'은 물이 맑아 바닥까지 보임. '香袖'는 향내 나는 여인의 옷소매.《李太白集分類補註》등에는 '香袂'로 되어 있으며, 注에 "齊賢曰:「《樂書》採蓮之舞, 衣紅繪, 短袖翠裙, 雲鬟髻, 乘綠船, 持花.」"라 함.

【岸上誰家遊冶郎? 三三五五映垂楊】'冶郎'은 멋쟁이 사내 남자. '冶'는《周易》繫辭에 "冶容誨淫"이라 하였고,《韻會》에는 "妖冶, 女態也"라 하여 '아름답다'의 뜻.

【紫騮嘶入落花去, 見此躊躇空斷腸】'紫騮'는 자색을 띤 털에 검은 말갈기를 지닌 말.《說文》에 "騮, 赤馬黑鬣"이라 함. '嘶'는 말의 울음. '躊躇'는 머뭇거리며 서성이는 모습을 표현하는 雙聲連綿語.《李太白文集》,《樂府詩集》등에는 거의가 모두 '跼躅'로 되어 있음.

참고 및 관련 자료

1. 이태백(李太白) 李白, 李翰林. 016 참조.

2. 이 시는《李太白文集》(3),《李太白集分類補註》(4),《唐文粹》(13),《樂府詩集》(50),《唐詩品彙》(26),《全唐詩》(163) 등에 널리 실려 있음.

3. 韻脚은 '女, 語, 擧'. '郎, 楊, 腸'.

4.《唐詩鏡》(18)

語致閒, 閒生情布景. 余嘗論大家法門: 「能閒而整, 能寬而密, 能淡而旨, 能簡而奧, 能無心而擧擧會, 能不言而自至, 能詳而不煩, 能嚴而不廹. 是故華而不靡, 質而不俚

118. <淸江曲> ·················· 蘇庠(養直)
청강곡

*<淸江曲>: 맑은 강을 노래함. 宋代 蘇庠(자는 養直)의 작품. 본《眞寶》에 李太白
으로 된 것은 오류임.《京口耆舊傳》(4)에 東坡가 이 시를 보고 놀라 "이 시를
《李太白集》에 넣는다 해도 누가 의심을 하겠는가?"(使載在《太白集》中, 誰復疑其
非是者?)라 한 말을 잘못 알고 李太白의 作으로 본 것이 아닌가 함. 참고란을
볼 것.

촉옥蜀玉새 쌍쌍이 날고 물은 연못에 가득한데,
물풀 우거진 곳에서 원앙새가 목욕하네.
흰 마름 풀 노에 가득 차 돌아옴이 늦은데,
가을은 갈대꽃을 피워 양 언덕이 서리가 내린 듯하네.
조각배를 언덕에 매고 숲 그늘에 의지하니,
살랑살랑 양 귀밑머리에 이는 바람 흰 머리를 날리네.
세상만사 아랑곳 않고 취했다 깨었다 하며,
길이 내 끼고 물결 이는 이 자연 경승을 차지한 채 명월이나 희롱
하리.

　　屬玉雙飛水滿塘, 菰蒲深處浴鴛鴦.
　　白蘋滿棹歸來晩, 秋著蘆花兩岸霜.
　　扁舟繫岸依林樾, 蕭蕭兩鬢吹華髮.
　　萬事不理醉復醒, 長占煙波弄明月.

【屬玉雙飛水滿塘, 菰蒲深處浴鴛鴦】'屬玉'은 '鸀鳿'으로도 표기하며 '촉옥'으로 읽
음. 疊韻連綿語의 물새 이름. 白鷺.《眞寶》注에 "屬玉: 屬, 音燭. 水鳥, 鷺類"라 함.

《爾雅翼》에 "屬玉, 水鳥. 似鴨而大長頸赤目紫紺色, 似鷀鵊"이라 하였고, 《事文類聚》後集(46)에는 "鷺, 水鳥, 毛白而潔, 故謂之白鳥, 齊魯之間謂之春鋤. 靑脚高尺餘, 觧指尾喙, 長三寸許, 頂上有毛, 十數枝氋氋然, 一名屬玉, 似鷀鵊"이라 하여 '白鷺를 일명 屬玉이라' 한다 하였음. '菰蒲'는 水草의 일종. 줄과 부들. '鴛鴦'은 雙聲連綿語의 물새 이름. 《眞寶》注에 '匹鳥'라 함. 崔豹《古今注》에 "鴛鴦, 水鳥, 鳧類也, 雌雄未嘗相離. 人得其一, 則一思而至死, 故曰疋鳥"라 함.

【白蘋滿棹歸來晚, 秋著蘆花兩岸霜】 '白蘋'은 마름 풀. 여름 가을에 작은 흰 꽃이 피어 白蘋이라 함. 《爾雅》에 "萍, 蓱也. 大者曰蘋"이라 하였고, 郭璞 注에 "江東人謂之藻"라 함. 《本草綱目》에 "夏秋開小白花, 故稱白蘋"이라 함. '蘆花'는 갈대가 꽃처럼 하얗게 핀 것. '蘆'는 蘆葦의 줄인 말. '兩岸霜'은 양 기슭에 서리가 내린 것처럼 흰 색으로 덮여 있음.

【扁舟繫岸依林樾, 蕭蕭兩鬢吹華髮】 '扁舟'는 片舟와 같음. 林樾은 숲을 이룬 나무 그늘. 《眞寶》注에 "樾, 音曰. 樹林之蔭"이라 하였으며, 《字彙》에도 "樾, 樹陰也"라 함. '蕭蕭'는 바람이 살랑살랑 부는 상태를 표현한 疊語. '華髮'은 하얗게 센 白髮.

【萬事不理醉復醒, 長占煙波弄明月】 '長占'은 길이 이를 차지함. '煙波'는 내 끼고 파도 일렁이는 아름다운 자연 경개. '弄明月'은 밝은 달을 즐김.

참고 및 관련 자료

1. 蘇庠.

자는 養直. 蘇堅(伯固)의 아들. 道家的인 기풍이 높았던 인물. 蘇東坡가 이 시를 보고 놀라 아끼면서 이름이 드러남. 《宋史》(459) 王忠民傳에 "有蘇庠者, 丹陽人, 紳之後, 頌之族也. 少能詩, 蘇軾見其〈淸江曲〉大愛之. 由是知名. 徐俯薦其賢, 上特召之, 固辭. 又命守臣以禮, 津遣庠辭, 疾不至, 以壽終"이라 하였으며, 〈藝文志〉에 《蘇庠集》(30권)이 저록되어 있음. 한편 《文獻通考》(238)에는 "《後湖集》十卷: 陳氏曰: 丹陽蘇庠養直撰. 其父堅伯固, 亦有詩名. 庠以遺澤畀其子, 而自放江湖間, 東坡見其〈淸江曲〉大愛之, 由是得名. 僧祖可正平號癩可者, 其弟也庠, 中子扶亦工詩, 有淸苦之節, 庠紳之後, 頌之族"이라 함. 그리고 《鶴林玉露》(15)에는 "蘇養直之父伯固, 從東坡遊, '我夢扁舟浮震澤'之詞, 爲伯固作也. 養直「屬玉雙飛水滿塘」之句, 亦見賞於坡, 稱爲:「吾家養直作此詩.」時年甚少, 而格律已老蒼, 如此. 紹興間與徐師川同, 召師川, 赴養直, 辭師川造朝, 便道過養直, 留飮甚歡, 二公平日對突. 徐高於蘇, 是日養直拈一子笑視師川, 曰:「今日須還老夫下此一著.」師川有愧色, 游誠之跋養直墨蹟

云. 後湖胥中本無軒冕, 是以風神筆墨, 皆自蕭散, 非慕名隱居者比也. 士生斯世苟無利, 及人區區奔走, 老死塵埃, 不如學蘇養直"이라 함.

2. 이 시는 《宋藝圃集》(12), 《京口耆舊傳》(4), 《古今事文類聚》(37) 등에 실려 있음.

3. 韻脚은 '塘, 鴦, 霜'. '檝, 髮, 月'.

4. 《京口耆舊傳》(4)

蘇庠, 字養直, 丹陽人. 其先泉人丞相頌之族. 庠父堅, 字伯固, 有詩名. 文忠公蘇軾過九江, 堅時爲縣主簿, 多所唱和, 軾和其九日詩有「紙落雲煙子患多」之句. 後軾再過九江, 又有詩序云:「昔在九江與伯固倡和, 其署云『我夢扁舟浮震澤, 雪浪橫江千頃白. 覺來滿眼是廬山, 倚天無數開青壁』. 昨日又夢伯固, 豈復與伯固相見於此耶? 今得來書已在南華相待數日矣. 感歎不已.」先寄以詩, 詩前四句云:『扁舟震澤定何時? 滿眼廬山覺又非. 春草池塘惠連夢, 上林鴻鴈子卿歸.』其相與如此, 晚爲建昌軍通判, 致仕卒. 庠幼嘗一就擧中程, 以犯諱黜. 由是悟得失有分安貧守道, 不復事進, 取堅得任子恩, 庠弗受以屬其子, 沉酣詩酒, 寄傲江湖間. 其爲詩穎發, 語出輒驚人. 嘗作〈淸江引〉云:『鸀玉雙飛水滿塘, 菰蒲深處浴鴛鴦. 白蘋滿棹歸來晚, 秋著蘆花一岸霜. 扁舟繫岸依林檝, 蕭蕭兩鬢吹華髮. 萬事不理醉復醒, 常占煙波弄明月.』蘇軾見而奇之, 手書此詩云:『使載在太白集中, 誰復疑其非是者? 乃吾家養直所作自此詩.』益豪雅遊故人, 皆一時名士. 東湖徐俯尤相厚善, 曾慥跋其遺文云:『舊聞宗匠推詩匠, 親見東湖說後湖.』蓋著其實云, 紹興三年正月俯在樞近薦於上, 令赴都堂審察, 辭病不起三月. 詔再下令州縣, 以禮津遣郡, 遣簽幙及縣令詣門, 再以疾辭. 詔旨督促就道, 庠聞命下, 即扁舟遠引, 終莫能致, 天下士無問識, 不識皆高其節; 好事者徃徃圖其形, 以相贈遺. 爲之贊頌者, 不可勝計. 有得片紙隻字者, 輒藏去爲榮. 庠雖棄置人間事, 而見義勇爲本其天性. 其子嘗以錢數百縉, 買隣人之居, 以庠出外, 未告也. 庠歸而聞哭聲, 問之其子, 具以告. 且言隣姥將遷而哭庠, 知而惻然亟焚券, 以屋歸之, 不復問所酬. 晚歲頗事養生之術, 有道人江觀潮者, 贈以藥令佚有急服之間, 數歲得疾幾殆, 其妻取藥磨以飲之, 有頃而甦, 體更康健. 紹興十七年, 訪舊於金壇之洮湖, 醉而吐, 覺所吐有異, 疑藥力去矣. 已而卒. 曾慥序《宋百家詩》言:「其歲旦與家人別, 且辭隣里, 翌日東方未明, 披衣曳杖出門, 行步如飛, 妻拏奔走不及.」蓋傳聞之誤. 余世家丹陽先君知其死爲詳. 近又從其孫嘉, 借〈家傳〉見, 其叙得疾洮湖之因甚明, 而好事者, 援以實道家神仙之說過矣. 弟祖可.

119. <登金陵鳳凰臺> ····················· 李太白(李白)
금릉의 봉황대에 올라

＊《眞寶》注에 "在保寧寺後, 宋元嘉中, 王顗(顗)見異鳥集于山, 時謂鳳凰, 遂起臺"
라 함.

＊<登金陵鳳凰臺>: '金陵'은 지금의 南京. 戰國시대 楚나라 威王이 그 땅에 王氣가
서리고 있는 것을 보고 이에 금을 묻어 그 氣를 눌렀다 하여 '金陵'이라는 지명
이 유래되었으며, 秦始皇이 천하를 병탄하고 다시 천자의 기운이 있다 하여 이
름을 秣陵으로 폄하하였음. 그러나 三國 吳와 東晉 이후 南朝(宋, 齊, 梁, 陳)를
거쳐 도읍이 되면서 지명을 建康(建業)이라 하였고, 明나라는 여기에 나라를
세웠다가 永樂(聖祖, 朱棣)이 北京으로 옮기면서 南京이 됨. '鳳凰臺'는 南朝 宋
나라 元嘉 16년(436) 세 마리 새가 금릉에 나타나 머물렀는데 오색이 찬연하고
공작과 비슷하였으며 그 새가 울면 많은 새들이 화답하는 모습을 보고 사람들
이 이를 鳳凰이라 여겨 그 산을 鳳凰山이라 하고, 그곳 保寧寺 뒤편에 누대를
세웠다 함. 지금의 南京市 남쪽에 있음. 《李太白集注》에 "《江南通志》: 鳳凰臺, 在
江寧府城內之西南隅, 猶有陂陀尙可登覽, 宋元嘉十六年, 有三鳥翔集山間, 文彩
五色狀如孔雀, 音聲諧和, 衆鳥羣附. 時人謂之鳳凰. 起臺于山, 謂之鳳凰臺, 山曰
鳳臺山, 里曰鳳凰里.《珊瑚鉤詩話》: 金陵鳳凰臺, 在城之東南四顧江山, 下窺井邑.
古今題詠惟謫仙爲絶唱"이라 함. 특히 이 시는 李太白이 黃鶴樓에 올라 崔顥의
<黃鶴樓>(128) 시를 보고, 그곳에서는 자신을 잃고 대신 이곳에 와서 이 시를
지었다는 일화가 있음. 참고란을 볼 것.

봉황대 위에 봉황이 노닐더니,
봉황은 떠나가고 누대는 비었는데 강물만 흐르고 있구나.
오吳나라 궁궐 터 꽃과 나무는 그윽한 오솔길에 묻혔고,
진晉나라 때 귀족들 의관문물은 오래도록 무덤을 이루었네.
삼산三山은 반쪽이 푸른 하늘 밖에 떨어져 끝을 이루고,
물은 둘로 나뉘어 백로주白鷺洲에서 흐르는구나.

결국 뜬구름이란 해를 가릴 수 있는 것,
장안長安이 보이지 않으니 이 나그네 근심에 젖게 하네.

鳳凰臺上鳳凰遊, 鳳去臺空江自流.
吳宮花草埋幽徑, 晉代衣冠成古丘.
三山半落靑天外, 二水中分白鷺洲.
總爲浮雲能蔽日, 長安不見使人愁.

【鳳凰臺上鳳凰遊, 鳳去臺空江自流】'江自流'는 長江 강물이 무심히 흘러가는 모습을 표현하는 常套語.

【吳宮花草埋幽徑, 晉代衣冠成古丘】'吳宮'은 삼국시대 東吳(222-252. 孫權)가 도읍으로 하여 세웠던 궁궐. 太初宮과 昭明宮이었다 함.《眞寶》注에 "孫權, 始都金陵, 國號吳"라 함.《通鑑綱目》에 "後漢後皇帝建興七年四月, 吳王卽皇帝位, 大赦, 改元黃龍, 九月遷都建業"이라 함. '晉代'는 東晉(317-420, 司馬氏)이 西晉(洛陽)이 永嘉의 난으로 망하자 司馬睿가 南遷하여 이곳을 도읍으로 삼았음. 이가 東晉이며 그 뒤 南北朝로 이어져 宋, 齊, 梁, 陳이 이어서 도읍으로 하였음. '衣冠'은 사대부로서 문물제도를 갖추어 뛰어난 귀족을 가리킴. 東晉의 王氏, 謝氏 등 권문세가를 뜻함.《西京雜記》(2)에 "故新豐多無賴, 無衣冠子弟故也"라 하여 無賴輩를 상대하여 쓰는 말이기도 함.《眞寶》注에 "晉宗室瑯琊王睿, 都金陵, 時爲東晉"이라 함.

【三山半落靑天外, 二水中分白鷺洲】'三山'은 金陵 서남쪽 長江의 동쪽에 있는 산 이름. 봉우리가 셋으로 되어 있어 '三山'이라 하며 金陵을 보위하고 있어 '護國山'이라고도 함.《太平寰宇記》에 "三山在縣(江寧縣)西南五十七里, ……其山積石濱於大江, 有三峰南北接, 高曰三山"이라 하였고, 宋 陸游의〈入蜀記〉에 "三山, 自石頭城及鳳凰臺望之, 杳杳有無中耳, 及過其下, 則距金陵纔五十餘里"라 함.《唐詩訓解》注에는 "三山, 在金陵西南, 下臨大江, 三峰排列, 故名"이라 함. '白鷺洲'는 長江 안에 있는 작은 모래톱으로 金陵의 水西門 밖에 있으며 백로 떼가 서식하여 이름이 지어졌음. 한편 秦淮河는 金陵을 거쳐 서쪽에서 長江으로 들어가다가 백로주에서 두 물줄기로 나뉨.《太平寰宇記》에 "白鷺洲在縣(江寧縣)西三里, ……在

大江中, 多聚白鷺, 因名"이라 함. 《大明一統志》에는 "應天府, 白鷺洲, 在府西南江中"이라 함. 《唐詩訓解》注에는 "二水, 又云秦淮, 源出句容溧水兩山間, 合流至金陵, 分爲二支, 一入城, 一遶城外, 共夾一洲, 曰白鷺"라 함.

【總爲浮雲能蔽日, 長安不見使人愁】 '浮雲能蔽日'은 뜬 구름이 해를 가림. '蔽日'은 '蔽賢', '障日'과 같으며 사악한 신하가 어진 이를 제대로 볼 수 없도록 임금의 눈을 가림을 뜻함. 陸賈 《新語》 愼微篇에 "邪臣之蔽賢, 猶浮雲之障日月也"라 함. 여기서는 李白이 권신들의 참훼를 입어 天寶 3년 장안을 떠나 梁宋(河南 남부)을 거쳐 吳越(江蘇, 浙江) 지역으로 떠돌고 있었던 때로서 이 때문에 長安에 대한 심회를 드러낸 것임. '長安不見'은 《世說新語》 夙慧篇과 《晉書》 明帝紀에 "晉明帝年數歲, 坐元帝膝上, 有人從長安來, 元帝問洛下消息, 潸然流涕. 明帝問何以致泣? 其以東渡意告之; 因問明帝:「汝意謂長安何如日遠?」 答曰:「日遠. 不聞人從日邊來, 居然可知」 元帝異之. 明日集群臣宴會, 告以此意, 更重問之. 乃答曰:「日近」 元帝失色, 曰:「爾何故異昨日之言邪?」 答曰:「擧目見日, 不見長安」"라 함. 《李太白集分類補註》에 "齊賢曰:宋元嘉中王覬見異鳥集于山, 時謂鳳凰. 遂起臺於山. 孫權始都建業, 元帝南渡號爲東晉. (蕭)士贇曰:「此詩因懷古而動懷君之思乎! 抑亦自傷讒廢, 望帝鄉而不見, 乃觸境而生愁乎! 太白之志亦可哀也"라 함.

참고 및 관련 자료

1. 이태백(李太白) 李白, 李翰林. 016 참조.

2. 이 시는 《李太白集注》(21), 《李太白集分類補註》(21), 《唐文粹》(16上), 《唐詩品彙》(83), 《詩人玉屑》(18), 《全唐詩》(180) 등에 아주 널리 실려 있음.

3. 韻脚은 '遊, 流, 丘, 洲, 愁'로 崔顥의 〈黃鶴樓〉 韻脚 '樓, 悠, 洲, 愁'와 같음.

4. 이는 이백이 天寶 6년(747) 長安에서 쫓겨나 江南을 유람할 때 金陵(南京)의 鳳凰臺에 올라 지은 것임.

5. 《唐才子傳》에 의하면 李白이 黃鶴樓에 올라 시를 짓고자 하였으나, 崔顥의 시(128)를 보고 "眼前有景道不得, 崔顥題詩在上頭"라 감탄하면서 물러나 대신 이 鳳凰臺에 올라 이 시를 지은 것이라 함.

6. 《歸田詩話》에도 "崔顥題詩黃鶴樓, 太白過之不更作. 時人有'眼前有景道不得, 崔顥題詩在上頭'之譏. 及登鳳凰臺作詩, 可謂十倍曹丕矣"라 함.

7. 《唐宋詩醇》에는 "崔詩直擧胸情, 氣體高渾; 白詩寓目山河, 別有懷抱; 其言皆從心間髮, 卽景而成, 意象偶同, 勝境各擅"이라 함.

8. 元 方回의 《瀛奎律髓》에는 "太白此詩, 與崔顥黃鶴樓相似, 格律氣勢未易甲乙. 此詩以鳳凰臺爲名, 而詠鳳凰臺, 不過起語兩句已盡之矣. 下六句乃登臺而觀望之景也. 三四懷古人之不見也. 五六七八, 詠今日之景, 而慨帝都之不可見也. 登臺而望, 所感深矣. 金陵建都自吳時, 三山二水白鷺洲, 皆金陵山水名. 金陵可以北望中原唐都長安, 故太白以浮雲遮蔽, 不見長安爲愁焉"이라 함.

9. 高步瀛의 《唐宋詩擧要》에는 "太白此詩全摹崔顥黃鶴樓, 而終不及崔詩之超妙, 惟結句用意似勝"이라 함.

10. 《漁隱叢話》(前集 5)

《該聞錄》云: 唐崔顥題武昌黃鶴樓詩云: 「昔人已乘白雲去, 此地空餘黃鶴樓. 黃鶴一去不復返, 白雲千載空悠悠. 晴川歷歷漢陽樹. 芳草萋萋鸚鵡洲. 日暮家山何處在? 煙波江上使人愁.」 李太白負大名, 尙曰: 「眼前有景, 道不得崔顥, 題詩在上頭欲擬之, 較勝負.」 乃作〈金陵登鳳皇臺〉詩. 《苕溪漁隱》曰: 「太白登鳳皇臺詩云: 「鳳皇臺上鳳皇游, 鳳皇去臺空江自流. 吳宮花草埋幽徑, 晉國衣冠成古丘. 三山半落青天外, 二水中分白鷺洲. 摠爲浮雲能蔽日, 長安不見使人愁.」 潘子眞《詩話》云: 陸賈《新語》曰: 「邪臣蔽賢, 猶浮雲之鄣日月也.」 太白詩「摠爲浮雲能蔽日, 長安不見使人愁」, 蓋用此語.

11. 《類說》(19)

唐崔顥題〈黃鶴樓詩〉云: 「昔人已乘白雲去, 此地空餘黃鶴樓. 黃鶴一去不復返, 白雲千載空悠悠. 晴川歷歷漢陽樹, 芳草凄凄鸚鵡洲. 日暮家山何處在, 烟波江上使人愁.」 太白負大名, 尙曰: 「眼前有景, 道不得崔顥題詩在上頭.」 欲與之較勝負, 乃作〈登鳳凰臺〉詩.

120. 〈早春寄王漢陽〉 ·················· 李太白(李白)
이른 봄 왕한양에게 부침

＊〈早春寄王漢陽〉: '이른 봄에 漢陽 현령 王某에게 부침'. 《山堂肆考》(8)에는 제목이 〈寒梅訪消息〉으로 되어 있음. 王漢陽은 구체적으로 누구인지 알려져 있지 않음. '漢陽'은 地名. 縣 이름. 지금의 湖北 동부로 漢水 하류의 南岸 지역이었음. 동쪽으로 武昌과 강을 사이에 두고 있었으며, 북쪽은 漢口와 漢水를 사이로 마주 대하고 있었음.

봄이 돌아왔다는 말을 들었으나 아직 알 수 없어서,
일어나 찬 매화 곁으로 가서 소식을 알아보네.
어젯밤 무양武陽으로 봄바람이 불어들어,
길 가 언덕 버드나무 황금빛을 띠었구나.
푸른 강물은 아득하고 구름은 가물가물,
그리운 그대 오지 않으니 공연히 애가 끊어지누나.
푸른 산의 바위 하나를 미리 깨끗이 털어놓고,
그대와 술잔 들고 연일 취해보리라 하고 있네.

聞道春還未相識, 起傍寒梅訪消息.
昨夜東風入武陽, 陌頭楊柳黃金色.
碧水渺渺雲茫茫, 美人不來空斷腸.
預拂青山一片石, 與君連日醉壺觴.

【聞道春還未相識, 起傍寒梅訪消息】'道'는 '말하다'의 뜻. 봄이 왔다는 소문을 들음. '未相識'은 아직 알지 못함. 확인하지 못함. 봄이 왔다는 말은 들었지만 사실인지 알 수 없음. '起傍'은 《全唐詩》 등에는 '走傍'으로 되어 있음. '寒梅'는 차가운 날씨

에 피는 매화. '訪'은 '묻다, 알아보다, 찾아보다' 등의 뜻. '消息'은 雙聲連綿語. 音信. 《周易》剝掛에 "君子尙消息盈虛"라 하여 變化나 安否 등에 대한 상황을 말함.

【昨夜東風入武陽, 陌頭楊柳黃金色】'東風'은 春風, 봄바람. '武陽'은 《李太白文集》 등에는 '武陽' 아래 注에 "一作昌"이라 하였으며, 《李太白集注》에는 '武昌'으로 되어 있고, 注에 "一作陽"이라 함. 長江과 漢水가 합치는 곳의 武漢 三鎭. 곧 武昌, 漢口, 漢陽을 함께 칭한 것으로 보임. 王漢陽이 있는 곳 가까이 봄이 왔음을 말함. '陌頭'는 街頭. 거리. '頭'는 接尾辭. '黃金色'은 버들이 우선 노란색으로 변하여 봄기운이 완연함을 뜻함.

【碧水渺渺雲茫茫, 美人不來空斷腸】'渺渺'는 물이 아득히 펼쳐져 있는 모습. '茫茫' 역시 아득함을 뜻함. '渺茫'의 雙聲連綿語를 분리하여 疊語로 사용한 것. 그러나 《李太白文集》과 《李太白集分類補註》, 《李太白集注》 등에는 "碧水浩浩雲茫茫'으로 되어 있음. 《唐詩品彙》에 수록된 것은 본 《眞寶》와 같음. '美人'은 王漢陽을 가리킴. '美女'를 뜻하는 말이 아니며, 흔히 그립고 보고 싶은 이를 지칭할 때 쓰는 표현.

【預拂靑山一片石, 與君連日醉壺觴】'預拂靑山一片石'은 미리 청산의 바위 하나를 깨끗이 쓸고 털어 술 마실 좋은 장소를 마련함. '拂'은 먼지나 흙을 털고 깨끗이 함. '壺觴'은 술병과 술잔. 陶淵明 〈歸去來辭〉에 "引壺觴以自酌"이라 함.

참고 및 관련 자료

1. 이태백(李太白) 李白, 李翰林. 016 참조.

2. 이 시는 《李太白文集》(13), 《李太白集分類補註》(14), 《李太白集注》(35), 《唐詩品彙》(27), 《全唐詩》(173), 《唐宋詩醇》(6) 등에 실려 있음.

3. 韻脚은 '識, 息, 色'. '茫, 腸, 觴'.

121. <金陵城西樓月下吟> ·················· 李太白(李白)
금릉성 서쪽 누각 달 아래서 읊음

*<金陵城西樓月下吟>: 金陵城 서쪽 누각 달 아래에서 읊음. '金陵'은 지금의 南京. 江南의 首府.

금릉金陵의 밤은 고요한데 싸늘한 바람이 일어,
홀로 높은 누각에 올라 오월吳越 지역을 바라보노라.
흰 구름은 물에 비쳐 가을 맞은 성城과 함께 흔들리고,
흰 이슬은 떨어지는 구슬처럼 가을 달에 방울지네.
달 아래서 길게 읊으며 한참을 돌아갈 줄 모르는데,
고금의 잇따른 일들, 눈 안에 보이는 것 거의 없네.
맑은 강물은 깨끗하기가 비단 같다는 말을 알겠거니,
나로 하여금 사현휘謝玄暉를 떠올리게 하는구나.

　金陵夜寂凉風發, 獨上高樓望吳越.
　白雲映水搖秋城, 白露垂珠滴秋月.
　月下長吟久不歸, 古今相接眼中稀.
　解道澄江淨如練, 令人却憶謝玄暉.

【金陵夜寂凉風發, 獨上高樓望吳越】'金陵夜寂凉風發'은 《李太白集注》에는 "金陵夜靜凉風發"으로 되어 있음. '吳越'은 春秋시대 吳(江蘇省 蘇州)와 越(浙江省 紹興, 會稽)이 있던 곳. 지금의 江蘇, 安徽, 浙江, 江西 일대. 《李太白集注》에는 '高樓'가 '西樓'로 되어 있음.
【白雲映水搖秋城, 白露垂珠滴秋月】'白雲映水搖秋城'은 《李太白集注》에는 '秋城'이 '空城'으로 되어 있으며, 注에 "一作秋城. 《文苑英華》作「秋光」"이라 함. '白露垂珠滴秋月'은 《文苑英華》에는 "白露如珠滴秋月"라 하였고, 《李太白集注》에는 "一

作「白雲沾衣濕秋月」이라 함.

【月下長吟久不歸, 古今相接眼中稀】'月下長吟久不歸'는 《李太白集注》에는 '長吟'이 '沉吟'으로 되어 있으며, 注에 "一作長"이라 함. '古今相接眼中稀'는 《李太白集注》에는 '古今'이 '古來'로 되어 있으며, 注에 "一作今"이라 함. 吳越을 중심으로 한, 예부터 지금까지의 온갖 사건들이 잇따라 머리에 떠오름. '眼中稀'는 자신의 눈에 보이는 것들이 드묾. 모두 사라지고 거의 없음을 뜻함.

【解道澄江淨如練, 令人却憶謝玄暉】'解道'는 '알다, 이해하다'의 뜻. 《李太白集注》注에 "江淹〈別賦〉:「秋露如珠.」謝玄暉〈晚登三山還望京邑〉詩:「餘霞散成綺, 澄江淨如練.」"이라 함. '澄江'은 맑은 강. '淨如練'은 깨끗하기가 마치 비단과 같음. 江淹〈別賦〉에 "秋露如珠月如珪"라 함. 《眞寶》注에 "澄江, 如練, 謝句也"라 함. 《李太白集注》에는 '却憶'이 '長憶'으로 되어 있으며, 注에 "一作還. 《文苑英華》作却"이라 함. '謝玄暉'는 南朝 齊나라 시인 謝朓. 053을 볼 것. 그도 여기에서 활동하며 시를 지었을 것임을 회상한 것.

참고 및 관련 자료

1. 이태백(李太白) 李白, 李翰林. 016 참조.

2. 이 시는 《李太白集注》(7), 《李太白集分類補註》(7), 《全唐詩》(166), 《唐詩品彙》(26), 《文苑英華》(152) 등에 널리 실려 있음.

3. 韻脚은 '發, 越, 月'. '歸, 稀, 暉'.

122. <題東溪公幽居> ·················· 李太白(李白)
동계공 유거에 제함

*<題東溪公幽居>: 東溪公의 그윽한 隱居處를 두고 지은 시. 東溪公(東谿公)이 누구인지는 알 수 없음. 杜陵 東谿에 은거하는 인물로 그 때문에 호가 되었을 가능성이 있음.

두릉杜陵에 사는 현인 맑고도 염직하여,
동계東溪에 집을 짓고 한 해가 다가도록 묻혀 살고 있네.
집이 청산에 가까움은 사조謝朓와 같고,
문 앞 푸른 버들 드리운 것은 도잠陶潛과 같네.
제철 만난 새는 봄을 맞아 뒤뜰에서 노래하고,
나는 꽃잎은 술을 보내듯이 처마 앞에서 춤을 추네.
객이 오면 단지 머물러 한 바탕 취하게 하겠노라 생각하지만,
먹을 것이란 오직 소반에 수정 같은 소금뿐이라네.

杜陵賢人淸且廉, 東谿卜築歲將淹.
宅近靑山同謝朓, 門垂碧柳似陶潛.
好鳥迎春歌後院, 飛花送酒舞前簷.
客到但知留一醉, 盤中祇有水晶塩.

【杜陵賢人淸且廉, 東谿卜築歲將淹】'杜陵'은 長安 京兆에 속하며 漢 宣帝의 陵이 있는 곳. 《李太白集注》에 《雍錄》:「杜陵在長安東南二十里.」라 함. 漢 宣帝 元康 元年 杜縣을 杜陵으로 바꿈. '東谿'(東溪)는 지금의 陝西 宣州 宛谿의 다른 이름. '卜築'은 고대 땅과 위치, 방향 등에 대한 점을 친 다음 집을 지어 그 때문에 이렇게 말한 것임. '淹'은 묻혀 살고 있음. 《李太白集注》에 《韻會》:「淹, 久留也, 滯也, 久也.」라 함.

【宅近青山同謝朓, 門垂碧柳似陶潛】'青山'은 謝朓가 집을 싯고 살던 곳으로 當塗縣 동남쪽에 있음. 《李太白集注》에 "《方輿勝覽》:「青山, 在當塗縣東南三十里. 齊宣城太守謝朓築室於山南. 遺趾猶存, 絶頂有謝公池. 唐天寶間改爲謝公山. 山下有青草市, 一名謝家市.」"라 하였고, 《李太白集分類補註》에 "齊賢曰:〈太白傳〉曰:「晚好黃老, 渡牛渚磯至姑熟, 悅謝家青山, 欲居焉. 故云「宅近青山, 陶潛門前有五柳, 因作〈五柳先生傳〉以自況.」"이라 함. '謝朓'(謝玄暉)는 앞장을 참조할 것. 謝朓의 詩(055)에 "不對芳春酒, 還望青山郭"이라 함. '門垂碧柳似陶潛'은 《李太白集注》에 "《南史》:「陶潛, 少有高趣, 宅邊有五柳樹, 故嘗著〈五柳先生傳〉. 蓋以自況.」"이라 하였고, 陶淵明의 〈五柳先生傳〉에 "先生不知何許人, 亦不詳其姓字, 宅邊有五柳樹, 因以爲號焉"이라 함.

【好鳥迎春歌後院, 飛花送酒舞前簷】'飛花'는 떨어지며 흩날리는 꽃잎. 술을 보내 오는 앞쪽 처마에서 꽃들이 춤을 추듯 흩날림.

【客到但知留一醉, 盤中秪有水精塩】'盤'은 술안주를 담아 놓은 쟁반. '秪'는 祇와 같으며 只의 뜻. '塩'은 鹽의 略字. 모든 판본에는 '鹽'자로 되어 있음. '水精鹽'은 수정(水精, 水晶)처럼 깨끗하고 투명한 소금. 이를 안주로 내 놓은 것. 《李太白集注》, 《全唐詩》, 《御選唐詩》 등에는 모두 '水晶鹽'으로 되어 있음. 《李太白集注》에 "《梁書》:「中天竺國有眞鹽, 色正白如水精.」《魏書》:「太宗賜崔浩, 御縹醪酒十觚, 水精戎鹽一兩.」《金樓子》:「胡中白鹽産于山崖, 映日光明如水精. 胡人以供國厨, 名'君王鹽', 亦名'玉華鹽'.」"라 함. 《北史》崔浩傳에는 "帝語至中夜, 賜浩縹醪酒十觚, 水精戎鹽一兩, 曰:「味卿言若此鹽酒, 故與卿同其味也.」"라 함.

참고 및 관련 자료

1. 이태백(李太白) 李白, 李翰林. 016 참조.

2. 이 시는 《李太白文集》(22), 《李太白集分類補註》(25), 《李太白集注》(25), 《全唐詩》(184), 《唐文粹》(16下), 《唐詩品彙》(83), 《御選唐詩》(21), 《御定唐詩錄》(23), 《石倉歷代詩選》(44下) 등에 널리 실려 있음.

3. 韻脚은 '廉, 淹, 潛, 簷, 塩(鹽)'.

123. 〈上李邕〉 ·················· 李太白(李白)

이옹에게 올림

＊《眞寶》注에 "邕, 字太和, 楊州人, 有文名. 開元中, 北海太守, 時稱李北海. 李林甫
  忌其才, 故殺之"라 함.
＊〈上李邕〉: 李邕에게 올림. 李邕(678-747)은 唐나라 名士로 글씨와 문장에 뛰어났
  으며 문단의 수령 역할을 함. 字는 泰和, 楊州 江都 사람으로 武后 때 李嶠와
  張廷珪 등의 추천으로 左拾遺, 玄宗 때 戶部郎中을 거쳐 括州刺史를 역임하였
  으며, 汲郡太守, 北海太守 등을 거쳐 세칭 李北海라 부름. 天寶 연간에 李林甫
  의 미움을 받아 杖殺당함.《舊唐書》(190) 文苑傳(中)과 《新唐書》(202) 文藝傳에
  傳이 있음.《新唐書》에 "李邕, 字泰和, 楊州江都人, 邕少知名, 武后用邕拜左拾遺,
  玄宗卽位召爲戶部郎中, 開元二十三年起爲括州刺史"라 함. 한편 이 시는 李白
  (701-762)이 天寶 3년(744)에 처음 長安으로 들어갔고, 肅宗 寶應 원년(762)에 생
  을 마쳐 이백이 李邕의 소년 시절에 만난 것이 아님. 그리고 李邕과는 23년의
  나이 차이로 보아 "丈夫未可輕少年" 등의 표현을 쓸 수 없음. 이에 《李太白集分
  類補註》에는 "(蕭)士贇曰:「此篇似非太白之作, 今釐在卷末」"이라 하였고 《李太白
  集注》에도 "蕭士贇曰:「此篇似非太白之作.」"이라 하였으며, 《全唐詩》에도 "此首蕭
  (蕭)士贇云是僞作"이라 함.

대붕大鵬이 어느 하루 바람과 함께 날아오르면,
회오리바람 타고 곧장 9만 리를 솟구친다오.
설령 바람이 멎어 그 때 내려온다 해도,
오히려 능히 푸른 바닷물을 키질하듯 내칠 수는 있다오.
세상 사람들은 나의 격조가 항상 특이함을 보거나,
내가 큰소리 치는 것을 듣고는 모두가 냉소를 짓지만.
공자께서도 그래도 능히 후생을 두려워하실 줄 아셨으니,
그대 같은 장부라면 이 젊은이를 가볍게 여겨서는 안 될 것이오.

大鵬一日同風起, 扶搖直上九萬里.
假令風歇時下來, 猶能簸却滄溟水.
世人見我恒殊調, 聞余大言皆冷笑.
宣父猶能畏後生, 丈夫未可輕年少.

【大鵬一日同風起, 扶搖直上九萬里】'大鵬'은 《莊子》실려 있는 상상의 큰 새. 《莊子》逍遙遊篇에 "北冥有魚, 其名爲鯤. 鯤之大, 不知其幾千里也. 化而爲鳥, 其名爲鵬. 鵬之背, 不知其幾千里也; 怒而飛, 其翼若垂天之雲. 是鳥也, 海運則將徙於南冥. 南冥者, 天池也. 《齊諧》者, 志怪者也. 諧之言曰:「鵬之徙於南冥也, 水擊三千里, 搏扶搖而上者九萬里. 去以六月息者也.」野馬也, 塵埃也, 生物之以息相吹也. 天之蒼蒼, 其正色邪? 其遠而無所至極邪? 其視下也, 亦若是則已矣."라 함. '扶搖'는 《李太白文集》과 《李太白集注》에는 '搏搖'로 되어 있으며, 注에 "《霏玉本》作扶"라 함. 《眞寶》注에는 "扶搖, 見《莊子》. 乘風而上也"라 함. 원래 아래에서 위로 부는 회오리 바람을 뜻함. 《李太白集注》에 《莊子》:「鵬之徙於南冥也. 水擊三千里, 搏扶搖而上者九萬里.」陸德明註: 司馬云:「上行風謂之扶搖.」《爾雅》云:「扶搖謂之風.」郭璞云:「暴風從下上也.」라 함.

【假令風歇時下來, 猶能簸却滄溟水】'假令風歇時下來'는 '가령 바람이 그쳐, 그 때 아래로 내려오면'의 뜻. '猶能簸却滄溟水'의 '簸'(파)는 箕의 뜻. 곡식을 까부는 키. '却'은 내침. 키로 쭉정이를 날려 보내듯이 바닷물을 내칠 수 있음. '滄溟水'는 푸른 바닷물.

【世人見我恒殊調, 聞余大言皆冷笑】'世人見我恒殊調'는 세상 사람들은 나를 보기를 늘 格調가 다르다고 보고 있음. 자신의 뛰어남을 적극 내세운 것. '世人'은 《李太白集注》에는 "時人"으로 되어 있고, 注에 "繆本作世"라 함.

【宣父猶能畏後生, 丈夫未可輕年少】'宣父'(선보)는 孔子. 《眞寶》注에 "宣父, 孔子也"라 함. 공자를 文宣王에 봉하여 이렇게 칭함. 《唐書》禮樂志에 "貞觀十一年, 詔尊孔子爲宣父"라 함. '後生'은 《論語》子罕篇에 "子曰:「後生可畏, 焉知來者之不如今也? 四十·五十而無聞焉, 斯亦不足畏也已.」"라 함. '丈夫'는 李邕을 가리킴. 자신이 나이가 어리다고 가볍게 보지 말 것이며 반드시 천거해 줄 것을 부탁한 것.

참고 및 관련 자료

1. 이태백(李太白) 李白, 李翰林. 016 참조.

2. 이 시는 《李太白文集》(7), 《李太白集分類補註》(9), 《李太白集注》(9), 《全唐詩》(168), 《石倉歷代詩選》 등에 실려 있음.

3. 韻脚은 '起, 里, 水'. '調, 笑, 少'.

124. <歎庭前甘菊花> ·················· 杜子美(杜甫)
뜰 앞 감국화를 탄식함

＊《眞寶》注에 "此詩譏小人在位, 賢人失所也"라 하였고, 《杜詩詳注》에 "此當是天寶十三載, 在長安時作, 蓋獻〈西岳賦〉之後"라 함.

＊〈歎庭前甘菊花〉: 뜰 앞의 甘菊花를 탄식함. '甘菊'은 국화의 일종으로 眞菊, 家菊, 茶菊 등으로도 부름. 노랗고 작은 꽃이 피는데 맛은 달고도 쌉쌀하며 향기가 짙음. 특히 杭州 지역에서 유명함. 《事文類聚》後集(29)에 "南陽郡酈縣有甘谷, 水甘美, 云其山上有大菊, 落水從山下, 流得其滋液, 谷中有三千餘家, 不復穿井, 仰飮水, 上壽百二三十; 其中年亦七八十"이라 하였고, 《劉氏菊譜》에 "甘菊, 生雍州川澤, 開以九月深黃單葉, 閭巷小人且能識之, 固不待記而後見也. 然余竊謂古菊未有瓌異如今者, 而陶淵明, 張景陽, 謝希逸, 潘安仁等, 或愛其香, 或詠其色, 或採之於東籬, 或泛之於酒斝, 疑皆今之甘菊花也. 夫以古人賦詠賞愛至於如此, 而一旦以今菊之盛, 遂將棄而不取, 是豈仁人君子之於物哉! 故余特以甘菊置於白紫紅菊三品之上, 其大意如此"라 함.

처마 앞의 감국화甘菊花 옮겨 심는 시기를 놓쳐서,
푸른 꽃술만 올라와 중양절重陽節임에도 딸 수가 없네.
내일 쓸쓸히 취기가 모두 깨고 나면,
나머지 꽃이 난만하게 핀들 무슨 소용 있으랴?
울타리 둘레 야외에는 온갖 꽃들이 많아,
별것 아닌 것들이 꺾여 대청으로 바쳐지네.
그런데 이 국화는 공연히 가지와 잎만 크고 길어,
뿌리를 박을 곳을 잃은 채 풍상에 뒤얽히고 말겠네.

簷前甘菊移時晚, 靑蘂重陽不堪摘.
明日蕭條盡醉醒, 殘花爛熳開何益?

籬邊野外多衆芳, 采擷細瑣升中堂.
念玆空長大枝葉, 結根失所纏風霜.

【簷前甘菊移時晚, 靑蘂重陽不堪摘】'簷前'은 다른 판본에는 '庭前', '階前(堦前)' 등
으로 되어 있으며, 《杜詩詳注》에 "一作堦, 一作簷"이라 함. '移時'는 菊花를 移植
하는 시기. 《杜詩詳注》에 "菊以移晚而花遲, 故爲失所爾. 移時晚, 言移植後時"라
함. '靑蘂'는 靑蕊로도 표기하며 '푸른 꽃술'. '重陽'은 重陽節. 음력 9월 9일. 9는
陽數로 거듭되기 때문에 重陽이라 하며, 이 날에는 茱萸 열매를 머리에 꽂고 登
高를 하며 菊花酒를 마시는 풍속이 있음. 王維의 〈九月九日憶山東兄弟〉에 "遙知
兄弟登高處, 遍揷茱萸少一人"이라 함. '不堪摘'은 꽃을 차마 따지 못함.
【明日蕭條盡醉醒, 殘花爛熳開何益】'蕭條'는 쓸쓸한 모습을 뜻하는 疊韻連綿語.
'盡醉醒'은 다른 판본에는 주로 '醉盡醒'으로 되어 있으며, 《杜詩詳注》에 "一作盡
醉醒"이라 함. 《杜詩鏡銓》에는 "謂無菊飮不歡也"라 함. '明日'은 重陽節이 지난 다
음 날. 菊花酒를 담글 명분이 사라짐. '爛熳'은 꽃이 화려하게 만발한 모습을 표
현하는 疊韻連綿語. 《杜詩鏡銓》에는 '爛漫'으로 표기되어 있음.
【籬邊野外多衆芳, 采擷細瑣升中堂】'衆芳'은 들에 핀 많은 꽃들. 사람이 가꾸지
않아도 피는 꽃으로 국화의 고귀함에 상대하여 쓴 말. '采擷'은 '採擷'과 같으며
'따다, 꺾다, 채취하다'의 뜻. '細瑣'는 가늘고 잘며 보잘 것 없는 것들. 雙聲連綿
語로 표현한 것. '升中堂'은 국화 대신 中堂으로 올려져 玩賞을 받음. '中堂'은 대
청처럼 집안의 중요한 자리. 여기서는 宮闕을 비유함. 《杜詩詳注》에 "《杜臆》: 菊有
甘苦二種, 甘者可入藥, 苦者似菊而非, 其名曰薏, 所云'衆芳', '細瑣'者, 薏之屬也."
라 함.
【念玆空長大枝葉, 結根失所纏風霜】'念玆空長大枝葉'은 국화가 꽃은 시원치 않으
면서 가지와 잎만 길고 크게 자라 있음. '結根失所'는 뿌리 맺는 장소를 잃음. 제
대로 뿌리를 내리지 못함. 《杜詩詳注》에 "根失所, 謂失其故處"라 함. '纏'은 '埋'로
된 판본도 있음. 《杜詩詳注》에 "纏, 一作埋"라 함.

(참고 및 관련 자료)

1. 杜子美: 杜甫, 杜少陵, 杜工部. 042 참조.
2. 이 시는 《九家集注杜詩》(1), 《補注杜詩》(1), 《集千家註杜工部詩集》(2), 《文章正

宗》(24),《杜詩詳注》(3),《杜詩鏡銓》(2),《全唐詩》(216),《百菊集譜》(4),《文章正宗》(24)
等에 실려 있음.

3. 韻脚은 '摘, 益'. '芳, 堂, 霜'.

4.《杜詩詳注》

此詩借庭菊以寄慨, 甘菊喩君子, 衆芳喩小人, 傷君子晚猶不遇, 而小人雜進在位也.

5.《杜詩鏡銓》

此公自喩負經濟才, 過時而無以自見, 反不如小人之見用也.

6.《杜詩諺解》重刊本(18)

쓸 알픠 甘菊이 옮겨 심군 띠 느즐싀

프른 곳부리라 重陽 띠 땀직 아니ᄒᄃ다

明日 蕭條히 다 醉ᄒ얫다가 싀인

衰殘ᄒ 고지 爛熳히 픤들 므스기 有益ᄒ리오

욻 ᄌ □□ 밧긔 여러 곳 다 □기 ᄒᆞᆯ싀

흑 □□기 슬□이 中堂에 올으라

이 □□ 흔갓 가지왜 닢괘 길오 크믈 ᄉ랑ᄒ노니

불휘이 조여 處所를 일코 ᄇ름과 소리왜 얼겟도다.

125. 〈秋雨歎〉 ·················· 杜子美(杜甫)

가을비를 탄식함.

*《眞寶》注에 "此詩刺時之暴虐, 君子在患難之中, 而特立獨行不變也"라 함.
*〈秋雨歎〉: 가을비에 대한 탄식. 〈秋雨歎三首〉 중의 제 1수.《杜詩詳注》에 "天寶
  十三載秋, 霖雨害稼, 六旬不止, 帝憂之, 楊國忠取禾之善者, 以獻曰:「雨雖多, 不害
  稼.」公有感而作是詩"라 함.

빗속에 온갖 풀들은 가을이 되어 썩어 죽어 가는데,
섬돌 아래 결명決明은 빛깔이 깨끗하네.
잎이 가득 붙은 가지는 푸른 깃으로 장식한 수레 지붕이요,
무수히 핀 꽃은 황금 동전이로다.
서늘한 바람 소소히 불어 너를 급하게 하면,
너는 때를 놓쳐 홀로 버티기 어려울까 두렵구나.
당상堂上의 서생은 공연히 머리만 희었으니,
바람 앞에서 세 번 너의 향내 맡으며 울고 있단다.

雨中百草秋爛死, 階下決明顔色鮮.
著葉滿枝翠羽盖, 開花無數黃金錢.
涼風蕭蕭吹汝急, 恐汝後時難獨立.
堂上書生空白頭, 臨風三嗅馨香泣.

【雨中百草秋爛死, 階下決明顔色鮮】'爛死'는 腐爛하여 무르고 썩어 죽음. '決明'은
  決明으로도 표기하며 石決明, 그 씨를 決明子라 하며 눈을 밝게 한다 함.《杜詩
  詳注》에 《本草圖經》: 決明子, 夏初生, 苗葉似苜蓿而大, 七月開黃花, 結角其子作
  穗, 似靑綠豆而銳. 杜定公曰:《神農本草》: 決明子, 生龍門川澤間, 與石決明同. 皆主

明目, 故有決之號."라 함. 그러나 앞 장 〈歎庭前甘菊花〉의 '甘菊'이 곧 '決明'이라
는 주장도 있음. 宋 史鑄의 《百菊集譜》(5)에 "〈秋雨歎〉詩曰:「雨中百草秋爛死, 堦
下決明顏色鮮. 著葉滿枝翠羽蓋, 開花無數黃金錢.」說者以爲卽《本草》決明子此物,
乃七月作花, 形如白扁豆, 葉極稀疏焉. 得有翠羽蓋與黃金錢也, 彼蓋不知甘菊一名
石決. 爲其明目去翳, 與石決明同功. 故吳越間呼爲石決. 子美所歎正此花耳, 而杜
趙二公妄引《本草》以爲決明子疎矣哉!"라 함. '顏色鮮'은 결명의 잎과 꽃이 깨끗함.
【著葉滿枝翠羽蓋, 開花無數黃金錢】'翠羽蓋'에서 개는 蓋와 같음. 비취빛 깃으로
만든 수레 위 포장. 결명초의 잎과 가지를 표현한 것. '開花無數黃金錢'은 꽃이
피어 많은 황금 동전이 달려 있는 것과 같음.
【凉風蕭蕭吹汝急, 恐汝後時難獨立】'凉風'은 《禮記》 月令에 "孟秋之月凉風至"라
함. '蕭蕭'는 바람이 쓸쓸히 부는 모습. 《史記》 刺客列傳 荊軻의 노래에 "風蕭蕭兮
易水寒, 壯士一去兮不復返"이라 함. '吹汝'는 《詩》 鄭風에 "蘀兮蘀兮, 風其吹女. 叔
兮伯兮, 倡予和女"라 함. '後時'는 때에 뒤처짐. 때를 놓침.
【堂上書生空白頭, 臨風三嗅馨香泣】'堂上書生'은 杜甫 자신을 가리킴. '書生'은 白
面書生. 공부만 알고 세상 물정을 모르는 사람. 《南史》 沈慶之傳에 "慶之曰:「爲
國譬如家, 耕當問奴, 織當訪婢. 陛下今欲伐國, 而與白面書生輩謀之, 事何由濟?」
上大笑"라 함. '三嗅'는 세 번 냄새를 맡아봄. 《論語》 鄕黨篇에 "色斯擧矣, 翔而後
集. 曰:「山梁雌雉, 時哉時哉!」子路共之, 三嗅而作."이라 함. '馨香'은 향내. 《九家
集注杜詩》에 "臨風三嗅, 則亦傷其徒馨之意"라 하였고, 《補註杜詩》에는 "甫臨風
三嗅傷, 九齡有馨香之德而爲姦人所逐, 寧不憂思而泣乎?"라 함.

참고 및 관련 자료

1. 杜子美: 杜甫, 杜少陵, 杜工部. 042 참조.

2. 이 시는 《九家集注杜詩》(1), 《補注杜詩》(1), 《集千家註杜工部詩集》(2), 《文章正
宗》(24), 《杜詩詳注》(3), 《杜詩鏡銓》(2), 《百菊集譜》(4), 《文章正宗》(24), 《全唐詩》
(216) 등에 실려 있음.

3. 韻脚은 '鮮, 錢'. '急, 立, 泣'.

4. 〈秋雨歎〉(2. 3수)

○제 2수

闌風伏雨秋紛紛, 四海八荒同一雲. 去馬來牛不復辨, 濁涇淸渭何當分?
禾頭生耳黍穗黑, 農夫田父無消息. 城中斗米換衾裯, 相許寧論兩相直?

○제 3수

長安布衣誰比數, 反鎖衡門守環堵. 老夫不出長蓬蒿, 稚子無憂走風雨.
雨聲颼颼催早寒, 胡鴈翅濕高飛難. 秋來未曾見白日, 泥汚后土何時乾?

5.《杜詩諺解》重刊本(12)

빗소개 온가짓 프리 ᄀᆞ올히 즌믈어 죽거늘

버텅 아래 決明이 양지 鮮明ᄒᆞ도다

니피 브터 가지예 ᄀᆞ득ᄒᆞ니 프른 지츠로 혼 개 ᄀᆞᆺ고

고지 푸믈 數업시 ᄒᆞ니 누른 金돈 ᄀᆞᆺ돗다

서늘ᄒᆞᆫ 바름미 蕭蕭히 너를 부로믈 샐리 ᄒᆞᄂᆞ니

네 時節에 ᄲᅥ뎌실시 ᄒᆞ오아셔 슈미 어려울가 젓노라

堂우횟 書生이 쇽절업시 머리 셰유니

ᄇᆞᄅᆞᄆᆞᆯ 臨ᄒᆞ야 곳다온 내를 세번 맛고 우노라

126. 〈二月見梅〉 .... 唐子西(唐庚)

2월에 핀 매화를 보고

* 《眞寶》注에 "譏刺群小用事, 以梅比君子, 以桃李比小人"이라 함.
* 〈二月見梅〉: 2월에 핀 매화를 보고 읊음. 이미 때가 지난 2월에 핀 매화를 보고 안타깝게 여겨 읊은 것임. 《眉山集》에는 제목이 〈劍州道中見桃李盛開而 梅花 猶有存者漫賦短歌〉로 되어 있음. 宋代 詞 작가 唐庚이 張無盡에게 보낸 시. 《墨 莊漫錄》(1)과 《蜀中廣記》(103)에 "唐子西嘗見桃李盛開, 而梅尙存數枝, 因作詩. 時 張無盡天覺被召, 乃以詩投之云:「桃花能紅李能白, 春來何處無顔色? 不應尙有一 枝梅, 可是東君苦留客. 向來開處當嚴冬, 桃李未在交遊中. 只今已是丈人行, 勿與 少年爭春風.」無盡大加稱賞"이라 함.

복사꽃은 능히 붉게 필 수 있고 오얏꽃은 능히 희게 피는 것,
봄이 깊으면 어느 곳엔들 아름다운 꽃이 없을 수 있겠는가?
응당 매화꽃은 한 가지도 남아 있을 수 없는 때이거늘,
어찌 봄의 신은 이런 손님매화을 괴롭게 붙들어두고 있는가?
전에 피었을 때엔 이곳은 마땅히 추운 겨울이어서,
흰 것도 희지 못하고 붉은 것도 붉지 못했을 것이다.
지금은 이미 높은 항렬의 어른 자리가 되었으니,
젊은이들과 봄바람을 다투려 들겠는가?

桃花能紅李能白, 春深何處無顔色?
不應尙有一枝梅, 可是東君苦留客?
向來開處當嚴冬, 白者未白紅未紅.
只今已是丈人行, 肯與年少爭春風?

【桃花能紅李能白, 春深何處無顏色】'何處'는 《眉山集》에는 '無處'로 되어 있음. '顏色'은 《事文類聚》에는 '春色'으로 되어 있음. '無顏色'은 '아름다운 꽃이 없을 수 있겠는가?'의 뜻.

【不應尙有一枝梅, 可是東君苦留客】'一枝梅'는 《眉山集》에 '數枝梅'로 되어 있음. '可是'는 '豈是'와 같음. '東君'은 春神, 봄을 관장하는 신. 五行에 東은 春, 靑에 해당함. '苦留客'은 '손님(매화)을 아직도 머물러 있게 하여 괴롭히다'의 뜻.

【向來開處當嚴冬, 白者未白紅未紅】'向來'는 '전에, 전부터, 이제껏'의 뜻. '白者'는 오얏꽃을 가리킴. '紅'은 紅者. 복숭아꽃을 가리킴. 그러나 《眉山集》, 《御選宋詩》, 《宋詩鈔》, 《宋元詩會》, 《鶴林玉露》, 《墨莊漫錄》 등에는 모두 "桃李未在交遊中"으로 되어 있으며, 오직 《事文類聚》 後集(28)에만 "白者未白紅未紅"으로 되어 있음.

【只今已是丈人行, 肯與年少爭春風】'只今'은 《眉山集》 등에는 모두 '卽今'으로 되어 있으며, 《事文類聚》에는 '秪今'으로 되어 있음. '丈人行'은 丈人은 연장자. 높은 항렬의 존자가 됨을 말함. 매화는 桃李보다 높은 지위임을 뜻함. '行'(항)은 排行, 行列. 《漢書》 匈奴傳에 "漢天子, 我丈人行"이라 하였고, 顏師古 注에 "丈人, 尊老之稱也. 行, 音胡浪反(항)"이라 함. 여기서의 '丈人行'은 매화를 가리킴. '肯與'는 《事文類聚》, 《墨莊漫錄》 등에는 '勿與'로 되어 있음. '肯'은 疑問文을 구성하며, '勿'은 否定命令文을 구성함. '年少'는 이제 막 피어난 桃李를 가리킴.

참고 및 관련 자료

1. 당경(唐庚: 1071–1121)

자는 子西, 호는 眉山. 宋代 詞作歌. 그의 글을 모은 《眉山集》이 있음. 《東都事略》(列傳 文藝 99)에 "唐庚, 字子西, 眉州丹稜人也. 張商英薦其才, 商英罷相, 庚亦坐貶, 安置惠州, 會赦復, 官提擧上淸太平宮, 歸蜀道卒, 年五十一"이라 함. 《眞寶》諸賢姓氏事略에 "唐子西, 名庚. 瀘州人. 紹興中提擧常平, 號魯國先生"이라 함.

2. 이 시는 《眉山集注》(3), 《御選宋詩》(30), 《鶴林玉露》(14), 《墨莊漫錄》(1), 《古今事文類聚》(28), 《宋詩鈔》(46), 《宋元詩會》(33), 《風月堂詩話》(下) 등에 실려 있음.

3. 韻脚은 '白, 色, 客'. '冬, 紅, 風'.

127. 〈水仙花〉 ·················· 黃魯直(黃庭堅)
수선화

＊《眞寶》注에 "俗號爲金盞銀臺花, 是也"라 함.
＊〈水仙花〉: '水仙花'는 혹 金盞銀臺花라고도 함. 《黃山谷文集》(7)에 실려 있으며,
"王充道送水仙花五十枝, 欣然會心, 爲之作詠"이라 하였음.

능파선자凌波仙子께서 버선으로 물방울을 일으키며,
살랑살랑 물 위, 희미한 달빛 아래 걷고 있네.
누가 이처럼 애끊는 혼을 불러다가,
이를 심어 겨울 꽃을 만들어 애절한 수심을 기탁해 놓았는가?
향기 머금은 흰 몸은 경성傾城의 미인이 되려는지,
산반화山礬花는 아우요, 매화는 형뻘이 되는 정도일세.
앉아서 보고 있으려니 진실로 이 꽃에 괴로움을 당하는 것 같아,
문을 나서 한바탕 웃었더니 큰 강이 비껴 흐르고 있네.

凌波仙子生塵韤, 水上盈盈步微月.
是誰招此斷腸魂, 種作寒花寄愁絶?
含香體素欲傾城, 山礬是弟梅是兄.
坐對眞成被花惱, 出門一笑大江橫.

【凌波仙子生塵韤, 水上盈盈步微月】 '凌波仙子'는 水仙의 이름. 《眞寶》注에 "〈洛神
賦〉: 凌波微步, 羅韤生塵"이라 하였으며, 《文選》(19) 曹植 〈洛神賦〉에 "體迅飛鳧,
飄忽若神, 凌波微步, 羅韤生塵"이라 하고, 注에 "向曰: 微步, 輕步也, 步於水波之上
如生塵. 善曰: 凌波而韤生塵, 言神人異也."라 함. '生塵'은 물의 泡沫이 일어남을

말함. '韈'(말)은 버선. 韈, 韤, 韈, 袜 등 여러 표기가 있음. '盈盈'은 가벼이 찰랑찰
랑 걷는 모습. '步微月'은 희미한 달빛 아래를 걸음. 버선이 새로 뜬 달의 모습(新
月之狀)과 같아 이렇게 표현한 것.

【是誰招此斷腸魂? 種作寒花寄愁絶】'是誰招此斷腸魂'은《楚辭》의〈招魂〉을 가리
킴. 宋玉의〈招魂序〉에 "宋玉哀閔屈原無罪放逐, 恐其魂魄離散而不復還, 遂因國
俗託帝命假巫語以招之"라 함. '種作寒花寄愁絶'의 '寒花'는 겨울 추울 때 피는 꽃
곧 水仙花. '愁絶'은 애절 한 시름.

【含香體素欲傾城, 山礬是弟梅是兄】'體素'는 체질이 흰 것. '傾城'은 성을 기울어뜨
릴 정도의 아름다운 미인.《漢書》外戚傳(上) 李夫人傳에 "孝武李夫人, 本以倡進.
初, 夫人兄延年性知音, 善歌舞, 武帝愛之. 每爲新聲變曲, 聞者莫不感動. 延年侍
上起舞, 歌曰:「北方有佳人, 絶世而獨立, 一顧傾人城, 再顧傾人國. 寧不知傾城與
傾國, 佳人難再得!」上歎息曰:「善! 世豈有此人乎?」"라 하여 傾國之色의 미인을
가리킴. '山礬'은 꽃 이름. 원래 鄭花, 七里香花, 芸香, 㧪花, 柘花, 瑒花 등으로 불
렀으나, 黃山谷이 처음으로 山礬花라 이름을 정함.《山谷詩集》(19)〈詠山礬花〉序
에 "江湖南野中有一種小白花, 木高數尺, 春開極香, 野人號爲鄭花, 王荊公嘗欲求
此花栽, 欲作詩而陋其名, 予請名曰山礬. 野人采鄭花葉以染黃, 不借礬而成色, 故
名山礬"이라 함. 그곳 사람들이 옷감을 물들일 때 黃礬 대신 이를 넣었다 하여
黃山谷이 처음으로 鄭花를 山礬花로 고쳐 불렀다 함.

【坐對眞成被花惱, 出門一笑大江横】'被花惱'는 꽃으로 인해 고뇌를 당함. 꽃을 너
무 좋아하여 괴로움을 당함. '大江'은 長江.

> ### 참고 및 관련 자료

1. 黃山谷, 黃庭堅, 魯直, 山谷道人. 046 참조.

2. 이 시는《山谷集》(1),《山谷內集詩注》(15),《宋詩鈔》(28),《宋元詩會》(23),《宋藝
圃集》(10),《鶴林詩話》,《漁隱叢話》(47),《詩林廣記》(2),《古今事文類聚》(32) 등에 실
려 있음.

3. 韻脚은 '韈, 月, 絶'. '城, 兄, 横'.

128. 〈登黃鶴樓〉 ·················· 崔顥
황학루에 올라

*《眞寶》注에 "上四句叙樓名之由, 下四句寓感慨之情. ○按黃鶴樓在鄂州子城西北
隅黃鶴山上.《方輿勝覽》: 此樓因山得名, 蓋自南朝已著矣.《南齊志》: 仙人子安乘黃
鶴過此"라 함.

*〈登黃鶴樓〉: '黃鶴樓'는 누대 이름. 지금의 湖北 武昌市 서쪽 蛇山에 있음. 蛇山
은 일명 黃鶴山이라고도 하며, 서북쪽 강가에 돌출된 절벽 黃鶴磯. 그 위에 이
黃鶴樓가 있음.《南齊書》州郡志(下)와《齊諧記》에 의하면 선인 王子安이 黃鶴
을 타고 이 누대를 지났다 하여 그 이름이 생겼다 하며,《太平寰宇記》江南西
道 鄂州에는 "費文褘登仙, 駕鶴憩此"라 하여 費文褘라는 자가 黃鶴을 타고 登
仙하면서 이곳에 잠깐 쉬어 그 이름이 생겼다 하였음. 한편《武昌府志》에 "黃鶴
山, 自高冠山而至于江, 黃鶴樓枕焉"이라 하였으며,《大明一統志》(59)에는 "武昌
府有黃鶴樓"라 함.《唐詩訓解》注에는 "在武昌城南西隅黃鶴磯上, 世傳費褘登仙,
駕黃鶴憩此"라 하였고,《善惡報應錄》에는 "江夏郡辛氏沽酒爲業, 有一先生魁偉
襤褸, 入坐謂辛曰:「有好酒飮吾否?」辛飮以巨杯, 明日復來, 辛不待索而與之. 如此
半載, 辛無倦意, 一日謂辛曰:「多負酒債, 無錢酬女.」遂取黃橘皮於壁畫鶴, 謂:「客
來飮酒, 但令拍手歌之, 其鶴必舞, 將此酬酒債.」後客至如其言, 鶴過蹁躚而舞, 回
旋宛爾浪浪音律, 爲橘皮所畫色黃, 人謂黃鶴, 莫不異之, 欲觀者可費千金, 十年
間, 家置巨萬. 一日先生至曰:「向飮君酒所答薄否?」辛謝曰:「賴先生畫鶴, 今至百
倍, 如少留, 當擧家供備酒掃.」先生笑曰:「吾豈爲此?」取笛數弄, 須臾白雲自空而
下, 所畫鶴至先生前, 遂跨鶴乘空而去. 辛氏以飛昇處建樓, 乃名黃鶴樓也"라 하여
술을 팔던 辛氏와 그에게 술빚을 진 神仙의 報應 고사를 싣고 있음. 그러나 이
黃鶴樓는 三國 吳 黃武 2년(223)에 세워졌으며, 여러 차례 중수를 거쳐 오늘에
이름. 특히 이 시는 李太白으로 하여금 물러나 〈登金陵鳳凰臺〉(121)를 짓도록
한 일화로도 유명함.

옛 사람 이미 황학을 타고 가버렸는데,

이곳엔 헛되이 황학루만 남아 있네.

황학은 한 번 가고 다시는 되돌아오지 않고,

흰 구름만 천 년을 두고 하늘을 유유히 떠가네!

맑게 갠 날씨라 강물 저쪽 한양漢陽의 가로수가 또렷이 보이고,

봄풀은 앵무주鸚鵡洲에 파릇파릇하구나.

해 지는 지금 내 고향이 어디쯤인고?

내와 파도 아련한 강물이 이 나그네 수심에 젖게 하네!

昔人已乘黃鶴去, 此地空餘黃鶴樓.

黃鶴一去不復返, 白雲千載空悠悠!

晴川歷歷漢陽樹, 春草萋萋鸚鵡洲.

日暮鄕關何處是? 烟波江上使人愁!

【昔人已乘黃鶴去, 此地空餘黃鶴樓】'昔人'은 옛사람. 仙人을 말함. '黃鶴'은 누런색이 나는 학으로 고대 신선들이 타고 다니던 일종의 仙鶴이라 함. 《千家詩》에는 '白雲'으로 되어 있음.

【黃鶴一去不復返, 白雲千載空悠悠】'黃鶴'과 '白雲'은 色과 物體를 묘하게 대비시킨 것임.

【晴川歷歷漢陽樹, 春草萋萋鸚鵡洲】'晴川'은 날이 개어 밝은 날 보이는 냇물. 지금도 武昌에는 '晴川閣'이라는 누각이 있음. '漢陽'은 옛날 현 이름. 지금의 湖北 동부로 漢水 下流의 남안 지역이었음. 동쪽으로 武昌과 강을 사이에 두고 있었으며 북쪽은 漢口와 漢水를 사이로 마주 대하고 있었음. 《眞寶》注에 "漢陽軍, 漢沔之南, 故曰漢陽"이라 함. '樹'는 漢陽 도시에 있는 나무들. '春草'는 다른 많은 판본에는 '芳草'로 되어 있음. '萋萋'는 꽃이나 풀 등이 무성한 모습. 《楚辭》招隱士에 "王孫游兮不歸, 芳草生兮萋萋"라 함. 《千家詩》에는 '淒淒'로 되어 있음. '鸚鵡洲'는 모래톱 이름. 지금의 湖北 漢陽 서남 長江 가에 있으며 東漢 말 江夏太守 黃祖의 장자 黃射가 이곳에서 연회를 열 때 어떤 이가 앵무를 바치자 예형(禰衡)이 〈鸚鵡賦〉를 지었으나, 뒤에 예형이 황조에게 죽임을 당하여 그곳에 묻혀 지명이 유래되었다 함. 《眞寶》注에 "後漢禰衡, 字正平, 有才, 尙氣剛傲, 與孔

融, 楊脩善, 融薦于曹操, 操喜粅門者, 有客便通. 衡乃坐大營門, 以杖捶地大罵, 吏請案之, 操曰:「禰衡孺子, 孤殺之, 猶雀鼠耳. 此人素有虛名, 遠近將謂孤不能容之.」遂送與劉表. 復慢侮, 表恥不能容, 以與江陵太守黃祖, 時年三十六. 祖長子射, 大會賓客, 人有獻鸚鵡者, 射擧巵謂衡曰:「願先生賦之, 以娛佳客.」衡攬筆作文, 不可點. 後亦以言不遜罵祖, 祖殺之, 葬四洲, 後人因以鸚鵡名洲」라 함.

【日暮鄕關何處是? 烟波江上使人愁】'鄕關'은 고향의 관문. 고향을 뜻함. 《類說》에는 이 구절이 "日暮家山何處在"로 되어 있음. '烟波'는 '煙波'로도 표기하며 내와 파도. 강의 아득한 물결 모습이나 자연의 아름다운 景槪를 말함.

참고 및 관련 자료

1. 최호(崔顥:704?-754)

唐代 시인. 汴州(지금의 河南 開封) 사람으로 開元 11년(723)에 進士에 급제하여 尙書司勳員外郎을 역임하였으며 天寶 13년에 죽음. 초기에는 輕艷한 시를 썼으나 뒤에 邊塞詩에 심취하여 풍골이 凜然하고 기상이 雄渾하였다 함. 王昌齡, 高適, 孟浩然 등과 이름을 나란히 하였으며, 《唐才子傳》(1)에 이백이 黃鶴樓에 올라 시를 지으려다 최호의 이 〈黃鶴樓〉 시를 보고 "眼前有景道不得, 崔顥題詩在頭上"이라 감탄하며 붓을 꺾고, 金陵 鳳凰臺에 올라 대신 〈登金陵鳳凰臺〉라는 시를 지었다고 하였음. 그러나 《唐音》(5)에는 "批云:古人多能善若大白題〈黃鶴樓〉, 有眼前有景道不得崔顥題詩在上頭之句, 後題〈鳳凰臺〉有詩. 然亦不免蹈襲, 又此詩當與太白〈鳳凰臺〉詩同看, 則眞敵手也."라 하였고, 《唐詩品彙》(83)에도 "劉後村云:古人服善李白〈登黃鶴樓〉, 有眼前有景道不得崔顥題詩在上頭之句, 至金陵乃作鳳凰 以擬之, 今觀二詩眞敵手碁也"라 함. 明나라 사람이 집일한 《崔顥集》이 있음. 그의 文集과 詩에 대해서는 《新唐書》崔顥傳에 詩 1卷이 著錄되어 있으며, 《全唐詩》에 詩(130)가 수록되어 있고, 《全唐詩續拾》에 詩 5首가 補入되어 있음. 《舊唐書》(190, 下) 文苑傳과 《新唐書》(203) 文藝傳(下)에 傳이 있음. 《新唐書》崔顥傳에는 "崔顥, 擢進士第, 有文無行, 好蒲博嗜酒, 娶妻惟擇美者, 俄又棄之. 凡四五娶. 終司勳員外郎. 李邕聞其名, 虛舍邀之, 至獻詩, 邕叱之曰:「小兒無禮.」不與接而去"라 함. 《眞寶》諸賢姓氏事略에 "崔顥. 顥音浩, 汴人"이라 함.

2. 이 시는 《御選唐詩》(4), 《唐百家詩選》(4), 《竹莊詩話》(12), 《詩林廣記》(3), 《淵鑑類函》(347), 《山堂肆考》(16), 《三體詩》(4), 《唐詩訓解》, 《唐詩歸》, 《類說》(19), 《河嶽英靈集》(中), 《才調集》(8), 《唐文粹》(16), 《唐音》(5), 《唐詩品彙》(83), 《唐詩鏡》(16), 《全唐

詩》(130),《唐詩紀事》(21),《漁隱叢話》(5, 17),《詩林廣記》(3) 등에 李太白과의 고사 등이 아주 널리 실려 있음.

3. 韻脚은 '樓, 悠, 洲, 愁'.

4.《唐詩紀事》(21)

崔顥, 擢進士第, 有文無行. 終司勳員外郎. 初, 李邕聞其名, 虛舍待之. 顥至獻詩, 首章云:『十五嫁王昌.』邕叱曰:「小兒無禮.」不與接而去.

5.《全唐詩》(13)

崔顥, 汴州人. 開元十一年, 登進士第, 有俊才, 累官司勳員外郎. 天寶十三年卒. 詩一卷.

6.《唐才子傳》(1) 崔顥

顥, 汴州人. 開元十一年, 源少良下及進士第. 天寶中, 爲尙書司勳員外郎. 少年爲詩, 意浮豔, 多陷輕薄, 晩節忽變常體, 風骨凜然. 一窺塞垣, 狀極戎旅, 奇造往往並驅江, 鮑. 後遊武昌, 登黃鶴樓, 感慨賦詩. 及李白來, 曰:「眼前有景道不得, 崔顥題詩在上頭.」無作而去. 爲哲匠斂手云. 然行履稍劣, 好蒱博, 嗜酒, 娶妻擇美者, 稍不愜, 即棄之, 凡易三四. 初, 李邕聞其才名, 虛舍邀之, 顥至獻詩, 首章云:「十五嫁王昌.」邕叱曰:「小兒無禮!」不與接而入. 顥苦吟詠, 嘗病起淸虛, 友人戲之曰:「非子病如此, 乃苦吟詩瘦耳.」遂爲口實, 天寶十三年卒. 有詩一卷, 今行.

7. 宋 嚴羽《滄浪詩話》

唐人七律詩, 當以此爲第一.

8. 顧華玉의 評語

此編太白所推服, 一氣渾成, 太白所以見屈想是一時登臨高興流出, 未必常有此作.

9. 田子絥의 評語

篇中凡疊十字, 只以四十六字成章, 尤奇尤妙.

10.《千家詩》原註(王相)

世傳:武昌費文褘登仙, 駕黃鶴而返憩, 故建樓于此, 漢陽在武昌. 江北中有鸚鵡洲, 皆樓中所望之景, 但鄕關迢隔, 惟看江上之烟波, 動人愁思而已. ○唐, 崔灝(顥), 開元進士, 汴州人, 李白欲題黃鶴樓, 見灝詩而止, 自以爲不及也.

11.《類說》(19)

唐崔顥題〈黃鶴樓詩〉云:「昔人已乘白雲去, 此地空餘黃鶴樓. 黃鶴一去不復返, 白雲千載空悠悠. 晴川歷歷漢陽樹, 芳草凄凄鸚鵡洲. 日暮家山何處在, 烟波江上使人愁.」太白負大名, 尙曰:「眼前有景, 道不得崔顥題詩在上頭.」欲與之較勝負, 乃作〈登鳳凰臺〉詩.

12.《唐詩鏡》(16)

李太白登黃鶴樓, 有眼前有景道, 不得崔顥題詩在上頭之句, 至金陵乃作〈鳳凰臺〉
詩以擬之. 此詩氣格高迴, 渾若天成第, 律家正體, 當不如是, 以古體行律在五言不
可, 何況七言? 後人因太白所推, 莫敢齟齬耳.

13.《唐詩紀事》(21)

世傳太白云:「眼前有景道, 不得崔顥題詩在上頭.」遂作〈鳳凰臺〉詩, 以較勝負. 恐
不然.

129. <贈唐衢> ·················· 韓退之(韓愈)

당구에게 드림

＊《眞寶》注에 "勉衢出仕, 以致君澤民也"라 함.
＊<贈唐衢>: 唐衢에게 드림. '唐衢'는 韓退之를 따라 공부했으나 여러 차례 進士에
낙방하자 벼슬을 포기하고 은거했던 인물. 이에 韓退之가 이를 안타깝게 여겨
出仕하도록 권면한 것. 《昌黎文集》에 "集注: 衢從退之游, 《舊史》附公傳末, 《新
史》削之. 《舊史》云:「衢應進士, 久而不第, 能爲歌詩, 意多感激. 見人文章有所傷歎
者, 讀訖, 必哭涕泗不能已. 每與人言論, 既別發聲一號, 音辭悲切. 聞者莫不涕下.
故世稱'唐衢善哭'.」白樂天亦嘗贈以詩, 略云'賈誼哭時事, 阮籍哭路岐, 唐生今亦
哭, 異代同其悲'者, 是也"라 하였고, "此詩貞元末作"이라 함. 《舊唐書》(160) 唐衢
傳은 참고란을 볼 것.

범에게는 발톱이 있고, 소에게는 뿔이 있다.
범은 발로 휘어 칠 수 있고, 소는 뿔로 받을 수 있다.
어찌하여 그대는 홀로 뛰어난 재능을 품고 있으면서,
손에 쟁기와 호미 들고 텅 빈 골짜기에서 굶주리고 있는가?
지금의 천자께선 현량한 이를 찾기를 급히 여기시어,
아침이면 명광전明光殿에서 궤함甌函을 열어 본단다.
어찌하여 자천自薦의 글을 올려 현달한 다음,
앉아서 온 사해로 하여금 요순처럼 되도록 하지 않는가?

虎有爪兮牛有角, 虎可搏兮牛可觸.
奈何君獨抱奇才, 手把犁鋤餓空谷?
當今天子急賢良, 甌函朝出開明光.
胡不上書自薦達, 坐令四海如虞唐?

【虎有爪兮牛有角, 虎可搏兮牛可觸】'爪'(조)는 발톱. '兮'는 구절 중간에 사용하는 助字. '而'와 같은 뜻을 지니기도 함. '搏'은 호랑이가 발로 쳐서 잡음. 《眞寶》注에 "手擊也"라 함. '觸'은 소가 뿔로 받음. 각기 자신의 장기를 이용하면서 살아감.

【奈何君獨抱奇才, 手把犁鋤餓空谷】'奇才'는 기이한 재능으로 '爪角'과 같음. '犁鋤'는 보습(쟁기)과 호미. '空谷'은 사람 없는 텅 빈 골짜기.

【當今天子急賢良, 甌函朝開出明光】'甌'(궤)는 《眞寶》注에 "音鬼"라 함. 궤짝. 匱, 匦와 같음. '函'은 상자. 《昌黎集》注에 "甌, 音軌. 函, 胡喦切"이라 함. 唐 武后 垂拱 2년(686), 魚保宗의 건의에 따라 銅으로 甌를 만들어 朝堂에 놓고, 벼슬을 원하는 賦頌이나, 조정을 비판하는 諫言, 억울함을 호소하는 등의 投書를 넣을 수 있게 함. 《眞寶》注에 "唐武后垂拱五(二)年, 從魚保宗之請, 匣甌而鑰之, 傍有一小竅, 可入而不可出, 置之朝堂, 以受天下表疏"라 하였고, 《昌黎集》注에도 "孫曰:武后垂拱二年, 命鑄銅爲甌, 置之朝堂, 以受天下表疏, 銘其東曰延恩:獻賦, 頌求, 仕進者, 投之; 南曰招諫:言朝政得失者, 投之; 西曰伸寃:有寃抑者, 投之; 北曰通玄:言天象灾變, 及軍機秘計者, 投之."라 함. 함. '明光'은 漢 武帝가 세웠던 宮闕. 《眞寶》注에 "明光, 漢武帝宮名"이라 함.

【胡不上書自薦達, 坐令四海如虞唐】'自薦達'은 스스로 자신을 천거해서라도 현달함. '虞唐'은 虞舜과 唐堯를 줄인 말. 堯舜시대를 뜻하며 聖君이 천하를 다스리는 태평성대를 비유함. 《昌黎集》注에 "蔡曰:虞唐, 國號也. 堯居於唐, 舜封於虞, 故堯舜號唐虞氏"라 함.

참고 및 관련 자료

1. 韓退之:韓愈, 韓文公, 韓昌黎. 008 참조.

2. 이 시는 《五百家注昌黎文集》(3), 《東雅堂昌黎集註》(3), 《全唐詩》(338), 《唐詩鏡》(39), 《別本韓文考異》(3) 등에 실려 있음.

3. 韻脚은 '角, 觸, 谷'. '良, 光, 唐'.

4. 《舊唐書》(160) 唐衢傳

唐衢者, 應進士, 久而不第. 能爲歌詩, 意多感發. 見人文章有所傷歎者, 讀訖必哭, 涕泗不能已. 每與人言論, 既相別, 發聲一號, 音辭哀切, 聞之者莫不淒然泣下. 嘗客遊太原, 屬戎帥軍宴, 衢得預會. 酒酣言事, 抗音而哭, 一席不樂, 爲之罷會, 故世稱唐衢善哭. 左拾遺白居易遺之詩曰:「賈誼哭時事, 阮籍哭路歧. 唐生今亦哭, 異代同其悲. 唐生者何人? 五十寒且饑. 不悲口無食, 不悲身無衣. 所悲忠與義, 悲甚則哭之. 太尉擊賊日, 尙書叱盜時. 大夫死凶寇, 諫議謫蠻夷. 每見如此事, 聲發涕輒隨. 我亦君之徒, 郁郁何所爲? 不能發聲哭, 轉作樂府辭.」其爲名流稱重若此. 竟不登一命而卒.

130. 〈古意〉 ·················· 韓退之(韓愈)
고의

*《眞寶》注에 "此昌黎寓言"이라 함.
*〈古意〉:古人의 뜻. 옛날 사람들의 意趣에 대해 寓言으로 읊은 것.《昌黎集》注에 "《華山記》云:山頂有池, 生千葉蓮花, 服之羽化. 然觀公詩意與前詩, 皆有興寄. 其曰古意, 其旨深矣. 公縣齋有懷曰:「求官來東洛, 犯雪過西華」, 答張徹曰:「洛邑得休告, 華山窮絶陘」. 李肇《國史補》言:「愈好奇登華山絶峯, 度不可反, 發狂慟哭. 縣令百計取之, 乃下, 而沈顔作〈登華〉. 旨略曰:『仲尼悲麟, 悲不在麟. 墨翟泣絲, 泣不在絲也. 且阮籍縱車於途, 途窮輒慟, 豈始慮不至耶? 蓋假事諷時致意於此爾.』文公憤趨榮貪位者, 若陟懸崖險不能止, 至顚危踣蹶, 然後歎. 不知稅駕之所, 焉可及矣? 悲夫! 文公之旨, 微沈子幾晦哉!」라 함.

태화산太華山 꼭대기 옥정玉井에 있는 연꽃,
꽃이 피면 크기가 열 길이요, 뿌리는 배[船]만 하지.
차기는 눈서리 같고 달기는 꿀과 같아서,
한 조각만 입에 넣어도 묵은 병도 다 낫는다네.
나는 그것을 구하고자 먼 길도 꺼리지 않을 것이나,
푸른 절벽엔 길도 없어 기어오르기가 어렵겠지.
어떻게 하면 긴 사다리 얻어 올라가 그 열매를 따다가,
내려와 칠택七澤에 심어 뿌리와 포기가 줄이어 자라게 할까?

太華峰頭玉井蓮, 開花十丈藕如船.
冷比雪霜甘比蜜, 一片入口沈痼痊.
我欲求之不憚遠, 靑壁無路難夤緣.
安得長梯上摘實, 下種七澤根株連?

【太華峰頭玉井蓮, 開花十丈藕如船】 '太華'는 陝西省 華陰縣 남쪽에 있는 華山, 즉
太華山. 중국 五嶽의 하나로 西嶽. 그 中峰을 蓮花峰이라 하며 頂上에 道敎의 宮
이 있고, 그 앞에 못이 있으며 千葉蓮花가 핀다고 함. '玉井'은 못 이름. 《昌黎集》
注에 "《山海經》曰: 華山, 一名太華"라 하였고, 《大明一統志》(32)에 "西安府有太華
山"이라 함. '藕'는 연뿌리. 蓮根. 《說文》에 "藕, 荷根也"라 함.

【冷比雪霜甘比蜜, 一片入口沈痾瘥】 '比'는 비교할 만함. 같음. '沈痾'은 깊고 오래
묵은 병. 宿疾과 같음. '瘥'은 병이 나음. 癒와 같음.

【我欲求之不憚遠, 靑壁無路難夤緣】 '夤緣'은 붙잡고 길을 따라 감. 혹은 풀이나 나
무가 계속해서 나 있음. 雙聲連綿語. 《文選》(5) 〈吳都賦〉 "夤緣山嶽之岊"의 注에
"夤緣, 言衆草滋長, 皆緣上山嶽而生"이라 함.

【安得長梯上摘實, 下種七澤根株連】 '梯'는 사다리. 《眞寶》注에 "梯, 木階也"라 함.
'摘實'은 그 열매를 따다가 씨앗으로 삼아 많이 심음. '七澤'은 옛날 楚나라에 있
던 일곱 개의 못. 《眞寶》注에 "雲夢有七澤"이라 함. 司馬相如의 〈子虛賦〉에 "臣
聞楚有七澤, 嘗見其一, 未覩其餘. 臣之所見, 皆其小小者耳, 名曰雲夢, 雲夢方九百
里"라 함. '根株連'은 뿌리와 포기가 연이어 붙어 자꾸 자라남. 量을 늘려 천하
사람들에게 먹여 줄 수 있다고 여긴 것. 宋代 특유의 說理詩에 가까움.

참고 및 관련 자료

1. 韓退之: 韓愈, 韓文公, 韓昌黎. 008 참조.

2. 이 시는 《五百家注昌黎文集》(3), 《別本韓文考異》(3), 《東雅堂昌黎集註》(3), 《全
唐詩》(338), 《全唐詩錄》(48), 《詩林廣記》(5) 등에 실려 있음.

3. 韻脚은 '蓮, 船, 瘥, 緣, 連'.

《古文眞寶》[前集] 卷五

칠언고풍단편七言古風短篇

《唐詩訓解》에 “袁石公曰:「七言短古篇, 詞明意盡, 與五言相反.」”이라 하여
“七言은 글이 명확하고 나타내고자 하는 뜻을 다할 수 있어 五言과 相反된
다”라 하였음.

131. 〈贈鄭兵曹〉 ················· 韓退之(韓愈)

정병조에게 드림

＊《眞寶》注에 "感慨老小之憚, 代世變之推遷, 終於飮酒消愁"라 함.

＊〈贈鄭兵曹〉: 鄭兵曹에게 드림. '鄭兵曹'는 鄭通誠으로 보고 있음. 張建이 武寧節
   度로 봉해졌을 때 그의 副使였으며, 韓愈는 從事로서 술로 사귀었음. '兵曹'는
   兵曹參軍. 兵事를 관장하는 관리. 《昌黎集》注에 "韓曰:「鄭, 或以爲鄭通誠. 張建
   封節度武寧時, 通誠爲副使, 公爲其軍從事. 罇酒相從在其時歟!」樊曰:「白樂天〈哀
   二良〉云:祠部員外郞鄭通誠. 此云兵曹所未詳也.」"라 함.

동이 술을 퍼 마시며 10년 전에 만났을 땐,
그대는 장년이요, 나는 소년이었는데,
동이 술을 퍼 마시며 10년 뒤에 만나니,
나는 장년이요, 그대는 백발이 되었구려.
내 재능은 세상과 맞지 않아서,
비늘을 움츠리고 날개를 늘어뜨린 듯 다시는 희망이 없소이다.
지금은 어질고 뛰어난 이들 모두 조정의 벼슬에 줄을 섰는데,
그대는 어찌하여 역시 갈팡질팡 그러고만 있소이까?
잔이 돌아 그대에게 가거든 그대는 손을 멈추지 말기를,
세상만사 잊는 데는 술만 한 것은 없을 테니.

　樽酒相逢十載前, 君爲壯夫我少年.
　樽酒相逢十載後, 我爲壯夫君白首.
　我才與世不相當, 戰鱗委翅無復望.
　當今賢俊皆周行, 君何爲乎亦遑遑?
　盃行到君莫停手, 破除萬事無過酒.

【樽酒相逢十載前, 君爲壯夫我少年】'樽酒'는 동이 술. 다른 판본에는 '罇酒'로 되어 있음. '壯夫'는 30세.《禮記》曲禮에 "三十曰壯"이라 하였고, 鄭玄 注에 "氣力浸强之名"이라 함.

【樽酒相逢十載後, 我爲壯夫君白首】《昌黎集》注에 "樊曰:公貞元十五年去汴, 即徐爲軍從事時, 年三十有二. 故云"이라 함.《眞寶》注에는 "相去十年之間, 昔少而今壯, 昔壯而今老矣"라 함.

【我才與世不相當, 戢鱗委翅無復望】'不相當'은 서로 잘 어울리지 않음. '戢鱗'은 용이 비늘을 움츠림.《昌黎集》注에 "戢, 斂也"라 함. '委翅'는 새가 날갯죽지를 접는 것. 둘 모두 기세를 잃고 풀죽은 상태를 말함. '無復望'은 다시는 세상에 나가 벼슬하기를 바랄 수 없음.

【當今賢俊皆周行, 君何爲乎亦遑遑】'周行'의 '行'은 항(杭)으로 읽음.《眞寶》注에 "周行, 朝廷之列也"라 함. 朝廷에 들어가 班列에 줄을 섬.《詩經》周南 卷耳篇 "采采卷耳, 不盈頃筐. 嗟我懷人, 寘彼周行"의 〈毛傳〉에 "懷, 思;寘, 置. 行, 例也. 思君子關, 賢人置周之列位"라 하였고, 鄭玄 〈箋〉에 "周之列位, 謂朝廷之臣也"라 함. '遑遑'은 갈팡질팡하는 모습. 갈 길을 결정하지 못하는 모습. 쓸데없이 바쁘기만 한 모습.《眞寶》注에 "遑, 音皇. ○退之謂:「我材不用於世, 方今賢俊並進, 君何爲亦不仕乎?」"라 함.

【盃行到君莫停手, 破除萬事無過酒】'盃行'은 술잔이 돌아가는 것. '破除'는 깨뜨려 없애버림. 모든 것을 잊어버림. '無過酒'는 술보다 더 좋은 것은 없음.《漢書》東方朔傳에 "銷憂者, 莫若酒"라 함.

참고 및 관련 자료

1. 韓退之:韓愈, 韓文公, 韓昌黎. 008 참조.

2. 이 시는《五百家注昌黎文集》(3),《東雅堂昌黎集註》(3),《別本韓文考異》(3),《全唐詩錄》(48) 등에 실려 있음.

3. 韻脚은 '前, 年'. '後, 首'. '當, 望, 遑'. '手, 酒'.

132. 〈雉帶箭〉 ·················· 韓退之(韓愈)

화살 맞은 꿩

*〈雉帶箭〉: 꿩이 화살을 맞음. 韓愈가 張僕射를 따라 꿩 사냥을 도우러 나섰다가 그 광경을 눈앞에 보듯이 읊은 것임. 《昌黎集》注에 "樊曰: 公〈陽山縣齋〉詩有曰: 「大梁從相公, 彭城張僕射. 弓箭圍狐兔, 絲竹羅酒炙.」 此詩公佐張僕射于徐從獵而作也. 讀之, 其狀如在目前, 蓋寫物之妙者"라 함.

초원에 불을 놓아 깨끗이 타면서 언덕이 드러나니,
들꿩은 매가 두려워 나왔다가는 다시 숨는다.
장군은 뛰어난 솜씨로 사람들을 탄복시키고자,
말을 돌리며 활을 당기고는 아끼느라 쏘지는 않는다.
지형은 점점 좁아지고 구경꾼들이 많아졌고,
꿩이 놀라 나타나자 힘껏 당긴 센 화살이 날아가 맞춘다.
꿩은 사람들 있는 쪽으로 뚫고 날아와 백여 척이나 솟구치더니,
붉은 깃에 흰 촉 달린 화살과 서로 비스듬히 뒤뚱거린다.
장군은 고개 들어 웃고, 군리軍吏들은 축하를 올리고,
꿩은 오색 깃을 흩뜨리며 푸드득 말 앞에 떨어진다.

原頭火燒淨兀兀, 野雉畏鷹出復沒.
將軍欲以巧伏人, 盤馬彎弓惜不發.
地形漸窄觀者多, 雉驚弓滿勁箭加.
衝人決起百餘尺, 紅翎白鏃相傾斜.
將軍仰笑軍吏賀, 五色離披馬前墮.

【原頭火燒淨兀兀, 野雉畏鷹出復沒】'原頭'는 들판 언덕. '火燒'는 사냥할 때 불을

놓아 사냥감이 튀어나오도록 하는 방법. 《昌黎集》注에 "韓曰: 唐太宗〈出獵〉詩:
「平原燒火紅.」晉顧愷之傳:「火燒平原無遺燎.」라 함. '兀兀'은 우뚝하여 위가 평평
히 드러난 모습을 표현한 疊語. 《字彙》에 "兀, 高而上平也"라 함. '淨兀兀'은 잡초
가 불에 타 깨끗한 언덕만이 우뚝하게 남아 있음을 말함. '畏鷹'은 꿩이 매를 두
려워함. 《東雅堂集註》에 "出復, 方作伏欲. 今按: 雉出復没, 而射者彎弓不肯輕發,
正是形容持滿命中之巧, 毫釐不差處改. 作伏欲神采索然矣"라 함.

【將軍欲以巧伏人, 盤馬彎弓惜不發】 '以巧伏人' 교묘한 궁술로써 사람들을 탄복하
게 하고자 함. '盤'은 盤旋, 盤還의 줄인 말. '빙빙 돌다'의 뜻. '彎'은 활시위에 살
을 얹어 쏠 준비를 함. '彎弓'은 시위에 살을 끼고 힘껏 잡아당김.

【地形漸窄觀者多, 雉驚弓滿勁箭加】 '窄'은 범위가 좁아짐. 거리가 가까워짐. '勁箭'
은 힘 있는 화살. '加'는 들어맞는 것.

【衝人決起百餘尺, 紅翎白鏃相傾斜】 '衝人'은 사람들이 있는 쪽을 향하여 부딪쳐
옴. '決起'는 날아올라 속구침. 《眞寶》注에 "決起: 決, 音血, 小飛貌. 《莊子》: 決起
而飛"라 하여 '決'은 '혈'로 읽도록 되어 있음. '紅翎'은 붉은 색의 화살 깃. '白鏃'
은 쇠로 만들어 흰 빛이 나는 살촉. 《眞寶》注에 "矢末"이라 함. '相傾斜'는 함께
기우뚱해짐. 수직으로 떨어지지 않음을 말함. 《昌黎集》注에 "《列子》: 善射者, 能
令後鏃中前栝"이라 함.

【將軍仰笑軍吏賀, 五色離披馬前墮】 '五色'은 오색의 꿩. 《昌黎集》注에 "韓曰:《爾
雅》:「雉五色皆備曰翬.」"라 하였고, 《眞寶》注에도 "潘岳:〈射雉賦〉:「有五色之名
翬.」"라 함. '離披'는 힘을 잃고 푸드득 떨어지는 모습을 표현하는 疊韻連綿語.

참고 및 관련 자료

1. 韓退之: 韓愈, 韓文公, 韓昌黎. 008 참조.

2. 이 시는 《五百家注昌黎文集》(3), 《別本韓文考異》(3), 《東雅堂昌黎集註》(3), 《全
唐詩》(338), 《全唐詩錄》(48), 《唐詩品彙》(35) 등에 실려 있음.

3. 韻脚은 '兀, 没, 發'. '多, 加, 斜, 墮'.

133. 〈南陵敍別〉 ·················· 李太白(李白)
남릉에서의 이별을 읊음

*《眞寶》注에 "此篇有懷古之意. ○南陵在宣州"라 함.
*〈南陵敍別〉:'南陵'은 지금의 安徽省 蕪湖縣 남쪽에 있는 지명.《新唐書》地理志
  에 "江南道宣州有南陵縣"이라 함. '敍別'은 이별을 서술함. 떠나면서 의지를 서술
  함. 원 제목은 〈南陵別兒童入京〉(一作〈古意〉)으로 되어 있음.

백주白酒가 새로 익기 시작할 때 산속으로 돌아오니,
누런 닭이 기장을 쪼고 있어 가을이 되어 마침 살이 쪘네.
아이 불러 닭을 잡아 삶게 하고 백주를 기울이니,
아이들은 신이 나서 웃으며 내 옷자락을 잡아끄네.
소리 높여 노래하며 취한 술로 스스로를 달래려고,
일어나 춤을 추며 취한 얼굴 지는 해와 빛을 다투네.
천자께 유세할 걸, 일찍 그렇게 하지 못한 것이 괴롭도다.
그래서 채찍 휘두르며 말에 올라 먼 길을 두루 휘젓고자 하네.
옛날 회계會稽의 어리석은 부인 주매신朱買臣을 홀대했으니,
나도 역시 집을 떠나 서쪽 장안長安으로 가려 하네.
하늘을 우러러 크게 웃으며 문을 나서노니,
우리가 어찌 쑥대밭에 묻혀 살 그런 인물들이겠는가?

白酒初熟山中歸, 黃雞啄黍秋正肥.
呼童烹雞酌白酒, 兒女嬉笑牽人衣.
高歌取醉欲自慰, 起舞落日爭光輝.
游說萬乘苦不早, 著鞭跨馬涉遠道.
會稽愚婦輕買臣, 余亦辭家西入秦.

仰天大笑出門去, 我輩豈是蓬蒿人?

【白酒初熟山中歸, 黃雞啄黍秋正肥】'白酒'는 흰 술. 지금의 白乾兒. 燒酒. 색깔이
없는 술을 뜻함. '初熟'은 《李太白文集》에는 '新熟'으로 되어 있으며, 注에 "一作
初"라 함. '山中歸'는 산속의 집으로 돌아 온 것. 《眞寶》 注에 "歸山中也"라 함.
《李太白集註》에 "陶潛詩「歸去來山中, 山中酒應熟.」"이라 함. '啄黍'는 닭이 기장
낟알을 부리로 쪼아먹고 있음. '秋正肥'는 가을철이 되어 마침 살이 쪄 있음. 《李
太白集註》에 《詩》小雅「無啄我黍.」라 함. 《眞寶》 注에 "此言雞黍之樂"이라 함.

【呼童烹雞酌白酒, 兒女嬉笑牽人衣】'嬉笑牽人衣'는 웃음을 지으며 옷깃을 끌어당
김. '嬉笑'는 《李太白文集》에는 '歌笑'로 되어 있음.

【高歌取醉欲自慰, 起舞落日爭光輝】'爭光輝'는 술기운으로 붉어진 얼굴이 저녁 해
와 빛깔을 다투는 듯함.

【游說萬乘苦不早, 著鞭跨馬涉遠道】'游說'는 遊說와 같음. 여러 나라로 돌아다니
며 자기의 포부나 의견을 임금에게 설득시키는 것. '萬乘'은 天子를 대신하는 말.
《漢書》刑法志에 "天子畿方千里, 提封百萬井, 定出賦六十四萬井, 戎馬四萬匹, 兵
車萬乘, 故稱萬乘之主"라 함. '苦不早'는 '일찍 그렇게 하지 못한 것이 괴롭다'는
뜻. '著鞭'은 채찍을 휘두름. 사방을 돌아다님. 《晉書》劉琨傳에 "吾枕戈待旦, 志
梟叛逆, 常恐祖先生我著鞭"이라 함.

【會稽愚婦輕買臣, 余亦辭家西入秦】'會稽'는 浙江省에 있는 고을 이름으로 지금의
紹興. 고대 越나라의 수도였으며 漢나라 때 朱買臣의 고향. 朱買臣은 뒤에 자신
이 會稽太守로 부임하여 아내를 다시 만났던 곳. '買臣'은 朱買臣(?-B.C.115). 西
漢 때 吳縣 출신. 자는 翁子. 會稽사람. 武帝 때 會稽太守를 지냈으며 主爵都尉
에 올랐으나 張湯과의 알력으로 武帝에게 죽임을 당함. 《漢書》에 傳이 있음. 그
는 집이 가난하여 땔감을 지고 다니면서도 글을 외우자 나뭇짐을 이고 따르던
처는 부끄럽게 여기고 헤어지고 말았으나 뒤에 태수가 되어 회계로 부임할 때
개가한 남편과 길을 정리하고 있는 것을 보고, 뒤 수레에 태워 官舍로 데려왔으
나 아내는 부끄럽고 분하게 여겨 목을 매어 죽고 말았다 함. 여기서는 李白 자신
도 주매신처럼 출세를 위해 집을 나서겠다는 뜻을 내보인 것임. 《李太白集註》에
"《漢書》朱買臣家貧, 好讀書不治産業, 常刈薪樵賣以給食, 擔束薪行, 且誦書. 其妻
亦負擔相隨, 數止買臣:「毋歌謳道中」買臣愈益疾歌, 妻羞之, 求去. 買臣笑曰:「我
年五十當富貴, 今已四十餘矣. 汝苦日久, 待我富貴報汝功.」妻恚怒曰:「如公等, 終

餓死溝中耳. 何能富貴?」買臣不能留, 即聽去.」라 함.《眞寶》注에는 "朱買臣, 字翁子. 嘗賣薪樵, 行且誦書, 妻羞之, 求去. 其後買臣爲會稽太守, 入界見故妻治道, 命後車載之"라 함.《蒙求》「買妻恥醮(樵)」에 "前漢, 朱買臣字翁子, 吳人. 家貧好讀書, 不治産業, 常艾薪樵, 賣以給食. 擔束薪, 行且誦書. 其妻亦負戴相隨, 羞之求去. 買臣曰:「我年五十當富貴, 今已四十餘矣. 汝苦日久, 待我富貴, 報汝功.」妻恚怒曰:「如公等, 終餓死溝中耳, 何能富貴?」買臣即聽去. 後數歲, 隨上計吏爲卒, 將重車至長安詣闕上書, 待詔公車. 會邑子嚴助貴幸, 薦買臣, 召見. 說《春秋》, 言〈楚詞〉. 武帝說之, 拜中大夫, 與嚴助俱侍中. 久之拜會稽太守. 上謂曰:「富貴不歸故鄕, 如衣繡夜行, 今子何如?」買臣頓首謝. 入吳界, 見其故妻, 妻夫治道. 買臣呼令後車載其夫妻, 到太守舍, 置園中給食之. 妻自經死. 買臣給其夫錢令葬, 悉召見故人, 與飮食, 諸嘗有恩者, 皆報復焉."이라 하였고,《漢書》朱買臣傳에는 "朱買臣字翁子, 吳人也. 家貧, 好讀書, 不治産業, 常艾薪樵, 賣以給食, 擔束薪, 行且誦書. 其妻亦負戴相隨, 數止買臣毋歌嘔道中. 買臣愈益疾歌, 妻羞之, 求去. 買臣笑曰:「我年五十當富貴, 今已四十餘矣. 女苦日久, 待我富貴報女功.」妻恚怒曰:「如公等, 終餓死溝中耳, 何能富貴?」買臣不能留, 即聽去. 其後, 買臣獨行歌道中, 負薪墓間. 故妻與夫家俱上冢, 見買臣饑寒, 呼飯飮之. 後數歲, 買臣隨上計吏爲卒, 將重車至長安, 詣闕上書, 書久不報. 待詔公車, 糧用乏, 上計吏卒更乞匄之. 會邑子嚴助貴幸, 薦買臣. 召見, 說《春秋》, 言〈楚詞〉, 帝甚說之, 拜買臣爲中大夫, 與嚴助俱侍中. 是時方築朔方, 公孫弘諫, 以爲罷敝中國. 上使買臣難詘弘, 語在《弘傳》. 後買臣坐事免, 久之, 召待詔. 是時, 東越數反覆, 買臣因言:「故東越王居保泉山, 一人守險, 千人不得上. 今聞東越王更徙處南行, 去泉山五百里, 居大澤中. 今發兵浮海, 直指泉山, 陳舟列兵, 席卷南行, 可破滅也.」上拜買臣會稽太守. 上謂買臣曰:「富貴不歸故鄕, 如衣繡夜行, 今子何如?」買臣頓首辭謝. 詔買臣到郡, 治樓船, 備糧食, 水戰具, 須詔書到, 軍與俱進. 初, 買臣免, 待詔, 常從會稽守邸者寄居飯食. 拜爲太守, 買臣衣故衣, 懷其印綬, 步歸郡邸. 直上計時, 會稽吏方相與羣飮, 不視買臣, 買臣入室中, 守邸與共食, 食且飽, 少見其綬. 守邸怪之, 前引其綬, 視其印, 會稽太守章也. 守邸驚, 出語上計掾吏. 皆醉, 大呼曰:「妄誕耳!」守邸曰:「試來視之.」其故人素輕買臣者入[內]視之, 還走, 疾呼曰:「實然!」坐中驚駭, 白守丞, 相推排陳列中庭拜謁. 買臣徐出戶. 有頃, 長安廐吏乘駟馬車來迎, 買臣遂乘傳去. 會稽聞太守且至, 發民除道, 縣吏並送迎, 車百餘乘. 入吳界, 見其故妻, 妻夫治道. 買臣駐車, 呼令後車載其夫妻, 到太守舍, 置園中, 給食之. 居一月, 妻自經死, 買臣乞其夫錢, 令葬. 悉召見故人與飮食諸嘗有恩者, 皆報

復焉.”이라 함. ‘余亦辭家西入秦’의 ‘秦’은 長安이 秦 땅에 있었으므로 서울 長安
을 뜻함. ‘西’는《李太白文集》에는 “一作方”이라 함.

【仰天大笑出門去, 我輩豈是蓬蒿人】《李太白集註》에 “《史記》淳于髡:「仰天大笑, 冠
纓索絶.」”이라 함. ‘我輩’는 나 같은 무리. 이백 자신을 가리킴. ‘蓬蒿’는 쑥. 草野
에 묻혀 뜻을 펴지 못함.《李太白集註》에 “丈夫有四方之志, 蒿萊蓬藋之下, 不足以
淹留我輩爾”라 함.

참고 및 관련 자료

1. 이태백(李太白) 李白, 李翰林. 016 참조.

2. 이 시는《李太白文集》(12),《李太白集分類補注》(15,《李太白詩注》(15),《河嶽英靈
集》(上),《全唐詩》(174),《唐文粹》(14上),《唐詩鏡》(19),《唐詩品彙》(27),《古今事文類
聚》(後集 16) 등에 널리 실려 있음.

3. 韻脚은 ‘歸, 肥, 衣, 輝’. ‘早, 道’. ‘臣, 秦, 人’.

4.《唐詩品彙》

劉云: 草草一語, 傾倒至盡. 起四句說得還山之樂, 磊落不辛苦, 而情實暢然, 不可
勝道.

134. <月夜與客飲酒杏花下> ·················· 蘇子瞻(蘇東坡)

달밤에 객과 함께 살구꽃 아래에서 술을 마시며

*〈月夜與客飲酒杏花下〉: 달밤에 객과 더불어 살구 꽃 아래에서 술을 마심. 《東坡詩集註》에 "安國按: 先生《詩話》云: 僕在徐州, 王子立子敏皆館於子, 蜀人張師厚來過, 二王方年少, 吹洞簫, 飲酒杏花下"라 하였고, 《詩林廣記》後集(3)에는 "《東坡詩話》云: 「僕在徐州, 王子立子敏, 皆館於官舍, 蜀人張師厚來過, 二王方年少, 吹洞簫. 飲酒杏花下, 予作此詩. 明年予謫黃州, 對月獨飲嘗有詩云: 『去年花落在徐州, 對月酹歌美淸夜. 今年黃州見花發, 小院閉門風露下.』 盖憶與二王飲時也. 張師厚久已死, 今年子立復爲古人, 哀哉!」"라 함.

살구꽃잎 발에 날아들어 남은 봄마저 흩어버리고,
밝은 달은 조용히 사는 사람의 문 안을 찾아왔네.
옷을 걷어 올리고 달 아래 거닐며 꽃 그림자 밟으니,
밝기는 흐르는 물이 푸른 마름 풀을 적시고 있는 듯하네.
꽃 사이 술을 차려놓으니 맑은 향기 피어오르고,
다투어 긴 가지를 휘어잡으니 향기로운 꽃잎이 눈처럼 떨어지네.
이 산성山城의 박주薄酒는 마실 만한 것이 못 되니,
권하노니 그대는 차라리 술잔 속의 달을 마시게.
퉁소 소리 끊어진 밝은 달빛 속에,
오직 걱정은 달도 지고 술잔도 빌까 하는 것.
내일 아침 땅을 말아 올릴 봄바람이 고약하게 불어오면,
다만 푸른 잎 속에 지다 남은 붉은 꽃잎만 보게 되겠지.

杏花飛簾散餘春, 明月入戶尋幽人.
褰衣步月踏花影, 炯如流水涵靑蘋.

花間置酒淸香發, 爭挽長條落香雪.
山城薄酒不堪飮, 勸君且吸杯中月.
洞蕭聲斷月明中, 惟憂月落酒盃空.
明朝卷地春風惡, 但見綠葉棲殘紅.

【杏花飛簾散餘春, 明月入戶尋幽人】'散餘春'은 흩날려 떨어지는 살구꽃잎과 함께
남은 봄도 흩어짐. '明月入戶尋幽人'에서 《全芳備祖集》(前集 10)에 인용된 것은 '尋'
이 '窺'자로 되어 있음.

【褰衣步月踏花影, 炯如流水涵靑蘋】'褰'은 옷자락을 걷어 올림. '炯'은 빛남, 밝게 비
침. '涵'은 젖다. 잠기다. '蘋'은 水草의 일종. 물 위에 떠다니는 개구리밥. 마름 풀.

【花間置酒淸香發, 爭挽長條落香雪】'酒淸'은 맑은 술 향기. '挽'은 '끌어 잡아당기
다'의 뜻. '香雪'은 살구꽃이 눈처럼 내림을 표현한 것.

【山城薄酒不堪飮, 勸君且吸杯中月】'山城'은 徐州의 城. '薄酒'는 독하지 않은 묽
은 술.

【洞蕭聲斷月明中, 惟憂月落酒盃空】'洞蕭'(퉁소)의 '蕭'는 簫와 같음. 《文選》(17) 〈洞
蕭賦〉注에 "如淳《漢書》注曰:「洞簫, 簫之無底者.」《釋名》曰:「簫, 肅也. 言其聲肅
肅然. 大者二十三管, 長三尺四寸, 小者十六管, 一名籟也.」"라 함.

【明朝卷地春風惡, 但見綠葉棲殘紅】'卷地'는 '땅을 말아 올림'. '卷'은 捲과 같음. 바
람이 세차게 부는 형상을 말한 것. 韓愈의 〈五雙鳥〉詩에 "兩鳥各閉口, 萬象銜口
頭. 春風卷地起, 百鳥皆飄浮. 兩鳥忽相逢, 百日鳴不休"라 함. '棲殘紅'은 '지다 남
은 붉은 꽃에 잎에 붙어 있음'. '棲'는 '栖'와 같음. 棲息하고 있음.

> **참고 및 관련 자료**

1. 蘇軾. 蘇東坡, 蘇子瞻, 044 참조.

2. 이 시는 《東坡全集》(10), 《東坡詩集註》(17), 《施註蘇詩》(16), 《蘇詩補註》(18), 《說
郛》(20下), 《宋藝圃集》(4), 《石倉歷代詩選》(4), 《御選唐宋詩醇》(36), 《漁隱叢話》(40),
《詩林廣記》(後集 3) 등에 널리 실려 있음.

3. 韻脚은 '春, 人, 蘋'. '發, 雪, 月'. '中, 空, 紅'.

4. 《唐宋詩醇》(36)

《深雪偶談》曰:坡公〈月夜與客飮酒杏花下〉詩, 流水靑蘋之喩, 景趣盡矣. 前人未嘗

道也. 獨杏花影下洞簫聲中, 着此句辱耳. 及《志林》所記:徐州時, 冬夜解衣欲睡, 月色入戶, 欣然起行念, 無與樂者. 遂至承天寺, 尋張懷民, 亦未寢. 相與步於中庭, 庭下如積水空明, 水中荇藻交橫, 蓋竹栢影也. 何夜無月, 何處無竹栢? 但少閒, 人如吾兩人耳. 使施前句於斯, 時豈非稱歟?《志林》曰:僕在徐州, 王子立子敏, 皆館於官舍, 而蜀人張師厚來過, 二生方年少, 吹洞簫飲酒杏花下. 明年余謫黃州, 對月獨飲, 嘗有詩云:「去年花落在徐州, 對月酣歌美清夜.」蓋憶與二王飲時也.

135. 〈人日寄杜二拾遺〉 ·················· 高適(高達夫)
인일에 두이습유에게 부침

*〈人日寄杜二拾遺〉: 人日에 杜二拾遺에게 부침. '人日'은 음력 正月 7일.《事文類聚》(前集 6)에 "東方朔《占書》: 歲後八日: 一日爲雞, 二日爲犬, 三日爲豕, 四日爲羊, 五日爲牛, 六日爲馬, 七日爲人, 八日爲穀. 其日晴, 主所生之物育, 陰則災"라 함. '二'는 杜甫의 排行, '拾遺'는 두보가 肅宗 때 左拾遺 벼슬을 지냈으므로 그렇게 부른 것. '拾遺'는 '잃어버리거나 놓친 것을 주워 보필함'의 의미로《事文類聚》新集(21)에 "左右拾遺, 古無其官. 漢汲黯願爲中郎署, 是出入禁闕補闕拾遺, 文帝初立給事中, 劉向侍中, 金敬拾遺於左右.《續漢書》: 漢張衡爲侍中, 從容諷議, 拾遺左右. 唐武后垂拱中創立各二員"이라 함. 한편 이 시는《杜詩詳注》(23)에 "肅宗時, 適爲李國輔所短, 下除太子詹事. 未幾, 蜀亂, 出爲彭州刺史. 又遷蜀州"라 하였고, 다시 "上元元年人日, 杜公未有草堂, 殆是二年人日所寄也"라 하여 上元 2년(761)에 高適이 杜甫에게 보낸 것이라 하였음.

인일人日에 시를 지어 두보의 초당으로 보내면서,
아득히 그 친구도 고향 그리워하고 있을 것이 불쌍하기만 하네.
버들가지는 빛깔을 희롱하고 있어 차마 볼 수 없고,
매화는 가지 가득 꽃을 피워 공연히 애를 끊게 하네.
몸은 남쪽 변방에 있어 조정에 참여하지 못하니,
마음은 백 가지 근심 천 가지 염려에 잠겨 있겠지.
올해 인일에는 공연히 그리움에 잠겨 있지만,
내년 인일에는 어느 곳에 있게 될 것인지?
한 번 동산東山에 누워 벌써 30년,
책과 칼로 사는 선비가 풍진에 늙어 버릴 줄을 어찌 알았으랴?
나는 기력 잃었음에도 오히려 2천 석의 녹을 더럽히고 있으니,
동서남북 떠도는 그대에게 부끄럽기만 하네.

人日題詩寄草堂, 遙憐故人思故鄕.

柳條弄色不忍見, 梅花滿枝空斷腸.

身在南蕃無所預, 心懷百憂復千慮.

今年人日空相憶, 明年人日知何處?

一臥東山三十春, 豈知書劒老風塵?

龍鍾還忝二千石, 愧爾東西南北人.

【人日題詩寄草堂, 遙憐故人思故鄕】 '草堂'은 杜甫가 지금의 四川 成都의 浣花溪에
지어 살았던 집. '憐'은 '동정하다'의 뜻. '故人'은 옛 친구. 杜甫를 가리킴. 《補註》에
"洙曰:故人, 謂甫也;故鄕, 謂長安也"라 함.

【柳條弄色不忍見, 梅花滿枝空斷腸】 '柳條'는 버드나무 가지. 이별을 상징함. 중국
고시의 〈折楊柳〉는 離別歌임. '弄色'은 빛깔이 하루가 다르게 변해감.

【身在南蕃無所預, 心懷百憂復千慮】 '南蕃'은 남쪽 변경. '遠蕃'으로도 씀. 당시 杜甫
가 은거하고 있는 곳이 서남쪽의 蜀(成都)이어서 이렇게 말한 것. '無所預'는 조정
의 정사에 참예(참여)하지 못하고 있음을 말함. 《補註》에 "洙曰:南一作遠. 趙曰:
南蕃, 指甫寄居荊楚之地. 無所預, 言不預朝政也"라 함.

【今年人日空相憶, 明年人日知何處】 금년에도 만나지 못했는데 내년에는 어디에 서
로 흩어져 있을지 알 수 없음.

【一臥東山三十春, 豈知書劒老風塵】 '一臥東山'은 晉나라 謝安이 고집스럽게 東山
에 은거하며 벼슬하지 않았던 故事를 말함. '東山'은 지금의 浙江省 上虞縣에 있
는 산으로 謝安이 은거한 적이 있어 뒤에는 은거의 뜻으로 쓰임. 《世說新語》排
調篇에 "謝公在東山, 朝命屢降而不動;後出爲桓宣武司馬, 將發新亭, 朝士咸出瞻
送. 高靈時爲中丞, 亦往相祖;先時, 多少飮酒, 因倚如醉, 戲曰:「卿屢違朝旨, 高臥
東山, 諸人每相與言,『安石不肯出, 將如蒼生何?』今亦蒼生將如卿何?」謝笑而不答."
이라 하였으며, 《蒙求》「謝安高潔」에 《晉書》:謝安字安石, 陳國陽夏人. 年四歲桓
彝見而嘆曰:「此兒風神秀徹. 後當不減王東海.」王導亦深器之, 由是少有重名. 初辟
除, 並以疾辭. 有司奏:「安被召歷年不至, 禁錮終身.」遂棲遲東山. 常往臨安山中,
放情丘壑, 然每遊賞, 必以妓女從. 時弟萬爲西中郞將, 總藩任之重. 安雖處衡門, 名
出其右, 有公輔望. 年四十餘, 始有仕志. 征西大將軍桓溫請爲司馬. 朝士咸送. 中丞
高崧戲之曰:「卿屢違朝旨, 高臥東山, 諸人每相與言, 安石不肯出, 將如蒼生何? 今

蒼生亦將如卿何?」安有愧色. 後拜吏部尙書. 時孝武立, 政不自己, 桓溫威振內外, 安盡忠匡翼, 終能輯穆. 進中書監, 錄尙書事. 苻堅率衆, 次淮肥. 加安征討大都督. 旣破堅, 以總統功, 進太保. 薨贈太傅, 諡文靖."이라 함.《晉書》謝安傳을 참조할 것. 여기서는 高適 자신을 가리킨 것.《九家注》에 "謝安高臥東山. 趙云: 一臥東山, 高君自言也. 適, 渤海人, 少落魄, 不治生事, 客梁宋間"이라 함. '豈知書劍老風塵'의 '書劍'은 선비의 책과 칼. 학문과 義俠을 함께 가져야 함을 상징한 것. '老風塵'은 세상 풍진 속에 늙어감.《補註》에 "風塵, 言盜賊起也"라 함.

【龍鍾還忝二千石, 愧爾東西南北人】'龍鍾'은 失意하여 기력을 잃고 퇴락한 상태를 표현하는 疊韻連綿語. 글자 의미와는 관련이 없음. 種種, 儱偅, 儱偅, 籠東, 隴凍 등으로도 표기함. '還忝'의 '忝'은 '욕되다, 욕되게 하다, 더럽히다'의 뜻. '二千石'은 郡守, 太守, 刺史의 俸祿을 뜻하며 이에 따라 흔히 郡守, 太守, 刺史를 대신하는 말로 쓰임. '忝二千石'은 욕되게 자사의 봉록을 받는 몸이 되었다고 高適이 자신을 낮춘 것.《九家注》에 "孟郊亦曰:「白首誇龍鍾.」蘇鶚《演義》云:「龍鍾, 不昌熾不翹擧之貌. 如藍縷, 拉搭之類.」二千石, 漢刺史之秩. 適初爲彭州, 今爲蜀州, 所以謂之還忝也"라 하였고,《補註》에는 "趙曰:龍鍾, 行不進貌. 二千石, 謂其爲蜀州刺史也"라 함. '東西南北人'은 사방을 정처 없이 떠도는 사람. 杜甫를 가리킴.《禮記》(檀弓)《史記》(公子世家)와《孔子家語》(曲禮子夏問)에 "丘也, 東西南北之人也"라 함.《九家注》에 "《禮記》:孔子旣得合葬於防, 曰:「吾聞之, 古也墓而不墳; 丘也, 東西南北之人也, 不可以弗識也.」"라 함.《千家注》에는 "趙曰:身在南蕃無所預, 謂子美寄居荊楚之地, 而不預朝政也. 龍鍾, 行不進貌. 遠忝二千石, 此適自謂爲蜀州也. 洙曰:東西南北人, 用孔子語. 趙曰:公嘗有詩云:「甫也東西南北人.」"이라 함.

참고 및 관련 자료

1. 고적(高適. 702-765)

唐代 대표적인 邊塞派 시인. 자는 達夫, 혹 仲武. 渤海 蓚(지금의 河北 景縣) 사람으로 唐 武后 長安 2년에 태어나 代宗 永泰 元年에 생을 마침. 향년 64세. 天寶 연간에 河西를 유랑하다가 哥舒翰의 書記가 되었으며 뒤에 蜀州, 彭州刺史와 西川節度使 등을 역임하였고, 散騎常侍를 거쳐 渤海縣侯에 봉해짐. 당대 시인 중에 가장 현달한 인물이었음. 玄宗 開元 20년 新安王 李褘를 따라 契丹 원정에 나서기도 하였으며, 이로 인해 변방에 관한 시를 구체적으로 쓸 수 있게 됨. 汴州를 지나다가 李白과 杜甫를 만나 함께 시를 주고받기도 하였으며 당대 邊塞派 시인

으로 岑參과 병칭되어 혼히 '高岑'이라 불림.《高常侍集》8권이 전하며《全唐詩》에
시 4권이 수록되어 있음.《舊唐書》(111),《新唐書》(143)에 전이 있음.《眞寶》諸賢姓
氏事略에 "高適, 字達夫, 渤海人. 擧有道, 仕至兩川節度, 召拜散騎常侍, 五十始爲
詩"라 함.

2. 이 시는《高常侍集》(8),《補注杜詩》(15),《集千家註杜工部詩集》(20),《杜詩詳注》
(23),《九家集注杜詩》(15),《文苑英華》(157),《唐詩品彙》(29),《唐詩鏡》(13),《全唐詩》
(213),《事文類聚》(前集 6),《全唐詩錄》(15) 등에 실려 있음.

3. 韻脚은 '堂, 鄕, 腸'. '預, 慮, 處'. '春, 塵, 人'.

4.《唐才子傳》(2) 高適

適, 字達夫, 一字仲武, 滄州人. 少性拓落, 不拘小節, 恥預常科, 隱躓博徒, 才名更
遠. 後擧有道, 授封邱尉. 未幾, 哥舒翰表掌書記. 後擢諫議大夫. 負氣敢言, 權近側
目. 李輔國忌其才. 蜀亂, 出爲蜀, 彭二州刺史, 遷西川節度使. 還, 爲左散騎常侍. 永
泰初, 卒. 適尙氣節, 語王覇, 衰衰不厭. 遭時多難, 以功名自許. 年五十始學爲詩, 卽
工, 以氣質自高, 多胸臆間語. 每一篇已, 好事者輒傳播吟玩. 嘗過汴州, 與李白, 杜甫
會, 酒酣登吹臺, 慷慨悲歌, 臨風懷古, 人莫測也. 中間唱和頗多. 今有詩文等二十卷,
及所選至德迄大曆述作者二十六人詩, 爲《中興間氣集》二卷, 幷傳.

5.《新唐書》(143) 高適傳

高適, 字達夫, 滄州渤海人. 少落魄, 不治生事. 客梁, 宋間, 宋州刺史張九皐奇之,
擧有道科中第, 調封丘尉, 不得志, 去. 客河西, 河西節度使哥舒翰表爲左驍衛兵曹參
軍, 掌書記. 祿山亂, 召翰討賊, 即拜適左拾遺, 轉監察御史, 佐翰守潼關. 翰敗, 帝問
群臣策安出, 適請竭禁藏募死士抗賊, 未爲晩, 不省. 天子西幸, 適走間道及帝於河池,
因言:「翰忠義有素, 而病奪其明, 乃至荒蹈. 監軍諸將不恤軍務, 以倡優蒲麗相娛樂,
渾, 隴武士飯糲米日不厭, 而責死戰, 其敗固宜. 又魚炅, 何履光, 趙國珍屯南陽, 而
一二中人監軍更用事, 是能取勝哉? 臣數爲楊國忠言之, 不肯聽. 故陛下有今日行, 未
足深恥.」帝頷之. 俄遷侍御史, 擢諫議大夫, 負氣敢言, 權近側目. 帝以諸王分鎭, 適
盛言不可, 俄而永王叛. 肅宗雅聞之, 召與計事, 因判言王且敗, 不足憂. 帝奇之, 除揚
州大都督府長史, 淮南節度使. 詔與江東韋陟, 淮西來瑱率師會安陸, 方濟師而王敗.
李輔國惡其才, 數短毀之, 下除太子少詹事. 未幾蜀亂, 出爲蜀, 彭二州刺史. 始, 上皇
東還, 分劍南爲兩節度, 百姓弊於調度, 而西山三城列戍.(下略)

6.《杜詩諺解》初刊本(11)

人日에 그를 서 草堂애 보내노니

故人이 故鄉 스랑호믈 아스라히 슬노라
버듨 오리 비츨 놀이거든 츤마 보디 몯호고
梅花ㅣ 가지예 ㄱ득ㅎ얫거든 흔갓 애를 긋놋다
모미 南蕃에 이쇼딕 參預혼 배 업스니
므슨매 온 혜아룜과 쏘 즈믄 혜아료믈 머겟도다
옳 人日에 흔갓 서르 스랑ㅎ노니
오는 힛 人日엔 아노라 어딕 가실고
東山애 흔번 눕건디 셜흔 힛 보미러니
글와 갈ㅎ로 風塵에셔 늘글 고들 어느 알리오
龍鍾ㅎ야 도른혀 二千石 벼스를 더러유니
너 東西南北에 둔니는 사른믈 붓그리노라

136. 〈流夜郎贈辛判官〉 ·················· 李太白(李白)
야랑으로 유배 가며 신판관에게 드림

*〈流夜郎贈辛判官〉: '夜郎으로 유배를 가며 辛判官에게 드림'. '夜郎'은 지금의 貴
州省 서쪽 변두리에 있던 편벽한 縣 이름. 《新唐書》에 "江南道沅州有夜郎縣, 天
寶元年更名峨山縣"이라 함. 李白은 永王(李璘)의 반란에 연루되어 乾元 원년
(758) 夜郎으로 귀양가던 중 죄가 없었음이 판명되어 도중에 사면되어 돌아옴.
이 시는 귀양길에 오르며 辛判官에게 준 것임. '辛判官'은 구체적으로 알 수 없
으며, 辛氏 성의 判官. '判官'은 節度使나 觀察使의 屬官. 《事物紀原》(7)에 "秦漢
以來郡府之幕有掾吏從事, 逮於梁齊, 亦無判官. 《續事始》曰: 隋元藏機始爲過海使
判官, 此使府判官之始也. 唐慶雲之後, 有節察防團等使, 亦各隨使置之. 〈舊唐志〉
云: 皆天寶後置也. 馮鑑乃云: 開元後始有之, 尙爲諸使官屬"이라 함.

지난 날 장안에서 꽃과 버들에 취해 놀며,
오후五侯와 칠귀七貴의 고관들과 술잔을 같이 했었다오.
의기는 높아 호걸들 앞에서 그들을 능가하였고,
풍류는 어찌 남에게 뒤쳐짐을 긍허하였겠소?
선생께선 홍안이었고 나도 소년이어서,
장대가章臺街 번화한 길 금채찍을 휘두르며 말을 몰았지요.
문장을 지어 기린전麒麟殿에 올리기도 하였고,
대모玳瑁로 장식한 잔치 자리에서 실컷 가무로 시간 가는 줄도 몰랐
었지요.
그대와 더불어 장구히 이와 같으리라 생각하였건만,
풀이 뒤흔들리고 바람이 일어 먼지 날릴 줄 어찌 알았으리오?
함곡관에서 홀연히 안녹산安祿山의 반군이 쳐들어와 놀라움을 일으
키니,

나라 궁궐의 도리桃李는 누구를 향해 피어 있을 것인가?

나는 이런 근심은 품은 채 멀리 야랑夜郎으로 유배를 가고 있으니,

어느 날이면 금계金雞 아래 사면되어 돌아올 수 있을는지?

昔在長安醉花柳, 五侯七貴同盃酒.

氣岸遙凌豪士前, 風流肯落他人後?

夫子紅顏我少年, 章臺走馬著金鞭.

文章獻納麒麟殿, 歌舞淹留玳瑁筵.

與君相謂長如此, 寧知草動風塵起?

函谷忽驚胡馬來, 秦宮桃李向誰開?

我愁遠謫夜郎去, 何日金雞放赦回?

【昔在長安醉花柳, 五侯七貴同盃酒】 '花柳'는 꽃과 버들. 봄날을 말함. 그러나 花柳
는 路柳墻花의 줄인 말로 유흥가, 花柳界를 뜻하기도 함. '五侯七貴同盃酒'는
《眞寶》注에 "漢王氏五侯, 梁氏七貴, 皆貴戚也"라 함. '五侯'는 《漢書》元后傳에
의하면 漢 成帝가 河平 2년(27) 6월에 외가 王氏 다섯을 동시에 봉하였음. 즉 平
阿侯(王譚), 成都侯(王商), 紅陽侯(王立), 曲陽侯(王根), 高平侯(王逢時)을 말하며 이
들을 세칭 五侯라 하였음. 여기서는 권세 있는 귀족을 대신하는 말로 쓰였음. '七
貴'는 《文選》(10) 潘岳의 〈西征賦〉 '窺七貴於漢庭'의 李善 注에 "呂, 霍, 上官, 趙,
丁, 傅, 王"이라 하여 漢代 西京의 七族들이었다 하였음. 《李太白集分類補註》에
"齊賢曰: 長安, 唐京兆府長安縣. 漢河平二年六月, 成帝封諸舅王譚平阿侯, 商成都
侯, 立紅陽侯, 根曲陽侯, 逢高平侯. 五人同日封, 故世謂之五侯. 七貴謂呂, 霍, 上
官, 趙, 丁, 傅, 王也"라 함.

【氣岸遙凌豪士前, 風流肯落他人後】 '岸'은 언덕. 언덕처럼 높음. '遙凌'은 아득히 능
가함. '肯'은 의문문 문장을 구성함.

【夫子紅顏我少年, 章臺走馬著金鞭】 '夫子'는 선생. 당신. '紅顏'은 少年. '章臺'는 長
安 서남쪽에 있던 戰國시대 秦나라 궁궐 안의 樓臺. 그 누대가 있던 장안 거리
는 매우 번화하여 章臺街라 불렀음. 여기서는 장안의 번화한 곳을 뜻함. '著金鞭'
은 금 채찍으로 말을 몰아 신나게 달림.

【文章獻納麒麟殿, 歌舞淹留玳瑁筵】'麒麟殿'은 궁궐 이름. 《三輔黃圖》(3)에 "未央宮有麒麟殿. 《漢書》: 哀帝燕董賢父子於麒麟殿"이라 함. 《李太白集分類補註》에 "(蕭)士贇曰: 《三輔黃圖》曰: 「未央宮有麒麟殿.」"이라 함. '淹留'는 머물며 즐김. '玳瑁筵'은 玳瑁로 장식한 호화로운 잔치자리. '玳瑁'는 바다 동물 거북의 일종으로 그 甲殼을 장식하여 그릇이나 기구 등을 화려하게 꾸미는데 사용함. '瑇瑁'로도 표기함.

【與君相謂長如此, 寧知草動風塵起】'草動'은 난이 일어남을 뜻함. 여기서는 安祿山의 난으로 천하가 혼란에 빠짐을 가리킴.

【函谷忽驚胡馬來, 秦宮桃李向誰開】'函谷'은 函谷關. 河南省 靈寶縣에 있으며 長安을 수호하는 중요한 요새. 《大明一統志》(36)에 "河南府, 函谷關, 在靈寶縣南一十里"라 함. '胡馬來'는 胡族 출신의 安祿山이 난을 일으켜 長安으로 쳐들어옴. '秦宮'은 長安의 궁전. 唐나라 宮殿을 직접 거론하지 못하고 대신 秦宮이라 한 것. '向誰開'은 '누구를 향하여 피었는가?'의 뜻. 임금과 대신, 궁녀들이 모두 피난하고 궁궐에는 사람이 없음을 말함.

【我愁遠謫夜郎去, 何日金雞放赦回】'金雞'는 《唐書》百官志에 의하면 中書令이 죄인을 放免하는 날이면 옥의 남쪽에 긴 장대를 꽂고 그 위에 금빛 닭을 만들어 세워놓았다 하여 사면을 뜻함. 《眞寶》注에 "唐中書令放赦日, 植金雞於杖南, 竿長七丈, 雞首銜絳幡七尺, 以放赦"라 함. '放赦回'는 죄를 용서받고 사면되어 돌아옴. 《李太白集分類補註》에 "齊賢曰: 貞觀十六年置夜郎, 麗皐, 樂源三縣, 後爲夜郎郡. (蕭)士贇曰: 太白詩意, 是指同時儕類, 如辛判官之輩. 因兵興之際, 不次被用爲人桃李, 我獨遭謫也. 向明者向陽, 花木之義"라 함. 한편 《李太白集注》에는 "《輦輔錄》: 平阿侯王譚, 成都侯王商, 紅陽侯王音, 曲陽侯王根, 高平侯王逢時, 並以元后弟, 同日受封, 京師號曰五侯. 並奢豪富侈, 招賢下士, 谷永, 樓護, 皆爲貴客. 潘岳〈西征賦〉: 「窺七貴於漢庭.」 李善註: 「七貴, 謂呂, 霍, 上官, 趙, 丁, 傅, 王也.」 《梁書》: 「氣岸疏凝, 情途狷隔.」 《漢書》: 「張敞, 無威儀時, 罷朝會走馬過章臺街.」 孟康註: 「在長安中.」 臣瓚曰: 「章臺, 下街也.」 《初學記》: 「《三輔黃圖》曰: 未央宮東有麒麟殿, 藏秘書. 即揚雄校書之處也.」 宋之問詩: 「歌舞淹留景欲斜, 石關猶駐五雲車.」 劉楨〈瓜賦〉: 「布象牙之席, 薰玳瑁之筵.」 《後漢書》: 「設後北虜稍强, 能爲風塵.」 章懷太子註: 「相侵擾, 則風塵起.」 張駿〈薤露行〉: 「三方風塵起, 獫狁竊上京.」 蕭(蕭)士贇曰: 「子見以桃李向明開, 爲公卿歸祿山, 非也. 是指同時儕類, 因兵興之際, 不次被用爲人桃李, 我獨遭謫也. 向明者向陽, 花木之義. 《輿地廣記》: 「唐貞觀十六年開, 山洞

置夜郎縣爲珍州治.」李白流夜郎即此.《唐書》地理志:「貞觀十六年開山洞置珍州,
并置夜郎, 麗皐, 樂源三縣, 後爲夜郎郡, 隷黔中道. 元和二年, 州廢. 地改屬溱州.
《舊唐書》:「凡國有赦宥之事, 先集囚徒於闕下, 命衞尉樹金雞, 待宣制, 訖乃釋之.」
라 함.

참고 및 관련 자료

1. 이태백(李太白) 李白, 李翰林. 016 참조.

2. 이 시는 《李太白文集》(9), 《李太白集分類補註》(11), 《李太白集注》(11), 《全唐詩》
(170), 《唐詩品彙》(27), 《石倉歷代詩選》(44) 등에 실려 있음.

3. 韻脚은 '柳, 酒, 後'. '年, 鞭, 筵'. '此, 寄'. '來, 開, 回'.

137. 〈醉後答丁十八以詩譏予搥碎黃鶴樓〉⋯⋯ 李太白(李白)

정십팔이 내가 황학루를 쳐부수겠다고 한 말을 시로 써 꾸짖자 취한 뒤 답함

*《眞寶》注에 "太白(〈贈韋南陵〉)詩: 「我且爲君搥碎黃鶴樓, 君亦爲吾倒却鸚鵡洲.」" 라 함.

*〈醉後答丁十八以詩譏予搥碎黃鶴樓〉: '술 취한 뒤에 丁十八이 시로써 내가 황학루를 때려부수겠다고 한 것을 나무람에 답을 하다'의 뜻. 丁十八은 정씨 성의 排行이 18번째인 사람. 구체적으로 누구인지는 알 수 없음.《後村詩話》(9)에 "丁十八不知爲何人, 敢與謫仙挑戰, 豈非任棠之流乎?"라 함. '譏'는 '나무라다, 꾸짖다, 기롱하다'의 뜻. '搥碎'(추쇄)는 몽둥이로 쳐서 부수어버림. '槌碎'로도 표기함. '黃鶴樓'는 崔顥의 〈登黃鶴樓〉(128)를 볼 것. 李白의 시 〈贈韋南陵〉에 "我且爲君搥碎黃鶴樓, 君亦爲我倒却鸚鵡洲(내 장차 그대를 위해 황학루를 쳐서 부수어 버릴 테니, 그대 또한 나를 위해 鸚鵡洲를 뒤엎어 버려라. 참고란을 볼 것)"라고 한 것을 두고 丁十八이 나무라는 시를 짓자 이백이 이 시를 지어 답을 한 것임.《李太白集注》에는 "閻伯理〈黃鶴樓記〉: 州城西南隅有黃鶴樓.《圖經》云: 昔費禕登仙, 嘗駕黃鶴還憩於此, 遂以名樓"라 함.

황학루의 높은 누대 이미 쳐서 부수었더니,
황학 선인은 의지할 곳 없어졌네.
황학이 하늘로 올라가 옥황상제에게 호소하였더니,
도리어 황학을 쫓아 강남으로 되돌려 보냈네.
신명한 태수가 황학루를 다시 고치고 조각하여 장식하니,
흰 회칠한 벽에 새로 그린 그림들 아직도 향내가 나네.
온 고을에서 나를 광객狂客이라 비웃고,
소년들은 왕왕 나를 찾아와 기롱하기도 하네.
엄군평嚴君平이 발[簾]을 내리고 돌아와 도를 가르칠 때 배운 자 뉘 집

아들인고?

　　스스로 자신은 요동遼東의 정령위丁令威라 말하고 있네.

　　그가 시를 지어 나를 흔들어 뛰어난 나의 흥취를 놀라게 하니,

　　흰 구름 감도는 붓으로 창문 앞에서 날리고 있네.

　　술이 다 깨고 난 내일 아침을 기다리시오.

　　그대와 함께 꽃이 난만한 봄빛이나 찾으러 나섭시다.

黃鶴高樓已搥碎, 黃鶴仙人無所依.

黃鶴上天訴上帝, 却放黃鶴江南歸.

神明太守再雕飾, 新圖粉壁還芳菲.

一州笑我爲狂客, 少年往往來相譏.

君平簾下誰家子? 云是遼東丁令威.

作詩掉我驚逸興, 白雲遶筆窓前飛.

待取明朝酒醒罷, 與君爛熳尋春輝.

【黃鶴高樓已搥碎, 黃鶴仙人無所依】'搥破'는 두드려 부숨. 때려 부숨.

【黃鶴上天訴上帝, 却放黃鶴江南歸】'上帝'는 《李太白文集》 등 모두 '玉帝'로 되어 있음. 玉皇上帝. '却放'은 '도로 놓아 줌'.

【神明太守再雕飾, 新圖粉壁還芳菲】'神明太守'는 신처럼 밝은 덕이 있는 자. 여기 서는 黃鶴樓를 중수한 그곳 태수를 말함. '雕飾'은 다시 조각하고 꾸미어 수리하 는 것. '新圖'는 새로 그린 黃鶴의 그림. '粉壁'은 흰 회칠을 한 벽. '芳菲'는 그림의 花草처럼 향기가 나는 듯이 느껴짐. '芳菲'는 향기를 뜻하는 雙聲連綿語. '還'은 副詞로 猶, 尙 등과 같은 뜻임.

【一州笑我爲狂客, 少年往往來相譏】'一州'는 黃鶴樓가 있는 武昌의 온 고을. 지금 의 江西省 일대.

【君平簾下誰家子? 云是遼東丁令威】'君平簾下誰家子'는 《眞寶》 注에 "君平, 嚴遵 字也"라 함. '君平'은 嚴君平. 嚴遵. 자가 君平이며 漢나라 때 사람으로 四川 成都 에서 占을 쳐주며 살았음. 그는 하루 먹을 것만큼 벌면 곧바로 발을 내리고 문

을 닫고는 《老子》를 가르치며 자족했다 함.《漢書》王貢兩龔鮑傳에 "君平卜筮於成都市, 以爲: 「卜筮者賤業, 而可以惠衆人. 有邪惡非正之問, 則依蓍龜爲言利害. 與人子言依於孝, 與人弟言依於順, 與人臣言依於忠, 各因勢導之以善, 從吾言者, 已過半矣.」 裁日閱數人, 得百錢足自養, 則閉肆下簾而授《老子》. 博覽亡不通, 依老子, 嚴周之指著書十餘萬言. 楊雄少時從遊學, 以而仕京師顯名, 數爲朝廷在位賢者稱君平德. 杜陵李強素善雄, 久之爲益州牧, 喜謂雄曰: 「吾眞得嚴君平矣.」 雄曰: 「君備禮以待之, 彼人可見而不可得詘也.」 彊心以爲不然. 及至蜀, 致禮與相見, 卒不敢言以爲從事, 乃歎曰: 「楊子云誠知人!」 君平年九十餘, 遂以其業終, 蜀人愛敬, 至今稱焉. 及雄著書言當世士, 稱此二人. 其論曰: 「或問: 君子疾沒世而名不稱, 盍勢諸? 名, 卿可幾? 曰: 君子德名爲幾. 梁齊楚趙之君非不富且貴也, 惡庸成其名!」 이라 하였으며, 《華陽國志》(10上)에는 "嚴遵, 字君平, 成都人也. 雅性澹泊, 學業加妙, 專精大易, 耽於老莊. 常卜筮於市, 假著龜以敎. 著指歸, 爲道書之宗."이라 하였으며, 皇甫謐 《高士傳》(中)에도 "嚴遵, 字君平, 蜀人也. 隱居不仕, 常賣卜於成都市, 日得百錢以自給. 卜訖, 則閉肆下簾, 以著書爲事. 楊雄少從之遊, 屢稱其德. 李強爲益州牧, 喜曰: 「吾得君平爲從事矣.」 雄曰: 「君可備禮與相見, 其人不可屈也.」 王鳳請交, 不許. 蜀有富人羅沖者, 問君平曰: 「君何以不仕?」 君平曰: 「無以自發.」 沖爲君平具車馬衣糧, 君平曰: 「吾病耳, 非不足也. 我有餘而子不足, 奈何以不足奉有餘?」 沖曰: 「吾有萬金, 子無儋石. 乃云有餘, 不亦謬乎?」 君平曰: 「不然, 吾前宿子家, 人定而役未息, 晝夜汲汲, 未嘗有足. 今我以卜爲業, 不下牀而錢自至, 猶餘數百, 塵埃厚寸, 不知所用. 此非我有餘而子不足邪?」 沖大慚, 君平嘆曰: 「益我貨者, 損我神; 生我名者, 殺我身. 故不仕也.」 時人服之. 『君平賣卜, 子雲所師. 聘文是闡, 迺作《指歸》. 牧不可屈, 錢常有餘. 眞人淡泊, 亶哉匪虛.』"라 하였고, 《蒙求》 「君平賣卜」에도 "前漢, 嚴遵字君平, 蜀郡人. 脩身自保, 非其服弗服, 非其食弗食. 卜筮於成都市, 以爲卜筮者賤業, 而可以惠衆. 人有邪惡非正之問, 則依蓍龜爲言利害, 與人子言依於孝, 與人弟言依於順, 與人臣言依於忠, 各因勢道之以善. 裁日閱數人, 得百錢足自養, 則閉肆下廉而授老子. 博覽亡不通, 依《老莊》之指著書十餘萬言. 楊雄少時依游學, 已而仕京師, 數爲朝廷在位賢者稱平德, 年九十餘終."이라 하였으며, 《太平御覽》(509)에도 역시 "皇甫士安《高士傳》曰: 嚴遵, 字君平, 蜀人. 常賣卜成都市, 日得百錢以自給. 卜訖, 則閉肆下簾, 以著書爲事. 楊雄少從之遊, 數稱其德. 李強爲益州牧, 喜曰: 「吾得君平爲從事矣.」 雄曰: 「君可備禮與相見, 其人不可屈也.」 王鳳請交, 不許. 歎曰: 「益我貨者, 損我神; 生我名者, 殺我身. 故不仕.」 時人服之."라 함. '誰家子'

는 '嚴遵의 집 밖 아래서 《老子》 공부를 한 자가 누구 집 아들이겠는가?'의 뜻.
'云是遼東丁令威'는 遼東 땅의 丁令威. 《藝文類聚》(28)에 傳하는 《搜神記》 佚文에
"《搜神記》曰: 遼東城門有華表柱. 忽有一白鶴集柱頭, 時有少年, 擧弓欲射之, 鶴乃
飛, 徘徊空中而言曰: 「有鳥有鳥丁令威, 去家千歲今來歸. 城郭如故人民非, 何不學
仙冢纍纍?」遂高上冲天, 今遼東諸丁, 云其先世有升仙者, 不知名字."라 하였으며,
陶淵明의 이름으로 되어 있는 《搜神後記》(1)에도 "丁令威, 本遼東人, 學道于靈虛
山. 後化鶴歸遼, 集城門華表柱. 時有少年, 擧弓欲射之. 鶴乃飛, 徘徊空中而言曰:
「有鳥有鳥丁令威, 去家千年今始歸. 城郭如故人民非, 何不學仙塚纍纍.」遂高上衝
天. 今遼東諸丁云其先世有升仙者, 但不知名字耳."라 하였음. 즉 丁令威가 靈虛山
에서 도를 익혀 白鶴이 되어, 천년을 지나 고향 요동으로 돌아와 성문의 華表(거
리나 위치를 표시하여 세운 이정표 기둥) 위에 앉자, 마침 한 소년이 활을 들어 그
를 쏘려 하였음. 그러자 그 학은 곧 날아올라 공중을 배회하면서 "집을 떠난 지
천 년 만에 새가 되어 돌아왔더니 성곽은 옛과 같으나 사람들은 그 때 사람이
아닐세. 어찌 신선술을 배우지 않나? 무덤이 저렇게 즐비한데"라 하였다 하며,
遼東의 丁氏들은 자신들의 선대 중에 승선한 사람이 있었으나 그 이름은 알지
못한다고 하였음. 《眞寶》 注에는 "《續搜神記》: 遼東城門, 有華表柱, 白鶴集其上,
言詩云: 「有鳥有鳥丁令威, 去家千歲今來歸. 城郭如故人民非, 何不學仙冢纍纍.」"라
함. 여기서는 丁十八이 마침 丁令威와 같은 丁씨임을 두고 비꼰 것임.
【作詩掉我驚逸興, 白雲遶筆窓前飛】'掉'는 흔듦. 《李太白集》에는 '調'로 되어 있으며,
그 注에 "繆本作掉"라 함. '驚逸興'은 자기의 超逸한 흥취에 놀람. '白雲遶筆'은 흰
구름이 붓을 감돌 듯함. '白雲'은 仙界에 있는 풍경을 말함. '窓'은 窗, 窗과 같음.
【待取明朝酒醒罷, 與君爛熳尋春輝】'待取'는 기다린 뒤에. '取'는 語助詞. '爛熳'은
꽃이 이름답게 만발한 모습을 뜻하는 疊韻連綿語. '輝'는 모든 판본에 모두 '暉'
로 되어 있음. 《李太白集分類補註》에 "齊賢曰: 黃鶴樓事見前, 賀知章自號四明狂客.
《漢書》嚴君平賣卜於成都市, 日閱數人得百錢, 足自養, 則閉門下簾而授《老子》. 遼東
華表柱上有鶴云:「有鳥有鳥, 丁令威去家, 千年今始歸. 城郭雖是, 人民非.」(蕭)士贇
曰:「《漢書》黃霸爲潁川太守, 吏民咸稱爲神.」"이라 하였고, 《李太白集注》에는 "《漢
書》: 黃霸爲爲潁川太守, 吏民咸稱神明. 《漢書》: 嚴君平卜筮於成都市, 得百錢足自養,
則閉肆下廉而授《老子》. 《搜神後記》: 丁令威本遼東人, 學道於靈墟山. 楊升菴曰: 李
白過武昌, 見崔顥〈黃鶴樓詩〉, 嘆服之, 不復作去, 而賦〈金陵鳳凰臺〉. 其後禪僧用
此事作一偈曰:「一拳搥碎黃鶴樓, 一脚踢翻鸚鵡洲. 眼前有景道不得, 崔顥題詩在上

頭.」旁一遊僧亦擧前二句而綴之曰:「有意氣時消意氣, 不風流處也風流.」又一僧云:
「酒逢知己藝壓當, 行原是借此一事.」設辭非太白詩也, 流傳之久, 信以爲眞. 宋初有
人僞作太白〈醉後答丁十八詩黃鶴高樓己搥碎〉一首. 樂史編《太白遺詩》遂收入之,
近世解學士作〈弔太白詩〉云:「也曾搥碎黃鶴樓, 也曾踢翻鸚鵡洲.」殆類優伶之語,
太白一何不幸耶? 琦按: 太白〈江夏贈韋南陵詩〉原有「我且爲君搥碎黃鶴樓, 君亦爲
吾倒却鸚鵡洲」之句, 要是設言之辭而玩此詩, 則眞有搥碎一事矣. 要之, 禪僧偈語本
用〈贈韋詩〉中語, 非〈醉答丁十八一詩〉. 本禪僧之偈而僞撰也. 升菴因彼而疑此, 殆
亦目睫之見也夫!」함.

참고 및 관련 자료

1. 이태백(李太白) 李白, 李翰林. 016 참조.

2. 이 시는《李太白文集》(16),《李太白集分類補註》(19),《李太白集注》(19),《全唐
詩》(178),《唐詩品彙》(27),《御定全唐詩錄》(22),《後村詩話》(9) 등에 실려 있음.

3. 韻脚은 '碎, 衣, 歸, 菲, 譏, 威, 飛, 輝'.

4. 〈江夏贈韋南陵冰〉《李太白文集》(11)

胡驕馬驚沙塵起, 胡雛飮馬天津水. 君爲張掖近酒泉, 我竄三巴九千里. 天地再新
法令寬, 夜郎遷客帶霜寒. 西憶故人不可見, 東風吹夢到長安. 寧期此地忽相遇, 驚
喜茫如墮烟霧. 玉簫金管喧四筵, 苦心不得申長句. 昨日繡衣傾綠樽, 病如桃李竟何
言? 昔騎天子大宛馬, 今乘羸段諸侯門. 賴遇南平豁方寸, 復兼夫子持淸論. 有似山
開萬里雲, 四望靑天解人悶. 人悶還心悶苦辛, 辛愁來飮酒二千石, 寒灰重暖生陽春.
山公醉能騎馬, 別是風流賢主人. 頭陀雲月多僧氣, 山水何曾稱人意? 不然鳴笳按
鼓戲滄流, 呼取江南女兒歌棹謳. 我且爲君搥碎黃鶴樓, 君亦爲吾倒却鸚鵡洲. 赤壁
爭雄如夢裏, 且須歌舞寬離憂.

138. <采石月贈郭功甫> ················· 梅聖兪(梅堯臣)

채석산의 달을 노래하여 곽공보에게 드림

*《眞寶》注에 "此詩謂郭功甫爲李白後身也"라 함.
*<采石月贈郭功甫>: 采石山의 달을 노래하여 郭功甫에게 드림. '采石'은 《宛陵集》
 에는 '採石'으로 되어 있음. 采石山은 安徽省 當塗縣에 있으며, 채석산 아래 采
 石磯에서 이백이 술 취하여 뱃놀이를 할 때, 물에 비친 달을 건지려다가 물에
 빠져 죽었다는 전설이 있음. 그러나 이에 대해서는 많은 기록에 "전설일 뿐 사
 실이 아님"을 역설하고 있음. 참고란을 볼 것. 郭功甫는 이름은 祥正, 자는 功父
 (功甫). 當塗 사람. 그의 어머니가 꿈에 李白을 보고 그를 낳았다 하였고, 어려
 서부터 시를 잘 지어 梅堯臣은 그가 진실로 이백의 後身일 것이라 여겼음. 《氏
 族大全》(21)에 "郭祥正字功父, 母夢太白而生, 自號謝公山人. 梅聖兪一見呼爲謫
 仙, 贈詩云:「采石月下逢謫仙, 夜披錦袍坐釣船.」過杭, 出詩一軸示東坡. 先自吟誦,
 聲振左右, 問東坡曰:「祥正此詩幾分.」坡曰:「十分七分來, 是讀三分來. 是詩豈不十
 分也?」仕宋至殿中丞, 所居有醉吟庵."이라 함.

채석강 달빛 아래 이적선李謫仙의 자취를 찾아갔더니,
밤에 비단 도포 걸치고 고깃배에 앉아 있던 그.
취중에 강바닥에 매달린 달을 사랑하여,
손으로 그 달을 잡으려다 몸이 거꾸로 풍덩 빠졌다지.
갑자기 물에 빠져 굶주린 교룡으로 하여금 침 흘리게 했을 리 없으니,
곧바로 고래를 타고 푸른 하늘로 올라갔을 테지.
사공산謝公山에 그의 무덤이 있다는 말은 사람들이 잘못 전해 온 것.
인간 세상에 환생해 와 있은 지 몇 년이나 되는지 아는가?
지난날 분양왕汾陽王 곽자의郭子儀를 대열 속에서 알아냈던 이가 누
구던가?
관직을 반납하면서 이백의 죽음을 사겠다고 했으니 의를 잊기 어려워

서 였겠지.

지금 그 곽씨의 후손으로 기이하게 뛰어난 그대를 보니,

눈썹과 눈은 정말로 글 잘 짓던 이백을 닮았네.

사생死生의 왕래는 시중에도 얼마든지 있는 것이니,

양호羊祜가 뽕나무 속에 금반지 찾아내듯 이백의 화신이 바로 그대 일세.

采石月下訪謫仙, 夜披錦袍坐釣船.
醉中愛月江底懸, 以手弄月身翻然.
不應暴落飢蛟涎, 便當騎鯨上靑天.
靑山有家人謾傳, 却來人間知幾年?
在昔孰識汾陽王? 納官贖死義難忘.
今觀郭裔奇俊郞, 眉目眞似攻文章.
死生往復猶康莊, 樹穴探環知姓羊.

【采石月下訪謫仙, 夜披錦袍坐釣船】'采石'은 원본에는 '探石'으로 되어 있음. 謫仙은 李白을 가리킴. '夜披錦袍坐釣船'은 이백이 采石磯에서 밤에 비단 長袍를 입고 낚싯배에 앉아 뱃놀이를 즐기다가 물에 빠졌다는 전설을 말한 것.

【醉中愛月江底懸, 以手弄月身翻然】'醉中愛月江底懸'은 달이 강바닥에 매달림. 강바닥에 비친 달이 마치 거꾸로 매달린 듯 보임을 표현한 것. 《唐才子傳》李白에 "白晩節好黃, 老, 度牛渚磯, 乘酒捉月, 沈水中"이라 함. '以手弄月身翻然'의 '身翻然'은 몸이 뒤집혀 물에 풍덩 빠짐.

【不應暴落飢蛟涎, 便當騎鯨上靑天】'不應暴落飢蛟涎'은 갑자기 물에 떨어졌으나 굶주린 교룡이 침을 흘리도록 하지 않았을 것임. '飢蛟涎'은 굶주린 교룡이 침을 흘림. '便當騎鯨上靑天'은 의당 이백은 물에 빠진 뒤 고래를 타고 푸른 하늘로 올라갔을 것이라 여긴 것.

【靑山有家人謾傳, 却來人間知幾年】'靑山'은 安徽省 當塗縣에 있는 산으로, 南朝 齊나라 謝朓가 은거했었던 곳이어서 '謝公山'으로도 부름. 《太平寰宇記》에 "齊宣

城太守謝朓, 築室于山南, 遺趾猶存, 絶頂有謝公池. 唐天寶間改爲謝公山, 謝朓詩「還望靑山郭」, 是也"라 함.(055 참조)《唐才子傳》李白에 "初, 悅謝家靑山, 今墓在焉"이라 함. 이백은 애초 謝朓를 좋아하였기에 그 謝公山에 무덤을 정했을 것이라 한 것. '人讒傳'은 사람들은 거짓말로 이백의 무덤이라 전하고 있음. '却來人間知幾年'은 이백의 혼이 郭功甫로 化身하여 '인간 세상으로 되돌아온 지 몇 년이나 되는지 아는가?'의 뜻. '人間'은 仙界에 상대하여 이르는 말로 人間 세상, 俗世, 人世를 뜻함. '幾年'은 郭功甫의 나이와 같음을 말함.

【在昔孰識汾陽王? 納官貰死義難忘】 '汾陽王'은 郭子儀를 가리킴. 李白과 같은 시기의 唐나라 장군. 그가 장군이 되기 전 병졸로서 대열 속에 있을 때 李白이 그를 알아보고 추천하여 등용되었음. 그리하여 郭子儀는 과연 安祿山의 난을 평정하는 등 큰 공을 세워 汾陽郡王에 봉해짐.《舊唐書》(120)과《新唐書》(137)에 傳이 있으며《新唐書》에 "郭子儀, 字子儀, 華州鄭人. 長七尺二寸. 以武擧異等補左衛長史, 累遷單于副都護, 振遠軍使. 天寶八載, 木剌山始築橫塞軍及安北都護府, 詔即軍爲使. 俄苦地偏不可耕, 徙築永淸, 號天德軍, 又以使兼九原太守. 十四載, 安祿山反, 詔子儀爲衛尉卿, 靈武郡太守, 充朔方節度使, 率本軍東討. ……進封汾陽郡王, 屯絳州. ……建中二年, 疾病, 帝遣舒王到第傳詔省問, 子儀不能興, 叩頭謝恩. 薨, 年八十五. 帝悼痛, 廢朝五日. 詔群臣往弔, 隨喪所須, 皆取於官. 贈太師. 陪葬建陵"이라 함. '納官貰死義難忘'은 이백이 永王(李璘)의 반란에 연루되자 郭子儀는 자신의 작위를 반납하는 대신 이백을 사면하도록 청하여 이백이 주벌을 면하게 되었음.《眞寶》注에 "白客幷州, 識汾陽王郭子儀於行伍間, 爲脫其刑責, 而獎重之, 及白坐永王之事, 子儀功成, 請以官爵贖白罪, 因而免誅"라 함. '義難忘'은 郭子儀가 의리를 잊기 어려워 곽씨의 아들로 화신하여 태어나는 것으로 보답을 하였을 것임.

【今觀郭裔奇俊郞, 眉目眞似攻文章】 '今觀郭裔奇俊郞'은 郭子儀의 후손은 매우 많았으며 모두가 훌륭히 임무를 수행함.《新唐書》郭子儀傳에 "諸孫數十; 不能盡識, 至問安, 但頷之而已. 富貴壽考, 哀榮終始, 人臣之道無缺焉"이라 함. 郭功甫도 같은 성씨로 그 중 하나일 것으로 여긴 것. '眉目眞似攻文章'은 耳目口鼻도 정말로 문장에 뛰어난 이백을 닮았음. '攻文章'은 문장에 뛰어난 재능을 가졌던 李白을 가리킴.

【死生往復猶康莊, 樹穴探環知姓羊】 '康莊'은 사통팔달의 번화한 거리.《眞寶》注에 "康莊, 街道也"라 함. '시중의 사통팔달 훤한 곳 어디에서나'의 뜻.《爾雅》釋宮

에 "五達謂之康, 六達謂之莊"이라 하였고, 〈疏〉에 "康, 樂也. 交會樂道也. 莊, 盛
也. 道煩盛, 三道交出"이라 함. '樹穴探環知姓羊'은 《晉書》(34) 羊祜傳에 "祜年五
歲, 時令乳母取所弄金鐶. 乳母曰:「汝先無此物.」祜卽詣鄰人李氏東垣桑樹中探得
之. 主人驚曰:「此吾亡兒所失物也, 云何持去!」乳母具言之, 李氏悲惋. 時人異之.
謂李氏子則祜之前身也. 又有善相墓者, 言祜祖墓所有帝王氣, 若鑿之則無後, 祜遂
鑿之. 相者見曰:「猶出折臂三公.」而祜竟墮馬折臂, 位至公而無子."라 하였고, 《搜
神記》(15)에도 "羊祜年五歲時, 令乳母取所弄金鐶. 乳母曰:「汝先無此物.」祜卽詣鄰
人李氏東垣桑樹中, 探得之. 主人驚曰:「此吾亡兒所失物也. 云何持去?」乳母具言之.
李氏悲惋. 時人異之."라 하였으며, 《太平廣記》(387)에도 《獨異志》를 인용하여 "晉
羊祜三歲時, 乳母抱行, 乃令於東鄰樹孔中探得金鐶. 東鄰之人云:「吾兒七歲墮井
死, 曾弄金鐶, 失其處所.」乃驗祜前身, 東鄰子也."라 함. 羊祜가 나이 다섯 살 때
乳母에게 자신이 가지고 놀던 금반지를 내놓으라 하자, 원래 그런 것이 없었는
데 어찌 된 것인가 하고 물었음. 그러자 羊祜가 이웃 李氏 집 동쪽 담 옆의 뽕나
무 속에서 이것을 찾아내었다 함. 이에 李氏는 그것이 죽은 자신의 아들 것으로
잃어버렸던 것이어서 괴이하게 여겼다 함. 이로써 羊祜는 李氏 아들의 化身이라
여긴 것. 한편 羊祜(221-278)는 晉나라 때 泰山人으로 司馬師 羊皇后의 동생이며
담론에 뛰어났던 人物. 杜預가 그의 죽음을 두고 지은 〈墮淚碑〉가 유명하며 저
서에 《老子傳》이 있음. 《世說新語》 등을 참조할 것. 《晉書》(34)에 그 傳이 실려 있
음. 《眞寶》注에 "羊祜, 年五歲, 令乳母取所弄金環. 乳母曰:「汝先無此物.」祜卽詣
鄰人李氏東垣桑木中, 探得之. 主人驚曰:「此吾亡兒所失物也.」言之, 知李氏子, 則
祜前身也"라 함.

참고 및 관련 자료

1. 梅聖兪(1002-1060)

梅堯臣, 자는 聖兪. 宣州 宣城(지금의 安徽) 사람으로 北宋 때의 유명한 시인. 흔
히 宛陵先生이라 부르며 처음 蔭官으로 桐城主簿에 올랐다가 뒤이어 鎭安軍度判
官이 됨. 皇祐 3년(1051年)에 비로소 宋 仁宗의 부름을 받고 과거에 응시하였으며
뒤에 太常博士에 오름. 歐陽修의 추천으로 國子監直講이 되었다가 尙書都官員外
郞을 지냄. 그 때문에 흔히 그를 '梅直講', '梅都官'으로 부르기도 함. 歐陽修가 그
의 문집에 序文을 써 주었음. 《宋史》(443) 文苑傳에 그의 傳이 있으며 《宛陵集》을
남김. 한편 《氏族大全》에는 "梅堯臣字聖兪, 以詩名. 張芸叟評之曰:「聖兪詩如深山

道人, 草衣木食, 王公大人見之不覺屈膝.」宋慶曆中爲郞官"이라 함.

2. 이 시는 《宛陵集》(43)에 실려 있으며, 그 외 《古今事文類聚》(17), 《漁隱叢話》
(37), 《詩人玉屑》(18), 《詩林廣記》(8), 《宋詩紀事》(20) 등에 관련 기록이 있음.

3. 韻脚은 '仙, 船, 然, 天, 年'. '王, 忘, 章, 羊'.

4. 《李太白集注》(35) 〈傳疑〉

《撫言》曰:「李白著宮錦袍, 遊采石江中, 傲然自得, 旁若無人. 因醉入水中捉月而
死.」《容齋隨筆》曰:「世俗多言李太白在當塗采石, 因醉泛舟於江, 見月影俯而取之,
遂溺死. 故其地有捉月臺. 予按李陽冰作〈太白草堂集序〉云:「陽冰試絃歌於當塗,
公疾亟草藁萬卷, 手集未修, 枕上授簡, 俾予爲序.」又李華作〈太白墓志〉亦云:「賦臨終
歌, 而卒.」乃知俗傳良不足信, 蓋與杜子美因食白酒牛炙而死者, 同也.《二老堂雜志》
曰:「世傳太白因醉溺江, 故有捉月臺. 梅聖俞詩云:『采石月下逢謫仙, 夜披錦袍坐釣
船. 醉中愛月江底懸, 以手弄月身翻然. 不應暴落飢蛟涎, 便當騎鯨上靑天.』蓋信此
而爲之說也.」《舊唐書》本傳云:「白以飮酒過度死於宣城.」《新唐書》云:「李陽冰爲當
塗令, 白依之而卒. 陽冰之序白集亦謂白疾亟枕上授簡, 俾予爲集序.」初無捉月之說,
豈古不弔溺, 故史氏爲白諱耶? 抑小説多妄而詩人好奇, 姑假以發新意耶?《方輿勝
覽》曰:「李白初葬采石, 後遷靑山, 去舊墳九里.」按李陽冰〈草堂集序〉, 劉全白作〈墓
碣〉, 皆謂以疾終.《五侯鯖錄》太白過采石, 酒狂捉月, 恐好事者爲之.

5. 《漁隱叢話》(前集 37)

苕溪漁隱曰:聖俞〈採石月贈功甫〉云:「採石月下訪謫仙, 夜披錦袍坐釣船. 醉中愛月
江底懸, 以手弄月身翻然. 不應暴落飢蛟涎, 便當騎魚上靑天. 靑山有冢人謾傳, 却來
人間知幾年? 在昔孰識汾陽王? 納官貰死義難忘. 今觀郭裔奇郞, 眉目眞似攻文章.
死生往復猶康莊, 樹穴探環知姓羊.」李白從永王璘之辟, 璘敗當誅. 郭子儀請解官以
贖, 有詔長流夜郞. 聖俞用此事尤爲親切, 若非姓郭亦難用矣.

139. <把酒問月> ·················· 李太白(李白)
술잔을 잡고 달에게 묻다

*<把酒問月>:'술을 들어 달에게 물어보다'의 뜻.《文集》에 "原註:故人賈淳, 令予問之"
라 함.

푸른 하늘에 달이 있은 지 얼마나 되었던가?

나는 지금 술잔을 멈추고 한 번 물어보노라.

사람이 밝은 달을 잡고 오를 수는 없으나,

달은 오히려 사람을 따라다니고 있네.

밝기는 날아다니는 거울이 붉은 대궐에 비치는 듯하고,

푸른 안개를 모두 없애버리고 맑은 빛을 발하네.

다만 밤이 되면 바다로부터 떠오르는 것만 볼 뿐,

새벽이면 구름 사이로 사라져버리는 것을 어찌 알겠는가?

옥토끼는 약을 찧으며 가을을 보내고 다시 봄을 맞으며,

항아姮娥는 외롭게 살고 있으니 누구를 이웃으로 삼고 있는가?

지금의 사람은 옛날의 달을 보지 못하지만,

지금의 달은 옛날에도 그 때 사람들을 비추었으리.

옛사람과 지금 사람 흐르는 물 같으니,

다 같이 밝은 달을 보고 이렇게 느꼈으리.

오직 원하노니 노래하며 술을 마주 대할 때면,

달빛이 길이 금 술동이를 비추어주기를.

青天有月來幾時? 我今停盃一問之.

人攀明月不可得, 月行却與人相隨.

皎如飛鏡臨丹闕, 綠煙滅盡清輝發.

但見宵從海上來, 寧知曉向雲間沒?
玉兎搗藥秋復春, 姮娥孤栖與誰鄰?
今人不見古時月, 今月曾經照古人
古人今人若流水, 共看明月皆如此.
惟願當歌對酒時, 月光長照金樽裏.

【靑天有月來幾時? 我今停盃一問之】'來幾時'는 '얼마나 되었는가? 얼마나 시간이 지났나?'의 뜻.

【人攀明月不可得, 月行却與人相隨】'攀'은 손으로 잡고 오름.

【皎如飛鏡臨丹闕, 綠煙滅盡淸輝發】'丹闕'은 붉은 궁궐이나 대궐. 궁전이나 호화로운 집 문. '綠煙'은 녹색의 안개. 木華의 〈月賦〉에 "朱澈綠煙"이라 표현함.

【但見宵從海上來, 寧知曉向雲間沒?】'宵'는 밤. 밤은 바다로부터 시작되어 어두워지며 그 때 달이 떠오름.

【玉兎搗藥秋復春, 姮娥孤栖與誰鄰?】'玉兎搗藥'은 《李太白文集》,《分類補註》,《集注》 등에는 모두 '白兎擣藥'으로 되어 있어 '白'과 '擣'자가 다르며,《分類補註》에는 '搗'로 되어 있음. 傅玄의 〈擬天問〉詩에 "月中何有? 白玉兎擣藥'이라 하여 달에 흰 토끼가 仙藥을 찧고 있다 하였음. '姮娥'는 嫦娥로도 표기함. 원래 羿의 처로, 羿가 西王母에게 불사약을 얻었는데 항아가 이를 훔쳐 月宮으로 달아났다는 전설이 있음. 《集注》에 "《獨異志》:「羿燒仙藥, 藥成, 其妻姮娥竊而食之. 遂奔入月中.」"이라 하였으며,《御選唐詩》注에 "《淮南子》羿得不死之藥於西王母, 其妻嫦娥竊之奔于月." 戴逵〈閒遊贊〉:「終古皆孤棲於一巖.」 劉琨〈答盧諶〉詩:「旣孤我德, 又闕我隣.」 朱超〈舟中望月〉詩:「大江闊千里, 孤舟無四隣.」이라 함. 한편 《淮南子》(覽冥訓)에 "譬若羿請不死之藥於西王母, 恒娥竊以奔月, 悵然有喪, 無以續之. 何則? 不知不死之藥所由生也"라 하여 이러한 전설이 널리 퍼짐.

【今人不見古時月, 今月曾經照古人】'今月曾經照古人'은 지금 저 달은 옛날 사람을 비췄던 그 달 그대로임.

【古人今人若流水, 共看明月皆如此】'共看明月皆如此'는 謝莊의 〈月賦〉에 '隔千里兮共明月'이라 하였고, 鮑照의 〈翫月〉詩에도 '三五二八時, 千里與君同'이라 하였음.

【惟願當歌對酒時, 月光長照金樽裏】'當歌對酒'는 曹操의 〈短歌行〉에 "對酒當歌, 人生幾何?"라 함. '樽'은 罇으로도 표기함. 술동이.

1. 이태백(李太白) 李白, 李翰林. 016 참조.

2. 이 시는 《李太白文集》(17), 《李太白集分類補註》(20), 《李太白集注》(20), 《全唐詩》(179), 《唐文粹》(17下), 《御選唐詩》(7) 등에 널리 실려 있음.

3. 韻脚은 '時, 之, 隨'. '闕, 發, 沒'. '春, 隣, 人'. '水, 此, 里'.

140. 〈柟木爲風雨所拔歎〉 ·················· 杜子美(杜甫)
녹나무가 비바람에 뽑힌 것을 탄식함

*〈柟木爲風雨所拔歎〉: 柟木(녹나무)이 풍우에 뽑힘을 탄식함. '爲A所B'는 'A에 의해 B당하다'의 被動文을 구성함. '柟'은 '楠'으로도 표기하며, 江南에 흔한 常綠喬木의 일종으로 梅柟子, 柟梓라고도 함. 잎은 뽕나무와 같으며 열매는 살구와비슷하나 맛은 시다 함. 杜甫 草堂 앞에 있던 이 나무가 비바람에 뽑혀 쓰러지자 이를 안타깝게 여겨 읊은 것.《杜詩詳注》에 "考〈草堂本〉: 此與〈茅屋〉歌, 俱編入上元二年成都詩內, 今從之.《黃鶴據史》: 永泰二年三月大風拔木, 謂此詩作於其時"라 하였으나,《補注杜詩》題下에는 "永泰元年五月作"이라 하였고,〈補注〉에는 "鶴曰:「柟木在成都草堂之前, 而師以虎倒龍顚, 喻嚴武之死, 則是詩作於永泰元年五月. 蓋武以其年四月死"라 함.

강가에 의지한 녹나무가 초당 앞에 있었는데,
노인들이 2백 년 된 나무라 전해온다 하였네.
띠 풀을 베고 집터를 정한 것은 모두 이 나무 때문이었으니,
한여름 5월에도 마치 가을 매미소리 들릴 때처럼 시원했지.
그런데 동남쪽 회오리바람이 땅을 뒤흔들며 불어오더니,
강물은 뒤집히고 돌은 굴러 흐르는 구름기운 몰려들었네.
그 나무줄기는 우레와 비를 밀치며 마치 힘을 다해 맞서는 듯하였으나,
샘 근원 땅속까지 뻗었던 뿌리까지 끊기고 말았으니 어찌 하늘의 뜻이리오?
푸른 물결은 늙은 나무가 본성으로 사랑하는 대상이어서,
물가에 자라 울창함이 푸른 수레 덮개처럼 아름다웠지.
시골 사람들은 자주 머물러 그 아래서 눈과 서리를 피하였고,
나그네는 그냥 지나치지 않고 피리 소리 같은 바람 소리를 들었었지.

그런데 쓰러진 호랑이처럼, 뒤엎어진 용처럼 잡목 가시 덩굴 속에 방치된 채,

눈물 흔적과 상처의 핏자국이 가슴에 흘러내리고 있네.

내가 새로 시를 지은들 어디에서 읊으리오?

나의 초당도 이로부터 볼품없이 되고 말았네.

倚江枏樹草堂前, 故老相傳二百年.
誅茅卜居總爲此, 五月髣髴聞寒蟬.
東南飄風動地至, 江翻石走流雲氣.
幹排雷雨猶力爭, 根斷泉源豈天意?
滄波老樹性所愛, 浦上童童一靑盖.
野客頻留懼雪霜, 行人不過聽竽籟.
虎倒龍顚委榛棘, 淚痕血點垂胸臆.
我有新詩何處吟? 草堂自此無顔色.

【倚江枏樹草堂前, 故老相傳二百年】 '倚江'은 '강에 의지하여, 강가에'의 뜻. '倚'는 依와 같음. 草堂은 杜甫가 安祿山의 난을 피해 蜀의 成都로 갔다가 嚴武의 도움으로 그곳 浣花溪 가에 지어 생활했던 집.《四川通志》(26)에 "草堂在縣西南五里浣花溪上, 即唐杜甫宅"이라 함. '枏'은《眞寶》注에 "枏, 音南. 亦作楠, 俗作柟.《爾雅》:「梅枏.」《說文》:「葉似桑, 子似杏而酸"이라 함. '故老相傳二百年'은 그 고을의 노인들 말에 의하면 2백 년이 된 나무라 전해옴.

【誅茅卜居總爲此, 五月髣髴聞寒蟬】 '誅'는 伐, 斬, 치와 같음. '卜居'는 집터를 정함. 띠 풀을 베어내고 터를 닦는 것. '總爲此'는 모두가 이 남목 때문이었음을 말함. 〈九家集注〉에는 '總'이 '摠'으로 되어 있음. '五月'은 더운 한여름. '髣髴'은 彷佛, 仿佛 등으로도 표기하며 매우 흡사함을 이르는 雙聲連綿語. '聞寒蟬'은 寒蟬은 쌀쌀한 가을철 매미.《禮記》月令에 "孟秋之月, 凉風至, 白露降, 寒蟬鳴"이라 함. 〈詳注〉에 "五月寒蟬, 是咏樹, 不是咏蟬. 樹高則響細; 陰多, 則氣凉. 故髣髴如聽寒蟬"이라 함.

【東南飄風動地至, 江翻石走流雲氣】'東南飄風動地至'는 補注에 "洙曰:《老子》曰: 「飄風不終朝.」"라 함. '江翻石走流雲氣'는 풍우가 심해 돌이 뒤집혀 굴러감.

【榦排雷雨猶力爭, 根斷泉源豈天意】'榦'은 나무 줄기. 그러나 '幹'로 된 판본도 있음. 〈詳注〉에 "晉作幹"이라 함. '排'는 밀쳐냄. '根斷泉源'은 샘물의 원천이 있는 땅 깊숙한 곳까지 뻗어 있던 뿌리가 잘려 나감. '그런데 이렇게 잘려 나가는 것이 어찌 하늘의 뜻이었으리오?'라고 한탄한 것임.

【滄波老樹性所愛, 浦上童童一靑盖】'滄波'는 혹 '蒼茫'으로 된 판본도 있음. 〈詳注〉에 "滄波, 一作蒼茫"이라 함. 푸른 물은 늙은 나무의 본성이 좋아하는 것임. 뿌리는 물을 찾고 그 자란 모습은 창파의 형상을 그대로 닮음. '浦上'은 갯가. '童童'은 무성하여 그 가지와 잎이 늘어뜨려져 사물을 가리고 있는 모습을 표현한 疊語. '靑盖'(車盖)는 황태자나 황자가 타는 수레의 푸른 지붕.《後漢書》輿服志에 "皇太子, 皇子, 皆安車朱輪靑盖"라 함. 〈補注〉에 "洙曰:「蜀先主舍東南, 有一木, 遙望之, 童童若車盖.」"라 함.

【野客頻留懼雪霜, 行人不過聽竽籟】'頻留'는 가던 사람들이 자주 머물러 그 나무 아래에서 눈이나 서리를 피하기도 하였었음. '竽'는 36개의 管이 있는 笙簧. 吹奏樂器의 일종. '籟'는 원래 피리. 자연의 음악.《莊子》에 天籟, 地籟, 人籟 등을 말함. 여기서는 지나가던 사람들이 그냥 지나가지 않고 나무가 내는 바람 소리를 음악으로 여겨 듣기도 하였음을 말함.

【虎倒龍顚委榛棘, 淚痕血點垂胸臆】'虎倒龍顚委榛棘'은 호랑이가 넘어지고 용이 뒤엎어진 것처럼 나무가 넘어져 뒤엉킨 나무 덩굴이나 가시덤불 속에 그대로 방치됨. '榛'은《字彙》에 "叢生貌"라 함. '榛棘'은 혹 '荊棘'으로 된 판본도 있음. '淚痕血點垂胸臆'은 눈물자국과 핏자국. 곧 나무에 난 상처와 흘러내린 樹液을 말함. '胸臆'은 가슴. 〈補注〉에 "趙曰:「乃下和淚盡, 繼之以血也.」"라 함.

【我有新詩何處吟? 草堂自此無顔色】'無顔色'은 빛이 나지 않음. 볼품이 없어짐. 嚴武가 죽고 나서 자신의 초당은 매우 쓸쓸한 곳이 되고 말았음을 비유하는 것으로도 봄.《杜詩鏡銓》에 "浦二田云:「結四, 具有甚痛, '虎倒龍顚', 英雄失路;'淚痕血點', 人樹兼悲. 末二句歎柟耶? 自歎耶?」殷仲文有言:「樹猶如此, 人何以堪?」"이라 하였고, 〈補注〉에는 "師曰:梗柟祀梓, 天下之良材. 柟樹爲風雨所拔, 喻嚴武死于蜀, 甫無所依, 故歎惜之. 上元二年, 嚴武鎭成都, 甫自閬州挈家往依之. 武歸朝廷, 甫浮游左蜀諸郡, 往來非一武, 再鎭兩川奏爲節度參謀檢校工部員外郞. 永泰元年夏, 武卒, 郭英乂代之. 甫失所依, 乃泛江移夔州. 大曆三年春, 下峽至荊南. 詳味此詩, 殆

爲嚴武而發歎焉. 甫築草堂于成都浣花里, 甫爲得此樹以爲遊息, 覆庇其下, 猶賴武以庇焉. 今也如「虎倒龍顚」, 是使草堂之人而無所棲託. 故云「草堂自此無顔色」」이라 함. 《眞寶》注에는 "楩柟杞梓, 天下之良材. 柟樹爲風雨所拔, 喩嚴武之死, 如'虎倒龍顚', 使草堂無所棲託, 故歎云'自此無顔色'也"라 함.

> 참고 및 관련 자료

1. 杜子美:杜甫, 杜少陵, 杜工部. 042 참조.

2. 이 시는 《九家集注杜詩》(10), 《補注杜詩》(10), 《集千家註杜工部詩集》(12), 《杜詩詳注》(10), 《杜詩鏡銓》(8), 《石倉歷代詩選》(45), 《全唐詩》(219), 《唐詩品彙》(28), 《後村詩話》(10) 등에 널리 실려 있음.

3. 韻脚은 '前, 年, 蟬'. '至, 氣, 意'. '愛, 盖, 籟'. '棘, 臆, 色'.

4. 《杜詩諺解》初刊本(6)

ᄀᆞ료ᄆᆞᆯ 비겻ᄂᆞᆫ 柟樹ㅣ 草堂ㅅ 알피 잇ᄂᆞ니

녯 늘그니 서르 傳호ᄃᆡ 二百히라 ᄒᆞᄂᆞ다

ᄲᅰ 뷔오 사롤 ᄃᆡ 占卜호ᄆᆞᆫ 다 이 남ᄀᆞᆯ 爲ᄒᆞ얘니

五月에 엇브시 찬 ᄆᆡ야미 소ᄅᆡᆯ 듣ᄂᆞᆫ ᄃᆞᆺᄒᆞ다라

東南녁 飄風이 싸히 뮈여 니르니

ᄀᆞᄅᆞ미 두위이즈며 돌히 ᄃᆞ르며 구롮 氣運이 흐르놋다

웃드미 雷雨를 버으리와다 오히려 힘써 ᄃᆞ토더니

불휘 믌 미틔 싯기여 그처디니 엇뎨 하ᄂᆞᆯ 뜨디시리오

滄波와 늘근 나모ᄂᆞᆫ 내 本性에 ᄉᆞ랑ᄒᆞᄂᆞᆫ 배니

개 우희 도련ᄒᆞᆫ 흔 프른 蓋 ᄀᆞᆮ더니라

ᄆᆡ해 소니 ᄌᆞ조 머드러셔 눈과 서린가 저코

길 녈 사ᄅᆞ미 디나가디 아니ᄒᆞ야셔 피릿 소ᄅᆡ 듣ᄂᆞᆫ ᄃᆞᆺᄒᆞ더니라

버미 갓고로딘 ᄃᆞᆺᄒᆞ며 龍이 업더딘 ᄃᆞᆺᄒᆞ야 가시 나모 서리예 ᄇᆞ롓ᄂᆞ니

눉믈 그제와 핏 點을 가ᄉᆞ매 드리우노라

내 뒷 논 새 詩를 어듸 가 이프려뇨

草堂이 일로브터 ᄂᆞᆺ 비치 업스리로다

141. 〈題太乙眞人蓮葉圖〉 ·················· 韓子蒼(韓駒)
〈태을진인연엽도〉에 제함

*《眞寶》注에 "漢元狩中, 東南守臣言:「每見有異人, 乘大蓮葉, 如舟, 汎水上, 臥而
觀書. 邑人聚觀, 異人不見, 惟蓮葉及書有焉. 蓋古篆文, 遍問, 莫能識, 唯東方朔
識之, 曰:「此天神太乙之祕書也. 太一所見, 其國太平, 遂衍其文, 以傳於世. 今五
福數學之書也. 太一之星, 十六, 其一曰五福, 卽太一主星也"라 함.
*〈題太乙眞人蓮葉圖〉:'太乙眞人蓮葉圖'의 그림에 題詩한 것. 이 그림은 宋 李伯
時(李公麟, 龍眠居士)가 그린 것으로 韓駒가 그림을 보고 시로 읊은 것. 韓駒의
《陵陽集》(1)에는 〈題王內翰家李伯時畫太一姑射圖二首〉라 하여 2수가 있으며
그 중 첫째 수임. 太乙眞人은 道家의 가장 높은 신의 이름. '太乙'은 《陵陽集》에
는 '太一'로 표기되어 있으며, 원래 별 이름으로 泰一, 泰乙 등 여러 표기가 있
음. 《史記》天官書 張守節 〈正義〉에 "太一, 天帝之別名也. 劉伯莊云:太一, 天神
之最尊貴者也"라 하였고, 《漢書》郊祀志(上)에는 "武帝時亳人謬忌奏祠泰一方
曰:「天神貴者泰一. 泰一佐五帝, 古者天子以春秋祭泰一東南郊, 日一太牢七日, 爲
壇開八通之鬼道.」 於是天子令太祝立其祠長安城東南郊常奉祠, 如其方. 又曰:作
甘泉宮中爲臺室, 畫天地泰一諸鬼神"이라 함.

태을진인太乙眞人이 연잎 배를 타고,
　두건은 벗고 머리카락은 드러난 채 찬바람에 쏴 날리는구나.
가벼운 바람을 돛으로 삼고 물결을 노로 삼아,
　누워서 신선의 책을 읽으며 물결 위에 떠 있구나.
물결 가운데 찰랑이는 모습은 마치 비취 비단이 춤을 추는 듯하고,
　안온한 모습은 마치 만 곡斛의 짐을 실은 용양장군龍驤將軍의 배와 같
구나.
연화봉蓮花峰 꼭대기 열 길 되는 큰 꽃이 아니라면,
　세상 어디에 이토록 큰 연잎이 있을 수 있을까?

용면거사龍眠居士의 그림 솜씨는 노련하며 신의 경지에 들어,

한 자 흰 비단에 진짜 천인天人이 환생한 것처럼 그려냈구나.

황홀하게도 나를 물속 신선 세계에 앉혀 놓으니,

푸른 내에 만 이랑 물결이 찰랑이누나.

옥당玉堂의 학사들은 지금 유향劉向과 같은 이들로서,

하늘 위로 높이 솟은 궁전 안에서 숙직을 하며 공부하는구나.

이 그림 마주하고 굳이 마음과 정신을 융화시킬 필요야 없겠지만,

어쩌면 푸른 명아주 지팡이 짚고 밤이면 그런 학자를 찾아갈 수도 있
으리라.

太乙眞人蓮葉舟, 脫巾露髮寒颼颼.
輕風爲帆浪爲檝, 臥看玉字浮中流.
中流蕩漾翠綃舞, 穩如龍驤萬斛擧.
不是峯頭十丈花, 世間那得葉如許?
龍眠畫手老入神, 尺素幻出眞天人.
恍然坐我水仙府, 蒼烟萬頃波粼粼.
玉堂學士今劉向, 禁直岧嶤九天上.
不須對此融心神, 會植青藜夜相訪.

【太乙眞人蓮葉舟, 脫巾露髮寒颼颼】 '脫巾露髮寒颼颼'는 두건을 벗고 머리카락을
드러내어 찬바람이 쏴 부는 모습의 그림. '颼颼'는 바람소리를 형상화한 疊語.
'颼'는 《眞寶》注에 "音蒐"라 하여 '수'로 읽음.

【輕風爲帆浪爲檝, 臥看玉字浮中流】 '輕風爲帆浪爲檝'은 가벼운 바람을 돛으로 삼
고 물결을 노로 삼고 있음. '臥看玉字浮中流'의 '玉字'는 仙界의 책을 뜻함.《眞
寶》注에는 "指所觀之書, 或作玉字者, 非"라 함.

【中流蕩漾翠綃舞, 穩如龍驤萬斛擧】 '蕩漾'은 물결이 찰랑거리는 모습을 표현한 疊
韻連綿語. '翠綃舞'는 연잎이 비춰빛 엷은 비단이 춤추듯이 물 위에 떠 있음을
표현한 것. '綃'는 비단.《字彙》에 "綃, 音宵. 生絲繒也"라 함. '穩'은 안정된 모습.

'龍驤'은 龍驤將軍. 용맹스러운 용과 말을 비유한 將軍의 칭호.《眞寶》注에 "晉王濬爲龍驤將軍, 造大艦伐吳"라 하여 晉나라 王濬은 龍驤將軍으로서 큰 군함을 만들어 吳나라를 정벌하였다 하였음. '斛'은 度量의 단위. '萬斛'은 엄청난 무게를 실을 수 있는 큰 배를 뜻함.

【不是峯頭十丈花, 世間那得葉如許】'不是峯頭十丈花'는 韓愈의 〈古意〉詩(130)에 "太華峰頭玉井蓮, 開花十丈藕如船"이라 한 말을 인용한 것. '世間那得葉如許'는 '세상 어디에서 이토록 큰 연잎이 있을 수 있겠는가?'의 뜻. '許'는 '쯤'의 뜻.

【龍眠畫手老入神, 尺素幻出眞天人】'龍眠'은 원래 舒州의 산 이름.《眞寶》注에 "龍眠, 舒州山名. 李公麟字伯時, 安慶人. 元祐登第, 工草書及畫. 元符中, 歸老此山, 自號龍眠居士"라 함. 그림을 그린 李公麟(字 伯時)이 이 산 이름을 취하여 龍眠居士라 自號를 삼았음. '老入神'은 노련한 솜씨가 신의 경지에 듦. '尺素'는 한 자 넓이의 흰 비단. 그 속에 환상처럼 天人을 그려냄.

【怳然坐我水仙府, 蒼烟萬頃波粼粼】'怳然'은 황홀함. '水仙府'는 물속 仙人들의 궁전. '粼粼'은 물속에서 깨끗한 돌이 반짝이는 모양이나 혹 잔물결이 반짝이는 모습을 표현한 疊語.《韻會》에 "水生厓石間粼粼也"라 하였고,《詩》唐風 揚之水에 "白石粼粼"이라 함.

【玉堂學士今劉向, 禁直岧嶢九天上】'玉堂'은 漢나라 때 玉堂署라 부르던 官署로, 뒤에 翰林院으로 명칭이 바뀜.《眞寶》注에 "宋翰林, 曰玉堂之署"라 함. 玉堂學士는 劉向을 가리킴. 劉向은 西漢 때의 학자이며 문학가. 대체로 B.C. 77년(漢 昭帝 元鳳 4년부터 B.C. 6년 漢 哀帝 建平 元年), 혹은 B.C. 79년(元鳳 2년)부터 B.C. 8년(漢 成帝 綏和 元年) 생존했으며, 자는 子政. 본명은 更生. 劉歆의 아버지. 漢 高祖(劉邦)의 이복동생 楚元王 劉交의 4세손이며, 宣帝 때 王褒 등과 賦頌을 바쳐 散騎諫大夫給事中에 올랐고, 元帝 때에는 散騎宗正給事中에 올랐음. 成帝가 즉위하자 光祿大夫에까지 올라 中壘校尉로 생을 마쳤으며 宣帝, 元帝, 成帝를 거치면서 秘府의 책들을 校正하였음.《洪範五行傳》을 지었으며, 그 외《說苑》,《新序》,《戰國策》,《列女傳》,《列仙傳》등 많은 책을 정리하였음. 그의 아들 劉歆과 더불어 중국 최고의 目錄學者로 널리 알려짐.《漢書》楚元王傳에 그의 傳이 있음.《眞寶》注에 "劉向, 字子政, 又名更生, 漢宗室, 仕至中壘校尉"라 함. 여기서는 아래 구절과 합해 翰林院의 학사들은 옛날 劉向처럼 궁궐에 숙직을 하며 공부에 몰입하고 있음을 말함. '禁直岧嶢九天上'의 '禁直'은 禁은 禁中. 즉 천자의 궁궐. '禁直'은 궁중에서 당직을 함.《眞寶》注에 "宮省門閤, 皆有禁. 漢尙書郎, 主作文章,

幷夜直宿, 有當直寓直之名, 故稱禁直"이라 함. '岧嶢'는 산이 높은 모습을 표현한 疊韻連綿語. '九天'은 하늘. 높은 궁궐을 비유함. '九天'은 《淮南子》에 "昊天(皥天), 陽天, 赤天, 朱天, 成天, 幽天, 玄天, 變天, 鈞天"이라 함.

【不須對此融心神, 會植靑藜夜相訪】'不須'는 꼭 그럴 필요가 없음. '融心神'은 마음과 정신을 融會시키는 것. '會'는 '－했을 것이다'의 가정이나 추측을 나타냄. '靑藜'는 푸른 명아주 줄기를 말려 만든 지팡이. 매우 가볍고 단단하여 흔히 노인들의 지팡이로 널리 쓰임. 漢 成帝 말에 劉向이 天祿閣에서 책을 교정하고 있을 때 홀연히 한 노인이 누런 옷을 입고 靑藜杖(푸른 명아주 지팡이)을 세우고 찾아들어왔음. 노인은 지팡이 끝에 불을 붙여 연기를 내며 《五行洪範》을 劉向에게 가르쳐 주었음. 이 때 유향은 급한 나머지 바지와 띠를 찢어 거기에 기록하였다함. 새벽이 되어 노인이 떠날 때 이름을 물었더니 太乙의 精이라 하였다 함.《三輔黃圖》(6)에 "天祿閣藏典籍之所, 漢宮殿疏云: 天祿麒麟閣, 蕭何造以藏秘書處賢才也. 劉向於成帝之末, 校書天祿閣, 專精覃思, 夜有老人著黃衣植靑藜杖, 叩閣而進, 見向暗中獨坐誦書, 老父乃吹杖端煙然, 因以見向授《五行洪範》之文, 恐詞說繁廣忘之, 乃裂裳及紳以記其言. 至曙而去, 請問姓名, 云:「我是太乙之精, 天帝聞卯金之子, 有博學者, 下而觀焉.」乃出懷中竹牒, 有天文地圖之書, 曰:「余畧授子焉.」至子歆從授其術, 向亦不悟此人焉."이라 하였으며, 이 전설은 《緯略》(9),《錦繡萬花谷》(前集 20),《氏族大全》(11),《漁隱叢話》(前集 33),《詩人玉屑》(17),《淵鑑類函》(278)등에 널리 전하고 있음.《眞寶》注에는 "劉向校書天祿閣, 夜有老父, 手植靑藜杖, 叩閣而進, 乃吹杖端烟光, 照見向, 在暗中讀書, 曰:「我太乙之精.」"이라 함. 여기서는 그림 속의 太乙眞人이 지금 翰林院에서 열심히 공부하고 있는 學士를 찾아가서 신묘한 학문을 전해주려 나설지도 모른다고 말한 것임.

> ### 참고 및 관련 자료

1. 韓子蒼(韓駒. ?–1135)

北宋 말의 문인.《宋史》(445) 文苑傳 韓駒에 "韓駒, 字子蒼, 仙井監人. 少有文稱. 政和初, 以獻頌補假將仕郎, 召試舍人院, 賜進士出身, 除秘書省正字. 尋坐爲蘇氏學, 請監華州蒲城縣市易務. 知洪州分寧縣. 召爲著作郎, 校正御前文籍. 駒言國家祠事, 歲一百十有八, 用樂者六十有二, 舊撰樂章, 辭多牴牾. 於是詔三館士分撰親祠明堂, 圓壇, 方澤等樂曲五十餘章, 多駒所作. 宣和五年, 除秘書少監. 六年, 遷中書舍人兼修國史, 入謝. 上曰:「近年爲制誥者, 所襃必溢美, 所貶必溢惡, 豈王言之體. 且《盤》,

《誥》具在, 寧若是乎?」駒對:「若止作制誥, 則粗知文墨者皆可爲, 先帝置兩省, 豈止使行文書而已.」上曰:「給事實掌封駁.」駒奏:「舍人亦許繳還詞頭.」上曰:「自今朝廷事有可論者, 一切繳來.」尋兼權直學士院, 制詞簡重, 爲時所推. 未幾, 復坐鄕黨曲學, 以集英殿修撰提擧江州太平觀. 高宗卽位, 知江州. 紹興五年, 卒於撫州. 進一官致仕, 贈中奉大夫, 與遺澤三人. 駒嘗在許下從蘇轍學, 評其詩似儲光羲. 其后由宦者以進用, 頗爲識者所薄云. 子遜, 遊.」라 함.《眞寶》諸賢姓氏事略에는 "韓子蒼, 名駒, 陵陽人. 徽宗朝, 徽猷待制. 陵陽, 今隆州"라 함.〈四庫全書〉《陵陽集》提要에《陵陽集》四卷, 宋韓駒撰. 駒字子蒼, 蜀仙井監人. 政和中, 召試賜進士, 出身累除中書舍人, 權直學士, 院南渡, 初知江州, 事蹟具《宋史》文苑傳. 駒學原出蘇氏, 呂本中, 作江西宗派. 圖列駒其中, 駒頗不樂然. 駒詩磨淬剪截, 亦頗涉豫章之格. 其不願寄黃氏門下, 亦猶陳師道之瓣香, 南豐不忘所自爾, 非必其宗旨之迥別也. 陸游跋其詩草, 謂:「反覆塗乙. 又歷疏語所從來, 詩成既, 以予人久或累月, 遠或千里, 復追取更定, 無毫髮恨, 乃止, 亦可謂苦吟者矣.」晁公武《讀書志》謂王黼嘗命駒題其家藏〈太乙眞人圖〉, 盛傳一時, 今其詩具在集中, 有玉堂學士, 今劉向之句推許, 甚至劉克莊謂:「子蒼諸人, 自鬻其技, 至貴顯.」蓋指此類其亦陸游〈南園記〉之比乎! 要其文章不可掩也"라 함. 한편《氏族大全》에는 "韓駒, 字子蒼. 自布衣時有詩名. 著詩法, 名《陵陽正法眼》. 呂居仁列爲江西詩派法嗣, 宋政和初, 召除正字, 終徽猷待制"라 함. 그의 시집《陵陽集》(4권,《宋史》에는 15권이라 하였음)이 전함.

2. 이 시는 韓駒의《陵陽集》(1),《御定歷代題畫詩類》(62),《漁隱叢話》(53),《詩人玉屑》(18),《竹莊詩話》(17),《詩林廣記》(後集 8),《聲畫集》(2),《宋藝圃集》(11),《御選宋詩》(30) 등에 실려 있음.

3. 韻脚은 '舟, 颼, 流'. '舞, 擧, 許'. '神, 人, 粼'. '向, 上, 訪'.

4. 宋 胡仔(苕溪)《漁隱叢話》(前集 53)와《詩人玉屑》(18)

苕溪漁隱曰:李伯時畫太一眞人, 臥一大蓮葉, 中手執書卷, 仰讀蕭然, 有物外思. 韓子蒼有詩題其上云:「太一眞人蓮葉舟, 脫巾露髮寒颼颼. 輕風爲帆浪爲檝, 臥看玉宇浮中流. 中流蕩漾翠綃舞, 穩如龍驤萬斛擧. 不是峰頭千丈花, 世間那得葉如許? 龍眠畫手老入神, 尺素幻出眞天人. 恍然坐我水仙府, 蒼煙萬頃波粼粼. 玉堂學士今劉向, 禁直岧嶤九天上. 不須對此融心神, 會植靑藜夜相訪.」子蒼此詩語意, 妙絕眞能詠盡此畫也.

5. 元 謝應芳(撰)《龜巢稿》(14)

〈題太乙眞人圖〉:按韓子蒼之詩曰:「太乙眞人蓮葉舟.」又曰:「龍眠畫手老入神.」此

盖題李伯時畫也. 所謂眞人者, 姓名時代考之,《列仙傳》等書無之, 不知其果何如人. 然以蓮爲舟, 偃然高臥, 風神瀟灑, 苟非有幻化之術, 乃能眞蛻骨而仙者. 疇克若是乎? 是圖摹寫之妙, 較之龍眠筆法, 人無間然. 其必善學而得其傳乎! 神仙有無姑置, 勿論夫君子玩物以適情耳. 當此金革擾攘之餘, 人方埋頭塵坌, 欲超然物外之遊而不可得. 覽是圖者, 當心融神會與博望之槎, 琴高之鯉, 金仙氏之浮杯, 踏蘆者, 同適其適不止論, 形似而已, 宗禮求予言. 俾題其卷首云.

6. 宋 陳直(撰)《壽親養老新書》(3)

龍眠居士李公麟, 字伯時, 能行草書, 善畫尤工, 人物人以比顧陸(顧愷之, 陸知微), 晚年致仕歸老, 肆意於泉石間, 作〈龍眠山莊圖〉, 爲世所寶. 韓子蒼〈題太乙眞人蓮葉圖〉云:「太乙眞人蓮葉舟, 脫巾露髮寒颼颼. 輕風爲帆浪爲檝, 臥看玉宇浮中流. 中流蕩漾翠綃舞, 穩如龍驤萬斛擧. 不是峯頭十丈花, 世間那得葉如許? 龍眠畫手老入神, 尺素幻出眞天人. 怳然坐我水仙府, 蒼煙萬頃波粼粼. 玉堂學士今劉向, 禁直嵒嶤九天上. 不須對此融心神, 會植靑藜夜相訪.」觀畫之趣, 二事可參.

7.《陵陽集》(1) 〈題王內翰家李伯時畫太一姑射圖二首〉의 제 2수

海上仙山邈雲水, 神居縹緲凌虛起. 風餐露宿不知年, 八極浮游一彈指. 何人紙筆作此圖? 細看尙恐氷爲膚. 便欲憑軒問連叔, 却愁掛壁驚肩吾. 雖有此圖傳自古, 矯矯眞容那得覩? 萬里中州不少留, 曉發咸池暮玄圃. 而今玉殿開珠宮, 鸞旗鶴馭紛長空. 神兮早御飛龍下, 願賜千秋年穀豐.

142. 〈哀江頭〉 ·················· 杜子美(杜甫)

강가에서의 슬픔

*《眞寶》注에 "是年(肅宗至德2年)初, 復東京, 公潛行曲江, 有感而賦"라 함.
*〈哀江頭〉: '곡강에서의 슬픔'. 두보가 평소 흠모하던 庾信의 賦 〈哀江南〉에서 題名을 본뜬 것이라 함. '曲江'은 曲江池. 지명이며 苑名. 遊樂區, 명승지. 陝西 長安縣 東南쪽에 있었음. 漢 武帝가 이곳에 宣春苑을 지었으며, 연못이 구불구불하여 마치 江이 흘러가는 것 같아 '曲江'이라는 이름이 유래되었음.《太平寰宇記》에 "漢武帝所造, 名爲宣春苑. 其水曲折, 有似廣陵之江, 故名"이라 함. 唐 開元연간에 다시 준설하고 정비하였으며 못 둘레에 紫雲樓, 芙蓉苑, 杏園, 慈恩寺, 樂游原 등이 있어 四時로 탐승객이 찾아오는 名勝地로 널리 알려져 있었음. 이에 正月 그믐날, 3월 삼짇날(上巳日), 가을의 重陽節 등이면 유람객이 구름처럼 모여들었으며, 과거에 급제한 수재들을 임금이 이곳으로 모아 큰 잔치를 베풀어주기도 하였음. 지금은 이미 메워져 뭍이 되어 유지만 남아 있음.《眞寶》注에는 "曲江, 京兆朱雀街東, 龍葉(華)寺南, 有流水屈曲, 謂之曲江"이라 하였고,《補注杜詩》에는 "師曰:《西京雜記》:京城龍華寺南有流水屈曲謂之曲江. 在秦時爲宜春苑, 漢時爲爲樂遊苑. 玄宗開元中鑿池引水環植花木爲京師勝賞之地, 遭祿山焚剟之後, 荒涼可知也"라 함.

소릉少陵의 촌 늙은이 나는 울음을 삼키면서,
봄날 몰래 곡강曲江의 경승지를 찾아나섰네.
곡강 언덕의 궁전들은 모든 문이 잠겨 있고,
가는 버들과 새로 난 부들은 누구를 위해 푸른가?
그 옛날 임금의 깃발이 서원西苑에 내려올 때,
이곳 부용원芙蓉苑의 만물은 아름다운 빛을 띠었겠지.
소양전昭陽殿 궁궐 안의 가장 예쁜 양귀비,
임금 따라 함께 수레 타고 와 임금 곁을 모셨었지.

수레 앞의 재인들 화살 차고 재주 자랑,

백마는 어금니로 황금 재갈을 씹었었지.

몸을 뒤집어 하늘을 향해 쳐다보며 구름을 쏘았고,

화살 하나에 곧바로 두 마리 나는 새를 떨구었지.

밝은 눈동자 흰 이빨, 그 아름다운 여인 지금은 어디에?

피로 더럽혀진 몸에 떠도는 혼백 돌아오지 못하느냐!

맑은 위수渭水는 동쪽으로 흘렀고 검각劍閣은 깊숙한데,

죽은 자와 산 자 피차 서로 소식을 주고받을 수 없네.

사람이 태어나 정이 있어 눈물이 가슴을 적시지만,

곡강 물과 곡강 꽃은 어찌 다할 날이 있으랴?

황혼에 반란군 말들 성 안 먼지와 함께 가득한데,

성남城南 집으로 가고자 하나 남북 방향을 잊고 말았네.

少陵野老吞聲哭, 春日潛行曲江曲.

江頭宮殿鎖千門, 細柳新蒲爲誰綠?

憶昔霓旌下南苑, 苑中景物生顔色.

昭陽殿裏第一人, 同輦隨君侍君側.

輦前才人帶弓箭, 白馬嚼嚙黃金勒.

翻身向天仰射雲, 一箭正墜雙飛翼.

明眸皓齒今何在? 血污遊魂歸不得!

淸渭東流劍閣深, 去住彼此無消息.

人生有情淚沾臆, 江水江花豈終極?

黃昏胡騎塵滿城, 欲往城南忘南北.

【少陵野老吞聲哭, 春日潛行曲江曲】'少陵'은 원래는 지명. 지금 陝西 長安縣 杜陵 東南쪽. 원래 杜陵은 漢 宣帝의 陵墓가 있던 곳. 그 곁의 少陵은 許后의 묘가 있으며 杜陵에 비해 조금 작아 少陵이라 불렸음. 杜甫의 집이 少陵 서쪽에 있어 자

신을 '杜陵布衣', '少陵野老' 등으로 자칭하였음. '呑聲哭'은 크게 울음소리를 내지 못하고 삼킴. 蕭統의 〈擬古詩〉에 "憶人不忍語, 含恨獨呑聲"이라 함. '潛行'은 전쟁 중 長安이 함락된 터라 마음대로 다닐 수 없음을 말함.

【江頭宮殿鎖千門, 細柳新蒲爲誰綠】'江頭宮殿鎖千門'은 《舊唐書》文宗紀에 "上(文宗)好爲詩, 每誦杜甫(〈曲江行〉:본 시를 말함), ……乃知天寶已前, 曲江四岸皆有行宮臺殿, 百司廨署"라 하였고, 《杜詩臆說》(王嗣奭)에는 "曲江頭, 乃帝與貴妃平日游幸之所, 故有宮殿"이라 함. '細柳新蒲'는 가는 버드나무와 새롭게 난 부들.《劇談錄》에 曲江의 夏景을 "入夏則菰蒲葱翠, 柳陰四合, 碧波紅蕖, 湛然可愛"라 하였음.

【憶昔霓旌下南苑, 苑中景物生顔色】'霓旌'은 황제의 旌旗. 깃발. 羽毛로 무지개처럼 아름답게 장식하였음. '南苑'은 芙蓉苑. 曲江池 남쪽에 있었음.《眞寶》注에 "南苑, 卽芙蓉苑"이라 함.

【昭陽殿裏第一人, 同輦隨君侍君側】'昭陽殿'은 漢나라 때 궁궐로 成帝와 趙飛燕이 사랑을 나누던 곳. '第一人'은 趙飛燕을 말하며, 여기서는 玄宗의 총애를 독차지했던 楊貴妃를 비유한 것임.《眞寶》注에 "第一人, 謂楊妃也"라 함. '輦'은 天子의 車駕. 사람이 끄는 가마형의 수레.

【輦前才人帶弓箭, 白馬嚼囓黃金勒】'才人'은 唐나라 때는 전문적으로 수레 앞에서 技藝를 펼쳐 보이는 女官를 두었으며 이들을 '射生'이라 불렀음.《新唐書》百官志에 "內官才人七人, 正四品"이라 함. '白馬嚼齧黃金勒'은 《明皇雜錄》에 "上幸華淸宮, 貴妃姊妹各購名馬, 以黃金爲銜勒, 組繡爲障泥, 同入禁中, 觀者如堵"라 함.

【翻身向天仰射雲, 一箭正墜雙飛翼】'一箭正墜雙飛翼'은 한 화살로 나는 새 두 마리를 쏘아 떨어뜨릴 수 있는 솜씨를 가진 병사들이 호위하고 있었음. 그러나 '一箭'은 일부 본에는 '一笑', 또는 '一射', '一發' 등으로 되어 있음.

【明眸皓齒今何在? 血汚遊魂歸不得】'明眸皓齒'는 밝은 눈동자와 하얀 치아. 美人을 일컫는 말.《文選》曹植의 〈洛神賦〉에 "丹脣外朗, 皓齒內鮮, 明眸善睞"라 함. '皓齒'는 이가 하얀 미인. 여기서는 楊貴妃를 가리킴. '血汚遊魂歸不得'은 天寶 15년(756)에 楊貴妃가 馬嵬坡에서의 兵變으로 어쩔 수 없이 목을 매어 죽은 사건을 말함.《眞寶》注에 "謂上皇駕次馬嵬, 六軍不發, 賜貴妃死"라 함. 〈長恨歌〉(201)를 참조할 것.

【淸渭東流劍閣深, 去住彼此無消息】'淸渭東流劍閣'은 玄宗이 安祿山의 난을 피해 蜀으로 들어갈 때 경과한 각 지역 경로. '渭'는 渭河. 甘肅 渭源縣에서 발원하여 陝西 高陵縣에서 涇水와 합류함. 淸 錢謙益의 註에 "玄宗由便橋渡渭, 自咸陽望馬

嵬而西, 入大散關, 河池, 劍閣, 以達成都"라 함. 한편 '淸渭'는 '渭水는 맑고, 涇水
는 탁하다'하여 '涇渭分明'은 여기에서 유래된 成語라 함. '劍閣'은 蜀으로 들어가
는 아주 험한 棧道의 산악 길. 《眞寶》注에는 "渭, 水名, 在長安, 水淸故曰淸渭; 劍
閣, 蜀劍門山, 上有棧道, 故曰劍閣. 時安祿山作亂, 明皇幸蜀"이라 함. '去住彼此無
消息'은 長安을 떠나 멀리 蜀에 머물고 있는 唐 玄宗과 馬嵬坡 驛에서 이미 죽어
혼백이 되어버린 楊貴妃 두 사람이 피차 소식을 주고받을 수 없음을 말함. 仇兆
鰲《杜少陵集詳註》(4)에 "馬嵬驛, 在京兆府興平縣, 渭水自隴西而來, 經過興平, 蓋
楊妃藁葬渭濱, 上皇巡行劍閣, 是去住西東, 兩無消息也"라 함.

【人生有情淚沾臆, 江水江花豈終極】'臆'은 가슴. 胸臆.

【黃昏胡騎塵滿城, 欲往城南忘南北】'欲往城南忘南北'은 原註에 "두보의 집은 성
남쪽에 있었다"(甫家住城南)라 함. 따라서 남쪽의 집으로 가서 집을 살펴보려 하
였으나 남북의 방향을 잃은 것으로 봄. 그러나 肅宗이 長安의 북쪽 靈武에서 卽
位하고 있었으므로 王의 군사들이 長安을 收復해 주어야 하기에 북쪽을 바라
본 것이라 하여, 일부 본에는 '望城北'으로 되어 있음. 이에 《杜詩諺解》는 "南北
을 잊으라"로 해석하고 있으며, 《眞寶》注에도 "欲往城南省家, 忘南而走北也"라
함. 《九家集注杜詩》注에는 "鮑云: 甫家居城南, 欲往城南忘南北者, 言迷惑避死不
能記其南北也"라 하였고, 《補注杜詩》에는 "洙云: 一云'望城北'. 黃曰: 甫朝哀江頭,
暮又聞史思明連結吐蕃入寇, 欲往城南省家, 倉皇之際, 心曲錯亂, 忘南而走北也.
甫家居城南"이라 함.

> ### 참고 및 관련 자료

1. 杜子美: 杜甫, 杜少陵, 杜工部. 042 참조.

2. 이 시는 《九家集注杜詩》(2), 《補注杜詩》(2), 《集千家註杜工部詩集》(3), 《杜詩詳
注》(4), 《杜詩鏡銓》(2), 《唐文粹》(95), 《全唐詩》(216), 《唐詩紀事》(46) 등에 아주 널리
실려 있음.

3. 韻脚은 '哭, 曲, 綠, 色, 側, 勒, 翼, 得, 息, 極, 北'.

4. 肅宗 至德 2년(757) 3월 安史의 난으로 長安이 점령당하고 杜甫가 미처 피난
을 가지 못한 채로 그곳에 갇혀 있을 때 지은 것임.

5. 《杜詩諺解》初刊本(11)

少陵엣 미햇 늘근 내 소리를 숨껴 우러

봆나래 曲江ㅅ 구븨예 ᄀᆞ마니 ᄃᆞ니노라

フ룴 그텟 宮殿이 즈른 門이 줍갯ᄂ니

フᄂ 버들와 새 줄픠 왜 누를 爲ᄒ야 프르럿ᄂᄂ니오

ᄉ랑ᄒ던 네 雲霓 ᄀᄐᆞᆫ 旌旗로 南苑에 ᄂ려 오실 저긔

苑中엣 萬物이 비치 나더니라

昭陽殿 안핵 第一엣 사ᄅ미

輦에 同ᄒ야 님그믈 졷ᄌᆞ와 님금 겨틔 뫼숩더니라

輦 알ᄑᆡᆺ 才人이 화사ᄅᆞᆯ 차시니

흰 ᄆ리 黃金 굴에ᄅᆞᆯ 너흘어ᄂ

모믈 드위여 하ᄂᆞᆯᄒᆞᆯ 向ᄒ야 울워러 구루메 소니

ᄒ 사래 雙雙이 ᄂ는 놀개 正히 ᄯ려디더라

블근 눈과 흰 니는 이제 어듸 잇ᄂ니오

피 遊魂ᄋᆞᆯ 더러이니 도라오디 몯ᄒᆞᆫ놋다

ᄆᆞᆯ군 渭水ᄂ 東으로 흐르고 劍閣山ᄋᆞᆫ 기프니

가며 머므럿ᄂ 뎡어긔와 이어 긔 消息이 업도다

人生은 ᄠᅳ디 이실 ᄉᆡ 눐므를 가ᄉᆞ매 저지거니와

ᄀ롬믈와 ᄀᆞᄅᆞᆺ맷 고즌 어느 ᄆᆞᄎᆞ미 이시리오

나조ᄒᆡ 되믈 ᄐᆞ니 오매 드트리 城에 ᄀᆞ득ᄒ니

城南으로 가고져 ᄒ다가 南北을 니조라

143. 〈燕思亭〉 ⋯⋯⋯⋯⋯⋯ 馬子才(馬存)
사정에서의 잔치

*〈燕思亭〉:'思亭에서 잔치를 하다'의 뜻. 思亭의 소재는 알 수 없음. 宋 陳師道의
〈思亭記〉(《眞寶》 後集 수록)가 있으나, 그것은 徐州 甄氏 자손이 부모를 기념하
여 세운 것으로 이 思亭이 아닌 듯함. 그러나 '燕思亭' 전체를 정자 이름으로 보
기도 함

이백李白이 고래 타고 하늘로 올라가고 나서,
강남江南의 풍월은 한산한 지 여러 해 지났네.
비록 높은 정자와 좋은 술이 있다 해도,
누가 술 한 말에 시 백 편씩 지어내겠는가?
주인은 틀림없이 금구金龜를 술로 바꾼 하지장賀知章 같은 노인이리니,
정자에 이르기도 전에 그 명성 이미 대단하다고들 하네.
자줏빛 게가 살찌고 있는 때, 늦은 벼는 향기롭게 익어가고,
누런 닭 모이를 쪼는 곳에 벌써 이른 가을바람 불어오네.
나는 기억하건대 옛날 금란전金鑾殿 위에서 높으신 분 이백은,
취한 채 비단 궁포宮袍를 입고 검은 두건 썼었지.
거령巨靈이 산을 쪼개고 큰 강물을 다 말라 버리게 하고,
큰 고래가 바닷물을 들이켜 온 시냇물이 모자랄 지경이었지.
마치 원기元氣를 기울여 그의 가슴과 배에 부어넣듯이,
잠깐 사이에 이름다운 글이 따뜻한 봄날을 만들어냈지.
책은 꼭 만 권을 독파할 필요가 없으니,
붓 아래 저절로 귀신들린 듯 글을 지어내었네.
나 같은 무리는 본래 미친 듯 시나 읊어내는 떠돌이지만,
냇물과 산에게 말 붙이노니 그대들은 이태백을 그리워하지 말라.

언젠가는 나도 양양襄陽의 젊은이들로 하여금,
다시 동제가銅鞮歌를 불러 온 거리에 가득하게 할 테니.

李白騎鯨飛上天, 江南風月閑多年.
縱有高亭與美酒, 何人一斗詩百篇?
主人定是金龜老, 未到亭中名已好.
紫蟹肥時晩稻香, 黃雞啄處秋風早.
我憶金鑾殿上人, 醉著宮錦烏角巾.
巨靈劈山洪河竭, 長鯨吸海萬壑貧.
如傾元氣入胷腹, 須臾百媚生陽春.
讀書不必破萬卷, 筆下自有鬼與神.
我曹本是狂吟客, 寄語溪山莫相憶.
他年須使襄陽兒, 再唱銅鞮滿街陌.

【李白騎鯨飛上天, 江南風月閑多年】'上天'은 李白이 采石磯에서 뱃놀이를 할 때 물에 비친 달을 건지려다 빠져 죽었다는 전설에, 梅堯臣은 이백이 고래를 타고 승천했을 것이라 한 것을 말함. 앞 梅堯臣의 〈采石月贈郭功甫〉(138)를 참조할 것. '江南風月閑多年'은 江南에서 풍월을 읊는 이가 없어져 오랫동안 한산해지고 말았음.

【縱有高亭與美酒, 何人一斗詩百篇】'一斗詩百篇'은 杜甫의 〈飮中八仙歌〉(180)에 "李白一斗詩百篇, 長安市上酒家眠. 天子呼來不上船, 自稱臣是酒中仙"이라 한 것을 원용한 것.

【主人定是金龜老, 未到亭中名已好】'金龜'는 황금으로 장식한 거북 형상으로, 관직에 있는 자가 차고 다니는 상징물. 《事物紀原》(3)에 "《實錄》曰: 三代以爲韋之, 謂之算袋. 魏易之爲龜, 唐高祖給隨身魚, 三品以上其飾金, 五品以上其飾銀, 故名魚袋, 天后改爲龜"라 함. 李白이 賀知章을 처음 만났을 때 賀知章은 이백을 謫仙人이라 부르면서 金龜를 술로 바꾸어 마셨다는 고사를 말함. 李白의 〈對酒憶賀監〉(035)을 참조할 것.

【紫蟹肥時晩稻香, 黃雞啄處秋風早】'紫蟹'는 벼를 갉아먹고 사는 게. 좋은 안주의 식재료로 여겼음. 《事文類聚》(後集) 蟹部에 "越王九天召范蠡曰: 「吾與子謀吳.」 子

曰:「未可也. 今其稻蟹不遺種, 其可乎?」의 注에 "蟹, 食稻"라 함. '晚稻'는 늦벼.
'黃雞啄處秋風早'는 李白의 〈南陵叙別〉(133)에 "白酒初熟山中歸, 黃雞啄黍秋正
肥"라 함.

【我憶金鑾殿上人, 醉著宮錦烏角巾】'金鑾殿'은 唐나라 궁궐 이름. 唐 玄宗이 金鑾
殿에서 李白을 불러 楊貴妃와 함께 白蓮池에서 뱃놀이를 하였음. 이때 현종은
이백에게 시를 짓도록 하였으나 이백이 취해 비틀거리자 高力士로 하여금 그를
부축하여 배에 오르도록 하고, 이백의 시를 보고는 감탄하여 자신이 입고 있던
錦袍를 벗어 하사하였음. 杜甫의 〈寄李白〉(095)의 注와 《唐才子傳》을 참조할 것.
'宮錦'은 宮中 양식의 비단으로 만든 長袍. '烏角巾'은 원래 은거하는 野人이 쓰는
검은 색의 뿔처럼 생긴 두건. 이 구절은 이백이 궁중에서 이러한 모자를 쓴 채
傍若無人한 태도를 보였음을 회상한 것.

【巨靈劈山洪河竭, 長鯨吸海萬壑貧】'巨靈'은 전설상의 큰 神獸. 《眞寶》注에 "巨靈,
山神也"라 함. 華山을 둘로 나누어 그 사이로 河水가 흐르도록 했다는 전설이
있음. 《史記》封禪書 "自華以西名山七名川四曰華山"의 注에 "〈正義〉:《括地志》云:
華山, 在華州華陰縣南八里. 古文以爲敦物也. 註云: 華嶽本一山, 當河水過而行. 河
神巨靈, 手盪脚蹋開而爲兩, 今脚跡在東首陽下, 手掌在華山, 今呼爲仙掌, 河流於
二山之間也. 《開山圖》云:「巨靈胡者, 偏得神仙之道, 能造山川, 出江河也.」"라 하였
고, 《禹貢指南》(3)에는 "郭緣生《述征記》云:「華山與首陽本同一山, 河神巨靈擘開以
通河流.」《九域志》:「今河中府有巨靈祠, 有夷齊廟, 或謂首陽, 卽雷首未詳.」"이라 하
였으며, 《太平寰宇記》(29)에는 "華山與首陽本一山, 河神巨靈, 擘開以足踏離其下分
爲兩山, 以通河流, 故掌與脚跡存焉"이라 함. 그러나 《尙書全解》(10)에는 "河自積
石東北流至龍門, 則折而南流;至于華陰, 則折而東流. 龍門之南華陰之南北, 卽所
謂龍門西河是也. 華陰者, 華山之北此. 山跨梁豫二州之間, 其北抵西河, 南則曰華
陰也. 而說者乃謂河之折而東流, 其兩河之旁有二華, 故張平子〈西京賦〉曰:「綴以
二華, 巨靈贔屓. 高掌遠蹠, 以流河曲.」厥迹猶存, 其意蓋謂河流至于此華山, 橫其
前巨靈擘石分爲二華, 使河流出於其間. 此蓋好事者爲之也. 據《經》:但言南至于華
陰則是河之所經, 惟在華山之北, 而已安得出於二華之間乎? 巨靈之說, 怪妄甚矣.
孔子之所不語者, 謂此也夫!"라 함. '劈山'은 산을 쪼개어 가름. 《宋藝圃集》에는 '摩
山'으로 되어 있음. '洪河'는 큰 강물. 이백의 기세가 이와 같았음을 말함. '長鯨吸
海萬壑貧'은 큰 고래가 바닷물을 모두 흡입하여 온 골짜기 물이 모자랄 지경임.

【如傾元氣入胷腹, 須臾百媚生陽春】'元氣'는 만물생성의 근원이 되는 氣. '胷'은 胸

과 같음. '須臾'는 짧은 시간을 뜻하는 疊韻連綿語.《法苑珠林》(3)에 "僧祇律云: 二十念爲一瞬, 二十瞬名一彈指, 二十彈指名一羅預, 二十羅預名一須臾. 一日一夜 有三十須臾"라 하여 불교적으로 시간을 설명하고 있음. '百媚'는 온갖 아름다운 표정. 白居易〈長恨歌〉(201)에 "回頭一笑百媚生"이라 함. 그러나 여기서는 이백의 아름다운 문장을 말함.

【讀書不必破萬卷, 筆下自有鬼與神】 '讀書不必破萬卷'은 杜甫의〈贈韋左丞〉(097)시 "讀書破萬卷, 下筆如有神"의 구절을 빗대어 표현한 것.

【我曹本是狂吟客, 寄語溪山莫相憶】 '曹'는 무리. 複數를 표현하는 接尾辭. '狂吟客' 은 미친 듯이 읊어대는 시인. '寄語溪山莫相憶'은 '시냇물과 산에게 말을 붙이노 니 이태백을 그리워하지 말라'의 뜻. 즉 자신도 狂吟客으로서 이태백과 같은 시 인임을 자랑한 것.

【他年須使襄陽兒, 再唱銅鞮滿街陌】 '他年須使襄陽兒'는 '다른 해에 襄陽의 젊은이 들로 하여금'의 뜻. 자신도 이태백처럼 襄陽에 가서 아이들로 하여금〈銅鞮歌〉 를 부르게 할 것임을 豪言한 것. 襄陽은 湖北省에 있는 지명. 李白의〈襄陽 歌〉(179)에 "襄陽小兒齊拍手, 攔街爭唱白銅鞮"를 가리킴. '再唱銅鞮滿街陌'은 다시 금〈銅鞮歌〉를 노래하여 온 거리에 가득하도록 함. '銅鞮'는〈白銅鞮〉이며 襄陽 지방의 민요. '銅鞮'는 '銅鍉'로 표기해야 함. 李白〈襄陽歌〉(179)의 注에 "《廣韻》: 鍉音低,《樂府》有〈銅鍉歌〉. 釋云:「胡人歃血之器.《韻府》作鞮, 注:「革履連脛, 卽 今靴.」恐非"라 함.《玉臺新詠》(3)에〈襄陽白銅鍉〉에 "殘朱猶曖曖, 餘粉上霏霏. 昨 宵何處宿? 今晨拂露歸"라 함. 한편《樂府詩集》(85)에는 李白의〈襄陽曲〉四首가 실려 있으며. "「襄陽行樂處, 歌舞白銅鍉. 江城回淥水, 花月使人迷.」「山公醉酒時, 酩酊襄陽下. 頭上白接䍦, 倒著還騎馬.」「峴山臨漢江, 水淥沙如雪. 上有墮淚碑, 青 苔久磨滅.」「且醉習家池, 莫看墮淚碑. 山公欲上馬, 笑殺襄陽兒.」"라 함.

참고 및 관련 자료

1. 馬子才. 馬存(?-1096).《眞寶》諸賢姓氏事略에 "馬子才, 名存. 扶風人"이라 하였 으며,《萬姓統譜》(85)와《氏族大全》(15) 등에 "馬存, 字子才. 善屬文, 有豪氣觀〈浩齊 歌〉等作可見"이라 함. 한편《山堂肆考》(173)에는 "宋, 馬存, 字子才. 爲于越許淳翁 〈作浩齋〉記云:「予請以一齋之事言之, 則所謂浩然者, 可以立見而不惑. 今子之整齊 圖書, 拂拭几案, 臥琴於牀, 挂劍於壁, 冠珮在上, 履杖在下, 異時之輔, 相天子. 措置 公卿大夫, 百執事, 下至於庶人, 微至於萬物, 有異於此乎! 子有役而呼童子, 小不如

意, 則必叱而去之. 奔走顚倒, 唯子所指, 異時將百萬之騎, 大戰於陰山之墟, 朔野之
北, 使熊羆豹虎之猛, 將畢力赴敵, 萬死而不顧. 亦有異於此乎! 子或志倦體疲, 神倦
欠伸, 撫髀露腹, 便便然. 酣臥於一榻之上, 異日之厭功名, 辭富貴, 歸休乎江湖之間,
泉石之畔, 高尙以養德, 醉吟而適眞, 亦有異於此乎! 子之居是齋也.」試以此觀之, 則
所謂浩然者, 豈不壯哉!"라 함.

2. 이 시는 明 李耆(編)의 《宋藝圃集》(13)에 馬存詩三首(〈邀月亭〉, 〈長淮謠〉) 중의
하나로 실려 있으며, 그 외에는 전재된 자료를 찾을 수 없음.

3. 韻脚은 '天, 年, 篇'. '老, 好, 早'. '人, 巾, 貧, 春, 神'. '客, 臆, 陌'.

144. 〈虞美人草〉 ·················· 曾子固(曾鞏)
우미인초

*〈虞美人草〉: 楚霸王 項羽의 愛姬 虞美人(虞姬)이 化生하여 되었다는 전설을 가
지고 있는 꽃. 원래 罌粟科에 속하는 1년 또는 2년생의 草本植物. 1~2尺의 크기
에 莖葉에는 絨毛가 있으며 초여름에 紫, 紅, 白色의 꽃이 핌. '麗春花', '美人草',
'舞草' 등으로 부르기도 하며 鷄冠花(맨드라미)와 비슷하다고도 함. 注에 "項王
亡滅, 虞姬自刎, 其墓上草, 人呼爲美人草"라 함.《類說》(15)에 "褒斜山谷中虞美人
草, 狀如鷄冠, 大而無花葉皆相對. 或唱虞美人, 則兩葉如人撫掌之狀, 頗中節拍"
이라 하여, 사람이 〈虞美人曲〉을 부르면 두 잎이 손바닥을 마주하여 박자를 맞
추는 것과 같이 움직인다고 함. 한편《蜀中廣記》(61)에는 "虞美人草, 亦謂之舞草.
獨莖三葉, 狀如決明. 一葉在莖端, 兩葉居莖, 半而相對. 人或近之抵掌, 謳曲必動
搖如舞也.《酉陽雜俎》:《益州草木記》以爲雅州名山縣出, 行人唱〈虞美人曲〉, 則應
拍而舞"라 하였고, 南唐 張洎(撰)의《賈氏譚錄》(《說郛》37도 같음)에도 "褒斜山谷
中有虞美人草, 狀如雞冠, 大而無花. 葉相對. 行路人見者, 或唱〈虞美人〉), 則兩葉
漸搖動如人撫掌之狀, 頗應節拍. 或唱他辭, 即寂然不動也. 賈君親見之."라 함. 한
편 '虞美人'은 楚王 項羽의 愛姬로서 項羽가 漢 高祖 劉邦에게 패하여 垓下(지금
의 安徽 靈壁縣)에 이르렀을 때 자결하고 말았음.《史記》項羽本紀에 "項王軍壁
垓下, 兵少食盡, 漢軍及諸侯兵圍之數重. 夜聞漢軍四面皆楚歌, 項王乃大驚曰:
「漢皆已得楚乎? 是何楚人之多也!」項王則夜起, 飮帳中. 有美人名虞, 常幸從; 駿
馬名騅, 常騎之. 於是項王乃悲歌忼慨, 自爲詩曰:『力拔山兮氣蓋世, 時不利兮騅
不逝. 騅不逝兮可柰何, 虞兮虞兮柰若何!』歌數闋, 美人和之. 項王泣數行下, 左右
皆泣, 莫能仰視"라 함.

홍문鴻門에서 범증范增이 옥두玉斗를 부수어 눈처럼 갈라졌고,
진秦나라 항복한 군사 10만을 죽여 밤에 피가 흘렀지.
함양咸陽 궁전에 불을 질러 석 달이나 붉게 타올랐으니,
항우項羽가 꿈꾸던 패업은 이미 그 연기를 따라 재로 사라지고 말았

던 것.

　강곽하고 강한 자는 반드시 죽고, 어질고 의로운 자가 왕이 되는 법,
　음릉陰陵에서 길 잃은 것은 하늘이 그를 망친 것이 아니었네.
　영웅은 본시 만인을 상대하여 배우는 것이라 해 놓고,
　어찌하여 자질구레하게 붉은 화장한 여인을 위해 슬퍼하는가?
　삼군은 모두 흩어지고 정기旌旗는 거꾸로 넘어지니,
　구슬 장막 미인은 앉은 채 늙어가고 말았네.
　향기로운 그의 혼이 밤중에 칼 빛을 따라 날아가고 말더니,
　그의 푸른 피가 변하여 들 위의 풀이 되었다 하네.
　향기로운 마음은 적막하게 싸늘한 가지에 붙고 말았으니,
　지난 날 부르던 노래 들려오면 마치 눈썹을 찌푸리는 듯 안타깝네.
　슬픔과 원망 속에 배회하며 슬픔을 말로 표현하지도 못한 채,
　마치 초楚나라 노래를 처음 듣던 때와 똑같네.
　도도히 흘러가는 물은 예나 지금이나 흐르기는 마찬가지,
　한나라와 초나라의 흥망은 둘 모두 무덤으로 변했을 뿐.
　그 당시 남긴 사건 오래 되어 공허해지고 말았는데,
　이 꽃 강개히 술동이 앞에서 추는 춤 누구를 위한 것인가?

　鴻門玉斗紛如雪, 十萬降兵夜流血.
　咸陽宮殿三月紅, 霸業已隨煙燼滅.
　剛強必死仁義王, 陰陵失道非天亡.
　英雄本學萬人敵, 何用屑屑悲紅粧?
　三軍散盡旌旗倒, 玉帳佳人坐中老.
　香魂夜逐劒光飛, 青血化爲原上草.
　芳心寂寞寄寒枝, 舊曲聞來似斂眉.
　哀怨徘徊愁不語, 恰如初聽楚歌時.
　滔滔逝水流今古, 漢楚興亡兩丘土.

當年遺事久成空, 慷慨樽前爲誰舞?

【鴻門玉斗紛如雪, 十萬降兵夜流血】 '鴻門'은 陝西省 潼縣 동쪽의 지명.《史記》注에 "孟康曰:「鴻門在新豐東十七里. 舊大道北, 下阪口名也.」"라 함. '玉斗'는 옥으로 만든 술을 뜨는, 긴 자루가 달린 기구.《眞寶》注에 "玉斗, 范增事也"라 함. 劉邦이 鴻門宴에서 項羽를 벗어나 돌아와, 張良을 통해 玉斗를 항우의 참모 范增에게 선물하자 범증은 화를 내며 이를 부수어버림. 劉邦이 咸陽을 먼저 평정하고 항우가 두려워 壩上으로 물러나, 鴻門에 진을 치고 있던 항우를 찾아가 만남. 여기서 잔치를 갖게 되었으며 이것이 유명한 鴻門宴임. 이 때 항우의 참모 范增이 유방을 죽여 버리도록 여러 차례 신호를 보냈지만 항우가 듣지 않자, 범증은 다시 項莊에게 칼춤을 추는 척하다가 유방을 찌르도록 하였으나 項伯의 방해로 실패함. 이를 알고 유방의 장수 樊噲가 들어가 맞서며 분위기를 흩어놓은 사이 유방은 변소에 가는 척하며 도망쳐 살아남음. 그리고 張良으로 하여금 항우에게 白璧 한 쌍, 범증에게는 玉斗 한 쌍을 선물로 주어 환심을 사고자 하였음. 이에 범증은 유방을 놓친 것을 알고 옥두를 부숴 버리며 항우가 천하를 잃을 것임을 알고 항우를 '더벅머리 어린 녀석과는 도모할 수 없다. 천하는 유방이 차지할 것'이라 한탄하였음.《史記》項羽本紀에 "沛公旦日從百餘騎來見項王, 至鴻門, 謝曰:「臣與將軍戮力而攻秦, 將軍戰河北, 臣戰河南, 然不自意能先入關破秦, 得復見將軍於此. 今者有小人之言, 令將軍與臣有郤.」項王曰:「此沛公左司馬曹無傷言之; 不然, 籍何以至此.」項王卽日因留沛公與飮. 項王, 項伯東嚮坐. 亞父南嚮坐. 亞父者, 范增也. 沛公北嚮坐, 張良西嚮侍. 范增數目項王, 擧所佩玉玦以示之者三, 項王黙然不應. 范增起, 出召項莊, 謂曰:「君王爲人不忍, 若入前爲壽, 壽畢, 請以劍舞, 因擊沛公於坐, 殺之. 不者, 若屬皆且爲所虜.」莊則入爲壽, 壽畢, 曰:「君王與沛公飮, 軍中無以爲樂, 請以劍舞.」項王曰:「諾.」項莊拔劍起舞, 項伯亦拔劍起舞, 常以身翼蔽沛公, 莊不得擊. 於是張良至軍門, 見樊噲. 樊噲曰:「今日之事何如?」良曰:「甚急. 今者項莊拔劍舞, 其意常在沛公也.」噲曰:「此迫矣, 臣請入, 與之同命.」噲卽帶劍擁盾入軍門. 交戟之衛士欲止不內, 樊噲側其盾以撞, 衛士仆地, 噲遂入, 披帷西嚮立, 瞋目視項王, 頭髮上指, 目眥盡裂. 項王按劍而跽曰:「客何爲者?」張良曰:「沛公之參乘樊噲者也.」項王曰:「壯士, 賜之巵酒.」則與斗巵酒. 噲拜謝, 起, 立而飮之. 項王曰:「賜之彘肩.」則與一生彘肩. 樊噲覆其盾於地, 加彘肩上, 拔劍切而陷之. 項王曰:「壯士, 能復飮乎?」樊噲曰:「臣死且不避, 巵酒安足辭! 夫秦王有虎狼之心, 殺人如

不能擧, 刑人如恐不勝, 天下皆叛之. 懷王與諸將約曰'先破秦入咸陽者王之'. 今沛公先破秦入咸陽, 豪毛不敢有所近, 封閉宮室, 還軍霸上, 以待大王來. 故遣將守關者, 備他盜出入與非常也. 勞苦而功高如此, 未有封侯之賞, 而聽細說, 欲誅有功之人. 此亡秦之續耳, 竊爲大王不取也.」項王未有以應, 曰:「坐.」樊噲從良坐. 坐須臾, 沛公起如廁, 因招樊噲出. 沛公已出, 項王使都尉陳平召沛公. 沛公曰:「今者出, 未辭也, 爲之奈何?」樊噲曰:「大行不顧細謹, 大禮不辭小讓. 如今人方爲刀俎, 我爲魚肉, 何辭爲.」於是遂去. 乃令張良留謝. 良問曰:「大王來何操?」曰:「我持白璧一雙, 欲獻項王, 玉斗一雙, 欲與亞父, 會其怒, 不敢獻. 公爲我獻之.」張良曰:「謹諾.」當是時, 項王軍在鴻門下, 沛公軍在霸上, 相去四十里. 沛公則置車騎, 脫身獨騎, 與樊噲, 夏侯嬰, 靳彊, 紀信等四人持劍盾步走, 從酈山下, 道芷陽閒行. 沛公謂張良曰:「從此道至吾軍, 不過二十里耳. 度我至軍中, 公乃入.」沛公已去, 閒至軍中, 張良入謝, 曰:「沛公不勝桮杓, 不能辭. 謹使臣良奉白璧一雙, 再拜獻大王足下; 玉斗一雙, 再拜奉大將軍足下.」項王曰:「沛公安在?」良曰:「聞大王有意督過之, 脫身獨去, 已至軍矣.」項王則受璧, 置之坐上. 亞父受玉斗, 置之地, 拔劍撞而破之, 曰:「唉! 豎子不足與謀. 奪項王天下者, 必沛公也, 吾屬今爲之虜矣.」沛公至軍, 立誅殺曹無傷."이라 함.
'十萬降兵夜流血'은《史記》項羽本紀에 "項羽乃召黥布, 蒲將軍計曰:「秦吏卒尙衆, 其心不服, 至關中不聽, 事必危, 不如擊殺之, 而獨與章邯, 長史欣, 都尉翳入秦.」於是楚軍夜擊阬秦卒二十餘萬人新安城南"이라 하여 項羽는 밤중에 秦나라 병사들을 공격하여 降兵 20여만을 新安城 남쪽에 묻어 버렸음.

【咸陽宮殿三月紅, 霸業已隨煙燼滅】'咸陽'은 秦나라 都邑. 지금의 陝西 西安 咸陽市. 唐나라 長安도 그 근처였음.《大明一統志》에 "西安府咸陽縣, 在府城西北五十里. 其地在山南水北, 山水皆陽, 故名咸陽"이라 함. '三月紅'은《史記》項羽本紀에 "居數日, 項羽引兵西屠咸陽, 殺秦降王子嬰, 燒秦宮室, 火三月不滅"이라 하여 항우가 咸陽으로 들어가 秦나라 降王 子嬰을 죽이고 궁전에 불을 질렀는데 석 달을 두고 꺼지지 않았다 함.

【剛强必死仁義王, 陰陵失道非天亡】'陰陵'은 지명.《史記》正義에 "《括地志》云: 陰陵縣, 故城在濠州定遠縣西北六十里.《地理志》云: 陰陵縣屬九江郡"이라 함. 지금의 安徽省 鳳陽 定遠縣 서북쪽. 項羽가 垓下를 빠져나와 陰陵으로 도망하였으나 길을 잃고 老父의 속임까지 겹쳐 결국 패망의 길로 들어서게 됨.《史記》項羽本紀에 "於是項王乃上馬騎, 麾下壯士騎從者八百餘人, 直夜潰圍南出, 馳走. 平明, 漢軍乃覺之, 令騎將灌嬰以五千騎追之. 項王渡淮, 騎能屬者百餘人耳. 項王至陰陵,

迷失道, 問一田父, 田父紿曰「左」. 左, 乃陷大澤中. 以故漢追及之. 項王乃復引兵而東, 至東城, 乃有二十八騎. 漢騎追者數千人. 項王自度不得脫"이라 함.

【英雄本學萬人敵, 何用屑屑悲紅粧】'萬人敵'은《史記》項羽本紀에 "項籍少時, 學書不成, 去學劍, 又不成. 項梁怒之. 籍曰:「書足以記名姓而已. 劍一人敵, 不足學, 學萬人敵.」於是項梁乃敎籍兵法, 籍大喜, 略知其意, 又不肯竟學"이라 함. '屑屑'은 자질구레한 일로 불안해 함. '紅粧'은 붉은 화장을 한 미인. 여기서는 虞美人을 가리킴.

【三軍散盡旌旗倒, 玉帳佳人坐中老】'玉帳'은 옥구슬을 늘어뜨린 장막.《眞寶》注에 "將軍之帳"이라 함. 여기서는 항우가 장군으로서 진을 치고 있던 장막을 뜻하며 우미인이 늘 함께 하였음. '佳人'은 虞美人을 가리킴. '坐中老'는 앉은 채로 늙어감.

【香魂夜逐劍光飛, 靑血化爲原上草】'香魂'은 우미인의 혼백. '夜逐劍光飛'는 밤에 칼 빛을 좇아 날아감. 곧 우미인이 자결하여 혼백이 날아가 사라지고 말았음.《眞寶》注에 "謂虞美人自刎"이라 함. '靑血'은 흔히 억울하게 죽거나 원한을 품고 죽은 이의 피를 뜻함. 그 피가 들판의 풀, 즉 虞美人草가 되었음.

【芳心寂寞寄寒枝, 舊曲聞來似斂眉】'舊曲'은 項羽가 虞美人을 위해 불렀던 〈垓下歌〉를 가리킴. '似斂眉'는 눈썹을 모으게 함. 슬픔을 자아냄.

【哀怨徘徊愁不語, 恰如初聽楚歌時】'恰如初聽楚歌時'는 마치 처음으로 〈楚歌〉를 듣던 때와 같음. 옛날. '楚歌'는 四面楚歌를 가리킴. 垓下에서 漢軍에 포위되었을 때 사방에서 들려오던 楚歌. 한나라가 이미 초나라 지역을 모두 평정하여 그곳 사람들이 노래를 부른 것.《史記》正義에 "顔師古云:楚人之歌也. 猶言吳謳越音"이라 함.

【滔滔逝水流今古, 漢楚興亡兩丘土】'滔滔'는 물이 흐르는 모습. '逝水'는《論語》子罕篇에 "子在川上, 曰:「逝者如斯夫! 不舍晝夜.」"라 함. '漢楚興亡兩丘土'는 漢 劉邦의 승리나 楚 項羽의 패망이 지금은 모두 언덕(무덤)이 되고 말았음. '丘'는 墳丘.

【當年遺事久成空, 慷慨樽前爲誰舞】'慷慨'는 슬픔이나 비분함을 뜻하는 雙聲連綿語. '爲誰舞'는 虞美人草가 옛날 우미인이 추던 춤처럼 바람에 나부끼고는 있지만 '이는 누구를 위한 춤인가?'의 뜻.

1. 曾鞏(1019-1083)

宋나라 때 文章家이며 詩人. 자는 子固, 建昌 南豐 사람. 曾易占의 아들. 歐陽修에게 인정을 받았으며 王安石과 교유하였고 散文에 뛰어나 唐宋八代家의 하나로 널리 알려짐.《五朝國史》를 편찬하였으며, 中書詞人으로 발탁되기도 함. 일찍이 《戰國策》,《說苑》,《新序》,《列女傳》 등을 교정하기도 함. 시호는 文定. 문집으로는 《元豐類稿》가 있음.《宋史》(319) 曾鞏傳에 "曾鞏, 字子固, 建昌南豐人. 生而警敏, 讀書數百言, 脫口輒誦. 年十二, 試作《六論》, 援筆而成, 辭甚偉. 甫冠, 名聞四方. 歐陽修見其文, 奇之. ……帝以《三朝》,《兩朝國史》各自爲書, 將合而爲一, 加鞏史館修撰, 專典之, 不以大臣監總, 既而不克成. 會官制行, 拜中書舍人. 時自三省百職事, 選授一新, 除書日至十數, 人人擧其職, 於訓辭典約而盡. 尋掌延安郡王牋奏. 故事命翰林學士, 至是特屬之. 甫數月, 丁母艱去. 又數月而卒, 年六十五."라 하였으며, 흔히 '南豐先生'으로 불림. 한편《氏族大全》에는 "曾鞏字子固, 號南豐先生, 王震序其文曰: 「南豐以文章名天下久矣. 其文雄渾瓌偉, 若江湖之波濤煙雲之姿, 狀一何奇也?」"라 함.《眞寶》諸賢姓氏事略에 "曾子固, 名鞏, 旴江人. 號南豐先生, 元豐中爲中書舍人"이라 함.

2. 이 시는 曾鞏의《元豐類稿》에 보이지 않으며,《宋詩紀事》(42),《漁隱叢話》(60),《詩話總龜》(後集 47),《宋元詩會》(60),《御選宋詩》(60),《宋藝圃集》(12) 등에 실려 있음. 그 때문에 이 시에 대해《漁隱叢話》에는 宋代 許彦國(表民)의 작이라 하였고,《冷齋叢話》에는 曾鞏(자는 子固)의 아우 曾布(子宣)의 부인 魏氏의 작이라 하였으며,《御選宋詩》(34) 등에는 魏夫人으로 되어 있음.

3. 韻脚은 '雪, 血, 滅'. '王, 亡, 粧'. '倒, 老, 草'. '枝, 眉, 時'. '古, 土, 舞'.

4.《漁隱叢話》(60)「虞美人草行」

《冷齋夜話》云: 曾子宣夫人魏氏作〈虞美人草行〉云:『鴻門玉斗紛如雪, 十萬降兵夜流血. 咸陽宮殿三月紅, 霸業已隨煙燼滅. 剛强必死仁義王, 陰陵失路非天亡. 英雄本學萬人敵, 何用屑屑悲紅粧? 三軍散盡旌旗倒, 玉帳佳人坐中老. 香魂夜逐劍光飛, 青血化爲原上草. 芳心寂寞寄寒枝, 舊曲聞來似斂眉. 哀怨徘徊愁不語, 恰如初聽楚歌時. 滔滔逝水流今古, 漢楚興亡兩丘土. 當年遺事久成空, 慷慨樽前爲誰舞?』苕溪漁隱曰:「此詩乃許彦國表民作. 表民合肥人, 余昔隨侍先君守合肥寄, 借得渠《家集》, 集中有此詩. 又合肥老儒郭全美, 乃表民席下, 舊諸生云:『親見渠作此詩. 今曾端伯編《詩選》, 亦列此詩.』於表民詩中邃與余所見, 所聞暗合覽者, 可以無疑, 亦知冷齋之妄也.」

5.《宋詩紀事》(42) 注

苕溪《漁隱叢話》: 冷齋以此詩爲曾子宣夫人魏氏作. 余昔隨侍先君守合肥, 嘗借得許表民《家集》, 集中有此詩. 又合肥老儒郭全美, 乃表民席下, 舊諸生云:「親見渠作此詩.」今曾端伯編《詩選》, 亦列于表民詩中. 覽者可以無疑, 亦知冷齋之妄也.

6.《宋藝圃集》(12) 注

嘗見諸選以此爲曾子固詩, 後檢子固全集無此篇.《苕溪漁隱》曰:「此詩許表民作, 而或以爲曾子宣夫人魏氏作, 大非也.」

145. <刺少年> ·················· 李長吉(李賀)
젊은이를 풍자함

＊《眞寶》注에 "刺, 七賜反(자). 擧其事而譏之也. 少, 去聲"이라 함.
＊<刺少年>: 젊은이의 無爲徒食과 奢侈 및 倨傲 등을 풍자한 것임. 《李賀歌詩外
  集》에는 제목이 <嘲少年>(一作刺少年)으로 되어 있음.

청총마青驄馬는 살찌고 금 안장은 빛나고,
용뇌향龍腦香 먹인 실로 짠 비단옷엔 향기 가득.
미인이 가까이 앉아 날리듯 옥 술잔을 돌리니,
가난한 사람들은 이들을 천상의 사내라 부르네.
따로 지은 누각은 푸른 대밭과 연이었고,
붉은 비늘 고기를 깊은 못에서 낚싯줄로 낚아내네.
어떤 때는 온갖 꽃들 앞에서 반쯤 취하기도 하고,
등 뒤에는 금 탄환 잡고 날아가는 새를 떨어뜨리네.
자신은 태어난 뒤로 객이 되어본 적이 없다고 말하며,
한 몸이 거느린 아름다운 첩은 3백을 넘는다고 자랑하네.
그러니 어찌 알겠는가? 땅을 파서 농사짓는 집에서는,
관가의 세금 재촉이 잦고 짜놓은 천은 빼앗기는 것을.
쌓아 놓은 금과 옥을 자랑삼아 호기를 부리면서,
매번 한가한 사람들과 인사 나누며 의기만 내세우네.
태어난 이래 글이란 반 줄도 읽지 아니했고,
단지 황금으로 귀한 신분을 샀을 뿐이지.
소년이 어찌 길이 소년일 수 있겠는가?
파도치던 바다도 오히려 변하여 뽕나무밭이 되는 것을.
영고성쇠는 차례로 바뀌어감이 화살처럼 빠른 것,

천공天公이 어찌 그대들만 편들어주겠는가?

아름다운 봄꽃 언제나 그대로만 있어 달라 말하지 말라,

오직 그대들을 기다리는 것은 흰 머리와 얼굴 주름.

靑驄馬肥金鞍光, 龍腦入縷羅衣香.

美人狎坐飛瓊觴, 貧人喚云天上郎.

別起高樓連碧篠, 絲曳紅鱗出深沼.

有時半醉百花前, 背把金丸落飛鳥.

自說生來未爲客, 一身美妾過三百.

豈知磽地種田家, 官稅頻催沒人織?

長金積玉誇豪毅, 每揖閑人多意氣.

生來不讀半行書, 只把黃金買身貴.

少年安得長少年? 海波尚變爲桑田.

枯榮遞傳急如箭, 天公豈肯爲公偏?

莫道韶華鎭長在, 白頭面皺專相待.

【靑驄馬肥金鞍光, 龍腦入縷羅衣香】'靑驄'은 '靑驄'과 같으며, 푸른색과 흰색의 털
이 잘 배합된 좋은 말. '金鞍'은 황금으로 장식한 안장. '龍腦'는 동남아에서 나는
樟腦의 일종으로 龍腦樹에서 취한 결정체의 香. '入縷'는 향을 실에 먹여 향내가
나도록 한 것. '羅衣'는 비단옷.

【美人狎坐飛瓊觴, 貧人喚云天上郎】'狎'은 거리낌 없이 마구 親狎함.《眞寶》注에
"音匣, 近也"라 함. '飛瓊觴'은 옥잔을 날릴 정도의 사치를 부린 술자리를 의미함.

【別起高樓連碧篠, 絲曳紅鱗出深沼】'別起高樓'는 별도로 높은 누대를 건축함. '碧
篠'는 푸른색의 가는 대나무. '絲曳'는 낚시를 뜻함.

【有時半醉百花前, 背把金丸落飛鳥】'金丸'은 금으로 만든 彈丸. 새를 잡는 데 사용
함.《西京雜記》(4)「韓嫣金彈」에 "韓嫣好彈, 常以金爲丸. 所失者日有十餘. 長安爲
之語曰:「苦飢寒, 逐金丸.」京師兒童每聞嫣出彈, 輒隨之, 望丸之所落, 輒拾焉"이
라 하였고,《漢書》(93) 佞幸傳 韓嫣傳에도 "韓嫣字王孫, 弓高侯頹當之一孫也. 武

帝爲膠東王時, 嫣與上學書相愛. 及上爲太子, 愈益親嫣. 嫣善騎射, 聰慧. 上卽位, 欲事伐胡, 而嫣先習兵, 以故益尊貴, 官至上大夫, 賞賜儗鄧通"이라 하였으며, 《太平廣記》(236)에도 "韓嫣好彈, 常以金爲丸. 一日所失者十餘. 長安爲之語曰:「苦饑寒, 逐金丸.」京師兒童每聞嫣出彈, 輒隨逐之, 望丸之所落, 而競拾取焉"이라 함.

【自說生來未爲客, 一身美妾過三百】태어나 客이 되어본 적이 없으며, 한 몸에 첩은 3백이 넘는다고 자랑함.

【豈知齲地種田家, 官稅頻催沒人織】'齲地'는 땅을 파서 농사를 지음. '種田家'는 작물을 키우는 農家의 일을 말함. '官稅頻催沒人織'은 관청의 稅는 빈번하게 최촉하며 남이 짜 놓은 직물을 몰수함.

【長金積玉誇豪毅, 每揖閑人多意氣】'長金'은 금을 길게 쌓아놓음. '誇豪毅'는 호기와 毅氣를 과시함. '每揖閑人多意氣'는 매번 한가한 사람과 인사를 나눌 때 意氣를 많이 부림.

【生來不讀半行書, 只把黃金買身貴】공부를 해서 성공한 것이 아니라 富로써 귀한 신분을 산 것임.

【少年安得長少年? 海波尙變爲桑田】'變爲桑田'은 桑田碧海를 말함. 注에 "《列仙傳》:麻姑謂王方平曰:自接待以來, 見東海三變爲桑田, 向到蓬萊, 水乃淺於往者.」方平曰:「東海行, 復揚塵耳.」"라 함.

【枯榮遞傳急如箭, 天公豈肯爲公偏】'遞傳'은 차례로 바뀜. 상황이 바뀌고 反轉됨. '急如箭'은 시간이 빠름을 말함. '天公'은 하느님. 천지자연의 변화를 주재하는 신. '偏'은 한쪽으로 치우침.

【莫道韶華鎭長在, 白頭面皺專相待】'莫道'의 '道'는 '말하다'의 뜻. '韶華'는 아름다운 봄의 화려함. '鎭'은 자리를 누르고 있음. 언제나 그대로임. 봄날(청춘)이 가지 않고 그대로 머물러 있음. '面皺'는 얼굴의 주름. '待'는 그런 시절이 기다리고 있음. 결국 오로지 흰 머리와 얼굴에 주름지는 나이가 기다리고 있을 뿐임.

참고 및 관련 자료

1. 李賀(790-816)

唐나라 시인. 字는 長吉이며 '錦囊詩人'이라 불렸음. 天才詩人으로 알려진 人物로 27세에 일찍 생을 마침. 杜牧의 〈序文〉에 의하면 그의 詩集은 4卷으로 되어 있으며, 《新唐書》(藝文志, 4)에는 《李賀集》5卷, 《郡齋讀書志》(卷4)에는 《李賀集》4卷, 外集 1卷으로 되어 총 242首가 실려 있음. 《唐詩紀事》(43)에 관련 기록이 실려 있으며, 《舊唐書》(137)과 《新唐書》(203)에 傳이 있음. 그의 시를 모은 《昌谷集》과 《李長吉歌詩外集》이 전함. 《眞寶》 諸賢姓氏事略에 "李長吉, 名賀, 鄭王後, 憲宗時協律郎"이라 함.

2. 이 시는 《昌谷外集》, 《李長吉歌詩外集》(1), 《唐文粹》(13), 《全唐詩》(394), 《古今事文類聚》(別集 17) 등에 실려 있음.

3. 韻脚은 '光, 香, 郎'. '篠, 沼, 鳥'. '客, 百, 纖'. '毅, 氣, 貴'. '年, 田, 偏'. '在, 待'. '光香, 郎'. '篠, 沼, 鳥'. '客, 百, 纖'. '毅, 氣, 貴'. '年, 田, 偏'. '在, 待'.

4. 《唐才子傳》(5) 李賀

賀, 字長吉, 鄭王之孫也. 七歲能辭章, 名動京邑. 韓愈, 皇甫湜覽其作, 奇之, 而未信, 曰:「若是古人, 吾曹或不知; 是今人, 豈有不識之理?」遂相過其家, 使賦詩. 賀總角荷衣而出, 欣然承命, 旁若無人, 援筆題曰〈高軒過〉. 二公大驚, 以所乘馬命聯鑣而還, 親爲束髮. 賀父名晉肅, 不得擧進士, 公爲著〈辯諱〉一篇. 後官至太常寺奉禮郎. 賀爲人纖瘦, 通眉, 長指爪, 能疾書. 旦日出, 騎弱馬, 從平頭小奴子, 背古錦囊, 遇有所得, 書置囊裏. 凡詩不先命題. 及暮歸, 太夫人使婢探囊中, 見書多, 卽怒曰:「是兒要嘔出心乃已耳.」上燈, 與食, 卽從婢取書, 研墨疊紙, 足成之. 非大醉弔喪, 率如此. 賀詩稍尙奇詭, 組織花草, 片片成文, 所得皆驚邁, 絶去翰墨畦逕, 時無能效者. 樂府諸詩, 雲韶衆工, 諧於律呂. 嘗歎曰:「我年二十不得意, 一生愁心謝如梧葉矣.」忽疾篤, 恍惚晝見人緋衣駕赤虯騰下, 持一板書, 若太古雷文, 曰:「上帝新作白玉樓成, 立召君作記也.」賀叩頭辭, 謂母老病, 其人曰:「天上比人間差樂, 不苦也.」居頃之, 窗中勃勃煙氣, 聞車聲甚速, 遂絶. 死時才二十七, 莫不憐之. 李藩綴集其歌詩, 因託賀表兄訪所遺失, 幷加點竄, 付以成本, 彌年絶迹, 及詰之, 曰:「每恨其傲忽, 其文已焚之矣.」今存十之四五, 杜牧爲序者五卷, 今傳.

◎ 老子曰:「其進銳者, 其退速.」信然. 賀天才俊拔, 弱冠而有極名, 天奪之速, 豈吝也耶? 若少假行年, 涵養盛德, 觀其才, 不在古人下矣. 今玆惜哉!

5. 《唐詩紀事》(43)

杜牧之序其文集云:「賀字長吉, 元和中, 韓吏部亦頗道其歌詩, 雲煙綿聯, 不足爲其態也. 水之迢迢, 不足爲其情也. 春之盎盎, 不足爲其和也. 秋之明潔, 不足爲其格也. 風檣陣馬, 不足爲其勇也. 瓦棺篆鼎. 不足爲其古也. 時花美女, 不足爲其色也. 荒國陊殿, 梗莽丘壟, 不足爲其恨怨悲愁也. 鯨呿鼇擲, 牛鬼蛇神, 不足爲其虛荒幻誕也. 蓋騷之苗裔, 理雖不及, 辭或過之. 騷有感怨刺懟, 言及君臣理亂, 時有以激發人意. 乃賀所爲, 無得有是, 賀能探尋前事, 所以探嘆今古未嘗經道者. 如〈金銅仙人辭漢歌〉,

〈補梁庾肩吾宮體謠〉, 求取情狀離絶, 遠去筆墨畦逕間, 亦殊不能知之. 賀生二十七年死矣, 世皆曰:『使賀且未死, 少加以理, 奴僕命騷可也.』」

6.《全唐詩》(390)

李賀, 字長吉. 系出鄭王後, 七歲能辭章, 韓愈, 皇甫湜始聞未信. 過其家, 使賀賦詩, 援筆輒就, 自目曰高軒過. 二人大驚, 自是有名. 賀每旦日出, 騎弱馬, 從小奚奴, 背古錦囊. 遇所得, 書投囊中, 及暮歸, 足成之. 率爲常, 以父名晉肅, 不肯擧進士. 詩尙奇詭, 絶去畦逕. 當時無能效者. 樂府數十篇, 雲韶諸工皆合之弦管, 仕爲協律郞, 卒年二十七. 詩四卷, 外集一卷, 今篇詩五卷.

146. 〈驪山〉 ·················· 蘇子瞻(蘇東坡)

여산

*《眞寶》注에 "在京兆府昭應縣, 有溫湯泉. 明皇建華淸宮于此山下. 譏人君留意於 土木遊幸之事, 皆足以亡國也"라 함.
*〈驪山〉: '驪山'은 陝西省 臨潼縣 동남쪽에 있는 산으로 藍田縣의 藍田山과 연결 되어 있음. 周 幽王이 西戎에 쫓겨 이곳에서 죽었고, 산 아래에는 溫泉이 있어 秦始皇이 이곳에 이르는 閣道(複道)를 만들기도 하였으며, 唐 玄宗이 이곳에 궁 궐을 짓고 楊貴妃와 華淸池에서 목욕하는 등 즐기다가 安祿山의 난을 만나기 도 하였음. 이에 東坡는 이를 경계코자 이 시를 읊은 것임. 한편《宋文鑑》(14)에 실려 있는 이 시는 "〈驪山歌〉, 李廌作"이라 함. 그러나《宋詩補註》(49)에는 "愼按: 右七言古詩一首亦見《宋文鑑》第十四卷. 題云〈驪山歌〉, 李廌作. 皖江陳焯《宋詩選》 因之, 考《經籍志》李廌有《濟南集》二十卷, 今不傳. 但據《宋文鑑》爲考證云"이라 함.

임금의 궁문은 하늘과 같으니 깊기가 몇 겹이나 되는가?
임금은 상제上帝처럼 정전正殿에 앉아 계셨지.
그럼에도 사람으로 태어나 안온하게만 살기는 어려운 법,
무엇하러 이곳 여산驪山 가운데까지 왔던 것인가?
복도複道는 구름 위로 솟아 황금으로 장식한 대궐로 이어져 있고,
누각은 내에 가려진 채 푸른 하늘에 비껴 있네.
숲은 깊고 안개 자욱하여 팔준마도 길을 잃을 지경,
아침엔 동쪽, 저녁엔 서쪽, 여섯 필 말들도 힘이 드네.
여섯 용마가 서쪽 아미산 사다리 길로 행차하니,
슬픈 바람이 곧 여산의 화청원華淸院으로 불어드네.
예상우의곡霓裳羽衣曲도 쓸쓸히 흩어져 공허하게 되고 말았으니,
고라니와 사슴이 와서 놀고 원숭이와 학 울음소리 슬플 뿐.
내 조원각朝元閣에 올라 보니 봄도 반쯤은 가버렸는데,

땅에 가득히 떨어진 꽃 쓰는 이도 없구나.

갈고루羯皷樓는 높이 솟아 저녁 해가 걸려 있고,

장생전長生殿은 낡아 푸른 풀만 자라고 있네.

애닯도다, 오초吳楚의 임금들 모두가 누에놀이 같구나.

누대를 다 짓지도 못하고 이미 슬픔만 견뎌내야 했네.

장양궁長楊宮과 오작궁五柞宮을 지은 한漢 무제武帝는 요행으로 멸망을 면했으나,

강도江都에 미루迷樓가 완성되자 수隋 양제煬帝는 스스로 미혹함에 빠졌지.

예로부터 유련流連에 빠진 자는 거의가 덕을 잃고 말았으니,

잔치와 안일의 짐독鴆毒은 사치의 미혹함 때문이지.

세 가지 풍조와 열 가지 허물은 예로부터 훈계했던 것,

반드시 여산驪山 때문에 나라를 망친 것은 아닐 것이네.

君門如天深幾重? 君王如帝坐法宮.
人生難處是安穩, 何爲來此驪山中?
複道凌雲接金闕, 樓觀隱烟橫翠空.
林深霧暗迷八駿, 朝東暮西勞六龍.
六龍西幸棧眉棧, 悲風便入華淸院.
霓裳蕭散羽衣空, 麋鹿來遊猿鶴怨.
我上朝元春半老, 滿地落火無人掃.
羯皷樓高掛夕陽, 長生殿古生靑草.
可憐吳楚兩醯雞, 築臺未就已堪悲.
長楊五柞漢幸免, 江都樓成隋自迷.
由來流連多喪德, 宴安鴆毒因奢惑.
三風十愆古所戒, 不必驪山可亡國.

【君門如天深幾重? 君王如帝坐法宮】'君門'은 임금이 사는 궁궐문. '幾重'은《宋文鑑》에는 '九重'으로 되어 있음. '帝'는 天帝. 하느님. '法宮'은 路寢, 正殿.《漢書》鼂錯傳 "五帝神聖. 其臣莫能急, 故自親事處于法宮之中"의 注에 "如淳曰: 法宮, 路寢正殿也"라 함.

【人生難處是安穩, 何爲來此驪山中】'人生'은 '사람의 생애, 사람으로 태어나서'의 뜻. '安穩'은 편안히 안전하게 살아가기만 하는 것은 어려움. '何爲來'는 '무엇하러 왔는가'의 뜻.

【複道凌雲接金闕, 樓觀隱烟橫翠空】'複道'는 樓閣을 세워 상하 두 길이 만들어 이를 '複道' 또는 '復道', '閣道'라 하며, 回廊처럼 지붕을 씌워 눈비를 맞지 않고 통행할 수 있도록 한 도로.《史記》秦始皇本紀에 "周馳爲閣道, 自殿下直抵南山, 表南山之顚以爲闕; 爲複道, 自阿房渡渭屬之咸陽"이라 함. '金闕'은 금으로 장식한 闕門. '凌雲'은《宋文鑑》에는 '連雲'으로 되어 있음. '樓觀'은 높은 누각과 觀臺. 觀臺는 멀리 바라볼 수 있도록 높이 지은 누대의 일종. '隱煙'은 누관이 높아 내 속에 어른거림.

【林深霧暗迷八駿, 朝東暮西勞六龍】'八駿'은 八駿馬. 옛날 周 穆王이 서쪽을 유람할 때 造父로 하여금 이 八駿馬를 몰도록 하였음.《眞寶》注에 "周穆王得八駿馬, 周行天下, 將皆有車轍馬跡: 絶地, 翻羽, 奔霄, 越影, 踰輝, 超光, 騰露, 快翼"이라 함. 그러나《列子》,《拾遺記》,《博物志》,《穆天子傳》등에 나오는 각기 여덟 필의 말 이름은 다름. '林深霧暗'은《宋文鑑》에는 '林深谷暗'으로 되어 있음. '六龍'은 六馬. 天子의 수레를 끄는 여섯 마리의 駿馬.《周易》乾卦 六爻를 龍에 비유한 것임.《眞寶》注에 "天子法駕, 前六馬, 故稱六龍, 取〈乾〉六龍之義"라 함. 한편《周禮》夏官瘦人에는 "馬八尺以上爲龍"이라 하였음. 여기서는 唐 玄宗의 말을 가리킴.

【六龍西幸羲眉棧, 悲風便入華淸院】'羲眉'는 '峨嵋'로도 쓰며 四川 峨嵋縣에 있는 산 이름. '棧'은 구름사다리. 험준한 곳에 오르거나 건너기 위해 설치한 사다리 길. 여기서는 蜀의 棧道를 가리킴. 安祿山의 난으로 玄宗이 劍閣의 棧道를 넘어 蜀으로 피난하였음을 말함. '幸'은 천자가 행차를 말함.《眞寶》注에 "天子所至曰幸"이라 함. '華淸院'은 華淸宮. 驪山 아래 華淸池에 세웠던 離宮.《長安志》(15)에 "貞觀十八年詔左屯衛大將軍姜行本, 將作少匠閻立德營建宮殿, 御賜名湯泉宮. 太宗因幸製碑. 咸亨二年名溫泉宮"이라 함.

【霓裳蕭散羽衣空, 麋鹿來遊猿鶴怨】'霓裳'은 霓裳羽衣曲. 玄宗이 꿈에 달나라에 가서 선녀들이 樂聲에 맞추어 춤추는 曲을 듣고 작곡하였다는 曲이름. 이를 霓

裳羽衣舞라 함.《御選唐宋詩醇》(12)에 《夢溪筆談》曰: 葉法善引明皇入月宮, 聞仙
樂, 及上歸, 但記其半. 遂於笛中寫之. 會西涼府都督楊敬述進婆羅門曲, 與其聲調
相符. 遂以月中所聞爲散, 序用敬述所進爲其腔, 而名〈霓裳羽衣曲〉"이라 하였고,
《事實類苑》(19)에도 《西淸詩話》를 인용하여 "葉法善引明皇入月宮, 聞樂歸, 以笛
寫其半. 會西涼府楊敬述進婆羅門曲, 聲調脗同, 按之使韻, 乃合二者製〈霓裳羽衣〉,
則知〈霓裳〉亦來自西域云"이라 함. '蕭散'은 쓸쓸함을 뜻하는 雙聲連綿語. '麋鹿
來遊猿鶴怨'은 '麋鹿'과 '猿鶴'은 나라가 망하여 궁궐이나 놀이터가 사슴이나 원
숭이 학 등이 들어와 사는 황량한 폐허로 바뀜.《東坡詩集註》에 "繽: 唐明皇於驪
山溫湯, 作華淸宮, 朝元閣, 羯鼓樓, 長生殿. 歲與楊貴妃幸溫湯, 妃能舞霓裳羽衣
曲. 後安祿山亂, 西幸入蜀. 伍子胥諫吳王:「臣將見麋鹿游姑蘇之臺.」'猿鶴怨'字, 出
〈北山移文〉. 八駿, 周穆王所乘; 六龍, 天子所駕也"라 함. 한편《吳越春秋》(5)에 "子
胥曰:「臣聞:『狼子有野心, 仇讎之人不可親.』夫虎不可餒以食, 蝮蛇不恣其意. 今大
王捐國家之福, 以饒無益之讎, 棄忠臣之言, 而順敵人之欲. 臣必見越之破吳, 豸、鹿
游於姑胥之臺, 荊、榛蔓於宮闕, 願王覽武王伐紂之事也.」"라 하였고, 孔稚珪(孔德
璋)의 〈北山移文〉(後集 016)에는 "蕙帳空兮夜鶴怨, 山人去兮曉猿驚"이라 함.

【我上朝元春半老, 滿地落火無人掃】'朝元'은 驪山의 華淸宮 안에 있던 樓閣 이름.

【羯鼓樓高掛夕陽, 長生殿古生靑草】'羯鼓樓' 역시 驪山에 있던 樓 이름.《長安志》
(15)에 의하면 華淸宮 안에 瑤光殿, 飛霜殿, 九龍殿, 宜春亭, 朝元閣, 長生殿,
羯鼓樓, 重明閣, 芳風閣 등을 지었다 하였음. 한편《明皇雜錄》에는 "上新廣一湯,
制度宏麗. 每年冬十月行幸, 至明年春還宮闕, 去卽與貴妃同輦. 華淸有端正樓, 貴
妃梳洗之處; 有蓮花湯, 貴妃澡沐之室"이라 함.

【可憐吳楚兩醯雞, 築臺未就已堪悲】'可憐吳楚兩醯雞'는 吳, 楚나라 임금은 둘 모
두 醯雞와 같음. '醯雞'는 초나 술을 보관하는 항아리에 생기는 하루살이 벌레
누에놀이를 뜻하는 疊韻連綿語의 蟲名. 蠛蠓이라고도 함.《眞寶》注에 "醯雞, 蠛
蠓也"라 함.《莊子》田子方에 "孔子出, 以告顏回曰:「丘之於道也, 其猶醯雞與! 微夫
子之發吾覆也, 吾不知天地之大全也.」"라 하였고, 注에 "醯雞, 醋甕中之蠛蠓也"라
함.《幼學瓊林》(1255)에 "怡堂燕雀, 不知後災; 甕裏醯雞, 安有廣見?"이라 함. 이처럼
여기서는 하찮은 존재였음을 말함. '築臺未就已堪悲'는 吳, 楚 두 나라의 왕은 臺
를 지어 완성하기도 전에 망하고 말았음.《東坡詩集註》에 "繽: 楚靈王築章華臺,
吳王夫差築姑蘇臺"라 함. 賈誼《新書》退讓篇에 "翟王使使至楚. 楚王欲夸之, 故
饗客於章華之臺上. 上者三休而乃至其上. 楚王曰:「翟國亦有此臺乎?」使者曰:「否.

翟, 寡國也, 惡見此臺也? 翟王之自爲室也, 堂高三尺, 壤陛三累, 茅茨弗翦, 采椽弗
刮. 且翟王猶以作之者大苦, 居之者大佚, 翟國惡見此臺也!」楚王愧」라 함.

【長楊五柞漢幸免, 江都樓成隋自迷】'長楊'과 '五柞'은 모두 漢 武帝가 지은 宮闕이
름. 長楊宮은 陝西 西安府 동남쪽, 五柞宮은 扶風縣에 있었음. 《西京雜記》(3)에
"五柞宮有五柞樹, 皆連抱, 上枝蔭覆數十畝. 其宮西有靑梧觀, 觀前有三梧桐樹. 樹
下有石麒麟二枚, 刊其脅爲文字, 是秦始皇驪山墓上物也. 頭高一丈三尺. 東邊者前
左脚折, 折處有赤如血. 父老謂其有神, 皆含血屬筋焉."라 하였고, 《眞寶》注에도
"漢武帝建長楊五柞宮, 幸免喪亡"이라 함. 《漢書》東方朔傳에 "初, 建元三年, 微行
始出, 北至池陽, 西至黃山, 南獵長楊, 東遊宜春. 微行常用飮酎已. 八九月中, 與侍
中常侍武騎及待詔隴西北地良家子能騎射者期諸殿門, 故有「期門」之號自此始. 微
行以夜漏下十刻乃出, 常稱平陽侯. 旦明, 入山下馳射鹿豕狐兔, 手格熊羆, 馳騖禾
稼稻粳之地. 民皆號呼罵詈, 相聚會, 自言鄠杜令. 令往, 欲謁平陽侯, 諸騎欲擊鞭
之. 令大怒. 使吏呵止, 獵者數騎見留, 乃示以乘輿物, 久之乃得去. 時夜出夕還, 後
齎五日糧, 會朝長信宮, 上大歡樂之. 是後, 南山下乃知微行數出也, 然尚迫於太后,
未敢遠出. 丞相御史知指, 乃使右輔都尉徼循長楊以東, 右內史發小民共待會所. 後
乃私置更衣, 從宣曲以南十二所, 中休更衣, 投宿諸宮, 長楊, 五柞, 倍陽, 宣曲尤幸"
이라 하였고, 《三輔黃圖》(1)에는 "長楊宮在今盩厔縣東南三十里, 本秦舊宮, 至漢修
飾之以備行幸宮, 中有垂楊數畝, 因爲宮名, 門曰射熊觀秦漢游獵之所"라 하였으
며, 같은 곳 3권에는 "五柞宮, 漢之離宮也. 在扶風盩厔, 宮中有五柞樹, 因以爲名.
五柞皆連抱上枝, 覆蔭數畝"라 함. 《東坡詩集註》에 "縯:漢武帝建長楊, 五柞宮, 有
千門萬戶之侈. 末年盜賊徧天下, 幾至大亂"이라 함. '江都樓成隋自迷'는 隋煬帝(楊
廣)는 큰 운하를 파고 江都의 별궁에서 놀이에 빠졌다가 헤어나지 못하고 끝내
39세에 宇文化及에게 죽임을 당하고 나라는 망함. 江都의 별궁은 사람들이 한
번 들어가면 찾아 나오기 어렵도록 하기 위해 '迷樓'를 지었다 함. '迷樓'는 지금
의 江蘇 揚州 江都縣 서쪽에 있었음. 《眞寶》注에 "隋煬帝開汴河爲江都之遊, 浙
人項昇進新宮圖, 營建, 旣成, 幸之曰:「使眞仙遊此, 亦當自迷, 可目之曰迷樓.」"라
함. 《東坡詩集註》에도 "縯:隋煬帝開汴河泛艦爲江都之遊, 浙人項昇進新宮圖. 帝
愛之卽如圖營建, 旣成幸之曰:「使眞仙遊此, 亦當自迷可目之曰迷樓.」"라 함.

【由來流連多喪德, 宴安鴆毒因奢惑】'流連'은 《東坡集》 등에는 모두 '留連'으로 되
어 있음. 놀이에 빠져 헤어날 줄 모르는 상태를 표현한 雙聲連綿語. 《孟子》梁惠
王(下)에 "方命虐民, 飮食若流. 流連荒亡, 爲諸侯憂. 從流下而忘反謂之流; 從流上

而忘反謂之連"이라 하였고, 《晏子春秋》內篇 問下에도 "夫從下歷時, 而不反謂之
流; 從高歷時, 而不反謂之連"이라 함. '鴆'은 '酖'으로도 표기하며 毒鳥의 일종. 《眞
寶》注에 "鴆, 直禁反. 毒鳥也. 黑身赤目, 食蝮蛇, 以其毛羽歷飲食則殺人"이라 하
였고, 이어서 "《左傳》:「宴安鴆毒, 不可懷也.」注:「宴安之禍, 甚鴆毒.」"이라 함. 잔
치와 안일에 빠지는 것은 그 殃禍가 짐독보다 더함을 뜻함. 《左傳》閔公 元年에
"管敬仲言於齊侯曰:「戎狄豺狼, 不可厭也; 諸夏親暱, 不可弃也. 宴安酖毒, 不可懷
也. 《詩》云:『豈不懷歸? 畏此簡書.』簡書, 同惡相恤之謂也. 請救邢以從簡書.」"라 함.
【三風十愆古所戒, 不必驪山可亡國】'三風十愆'은 세 가지 풍조와 열 가지 허물.
《眞寶》注에 "三風十愆, 見《尙書》"라 함. 《尙書》伊訓篇에 "敷求哲人, 俾輔于爾後
嗣, 制官刑, 儆于有位. 曰:「敢有恒舞于宮, 酣歌于室, 時謂巫風; 敢有殉于貨色, 恒
于遊畋, 時謂淫風; 敢有侮聖言, 逆忠直, 遠耆德, 比頑童, 時謂亂風. 惟玆三風十愆,
卿士有一于身, 家必喪; 邦君有一于身, 國必亡. 臣下不匡, 其刑墨, 具訓于蒙士.」"라
하여, 巫風, 淫風, 亂風을 '三風'이라 하였으며, '十愆'은 무풍의 노래와 춤, 음풍의
재물, 여색, 놀이, 사냥, 난풍의 聖人의 말을 업신여김, 忠直을 거스르는 것, 늙고
덕 있는 이를 멀리하는 것, 악동과 친히 지내는 것 등 경계해야 할 열 가지를 말
함. '不必驪山可亡國'은 《東坡詩集註》에 "績: 唐寶曆中, 敬宗欲幸驪山. 時拾遺張權
輿, 伏紫宸殿下, 諫曰:「昔周幽王幸驪山爲犬戎所殺, 秦始皇葬驪山國亡. 玄宗宮驪
山而祿山亂, 先帝幸驪山而年不長.」帝曰:「驪山若此之凶耶? 我宜一往以驗彼言.」"
이라 함.

> ### 참고 및 관련 자료

1. 蘇軾. 蘇東坡, 蘇子瞻, 044 참조.

2. 이 시는 《東坡前集》(28), 《東坡詩集註》(4), 《施註蘇詩》(續補遺 上), 《蘇詩補註》
(49), 《宋藝圃集》(4) 등에 실려 있음.

3. 韻脚은 '重, 宮, 中, 空, 龍'. '棧, 院, 怨'. '老, 掃, 草'. '鷄, 悲, 迷'. '德, 惑, 國'.

147. <明河篇> ·················· 宋之問
은하수

* 《眞寶》注에 "武后時, 少俊有文才者, 多補北門學士, 之問求之, 后不許曰:「宋之問
有口過.」遂作〈明河篇〉自況. 明河, 喩后而自傷記不見親寵也"이라 함.

* 〈明河篇〉: '明河'는 銀河水. 河漢. 앞의 注에 의하면 武后 때 文才가 있는 젊은이
를 北門學士에 임명하였는데 宋之問 자신도 북문학사가 되고자 하였으나 무후
는 송지문에게는 口過(口臭)가 있음을 이유로 발탁하지 않았음. 이에 송지문은
이 시를 지어 明河를 則天武后에 비유하여 '바라볼 수는 있으나 가까이 할 수
는 없는 대상'이라 여겨 자신이 총애를 받지 못함을 슬퍼한 것임. 《唐詩品彙》注
에도 "《唐書》云:武后朝, 之問求爲北門學士, 不許. 乃作此篇以見意, 后見之謂崔融
曰:「非不知之問有奇才, 但恨有口過耳.」注:'口過', 謂口臭也"라 하였고, 《唐詩紀事》
(11)에는 "蓋之問求爲北門學士, 天后不許, 故此篇有'乘槎訪卜'之語. 后見其詩謂崔
融曰:「吾非不知其才, 但以其有口過爾.」之問終身耻之. '口過', 齒疾"이라 함.

8월 서늘한 바람에 날씨는 맑아 투명한데,

만 리에 구름 없어 은하수가 밝구나.

저녁에 남쪽 누각 위에 나타나 맑고 얕더니,

새벽에는 서산으로 떨어져 세로로 있던 것이 가로로 뻗쳤네.

낙양洛陽의 성궐은 천하의 가운데 솟아 있는데,

긴 은하수는 밤마다 모든 집 문으로 들어오네.

복도와 연이은 지붕 용마루 기와에 가려져 반만 보이기도 하지만,

그림으로 장식한 집과 구슬로 꾸민 문과는 특히 잘 어울리네.

운모雲母 휘장 앞에 처음에는 넘쳐흐르는 듯하다가,

수정 발 밖에서는 하늘을 돌아 길게 이어졌네.

뚜렷하게 저렇게 도는 빛은 마치 흰 비단 같고,

다시 동쪽 성을 나가 남쪽 길 끝까지 연이어져 있네.

남북으로 길 떠난 사람은 가서는 다시 돌아오지 않는데,
오늘 밤 어느 집에 겨울옷 다듬이 소리인고?
원앙새 무늬 천을 짜는 베틀 위엔 성긴 반딧불이 넘어가고,
오작교 다리 가엔 외기러기 날아가네.
기러기 날고 반딧불이 넘어가도 시름은 그치기 어려워,
앉아서 점점 희미해져 가는 은하수를 보고 있네.
이미 능히 펴졌다 말렸다 하는 일 뜬구름에 맡겼으니,
밝은 빛을 흐르는 달에게 양보함을 아까워하지 않네.
은하수는 가히 바라볼 수만 있을 뿐 가까이 할 수가 없으니,
원컨대 뗏목 타고 찾아갈 나루터 한 번 묻고 싶네.
그리고 다시 직녀의 베틀 받치던 돌을 얻어서,
다시 성도成都의 점쟁이 엄군평嚴君平을 찾아가 물어보리라.

八月凉風天氣晶, 萬里無雲河漢明.
昏見南樓淸且淺, 曉落西山縱復橫.
洛陽城闕天中起, 長河夜夜千門裏.
複道連甍共蔽虧, 畫堂瓊戶特相宜.
雲母帳前初汎濫, 水精簾外轉逶迤.
倬彼昭回如練白, 復出東城接南陌.
南北征人去不歸, 誰家今夜搗寒衣?
鴛鴦機上踈螢度, 烏鵲橋邊一鴈飛.
鴈飛螢度愁難歇, 坐見明河漸微沒.
已能舒卷任浮雲, 不惜光輝讓流月.
明河可望不可親, 願得乘槎一問津.
更將織女支機石, 還訪成都賣卜人.

【八月凉風天氣晶, 萬里無雲河漢明】 '凉風'은 殘暑가 가고 金氣(가을 기운)가 시작되

어 불어오는 시원한 가을바람.《禮記》月令에 "孟秋之月, 凉風至, 白露降"이라 함. '晶'은 맑음. 맑게 빛이 남.《字彙》에 "晶, 精光也"라 함.

【昏見南樓淸且淺, 曉落西山縱復橫】'昏見南樓淸且淺'은 저녁에는 남쪽 누각에 맑고 얕은 은하수가 나타남. '見'은 '현'으로 읽음.《眞寶》注에 "音現"이라 함. '淸且淺'은 〈古詩十九首〉에 "河漢淸且淺"이라 함. '曉落西山縱復橫'은 새벽이면 서산에 세로로 보이던 은하수가 가로로 모습이 바뀜.

【洛陽城闕天中起, 長河夜夜千門裏】'洛陽城闕天中起'는 洛陽의 성과 대궐은 하늘 중앙에 세워져 있는 도읍임. '長河'는 길게 보이는 은하수. '千門裏'는 洛陽의 모든 집들의 문. 그 문 속으로 은수가 비치고 있음.《漢書》武帝本紀에 "作建章宮, 度爲千門萬戶"라 함.

【複道連甍共蔽虧, 畫堂瓊戶特相宜】'複道'는 閣道, 馳到라고도 하며 누각에 연결된 二重의 복도. '甍'(맹)은 지붕 용마루의 기와.《字彙》에 "甍, 音萌, 屋棟也, 所以承瓦"라 함. '蔽虧'는 가려진 채 이지러져 있음. 전체 모습이 보이지 않음. 司馬相如〈子虛賦〉"日月蔽虧"의 注에 "日月虧缺半見"이라 함. '畫堂'은 채색을 한 집들. '瓊戶'는 아름다운 옥으로 장식한 문. '特相宜'는 서로 그렇게 특별히 잘 어울림.

【雲母帳前初汎灩, 水精簾外轉逶迤】'雲母帳'은 雲母로 장식한 휘장. '汎灩'은 '泛灩'으로도 표기하며 넘쳐흐르는 것. 雲母帳 앞에 처음에는 물(銀河水)이 넘쳐날 듯한 모습이었음. '水精簾'은 수정으로 엮어 만든 발. '水精'은 水晶과 같음.《唐詩品彙》등에는 '水晶'으로 되어 있음. '轉'은 '갈수록, 더욱'의 뜻. '逶迤'는 멀리 비껴흐르는 모습을 표현하는 雙聲連綿語.

【倬彼昭回如練白, 復出東城接南陌】'倬'은 크게 드러난 모습.《字彙》에 "倬, 著也"라 함. '昭回'는 밝은 모습을 한 채 회전함.《詩》大雅 雲漢에 "倬彼雲漢, 昭回于天"라 하였고, 注에 "昭, 光;回, 轉也. 其光隨天而轉也"라 함. '練白'은 잘 손질하여 흰색이 드러나도록 한 비단. '復出東城接南陌'은 다시 동쪽 성곽에 나타나 남쪽 거리로 길게 이어진 모습을 함.《詩經衍義》雲漢篇에 "趙氏曰:雲漢起于東方, 經箕尾之間, 向西南行"이라 함.

【南北征人去不歸, 誰家今夜搗寒衣】'南北'은《唐文粹》에는 '南陌'으로 되어 있음. '征人'은 軍役으로 멀리 遠征을 가 있는 사람. '搗'는 '擣'와 같음.《唐文粹》에는 '擣'로 되어 있음. '搗(擣)寒衣'는 겨울이 오기 시작하여 寒衣(겨울옷)를 보내기 위해 집집마다 다듬이질을 함.

【鴛鴦機上踈螢度, 烏鵲橋邊一鴈飛】'鴛鴦機'는 원앙새 무늬를 넣어 짜고 있는 베

틀. 부부의 사랑을 상징하는 무늬를 넣어 베를 짜고 있음. '螢度'는 반딧불이가 그 무늬 위를 건너고 있음. '度'는 渡와 같음. '烏鵲橋邊一鴈飛'는 칠석날 밤에 牽牛와 織女를 만나게 해 주려고 까치와 까마귀가 은하수에 다리를 놓는다는 전설을 말함. 《淮南子》:烏鵲塡河而渡織女》라 하였으나, 지금의 《淮南子》에는 이러한 기록이 없음. 한편 《天中記》(5)에는 《淮南子》云:「烏鵲塡河而渡織女.」《風俗記》云:「織女七夕渡河, 使鵲爲橋.」라 함.

【鴈飛螢度愁難歇, 坐見明河漸微沒】 '難歇'은 그치기 어려움. '微沒'은 희미해지면서 사라짐.

【已能舒卷任浮雲, 不惜光輝讓流月】 '舒卷'은 폈다 말았다 함. '卷'은 捲과 같음. '不惜光輝讓流月'은 그 광휘를 아까워하지 않고 흐르는 달빛에 양보함.

【明河可望不可親, 願得乘槎一問津】 '乘槎一問津'은 張華 《博物志》(10)에 "舊說云: 天河與海通. 近世有人居海渚者, 年年八月有浮槎, 去來不失期. 人有奇志, 立飛閣於査上, 多齎糧, 乘槎而去. 十餘日中, 猶觀星月日辰, 自後芒芒忽忽, 亦不覺晝夜. 去十餘日, 奄至一處, 有城郭狀, 屋舍甚嚴, 遙望宮中多織婦. 見一丈夫, 牽牛渚次飮之. 牽牛人乃驚問曰:「何由至此?」此人具說來意, 幷問此是何處. 答曰:「君還至蜀郡, 訪嚴君平則知之.」竟不上岸, 因還如期. 後至蜀, 問君平曰:「某年月日, 有客星犯牽牛宿.」計年月, 正是此人到天河時也."(옛날부터 하늘의 은하수와 땅의 바다는 서로 통한다고 하였다. 근래 바닷가에 사는 어떤 사람이 매년 8월이면 뗏목을 띄워 은하에 다녀오면서 한 번도 때를 놓친 적이 없다고 하였다. 어떤 호기심 많은 자가 뗏목을 만들어 그 위에 비각까지 짓고 많은 식량을 실은 채 바다로 나갔다. 이렇게 10여 일까지는 그래도 별, 달, 해가 그대로 보이더니, 그 후로는 망망하고 황홀한 상태가 되어 낮인지 밤인지조차 구별할 수가 없었다. 이렇게 10여 일이 흐른 후, 갑자기 어떤 한 곳에 다다랐다. 그곳은 성곽의 모습이 뚜렷하였고 집들도 매우 분명하였다. 멀리 궁중에는 베를 짜는 아낙네들이 보였으며, 어떤 사나이가 소를 끌고 물가로 나와 물을 먹이고 있는 것도 볼 수 있었다. 소를 끌고 온 그자는 사람을 보자 매우 놀라 물었다. "어떻게 이곳에 이르렀소?" 그 사람이 찾아온 뜻을 사실대로 설명하고는 아울러 이곳이 어디인지를 물었다. 그랬더니 그곳 사람은 이렇게 일러주었다. "그대는 돌아가거든 촉군에 가서 엄군평에게 물어보시오. 그러면 알게 될 거요." 끝내 그는 뭍에 오르지 않고 이로 인해 돌아오는 길은, 갈 때와 같은 시간이 걸렸다. 그는 뒤에 촉군으로 가서 엄군평에게 물어보았더니 엄군평은 이렇게 설명해 주는 것이었다. "아무 해 몇 월 며칠, 어떤 객성이 견우성을 침범하였군." 그 연월을 계산해 보았더니 바로 그 사람이 은하에 닿았던

그 때였다)라 하였으며, 이는 《藝文類聚》(8, 94)에도 전재되어 있음. 嚴君平(嚴遵)
은 〈醉後答丁十八以詩譏予搥碎黃鶴樓〉(137)의 注를 볼 것.

【更將織女支機石, 還訪成都賣卜人】 '支機石'은 베틀의 받침대 돌. 은하수에 다녀온
사람이 그곳에서 가져온 돌을 嚴君平이 '이는 직녀가 쓰던 지기석'이라 한 전설
에서 유래됨. 《白公六帖》(2)에 《集林》을 인용하여 "昔人有泛槎至天河者, 得石歸.
嚴君平曰:「此織女支機石也.」"라 함. '成都賣卜人'은 成都의 점쟁이 嚴君平(嚴遵)을
기리킴. 《眞寶》 注에 《博物志》:有人乘槎渡天河, 見婦人織, 丈夫飮牛, 還問嚴君平,
君平云:「某年某月, 客星犯斗牛, 卽其人也.」"라 함. 이처럼 嚴君平(嚴遵)은 成都에
서 점을 치며 살았던 道人으로서의 故事와 은하에 다녀온 사람에 대해 天機를
풀이해 준 두 가지 전설이 복합적으로 교차되어 있음.

참고 및 관련 자료

1. 송지문(宋之問: 650?−712)

자는 延淸. 汾州(지금의 山西 汾陽) 사람, 혹은 虢州 弘農(지금의 河南 靈寶縣) 사
람이라고도 함. 高宗 上元 2년(675) 진사에 올라 洛州參軍에 올랐으며 張易之가 패
하자 瀧州參軍으로 귀양을 감. 얼마 뒤 도망하여 鴻臚主簿가 되었으며 中宗 景
龍 연간에 考功員外郎을 거쳐 杜審言 등과 함께 修文館學士가 됨. 다시 知貢擧에
올랐으나 청렴하지 못하여 越州長史로 폄직되었으며 睿宗 때에는 欽州로 유배를
갔다가 先天 연간에는 사약을 받고 죽음. 시집 10권이 있음. 그의 시풍은 齊梁의
유미주의를 본받아 沈佺期와 함께 이름을 날려 흔히 '沈宋'이라 불림. 《全唐詩》에
는 그의 詩 3권(51−53)이 수록되어 있으며, 《全唐詩外編》, 《全唐詩續拾》에 27首와
斷句 9句가 補入되어 있음. 《舊唐書》(190) 文苑傳(中)과 《新唐書》(202) 文藝傳(中)에
傳이 있음. 《眞寶》 諸賢姓氏略에 "宋之問, 字延淸, 汾州人. 武后時求爲北門學士,
不許;中宗時修文館博士"라 함.

2. 이 시는 《唐文粹》(17下), 《唐詩紀事》(11), 《御定全唐詩錄》(6), 《唐詩品彙》(25),
《古今事文類聚》(前集 10), 《搜玉小集》, 《文苑英華》(331), 《古今詩刪》(12), 《石倉歷代
詩選》(24), 《記纂淵海》(2) 등에 실려 있음.

3. 韻脚은 '晶, 明, 橫'. '起, 裏, 宜, 迤'. '白, 陌'. '歸, 衣, 飛'. '歇, 沒, 月'. '親, 津, 人'.

4. 《新唐書》(202)

漢建安後迄江左, 詩律屢變, 至沈約, 庾信, 以音韻相婉附, 屬於精密. 及宋之問,
沈佺期又加靡, 回忌聲病, 約句準篇, 如錦繡成文, 學者從之, 號曰沈宋.

5. 《唐詩紀事》(11)

之問, 字延淸, 汾州人. 與佺期, 允濟媚附易之, 及敗, 貶瀧州參軍事. 逃歸, 復附三思. 景龍中, 諂事太平公主;安樂公主權盛, 復往諧結, 太平深嫉之. 中宗將用爲中書舍人, 太平發其贓, 下遷越州長史, 賦詩流傳京師, 睿宗立, 以獪險盈惡, 詔流欽州, 賜死.

6. 《全唐詩》(51)

宋之問, 一名少連, 字延淸, 虢州弘農人. 弱冠知名, 初徵, 令與楊炯分直內敎. 俄授雒州參軍. 累轉尙方監丞, 預修三敎珠英. 後坐附張易之, 左遷瀧州參軍. 武三思用事, 起爲鴻臚丞. 景龍中, 再轉考功員外郎. 時中宗增置修文館學士, 之問與薛稷, 杜審言首膺其選. 轉越州長史, 睿宗卽位. 徙欽州, 尋賜死. 集十卷, 今編詩三卷.

7. 《唐才子傳》(1) 宋之問

之問, 字延淸, 汾州人. 上元二年進士. 偉貌辯給. 甫冠, 武后召與楊烱分直習藝館, 累轉尙方監丞. 后遊龍門, 詔從臣賦詩, 左史東方虯詩先成, 后賜錦袍. 之問俄頃獻, 后覽之嗟賞, 更奪袍以賜. 後求北門學士, 以有齒疾不許, 遂作〈明河篇〉, 有「明河可望不可親」之句以見志, 諂事張易之, 坐貶瀧州. 後逃歸, 匿張仲之家. 聞仲之謀殺武三思, 乃告變, 擢鴻臚簿, 遷考功郎. 復媚太平公主. 以知擧賄賂狼藉, 下遷越州長史. 窮歷剡溪山水, 置酒賦詩, 日遊宴, 賓客雜遝. 睿宗立, 以無悛悟之心, 流欽州, 御史劾奏賜死, 人言劉希夷之報也. 徐堅嘗論其文, 如良金美玉, 無施不可. 有集行世.

148. 〈題磨崖碑〉 ·················· 黃山谷(黃庭堅)

마애비에 제함

*《眞寶》注에 "碑在道州浯溪上, 刺史元結製頌, 顏眞卿書, 磨崖石而刻之. ○唐天
寶十四載, 安祿山陷洛陽, 明年陷長安, 玄宗幸蜀, 太子卽位於靈武, 明年皇帝移軍
鳳翔, 其年復兩京, 上皇還京師, 元結刻頌於浯溪石"이라 함.

*〈題磨崖碑〉: 磨崖碑에 題함. 安祿山의 난에 蜀으로 피난 갔던 玄宗이 京師로 돌
아오자 元結(次山)이 浯溪의 절벽에 頌文〈大唐中興頌〉을 짓고 顏眞卿의 大曆 6
년(771)에 大字正書로 새겨 넣은 것. 〈大唐中興頌〉은《眞寶》後集(021)에도 실려
있음. 한편 黃庭堅의 이〈題磨崖碑〉는 崇寧 3년(1104) 3월 나이 60에 浯溪를 찾
았을 때 磨崖碑를 보고 감회를 읊은 것으로, 원 제목은〈書磨崖碑後〉로 되어 있
음. 이 시는 張文潛(張耒)의〈磨崖碑後〉(173)를 참고할 것. 한편 歐陽修《集古錄》
(7)「唐中興頌」(大曆六年)《文忠集》140도 같음)에는 "〈大唐中興頌〉, 元結撰, 顏眞卿
書. 書字尤奇偉, 而文辭古雅, 世多模以黃絹爲圖障. 碑在永州, 磨崖石而刻之. 模打
旣多, 石亦殘缺. 今世人所傳字畫完好者多, 是傳模補足, 非其眞者, 此本得自故西
京留臺御史李建中家, 蓋四十年前崖石眞本也, 尤爲難得爾."라 하였음.

봄바람이 배에 불어 오계浯溪에 도착하니,
여장藜杖 짚고 올라가 중흥비中興碑를 읽도다.
반평생을 묵본墨本을 보아왔으나,
돌에 새긴 글씨 어루만지는 지금 귀밑머리 실처럼 희었구나.
명황明皇은 평안할 때 위험에 대비하는 계책을 세우지 않았다가,
사해四海가 엎어지고 넘어지니 안녹산이란 녀석 때문이었지.
구묘九廟를 지키지 못한 채 수레 타고 서쪽으로 피해버리니,
모든 관리들은 새가 둥지 찾아 달아나듯 숨어버렸네.
무군撫軍과 감국監國은 태자가 해야 할 일,
어찌하여 제위帝位를 차지하기에만 그토록 급하였던고?

일은 지극히 어려웠으나 다행히 하늘이 돌보신 덕분에,
상황上皇이 된 현종은 구부정한 걸음으로 경사京師로 돌아왔네.
안으로는 장후張后가 얼굴빛으로 가부를 결정하여 이간을 시키고,
밖으로는 이보국李輔國이 턱으로 지휘하며 이간하였네.
현종은 남내南內에 갇혀 처량하게 구차한 삶을 살았고,
고장군高將軍조차 떠나자 일은 더욱 위태로워졌네.
신하 원결元結은 〈용릉행春陵行〉 등 2, 3편 시로써 계책을 읊었고,
신하 두보杜甫는 〈두견행杜鵑行〉을 지어 재배再拜하였네.
어찌 알리오, 충신들의 아픔이 뼈에까지 이르렀음을?
후세 나 같은 이는 다만 구슬 같은 글을 감상할 뿐이네.
나와 함께 온 야승野僧 6, 7명,
또 몇몇 문사들이 함께 따라왔다네.
절벽 푸른 이끼 한참을 마주하고 섰노라니,
전대前代의 슬픔을 씻어주려나 소나기가 쏟아지네.

春風吹船著浯溪, 扶藜上讀中興碑.
平生半世看墨本, 摩挲石刻鬢如絲.
明皇不作苞桑計, 顚倒四海由祿兒.
九廟不守乘輿西, 萬官奔竄鳥擇栖.
撫軍監國太子事, 何乃趣取大物爲?
事有至難天幸耳, 上皇跼蹐還京師.
內間張后色可否, 外間李父頤指揮.
南內凄凉幾苟活, 高將軍去事尤危.
臣結春陵二三策, 臣甫杜鵑再拜詩.
安知忠臣痛至骨? 後世但賞瓊琚詞.
同來野僧六七輩, 亦有文士相追隨.
斷崖蒼蘚對立久, 凍雨爲洗前朝悲.

【春風吹船著浯溪, 扶藜上讀中興碑】'著'은 '착'으로 읽음. 도착함. 닿음. '浯溪'는 湖南省 祁陽縣 서남쪽에 있는 냇물. 元結이 이곳에 터를 잡았었으며 磨崖碑도 그곳에 있음.《山谷內集詩注》(20)의 〈浯溪圖〉注에 "《陶岳零陵記》曰: 浯溪在永州北, 水路一百餘里, 流入湘江, 此溪口水石奇絶. 唐上元中, 容管經畧使元結罷任居焉"이라 하였고, 〈書磨崖碑後〉의 注에는 "浯溪在今永州, 〈中興頌〉元結次山所作. 顔魯公書磨崖鐫刻. 蓋言安祿山亂, 肅宗復兩京事"라 함. 한편《山堂肆考》(24)「元結命名」에 "浯溪在永州府祁陽縣南, 流入湘江. 唐元結自道州歸愛其山水, 因家焉. 作〈大唐中興頌〉, 顔眞卿大書刻於崖上, 結又爲峿臺, 㕒亭石室諸銘. 宋陳衍曰:「元氏始命名之意:『因水以爲浯溪, 因山以爲峿山, 作室以爲㕒亭, 三吾之稱, 我所自也, 字從水從山從. 㕒我所命也. 三者之目, 皆自吾焉, 我所擅而有也』.」"라 함. '藜'는 명아주. 명아주대가 가볍고 단단하여 흔히 노인들의 지팡이로 사용함.《字彙》에 "藜, 一名落帚. 初生可食, 大可爲杖.《莊子》云:「原憲居魯, 子貢往見, 憲花冠縰履杖藜而應門.」"이라 함. '中興碑'는 唐나라의 中興을 기린 碑文. 元結의 〈大唐中興頌〉을 가리킴. 참고란을 볼 것.

【平生半世看墨本, 摩挲石刻鬢如絲】'墨本'은 拓本을 뜻함. 여기서는 바위에 새긴 글씨를 가리킴. 평생 많은 탁본과 금석문을 보아왔음. '摩挲'는 손으로 어루만지는 행동을 표현한 疊韻連綿語. 시력이 약해져서 손으로 어루만지며 글자를 확인함. '鬢如絲'는 한 가지 일에 집중하면서 세월이 흘러 머리가 실처럼 가늘어짐을 뜻함. 〈內集〉注에 "言垂老方見眞刻. 退之〈石鼓歌〉曰:「誰復著手爲摩挲.」老杜詩:「鄭公樗散鬢成絲.」"라 함.

【明皇不作苞桑計, 顚倒四海由祿兒】'明皇'은 唐 玄宗 李隆基. '苞桑'은 떨기를 이룬 뽕나무. '苞桑'은《周易 否卦(비괘) 九五의 爻辭 "休否, 大人吉. 其亡其亡, 繫于苞桑"에서 인용한 말. 程傳에 "大人當位, 能以其道休息天下之否, 以循致於泰猶未離於否也. 故有亡之戒, 否旣休息漸將反泰, 不可便爲安肆, 當深慮遠戒常慮否之復來. 曰「其亡矣, 其亡矣, 其繫苞桑」, 謂爲安固之道如維繫于苞桑"이라 하였고, 〈繫辭〉에는 "危者, 安其位者也; 亡者, 保其存者也, 是故君子安不忘危"라 함. 따라서 '苞桑計'는 편안할 때 위험을 생각하는 계책을 뜻함. 居安思危와 같음. 〈內集〉注에 "《易》否卦之九五曰:「其亡其亡, 繫于苞桑.」注云:「心存將危乃得固也.」元稹〈連昌宮詞〉曰:「廟謨顚倒四海搖.」"라 함.《眞寶》注에도 "《易》: 其亡其亡, 繫于苞桑"이라 함. '顚倒'는 엎어지고 넘어짐. 나라가 혼란에 빠짐. 安祿山을 가리킴. '祿兒'는 安祿山을 비하하여 한 말. 安祿山은 楊貴妃에게 환심을 산 뒤 스스로 양귀비의 양

아들이 되겠다고 아첨을 하여 양귀비가 양아들로 삼기도 하였음.《眞寶》注에
"安祿山, 本爲營州雜胡, 出入禁中, 通於貴妃, 因請爲貴妃兒"라 함. 〈內集〉注에는 "
《唐書》安祿山傳:「明皇以祿山爲范陽節度, 祿山請爲貴妃養兒.」"라 함.

【九廟不守乘輿西, 萬官奔竄鳥擇栖】'九廟'는《眞寶》注에 "天子九廟"라 함.《禮記》
王制에 "天子廟七"이라 하였으나, 王莽 때 九廟로 수를 늘렸으며, 唐나라도 開元
10년에 九廟로 하였음.《新唐書》禮樂志에 "開元十年, 詔宣皇帝復祔正室, 諡爲獻
祖, 并諡光皇帝爲懿祖, 又以中宗還祔太廟, 於是大廟爲九室"이라 함. '乘輿西'는
玄宗이 安祿山의 난을 피해 서쪽 蜀으로 몽진해 갔음을 말함. '奔竄'은 달아나
숨어버림. '鳥'는 원전에는 '烏'로 되어 있으며, 〈內集〉注에 "烏字或作鳥, 非"라 함.
'栖'는 棲와 같음. '깃들다'의 뜻. 〈內集〉注에 "《唐書》明皇紀:天寶十四載十一月,
祿山反, 十五載六月行在望賢宮, 七月次蜀郡. 又按〈禮樂志〉:開元十年太廟爲九室.
蔡邕《獨斷》曰:「天子至尊, 不敢褻瀆言之, 故託于乘輿也.」《楚語》曰:五物之官, 陪屬
萬爲萬官.」〈古樂府〉有烏栖曲.《史記》世家曰:「鳥能擇木, 木豈能擇鳥乎?」祿山之
反, 宰相陳希烈等皆臣賊"이라 함.

【撫軍監國太子事, 何乃趣取大物爲】'撫軍監國太子事'는 태자는 임금이 宮을 비우
고 밖으로 떠나면 朝廷을 지키고 있어야 하되, 태자 대신 지킬 이가 있으면 임금
을 따라 나섰음. 이 경우 임금을 따라가며 군사를 거느리는 것을 '撫軍', 남아서
나라를 지키고 있는 것을 '監國'이라 함.《眞寶》注에 "古太子, 君行則守, 有守則
從. 從曰撫軍, 守曰監國"이라 함.《左傳》閔公 2년에 "晉侯使大子申生伐東山皐落
氏. 里克諫曰:「大子奉冢祀, 社稷之粢盛, 以朝夕視君膳者也, 故曰冢子. 君行則守,
有守則從. 從曰撫軍, 守曰監國, 古之制也. 夫帥師, 專行謀, 誓軍旅, 君與國政之所
圖也. 非大子之事也.」"라 함. 〈內集〉注에는 "《左傳》:太子從曰撫軍, 守曰監國.《唐
書》肅宗紀:「祿山反, 天寶十五載, 明皇避賊行至馬嵬, 父老請留太子討賊, 明皇許
之. 太子治兵于朔方, 七月即帝位于靈武, 尊皇帝曰上皇天帝. 本紀〈贊〉曰:肅宗雖不
即尊, 位亦可以破賊.」"이라 함. '大物'은 帝位를 뜻함. 태자였던 肅宗이 玄宗의 명
을 받지 않은 채 靈武에서 帝位에 오른 것을 꼬집은 것임. '趣'은 '촉'으로 읽음.
《眞寶》注에 "趣, 音促, 迫也"라 함. '大物'은《眞寶》注에 "大物, 帝位. ○譏肅宗無
所受命而自立"이라 함. 〈內集〉注에도 "《莊子》曰:「夫有土者, 有大物也.」又曰:「天
下, 大物也.」趣, 音促"이라 함. 한편《唐書》肅宗紀에는 "十五載, 玄宗避賊, 行至馬
嵬, 父老遮道請留太子討賊, 玄宗許之, 遣壽王瑁及內侍高力士諭太子, 太子乃還.
……七月辛酉, 至於靈武. 壬戌, 裴冕等請皇太子即皇帝位. 甲子, 即皇帝位於靈武,

尊皇帝曰上皇天帝, 大赦, 改元至德."이라 함.

【事有至難天幸耳, 上皇跼蹐還京師】'事有至難'은 〈大唐中興頌〉의 구절을 그대로 인용한 것. 天幸으로 亂이 평정됨. '耳'는 원본에는 '爾'로 되어 있음. '跼'은 몸을 굽히는 것. 《眞寶》注에 "跼, 音局, 曲也"라 함. '蹐'은 조심조심 걷는 것. 《詩》小雅 正月篇에 "謂天蓋高, 不敢不局. 謂地蓋厚, 不敢不蹐. 維號斯言, 有倫有脊. 哀今之人, 胡爲虺蜴"이라 함. 〈內集〉注에 "〈中興頌〉曰:「事有至難, 宗廟再安, 二聖重歡.」《漢書》霍去病傳曰:「軍亦有天幸未嘗困絶也.」《文選》謝朓詩:「敕躬每跼蹐.」〈正月詩〉云:「謂天蓋高不敢不局. 謂地蓋厚不敢不蹐.」注云:「局, 曲也; 蹐, 累足也.」上下皆可畏怖之言也. 〈肅宗紀〉:「至德二載十二月, 上皇天帝至自蜀都.」"라 함.

【內間張后色可否, 外間李父頤指揮】'內間'은 上皇이 된 玄宗을 肅宗이나 신하들과 안에서 이간시킴. '張后'는 肅宗의 왕후. 총애를 믿고 政事에도 간섭하고 李輔國과 공모하여 권세를 전횡함. 뒤에 태자를 축출하고 越王 係를 세우려다 실패하여 庶人으로 강등됨. '色'은 顔色. 신하들에게 얼굴빛으로 지시함. '李父'는 李輔國를 가리킴. 천한 신분에서 높은 지위에 오른 인물로 代宗이 즉위하여 司空으로 삼고 '尙父'라 존경하였으나 권세를 전횡하다가 죽임을 당함. '頤指揮'는 턱으로 지시하는 것. 《眞寶》注에 "頤指, 以頤指使也"라 함. 《眞寶》注에 "肅宗立, 皇后張氏, 私與政事. 與李輔國相助, 多以私謁撓權, 帝不能制"라 함. 〈內集〉注에는 《唐書》〈肅宗廢后張氏傳〉曰:后與李輔國謀徙上皇西內, 肅宗內制于后, 不敢謁西宮. 又〈宦者李輔國傳〉曰:李揆以子姓事之號五父, 輔國妄言, 太上皇居近市交通外人, 願徙太上皇入禁中. 太上皇曰:「吾兒用輔國謀, 不得終孝矣.」怏怏不豫, 至棄天下. 退之〈炭谷湫詩〉曰:「羣怪儼伺候, 恩威在其顏.」《漢書》賈誼傳曰:「力制天下, 頤指如意.」라 함.

【南內淒凉幾苟活, 高將軍去事尤危】'南內'는 唐나라 長安엔 西內(皇城)와 東內(大明宮), 그리고 南內(興慶宮)의 三內가 있었는데, 上皇이 된 현종이 이곳에서 晩年을 보냈음. 《眞寶》注에 "唐長安三內: 皇城在西曰西內, 大明宮在西內之東曰東內, 興慶宮在東內之南曰南內. 肅宗既立, 尊明皇曰太上皇, 上皇自蜀歸, 愛興慶宮, 遂居之. 後李輔國矯詔遷上皇於西內"라 함. '高將軍'은 高力士를 가리킴. 현종의 寵臣이었으나 李輔國에게 축출을 당하여 巫州로 유배됨. 《眞寶》注에 "高力士貶斥"이라 함. 〈內集〉注에 《唐書》明皇紀:「至自蜀郡, 居于興慶宮, 上元元年, 徙居西內.」興慶, 即南內也. 〈宦者高力士傳〉曰:「先天初爲右監門衛將軍, 加累驃騎大將軍. 從明皇幸蜀, 上皇還徙西內, 居十日爲李輔國所誣長流巫州.」按〈李輔國傳〉曰:「輔國詐請上

皇按行宮中, 射生官遮道, 上皇驚幾墜馬, 力士厲聲曰:『五十年太平天子, 輔國欲何事?』叱使下馬. 上皇執力士手曰:「微將軍, 朕且爲兵死鬼!」라 함.

【臣結舂陵二三策, 臣甫杜鵑再拜詩】'臣結'은 신하 元結(719~772). 元結은 道州刺史가 되어 舂陵에 있으면서 안녹산의 난으로 어지러워진 시국을 반영하는 시 〈舂陵行〉을 지었음. '舂陵'은 지명. 《眞寶》注에 "道州郡名"이라 함. '二三策'은 〈舂陵行〉의 내용 속에 시국을 읊은 두 세 편의 시. 〈內集〉注에 "舂陵, 或作春秋, 非. 是元結〈舂陵行〉序曰:「漫叟授道州刺史, 道州舊四萬餘戶, 經賊已來, 不滿四千. 到官未五十日, 承諸使徵求, 符牒二百餘封. 吾將守官靜以安人, 待罪而已. 此州是舂陵故地, 故作〈舂陵行〉以達下情.」《孟子》曰:「吾於武成取二三策.」此借用"이라 함. '臣甫'는 신하 杜甫. 《眞寶》注에 "杜甫有〈杜鵑詩〉"라 함. 〈杜鵑行〉을 가리킴. 蜀帝杜宇(望帝)의 魂이 化하여 杜鵑(子規)라는 새가 되었다는 전설(《華陽國志》 및 《成都記》 참조)에 따라 禽獸들도 두견새를 존경하는데, 사람으로서 천자를 존경하지 않는 것은 새만도 못하다고 세상의 인심을 한탄한 내용임. '再拜詩'는 천자에게 재배하며 존경하는 충성을 나타낸 시. 〈內集〉注에 "杜甫〈杜鵑行〉曰:「我見常再拜, 重是古帝魂.」〈北征詩〉曰:「臣甫憤所切.」"이라 함.

【安知忠臣痛至骨? 後世但賞瓊琚詞】'瓊琚詞'는 구슬같이 아름다운 文詞. '瓊琚'는 《詩》衛風 木瓜篇에 "投我以木瓜, 報之以瓊琚. 匪報也, 永以爲好也. 投我以木桃, 報之以瓊瑤. 匪報也, 永以爲好也. 投我以木李, 報之以瓊玖. 匪報也, 永以爲好也"라 함. 〈內集〉注에는 "舊作「豈知忠臣心憤切? 後世但賞瓊琚詞」《史記》荊軻傳曰:「每念之痛于骨髓.」《漢書》杜周傳注曰:「深刻至骨.」老杜詩:「世上兒子徒紛紛.」〈木瓜〉詩曰:「報之以瓊琚.」"라 함.

【同來野僧六七輩, 亦有文士相追隨】'野僧'은 떠돌아다니는 승려. 〈內集〉注에 "龜作殘僧"이라 함. '亦有文士相追隨'는 《內集》注에 "曹子建詩曰:「淸夜遊西園, 冠蓋相追隨.」"라 함.

【斷崖蒼蘚對立久, 凍雨爲洗前朝悲】'斷崖'는 깎아 세운 절벽. '蒼蘚'은 푸른 이끼에 덮인 碑文. 〈內集〉注에 "老杜詩:「斷崖當白鹽.」"이라 함. '凍雨'는 暴雨, 소나기. 〈內集〉注에 "《楚詞》九歌曰:使凍雨兮灑塵.」凍, 音東, 暴雨也"라 함.

참고 및 관련 자료

1. 黃山谷, 黃庭堅, 魯直, 山谷道人. 046 참조.
2. 이 시는 《山谷集》(8), 《山谷內集詩注》(20), 《宋文鑑》(21), 《宋詩鈔》(28), 《宋元詩

會》(23),《歲寒堂詩話》(上),《漁隱叢話》(前集 47),《竹莊詩話》(16) 등에 실려 있음.

3. 韻脚은 '溪, 碑, 絲, 兒, 栖, 爲, 師, 揮, 危, 詩, 詞, 隨, 悲'.

4. 元結(次山)〈大唐中興頌〉(《眞寶》後集 021을 참조할 것)

天寶十四年, 安祿山陷洛陽, 明年陷長安, 天子幸蜀, 太子即位於靈武. 明年, 皇帝移軍鳳翔, 其年復兩京, 上皇還京師. 於戲! 前代帝王, 有盛德大業者, 必見於歌頌. 若今歌頌大業, 刻之金石, 非老於文學, 其誰宜爲? 頌曰:『噫嘻前朝, 孽臣姦驕, 爲昏爲妖. 邊將騁兵, 毒亂國經, 羣生失寧. 大駕南巡, 百寮竄身, 奉賊稱臣. 天將唐唐, 緊睨我皇, 匹馬北方. 獨立一呼, 千麾萬旟, 戎卒前驅. 我師其東, 儲皇撫戎, 蕩攘羣兇. 復復指期, 曾不踰時, 有國無之. 事有至難, 宗廟再安, 二聖重歡. 地闢天開, 蠲除祆災, 瑞慶大來. 兇徒逆儔, 涵濡天休, 死生堪羞. 功勞位尊, 忠烈名存, 澤流子孫. 盛德之興, 山高日昇, 萬福是膺. 能令大君, 聲容沄沄, 不在斯文. 湘江東西, 中直浯溪, 石崖天齊. 可磨可鐫, 刊此頌焉, 何千萬年?』

5.《竹莊詩話》(16)〈書磨崖碑後〉(黃庭堅)

苕溪漁隱云:「余頃洗往來湘中, 屢遊浯溪, 徘徊磨崖碑下, 讀諸賢留題, 惟魯直, 文潛二詩傑句, 偉論殆爲絶唱, 後來難措詞矣.」

6.《次山集》(4) 元結〈春陵行〉序

癸卯歲漫叟授道州刺史, 道州舊四萬餘戶, 經賊已來不滿四千, 大半不勝賦稅, 到官未五十日, 承諸使徵求符牒二百餘封, 皆曰:「失其限者, 罪至貶削,」於戲若悉應其命, 則州縣破亂. 刺史欲焉逃罪, 若不應命, 又即獲罪, 戾必不免也. 吾將守官靜以安人待罪而已, 此州是春陵故地, 故作〈春陵行〉以達下情.

7.《杜詩鏡銓》(7)〈杜鵑行〉

君不見昔日蜀天子, 化作杜鵑似老烏? 寄巢生子不自啄, 羣鳥至今與哺雛. 雖同君臣有舊禮, 骨肉滿眼身羈孤. 業工竄伏深樹裏, 四月五月偏號呼. 其聲哀痛口流血, 所訴何事常區區? 爾豈摧殘始發憤, 羞帶羽翮傷形愚? 蒼天變化誰料得, 萬事反覆何所無? 萬事反覆何所無? 豈憶當殿羣臣趨?

149. <虢國夫人夜遊圖> ⋯⋯⋯⋯⋯⋯ 蘇子瞻(蘇東坡)
괵국부인의 밤놀이 그림

*《眞寶》注에 "唐明皇貴妃楊氏三姊, 封韓國, 虢國, 秦國三夫人, 八姨卽虢國夫人
  也. 最承寵幸"이라 함.
*<虢國夫人夜遊圖>: 虢國夫人이 밤에 노는 그림을 보고 東坡가 시로 읊은 것. 虢
  國夫人은 楊貴妃의 여덟 번째 姨姊로 玄宗의 寵幸을 가장 많이 받았다 함. '虢'
  은 고대 山西省에 있던 나라로, 楊貴妃의 자매들을 명의상 각국 나라 이름(秦,
  韓, 虢)에 맞추어 봉하여 호가 된 것임. 그림의 작자는 알 수 없음.

미인이 스스로 옥화총玉花驄의 고삐를 잡으니,
펄펄 날기 마치 놀란 제비가 나는 용을 밟고 있는 듯하네.
금 채찍으로 길을 다투다가 옥비녀를 떨어뜨리니,
어느 누가 먼저 명광궁明光宮에 들어갈꼬?
궁중에서는 꽃과 버들 어서 피어나라고 갈고羯鼓를 재촉하고,
옥노玉奴가 비파를 타고 화노花奴가 갈고를 두드리네.
좌중에 여덟째 분은 진실로 귀인이시니,
말을 달려와 이를 구경하는데 티끌도 일어나지 않네.
밝은 눈 흰 이를 가진 이런 미인 누가 다시 볼 수 있으리?
오직 단청 그림 속에만 눈물자국이 남아 있네.
인간 세상에서는 잠깐 사이에 지금이 바로 옛날이 되고 마는 것,
오공대吳公臺 아래에 묻혔던 수隋 양제煬帝, 뇌당雷塘으로 이장移葬되
었지.
당시엔 진陳 후주後主도 역시 장려화張麗華에게 빠져,
문 밖에 한금호韓擒虎가 와 있는 줄을 알지도 못했다고 비웃었겠지.

佳人自鞚玉花驄, 翩如驚燕踏飛龍.
金鞭爭道寶釵落, 何人先入明光宮?
宮中羯皷催花柳, 玉奴絃索花奴手.
坐中八姨眞貴人, 走馬來看不動塵.
明眸皓齒誰復見? 只有丹靑餘淚痕.
人間俯仰成古今, 吳公臺下雷塘路.
當時亦笑張麗華, 不知門外韓擒虎.

【佳人自鞚玉花驄, 翩如驚燕踏飛龍】 '鞚'은 말굴레. 《眞寶》注에 "鞚, 音控, 馬勒"이
라 함. '自鞚'은 스스로 말굴레에 매인 고삐를 잡고 말을 모는 것. '玉花驄'은 玉
花驄으로도 표기하며, 흰 바탕에 얼룩이 진 말. 당 현종이 타던 名馬. 《東坡詩集
註》에 "績: 唐玄宗有名馬曰玉花驄. 虢國出入, 皆乘驄馬, 小黃門爲御. 杜詩: 「先帝
天馬玉花驄.」"이라 함. '翩'은 펄펄 나는 모습. '踏飛龍'은 나는 용을 밟게 됨. 《東
坡詩集註》에 "次公: 後漢馬皇后云: 「車如流水, 馬如游龍.」"이라 함.

【金鞭爭道寶釵落, 何人先入明光宮】 '寶釵'는 보석으로 장식한 비녀. '寶釵落'은 《東
坡詩集注》에 "績:《唐史》: 正月望夜, 楊家五宅夜游, 與廣平公主爭西市門. 楊氏怒
鞭及公主衣, 公主墮馬"라 함. '明光宮'은 漢나라 때 궁궐 이름. 未央宮 서쪽에 있
었으며, 금옥으로 장식하여 밤낮으로 환했다 함. 《東坡詩集註》에 "次公: 漢武帝
太初四年, 起明光宮"이라 함. 여기서는 唐 玄宗이 있던 궁을 빗대어 말한 것.

【宮中羯皷催花柳, 玉奴絃索花奴手】 '羯皷'는 羯나라에서 들여온 북. '兩杖皷'라고
도 하였으며, 玄宗은 이 북소리를 울려 꽃이 어서 피어나라고 재촉하는 놀이를
즐겼다 함. 《眞寶》注에 "《太平廣記》: 明皇好羯皷催花, 十月花柳未吐, 命取羯皷,
臨軒擊一曲, 名春光好及顧, 柳杏皆已坼矣. 上笑曰: 「不喚我作天公, 可乎?」"라 함.
이는 《太平廣記》(205)에 실려 있는 《羯皷錄》을 인용한 것임. '玉奴'는 양귀비의 이
름 玉環을 두고 폄하하여 칭한 것. '絃索'은 비파줄. 양귀비가 연주하는 음악을
말함. '花奴'는 汝陽王 李璡의 어릴 때 이름이며 羯皷를 잘 쳐서 玄宗의 사랑을
받음. 《眞寶》注에 "楊妃名玉環, 玉奴謂楊妃, 妃善琵琶. 汝陽王璡, 小名花奴, 尤
善羯皷, 帝嘗曰: 「速召花奴, 將羯皷來!」"라 함.

【坐中八姨眞貴人, 走馬來看不動塵】 '八姨'는 여자들 자매 중의 여덟째. 虢國夫人
을 가리킴. 《東坡詩集註》에 "厚:《楊妃外傳》: 貴妃有姨三人, 大姨封韓國夫人, 三姨

封秦國夫人, 八姨封虢國夫人. 皆豊頰修整, 工於譴浪巧會旨趣. 又云:虢國不施粧,
自有美麗, 常素面朝天"이라 함.

【明眸皓齒誰復見? 只有丹靑餘淚痕】'明眸皓齒'는 밝은 눈과 흰 이. 美人을 일컫는
말. 《東坡詩集註》에 "績:杜詩:「明眸皓齒今何在? 血汗遊魂歸不得.」"이라 함. '丹靑'
은 아름답게 그린 그림을 말함. 거기에 눈물 흔적이 남아 있음.

【人間俯仰成古今, 吳公臺下雷塘路】'人間'은 인간 세계. 이 세상. 현세, 속세. '俯仰'
은 고개를 숙였다 드는 짧은 사이. '吳公臺'는 江蘇省 江都縣 동북 10리 되는 곳
으로 隋 煬帝(楊廣:605-618년 재위)가 江都에서 놀이에 빠져 長安으로 돌아가려
하지 않자 宇文化及이 죽인 뒤 그곳에 묻었음. 뒤이어 唐나라가 江南을 평정하
자 雷塘으로 옮겨 改葬하였음. 《眞寶》注에 "隋煬帝葬吳公臺下, 唐平江南改葬雷
塘, 在江都縣東北十里"라 함. 《東坡詩集註》에 "次公:〈地志〉:揚州吳公臺以陳將吳
明徹得名, 在江都縣西, 雷塘在縣東北十里. 煬帝初葬吳公臺下, 唐平江南改葬雷塘.
按《大業拾遺》載:帝昏湎滋深, 嘗行吳公臺下, 恍惚與陳後主遇. 後主云:「每憶張麗
華, 方憑臨春閣作〈璧月詞〉, 未終, 見韓擒虎躍領萬騎, 直來衝入, 便至今日. 始謂殿
下政治在堯舜之上, 今日還此逸遊, 曩時何見罪之深也?」帝叱之, 不復有所睹."라 함.

【當時亦笑張麗華, 不知門外韓擒虎】'張麗華'는 南朝 마지막 왕조 陳나라 後主(陳
叔寶:583-589년 재위)의 貴妃. 머리카락이 7척이나 되었으며 미색이 뛰어나, 後主
는 늘 그를 무릎 위에 앉혀놓고 정사를 볼 정도였다 함. 뒤에 隋나라 賀若弼과
韓擒虎의 군대가 쳐들어오자 後主와 함께 景陽殿의 우물로 뛰어듦. 이에 隋軍이
줄을 내려뜨려 끌어올린 다음 後主와 함께 죽임. 《陳書》및 《南史》를 참조할 것.
《十八史略》(4)에 "賀若弼自廣漢濟江, 韓擒虎自橫江, 宵濟采石. 守者皆醉. 擒虎遂自
新林進, 直入朱雀門. 陳主自投景陽井中, 軍人窺井, 將下石, 乃叫, 以繩引之, 與張
麗華, 孔貴嬪, 同束而上, 俘以歸"라 함. 여기서의 '當時'는 虢國夫人이 밤놀이를
할 당시. '韓擒虎'는 隋나라 장수. 자는 子通. 賀若弼과 함께 陳나라를 멸하고 통
일을 이룸. 《眞寶》注에 "《大業拾遺》載:煬帝昏湎滋深, 嘗行吳公臺下, 恍惚與陳後
主遇, 後主云:「每憶張麗華, 方憑臨春閣, 作〈璧月詞〉, 未終, 見韓擒虎躍領萬騎, 直
來衝入. 殿下還此逸遊, 曩時何見罪之深也?」帝叱之, 不復見"이라 하여, 陳 後主
의 혼이 나타나 隋 煬帝를 기롱한 전설을 싣고 있음. 마지막 구절은 동파가 虢國
夫人의 밤놀이 그림에서 "당나라도 안녹산의 난으로 고통을 당할 것임을 모른
채, 진 후주가 장려화에 빠져 한금호가 와 있는 줄 모르고 있었다고 비웃었을
것"이라 말한 것. 《東坡詩集註》에 "厚:杜牧詩:「門外韓擒虎, 樓頭張麗華.」"라 함.

1. 蘇軾. 蘇東坡, 蘇子瞻, 044 참조.

2. 이 시는 《東坡全集》(16), 《東坡詩集注》(27), 《施註蘇詩》(24), 《蘇詩補註》(27), 《宋文鑑》(21), 《宋藝圃集》(4), 《宋元詩會》(20), 《御定歷代題畫詩類》(44) 등에 실려 있음.

3. 韻脚은 '驄, 龍, 宮'. '柳, 手'. '人, 塵, 痕'. '路, 虎'.

임동석(苗浦 林東錫)

慶北 榮州 上苗에서 출생. 忠北 丹陽 德尙골에서 성장. 丹陽初中 졸업. 京東高 서울
敎大 國際大 建國大 대학원 졸업. 雨田 辛鎬烈 선생에게 漢學 배움. 臺灣 國立臺灣師範
大學 國文硏究所(大學院) 博士班 졸업. 中華民國 國家文學博士(1983). 建國大學校
敎授. 文科大學長 역임. 成均館大 延世大 高麗大 外國語大 서울대 등 大學院 강의.
韓國中國言語學會 中國語文學硏究會 韓國中語中文學會 등 會長 역임. 저서에
《朝鮮譯學考》(中文)《中國學術槪論》《中韓對比語文論》. 편역서에《수레를 밀기 위
해 내린 사람들》《栗谷先生詩文選》. 역서에《漢語音韻學講義》《廣開土王碑硏
究》《東北民族源流》《龍鳳文化源流》《論語心得》〈漢語雙聲疊韻硏究〉 등. 학술
논문 50여 편. 현 건국대 명예교수. 靑丘書堂 훈장.

임동석중국사상100

고문진보 [前集]

黃堅 撰/ 林東錫 譯註
1판 1쇄 발행/2017년 9월 9일
발행인 고정일
발행처 동서문화사
창업 1956. 12. 12. 등록 16-3799
서울 중구 다산로 12길 6(신당동 4층)
☎546-0331~6 (FAX) 545-0331
www.dongsuhbook.com
잘못 만들어진 책은 바꾸어 드립니다.

*

이 책의 출판권은 동서문화사가 소유합니다.
의장권 제호권 편집권은 저작권 법에 의해 보호를 받는 출판물이므로 무단전재와 무단복제를 금합니다.
이 책의 일부 또는 전부 이용하려면 저자와 출판사의 서면허락을 받아야 합니다.

*

사업자등록번호 211-87-75330
ISBN 978-89-497-1636-7 04080
ISBN 978-89-497-0542-2 (세트)